民法典
人格权编释论

条文缕析、法条关联与案例评议

袁雪石◎著

中国法制出版社
CHINA LEGAL PUBLISHING HOUSE

前 言

我写作本书纯属是基于我个人的学术情结，与所在单位无关，在此特别声明。

我是民商法学专业博士，但毕业后主要从事行政法治的制度设计。制度建设要解决实际问题，我眼中的民法和行政法都是治理工具，都可能是黑猫和白猫。2015 年，我参加中国行政法学会政府规制专业委员会年会时讲到“在某种意义上，行政法是民法的特别法”。说完我就后悔了，一群行政法的青年才俊纷纷和我商榷：“行政法从奥托·迈耶开始，学科体系不断独立、成熟，行政法的独立性是不容置疑的！”我想，我们都是对的。学界对此历来有正反两派观点。拉德布鲁赫讲到：“行政法是社会的法律，在将来社会主义的福利国家中，如我们所料，民法可能会完全融合在行政法之中。”① 但也有日本学者和我的观点是一致的。在我看来，民法和行政法必须融合发展、公私协力，而民法典规定了不少涉及行政权力的条款，民法典开启了一个公私法融合的时代。我愿意在这个新时代中，与诸君一道贡献自己的智慧，推动国家和社会不断发展。

一、参加编纂民法典是我人生最大的幸事之一

民法典编纂，我是一个后辈，对民法的精神、规则的理解也不深、不透，但缘分也有快二十年了。大约在 2001 年年底，恩师杨立新教授让黄琳、我爱人和我参与起草民法总则专家建议稿初稿，那时候，我们才是硕士研究生一年级学生。因此，我们提供的素材无法登大雅之堂，写了什么我完全记不得了，但这是最好的学术训练起点。回想起来，那时人大法学院到处洋溢着民法典的气息。

此后，我有幸参与了王利明教授主编的《中国民法典学者建议稿及立法理由·侵权行为编》的编写工作，还作为主要成员之一，参与起草了恩师杨立新教授牵头的民法总则、人格权法、侵权责任法的专家建议稿，其中侵权责任法

① ［德］拉德布鲁赫著：《法学导论》，米健等译，中国大百科全书出版社 1997 年版，第 137 页。

专家建议稿不少条款被立法机关采纳，比如，劳务派遣条款此前专家建议稿都没有写，那个条款初稿是我在人大明德楼写的。2004年，我爱人毕业后去了法律出版社，恰巧成为两套影响最大的民法典专家建议稿的责任编辑。

2002年，全国人大常委会审议了一次民法草案，但当时国家还处于快速转型之中，整个社会的制度体系也随之不断转换，现在看来，并不具备出台一部民法典的条件。随着我国社会主要矛盾的转换，制定民法典的条件逐渐成熟。的确如金平老先生所言："只有这个时代才能产生民法典。"2014年10月，党的十八届四中全会决定编纂民法典。根据党中央的工作部署，编纂民法典的起草工作由全国人大常委会法工委牵头，司法部等五家单位为参加单位。对我而言，幸福从那一刻，悄然而至。2015年，全国人大常委会法工委牵头成立了民法典编纂工作协调小组，我作为所在单位的具体执行者全程参加了总则、物权、合同、人格权、婚姻家庭、继承、侵权责任各编的起草工作，几乎参加了每一编的每一次部门专题座谈会。

五年多的时间弹指一挥间，回首以往，算是不负青春，不负所学，作为体制内的技术派，可以说是有一丁点贡献。在立法过程中，我也加深了对民法的认识，民法是支撑市场经济的制度基础，民法是治理法、人文法、技术法；基于对行政的理解，我倾向于给民法典滴一点行政的油彩，适度地遮掩司法裁判中心主义的大背景，让民法典不仅仅是民法，而是使财产权、合同、组织等发生化学反应，让市场与政府的混合动力推进经济社会发展，推进国家的整体主义治理。

新规则方面，读者需要对宣告失踪、法人分类、诉讼时效、知识产权、业主建筑物区分所有、担保清偿顺序、担保合同、居住权、农村土地三权分置、违约责任、物业服务合同、建筑工程合同、借款合同、合伙合同、保理合同、技术合同、人格权请求权、行为保全、人格权商品化、生命尊严、人体试验、基因编辑、身体权、性骚扰、人身自由权、第三姓、肖像权、声音权、隐私权、个人信息保护、婚姻的无效和可撤销、夫妻债务、离婚冷静期、收养评估、打印遗嘱、录像遗嘱、公证遗嘱、代位继承、遗产管理人、遗产信托、自甘风险、自助行为、补充责任、安全港反通知规则、好意同乘、环境污染和生态破坏责任、高空抛掷物侵权等予以重点关注。

当然，一些没有规定或者明确的规则也需要关注。例如，侵害人格权的刑事附带民事诉讼中，受害人能否请求精神损害赔偿；劳动合同之外的雇佣合同或者劳务合同；行政合同与民事合同的关系，民法典如何防止行政协议扩大化，如何处理优益权对市场信心的影响；和解合同；宅基地使用权改革后的三权分置；褫夺亲权；离婚后曾经形成抚养教育关系的继子女，是否自然与继父母断绝父母子女关系；家是否具有民事主体地位。

民法典删除的《民法通则》条款也值得研究。例如，《民法通则》第一百二十一条规定："国家机关或者国家机关工作人员在执行职务，侵犯公民、法人的合法权益造成损害的，应当承担民事责任。"个人信息不在《国家赔偿法》保护范围内，在国家机关违反个人信息保护义务时，如何确定侵权与赔偿，需要研究。再如，《民法通则》第一百三十四条第三款规定："人民法院审理民事案件，除适用上述规定外，还可以予以训诫、责令具结悔过，收缴进行非法活动的财物和非法所得，并可以依照法律规定处以罚款、拘留。"该条款实际创设了法院罚，在行政法治存在制度漏洞的背景下，法院罚是否有助于补充制度漏洞，需要检讨。

二、民法典是社会生活的百科全书，行政法也是

我学习民法的时候，不少老师就讲，民法是社会生活的百科全书，一个人从摇篮到坟墓，都离不开民法。2002 年 4 月，徐国栋教授还到人大法学院作了《民法帝国主义是非谈》的演讲，多年来，学界同仁受益于他对外国民法典的痴狂推介。工作以后，更多地关注行政法，发现行政法专家也经常讲，一个人从出生到死亡，都离不开行政法。仔细想想，他们都是对的，民法、行政法与人的生活息息相关，在这个意义上，二者都可以被称为社会生活的百科全书。

那么，民法和行政法的关系到底如何界定？从国家治理的角度来看，民法、行政法、刑法是学理上的划分，民法典是国家治理的工具，真正的法律事务或者社会纠纷往往不是单纯的民法、行政法、刑法能够解决的，国家治理之要义在于及时妥善解决现实问题。在"行政国"的背景下，民法和行政法是鸟之两翼，车之两轮，离开了哪一个，国家和社会都无法正常运转。如果"法"可以比喻为"道"，公法、私法可以比喻为阴阳，这是类似"太极"般的存在，二者你中有我，我中有你，只不过在具体的个案中，公、私法规则的适用浓度各有不同。

民法典规定了自发秩序的制度规制框架，发挥“看不见的手”的作用。民法典的核心要义是“权利”，其调整的主要是市场与社会的规则，提供自发秩序的法律规制框架。

一是民法是基础性法律，是其他法律规范的源代码。民事制度是其他法律制度的基石，人格权、身份权、财产权等概念和制度群，是民法精神的具体化，想要罚款、没收或者征收征用财产，前提是弄清楚行政相对人的主体地位、身份关系、财产关系，在这个意义上，民法是基石。

二是私法和公法相互依存，互为表里，不少私法制度依靠公法才得以落实。近代所有权之保障，不是由所有人各依实力为之，而是依权力与设机关以保护之。盖所有权乃是市民社会存续之必然前提，社会全体均应尊重及给予保障，是以市民社会必须以其权力所支持之各种制度来保障所有权。① 比如，不动产、动产物权登记制度，不仅是物权变动的基础，也与行政管理密切相关。民法典规定虚假登记的赔偿顺位是虚假申请人、登记机构，分别对应的是民事责任、行政责任，归责原则分别是过错原则、无过错原则，总体来看是补充责任的法律构造。在法律适用上，行政机关已经尽到了勤勉、忠实审查的义务，也不能免除其赔偿责任；如果行政机关工作人员为故意或者重大过失，可以解释为“造成登记错误的人”，根据其与虚假申请人是否存在意思联络及过错程度，再细化共同侵权的责任形态以及相应的责任份额。综合来看，虚假登记错误的赔偿责任涉及民法典、不动产登记特别法（包括法规规章）、《国家赔偿法》等，片面强调民法或者行政法都不能解决实际问题。

三是民法典承担着为公权和私权划分界限的功能。民法与行政法的背后是市场与政府、社会与政府的关系。民法典规定了民事主体的人格权、身份权、财产权，根据立法法，没有法律法规和国务院决定、命令为依据，不得减损民事主体的权利或者增加其义务，也即对于公权力机关而言，法无规定不可为。习近平总书记强调，在市场作用和政府作用的问题上，要讲辩证法、两点论，“看不见的手”和“看得见的手”都要用好，努力形成市场作用和政府作用有

---

① 谢在全著：《民法物权论》，中国政法大学出版社年版 1998 年版，第 10 – 11 页。

机统一、相互补充、相互协调、相互促进的格局，推动经济社会持续健康发展。[①] 民法的根本精神是私法自治，正是在这种意义上，民法典是市场经济的基本准则，民法典应该主要规定意思自治这只“看不见的手”应遵循的基本规则。但比较法经验也告诉我们，英美法系的普通法并不是中立或者无涉政治的，侵权、合同和财产权事实上囊括了一系列权利义务的社会选择。[②] 作为一种规制手段和资源配置方式，民法典可以为市场失灵的某些情形提供一些解决办法，有助于使市场在资源配置中起决定性作用和更好发挥政府作用。

反观行政权，行政法规范的是干预秩序，发挥“看得见的手”的作用。行政法的核心要义是“权力”，其规定的是干预秩序，涉及国家的结构、运作以及国家与个人、群体之间的关系等。干预秩序是对自发秩序的调整，体现的是“更好发挥政府作用”。许可、救助等依申请行政行为更多的是进行资源配置，体现的是分配正义；处罚、征收、强制等依职权行政行为是对脱离民法规制的自发秩序和已配置的资源进行矫正，体现的是矫正正义。

我认为，民法和行政法的分工体现了效率原则，能由民法调整的，行政法不介入，这节省了治理成本，也是资源配置应遵循的逻辑。贯彻实施民法典必须正确处理好市场与政府、社会与政府的关系，需要明确辅助性原则，即凡是民法有规定的依据民法，凡是行政法没有规定的，参照适用民法；凡是软法能解决的不用硬法；凡是当事人能直接解决的，不寻求社会组织，能通过社会组织解决的，不寻求行政机关，能通过行政机关解决的，不寻求法院；凡是地方能做的首先交给地方。当然，以上也是一个初步的假说，具体是否可行，还需要进一步论证，但假说的目的只有一个，就是“使市场在资源配置中起决定性作用和更好发挥政府作用”。

三、民法典只是法官在用吗？行政机关工作人员不学民法典行不行？

如果从政治体制的角度来理解民法典，或许会有一些新的认识。据初步统计，民法典有六七十个条文直接或间接涉及行政许可、行政确认、行政征收、行政征用、行政收费、行政救助、行政奖励、行政检查、行政裁决、行政调解、

---

① 田闻之：《让无形之手与有形之手相得益彰》，http://theory.people.com.cn/n/2014/0530/c49150-25083984.html，最后访问时间2019年6月1日。

② 李洪雷：《规制法理学的初步建构》，载［美］凯斯．桑斯坦：《权利革命之后：重塑规制国》，中国人民大学出版社2008年版，序言第4页。

行政赔偿等行政行为，真是不数不知道，一数吓一跳。

在我国的民法传统里，有一种司法裁判中心主义惯性。不少民法学者认为，民法典是给法官看的。对此，我的看法是，中国民法典应该是一部同时面向行政的民法典，只有这样才能发挥行政、司法的比较优势和体系效应，民法典也的确体现了公私融合。民法典在行政组织、行政立法、行政执法、行政公物、行政责任等方面对法治政府建设提出了一系列新要求。以行政执法为例，从内容来看，行政执法人员需要从以下几个层次把握。

一是单个行政行为适用规则。例如，离婚冷静期制度对离婚登记行为进行了三重构造，提交离婚登记申请要有三十日冷静期，冷静期届满后要有三十日的申请期，冷静期届满后未申请的视为撤回离婚登记申请。该条款合理地平衡了公权力与私权利的关系，体现了较高的立法技术。我觉得，我们有义务让大家知道，法院不是万能的，诉讼是一条高成本的维权方式，法院是公平正义的最后一道屏障，因此，其程序相对复杂，法院的资源也是有限的，解决纠纷是需要大量时间的，不能什么事情都去找法院。而行政是讲究效率的，行政甚至比法院更专业，各国法院在裁判的时候要对行政的专业判断给予尊重，不应自己替代行政机关作出对于特定问题的法律解释，英美法叫“谢弗林尊重”。回到离婚这件事情上，离婚调解是法院裁判的前置程序，从这个角度讲，行政的冷静期并没有延长当事人离婚的时间，只不过婚姻不易，希望大家且行且珍惜，冲动是魔鬼，不为别的，想想孩子，你可能就向生活妥协了。托尔斯泰讲过，幸福的家庭是相似的，不幸的家庭有各自的不幸。在离婚这个问题上，让行政机关先给当事人泼一盆冷水，对当事人好，也能适当发挥行政机关和人民法院的不同职能。类似的制度还有民政部门临时照料、行政征收征用等。

二是民法和行政法规则交错适用。这其实是法律适用的常态，物权登记、行政许可、行政裁决等需要直接适用民法和行政法。比如，民法典虽删除了《民法通则》关于国家机关侵权的规定，但在法理层面，《国家赔偿法》没有规定的，民法典可以参照补充适用。在民事主体和国家机关工作人员共同侵权时，需要依据民法典和行政法共同判定是否构成侵权，如何承担责任等。

三是行政裁决、行政调解需要适用民法典。《民法典》第三十一条规定，对监护人的确定有争议的，可以由被监护人住所地的民政部门指定监护人，这是行政裁决。第二百三十三条规定，物权受到侵害的，权利人可以通过和解、调解、仲裁、诉讼等途径解决，这里的调解可以包括行政调解。从比较法来看，行政机关可以称为解决民事争议的主渠道。①

四是增加规定了行政机关义务。如第一千二百五十四条规定，高空抛物侵权时公安机关负有“依法及时调查，查清责任人”的法定义务；第三十四条第四款规定，因发生突发事件等紧急情况，监护人暂时无法履行监护职责，被监护人的生活处于无人照料状态的，被监护人住所地的居民委员会、村民委员会或者民政部门应当为被监护人安排必要的临时生活照料措施；第六十六条规定，登记机关应当依法及时公示法人登记的有关信息。

此外，是否要引入行政机关责令返还非法所得制度？现行法中，有的部门法会存在立法漏洞。例如，《银行业监督管理法》《商业银行法》等对于非法金融行为规定了没收违法所得，而对于大部分违法违规行为的处罚需要援引《银行业监督管理法》第四十六条第五项“严重违反审慎经营规则”，该条款并无没收违法所得规定。我们知道，任何人不能从非法行为中获利，这是最基本的社会共识。对于此类违法行为，如何处理，建立行政机关概括性的责令返还非法所得制度，似乎有助于填补行政立法的漏洞。对此，我将在其他文章中专门阐述。

综上，行政机关工作人员不学民法典还真不行。

民法典经过几代人努力才最终编纂出台。从全世界范围来看，似乎还没有哪个国家制定了行政法法典，不少国家制定的是行政程序法，有些包括了实体内容。当前，行政法治并不能完全承担起控制和规范“看不见的手”的任务，实践还面临着行政法基本原则、行政组织、行政公物、行政行为共同规则、公法之债及其与私法之债的关系等方面的挑战，这导致政府监管、行政改革、司法实践等面临规则缺失、冲突等方面的难题。众所周知，我国并没有一部统一的行政法通则或者行政程序法，《行政处罚法》《行政许可法》《行政强制法》《政府信息公开条例》《控制对企业进行经济检查的规定》等提供了行政行为的基本规范，但是行政组织法、其他行政行为法等并没有出台。究竟政府这只“看得见的手”能伸多远，“法无授权不可为”依靠哪些法律条文来落实，还需要建构一般性的行政法规则，以规范和整合国家权力，稳定民事主体的制度预

① 青锋、袁雪石：《美国纠纷解决的体制机制及其借鉴意义》，载《行政法学研究》2011年第3期。

期，破除民事主体对行政权的邻避效应，促使其立恒心，守信心。

客观来讲，中国行政法学者挺难的，一方面行政法的发展时间短，另一方面学者不易近距离观察、体验行政管理的运行，因此，学术研究不少是比较研究、诉讼研究、逻辑研究，行政法学研究缺了点“行政”的真正味道，面向行政的行政法研究是个短板。但可喜的是，近年来学界与实务界互动加深，行政法学研究越来越贴近实践、回应实践。中国行政法学界也一直在努力制定行政程序法或者行政法通则、总则，专家稿也有几个了。徒民法不足以自行，希望中国行政法法典化工作能够早日取得进展！

四、法学还是幼稚的吗？整体主义可能是一个解决路径

20世纪80年代，有历史学者说，法学是幼稚的。这话让人听着刺耳，但法学的独立性和科学性值得我们反复扪心自问。

几年来，我有个体会，要想不断发展完善法学，路径之一是以整体主义治理理念重塑组织法与行为法。产生这个认识是整体政府理论和实践感悟双重作用的结果。近期，王敬波、高秦伟也分别发表了《整体政府的发展与我国行政主体理论的革新》《行政复议的整体观与整体设计》，看起来大家还是有共识的。

整体主义治理观假设的基础是国家治理是一个系统，要受系统论的调控。我们需要对部门法学、部门立法、部门执法、部门司法的组织建构及运行进行反思，并打通专业治理与整体治理，组织法和行为法的通道，本书对公私法融合规则阐述也正是基于这样一个认识。

中国文化强调整体主义精神。《道德经》讲“道生一，一生二，二生三，三生万物”。《淮南子·天文训》对此作了解释：“道（曰规）始于一，一而不生，故分而为阴阳，阴阳合和而万物生。故曰：一生二，二生三，三生万物。”中华法系的一个基本特点是诸法合体，同时郡县的组织机构也是一体化建设，这体现了诸权协力思想。① 就固有形态而言，中国古代法业已足够成熟，中国古代法自有其统一性，这种统一性植根于文化。② 工业革命以来，现代行政专

① 林纪东：《行政法新论》，五南图书出版有限公司1985年改定27版，第52页。

② 如果说孕育了罗马私法同时又深受其影响的西方文化可以被恰当地称为私法文化，中国文化则可以在同样意义上被说成是礼法文化。参见梁治平：《寻求自然秩序中的和谐》，中国政法大学出版社1997年版，序言第4页。

业性、技术性越来越强。现代行政已不再局限于传统的警察、税收、财政行政，而广泛涉及社会保障、环境保护、资金助成、能源规制等领域，大量的行政案件是主要依靠行政机关及其工作人员的专业知识和技能来解决的。① 这种现代行政直接影响了国家机构的设置。从1976到1981年，国务院工作部门达到了100个，1982年机构改革后，国务院所属部委、直属机构和办公机构由100个裁并调整为61个。② 现代行政的发展越发注重部门行政，或者说类型治理。部门法学、部门治理体现了专业化的需求，但在强调类型治理的同时，需要加强系统论研究，辩证处理整体治理与类型治理之间的关系。诸权协力的整体主义治理理念，是提高治理体系和治理能力的必然要求。

整体主义治理理念在东西方具有较大程度的共识。自20世纪90年代中后期以来，“整体政府”成为当代西方国家政府改革的新趋向，整体政府改革是对部门主义极端扩张的一种反应，改革重点是从结构性分权、机构裁减和设立单一职能的机构转向“整体政府”。③ 与政治学理论相对应的是法学上的行政一体性原则，行政一体性原则首先指在一个行政辖区内尽可能所有之权限应集中于一个机关或集中于一群由同一的一位首长所指挥的行政机关群中，第二个含义则指所有的国家机关应该以相同的思考对外作成决定。④ 进一步而言，整体主义治理理念应扩展到所有的国家机关，职能分离应当具有内部性，不论立法、行政、监察、司法，都是国家机关，都代表国家，对外的命令、决定、裁判等应具有一致性，不能自相矛盾。法社会学家罗斯科·庞德曾对权力分立进行过

---

① 高秦伟：《行政法学方法论的回顾与反思》，载《浙江学刊》2005年第6期。

② 《1982年国务院机构改革的情况》，http://www.scopsr.gov.cn/zlzx/jgyg/201811/t20181120_326524.html，最后访问时间2019年9月8日。此后大约每十年两次的机构改革的一个主要措施是精简合并机构。

③ 曾维和：《“整体政府”论》，载《国外社会科学》2009年第2期。[挪] Tom Christensen、Per Laegreid：《后新公共管理改革——作为一种新趋势的整体政府》，张丽娜、袁何俊译，载《中国行政管理》2006年第9期。整体政府的深入阐述，有不少著作，如孙迎春著：《发达国家整体政府跨部门协同机制研究》，国家行政学院出版社2014年版。

④ 翁岳生主编：《行政法》，中国法制出版社2009年版，第328页。一国的行政权力均来自法律授权，是一个有机整体。不同的行政机关在行使各自的权力时，都应当寓于相互联系、协调统一的权力体系之中。在我国行政机关序列中，实行下级服从上级、部门服从政府、地方服从中央的原则，上述认识即为国家行政权统一原则。参见汪永清：《行政处罚》，中国政法大学出版社1994年版，第90-92页。

反思："现在没有人会断言权力分立是自然法律秩序的一部分，或者说它对于自由是必不可少的。"①

《中共中央关于全面推进依法治国若干重大问题的决定》提出的"形成高效的法治实施体系"，体现了整体主义治理理念。我理解，《党和国家机构改革方案》、党的十九届四中全会决定的精义之一是整体主义。我理解的整体主义，不仅仅是行政领域的原则，而是弥漫于整个国家治理体系的一个原则，有以下几个层面的意义：

一是整体主义是一个制度体系。完善要素市场化配置是建设统一开放、竞争有序市场体系的内在要求，是坚持和完善社会主义基本经济制度、加快完善社会主义市场经济体制的重要内容。土地、劳动力、资本、技术、数据五个要素领域改革，对应的是物权、合同、知识产权等方面的民事制度，以及相应的行政行为制度。民事、行政、刑事制度都要服从于整个制度设计。

二是整体主义是一个组织体系。组织是行为的基础。各个国家机关都要服从中心工作，发挥自己的职能作用。行政组织的整合度会影响民法典的贯彻落实。物权法规定了不动产统一登记，但该制度的实施依靠不动产登记机构职责的整合。为了进一步优化营商环境，民法典扩大了担保合同的范围、删除了有关担保物权具体登记机构、明确了担保物权的统一受偿规则等，为动产和权利担保统一登记清除了法律障碍，但没有作出明确规定。从实践来看，融资难是长期影响我国中小企业发展的痛点。而动产和权利是中小企业最容易获得的担保物。与不动产统一登记类似，动产和权利担保统一登记制度的落地，也必须以行政机构的职能整合为基础。因此，民法典只是开了个头，后续工作还有很多。此外，从权利救济的角度来看，法院系统分别设置行政审判庭、民事审判庭细化了专业分工，提高了工作效率，但民事行政交叉的案件审理周期长，维权成本高，权利人不易在此类机构设置框架下得到救济。②

三是整体主义是一个教育体系。从我的体验和观察来看，高校法律专业硕

① 参见［美］凯斯·R·桑斯坦：《权利革命之后：重塑规制国》，钟瑞华译，中国人民大学出版社2008年版，第25页。

② 围绕焦作三间房屋的所有权，当事人分别提起民事诉讼和行政诉讼，三级法院、二十余份裁判文书，时间持续十多年。相关讨论参见王贵松主编：《行政与民事争议交织的难题》，法律出版社2005年版。

士以上的培养比较重视本专业的学习，当然也会安排各个部门法学教育的必修和选修课程，但学生在面对具体问题时，究竟能在多大程度上融会贯通涉及的部门法，还是个未知数。法学是一门实践科学。硕士以上的教育应强化问题导向，以此推进法学内部和法学外部的交叉学科研究。只要这样，法学毕业生才有能力真正解决问题，才会受到各方面的欢迎。

民法典的编纂贯彻了整体主义治理方法，对公私法作了融合规定，有利于推动实现权利与权力的协同，促进依法行政，深化“放管服”改革，优化营商环境，推进国家治理体系和治理能力现代化。

五、关于本书和致谢

以上写了那么多行政法，但本书主要是一本民法学评注类著作。

民事权利是民法典的技术基石，民法理论关于人格权、财产权的类型划分，有必要考虑例外情况。本书认为，人格权具有精神和财产二元属性，自然人人格权的精神属性居于主导地位——可以称为强人格权，团体人格权的财产属性居于主导地位——可以称为弱人格权，相关的权利变动等规则需要结合具体人格权的强弱属性加以区分处理。从解释上来看，民法典没有承认基于人格要素的财产价值为财产权，因此，本书主张的人格权二元论能够获得适用人格权编的空间。当然，这也是近些年来德国法的一个解释路径。

为了写好本书，我在中国裁判文书网、北大法宝上浏览了大量案例，从中遴选出典型案例要旨，相关内容体现在“条文释义”中，想了解现行法适用的读者可以重点关注这部分内容；“深度研讨”倾向于学理分析，想深入研究条文背后法理的读者，可以重点关注这部分内容。本书还设置了“立法技术”“法史钩沉”等栏目。每一章的核心要点等已经在“本章概要”中交代，不再赘述。由于篇幅已经达到出版社要求的上限，在引用学者成果时，一律省略了“教授”等敬称。

本书是我跟随恩师杨立新教授学习民法的结晶，也反映了我从事法治建设工作以来的个人思考。感谢导师杨立新教授以及王利明教授等老师们的传道授业解惑，没有老师们的教诲，我无法获得系统的学术训练，并得以安身立命，老师们勤奋敬业，更是行不言之教，让我受益终身。感谢领导、同事、同学、朋友们的指导、帮助和支持，是他们让我更了解生活，更了解中国实际，更熟悉国家治理，也让我的研究具有跨学科和实践性的比较优势。感谢家人的关爱、陪伴和无原则的支持，尤其是我的爱人为了家庭牺牲了自己前景还不错的事业，是他们让我有时间在繁忙的工作之余去实现让我自己略感奢侈的学术梦想。感谢中国法制出版社舒丹、袁笋冰、刘晓霞、张僚，没有他们的支持、专业和敬业，本书也无法问世。感谢难免挂一漏万，恕不能一一道谢。

本书中的一审稿是指2018年8月17日第十三届全国人大常委会第五次会议首次审议的《民法典各分编（草案）》中的人格权编；二审稿是指2019年4月20日第十三届全国人大常委会第十次会议审议的《民法典人格权编（草案）》；三审稿是指2019年8月22日第十三届全国人大常委会第十二次会议审议的《民法典人格权编（草案）》；四审稿是指2019年12月23日第十三届全国人大常委会第十五次会议审议的完整版《中华人民共和国民法典（草案）》中的人格权编；五审稿是指2020年5月22日第十三届全国人民代表大会第三次会议审议的《中华人民共和国民法典（草案）》中的人格权编。

最后，热烈祝贺中国进入民法典时代！热烈祝贺几代民法人的努力梦想成真！

袁雪石

2020年5月31日

目　录*

* 本编条文均为实质修改条文或新增条文。

第一章　一般规定

本章概要

本章相当于人格权总则，不少规定以前都没有，概括起来有如下几个特点：

一是明确了人格权的概念，并以“人身自由、人格尊严”的包容性规定为应对复杂多变的社会生活提供了规范基础。可以毫不夸张地说，第九百九十条是整个人格权编最重要的条款。

二是规定了人格权不得放弃、转让或者继承，但也以不完全列举的方式明确了姓名、名称、肖像等可以许可他人使用，实际上承认了人格权的财产利益。

三是规定了死者人格遗存的保护规则。该规定没有区分死者遗存的精神利益和财产利益，保护期限为近亲属有生之年。

四是从实体和程序两个角度规定了人格权请求权的救济规则。单纯的人格权请求权实体规则无法落地，本章行为保全规则与《民事诉讼法》的有关规定衔接起来，将有助于防患于未然，避免损害发生。

五是明确了基于违约行为的精神损害赔偿。《合同法》关于侵权责任和违约责任竞合的情况下，当事人只能择一而诉，有不少弊端，本次充分吸收国内外理论和实践成果，修改了原来的规定，实为一大突破。

六是规定了身份权准用规则。身份权是亲属法的基础。身份权参照适用规则为法律解释和实践应用提供了想象空间。

当然，人格权财产利益如何与物权编衔接、人格权的共有、人格平等等规则，本章没有明确，需要在将来通过解释等方式予以明确。

第九百八十九条 【调整对象】

本编调整因人格权的享有和保护产生的民事关系。

本条来源

无。

立法演变

一审稿和二审稿第七百七十三条规定："本编调整因人格权产生的民事关系。"三审稿第七百七十三条规定："本编调整因人格权的享有和保护产生的民事关系。"对比来看，三审稿增加了人格权的"享有和保护"的表述。

条文释义

人格权是民事主体对其特定人格利益享有的权利，关系到每个人的人格尊严，是民事主体最基本、最重要的权利。保护人格权、维护人格尊严，是我国法治建设的重要任务。本条是人格权编的第一条，起的是统领作用。

一、调整对象概述

除了总则之外，民法典各分编第一条都是关于调整对象的表述。在一审稿之前，并没有这一条，但是物权编、合同编第一条是调整对象的规定。因此，本条实为编纂民法典立法技术统一下的产物。下图是对民法典各分编有关规定的对比表。

民法典各分编调整对象对照表

编名	表述	旧法
人格权编	本编调整因人格权的享有和保护产生的民事关系。	无
物权编	本编调整因物的归属和利用而产生的民事关系。	**《物权法》** **第二条** 因物的归属和利用而产生的民事关系，适用本法。 本法所称物，包括不动产和动产。法律规定权利作为物权客体的，依照其规定。

续表

编名	表述	旧法
		本法所称物权，是指权利人依法对特定的物享有直接支配和排他的权利，包括所有权、用益物权和担保物权。
合同编	本编调整因合同产生的民事关系。	**《合同法》** **第一条**　为了保护合同当事人的合法权益，维护社会经济秩序，促进社会主义现代化建设，制定本法。 **第二条**　本法所称合同是平等主体的自然人、法人、其他组织之间设立、变更、终止民事权利义务关系的协议。 婚姻、收养、监护等有关身份关系的协议，适用其他法律的规定。
婚姻家庭编	本编调整因婚姻家庭产生的民事关系。	**《婚姻法》** **第一条**　本法是婚姻家庭关系的基本准则。
继承编	本编调整因继承产生的民事关系。	**《继承法》** **第一条**　根据《中华人民共和国宪法》规定，为保护公民的私有财产的继承权，制定本法。
侵权责任编	本编调整因侵害民事权益产生的民事关系。	**《侵权责任法》** **第二条**　侵害民事权益，应当依照本法承担侵权责任。 本法所称民事权益，包括生命权、健康权、姓名权、名誉权、荣誉权、肖像权、隐私权、婚姻自主权、监护权、所有权、用益物权、担保物权、著作权、专利权、商标专用权、发现权、股权、继承权等人身、财产权益。

究竟如何写好本条，曾有多种方案。

一是规定“民事主体的人格权益受法律保护，任何组织和个人不得侵犯”。对此，孙宪忠认为，本条与《民法总则》第三条、第一百零九条和《侵权责任法》第二条重复。此外，这一条在性质上更像是宪法规定。[①]《民法总则》第三条规定："民事主体的人身权利、财产权利以及其他合法权益受法律保护，任何组织或者个人不得侵犯。"从这个角度来看，该方案的确与《民法总则》第三条有所重复。从后来的发展情况看，这条意见似乎被采纳了，但实际上只不过本条的位置被后移了，内容还保留着。

二是规定"本编调整因人格/人格利益而产生的民事关系"。"人格"与人格权密切相关。"人格/人格利益"的方案实际是从客体的角度来规定的，如上表所示，物权法和物权编采用的就是这种立法技术。经查，《民法通则》关于知识产权的规定，也没有类似条款。从现行规定来看，物权编强调的是"物的归属和利用"，人格权编强调的是"人格权的享有和保护"，细致比较来看，一个讲的是客体——"物"，一个讲的是权利本身——"人格权"，还是存在着差别。该规定显示出，立法对人格权客体的表述存在犹疑。在理论上，人格权的客体有人格利益说、人格说、人格要素说等，实际并未形成学术通说。而人格一词的表述又具有多面性，在民事主体、民事权利能力和人格权客体三个维度使用，因此，立法弃"人格"而选择"人格权"，保证了关键术语概念的精准，有其合理性。

三是规定"本编调整因人格权产生的民事关系"。因人格权产生的民事关系也包括侵害人格权而产生的民事关系，从这个角度来看，一审稿和二审稿的规定范围比较广泛。三审稿对此作了修改，增加了"享有和保护"。对此，还有观点认为，"享有和保护"应该去掉"享有"，该观点仅承认人格权的消极权能，强调人格权的被动性，不承认部分人格权的商业利用、变动、抛弃等。本书认为，人格权是人对自身的权利，人格权的"享有"和物权的"占有"是一样的，都表明权利的性质是绝对权，并据此划清人与人之间的民事权利义务关系，以确保定分止争。"保护"是否会造成本编与侵权责任编在调整对象上无法区分？考虑到民事权利的保护除了侵权责任，还有排除妨碍等不作为请求权，人格权编对此作了规定，因此，"保护"二字可以在本条规定。

---

① 孙宪忠：《关于〈人格权编（草案）（2017 年 11 月 15 日法工委民法室室内稿）〉的评审意见之一》，http：//tjnhfy. chinacourt. gov. cn/article/detail/2018/02/id/3202332. shtml，最后访问时间：2020 年 1 月 29 日。

二、享有

所谓“享有”，针对的是人格权的积极权能，可以解释为拥有、支配、收益。

一是拥有。人格权是绝对权。拥有表明民事主体对人格的控制，不受他人意思表示的约束，这里的拥有类似于物权的“占有”。民事主体的人格权自其出生或者成立之日起就归属于其自身，其他人不得违法侵害其正当权益，这一点经常被概括为人格权的固有性。通常来讲，人格权的保护期限伴随着民事主体存续始终，胎儿在其顺利出生后，其人格权向前延伸予以保护，如胎儿没有正常出生，则其人格利益的保护由其父母行使。死者的姓名、肖像、名誉、荣誉、隐私、遗体等人格利益保护，民法典专门有规定，行使的主体是配偶、子女、父母以及其他近亲属等。虽然有多种说法，但从立法本意来看，死者人格利益保护主体是近亲属，保护期限也是近亲属的有生之年。美国对于自然人人格权的财产利益在死后也予以一定期限的保护，这一点需要注意。

二是支配。支配指的是民事主体可以在法律规定的范围内充分利用、处分人格权的伦理价值和财产价值，这种支配既有人格平等、人格自由、人格尊严方面的实现，也有财产价值的变现。本编规定的支配方式包括姓名、名称、肖像等许可他人使用，无偿捐献其人体细胞、人体组织、人体器官、遗体，决定、使用、变更或者许可他人使用自己的姓名，使用、变更、转让或者许可他人使用自己的名称，制作、使用、公开或者许可他人使用自己的肖像，查询自己的信用评价，同意收集、处理自然人个人信息等。有些内容法律没有规定，但也是人格权的处分，比如，对自己生命、健康的处分（邓稼先舍身取核材料），出售长发，披露隐私，疫情防控背景下的自我隔离，放弃荣誉称号（萨特放弃诺贝尔文学奖）。这些支配的形式主要有许可、转让、抛弃；内容既有财产性的，也有伦理性的；方式上既有事实处分，也有法律处分。民法典虽然没有承认人格权财产利益的继承问题，但客观上此类利益能够被继承，在解释上可以使用死者人格利益保护有关条款。

三是收益。基于部分人格权的商业使用，人格权能够作为目的，也作为手段。在商业使用过程中，民事主体可以获得许可使用费、转让费等。在实际运行过程中，有特许经营合同、转让合同、担保合同、代言合同等形式，在不违反法律法规的前提下，民事主体可以根据合同获取收益，并反过来提升生活品质，改变人的生存状态。对于名人来讲，这种收益权至关重要。

三、保护

所谓“保护”，主要针对的是人格权的消极权能。从本编来看，主要是人格权请求权的规定。民法典其他分编规定的侵权、合同、不当得利、无因管理也都可以成为人格权的保护方式。

人格权请求权类似于物权请求权，是基于人格权的绝对性而衍生的权能，即权利主体之外的第三人不能随意侵害他人合法人格权益。人格权请求权的主要作用是防患于未然，方式主要是停止侵害、排除妨碍、消除危险、消除影响、恢复名誉、赔礼道歉。人格权请求权还有一个特点是不适用诉讼时效的约束。(详见第九百九十五条)

由于人格权的财产利益可以转让、继承、许可他人使用，因此在对方违约的情况下，民事主体依据合同法的有关规定请求救济。对于侵害人格权的行为，可以请求侵权救济。这些都是常规的救济方式。

不当得利和无因管理也是债的发生原因。在人格权救济方面也有适用的空间。具体的法律构成要件和法律效果可以参见合同编的有关规定。美国、日本法规定，权利人可以请求加害人返还其基于无权利用人格权经济价值所获得的利益。《瑞士民法典》第二十八条 a 第三项则规定人格权被害人得依无因管理规定向侵害人请求返还获利。①

四、民事关系

因人格权产生的法律关系，不仅涉及民法，还涉及宪法、行政法、刑法等。其中，民事关系是指平等主体的自然人、法人和非法人组织之间的人身关系和财产关系。

一是宪法。人格权是宪法规定的基本权利还是民事权利，是一个争点问题。有学者认为，人格权是宪法上的基本权利，不是民事权利。“人格权根本不是来源于民法的授予”，“私权化的人格权从观念上向宪法性权利的回归”。② 人格权是什么权利，我们不需要在基本权利和民事权利之间二选一，就像中国传统的

---

① 王泽鉴：《人格权法》，北京大学出版社 2013 年版，第 452 页。

② 尹田：《论人格权及其在我国民法典中的应有地位》，载《人民法院报》2003 年 7 月 11 日，第 3 版。

太极一样，二者你中有我，我中有你。

从人格权发展历史来看，德国法在人格权保护问题上，把宪法和民法的关系搞得比较复杂。《德国民法典》没有规定抽象的人格权，基于实践的需要结合《德国基本法》规定创设了一般人格权，实为一种通过判例造法的法解释手段。如果在立法之初像我国民法典一样概括性地承认人格权，并保护非典型人格利益，则德国司法也不需要创设所谓的一般人格权。据日本学者介绍，瑞士学者 Bucher 在使用人格权概念时，和德国的一般人格权概念的意义几乎完全相同。[①] 谢怀栻先生也作出过类似阐述，“常常讲到个别人格权（特殊人格权）和一般人格权，这是德国民法中，特别在德国判例中使用的说法。这种说法说明的是德国人格权的发展，并不能作为我们讲人格权时对人格权的分类。所以我们不要这两个概念”[②]。本书认为，第九百九十条是抽象意义上的人格权，也可以认为是德国法上的一般人格权。

目前，《宪法》在民法领域并没有直接的适用效力，即法院判案子不能用宪法。《最高人民法院关于以侵犯姓名权的手段侵犯宪法保护的公民受教育的基本权利是否应承担民事责任的批复》规定：“根据本案事实，陈晓琪等以侵犯姓名权的手段，侵犯了齐玉苓依据宪法规定所享有的受教育的基本权利，并造成了具体的损害后果，应承担相应的民事责任。”[③] 本司法解释被认为是中国“宪法司法化”的第一案，但 2008 年该司法解释因“已停止适用”而被最高人民法院废止。

二是行政法。人格权编是否规定了行政法条款？目前来看，中国民法典是一部公、私法融合的民法典。物权编有关于不动产登记、征收征用的规定，合同编有关于经批准的合同的规定，婚姻家庭编有关于收养登记的规定，本编也有类似相关规定。崔建远指出，民法依其本质属性明显地区别于行政法，但因市场经济先天地带有弱点，如其自身无法阻止垄断、不正当竞争等，行政法适当介入，与民法衔接和配合势所必然，中国民法尤其如此。[④] 其实，公、私法

---

① ［日］五十岚清：《人格权法》，铃木贤、葛敏译，北京大学出版社 2009 年版，第 7 页。

② 谢怀栻：《论民事权利体系》，载《法学研究》1996 年第 2 期。

③ 该规定 2008 年 12 月 24 日被《最高人民法院关于废止 2007 年底以前发布的有关司法解释（第七批）的决定》废止。

④ 崔建远：《编纂民法典时务必注意行政因素》，载《国家行政学院学报》2018 年第 1 期。

分类是手段，不是目的，而社会生活是复杂多样的，这个分类在面对复杂事情时，会降低效率和民事主体的获得感。中国民法典的公、私法结合立法模式具有中国特色和比较优势。在人格权编，公、私法结合条款表现在如下几个方面：

行政许可条款。第一千零八条第一款规定："为研制新药、医疗器械或者发展新的预防和治疗方法，需要进行临床试验的，应当依法经相关主管部门批准并经伦理委员会审查同意，向受试者或者受试者监护人告知试验目的、用途和可能产生的风险等详细情况，并经其书面同意。"本条是个公、私法混合规则条款，一方面有"批准"的行政许可规定。本法概括性地设定了人体试验的行政许可。在实施层面，似需要制定或者修改特别法加以落实该条款。另一方面有"受试者或者受试者监护人书面同意"的民法条款。

行政确认条款。比如，本法规定，民事主体决定、变更自己的姓名、名称，或者转让自己的名称的，应当依法向有关机关办理登记手续，但是法律另有规定的除外。这里的登记是行政确认行为。1994 年，《公司登记管理条例》正式创设了企业名称预核准的行政许可。目前，国务院已经决定取消该许可，改为行政确认。类似的还有物权登记、婚姻登记、收养登记等。

公法人义务条款。第一千零三十九条规定："国家机关、承担行政职能的法定机构及其工作人员对于履行职责过程中知悉的自然人的隐私和个人信息，应当予以保密，不得泄露或者向他人非法提供。"这一条针对个人信息泄露的社会问题，明确了公法人的保密义务。在审议中，曾有意见表示，该条是公法条款，建议删除。

三是刑法。刑法打击违法行为的力度最大，是保护民事主体人格权的终极手段。我国《刑法》专设侵害他人人身权利、民主权利一章保护人格权，包括侵害他人生命、健康的犯罪（故意杀人罪、过失致人死亡罪、故意伤害罪、组织出卖人体器官罪、雇用童工从事危重劳动罪、刑讯逼供罪、暴力取证罪、虐待被监管人罪），侵害性自主权的犯罪（强奸罪、强制猥亵侮辱罪、猥亵儿童罪），侵害他人人身自由权（非法拘禁罪、绑架罪、拐卖妇女儿童罪、收买被拐卖的妇女儿童罪、聚众阻碍解救被收买的妇女儿童罪、强迫劳动罪）的犯罪，侵害他人名誉权、隐私权、婚姻自主权的犯罪（诬告陷害罪、非法搜查罪、非法侵入住宅罪、侮辱罪、诽谤罪、侵犯通信自由罪、私自开拆隐匿毁弃邮件电报罪、侵犯公民个人信息罪、暴力干涉婚姻自由罪），此外，还有盗窃、侮辱、故意毁坏尸体、尸骨、骨灰罪，报复陷害罪，强迫卖淫罪，传播性病罪，等等。从内容上来看，基本涵盖了人格权编的权利类型，人格权编没有规定的权利类型，刑法也提供了比较明确的保护。从这一角度来看，人格权编仍有进一步完善的空间。

一般来讲，刑法承认保护的民事权利，应该首先由民法规定。《民法通则》《侵权责任法》都没有规定人身自由权、性自主权、信用权等，但《刑法》第二百三十六条规定了强奸罪，第二百三十七条规定了强制猥亵、侮辱罪，第二百三十八条规定了非法拘禁罪。经查民法典，信用权没有作为独立的权利类型，而是直接纳入名誉权中予以保护。虽然规定了性骚扰，但有关条款是从保护的角度规定的，性自主权也并没有像生命权等一样明确作为独立的权利类型，如果从解释上来看，有两种方案：一是将其作为健康权“身心健康”的内容，从而扩张解释健康权，认为健康权包括性自主权，但德国等世界多个国家都规定了性自主权是独立的权利类型；二是将其作为非典型人格权益，将第九百九十条第二款作为请求权基础，具体可以通过法律解释的方式予以明确。

在比较法上，刑法还可以通过民法的转介条款，与民法制度结合起来保护人格权。比如，《德国民法典》第八百二十三条第二款规定：“违反以保护他人为目的的法律者，负相同的义务。如果根据法律的内容并无过失也可能违反此种法律的，仅在有过失的情况下，始负赔偿义务。”[①] 根据此条，违反以保护他人为目的的德国其他部门法，可以被认定为具有侵权法上的违法性，刑法等其他部门法也因此可以成为人格权的法源。《德国民法典》没有规定隐私权，但《德国刑法典》[②] 第十五章“侵害私人生活和秘密”中规定了特殊职业主体侵害他人隐私，其详尽地列举了这些职业主体的种类：医师、牙医、兽医、药剂师或者其他经过国家规定的培训始可执业的医护人员；国家承认的科学的结业考试合格的职业心理学家；律师、办理专利问题的律师、公证人、诉讼程序中的辩护人、经济审查人、宣誓的账簿审查人、税务顾问、税务代理人或者律师公司、专利代理公司、经济审查公司、账簿审查公司或者税务顾问公司的机关或其成员；婚姻顾问、家庭顾问、教育顾问或青年问题顾问，以及由官方或团体、

① 《德国民法典》，郑冲、贾红梅译，法律出版社 2001 年版。

② 《德意志联邦共和国刑法典》，徐久生译，中国政法大学出版社 1991 年版。

其他机构或公法上的财团法人所承认而设立咨询机构之成员或顾问；国家承认的社会工作人员或社会教育人员；私营的疾病、事故或人寿保险机构的职员，或私人医生的结算机构的职员；公务人员；等等。对于侵害他人隐私权的，可以适用上述规定获得民事救济。

法条关联

◆《宪法》

第三十七条 中华人民共和国公民的人身自由不受侵犯。

任何公民，非经人民检察院批准或者决定或者人民法院决定，并由公安机关执行，不受逮捕。

禁止非法拘禁和以其他方法非法剥夺或者限制公民的人身自由，禁止非法搜查公民的身体。

第三十八条 中华人民共和国公民的人格尊严不受侵犯。禁止用任何方法对公民进行侮辱、诽谤和诬告陷害。

◆《刑法》

第二百三十六条 以暴力、胁迫或者其他手段强奸妇女的，处三年以上十年以下有期徒刑。

奸淫不满十四周岁的幼女的，以强奸论，从重处罚。

强奸妇女、奸淫幼女，有下列情形之一的，处十年以上有期徒刑、无期徒刑或者死刑：

（一）强奸妇女、奸淫幼女情节恶劣的；

（二）强奸妇女、奸淫幼女多人的；

（三）在公共场所当众强奸妇女的；

（四）二人以上轮奸的；

（五）致使被害人重伤、死亡或者造成其他严重后果的。

第二百三十七条 以暴力、胁迫或者其他方法强制猥亵他人或者侮辱妇女的，处五年以下有期徒刑或者拘役。

聚众或者在公共场所当众犯前款罪的，或者有其他恶劣情节的，处五年以上有期徒刑。

猥亵儿童的，依照前两款的规定从重处罚。

第二百三十八条　非法拘禁他人或者以其他方法非法剥夺他人人身自由的，处三年以下有期徒刑、拘役、管制或者剥夺政治权利。具有殴打、侮辱情节的，从重处罚。

犯前款罪，致人重伤的，处三年以上十年以下有期徒刑；致人死亡的，处十年以上有期徒刑。使用暴力致人伤残、死亡的，依照本法第二百三十四条、第二百三十二条的规定定罪处罚。

为索取债务非法扣押、拘禁他人的，依照前两款的规定处罚。

国家机关工作人员利用职权犯前三款罪的，依照前三款的规定从重处罚。

第二百四十五条　非法搜查他人身体、住宅，或者非法侵入他人住宅的，处三年以下有期徒刑或者拘役。

司法工作人员滥用职权，犯前款罪的，从重处罚。

◆《治安管理处罚法》

第二十七条　有下列行为之一的，处十日以上十五日以下拘留，可以并处一千元以下罚款；情节较轻的，处五日以上十日以下拘留，可以并处五百元以下罚款：

（一）组织、教唆、胁迫、诱骗、煽动他人从事邪教、会道门活动或者利用邪教、会道门、迷信活动，扰乱社会秩序、损害他人身体健康的；

（二）冒用宗教、气功名义进行扰乱社会秩序、损害他人身体健康活动的。

第四十条　有下列行为之一的，处十日以上十五日以下拘留，并处五百元以上一千元以下罚款；情节较轻的，处五日以上十日以下拘留，并处二百元以上五百元以下罚款：

（一）组织、胁迫、诱骗不满十六周岁的人或者残疾人进行恐怖、残忍表演的；

（二）以暴力、威胁或者其他手段强迫他人劳动的；

（三）非法限制他人人身自由、非法侵入他人住宅或者非法搜查他人身体的。

第四十三条　殴打他人的，或者故意伤害他人身体的，处五日以上十日以下拘留，并处二百元以上五百元以下罚款；情节较轻的，处五日以下拘留或者五百元以下罚款。

有下列情形之一的，处十日以上十五日以下拘留，并处五百元以上一千元以下罚款：

（一）结伙殴打、伤害他人的；

（二）殴打、伤害残疾人、孕妇、不满十四周岁的人或者六十周岁以上的人的；

（三）多次殴打、伤害他人或者一次殴打、伤害多人的。

案例评议[①]

邱少华诉孙杰、加多宝（中国）饮料有限公司一般人格权纠纷案[②]

◆ **评议**

人格贬损和侮辱，属于故意的侵权行为。对于网络名人的这种侵权行为，网络服务提供商有安全港规则予以保护，但是对于像红旗一样的侵权行为，是为安全港规则的例外。民法典在网络侵权部分进一步完善了《侵权责任法》第三十六条的规定，完善了通知删除规则、错误通知的赔偿责任等。

深度研讨

本部分检讨人格权二元性背景下的客体理论。对人格权客体的认识，决定了对人格权本质的认识。

关于民事权利的客体，我国民法理论界一般认为，民事权利客体是指民事权利所指向的对象，即民事权利的利益载体。其中，物是物权的客体。行为为债权的客体。知识产品，有的也称为人的精神创造物或智力成果，是知识产品权的客体。人格利益是人格权的客体。[③] 上述理论最为特殊的就是人格权的客体——人格利益。如果“民事权利客体是民事权利的利益载体”，那么人格利益就成为人格权的利益载体。这样，这句话的主谓宾就成了“利益是利益载体”。而“客体是民事权利的利益载体”这一前提是没有问题的。那么，问题

① “案例评议”中的完整案例详情，请按照封面前勒口处的操作步骤，登录数据库逐一查阅，全书同。

② 最高人民法院公布四起保护英雄人物人格权益典型案例。

③ 郭明瑞主编：《民法》，高等教育出版社 2003 年版，第 85 – 87 页。梁慧星：《民法总论》，法律出版社 2001 年版，第 57 页。

一定就是“人格利益是人格权客体”的这一学术通说。

一、人格权客体理论检讨

关于人格权的客体理论，我国学术界其实一直存在着两种不同的学说：人格要素说和人格利益说，人格利益说在客观上占据主流。

（一）人格要素说

人格要素说是我国20世纪80年代末90年代初提出的一种重要学说。张俊浩认为，人格权是自然人对其自身主体性要素及其整体性结构的专属性支配权。① 当然，其他学者也在同一时期提出了类似的主张。② 也有学者介绍了日本著名学者鸠山秀夫的类似观点，人格权是以自己的人格范围的构成因素如生命、身体、健康、名誉、自由、姓名、肖像等为客体的权利。③ 这种学说没有在我国民法学界取得主流地位。

在我国制定民法典的大背景下，部分学者再次主张人格要素应该成为人格权的客体。比如，“人格权是以主体自身的要素为客体的权利，在其主体为自然人的情形，人格权为自然人因出生而终身享有，不能移转于他人，法律另有规定的，不在此限”④。马俊驹认为，由于“人格利益”概念本身的模糊性和对于人格理论的依赖性，人格利益作为人格权法律关系之客体具有根本性的缺陷。无论是从当代法学之哲理基础还是从社会历史发展的现实来看，人格要素都是独立于法律上的主体的，因此人格要素作为人格权、人格权法律关系之客体，不仅不存在障碍，而且具有重大的理论与现实意义。⑤ 李永军认为，人格权是自然人具有的、对于“人之所以为人”的那些属性所享有的排他性绝对权（而非绝对支配权）。⑥

（二）人格利益说

人格利益说在我国民法理论中居于主导地位。1948年，龙显铭先生提出，人格权谓与人之人格相始终而不能分离之权利，亦即以人格的利益为内容之权利，

---

① 张俊浩主编：《民法学原理》，中国政法大学出版社2000年版，第137页。

② 马原主编：《中国民法教程》，人民法院出版社1989年版，第486页。

③ [日] 鸠山秀夫：《日本债权法各论》，第869页。转引自王利明主编：《人格权法新论》，吉林人民出版社1994年版，第9页。

④ 徐国栋主编：《绿色民法典草案》，社会科学文献出版社2004年版，第83页。

⑤ 马俊驹：《从人格利益到人格要素》，载《河北法学》2006年第10期。

⑥ 李永军：《民法总论》，法律出版社2005年版，第236页。

如生命权、身体权、自由权、名誉权等是。[①] 这可能是人格利益说的最早主张。此后人格利益说在我国表现为精神利益说、人格利益说和法定人格利益说。

精神利益说认为，人身权法律关系是以特定的精神利益为客体的。[②] 所谓人格权是以人的品性、名誉、声望、形象等纯精神利益为保护对象的人身权。[③]

人格利益说认为，人格权是权利主体所享有的行为与精神活动的自由和完整，它的基本点在于人的社会性，在法律上则表现为权利主体自身在动态方面的安全，因此，人格权便是以与财产权、人身权不同的人格利益为基础的权利。[④] 人格权是指主体依法固有的，以人格利益为客体的、为维护主体的独立人格所必备的权利。[⑤] 人格权者，存于权利人自身上之权利也，乃以权利人自己人格利益之享受为标的，此等权利不得让与或抛弃。[⑥]

法定人格利益说借鉴了德国理论，进一步改进了精神利益说，提出了法定人格利益说，认为无形利益为人身权的客体，但其他权利也包含无形利益。如果将无形利益作为人格权的客体，未免过于宽泛且不具体，因而，应是法定的无形人格利益。该法定无形利益没有外在的实体形态，不是以物、行为等方式表现，而是体现与人格有密切联系的利益。如身体、健康、生命的安全，精神活动的自由与完整，个人尊严的享有与社会评价的公正获得等，都属于一种无形的利益。[⑦]

人格利益说提出之后，逐渐成为民法学界的支配学说，为许多重要学者、重要法学教材所主张。比如，谢怀栻先生认为，人格权是以权利者的人格的利益为客体（保护对象）的民事权利。[⑧] 梁慧星指出，所谓人格权指存在于权利人自身人格上的权利，也就是以权利人自身的人格利益为标的的权利。[⑨] 杨立新指出，人格权是指民事主体专属享有，以人格利益为客体，为维护其独立人

---

① 龙显铭：《私法上人格权之保护》，中华书局1948年版，第1页。

② 郑立：《关于人身权概念的思考》，载《法律学习与研究》1995年第1期。

③ 郭明瑞、房绍坤、唐广良：《民商法原理（一）：民商法总论·人身权法》，中国人民大学出版社1999年版，第352页。

④ 申政武：《论人格权及人格损害赔偿》，载《中国社会科学》1990年第2期。

⑤ 王利明主编：《人格权法新论》，吉林人民出版社1994年版，第10－11页。

⑥ 刘春堂：《判解民法总则》，三民书局1993年版，第17页。

⑦ 王利明主编：《人格权法新论》，吉林人民出版社1994年版，第23－24页。

⑧ 谢怀栻：《论民事权利体系》，载《法学研究》1996年第2期。

⑨ 梁慧星：《民法总论》，法律出版社2001年版，第112－113页。

格所必备的固有权利。[①] 李锡鹤认为，人格是一种资格，不能成为利益主体。人格不存在利益问题。对于主体来说，存在人身利益，不存在人格利益。[②]

当然，除了这两种学说之外还存在人格权客体否认说。比如，黄立认为，事实上仅得物为权利客体，他人或者自身则否。[③]

（三）人格权客体理论检讨

马俊驹指出，人格利益说的错误之处在于混淆了权利的客体与权利的目的之间的区别。利益乃权利之"目的"所在，是权利作用于客体所达到的效果，而不应当是权利的客体本身。"人格利益"的本质是人格权、人格权法律关系之结果，将之界定为人格权、人格权法律关系之构成要素，有倒果为因之嫌疑。[④] 正是因为客体和目的的混淆才导致了矛盾。人格利益说还有一个缺陷就是"人格利益"过于模糊，不像"物"那样给人以直观的感性认识。正是因为人格利益的模糊性，有关人格权的权能理论、人格权的变动规则等问题都因此而难以在人格权法领域顺利展开。人格要素说厘清了主体人格理论与人格权法律关系之间的体系界限，理顺了法律关系客体理论在权利类型体系中的一贯性，为人格权在民法典上寻求独立的体系地位奠定了坚实的基础，同时也澄清了长久以来人们对于人格权法律关系与主体人格理论之间的含混认识。[⑤]

简而言之，人格要素说的具体化符合民事权利客体的要求，有利于我们理解人格权的本质，增强民事权利客体理论在人格权领域的适用性，深化民法总则中的法律行为理论等制度。

二、"抽象物"的知识产权客体与"法律拟制货物"的人格权客体

在知识产权领域，学者一般将知识财产作为"抽象物"（abstract objects）来看待。按照澳大利亚学者德拉贺斯的说法，它"依赖于人类精神生活而存在，是由人类思想添附于有形世界之上而产生的物"。它不具有真实形体而是抽象存

---

① 杨立新：《人身权法论》，人民法院出版社2006年版，第75－76页。王利明和杨立新撰写的民法典人格权法专家建议稿坚持了人格利益说。参见王利明主编：《中国民法典学者建议稿及立法理由：人格权编·婚姻家庭编·继承编》，法律出版社2005年版，第16页。

② 李锡鹤：《民法哲学论稿》，复旦大学出版社2000年版，第193页。

③ 黄立：《民法总则》，中国政法大学出版社2002年版，第72页。

④ 马俊驹：《从人格利益到人格要素》，载《河北法学》2006年第10期。

⑤ 马俊驹：《从人格利益到人格要素》，载《河北法学》2006年第10期。

在的物。① 德拉贺斯主张的抽象物的观念是一种法律拟制，作为知识产权法律关系指向的对象，由于人们多受类物思维（thinglikeness）的影响，抽象物的拟制为法律的思考和交流带来了很大的方便。②

在历史上，学者们也曾经对人格权的客体进行了“类物思考”，进而提出了人格权的客体为“法律拟制货物”说。《大清民律草案》总则、债权和物权的起草者之一松冈义正认为生命、身体、名誉等都是维持人格所必需的法律上拟制的货物，人格权是支配这些法律货物的权利，即人格权为“支配不得与人格分离之法律货物之权利也。不得与人格分离之法律货物，即为维持人格所必要之事项。若其缺之，人格即消灭，不能视为人之存在。如生命、身体、名誉、自由、氏名及商号等是也”③。后来该观点至少在20世纪60年代仍然具有很大的影响力。陈民认为，人格权是与人之人格相始终而不能分离之权利，即以就人格的货物所有利益为内容之权利。④

这一“法律拟制货物”说带有明显的罗马法痕迹。罗马法是以物核心（而不是以权利）建构民法制度的。所谓法律拟制的货物当然并不是真正的货物，其只不过是通过与物权的客体“物”的类比，实现民事权利客体制度的统一化。由于“货物”一词本身已经不能概括现代物权法的客体“物”，因此，“人格物”这一法律拟制的人格权客体更符合现代社会。“人格物”这一词同时概括了人格权的伦理性和财产性，体现了较强的张力。

三、“人格物”作为人格权客体的科学性

（一）能够适应社会基础日新月异的变化

美国未来学家阿尔温·托夫勒指出人类的历史可以分为“三次浪潮”：第一次浪潮，人类进入了农业时代；第二次浪潮始于18世纪，人类进入了工业社

---

① Peter Drahos, A Philosophy of Intellectual Property, Dartmouth Publishing Company Limited, 1996, p. 17.

② 余九仓：《知识产权的工具论》，载刘春田主编：《中国知识产权评论（第一卷）》，商务印书馆2002年版，第382页。

③ ［日］松冈义正：《京师法律学堂笔记 民法总则》，1911年，第127－128页。转引自俞江：《近代中国民法学中的私权理论》，北京大学出版社2003年版，第164－165页。

④ 陈民：《论人格权》，载郑玉波主编：《民法总则论文选辑（上册）》，五南图书出版有限公司1984年版，第353页。

会；第三次浪潮是信息社会，信息技术成为人类发展的强大动力。[①] 信息社会以无所不入的互联网、不断突破主客体对立格局的生物科技、铺天盖地的大众媒体、日益膨胀的公共权力为特点，这些都在客观上促使人格要素财产化的程度不断加深，人在客观上不断被“物化”，“人格物”的事实不断加深。

（二）有利于建立人格权的变动制度

大多数“人格物”都存在不同程度的财产化问题，这种财产化具有普遍性。人格要素的二元性渐渐地主导人格权问题。因此，当出现人格要素商品化问题时，财产法的规则不可避免地要对其进行调整。这样，“人格物”的提法顺应了财产法规则的适用现实。同时，有利于促进法律行为制度在人格权领域的推行，并进而深化法律行为制度。

（三）有利于促进民事权利客体制度统一化

民法总则制度建立目的就是“提取公因式”，与其将人格要素与其他民事权利客体并列，倒不如将“人格物”作为人格权客体的概括，如果再将知识产权的客体概括为类似“精神创造物”“抽象物”的提法，那么作为民法总则的民事权利客体制度的统一化就变得更加顺畅，也更容易为人所理解。

第九百九十条 【一般规定】

人格权是民事主体享有的生命权、身体权、健康权、姓名权、名称权、肖像权、名誉权、荣誉权、隐私权等权利。

除前款规定的人格权外，自然人享有基于人身自由、人格尊严产生的其他人格权益。

本条来源

《民法通则》虽然规定了专节“人身权”，主要规定的是具体人格权类型，没有规定什么是人格权，但第一百零一条规定：“公民、法人享有名誉权，公民的人格尊严受法律保护，禁止用侮辱、诽谤等方式损害公民、法人的名誉。”此

① ［美］阿尔温·托夫勒：《第三次浪潮》，朱志焱等译，生活·读书·新知三联书店 1983 年版，序言。

后，《精神损害赔偿司法解释》第一条提到了“人格权益”，但没有规定什么是人格权。《2002 年民法草案》人格权法第一条规定：“自然人、法人享有人格权。自然人的人格权包括生命健康、姓名、肖像、名誉、荣誉、信用、隐私等权利。法人的人格权包括名称、名誉、荣誉、信用等权利。”第二条规定：“自然人、法人的人格尊严和人身自由不受侵犯。”《侵权责任法》第二条没有直接规定人格权。《民法总则》第一百零九条也是列举规定，没有规定什么是人格权。

立法演变

《大清民律草案》“人格保护”一节第五十一条规定：“人格关系受侵害者，得请求摒除其侵害。前项情形以法律特别规定者为限，请求损害赔偿或慰抚金。”① 同时，立法理由提出：“谨按：人格权为凡人所享有之私权，至其意义，古来学说甚多。然以人格权为对于己身之权利，以关于生命、身体、名誉、自由、姓名、身份及能力等之权利，均为人格权，是为近今之通说。人格权保护之方法，以法文明示之，实际上颇为适宜，故设本节之规定。”这一时期，权利能力、人格和人格权还混同在一起，立法强调主体与人格、人格权的不可分离性。余棨昌起草《民国民律草案·总则编》时直接使用了“人格权”，第十八条规定：“人格权受伤害者，得请求摒除其伤害。前项情形，以法律有特别规定者为限，得请求损害赔偿或慰抚金。”② 在立法理由书中，定义人格权为“于权利人自身上所存之权利也”。人格权被侵害的具体内容则包括“生命、身体、名誉、自由、姓名、身份及能力等”③。综合来看，《大清民律草案》受德、日、瑞士民法典影响明显，但《民国民律草案》已经超越了上述经典民法典的规定，即从人格保护到人格权保护，并立法明确承认人格权，从这点来看，当时的起草者对人格权的认识是具有世界级视野的。

在立法过程中，有意见提出，人格权是人格权编中的核心概念，建议对这一概念的定义予以界定，明确哪些权利属于人格权。据此，三审稿第七百七十四条中增加了第一款。

---

① 《大清民律草案·民国民律草案》，杨立新点校，吉林人民出版社 2002 年版，第 8 页。

② 《大清民律草案·民国民律草案》，杨立新点校，吉林人民出版社 2002 年版，第 205 页。

③ 俞江：《近代中国民法学的私权理论》，北京大学出版社 2003 年版，第 166－168 页。

条文释义

人格权是人格权编中的核心概念，但本法并没有对此作出界定，以保持开放性，为未来新出现的人格权类型留有足够的空间。对比《民法总则》，本条的主要变化是删除了婚姻自主权，同时，改变《民法总则》第一百零九条规定的表达方式，规定非典型人格权的兜底条款，给时代发展和解释留下了足够的空间，体现了较强的立法技术。

一、人格权的概念

在学理上，不少学者对人格权作出自己的界定。《大清民律草案》总则、债权和物权的起草者之一松冈义正认为，生命、身体、名誉等都是维持人格所必需的法律上拟制的货物，人格权是支配这些法律货物的权利，即人格权为"支配不得与人格分离之法律货物之权利也。不得与人格分离之法律货物，即为维持人格所必要之事项。若其缺之，人格即消灭，不能视为人之存在。如生命、身体、名誉、自由、氏名及商号等是也"。① 龙显铭认为，"人格权乃谓与人之人格相始终而不能分离之权利，亦即以人格的利益为内容之权利，如生命权、身体权、自由权、名誉权等是"。② 梅仲协认为，"按人格权一语，系德国学者所创设，据 Egger 氏之解释，凡保证吾人能力所及，对于第三人得以享受之权利，无论为精神的、道德的或经济的关系，其与吾人生存上不可分离者，均属之，例如生命、健康、贞操、秘密、姓名、信用及劳动力是"。③ 王利明认为，人格权是民事主体依法支配其人格利益并排除他人侵害的、以维护和实现人格尊严和人身自由为目的的权利。④ 杨立新认为，人格权是指民事主体专属享有，以人格利益为客体，为维护其独立人格所必备的固有权利。⑤ 张俊浩认为，人

---

① ［日］松冈义正：《京师法律学堂笔记 民法总则》，1911 年，第 127 – 128 页。转引自俞江：《近代中国民法学中的私权理论》，北京大学出版社 2003 年版，第 164 – 165 页。

② 龙显铭：《私法上人格权之保护》，中华书局 1958 年版，第 1 页。

③ 梅仲协：《民法要义》，中国政法大学出版社 2000 年版，第 61 页。

④ 王利明：《人格权重大疑难问题研究》，法律出版社 2019 年版，第 9 页。

⑤ 杨立新：《人格权法》，法律出版社 2015 年版，第 39 页。类似表述见王利明主编：《人格权法新论》，吉林人民出版社 1994 年版，第 10 页。人格权是指主体依法固有的，以人格利益为客体的，为维护主体的独立人格所必备的权利。

格权是自然人对其自身主体性要素及其整体性结构的专属性支配权。[①] 北京高院判决书认为，人格权是以民事主体依法享有的人格利益为客体，以维护和实现人格平等、尊严、自由为目的的权利。[②]

上述学说反映了不同学者对于人格权的理解。《民法总则》第一百一十四条第二款规定："物权是权利人依法对特定的物享有直接支配和排他的权利，包括所有权、用益物权和担保物权。"对比该表述方式，本书认为，人格权是民事主体依法对自身享有的人身自由、人格尊严方面的支配和排他的权利，包括但不限于生命权、身体权、健康权、姓名权、名称权、肖像权、名誉权、荣誉权、隐私权等权利。

传统理论认为，专属性、固有性、必备性、排他性、支配性、法定性、精神性等是人格权的特点。这些认识是适用人格权法的理论基础。本书认为，与物权的纯粹"物"性不同，人格权体现了"人之为人"的伦理属性，但姓名、肖像、隐私、个人信息等日益呈现出浓郁的财产属性。人格权的伦理属性和财产属性仿佛太极之阴阳两仪，在相对平衡的状态下，构成统一了人格权，人格权的法律规则必须具体结合每一个人格权的类型，进行利益衡量。据此，人格权的伦理性居于主导地位，除此之外还呈现以下特点：

1. 有限的财产性。人格权首先是维护和实现人的精神利益的权利。苏俄、东欧民法典中关于人格权的表述，经常表述为人身非财产权。《民法通则》之前的学说，经常将人格权的基本属性概括为非财产权。但这一基本特点先是被侵害人格权的精神损害赔偿撕开了一个口子，然后又被人格权商品化所进一步打破。不同的人格权财产性表现并不相同。受人格要素的属性和不同国家监管尺度的影响，人格权的非财产性强弱表现各有不同，比如荷兰、德国允许性交易，则性自主权呈现出财产性特点，在禁止性交易的国家，性自主权呈现出纯粹的伦理性特点。但是，世界各国普遍承认姓名、肖像、声音、隐私等方面具有财产属性，而姓名、肖像、声音、隐私等尚不能被认定为物权法意义上的"物"。法人等团体的名称权、名誉权、信用权则财产属性更强一些。需要强调

① 张俊浩主编：《民法学原理》，中国政法大学出版社2000年版，第137页。

② 上海第九城市信息技术有限公司等与迭戈·阿曼多·马拉多纳等肖像权纠纷二审民事判决书，(2013)高民终字第3129号。

的是，人格权的财产属性在位阶上低于人格权的精神利益，人格权的财产利益也要服从于“人身自由、人格尊严”这一目的。

2. 有限的支配性。人格权是一种支配权，但这种支配权因为“人格权是对人自身权利”的特殊性而受到影响，比财产权更多地受法律和公序良俗原则的约束，具体表现在处分的利益类型和处分方式等方面。比如，世界卫生组织明确宣布，人体器官交易不符合人类的基本价值观，违反了世界人权宣言和该组织的最高准则。法律不仅禁止器官买卖，还规定除了在特殊的场合，如拳击等竞技运动中和为社会公共利益、他人利益等献身行为，禁止处分自己的器官或组织，如自残、轻生行为。① 关于人格权的支配性，参见前条“享有”方面的阐述。

3. 宽松的固有性。通常来讲，人格权与权利主体存在同期性，主体在，则人格权在，主体消亡，则人格权消灭，财产权不具有这一特点。人格权商品化一定程度改变了人格权固有性的特点，一方面，人格权的财产价值并不是随着主体出生就具有的，而是随着自然人的名气、地位等因素逐步显现的；另一方面，自然人生前可以把自己姓名、肖像中的财产利益概括授予他人，在该自然人死亡后，其姓名、肖像中的财产利益可以不因死亡而消亡，有国家承认该财产利益的继承权，人格权与主体之间的不可分割性被有限度地突破。

4. 宽松的法定性。人格权是一种法定权利，其类型、内容、效力、行使方式、救济方式等都由民法加以法定化。② 人格权是绝对权，不能以当事人的意思自由创设或排除法律的适用。但是在类型和内容方面，人格权的法定性远远低于物权。人格权是一个开放性的权利体系，随着社会生活的发展，会不断有新的人格权类型得以典型化。有学者认为，所谓法定性，是指人格权的种类及侵害人格权的侵权行为形态原则上由法律规定。人格权必须像物权一样奉行法定主义原则。③ 本编并没有像物权一样规定严格的人格权法定原则——“人格权的种类和内容由法律规定”。相反，无论是从本条第一款的“等”，还是第二款来看，我国民法典规定的人格权允许“其他人格利益”的存在，这体现了宽松的法定性。

---

① 宗晓虹、钟和艳：《器官移植的人身权问题研究》，载《重庆大学学报（社会科学版）》2004 年第 2 期。

② 王利明：《人格权重大疑难问题研究》，法律出版社 2019 年版，第 25 – 27 页。

③ 姚辉：《人格权法论》，中国人民大学出版社 2011 年版，第 53 页。

二、人格权与财产权关系

（一）人格权与财产权的联系

人格权和财产权的联系非常密切，甚至这种联系在很多情况下会湮没两者之间的区别。正如德国法学家施瓦布所指出的，人的人格发展和经济活动并不是截然分开的，而是在很大程度上相辅相成的。没有经济财产，人就不能生存；人所能支配的经济财产越少，生存的机会就越少，人格权的实质内容也就越少。人在相当可观的程度上恰恰是通过其财产而获得发展，最明显的是通过拥有消费品而获得发展。从另一方面来看，与人最密切相关的生存表现鲜有不带经济特色的，正如劳动所最为清楚地予以证明的那样。植根于人的人格特性之中的那些价值，在特定程度上可以成为交换往来的客体（以工资交换劳动力；以酬金交换对一部文学作品的著作权的使用）。① 总之，人格权是享有财产权的基本前提，财产权是人格权的行使保障。②

1. 人格权和财产权共同构成主体的权利制度。权利主体、人格权和财产权三者密切联系，法国广义财产（总体财产）理论对说明它们之间的紧密关系具有很强的启发意义。

19 世纪法国著名学者奥布里和罗系统地阐释了广义财产的概念："广义财产由积极财产和消极财产组成。积极财产为财产之整体，亦即权利的总和；消极财产则为债务及负担。"奥布里和罗还进一步认为，所谓广义财产除了包括具有经济价值的权利之外，还包括人格权利。他们指出：人格与广义财产之间的关系是如此紧密，故人格权利实际上应当被包括于广义财产之中。为此，他们将人格权利称之为"天赋财产"，认为"就纯粹理论上讲，广义财产无区别地包括一切财产，尤其是天赋财产"。广义财产理论最为精妙之处，便在于将抽象的整体性财产与人格合为一体，从最为广阔的社会视角出发，揭示了人格与财产的统一性。③

广义财产理论和罗马法的概括继承制度非常接近。"广义财产（总体财产）"原文为"patrimoine"，原意为"祖产""遗产""家产""产业"以及

---

① ［德］迪特尔·施瓦布：《民法导论》，郑冲译，法律出版社 2006 年版，第 206 页。

② 黄良明：《论私法自治与民事法律行为》，http：//www. chinacourt. org/public/detail. php？id =232775，最后访问时间：2012 年 1 月 2 日。

③ 尹田：《无财产即无人格》，载《法学家》2004 年第 2 期。

“父亲向儿子转移其遗产”等。这个词在英文中表述为“patrimoiny”，意思为祖传财产（亦称世袭财产；继承财产，家庭世代相传下来的财产；又指宗教会所基金）[①]，可折合货币计算的所有遗产。[②] 在这种“祖产”“可折合货币计算的所有遗产”的前提下，法国学者认为其包含了人格权利的要素当然也符合了这个词汇的原始含义。如果结合德国学者关于“人格体”的论述，“patrimoine”这种不占据法国民法主流并被逐渐摒弃的理论，很有可能来源于罗马法的概括继承制度。而这种继承不仅包括了财产继承，也包括了人格继承与身份继承。有学者认为，广义财产理论明晰地揭示了财产与人格的联系，将个人拥有的抽象意义上的全部财产视为其人格的自有之物而非派生之物或者异己之物。[③] 或许，广义财产理论最终揭示的是权利主体、人格权、财产权这三者之间的关系。正是广义财产理论借助人格继承、身份继承和概括继承制度，实现了人格权与财产权的统一，即人格权和财产权都是权利主体享有权利的组成部分。人格权和财产权都是实现人的本质目的的规范手段。

其实，这一点还可以从民法调整对象的法典演变史得出结论。中国及苏联、东欧社会主义国家，民法的调整对象经历了一个从一定范围的财产、人身关系到商品货币形式引起的财产关系与人身关系，再到平等的社会关系。[④] 这些变化表明立法者已经意识到民法是由财产权和人身权共同构成的，缺一不可。民法典建立的应该是整个社会均衡的激励结构——追求精神自由和财富增长。民法典不规定人格权就会造成激励机制的缺失——“见物不见人”。诚如韦伯所言，只有在具有一套恰当的价值观、公民美德和制度的条件下，企业家才会变得活跃起来。[⑤] 民法典将人身权和财产权同时作为调整对象有利于建立恰当的价值观、公民美德等道德意识，进而激活人的创造性和积极性，帮助社会成员形成良好的偏好，提高财产的运作效率，促进财产的增长，增强整个社会的活力。

2. 人格权和财产权具有共同的民法价值理念基础。罗马法的法律制度并不是以权利为核心，而是以物为核心进行建构的，实质意义上的人格权的诞生源

① 《英汉法律词典》，法律出版社 1999 年版，第 578 页。
② 宋雷主编：《英汉法律大辞典》，法律出版社 2005 年版，第 858 页。
③ 尹田：《无财产即无人格》，载《法学家》2004 年第 2 期。
④ 思真：《市民社会与中国民法典的调整对象》，载《法学论坛》2003 年第 6 期。
⑤ ［德］柯武刚、史漫飞：《制度经济学》，韩朝华译，商务印书馆 2000 年版，第 25 页。

于人类从身份到契约的社会变革。当权利主体摆脱身份束缚之后，个人主义在整个社会中占据了主流地位，社会逐渐产生以人格平等、人格独立、人格自由、人格尊严等人格价值的制度保护需求，这样保护精神价值的人格权制度应运而生。而与此同时，古老的财产权制度也因为个人主义而焕发了生机，与人格权的保护基础相一致的资本主义经济伦理迅速建立，并在后来的发展中不断得到强化。在此意义上，个人主义是现代人格权和财产权的共同基础。

一般来讲，一般人格权的内容包括了人格独立、人格平等、人格自由、人格尊严和人格发展。其实，这些人格价值是整个民法的基本理念，而不仅仅是人格权所独有的价值追求。试想，如果一种财产权缺少了上述价值的支持，其本身就能够获得正当性基础吗？“人不能从不法行为中获得利益”这一谚语说明了财产权必须具有合法基础。正是考虑到财产权的伦理价值，人类在进行财产权制度设计时，许多财产制度本身就体现了人类对于精神世界的追求。比如，契约中体现出来的主体资格平等、自主自愿的自由价值、后果自负的责任观念等这些建立在个人主义基础之上的现代民法规则。有学者甚至说到，如果说精神利益的实现多是建立在财产利益实现的基础上，这或许已是不需证明的公理性观念。①

3. 同人格权一样，财产权具有实现人格价值的功能。尽管启蒙自然法学家格劳秀斯认为，人是目的，而非手段，但在他的民法体系中，人格权还是被置于所有权阴影之下。② 这是因为民法在目的上是人法，但在内容上或者形式上仍然是财产法，民法仍然不得不更多地借助于财产权，通过财产权来实现人的终极价值。

以往我们更多关注人格权对于伦理价值的保护，因此往往忽视了财产权的伦理意义。实际上，财产权也能够彰显人格独立、人格平等、人格尊严、人格自由和人格发展的伦理价值。黑格尔认为，人有权把他的意志体现在任何物中，因而使该物成为我的东西；人具有这种权利作为他的实体性目的，因为物在其自身中不具有这种目的，而是从我意志中获得它的规定和灵魂的。这就是人对一切物据为己有的绝对权利。从自由的角度看，财产是自由的最初定在，它本身就是本质的目的。③ 按照黑格尔的观点，主体只有通过财产权制度才能将意

① 彭诚信：《私权的体系与层次》，载崔建远主编：《民法九人行（第三卷）》，法律出版社2007年版，第140页。

② 王利明：《论人格权的新发展》，载《法商研究》2006年第6期。

③ ［德］黑格尔：《法哲学原理》，范扬、张企泰译，商务印书馆1961年版，第52－54页。

志延伸到物当中，从而将外在物转换为主体意志的定在，最终实现人的本质目的。也正是在这个意义上，黑格尔说人格权本质上是物权。[①] 而耶林也说，我通过使之为我物，而给它打上了人格的印迹。因此，有人侵害之就是侵害我的人格。谁若殴打之，就是殴打含于其中的我自身——所有权无非是扩展到物之上的我的人格的外缘而已。[②] 没有自由，仍有可能具有某种形式的财产权，但是没有财产权，则自由是难以想象的。财产是自由的必要而非充分的条件。[③] 我国台湾地区“司法院大法官解释”的第四百号通过进一步解释宪法来肯定人格权的存在和价值，它指出财产权的保障和维护个人的尊严、自由是密切相关的，财产权受到保障是基于人格权而产生的。[④] 如果对物的所有权是建立在每一个人对他这个人以及对他的劳务的个人权利之上，那么他就不仅仅表现为外部的财产，而是也表现为人格的发展领域。经济活动自由只是一项人人皆有的含义甚广的权利——自由发展人格权——当中的一部分。人格的发展与经济的发展并不被构想为相互分离的领域。作为可资经济利用的权利样板的所有权，也被设想为属于人格自由实现这一领域。[⑤]

4. 同人格权一样，财产权能够影响人格价值的实现程度。财产的多寡通常会影响一个人的人格自我实现程度，财产的多寡也会成为衡量人成功与否的因素之一。对于财产权和所有权，在社会一般观念上，都至少实现着两个功能，其中一个就是人格实现功能。[⑥] 能够让人体面生活的财产利益，在这个意义上，财产利益中也包含着人的人格尊严价值。这也是财产权在终极意义上属于人权的最深层原因。[⑦]

从身份到契约的社会变革以来，强行法上的人格独立、人格平等已经为各

---

① ［德］黑格尔：《法哲学原理》，范扬、张企泰译，商务印书馆1961年版，第48页。

② ［德］鲁道夫·冯·耶林：《为权利而斗争》，胡宝海译，载梁慧星主编：《为权利而斗争》，中国法制出版社2000年版，第359页。

③ Richard Pipes, Property and Freedom, Alfred A · Knopf, New York, 1999, p. xiii, p. 282.

④ 陈聪富：《侵权行为法——人格权法之发展》，www. civillaw. com. cn/article/default. asp? id =26990，最后访问时间：2012年1月2日。

⑤ ［德］迪特尔·施瓦布：《民法导论》，郑冲译，法律出版社2006年版，第48－51页。

⑥ 吕英杰：《财产·人格·人格体》，载崔建远主编：《民法九人行（第三卷）》，法律出版社2007年版，第249页。

⑦ 彭诚信：《私权的体系与层次》，载崔建远主编：《民法九人行（第三卷）》，法律出版社2007年版，第143页。

国所普遍遵循。但一个人所拥有的财产的多寡仍然会影响人格自由和人格发展。正所谓“无恒产者无恒心；无恒产而有恒心者，唯士能为也”。并不是每个人都可以达到“士”的精神状态。如果一个人的财产数量有限，那么他就很可能为“五斗米而折腰”，进而放弃了他更高的精神追求，就像马斯洛所概括的，首先为稻粱谋，然后才能一步一个台阶逐渐满足自己的“自我实现”的精神追求。尹田指出，无财产的人格只是一张空头支票，无论自由也罢，安全也罢，尊严也罢，非以财产权的享有为基础不可。人格之中必须包含财产要素，才能使人格的阐释达到丰满。① 虽然牺牲人格尊严来换取财货为世人所不齿，但客观来讲，这种现象并不是不存在。“人格发展”在社会交往之外存在是无法想象的。而我们知道，人和人之间的社会交往都会或多或少伴随着财产交换。财产成为人们交往的基础。实际上，人格和财产构成两个巨大的、互相转换的利益领域，人们在其中通过社会交往而相遇。总的财产领域可以专属分配给一个人的有多么少，人格利益一般而论归纳为一个专属决定领域的可能性就有多么小。“人格发展”在社会交往之外存在是无法想象的。②

（二）人格权和财产权的区别标准检讨

人格权与财产权是民事权利最基本的分类之一。关于人格权与财产权的区别，学者已经从两者的调整对象、调整原则和调整方法、权利享有主体、权利客体、权利取得、权利性质、保护方式等方面做了较为详细的论述。③ 二者之间的根本区别在于：人格权具有很强的伦理性，而财产权则具有很强的功利性。④ 也正因为如此，财产权作为一种手段，其功能更多地表现为行为模式和外在资源的分配方式。⑤

1. 区别标准。

一是能否以金钱价值来衡量。人格权是不能以财产价值——金钱来衡量的（人的隐私、肖像值多少钱，是无法计算也不能计算出来的），财产权则是可以

---

① 尹田：《无财产即无人格》，载《法学家》2004 年第 2 期。

② ［德］迪特尔·施瓦布：《民法导论》，郑冲译，法律出版社 2006 年版，第 218 页。

③ 王利明：《人格权法研究》，中国人民大学出版社 2005 年版，第 49－63 页。

④ 王利明：《人格权法研究》，中国人民大学出版社 2005 年版，第 85 页。

⑤ 马俊驹、梅夏英：《我国未来民法典中设置财产权总则编的理由和基本构想》，www.civillaw.com.cn，最后访问时间：2012 年 1 月 2 日。

用金钱来计算的。[①] 该原则也经常表述为是否具有直接的财产内容，或者与财产利益相联系等。例如，财产权是一种具有物质财富内容、直接和经济利益相联系的民事权利。所有权、债权和继承权都是财产权。而人身非财产权是一种具有人身性质的并且和精神财富直接联系的民事权利。著作权、发明权、姓名权、商标使用权等都是人身非财产权。[②]

二是能否和主体相分离，权利可否转让和继承。国内外有很多学者都持这一观点，[③] 即与财产权不同，人格权是不可转让和继承的。[④] 法国民法典委员会确立的民法典草案第一百六十四条曾规定："人格权不能成为交易的标的。"[⑤]

三是客体不同。对"己身"的权利是人格权。对"外在物"的权利是财产权。1794 年，法国民法典起草者冈巴塞莱斯在第二个草案中，指出："对自己与社会而言，三件事是必须和充分的：成为自己的主人；有满足自身需求的财物；能够为其最大利益处分其人身和财物。因此，所有的民事权利都可以归结为自由权，所有权和契约权。"[⑥] 这里的自由权实际就是人格权，而所有权和契

---

① 王泽鉴：《民法学说与判例研究（第二册）》，中国政法大学出版社 1998 年版，第 241 页。王泽鉴：《民法总则》，中国政法大学出版社 2001 年版，第 85 页。王泽鉴在《民法总则》里区分财产权与非财产权的标准是标的物。

② 龙显铭：《私法上人格权之保护》，中华书局 1948 年版，第 1 页。胡长清：《中国民法总论》，中国政法大学出版社 1997 年版，第 40 页。[日] 鸠山秀夫：《日本债权法各论》，第 869 页，转引自中央政法干部管理学校民法教研室：《民法基本问题》，法律出版社 1958 年版，第 56－57 页。孟玉：《人身权的民法保护》，北京出版社 1988 年版，第 3 页。

③ 龙显铭：《私法上人格权之保护》，中华书局 1948 年版，第 1 页。[德] 卡尔·拉伦茨：《德国民法总论》，王晓晔等译，法律出版社 2003 年版，第 274 页。梅仲协：《民法要义》，中国政法大学出版社 1998 年版，第 34－35 页。佟柔、赵中孚、郑立主编：《民法概论》，中国人民大学出版社 1982 年版，第 26 页。佟柔主编：《民法原理》，法律出版社 1983 年版，第 34 页。王利明、郭明瑞、方流芳：《民法新论（上）》，中国政法大学出版社 1987 年版，第 128－129 页。佟柔主编：《中国民法》，法律出版社 1990 年版，第 38 页。马原主编：《中国民法教程》，中国政法大学出版社 1996 年版，第 80 页。梁慧星：《民法总论》，法律出版社 1996 年版，第 63－64 页。马俊驹、余延满：《民法原论（上）》，法律出版社 1998 年版，第 82 页。王利明主编：《民法》，中国人民大学出版社 2000 年版，第 46 页。龙卫球：《民法总论》，中国法制出版社 2001 年版，第 139 页。

④ [德] 卡尔·拉伦茨：《德国民法通论》，王晓晔等译，法律出版社 2003 年版，第 380 页；王利明、杨立新、姚辉：《人格权法》，法律出版社 1997 年版，第 7 页。

⑤ [日] 星野英一：《私法中的人》，王闯译，载梁慧星主编：《为权利而斗争》，中国法制出版社 2000 年版，第 357 页。

⑥ [美] 詹姆斯·高德利：《法国民法典的奥秘》，张晓军译，载梁慧星主编：《民商法论丛（第 5 卷）》，法律出版社 1996 年版，第 577 页。

约权构成了当时的财产权。《大清民律草案》第二章第五节“人格保护”一节的立法理由书也追随了这样的划分，规定：“谨按：人格权为凡人所享有之私权，至其意义，古来学说甚多。然以人格权为对于己身之权利，以关于生命、身体、名誉、自由、姓名、身份及能力等之权利，均为人格权，是为近今之通说。人格权保护之方法，以法文明示之，实际上颇为适宜，故设本节之规定。”①

四是救济原则和方式不同。一般认为，精神损害赔偿只限于人格权，财产权不适用于精神损害赔偿。

五是目的不同。有学者指出，人格权的目的在于保障人的自由与发展。亲属权以形成社会关系，或维护社会习俗为目的。财产权在于满足物质上的利益。② 凡以一定经济利益为目的的民事权利，叫作财产权。凡以具有人身性质的权益为目的的民事权利，叫作人身权。③

2. 区分标准的检讨。

很显然，人格权和财产权这种划分具有某种特定的认知价值，但也可能导致产生重大误解。④ 随着社会经济条件的变迁，上述多数人格权与财产权的区分标准都已经发生了改变，这些标准的筛选功能逐渐弱化，某些标准甚至逐渐被许多学者所弃用。人格权和财产权的界限也似乎在逐渐模糊。

第一个标准，是否可以用金钱价值衡量。一方面，没有金钱价值的利益也可成为债权的内容。比如，《德国民法典》第二百四十一条以“给付”为债的内容，对“给付”的解释，已不以有金钱价值为必要。《日本民法典》第三百九十九条则明定“虽不能以金钱估算者，也可以作为债权的标的”。⑤ 某些种类的财产权也逐渐被认定为很难用金钱价值来衡量，并不一定要具备市面价格，比如家属、情书、先祖的遗物等特定的纪念物。⑥ 另一方面，某些传统的特别人格权也逐渐被认为具有经济价值的内涵。对于某些人格权来说，其财产利益

---

① 俞江：《近代中国的人格权立法与学术研究》，载王利明主编：《民法典·人格权法重大疑难问题研究》，中国法制出版社 2007 年版，第 501 – 502 页。

② 黄立：《民法总则》，中国政法大学出版社 2002 年版，第 72 页。刘得宽：《民法总则》，中国政法大学出版社 2006 年版，第 34 – 36 页。

③ 西北政法学院民法教研室编：《民法原理讲义（内部教材）》，1982 年版，第 51 页。

④ ［德］迪特尔·施瓦布：《民法导论》，郑冲译，法律出版社 2006 年版，第 206 页。

⑤ 谢怀栻：《论民事权利体系》，载《法学研究》1996 年第 2 期。

⑥ 刘得宽：《民法总则》，中国政法大学出版社 2006 年版，第 35 页。

的特色如此之强，以致经济的一面可以独立出来，或者是成为主要方面。比如，著作权就是植根于精神创造出来的人的人格之中；但是对作品进行经济利用的利益却具有突出的重要性，以致人们在著作权这个总概念中还要区分作者的人格权和经济方面的使用权。[①] 而与此同时，财产权的含义正逐渐扩张，财产权不一定具有财产价格，只要体现了一定的经济价值就可以称为财产权。德国学者通常也将财产权称为具有经济价值之权利。[②] 正因为如此，有学者提出了疑问，有财产价值而又能够用财产衡量的东西还是不是人格权？[③]

第二个标准，是否能和主体相分离，权利可否转让和继承。传统的人格要素是不能和主体相分离的，因此也不能够转让与继承。但是姓名、肖像等人格要素和人的主体相分离并不会影响主体的独立人格，而隐私的披露、自由的商业限制、性自由的商业交换等都可以在一定的社会条件下得到实现。基于商业上的名誉、荣誉产生了作为财产权的商誉权、信誉权。[④] 名称权的部分让与也被某些国家的民商法立法所认同。正如谢怀栻先生指出的，能否为权利人所处分为人格权与财产权的区别标准，但这个标准也不是绝对的。[⑤]

第三个标准，客体不同。对人自身和对外部物的区分并不意味着在人格权与财产权的区分中人格权不包含财产因素，财产权不包含伦理因素。因为“人自身”可能包含财产和伦理，“外部物”也可能包含“伦理和财产”。“己身”和“外在物”的区分正在逐渐被淡化。近代民法认为，物必须是人体之外的物，即客体物必须存在于人身之外。人身是指人的思维和肉体的统一体，是人格所依附的生命有机体。[⑥] 但某些人体组成部分正在被物化，毛发、组织和器官等人体脱离物可能是财产法意义上的“物”，也可能仍然被视为人格要素。

第四个标准，救济原则和方式不同。一方面，侵害某些特定的财产权也应该导致精神损害赔偿的后果。比如，《精神损害赔偿司法解释》已经明确，侵害特定纪念物的，应该承担精神损害赔偿责任。另一方面，民法典立法初期认

---

① ［德］迪特尔·施瓦布：《民法导论》，郑冲译，法律出版社2006年版，第207页。

② Vinding Kruse, The Right of Property. p. 123. 转引自王利明：《民法总则研究》，中国人民大学出版社2005年版，第210页。

③ 李永军：《民法总论》，法律出版社2005年版，第243页。

④ 吴汉东：《无形财产权制度研究》，法律出版社2005年版，第204－205页。

⑤ 谢怀栻：《论民事权利体系》，载《法学研究》1996年第2期。

⑥ 吴汉东：《无形财产权制度研究》，法律出版社2005年版，第204－205页。

为侵害人格权不能请求精神损害赔偿的定论逐渐被突破。请求精神损害赔偿的人格权类型也不再局限于某些特别的人格权类型。这背后的理念在于人们认识到，财产本身虽不能替代精神利益的损害，财产补偿却能够使受害人得到其他方面精神欲求的满足。尽管精神利益的财产救济跟假设该不法行为没有发生时精神欲求的满足相比，其具体感受可能不同，但物质补偿至少能使受害人在其他方面体验幸福、愉悦。①

第五个标准，目的不同。以目的进行区别的标准比其他标准更抽象，容易适应复杂的社会经济现实。只不过其缺点在于，单纯的目的标准过于含糊。比如，基于坟墓、祖先遗物等特殊物而产生的权利是人格权还是财产权，不容易判断。

上述几个区别标准从整体上反映了人格权和财产权的权利属性的密度问题。如果同时符合上述标准，那么该权利则为单纯的人格权或者财产权。如果符合上述标准的数量越少，则人格权或者财产权的权利属性越淡薄，这样在伦理属性和财产属性达到均衡的条件下就有可能出现兼具二者特点的混合型权利。客观来讲，混合型权利能够正确反映客观现实，在维持混合型权利的参照系——人格权与财产权——的同时，承认混合型权利是应对复杂社会现实的明智选择。

正是考虑到上述标准的诸多问题，有许多学者都赞同混合型权利的提法。②比如有学者提出综合性权利的看法，认为所谓综合性的权利，就是指由财产权和人身权结合所产生的一类权利。民事权利的基本类型为两大类，但是在这两种权利发生综合的基础上产生了一些新的权利，即综合性权利。这些权利的特点表现在，其内容既包括人身利益又包括财产利益；其专属性并非十分强烈，如知识产权、社员权和继承权。③ 这种提法为很多立法例所采纳。比如，许多著作权法认为著作权由著作人格权和著作财产权所组成。但是也有学者指出，基于人格权关系的嬗变，产生的是新型的财产权（或为非物质性财产权，或为

---

① 彭诚信：《私权的体系与层次》，载崔建远主编：《民法九人行（第三卷）》，法律出版社2007年版，第145页。

② 佟柔主编：《中国民法学 民法总则》，中国人民公安大学出版社1990年版，第69－70页。梁慧星：《民法总论》，法律出版社2001年版，第71页。龙卫球：《民法总论》，中国政法大学出版社2001年版，第140页。也有的学者虽然并不概括地承认综合性权利的类型，但是承认社员权、著作权等某些民事权利具有二元性质。参见施启扬：《民法总则》，三民书局1996年增订七版，第29页。

③ 王利明：《民法总则研究》，中国人民大学出版社2005年版，第210页。

独立的财产权），而不是亦此亦彼的混合型权利。①

综上，承认混合型权利就意味着在一定条件下人格权具有财产权的因素和财产权也具有伦理因素。这就意味着，在维持人格权和财产权的基本类型的前提下，适当地软化规则的适用条件，以灵活的法律规定来适应复杂的社会现实，允许原则存在例外。财产性就是人格权的例外，只不过这个例外愈演愈烈。

三、人格权的类型

- 人格权
  - 自然人人格权
    - 物质性人格权：生命权、身体权、健康权（性自主权、人身自由权）
    - 精神性人格权
      - 标表型人格权：姓名权、名称权、肖像权（声音权）
      - 评价型人格权：名誉权（信用权）、荣誉权
      - 自由型人格权：隐私权、个人信息（权）、婚姻自主权②
      - 非典型人格权：（生育权、变性权③等）
  - 团体人格权
    - 名称权
    - 名誉权
    - 荣誉权
    - （信用权）

---

① 吴汉东：《无形财产权制度研究》，法律出版社2005年版，第204－205页。王泽鉴并未承认具有混合性质的权利。参见王泽鉴：《民法总则》，中国政法大学出版社2001年版，第85－86页。

② 王泽鉴将婚姻自主权概括为身份权益，值得探讨。王泽鉴：《人格权法》，北京大学出版社2013年版，第31页。身份权益的特点是具有内部性和外部性双重特点，而婚姻自主权是产生配偶权等身份权的前置性权利，并不具有内部性的特点，对于自然人来讲，仍然属于其自主决定是否结婚、离婚的意思自治范畴，不会基于身份而产生法律上的约束力。

③ 变性权为我国行政法治所承认。《公安部治安管理局关于公民手术变性后变更户口登记性别项目有关问题的批复》规定："实施变性手术的公民申请变更户口登记性别项目时，应当提供国内三级医院出具的性别鉴定证明和公证部门出具的公证书，或司法鉴定部门出具的证明，经地（市）级公安机关主管部门核准后，由公安派出所办理性别变更手续。性别项目变更后，应重新编制公民身份号码。其中已领取居民身份证的，公安机关应当予以缴销，并为其重新办理居民身份证。"

图表说明：

1. 本图括号部分表示民法典没有直接承认为一种独立的人格权，但是相关法条提供了该类型权益的保护路径。比如，性自主权、人身自由权虽然与生命权、身体权、健康权列为一节，但《刑法》等承认其独立法益地位。

2. 本图分类以学术通说为基础，结合本法规定作了调整：一是没有把一般人格权作为与具体人格权/特别人格权相对应的类型，本书认为，一般人格权为德国法的历史产物，人格权的一般规定足以涵盖所谓的一般人格权；二是将婚姻自主权作为独立的人格权，是对《民法通则》《民法总则》有关规定的延续解释。

3. 本图在主体分类的表述是自然人人格权和团体人格权，主要考虑是，团体人格权包括了法人人格权和非法人组织人格权。团体人格权的类型来源于总则编和人格权编有关条文“民事主体”的文义解释。需要注意的是，民法典修改了《民法总则》第一百一十条的规定，法人、非法人组织享有名称权、名誉权和荣誉权，摒弃了不完全列举的规定。

谢怀栻先生认为，人格权的类型化并不能把人格权包罗无遗，随时可以有新的人格权出现，例如有所谓休息权、安宁权等。还有由人格权发展而来的环境权、家庭安宁权等。① 如何将非典型的人格利益典型化，是一个漫长的过程。民法典将人身自由权规定为身体权中的“行动自由”，将性权益也不作为独立的权利类型，而是纳入第二章的规定中。下文就人格权类型做一下说明。

一、婚姻自主权

婚姻自主权是指自然人享有的结婚、离婚自由，不受他人干涉的权利。《民法通则》《婚姻法》和《民法总则》对此都有规定。但人格权编没有将婚姻自主权单独列举。总则编第一百一十条第一款规定，自然人享有生命权、身体权、健康权、姓名权、肖像权、名誉权、荣誉权、隐私权、婚姻自主权等权利。总则编第一百一十一条规定的个人信息也在人格权编规定，从这个角度来看，婚姻自主权宜解释为一项独立的人格权。全国人大常委会法工委立法者撰写的《民法总则》解读将婚姻自主权列为人格权的一种类型②，印证了上述解释。

---

① 谢怀栻：《论民事权利体系》，载《法学研究》1996 年第 2 期。

② 张荣顺主编：《民法总则解读》，中国法制出版社 2017 年版，第 362 页。

婚姻家庭编规定，实行婚姻自由、一夫一妻、男女平等的婚姻制度。禁止包办、买卖婚姻和其他干涉婚姻自由的行为。从婚姻家庭编规定来看，我国没有承认同性婚姻。全国人大常委会法工委发言人表示："《婚姻法》规定的一夫一妻制是建立在一男一女的基础上的婚姻制度，符合我国国情和历史文化传统，世界上绝大多数国家都不承认同性婚姻，民法典婚姻家庭编草案维持了现行婚姻法的相关规定。"①

2017 年 5 月，我国台湾地区"司法院"大法官针对同性婚姻是否违反当地宪法作出解释："现行'民法'不允许同性婚姻是违宪的。有关机关应于本解释公布之日起 2 年内，完成相关法律之修正或制定。至于以何种形式达成婚姻自由之平等保护，属立法形成之范围。"② 2019 年 5 月，我国台湾地区"司法院释字第七四八号解释施行法"正式承认了同性婚姻，规定"相同性别之二人，得为经营共同生活之目的，成立具有亲密性及排他性之永久结合关系"。"成立第二条关系应以书面为之，有二人以上证人之签名，并应由双方当事人，依司法院释字第七四八号解释之意旨及'本法'，向户政机关办理结婚登记"。"有配偶或已成立第二条关系者，不得再成立第二条关系。一人不得同时与二人以上成立第二条关系，或同时与二人以上分别为'民法'所定之结婚及成立第二条关系。已成立第二条关系者，不得再为'民法'所定之结婚"。③

二、生育权

生育权是自然人依法享有的生育或者不生育孩子，生育一个或者几个孩子的权利。自然人有权决定生育的时间、生育的方式（自然生育，人工受孕甚或代孕），有权决定人工流产，是母亲对身体的一种支配，但涉及胎儿生命利益，故堕胎必须满足法定的条件，例如，诊断发现胎儿具有某种病症或重大残疾，

---

① 《人大常委会法工委：绝大多数国家都不承认同性婚姻》，https：//www. guancha. cn/politics/2019_ 08_ 21_ 514563. shtml，最后访问时间：2020 年 2 月 1 日。据徐国栋考证，世界上承认了同性恋婚姻的有丹麦、挪威、瑞典、冰岛、匈牙利、荷兰、比利时、西班牙的部分地区、法国、德国、瑞士的一些地方、加拿大（包括魁北克）、佛蒙特、马萨诸塞州、阿根廷等法域。徐国栋：《〈绿色民法典草案〉人身法二题》，载《福建师范大学学报（哲学社会科学版）》2005 年第 1 期。

② 陈莉雅：《台湾同性婚姻合法化的第一天：登记、庆祝、反对、喜宴和思考》，http：//www. qdaily. com/articles/64055. html，最后访问时间：2020 年 2 月 1 日。

③ "司法院释字第七四八号解释施行法"，https：//db. lawbank. com. tw/FLAW/FLAWDAT0202. aspx？ lsid = FL091164，最后访问时间：2020 年 2 月 1 日。

不可因胎儿性别而堕胎。

《妇女权益保障法》第五十一条第一款规定："妇女有按照国家有关规定生育子女的权利，也有不生育的自由。"《绿色民法典草案》第三百四十六条规定："任何人在法律规定的范围内都有生育子女的权利。夫妻双方各自享有生育权，一方不得妨碍他方的此等权利。成年的已婚妇女有权经医生推荐以人工授精或胚胎移植的方式怀孕。绝育手术只能根据成年人的愿望进行。无行为能力人的绝育手术可经监护人的同意为之。"①

非法侵害他人身体，使流产或丧失生育能力的，构成对生育权的侵害。此外，不当怀孕、不当出生也侵犯了生育权。不当怀孕是指医生没有成功地阻止他人节育，他人在做了节育手术后仍然怀孕并生育健康子女，父母对医生提起诉讼的权利。不当出生诉讼是指医生在做节育手术时存在过错导致妇女在不希望生养孩子的情况下怀孕并生育有残疾的子女，医生在对当事人进行怀孕前的遗传基因检查时提供了错误意见，导致原本不想生育有残疾的子女的出生，或者医生在进行胎儿检查时原本应当发现胎儿染有各种可能影响胎儿健康的各种严重疾病，医生因为过失而没有对病人进行信息公开，使当事人原本应当决定堕胎而没有堕胎并生育天生残疾儿童的，则父母有权提出诉讼。②

三、人格利益独立性的判断标准

根据本条第二款，其他人格利益的主体必须是自然人，法人、非法人组织的人格权类型是法定的，不具有开放性；同时，该人格利益具有人身自由、人格尊严方面的独立价值。从反面来讲，有以下几个标准。一是客体方面，要不能为现有人格权类型所涵盖。很久以前发生过请求保护亲吻权的案例，这类泛化的提法与目前人格权类型化的逻辑并不相称，不宜作为人格权类型。休息权、环境权在民法上也能够被健康权所涵盖，似不宜作为独立的人格权类型。安宁权可以为隐私权所涵盖。二是主体方面，义务主体必须是自然人、法人或非法人组织，比如社会保障权这类的义务主体是国家。三是所保护的利益必须是人格利益。比如，亲子确定这类的权益，属于身份权的范畴。

---

① 徐国栋主编：《绿色民法典草案》，社会科学文献出版社 2004 年版，第 88 页。

② 王泽鉴：《侵权行为法（第一册）》，三民书局 1998 年版，第 140 页。

四、人格权再类型化的尝试

对比所有权、用益物权、担保物权的区分，人格权也可以有自己的抽象类型。比如，除了民事主体自身对自己而产生的人格权，姑且称为自有人格权，类似于所有权，是否存在用益性人格权和担保性人格权？实践表明，在一定条件下，人格权可以分为自有人格权、用益人格权和担保人格权。

在信息社会条件下，人格权的经济利益能够具有用益物权和担保物权的色彩。一是基于人格标识的用益物权。人格要素具有稀缺性和有用性，建立排他性的人格要素财产化规则有助于人格要素财产资源最大化，负向外部性可以作为是否允许人格要素财产化的判断标准。美国对人格标识的财产利益保护采取公开权模式。尼莫认为，公开权可以完全自由地移转。换句话说，人格权编也具有财产资源配置的作用，人格标识的所有人概括性地将自己的姓名、肖像、声音等人格标识财产利益转让给被许可人，被许可人相当于取得了许可人姓名、肖像、声音等人格标识的“用益财产权”，这个财产权可以对抗任何第三方，而二者之间的合同是设定用益财产权的依据。从促进商业流转的角度来看，承认此类用益财产权具有积极意义。如果承认此类用益财产权，则需要就登记、是否允许再次转让等问题进一步规范。概言之，我们要回答自然人可否设定基于人格标识财产利益的用益财产权？二是基于人格标识的担保物权。既然人格标识具有了财产价值，是否可以在对自己人格标识的客观价值进行评估之后设定“担保物权”？在债务人不履行合同的情况下，担保人可以通过商业利用等途径变现人格标识的财产价值保障主债权，也可以直接将人格标识的财产价值转让。如果担保人恶意破坏自身形象价值造成价值贬损，则可以通过法律认定担保转化为保证，适用保证的相关规定。

深度研讨

本部分重点讨论人格权的伦理性和财产性。

梅仲协先生指出：“按人格权一语，系德国学者所创设，据 Egger 氏之解释，凡保证吾人能力所及，对于第三人得以享受之权利，无论为精神的、道德的或经济的关系，其与吾人生存上不可分离者，均属之，例如生命、健康、贞操、秘密、姓名、信用及劳动力是。”[①] 这一论述认为，人格权涵盖精神的、道德的或经济的关系。人格权商品化告诉我们的一个现实：侵权损害赔偿问题并不能从根本上解决人格权商品化带来的问题，法律还必须建立人格权商品化的开发利用规则。许可使用肖像等表面上是财产权，但就好像是天上的风筝，自然人精神利益这条线无时无刻不牵系着其财产利益，二者即使打断了骨头，还连着筋。

一、时代的需求

德国学者施瓦布忧心忡忡地指出，大众传媒和技术发展给更多的人格领域带来巨大的危害。[②] 实际上，这种现代社会的影响将对绝大多数的人格权产生深刻的影响。其中，对人格权单纯保护精神利益的传统理论挑战最具有革命性。人格权商业化的浪潮已经渐渐吞没了全部人格权领域，人格权概念的典型特征已经渐渐被淡化。

首先，精子、卵子、胎盘等可以脱离人体的组织和器官突破了传统理论认为生命权、健康权、身体权等物质性人格权不可能财产化的认识。实际上，理发、修甲、修眉、文身、拔牙、整形、献血等行为一直为大多数国家所认同，财产化对于上述行为来讲也根本不是问题。现代社会所不允许的处分身体的行为逐渐放宽，人在越来越多的情况下可以处分自己的身体，甚至将人体及其衍生物进行商业化。

其次，随着市场经济的发展，姓名、肖像、声音等人的形象标识的拥有者大量地将自己的这些人格标识积极地运用到商业领域。例如，篮球明星乔丹在他的篮球生涯中，单从广告中就赚取了4亿零800万美元，比他在公牛队效劳13年的总酬劳还要高。仅在美国NIKE公司的各生产商中以乔丹名义命名的产品和生产线的价值总和就约有52亿美元。另外在如古龙香水、内衣裤等个人商品方面，乔丹和其他公司的合作项目也在4.1亿美元左右。[③] 据披露，田协对刘翔的商务开发分为三级：第一等级的出场费是1500万元，第二等级是800万元左右，第三个等级是只能用现有的画面，或者过去比赛画面作为广告宣传画。每一等级之间差额在40%至50%之间，也就是说，第三等级用于画面的，至少

---

① 梅仲协：《民法要义》，中国政法大学出版社2000年版，第61页。

② ［德］迪特尔·施瓦布：《民法导论》，郑冲译，法律出版社2006年版，第209页。

③ 《乔丹效应》，http：//nbaclub. myrice. com/jordan/xiaoyin. html，最后访问时间：2018年2月1日。

也被其定价在400万至480万元之间。[①] 在西方，姓名、肖像等形象的商品化已经成为一个规模庞大的产业。[②]

我国法律缺少人格权积极变动的规则，因此，关于姓名、肖像等个人形象商业化利用的纠纷频繁发生。据统计，国内已经发生了刘嘉玲案、泥人张案、李福寿姓名案、鲁迅姓名权与肖像权案[③]、姚明姓名权肖像权案、刘翔肖像权案。在西方，有马丁·路德·金肖像案、“猫王”姓名肖像案、“海兰”案件、“萨尼奇”案[④]、Midler声音权案、怀特案、梦露案、伊丽莎白·泰勒案、达斯丁·霍夫曼案、德国歌星“NENA姓名肖像”案、大学徽章案、玛丽莲·迪特里希姓名肖像案。总之，实践对于姓名、肖像等的民法保护提出了更多新的要求。

最后，原来被视为受善良风俗原则限制的人身自由、性自由，在一些国家和地区被认为合法化，只要双方当事人愿意，交易就可以进行，比如荷兰、美国。甚至人格尊严，在某些国家都可以被商业化，比如，日本因为许多社会成员工作压力大，所以产生了专门的挨骂产业。

因此，尽快针对人格要素的商业化问题总结理论对策已经是我们的当务之急。综观世界各国法制，除了美国的部分州通过公开权制度比较好地处理了部分商品化问题之外，其余世界各国都正在通过法院的司法实践和部分特别法的立法行为解决实践中的争议。这些判例凸显了，人格权在市场经济条件下固守仅仅保护人的纯粹精神属性时，所面临的挑战及各国法院的司法态度。

基于技术上的持续改进和公众媒体的不断发展，导致人格的很多标志，特别是名人的标志，在很大范围内可以在经济上加以利用。这里非常有标志意义的是，德国玛丽莲·迪特里希姓名肖像案。

德国联邦最高普通法院在玛丽莲·迪特里希案件中明确承认了一般人格权中的财产利益和精神利益的区分。这在德国法乃至大陆法系中具有里程碑的意义。该案件是在德国影星玛丽莲·迪特里希去世后发生的，是反映德国司法界

---

① 《到底谁在侵犯刘翔的肖像权？——本报对刘翔肖像权案终审判决的态度》，http://www.sg.com.cn/2004style/FGBJ/t20051219_102760.htm，最后访问时间：2007年2月1日。

② Joanna R. Jermiah, Merchadising Intellectual Property Rights, John Wiley&Sons, 1997, p. 3. 转引自程合红：《商事人格权》，中国人民大学出版社2002年版，第15页。

③ 鲁迅的姓名肖像为许多企业使用，甚至其笔下的孔乙己、咸亨酒店都被商业化利用。对此，鲁迅之子周海婴提出了多起有关鲁迅姓名权和肖像权的诉讼。

④ 李明德：《美国知识产权法》，法律出版社2003年版，第399－400页。

在经历了70年代的迟疑之后，历史性地认定人格权同时具有财产利益和精神利益的经典判例。该判例同时阐述了人格权转让和继承的若干规则。

玛丽莲·迪特里希是“二战”期间因反纳粹而投奔美国的著名德国演员，她四处为美军劳军的勇气与独特气概风靡一时，其于1992年5月6日过世。原告系玛丽莲·迪特里希之独生女与唯一继承人，亦是其母亲遗产之遗嘱执行人。被告是现已不存在的“光坊音乐剧（Lighthouse Musical）制作责任有限公司”唯一经理人，其于1993年6月23日许可飞雅特汽车公司制造销售2000辆特殊造型的兰吉雅YIO“Marlene”，并允许该公司使用“Marlene”之签名，和玛丽莲·迪特里希摄于20世纪30年代的一张照片以及注册商标“Marlene”。音乐剧的演出节目单中带有Ellen Betrix企业印制的双页广告，其中使用“看起来像Marlene”的标题，且玛丽莲·迪特里希之画像为化妆品广告。Betrix企业则回赠以音乐剧演出时所需要的全部化妆品，价值2000－3000马克。此外，光坊音乐剧制作并且销售许多商品（电话卡、马克杯、T恤、腕表、别针及明信片），其中均带有玛丽莲·迪特里希的照片（别针除外）。

原告以被告使用玛丽莲·迪特里希之照片、姓名及签名致使其母亲死后人格权及其继受之美国Marlene公司及玛丽莲·迪特里希的权利受损为由，起诉要求：(1) 被告不得在艺术讨论外，于交易中为广告及（或）标志商品之目的，以与玛丽莲·迪特里希本人、生平及著作有关联的方式，使用及（或）交由他人使用“Marlene”；(2) 被告不得于交易中制造及（或）交由他人制造、销售及（或）交由他人销售带有玛丽莲·迪特里希肖像及（或）签名之商业标的；(3) 并附带请求判决被告不得允许第三人在为标志商品服务的广告中使用玛丽莲·迪特里希之肖像、签名及（或）“Marlene”；发行带有其他企业使用“Marlene”及玛丽莲·迪特里希肖像作商品服务广告之宣传单的文书著作；销售或交由他人销售带有玛丽莲·迪特里希肖像但却没有其他关于她本人、生平及作用之文辞或符号信息的商品；确认被告因其行为已或将对原告造成之损害对原告负赔偿之责，或就已得之获益对原告负返还之责。被告应告知原告其侵害行为之范围。柏林高等法院判决支持原告第三项请求，驳回原告关于请求确认被告负损害赔偿义务及提供关于侵害行为之资讯义务之请求。

德国联邦最高法院则判决撤销柏林高等法院驳回请求的部分。德国联邦最高法院认为，因为德国民法典第八百二十三条所保护之一般人格权及其特定之表现形式（例如肖像权、姓名权）不仅保护人格之精神利益，亦保护其财产利益；玛丽莲·迪特里希之人格权于死亡后由原告继承；被告有过错地侵害此等权利，因此对原告负损害赔偿及提供资讯之义务，其主要观点如下：(1) 人格权亦保护财产利益。人格权主要在于保护人格的精神利益（例如尊严）。若受侵害，则必须以金钱之损害赔偿加以救济，否则侵害他人人格及名誉之行为将不受到制裁，人格之保护随之萎缩。除此之外，人格权及其特定之表现形式（例如其肖像权、姓名权）亦保护人格的财产利益，因为此等人格在社会大众享有之知名度会为其带来可观的商业利益。将人格的商业利益纳入人格权保护之范围，是联邦最高法院长久以来的立场。(2) 人格权之财产利益可继承。对于有商业利益之人格权的财产成分是否可转让、继承此一问题，联邦最高法院至今未明确表示看法。该院在几个判决中已指出，不可转让、继承原则不必然适用于人格权的所有成分。学说中有很大的部分支持人格权的财产权为可继承，始能满足一些特殊的保护需要。(3) 人格之特征可具有相当的经济价值。长久以来，姓名、肖像等人格特征可作商业广告使用，因而始终与财产利益的保护有关，过去数十年技术、经济及社会条件已有改变：技术可将人格的特征固定、重制及散布，达到前所未有的程度。将著名人物（例如运动选手、艺术家）商品化已是商品发展中重要且不可或缺的要素。“肖像、姓名以及人格的其它标志，如声音，都可能具有巨大的经济价值。其大小一般取决于个人在公众中的知名度和声望。而这种知名度和声望的取得，往往是基于个人在某一领域的成就，常见的是在体育和艺术方面的成就。知名人士可以收取报酬而允许他人将自己的肖像、姓名或者具有识别功能的其他人格标志用于商品和服务的广告，从而将公众对他的关注以及与此相联系的、他在人们心目中的形象进行商业化。未经本人允许而对其人格标志进行商业化利用的常见形式就是广告，在这种情况下，对精神利益的损害往往并不显著，且与此项比较，更多损害表现在当事人商业利益上。这时，当事人所感受的名誉和声望受到的伤害，要比经济上的损失要小得多。”①

---

① ［德］马克西米利安·福克斯：《侵权行为法》，齐晓琨译，法律出版社 2006 年版，第 56 页；钟鸣：《论人格权及其财产利益》，载王利明主编：《民法典·人格权法重大疑难问题研究》，中国法制出版社 2007 年版，第 202 页。

二、实践的回应

面对人格权商品化铺天盖地的浪潮，世界各地的法院承受了巨大的压力，在经过几十年的拉锯战之后，世界各地的法院开始纷纷承认人格利益除了包含精神利益，还包含财产利益。由于社会条件的不同，各国在原有法律体系的基础上逐步尝试提出了不同的解决思路。

（一）公开权（Right of Publicity）思路

公开权①是控制他或她人格标识的商业性使用的权利。它是从隐私权发展出来的一项权利，该权利由权利人控制自己人格标识使用的时间、地点和方式。每个人人格标识的商业性价值都可以是一种财产权。它是反不正当竞争法和知识产权法的一部分。换句话说，公开权是人身权、财产权和反不正当竞争法上权利的混合体。② 公开权模式在美国侵权法第二次重述中表现为普罗瑟（Prosser）在1960年提出的隐私权保护四分法，他认为侵害他人隐私的表现之一就是，擅自使用他人姓名、肖像等。③

对于公开权的创立具有里程碑性质的是1953年美国第二巡回法院上诉法院法官弗兰克（Frank）对“海兰”案的判决。在该案件的判决书中，弗兰克法官明确提出了公开权的概念。他认为，“我们除了独立隐私权，每个人拥有是否公开其照片的专属权利，该权利就是公开权（right of publicity）”④。正是在这里，弗兰克法官突破了传统的隐私权观念，不再将商业性地使用他人的人格利益局限在精神痛苦的范围之内。同时，“公开权”也被定义为一种财产权。⑤

1954年，美国学者尼莫指出，公开权是指每个人有权控制其创作或购买的公开价值，并从中获得利益。⑥ 并且，名人并不追逐“独处和隐私”，虽然隐私

---

① “Right of publicity”译法不一，有“形象权”“商业形象权”“公开权”“公开形象权”“形象宣传权”“形象广告权”“商品化权”。有学者所说的“形象权”并不是“公开权”，而有学者所说的“商品化权”范围较广，包括了角色商品化权和真实人物商品化权。本书采“公开权”译法。

② Michael Henry ed., International Privacy, Publicity and Personality Laws, Butterworths Press (UK), 2001, p. 244.

③ William Prosser, Privacy, 48 Calif. L. Rev. 383 (1960). 当然，对于Prosser的隐私权四分法规定的是隐私权还是公开权，还是有争议的。

④ Haelan Laboratories v. Topps Chewing Gum, 202 F. 2d 866, 868 (1953).

⑤ 李明德：《美国形象权法研究》，载《环球法律评论》2003年冬季号。

⑥ Melville B. Nimmer, The Right of Publicity, 19 Law&Contemp. Prob. 203, 216 (1954).

是他们“要求和需要”的东西，但是他们更关注自己的公开形象，这可以看作是隐私这一硬币的另一面。① 尼莫将公开权和隐私权比喻成一个硬币的两面，这是一种人格权二元化的思维。这种论述突破了隐私权和公开权——即大陆法系的人格权和财产权——的对立思维，这一区分为后来的许多学者、法官和法律文件所遵循。哥根斯坦认为，普罗瑟四分法的前三种可以被认定为隐私权，而最后一个类别实际上就是公开权。② 普罗瑟实际上将人格标识的精神利益和商业利益合二为一，共同通过隐私权进行保护。但是，普罗瑟四分法意义上的隐私权不允许隐私权中商业利益的转让和继承，其只能够保护“被动商业化”纠纷。尽管如此，《美国侵权法第二次重述》仍然严格遵守了普罗瑟的四分法。1987年，美国隐私权与公开权权威学者托马斯·麦卡锡指出公开权是指每个人控制其人格标识商业性利用的固有权利。未经允许侵害他人人格标识的商业价值的，不受新闻自由和言论自由免责规则保护。③ 1995年，美国法学会在《美国不公平竞争法第三次重述》第四十六条规定：“为了交易的目的，未经允许使用他人姓名、肖像或其它人格标识而侵占他人人格标识的商业价值，应承担本法第四十八条和第四十九条规定的责任。”④ 在美国法官和学者的共同推动下，美国的公开权从传统的隐私权中独立出来，形成一种新的权利类型，专门保护人格标识中的商业利益。到目前为止，美国有24个州在成文法或判例法中承认公开权。⑤

虽然公开权的地位在美国已经得到了解决。但是如何处理隐私权和公开权的关系在实践中还有争论。在美国一些州，隐私权和公开权是不同的诉因，在另一些州，精神损害和财产损害可以通过制定法或者普通法获得救济。比如纽

---

① 李明德：《美国形象权法研究》，载《环球法律评论》2003年冬季号。

② Paul Goldstein, Copyright, Patent, Trademark And Related State Doctrines, 4th, New York: The Foundation Press, 1997, p.177.

③ J. Thomas McCarthy, The Right of Publicity and Privacy, vii (Rev. 1995). 参见赖国钦：《形象宣传权之研究》，中国文化大学法律学研究所1999年硕士学位论文，第6－9页。

④ American Law Institute, Restatement of the Law, Third, Unfair Competition, §46 (1995).

⑤ 李明德：《美国形象权法研究》，载《环球法律评论》2003年冬季号。相关支持公开权的判例有 Carson v. Here's Johnny Portable Toilets, Inc., 698 F.2d 831 (6th Cir. 1983); Martin Luther King, Jr., Center for Social Change, Inc. v. American Heritage Products, Inc., 250 Ga. 135, 296 S.E.2d 697 (1982); State ex rel. Elvis Presley Int'l Memorial Foundation v. Crowell, 733 S.W.2d 89 (Tenn. App. 1987). Restatement of the Law, Third, Unfair Competition, §46 comment b reporter notes (1995). American Law Institute, Restatement of the Law, Third, Unfair Competition, §49, comment d (1995)。

约州的隐私权法同时保护隐私权和公开权。即使在不同诉因的情况下，原告可以在同一个案件中通过复合诉因的形式请求赔偿。①

在隐私权和公开权的区分这一问题上，麦卡锡的分析非常深入，是典型的二元论观点。麦卡锡指出，从权利的性质看，隐私权属于精神的、非财产的，而公开权是属于财产的。个人如无意将其姓名和形象用在商业目的上，则其姓名和形象均保留于隐私权范围中，未经同意地使用所侵害者的隐私权，侵害的是精神利益。相对地，如果个人已经或预备以其姓名或形象供做商业使用时，他已将前述的精神利益转变为财产利益，透过公开权他可以用姓名和形象交换取得财产上的好处，此时未经同意使用他人姓名和形象，侵害的就不是精神利益，而是所预期的财产利益。也就是说，受害人的主观状态决定了加害人侵害的是隐私权还是公开权。② 当然，公开权也并不是不保护人格尊严和人格自由。实际上，公开权有两个不同目的。第一，保护个人不受因他人未经其许可使用其身份而产生痛苦与尊严损害。第二，保护个人，尤其是名人就其身份所享有的财产利益。③《美国不公平竞争法第三次重述》在阐述公开权保护自然人人格标识财产利益的同时，也指出，同隐私权一样公开权也保护人格尊严和人格自由。④

尽管公开权思路还存在着一定的分歧意见，但是笔者认为公开权是解决人格要素商品化问题的良好视角。隐私权从公开权案例中诞生，公开权从隐私权中分离，我们可以看到隐私权和公开权是交织发展的。二者共同作用于同样的人格标识，所不同的只不过是视角不同，财产利益与精神利益，因此，许多学者认为公开权是一种新型的知识产权。⑤

---

① American Law Institute, Restatement of the Law, Third, Unfair Competition, §46, comment d (1995).

② 詹文凯：《隐私权之研究》，台湾大学法学院 1998 年博士学位论文，第 171 页。

③ Michael Henry ed., International Privacy, Publicity and Personality Laws, Butterworths Press (UK), 2001, p. 476.

④ American Law Institute, Restatement of the Law, Third, Unfair Competition, §46, comment c (1995).

⑤ 美国的 Nimmer，Goldstein，McCarthy，德国的 Goetting，以及郑成思、吴汉东、李明德、张今等很多知识产权学者关注研究这一问题。比如，吴汉东在“财产权说”的基础上，进一步提出了“无形财产权说”，认为，“诸如姓名、肖像、形体、名誉等人格因素，在商业化过程中已由传统人格利益演变成商业人格利益，即非物质化的新型财产权益”，“形象权与商誉权、信用权、特许经营权都是一种非物质属性但又不能归类于知识产权范畴的无形财产权”。参见吴汉东：《形象的商品化与商品化的形象权》，载《法学》2004 年第 10 期。

因此，公开权模式实际上是公开权和隐私权复合模式，这与德国玛丽莲·迪特里希案件确立的模式具有异曲同工之妙。这种模式与仿冒之诉不同，公开权诉讼不需要证明存在欺骗或者消费者发生混淆，显现出极强的生命力，较好地解决了司法实践中出现的问题。但公开权模式也有一定的不足之处。第一，公开权和隐私权的范围并不一致。公开权的保护范围仅仅局限于人格标识，而隐私权相当于一般人格权，隐私权的保护范围要比公开权的保护范围广得多。该模式并不能完全解决人身自由、性自由、信用等人格要素的财产化问题。这些问题的解决还需要结合其他法律规则进一步处理。第二，美国不同的州承认公开权的程度不同，司法适用相当复杂。第三，公开权保护的范围超出了传统意义上的人格权范畴。有判决通过公开权对动作风格也进行了保护。① 第四，美国公开权的主体仅仅局限于自然人，并不保护法人。这可以从佛罗里达、内华达、纽约等几个州的州法和判例得出结论。②

（二）传统人格权法思路

此观点认为，人格权为专属、固有、排他的权利，人格权的客体具有与主体不可分离性，不能够转让给他人。传统人格权法思路代表性观点为德国高等法院在 1986 年的“NENA”案件中之见解。该案件案情如下：一个艺名为 NENA 的歌星与原告（一中介管理团体）订立了一契约，根据此契约，原告就 NENA 之肖像与姓名，享有使用于各种商品之上之全球专属权利，NENA 将此以商业使用所需要之肖像权与姓名权让与原告，契约之有效期为七年。原告取得授权后，即由原告统筹负责与有意将 NENA 之照片适用于产品之制造商分别签订授权契约，并收取权利金。嗣后原告发现被告未经其同意，也未经 NENA 本人同意，就擅自散发印有 NENA 照片商品（包括运动衫、项链、信纸、钥匙圈、领巾），原告以其已经取得肖像之专属使用，遂对被告提起诉讼，请求被告偿付相当于权利金之金额。被告抗辩主张原告取得专属使用权之行为应属无效，因肖像权属于人格权，不得让与。

地方法院判决原告胜诉，被告不服后提出上诉。高等法院接受被告之见解，认为肖像权属于人格权，应不得让与，且原告与 NENA 订立之契约具有债权之效

---

① 邓宏光：《论个人形象商业价值之保护》，载张玉敏主编：《知识产权理论与实务》，法律出版社 2003 年版，第 83 页。

② American Law Institute, Restatement of the Law, Third, Unfair Competition, §46 comment d reporter notes (1995).

力，原告并不因而取得对抗第三人之权利，被告就其擅自使用之行为对NENA本人负有赔偿之义务，遂改判原告败诉。德国联邦最高法院肯定肖像权属于人格权之一部分，认为被拍摄人就其照片有自由处分之权利，其亦得同意他人使用其照片，该同意可以明示或默示之方式为之，也可以有限制地或无限制地授权散布之权利，至于同意之效力如何，则应依个案之具体情况解释认定之，在本案肖像权是否得让与，由于原告并非主张其不作为请求权，而只是请求相当于权利金之给付，其请求基于不当得利应准许之，且根据原告与NENA之概括授权契约，原告亦取得对第三人收取权利金之权利，因而推翻高等法院之见解，改原告胜诉。①

在该案件中，德国高等法院的态度甚为明显，直接认为肖像权不可让与，而联邦最高法院则对肖像权是否可以让与采取了回避的态度，仅仅对肖像的商业利益使用通过不当得利之债予以了肯定。德国学者一般以该案为依据认为德国实务上对于人格权不得让与之态度并未改变。②

在1997年周海婴诉浙江省邮政局案中，浙江邮电局、绍兴邮电局以纪念鲁迅诞辰115周年为名联合发行“纪念鲁迅诞辰115周年纯金纯银邮票珍藏折”2000套，每套1115元。最高人民法院民事审判庭最后书面答复：继承的法律意义是对公民死亡之后遗留的财产及财产权利的继承。由于肖像权属于人格权，不属于财产权，因此不在继承的范畴内，是不能继承的。如以侮辱的方式使用死者的肖像，使其名誉受到损害，其近亲属可以起诉。周海婴请求继承其父鲁迅的肖像权无法律依据。

周海婴诉浙江省邮政局案中最高人民法院的观点代表了我国实务界、学界对这一问题的一般性看法。最初，我国学术通说认为人格权单纯保护精神利益阶段。受苏联民法理论影响，1958年《民法基本问题》一书认为，人身非财产权是一种具有人身性质的并且和精神财富直接联系的民事权利。③ 刘得宽认为，人格权以权利主体本人为权利客体，不能够让与或者继承，此权利为专属权。④

① 谢铭洋：《论人格权之经济利益》，载戴东雄六轶华诞祝寿论文集编辑委员会编：《固有法制与当代民事法学》，三民书局1997年版，第133－134页。

② 谢铭洋：《论人格权之经济利益》，载戴东雄六轶华诞祝寿论文集编辑委员会编：《固有法制与当代民事法学》，三民书局1997年版，第136页。

③ 中央政法干部管理学校民法教研室：《民法基本问题》，法律出版社1958年版，第58页。

④ 刘得宽：《民法总则》，中国政法大学出版社2006年版，第34页。

《中国民法》认为，人身权，亦称人身非财产权，是指民事主体依法享有的，与其自身不可分离的而无直接财产内容的一种民事权利。人身权的非物质性，是《民法通则》建立人身权法律制度的根据之一。[①] 甚至在《民法通则》颁布之前，就有"人格不属于商品关系的范畴（至少在社会主义制度下可以这么认为），所以它与金钱或财产很难说有什么等质的东西"[②]。《民法学原理》认为，人身权属于非财产权利，不能用经济价值作评价。人身权的作用，在于对自身人格和身份的支配，因而属于支配权。同时，也属绝对权。人身权与主体不可分离，无从出让，从而又是专属权。[③]

随着市场经济的发展，我国通说承认人格权与财产关系具有密切联系，但是关于人格权财产因素的保护问题并没有走得很远，人格权的财产利益的地位、转让、继承、抛弃和保护期限等问题并没有进一步解决。比如，王利明认为，人格权原则上是非财产权利，主要体现的是人们精神上和道德上的利益，但其与财产关系具有密切的联系。[④] 郭明瑞认为，人格权是指民事主体基于其法律人格而依法享有的、以人格利益为客体、为维护其独立人格所必需的权利。所谓非财产性，是指人格权是没有直接财产内容的权利。[⑤] 蔡章麟认为，人格权并非财产权，属于独立之法律范畴。此项财产原则上不得为经济交易之客体，故原则上不得让与。[⑥]

当然，不仅是关注人格权的伦理内涵。美国学者布鲁斯丁谈到，并不存在公开权，也不应该以公开权当作控制个人姓名或形象的方法，他主张没有人要为他人的商业利益而"被利用"，因为人不该被当成商品满足他人的经济要求或利益。在授权他人使用的情况下，只是为得到商业代价而放弃隐私权的行为。[⑦] 这实际

---

① 佟柔主编：《中国民法》，法律出版社1990年版，第477－478页。

② 佟柔：《民法通则疑难问题解答（第一辑）》，中国政法大学出版社1986年版，第43页。转引自程合红：《商事人格权论》，中国人民大学出版社2002年版，第18页。

③ 张俊浩主编：《民法学原理》，中国政法大学出版社2000年版，第137页。

④ 王利明：《人格权法研究》，中国人民大学出版社2005年版，第25页。

⑤ 郭明瑞主编：《民法》，高等教育出版社2003年版，第145－148页。

⑥ 蔡章麟：《人格权、著作权与出版权》，载郑玉波主编：《民法总则论文选辑（上册）》，五南图书出版有限公司1984年版，第339页。

⑦ Edward J. Bloustein, Privacy as an Aspect of Human Dignity: An Answer to Dean Prosser, 39 N. Y. L. REV 962（1964）. 转引自詹文凯：《隐私权之研究》，台湾大学法学院1998年博士学位论文，第170－171页。

上是大陆法系强调人格权仅仅保护精神利益的主张。

目前，德国、法国、荷兰、日本、西班牙、意大利等大陆法系国家都遵循着传统人格权的思路来解决人格要素的商品化问题。只不过，各国国情不同，可能有的国家或者地区步子更大一点，有的国家步子更慢一点。由于立法和理论认定人格权为专属权，不可转让、不可继承，因此，司法机关在人格权的经济利益内涵及其利用、转让、继承等问题上还存在着争议。通过司法机关调整人格权中的经济利益的根本问题在于这些国家的立法没有完全承认人格权中的经济利益。①

虽然传统人格权说维护了人格权的伦理性，但是它对于现实社会中屡禁不止的人格要素商业化问题没有提供切实有效的法律规则，单纯的禁止并不能起到“定分止争”的目的，不能将相关的社会资源通过法律规则合理配置，也不能解决现实社会中出现的大量人格要素商业化纠纷，因此传统的人格权学说在解决人格要素商品化问题上，是一种裹足不前、没有效率的理论，其没有适应时代的发展。当然有些国家承认人格权具有一定经济利益的内涵，进而对这种人格权中财产利益的救济可以采取侵权性不当得利制度予以救济。应该说这是一个新的思路。②

（三）商事人格权思路

程合红明确地提出了商事人格权的观点，突破了人格权不能用经济价值作衡量，不能转让、继承的理论窠臼。③ 据笔者考察，其观点可能受德国学者的启发。德国学者 Forkel 认为，对于有些德国学者认为人格权仅在于保护私人生活领域，而不及于经济生活领域之保护，并因而提出了“经济人格权”的概念，应予严格批评，认为一般人格权中已经包含经济利益的保护，并无必要另外创设“经济人格权”一词。④

程合红认为，由于对于姓名、肖像等个人形象的商业化利用现象日益增多，

---

① Julius C. S . Pinckaers, From Privacy Toward a new Intellectual Property Right in Persona, Hague: Kluwer Law International, 1996, p. 6 – 7.

② 王泽鉴：《不当得利》，中国政法大学出版社 2002 年版，第 173 页以下。

③ 程合红：《商事人格权论》，中国人民大学出版社 2002 年版。

④ 谢铭洋：《论人格权之经济利益》，载戴东雄六轶华诞祝寿论文集编辑委员会编：《固有法制与当代民事法学》，三民书局 1997 年版，第 124 页。

财产和人格领域出现了许多新的发展和变化，产生了一些新的权利现象，单纯用传统的财产权或人格权概念对此进行解释和保护恐怕难以胜任，商事人格权则是一个很好的思路。商事人格权说认为，所谓商事人格权是指公民、法人为了维护其人格中包含经济利益内涵在内的、具有商业价值的特定人格利益——商事人格利益而享有的一种民（商）事权利。①

应该说这是一个解决姓名、肖像等个人形象的商业化利用现象的一个思考方向，并且该理论也得到了我国学术界的承认和呼应。② 该观点受到了学术界的重视，范健等学者接受了“商事人格权”的提法，但是范健反对程合红关于商事人格权的界定，认为其混淆了一般民事主体和商主体人格权的本质区别，商事人格权应该是商主体所专有的人格权。据此，那些不具有商主体资格的自然人、国家机关、一般事业单位、民办非企业单位等通过人格利益的商业化利用而享有的“商品化权”，并不能称之为商事人格权。③

然而，上述两种商事人格权理论都是值得进一步检讨的思路。商事人格权说的优点在于其突破了传统的权利分类理论的束缚，承认了人格权的经济内涵，初步建构了人格权转让、继承的法律规则。但该学说有以下几个弊端：第一，商事人格权说适用领域局限在姓名权、肖像权、信用权、名称权、商誉权等少数人格权，对于与个人信息、人体有关的财产化问题没有涉及。第二，商事人格权是作为人格权和财产权之间的混合形态，是人格权和财产权类型之外的新类型。④ 虽然功能性概念的提出有利于完善其学说，但是这种独立于传统民事权利体系类型的新权利还是不好理解。在没有传统民事权利体系作为背景的前提下，原书也缺少了对于整个民法体系和人格权体系的宏观思考。比如说，人格权的伦理属性和财产属性之间的关系，这种关系对法律行为制度的影响，对债法总论的影响，人格权的保护期限，人格权的抗辩规则等。作为我国第一部专门研究人格权经济利益的专著，其贡献因此而打了折扣。第三，商事人格权说并不能调整那些不具有商主体资格的自然人、国家机关、一般事业单位、民

---

① 程合红：《商事人格权论》，中国人民大学出版社 2002 年版，第 12－13 页。

② 王利明：《我国民法典中的人格权制度的创建》，载《法学家》2003 年第 4 期。范健、王建文：《商事人格权论纲》，http：//www. civillaw. com. cn，最后访问时间：2012 年 1 月 1 日。

③ 范健、王建文：《商法论》，高等教育出版社 2003 年版，第 447－450 页。

④ 程合红：《商事人格权论》，中国人民法学出版社 2002 年版，第 51 页。

办非企业单位等的商品化问题，而要用本身内涵不确定的“商品化权”来调整，这是徒增烦恼。此外，商主体本身的确定标准也存在着较大不确定性。因此，“商品化权”和“商主体”两个不确定性影响了这一理论的可行性。

（四）商品化权思路

国内解决人格要素财产化问题还有一种被泛化的理论——商品化权。关于商品化权，国内学说众多。第一，广义商品化权说。该类观点横跨人格权法和知识产权法两个领域，认为商品化权保护真实人物、作品角色和标记等要素的财产利益。认为商品化权是指将能够产生创造大众需求的语言、名称、题目、标记、人物形象或这些东西的结合用于商品上使用或许可他人使用的权利。[①]所谓商品化权是指，将能够创造商业信誉的人物或动物角色、形象、著名作品的名称或片段、广为人知的标志或它们的结合进行商业性使用的独占权。[②] 商品化权指的是将真实人物、虚构角色和其他财产权的形象、名称等确认因素付诸商业性使用的权利。[③] 第二，公开权说。该说将商品化权称为“公开权”，是指“对自己的姓名、肖像和角色拥有、保护和进行商业利用的权利”。[④] 第三，虚构角色说。该说认为，“所谓商品化权，一般是指版权人使用其作品之角色印刷于销售的商品上的专有权利”[⑤]。第四，形象权说。该说认为，“所谓形象，包括真人的形象（例如，在世人的形象）、虚构人的形象、创作出的人及动物形象、人体形象等。这些形象被付诸商业性使用的权利，我把它统称为形象权”[⑥]。

从字面上来看，商品化权很难像“人格权”“物权”这些概念一样让人理解其保护对象究竟是什么，“商品化”可能因对象的不同而产生不同的权利，物的商品化可能产生物权，智力成果的商品化可能产生知识产权。其实，商品化这个词真正概括的是一定客体在经济活动中的表现，因此，其必须和某种特

---

① 杨素娟、杜颖：《商品化权议》，载《河北法学》1998年第1期。

② 刘春霖：《商品化权论》，载《西北大学学报》1999年第4期。

③ 孙美兰、孔丁英：《“奥特曼”纠纷引发的思考——论对商品化权的保护》，载《法学》1999年第7期。

④ 王利明、杨立新主编：《人格权与新闻侵权》，中国方正出版社1995年版，第427页。

⑤ 梅慎实：《试论影视作品中“虚构角色”商品化之知识产权法保护》，载《版权参考资料》1989年第6期，第44页。

⑥ 郑成思：《商品化权刍议》，载《中华商标》1996年第2期，第4页。

定的客体联系起来，才能使人明确其保护的对象。在这种意义上，商品化权是不能融入民事权利体系的。世界知识产权组织（WIPO）《关于角色商品化报告》就将商品化分为三种类型，即作品角色商品化、人格商品化和演员形象商品化。① 也有学者评论到，其实商品化权是不同类型的权利的混合而已，引入此概念只能导致我国法律中民事权利类型以及民法体系的混乱，对现实问题的解决成本是很高的——以概念、类型和体系的混乱为代价换来问题的解决，是不足取的。②

“商品化权”的提法最初来源于日本，日文原文当中的“商品化权”正是日本在引进美国的“Merchandizing Right”概念时直译过来的。③ 后来，这一概念的外延在日本也渐渐被扩大。“商品化权”这一术语的泛化表明，我们在移植外国法时，尤其是日本法时，必须结合中国法的传统概念体系，加以整合利用，否则会以讹传讹。④ 总之，商品化权的研究尚属成果丰富，有许多也是非常有见地的，甚至是国内人格商品化、角色商品化等前沿领域研究的拓荒之作⑤，“商品化权”这一术语本身指定范围太广，不宜采纳。

---

① 林洁华：《商品化问题研究》，http：//www. civillaw. com. cn/article/default. asp？ id = 27009，最后访问时间：2012 年 1 月 2 日。

② 钟鸣：《论人格权及其财产利益》，载王利明主编：《民法典·人格权法重大疑难问题研究》，中国法制出版社 2007 年版，第 216 页。

③ 郑成思：《知识产权法》，法律出版社 2004 年版，第 50 页。

④ 近代中国法制史上类似的僵化地移植日文术语例子有很多。有学者考察了近代中日法律史，结合英德法日四国语言，指出，如果要将德语单词是 Persönliche Recht，英语单词是 personal right，法语单词是 Droit de personne 直接译成汉语，那绝不可译为“人身权”，而只能译成“个人权”！“人身权”和“人格权”在还原成为原生词后本应表达同一个意义。同时，“人格权”又是一种“个人权”或“个体权”。“人格权”是法律语境中的正式用法，“个人权”或“个体权”则是一种辅助理解或一种诠释。在日本汉字中，使用“人身”一词其实表达的是“个人的，一身的”。因此，“人身权”在日语习惯中并没有完全背离原生词。但无论如何，中文的“人身”却没有“独自的、个体的、一人的”等涵义。在中国民事立法和民法学体系中，在“人格权”和“身份权”之上设立一个“人身权”概念是错误的。参见俞江：《近代中国的人格权立法与学术研究》，载王利明主编：《民法典·人格权法重大疑难问题研究》，中国法制出版社 2007 年版，第 499－535 页。俞江的考证非常有说服力。个人权符合了人格权的个人主义传统。而在人格权和身份权之上再创设一个“人身权”的上位概念的实际意义，的确值得进一步探讨。一个可能的解释是“人身权”的提法合理总结了罗马法等古代法“从身份到人格”变迁之后，主观权利理论在人法中的集中体现。

⑤ 如杜颖：《论商品化权》，载梁慧星主编：《民商法论丛（第十三卷）》，法律出版社 1999 年版。

（五）仿冒等英国法思路

英国是世界上最发达的国家之一，但是其缺少系统而完整的法律规则保护人格要素之上的伦理利益和财产利益。实践迫切需要相应的法律规则，因此，英国司法不得不借助仿冒等相关法律规则进行救济。这些方法并不是直接针对人格要素的保护，因此局限很多。与英国情况类似的还有澳大利亚等国家。目前，英国法对人格要素提供的保护途径主要有以下几种。

1. 仿冒之诉。所谓仿冒，是指商人将自己的商品或者服务伪装成他人的商品或者服务。① 一般来讲，成立有效的仿冒之诉必须满足：存在商业竞争关系、在商业过程中使得消费者产生混淆、对权利人造成了实际的损害。② 该保护方法的弱点在于：第一，缺少了对人格利益的正面保护，赋权式规范的示范性意义没有得到彰显，忽视了人格自由的保护。第二，无法调整没有造成消费者混淆的商业开发。

2. 名誉损害之诉。名誉损害的意图是“降低他在社会正常思维成员中的地位”或者导致社会正常思维的成员躲避或者逃避他。在名誉损害诉讼中，原告必须举证证明：被告的陈述是一种名誉损害、该陈述指向原告、该陈述应该被惩罚、该陈述被公开。③ 该保护方法的弱点在于：第一，名誉损害诉讼中法官在每个案件中经常要裁判言论、文字或者图片的意义及其是否造成了原告名誉的损害，如果造成了损害，其程度如何，“公开”的具体判定，合理人对于原告名誉是否降低的判断等问题。这就导致了每个名誉损害诉讼的个案性极强，缺乏统一的标准。第二，在英国法中，死者的财产不存在名誉损害的诉因，因此名誉损害之诉不能阻止未经授权开发死者的姓名、肖像的情况。④

3. 隐私权之诉。英国长期以来没有承认隐私权。2000 年 11 月，《欧洲人权法案》在英国生效，英国自此开始承认隐私权，法官也逐渐将作为基本权利的隐私权引入到司法实践当中。这样，有时候通过隐私权之诉来保护人格要素的商业利益。

---

① ［日］望月礼二郎：《英美法》，郭建译，五南图书出版公司 1997 年版，第 245 页。

② Michael Henry ed., International Privacy, Publicity and Personality Laws, Butterworths Press (UK), 2001, pp. 452 - 453.

③ 徐爱国：《英美侵权行为法》，法律出版社 1999 年版，第 170 - 199 页。

④ Simon Smith, Image, Persona & the Law, Sweet & Maxwell, 2001, p. 65.

4. 侵害知识产权之诉。由于有的人格要素会和商标权、版权、专利权发生重合，因此，这些人格要素的商业利益可以用知识产权的方法予以保护。

综上，以上理论从不同程度上提出了解决人格要素商品化所带来问题的路径，但是其都有各自的局限性，并不能全面、根本地解决人格的商品化问题。因此，有必要以新的理论视角的支持。

三、现实的意义

（一）沟通了人格权法和财产权法

人格权二元性学说确认了人格权由消极性权利向积极性权利的扩张，从而肯定了人格权也存在财产使用、收益和处分的现实需要，解决了人格权法的权利变动缺位问题，使得人格权在一定程度上也能够适用民法总则中的标志性制度——法律行为制度，同时也使人格权独立成编的论证更直接地面对民法规则的具体设计，不再局限于形而上。

人格权之所以不能和物权在民法典中具有同等地位，原因之一就在于其缺少相应的权利变动规则，没有自己独特的产生、变更和终止规则，从而使其只能成为静态的消极权利，也因此导致人格权法条文数目过少。但事实上，在商品化大行其道的背景下，民法典必须对具体人格权能否适用财产权规则，在何种程度上适用财产权规则，适用哪些财产权规则，给出明确而具体的回答。如人体器官移植问题，如果法律需要在当前对其给予否定性评价，那么民法典必须对其予以明文规定。当然，即使否认人体器官移植适用财产规则也不等于直接否认了姓名权、肖像权等人格权可以适用财产权规则。目前，我国法律关于姓名权、肖像权使用、转让合同的规定尚不详尽。姓名权、肖像权中的财产利益转让/使用合同的效力如何？是否具有排他性？转让人/特许人与受让人/使用人之间的权利义务是否还受到伦理性人格权的限制？无因性理论是否能够适用？代理规则能否适用？财产性人格权的权利变动规则在何种程度上可以适用总则中的法律行为规则？这些问题是亟须解决的。

那么，解决这些问题的理论工具是什么？人格权二元性理论——承认了财产性人格权取得和伦理性人格权相似的重要地位——是解决上述问题的最佳选择。这种关于人格权本质认知的变化给人格权独立成编以巨大的契机。在此理论前提下，人格权二元性理论补充了仅仅以伦理性人格权为基础论证人格权独立成编的不足。[①] 同时，也初步回应了以人格权缺乏变动规则[②]和以权利救济和权利确认关系等为由[③]否认人格权独立成编的质疑。这就让人格权有了自己的权利变动规则空间，能够为实践中极为常见的许可协议提供有效、安全的法律基础。[④] 使得人格权和财产权、民法总则的体系化效应更加明显，从民法总则到人格权法编，再到物权法编等过渡得更为顺畅，也回应了人格权独立成编不符合民法典的整体逻辑的质疑。与此同时，人格权法规则的数量从实质意义上大幅增加，进而以人格权法律关系不存在权利变动规则、人格权条文过少和只用权利救济规范规定人格权为由否认人格权独立成编的理由不攻自破。

（二）沟通了实体法和程序法

《人民法院诉讼收费办法》[⑤] 第五条第二项和第三项规定：“（二）侵害姓名权、名称权、肖像权、名誉权、荣誉权的案件，每件交纳五十元至一百元；（三）其他非财产案件，每件交纳十元至五十元。”这些规定是以人格权的非财产性为前提的，然而现实生活中，影视明星人格权财产化纠纷的标的额动辄几十万元、几百万元，这些争议的人格权的经济利益的转让、继承等问题和财产权的转让、继承问题没有根本性的差别，然而人格权经济利益纠纷案件与财产权案件受理费的标准是不统一的。就是同属于人格权经济利益纠纷案件，各地法院的诉讼费用的计算也是不同的。比如，刘某诉《精品购物指南》报社、北京精品卓越科技发展有限公司、北京中友百货有限责任公司案件二审判决判定：“一审案件受理费80元，由刘某负担40元（已交纳），由《精品购物指南》报社负担40元（于本判决生效后七日内交纳）。二审案件受理费80元，由刘某负担40元（已交纳），由《精品购物指南》报社负担40元（于本判决生效后七

---

① 王利明：《论人格权制度在未来民法典中的地位》，载《法学研究》2003年第1期。杨立新：《制定民法典人格权编的基本思考》，载杨立新：《民法判解研究与适用（七）》，人民法院出版社2004年版，第97-128页。陈华彬：《中国制定民法典的若干问题》，载《法律科学》2003年第5期。

② 梁慧星：《中国民法典编纂的几个问题》，载《山西大学学报（哲学社会科学版）》2003年第5期。柳经纬：《民法典应如何安排人格权制度》，载《河南省政法干部管理学院学报》2004年第3期。

③ 米健、沈建峰：《对人格权独立成编理由的三个追问》，载《人民法院报》2005年6月8日。

④ Michael Henry ed., International Privacy, Publicity and Personality Laws, Butterworths Press (UK), 2001, p. 433.

⑤ 该办法已于2007年4月1日被《诉讼费用缴纳办法》废止。

日内交纳)。"[①] 而在王某霞诉昆明卷烟厂案，辽宁省高级人民法院终审判决，昆明卷烟厂向王某霞赔礼道歉，同时赔偿王某霞80万元人民币。12万元的诉讼费，王某霞承担8万元，昆明卷烟厂承担4万元。因此，承认人格权的二元性有利于改变上述诉讼费用收取不一致的做法，实现案件诉讼费用的合理化、规范化。

（三）沟通了公法和私法

由于人格权的财产属性具有一般性，因此，在受害人通过侵权之诉或者不当得利之诉获得利益返还时，是否要对权利人征收税金就是一个值得研究的问题。一般认为，国家的存在和居民独立财产的存在是税收产生的根本原因，国家职能和社会需要的发展是税收存在和发展的重要原因。居民独立财产的出现是税收产生和存在的内因，国家的存在是税收产生和存在的外因。[②] 因此，当民事主体通过人格权使用许可等途径获得财产时，国家应该对其收入征收税金。在英国财产法中，商誉被作为"一种可交换的客体，必须考虑对其价值予以征税"。[③] 对于人格要素的财产使用使得权利人获得了独立的财产，这样，对其征收税金符合"有收入，就征收税"的一般原理。从这个角度而言，人格权二元性理论沟通了公法和私法长期以来忽视的问题。此外，人格权财产利益能否作为"没收财产"等国家治理措施的对象，也是以承认人格权财产利益为前提的。

四、哲学史分析

在哲学史方面，本部分主要选取与人格权理论密切相关的先占理论、劳动理论、功利主义理论和人格理论来论证人格权二元性的理论基础。

（一）先占理论与劳动理论

从自然法学家洛克那里，我们很容易得到关于人格权财产性的理论支持。洛克的先占理论认为每个人都对自己身体享有所有权，洛克的劳动理论也能为人格要素财产化提供正当性基础。洛克主张："土地和财产为一切人所共有，但是每人对他自己的人身享有一种所有权，除他以外任何人都没有这种权利。他的身体所从事的劳动和他的双手所进行的工作，我们可以说，正当地属于他的。

---

① 北京市第一中级人民法院（2005）一中民终字第8144号判决书。

② 徐孟洲、谭立：《税法教程》，首都经济贸易大学出版社2002年版，第7页。

③ ［英］F. H. 劳森、B. 拉登：《财产法》，施天涛、梅慎实、孔祥俊译，中国大百科全书出版社1998年版，第45页。

所以，只要他使任何东西脱离自然所提供的和那个东西所处的状态，他就已经掺进他的劳动，在这上面掺加他自己所有的某些东西，因而使它成为他的财产。”①

总结起来，一方面，洛克承认人的主体性要素是固有的。人优先于任何其他人而占有自己。人天然地拥有对该自己的控制权。因此，人可以拥有对于其自身蕴含的财产利益的占有、使用、收益、处分等权能。这同罗马法先占概念是一致的，即基于先占或加工而对财产的“自然取得”。根据先占理论，所有权最终取决于对一件一直不存在所有人的物的控制。② 另一方面，洛克主张劳动说的论证前提就是“人对自己身体享有所有权”，正是因为拥有对自己身体的所有权，主体通过身体的劳动而获得的物质财富才能够当然为其所拥有。正如洛克的劳动说为物权、知识产权的取得提供了正当性基础一样。③ 洛克的劳动说同样可以为人格权财产性的正当化提供理论基础。

洛克的理论具有广泛的影响。美国学者尼莫和麦卡锡在论证公开权的正当性时都借用了洛克的劳动理论。尼莫认为：无疑地，每一个要具有宣传价值而获得金钱报酬的人，都是需要经过一段时间、努力与技巧。而英美法的第一原则就是：除非是因为公共政策的考量，否则每一个人都应获得其努力的成果。④ 麦卡锡认为，公开权得因劳力付出而正当化，公开权就好像盖一栋房屋或织一件毛衣都应受到法律的保护，得免于第三人的侵害或窃占，而此可被认为是自然权利应归属于创造人所有，除非是因为有很强的公共政策考量。⑤

作为洛克理论的继承者，芒泽进一步深化了其理论，提出人对于自己的身体享有有限的财产权（Limited property right）。⑥ 这种基于人身的有限财产权比洛克的理论更加具有可操作性。现实来看，并不是每一种人格要素都可以“完全”地财产化，人格要素的财产化要考虑到很多因素。芒泽认为，“有限”表现为法律限制人们对自己的身体为所欲为，人们对自己身体的权利并不同如他

---

① ［英］洛克：《政府论（下篇）》，叶启芳等译，商务印书馆1964年版，第18页。

② ［美］彼得·斯坦、［英］约翰·香德：《西方社会的法律价值》，王献平译，郑成思校，中国人民公安大学出版社1989年版，第252页。

③ 冯晓青：《知识产权法哲学》，中国人民公安大学出版社2003年版。

④ Melville B. Nimmer, The Right of Publicity, 19 Law&Contemp. Prob. 203, 216 (1954).

⑤ J. Thomas McCarthy, The Right of Publicity and Privacy §2.1 [D] (Rev. 1995).

⑥ 徐国栋：《现代的新财产分类及其启示》，载《广西大学学报（哲学社会科学版）》2005年第6期。

们对一张桌子或一辆汽车的权利，而受到如下限制：第一，法律禁止人们自卖为奴并在活人之间转让任何为维持生命不可或缺的器官；第二，法律限制人们自杀或自残；第三，法律禁止卖淫。以上为证明人们对自己的身体处分权有限的因素。“财产权”表现为人们对自己的身体享有一定的积极的或消极的处分权：第一，在不损害他人的前提下，人们有权按其希望的方式使用自己的身体，例如在生存时出售或赠与自己的某些组织或器官，通过遗嘱或合同将其遗体转让给医疗机构；第二，人们可以阻止他人强奸或殴打；第三，人们有权免于债务监禁或被剥夺其身体的任何部分。① 芒泽的观点同笔者关于人格权二元性的区分是一致的，即在承认人格权伦理性的前提下，同时承认人格要素的财产性，进而人格权可以进行市场化变动和非市场化变动。

（二）功利主义理论

功利主义理论对于解释人格权的财产化也具有重要的意义。功利主义的财产理论在大卫·休谟的著作中得到了充分的表达。他认为，人类社会是靠“一种普遍利益的一般意识”才得以发展的，正是这种一般意识引导人们承认了法律规则的必要性。人类的贪得无厌加上自然资源的缺乏，不可避免地造成了财产的不平均分配。但是社会的和平和安全需要得到保护，因此，法律制度便得以产生和发展，以保证每一个人都能和平地享受他所获得的一切，不论是由于幸运所获，还是靠自己的勤劳而得。最后，他得出“财产分配方面和占有的稳定性方面的习俗，在所有情况下都是人类社会赖以建立的最必要的东西。”② 后来，亚当·斯密发展了休谟的理论，他主张不论财产是以何种方式取得的，只要这种取得对社会有益，就应当进行保护。③

功利主义的观点具有如下借鉴意义：人格要素这种既稀缺又有需求的生活资源④，如果不通过法律上的权利制度对该利益进行分配，那么所有有商业眼

① 徐国栋：《现代的新财产分类及其启示》，载《广西大学学报（哲学社会科学版）》2005年第6期。

② ［美］彼得·斯坦、［英］约翰·香德：《西方社会的法律价值》，王献平译，郑成思校，中国人民公安大学出版社1989年版，第254页。

③ ［美］彼得·斯坦、［英］约翰·香德：《西方社会的法律价值》，王献平译，郑成思校，中国人民公安大学出版社1989年版，第255页。

④ 把个人的姓名、肖像等个人形象作为商业标志使用降低了消费者的寻找成本与商家的宣传成本。

光的人都会对其加以利用。如此一来，权利人或者默认此种利用，或者通过法律以外的途径（例如武力）来寻求纠纷的解决。根据法律经济学者的论证，没有法律介入的这种类似于自然状态的纠纷解决成本要远多于法律上强有力的产权制度。① 反之，如果对个人人格要素这种稀缺资源进行合理的制度配置和利用，建立一个合理的产权系统，就会确保这种稀缺资源向那些认为他最有价值的人手中流动。② 这样，既避免了纠纷的发生，也促进了边沁所提倡的整个社会福利的最大化。

可见，功利主义理论已经接近于经济学的观点，强调的是分配伦理，而非精神伦理。

（三）人格理论

康德、费希特和黑格尔等德国先验主义哲学理论构成了人格理论的主要源泉。相比较而言，康德的理论更有助于解释人格权的伦理意义，而黑格尔的理论更有助于解释人格权的财产意义。

1. 康德。

康德的思想注重人的伦理价值。在康德的法律权利体系中，他并没有直接承认人格权。

（1）主体和客体的严格对立。客体是和主体相对应的概念。古希腊哲学家普罗泰指出“人是万物的尺度”，除人之外皆为物，并且物的价值决定其对人的有用性。③ 至近代以来，笛卡尔强化了主客体二元对立的哲学。这种主体客体二元对立的哲学思想通过康德的伦理人格主义进入了大陆法系民法传统。自由意志要想实现自己，必须有一个具体对象来体现它的存在。康德说：“我享有某个外在于我的东西作为我的财产，这种模式包含着主体的意志与该对象之间的特殊的法律联系。”这句话集中体现康德的主/客二元对立思维模式。同样，黑格尔也是以所有权开始“人—物”二元对立的法哲学，他说：“所有权所以

① ［美］罗伯特·考特、托马斯·尤伦：《法和经济学》，张军等译，上海三联书店、上海人民出版社1994年版，第129－138页。

② Julius C. S . Pinckaers，From Privacy Toward A New Intellectual Property Right in Persona，Kluwer International1996，p. 245－257，转引自黄海峰：《人格商业化利用的正当性》，载王利明主编：《判解研究（第七辑）》，人民法院出版社2002年版，第96－102页。

③ 高利红：《动物不是物，是什么?》，载梁慧星主编：《民商法论丛（第二十卷）》，香港金桥文化出版有限公司2001年版，第289页。

合乎理性不在于满足需要，而在于扬弃人格的纯粹主观性”，“人有权把他的意志体现在任何物中，因而使物成为我的东西。……每一个人都有权把他的意志变成物，或者物变成他的意志，换句话说，他有权把物扬弃而改变为自己的东西”①。

这种二元对立的结果就是法律对人格权的财产化持抵制的态度。康德宣称：“人不是他自己的财产，他不能自我合同化。因为就他自己而言，他是一个主体，这个主体所拥有的东西是既定的。如果他是他自己的财产，他将成为‘物’。这对一个人和物，财产所有者和财产来讲是不可能的。”② 这种批判哲学和洛克的观点形成了鲜明的对立。

当然，康德说的并不一定都是对的。比如，康德曾经反对同性恋，但是现在德国等许多国家已经立法允许同基督教精神相对立的同性伴侣关系。而且笛卡尔、康德所主张的这种二元对立，已经为许多哲学家所反思，像海德格尔、德里达等现代哲学家就都为消除主客观二元对立作出了努力。③ 的确，我们也不应该过分要求康德，毕竟那个时代人格权和知识产权制度才刚刚萌芽，社会也没有产生人格权财产化的客观需求。毕竟，康德从根本上还是一个哲学家，而不是法学家。

（2）对伦理性人格权的间接承认。康德坚持主客观对立说的一个客观结果就是极大地提升了主体的地位，提升了人的价值。这为人格权的产生和发展奠定了坚实的基础。

从文本来看，康德并没有直接承认人格权。因为康德曾经专门论述过权利体系，他将权利分为物权、对人权和具有物权性质的对人权。④ 在这里，康德讲的“对人权”似乎也并不是像中文译者翻译的那样就是“人身权”⑤，因为如

---

① 朱晓喆：《批判哲学视界中的私权问题——康德的私权哲学思想研究》，载《金陵法律评论》2002年第2期。

② Carole Pateman, The Sexual Contract, Stanford University Press, 1988, p. 204.

③ 高利红：《法律地位的本质》，载梁慧星主编：《民商法论丛（第三十二卷）》，法律出版社2005年版，第510页。

④ ［德］康德：《法的形而上学原理》，沈叔平译，林荣远校，商务印书馆1991年版，第74页。

⑤ 中文译本18的小标题德文原文并没有，是英译者自己加的。参见［德］康德：《法的形而上学原理》，沈叔平译，林荣远校，商务印书馆1991年版，第88页。

果翻译成“人身权”的话，结合文章的具体语境是说不通的。康德说的对人权其实就是债权，全书与之相关部分讲的都是契约关系。这里，中文译者/英文译者可能犯了一个错误。经查阅，中文译者所说的“对人权”“人身权”英文版原文都是“personal right”，而“personal right”除了人身权、人格权的含义之外，也有对人权的意思。这里中文译者很有可能是不熟悉民法理论导致最终出现翻译错误。此外，康德讲的“具有物权性质的对人权”，指的是家庭关系，也就是亲属权或身份权，并不是说人格权的财产化。康德解释说，具有物权性质的对人权是把一外在对象作为一物去占有，而这个对象是一个人。这种“我的和你的”的权利，专门指涉及家属和家庭的权利。①

可见，康德并没有直接承认人格权。但另一方面，康德间接承认了人格权。具体论据如下：第一，康德在论述法律义务的分类时，曾经把法律义务分为对本人的义务与对他人的义务，与之相对应，人享有“对我们自身的‘人性的权利’”和“对他人的‘人类的权利’”。② 先于康德100多年的多内尔鲁斯把权利分为对物的权利、对他人的权利和对自己人身的权利，其中对自己人身的权利又包括身体完整权、自由权、荣誉权等。③ 将“对我们自身的人性的权利”和“对自己人身的权利”相比较，我们会发现，“对我们自身的人性的权利”无疑就是人格权。按照对原著的体系解释，“对他人的人类的权利”就应该是康德说的“具有物权性质的对人权”，即身份权。

第二，康德认为，天赋的权利是每个人根据自然而享有的权利，它不依赖于经验中的一切法律条例。只有一种天赋的权利，即与生俱来的自由。自由独立于别人的强制意志，而且根据普遍的法则，它能够和所有人的自由并存，它是每个人由于他的人性而具有的独一无二的、原生的、与生俱来的权利。④“与生俱来的自由”是每个人独一无二的、原生的。

根据继承了康德学说的普赫塔的观点，主观权利可以分为人所固有的权利、

① ［德］康德：《法的形而上学原理》，沈叔平译，林荣远校，商务印书馆1991年版，第94页。

② ［德］康德：《法的形而上学原理》，沈叔平译，林荣远校，商务印书馆1991年版，第35页。

③ 徐国栋：《寻找丢失的人格》，载《法律科学》2004年第6期。

④ ［德］康德：《法的形而上学原理》，沈叔平译，林荣远校，商务印书馆1991年版，第49－50页。

对物的权利、对行为的权利、对人的权利，而对人的权利又可以分为对配偶和子女的权利等。① 这里人固有的权利就是人格权。可见，普赫塔对人格权的提法与康德的提法基本一致。康德在这里所说的天赋的权利，应该就是人格权。

(3) 对人格权财产化的迟疑。康德自己提出这样一个命题："不能把自己仅仅成为供别人使用的手段，对他们来说，你自己同样是一个目的。"它产生于我们自身的人性的权利。②"没有理性的东西只具有一种相对的价值，只能作为手段，因此叫作物；而有理性的生灵叫作'人'，因为人以其本质即为目的本身，而不能仅仅作为手段来使用。"③

拉伦茨认为，"从这一立论中可以推导出：每一个人都有权要求其他任何人尊重他的人格、不侵害他的生存（生命、身体、健康）和他的私人领域；相应地，每一个人对其他任何人也都必须承担这种尊重他人人格及不侵害他人权利的义务"④。

但需要注意的是，康德在这里强调人不能仅仅成为他人使用的手段，也就是说，康德并不排斥人作为他人的手段，康德最终所要表达的是人作为手段的同时，不能排斥人是目的。这样，我们就可以推导出，人的内在性可以在不违背人的目的性的前提下，获得外在性，作为手段。对于目的与手段的阐述，罗尔斯也认为应该这样理解康德的人性："无论在我们自身还是在别人那儿，我们都应该把人性当作自在的目的来对待。"⑤ 罗尔斯的论述其实就是说，人可以都可以成为目的，也都可以成为手段；成为手段并不应影响目的。

康德似乎又反对人格权的财产化。他指出，一个人可以是他自己的主人，但并不是他自己的所有者，他并不能任意处理他自己，更不用说对他人有这种关系的可能了，因为他要对自身中的人性负责。它是属于人性本身的权利，而不是属于他个人的权利。而一个外在的对象作为财产必须是有形物，人们对它

---

① ［德］格尔德·克莱因海尔、扬·施罗德：《九百年来德意志及欧洲法学家》，许兰译，法律出版社 2005 年版，第 335－336 页。

② ［德］康德：《法的形而上学原理》，沈叔平译，林荣远校，商务印书馆 1991 年版，第 48 页。

③ ［德］卡尔·拉伦茨：《德国民法通论》，王晓晔等译，法律出版社 2003 年版，第 46 页。

④ ［德］卡尔·拉伦茨：《德国民法通论》，王晓晔等译，法律出版社 2003 年版，第 47 页。

⑤ ［美］罗尔斯：《道德哲学史讲义》，张国清译，上海三联书店 2003 年版，第 255 页。

不负什么直接的个人责任。作为所有者，便可以任意处理它。①

在这里，康德强调的仍然是人与物的对立问题，树立的是“外在物”观念。康德认为，描述一个作为“外在于我”的对象，可以简单地说它仅仅是“与作为一个主体的我是不同的，并且是有区别的”，或者说，它是“一个在我之外的物，并可以在别的空间或时间中找到它”。② 如果作为主体的人能够通过部分构成要素外在化、对象化，那么这种主体和客体，人和物的对立就会消除，人格权就应该可以财产化。

总的来讲，康德主观和客观二元对立的理论有利于强化人的主体地位，有利于对人的伦理价值的保护，康德的伦理人格主义也的确成为了德国民法典的理论基础③，包括人格权在内的许多权利以其为正当性的来源。由于时代的限制，康德没有对人格权的财产化作出统一的回答，但是他的“目的与手段”命题仍然可以成为解释人格权财产化的理论资源。

2. 黑格尔。

（1）人格权的伦理性基础。黑格尔继承了康德的人格理论，他指出：“所以法的命令是：成为一个人并尊重他人为人。”④ 他还“告诫人们要过一种理性支配的生活，并且指出理性的基本要求之一是尊重他人的人格和权利”。⑤ 人格是人和财产制度的基础。⑥ 可见，黑格尔充分地尊重了人格尊严，并将其作为人进行社会生活的根本。这构成了传统人格权的伦理基础。

（2）人格权的财产化基础。黑格尔指出：“唯有人格才能给与对物的权利，所以人格权本质上就是物权。这里所谓物是一般意义的，即一般对自由说来是外在的那些东西，甚至包括我的身体生命在内。这种物权就是人格本身的权利。”⑦

① ［德］康德：《法的形而上学原理》，沈叔平译，林荣远校，商务印书馆1991年版，第87页。

② ［德］康德：《法的形而上学原理》，沈叔平译，林荣远校，商务印书馆1991年版，第55页。

③ ［德］卡尔·拉伦茨：《德国民法通论》，王晓晔等译，法律出版社2003年版，第46页。

④ ［德］黑格尔：《法哲学原理》，范扬、张企泰译，商务印书馆1961年版，第46页。

⑤ 李琛：《著作人格权诸问题研究》，载刘春田主编：《中国知识产权评论》，商务印书馆2002年版，第243页。

⑥ Peter Drahos，A Philosophy of Intellectual Property，Dartmouth，Publishing，1996，44. 转引自冯晓青：《知识产权哲学》，中国人民公安大学出版社2003年版，第153页。

⑦ ［德］黑格尔：《法哲学原理》，范扬、张企泰译，商务印书馆1961年版，第48－49页。

黑格尔在这里否认了客体意义上的人格与物的差别，认为其具有同一性，进而否认了人格权与物权的差别。这样，黑格尔语境下的人格权就同物权一样具有了财产意义。黑格尔等人的理论在强调人的伦理价值的同时，也强调了财产对于人格的工具理性价值。黑格尔上述主张具有广泛的影响。至19世纪，西方民法学者大都将财产权视为个人人格的延长，主张将个人意志自由和人格尊严的价值体现在个人对财产权的支配方面，人格权利就是对财产自由地占有、使用、收益和处分的权利，对人格的尊重就意味着对他人财产的尊重。这就是黑格尔所宣称的“人格权本质上就是物权”。① 在黑格尔那里，财产化的人格权被张扬到了极致。②

实际上，作为财产权的人格权通过商业化维护了个人自由享有、使用和控制人格要素的权利，从这个意义上来讲“对商业化的尊重”就意味着“对个人意志自由和人格尊严”。作为财产权的人格权在这里发挥的是类似于“物权”的保护人的“行动工具”的作用。就像“物权”是通过人与物的关系最终反映的是人与人之间的关系一样，作为财产权的人格权也是通过人与“商业化利用的人格要素”的关系最终反映人与人之间的关系。人类社会的不断发展使财产权的客体也日益复杂——由有体物到无体物，再由无体物到某些人格要素，财产权利的类型不断增加——由物权到知识产权（无体财产权），由知识产权（无体财产权）到人格性财产权。人格权与财产权的共同点在于都是通过一定的载体来保护人本身，这种保护反映了人格（客体意义上的人格，或者称为事实人格）与财产划分的相对性：人格（伦理价值）是目的，而财产是手段。诚如荷兰学者所言，人格要素是据以确认个人身份的标志。从私人自治出发，每个人都有发展和完善其个人人格的权利，同时也有权决定其人格要素的哪些方面以何种方式展示在世人面前。③

五、经济学解释

关于人类社会生活中的伦理与经济的问题，美国制度经济学者康芒斯在19

① 王利明、杨立新主编：《人格权与新闻侵权》，中国方正出版社2000年版，第42页。

② 王利明、杨立新主编：《人格权与新闻侵权》，中国方正出版社2000年版，第93页。

③ Julius C. S. Pinckaers, From Privacy Toward A New Intellectual Property Right in Persona, Kluwer International, 1996, p. 242，转引自黄海峰：《人格商业化利用的正当性》，载王利明主编：《判解研究（第七辑）》，人民法院出版社2002年版，第96－102页。

世纪初就指出："从道德和伦理角度讲，与别人交易过程中的机会和力量的比例配合是自我表现、自我发展和'自我实现'的手段。从经济上来说，它是在把个人力量对别人的服务进行经济化，以便为了当一个人在出卖自己时，根据他的性格能得到最大限度的效果。伦理的问题就是集中说明人格对人的价值的组合。经济问题就是指在实现人的价值组合时，根据所有外在因素的辅助把一切外在因素按比例配合起来。"① 这一经济学的观点指明了伦理和经济的紧密联系。一般来讲，人与人之间复杂的社会交往都伴随着伦理和经济问题。作为人的象征的人格要素同时体现出伦理性和财产性当然不足为奇。

什么是财产？财产本身具有有用性和稀缺性两个基本特性。人格要素财产化的本质是将人格要素工具化、外在化和对象化，而工具化的本质在于人格要素体现了一定程度的交换价值。人格要素财产化就是人格伦理价值扩张化的结果。

（一）人格要素的有用性

马克思主义理论认为，使用价值就是物品的有用性或效用，即能满足人们某种需要的属性。使用价值只有在使用或消费中实现。无论财富的社会形式怎样，使用价值都形成财富的物质内容。② 在市场经济的条件下，绝大多数人格要素都体现出较强的经济使用价值。

首先，就具有独立使用价值的人格要素而言，隐私、某些人体身体组成部分、企业名称等具有"类物性"，可以直接成为商品进入流通领域，它们在不同的层次上能够满足消费者的需要。比如，某些名人的恋爱史、成功史都能够在一定程度上满足人们的精神需要，人体医疗废物可能具有很大的医学研究价值，人体粪便具有巨大的农业价值，人体组织能够满足病人的医疗需要，企业名称本身就被认为是无形资产。

其次，就具有附加使用价值的人格要素而言，由于姓名、肖像、声音等人格要素能够增加原产品或者服务的附加价值，因此其具有潜在的商业价值。经济学原理告诉我们，消费者的偏好是纯粹主观的，而偏好影响消费者的选择。消费者选择的问题是由消费者的多种偏好与妨碍满足这些偏好的障碍的冲突引

---

① ［美］约翰·R·康芒斯：《资本主义的法律基础》，寿勉成译，方廷钰校，商务印书馆2004年版，第50－51页。

② ［德］卡尔·马克思：《资本论》，郭大力、王亚南译，人民出版社1953年版，第6页。

起的。[①] 而恰巧，具有显著特征的姓名、肖像、声音等人格要素能够引导消费者购买商家的商品或者接受商家的服务。1993 年 11 月，WIPO 将形象的商品化表述为“虚拟角色的创作者或真实人物或其它一个或多个经授权的第三方对于角色的主要个性特征的改变或二次利用，通过将该形象与不同的商品或服务相联系，使得预期的消费者因为对该形象的熟悉和认同而购买了该商品或者服务”。[②] 比如，因为乔丹的关系，运动用品的销售量、电视收视率、NBA 比赛的观众人数、出售的广告价格，以及比赛录像带等与他有关的产品的销售量，都有了显著的增加。美国《财富》杂志估计，飞人乔丹给美国经济带来的影响力超过了 100 亿美元，甚至他的一举一动都会引起华尔街股市的变动。乔丹的退役不仅是 NBA 的损失，也给美国经济带来了一丝阴影。[③] 再如，歌星的声音具有巨大的公众影响力，它使得喜爱歌星的公众基于歌声的感召而作出非理性的消费选择，从而实现了商家通过名人广告销售商品、提高经济效益的目的，而这也正是声音中所蕴含的经济价值转换为现实的财产性利益的缘由所在。[④] 使用姓名、肖像、声音等人格要素能够促进资本的周转，从而使得有限的资本得以最大化使用，提高了企业的效率，节约了时间，减少了企业的机会成本，并且降低消费者的搜索成本，在这个意义上，姓名、肖像、声音等人格要素同土地、技术等生产要素一样参与了财富的创造。赋予民事主体对自己的人格要素以财产权的地位，有助于发挥类似于物权法一样的定分止争功能，界定明确的权利有助于提高效率。

（二）人格要素的稀缺性

人格要素在不同情况下呈现出的稀缺性并不相同。比如，物质性人格要素往往能够满足医疗、科研、农业生产、美容等不同行业的需求，由于人体移植技术的发展，各种人体器官和组织在世界各国都是紧缺的。至于标表性人格要素，由于能够满足商品或者服务的宣传需要，在现代市场经济社会，只要知名

---

① ［美］罗伯特·考特、托马斯·尤伦：《法和经济学》，张军等译，上海三联书店、上海人民出版社 1994 年版，第 31 页。

② 林洁华：《商品化问题研究》，http：//www. civillaw. com. cn/article/default. asp？id＝27009，最后访问时间：2010 年 1 月 1 日。

③ 《乔丹效应》，http：//nbaclub. myrice. com/jordan/xiaoyin. html，最后访问时间：2010 年 1 月 1 日。

④ 余俊：《商品化权研究》，中国人民大学 2005 年硕士毕业论文，第 3 页。

度达到一定程度，其市场前途必定紧俏。甚至是以模仿本人的机器人面目出现也能够具有极大的市场影响力。在怀特诉美国三星电子公司案件中，被告通过使用与原告相似的机器人的方式做广告促销其录影机。美国联邦上诉法院判决指出：广告者使用名人代言足以促销其商品，越知名的名人，越有名气的人，越多人认识他，由其代言广告商品，而使其商品越有能见度。越有知名度人的形象，不但能够吸引广告商，且越容易被注意，而无须使用如姓名、肖像或声音等明显的方法。名人之所以为名人，乃广为大众所注意，而使用其特殊造型或形象，甚至以映射方法，即具有特别吸引力。被告因使用原告个人形象而获得商业利益，也包括原告的公众事务影响力。被告的行为只需要足以造成公众注意，或产生影响力，而能衍生商业利益。① 随着大众媒体、娱乐业的日益繁荣，自由类人格要素也很稀缺，美国学者歌德钦指出，19 世纪末期，报纸将人类对于他人的好奇心转化成为经济学上的“有效需求”，把闲话转化成为流通的商品。②

（三）经济学对人格要素财产化的态度

1. 负向外部性：是否允许人格要素财产化的判断标准。由于人格要素的财产化体现了人的自由的延长，是人的自我实现、自我发展的手段，同时对整个社会也具有正外部性，从成本收益角度来看，原则上应承认其财产化。但是，如果此类人格要素的交易并不会产生负外部性，即对其他人或者整个社会产生负面效应，那么此类人格要素的财产化就应该得到支持。反之，如果此类人格要素的交易会产生负外部性，那么此类人格要素的财产化就不应该得到支持。诚如学者指出的，不可让渡规则的合理性主要来自于外部效应的考虑。比如，如果出售肾器官是合法的，将可能导致更多的犯罪行为。③

2. 建立排他性的财产权：人格要素财产资源最大化的保障。波斯纳在论述财产权的重要性时，曾经以共有牧场为例说明了排他性财产权的重要性。几个牧主共有一个牧场，所有人都没有排他性权，由此也没有一个人能对其他人使

---

① 林世宗：《言论新闻自由与诽谤隐私权》，自版，2005 年，第 591 页。

② 詹文凯：《隐私权之研究》，台湾大学法学院 1998 年博士学位论文，第 18 页。

③ 张维迎：《作为激励机制的法律》，载《信息、信任与法律》生活·读书·新知，三联书店 2003 年版，第 135 页。林世宗：《言论新闻自由与诽谤隐私权》，自版，2005 年，第 591 页。当然，甚至即使法律禁止的情况下，类似于“性”这样悖于公序良俗的人格要素仍然会进入流通领域。

用牧场收取费用。由于没有一个牧主对目的的使用汇支付成本，所以谁也不会在决定牧牛数量时考虑成本，结果是牧牛的数量超过了有效率的数量。① 最后可能因为牧场被过度利用而导致荒芜。

这种牧场效应说明了必须建立一种关于财产资源的分配伦理，通过排他性的财产权似的其他人支付一定的费用使用人格要素财产资源。基于类似的理由，波斯纳认为，个人形象之利用应赋予财产权的概念，如此将可避免个人形象遭他人没有效率的过度利用，因为将个人形象在不同的商品过度的利用，将有可能使个人的形象减低甚且变成毫无价值。②

在人格要素的财产资源上建立了排他性的财产权之后，看好人格要素商业价值的人就会主动和权利人协商，通过合同行为获得使用权。这样，通过一个市场交易阻止了可能发生的搭便车等侵权行为，节约了社会资源，实现了社会使用人格要素财产资源的有序化和最大化。

总之，人格要素的财产化符合经济学的基本原理。在承认债权变为可转让的财产之后，承认人格要素的财产价值是人类对于财产观念的又一大突破。现代社会已经产生了人格要素既表征伦理价值又作为行动工具的客观需求。③

六、比较法历史

拉伦茨认为，康德的伦理人格主义哲学是德国民法典立法者制定民法典的前提假设。在伦理人格主义哲学看来，人正因为是伦理学意义上的“人”，因此他本身具有一种价值，即人不能作为其他人达到目的的手段，人具有其“尊严”。④ 这种前提假设基本上勾勒了大陆法系民法典的基本形态，同时也深刻地影响了大陆法系的人格权制度，即在民法典当中仅仅规定伦理性人格权，人格权为人身非财产权。康德哲学产生于从农业时代向工业时代过渡的背景之下，这就决定了其理论不可能完全适用于工业时代，乃至于互联网时代。正是考虑

---

① ［美］理查德·A·波斯纳：《法律的经济分析》，蒋兆康译，中国大百科全书出版社 1997 年版，第 41 页。

② Rechard Posner, The Right of Privacy, 12 Ga. L. Rev. 393, 411 (1978). 转引自赖国钦：《形象宣传权之研究》，中国文化大学法律学研究所 1999 年硕士学位论文，第 26–27 页。

③ 对此的疑问，参见姚辉：《逝者如斯夫》，载王利明主编：《判解研究（第七辑）》，人民法院出版社 2002 年版，第 91 页。

④ ［德］卡尔·拉伦茨：《德国民法通论》，王晓晔等译，法律出版社 2003 年版，第 45–47 页。

到康德理论的这种社会经济背景，或者说其适用领域的限制，各国其后的立法和司法实践逐渐修正了康德学说存在的这些弊端。

（一）康德哲学学说对大陆法系民法典人格权制度的影响

1866年，德国纽内尔提出了“人格的权利”这一概念，对这种新权利的内容，他继承了康德的观点：“对于人格的权利我们的理解是：这是一种人能够自己确定自己的目的、并且能够按照确定的目的发展自己的权利。”① 就人格权及其相关制度而言，康德哲学学说对大陆法系民法典具有如下重要影响：

1. 人格权的性质。在人格权的性质上，认定人格权具有内在性，体现的是人的伦理价值，人格权是一种基于人的内在而形成的权利，并进而确立人格权为伦理性权利、消极性权利，不能适用法律行为等权利变动规则。这方面极端的例子是《埃塞俄比亚民法典》第四十四条有关自然人姓名的一切合同都无效的规定。②

2. 权利体系的设置。在权利体系的设置上，基本上形成人格权和财产权相对立的格局，二者共同构建了追求精神自由和追求财富增长的激励机制，体现了民法典作为公共政策形成社会激励的均衡性考虑。而苏俄民法典和《民法通则》时代人身非财产权的提法，是严格区分人格权和财产权立场的典型表达。

3. 权利的救济。在权利的救济上，由列举主义向概括主义发展。确定只有在法律明文规定的情况下，人格权受到侵害才可以请求精神损害赔偿。相对应地，又确定财产权在受到侵害时不能请求精神损害赔偿。这种立场充分体现在修订前的《德国民法典》第八百四十七条和我国台湾地区“民法”第一百九十五条当中。

（二）内在性的人格权和外在性的财产权对立的流弊及其突破

在前资本主义时代，乃至资本主义初期，内在性的人格权和外在性的财产权的二元对立对整个民法似乎有益无害。与此相适应，占支配地位的观点认为，人格权的性质为伦理性人格权。③ 但是，这种二元对立所造成的结果是：第一，

---

① ［德］汉斯·哈腾鲍尔：《民法上的人》，孙宪忠译，载《环球法律评论》2001年冬季号。

② 《埃塞俄比亚民法典》区分了姓名权和名称权转让合同的效力。第四十四条（与姓名有关的协议）：“（1）所有与姓名有关的协议在民法上无效。（2）本条不影响有关商号的规范。”

③ 这表现在奥地利、德国、瑞士、日本等国民法典中的相关规定。

只有极其狭窄范围内的人格权受到侵害才可以请求精神损害赔偿；第二，侵害即使是具有人格利益因素的财产权也不可以请求精神损害赔偿；第三，每种具体人格权都完全不包含财产因素，进而不能积极利用、转让、继承。这样，就极大地限制了通过法律实现“人作为终极目的”的伦理价值。该理论的有限性注定其一定会被复杂多变的社会生活所突破。

1. 人格权的财产化——积极性利用。苏永钦认为，现代人格权何尝没有物质利益的一面？只要不涉人性尊严的底线，保护人格权的民法何时禁止人格权的商品化？人格权也当然反映和满足了某种物文主义，以及对金钱的膜拜。①

近代民法典中的伦理性人格权犹如百衲衣，被各国判例和立法不断修正，科学技术的发展、市场经济的深化、新闻媒体的发达，都使人格权逐渐表现出财产性，并且目前这一进程正愈演愈烈。众所周知，美国法没有系统的人格权制度，但美国法自创设隐私权制度以来，其法律制度就随后通过公开权直率地承认了某些人格要素上的财产利益。100 多年来，隐私权和公开权交织在一起，共同获得了长足的发展。与美国不同，受大陆法系传统影响的国家——德国、法国、加拿大、意大利、西班牙、荷兰、日本、中国等主要通过侵权性不当得利或侵权行为制度对人格要素中的财产利益予以救济，但是这种非赋权性的救济方式并不能解决人格要素上的财产利益的使用、转让、继承等根本性问题。②以德国为例，在 NENA 案件中，德国高等法院的态度甚为明显，直接认为肖像权不可让与，而德国联邦最高法院则对肖像权是否可以让与采取了回避的态度，仅仅对肖像的商业利益使用通过不当得利之债给予了肯定。③ 德国玛丽莲·迪特里希案已经直接承认了人格权的财产性内涵。④

路径依赖使得这些国家很难通过制度解释克服人格权规定残缺带来的弊端，

---

① 苏永钦：《民事立法与公私法的接轨》，北京大学出版社 2005 年版，第 41 页。

② Julius C. S. Pinckaers, From Privacy toward a New Intellectual Property in Persona, Kluwer Law International, 1996, pp. 6 – 15.

③ 谢铭洋：《论人格权之经济利益》，载戴东雄六轶华诞祝寿论文集编辑委员会编：《固有法制与当代民事法学》，三民书局 1997 年版，第 133 – 134 页。

④ 王泽鉴：《人格权保护的发展趋势：兼论中国民法典关于人格权立法的基本问题》，载法理与判例网，最后访问时间：2005 年 4 月 31 日。雷炳德介绍，Marlene Dietrich 案，德国联邦法院承认了可以自由转让的“经济人格权”。参见［德］M·雷炳德：《著作权法》，张恩民译，法律出版社 2005 年版，第 547 页。

这是欧陆法系成文法国家人格权制度最初设定必然带来的机会成本。当然，这也是我国制定人格权制度的后发优势。

2. 精神损害赔偿的扩大化——消极性赔偿。早期社会物质条件不佳时，法律规范重视的是财产权的保护，认为人格权受侵害，损害难以确定，除非特定重要的人格权，否则不承认可以请求赔偿金，即使可以请求赔偿金，金额也不高。现代的人格权法则概括地承认侵害人格权的精神上损害赔偿，并大幅提高精神上损害赔偿金额。①

《德国民法典》严格限定了精神损害赔偿的范围。德国学者认为，限制精神损害赔偿的必要性在于：一是精神损害赔偿导致法官的自由裁量权，可能会在一定程度上造成法律的不确定性；二是过度赔偿可能刺激人们为了得到精神损害而提起诉讼。② 因此，《德国民法典》第二百五十三条规定，“非财产损害以法律有规定者为限，可以请求金钱赔偿”，为此第八百四十七条列举了关于侵害身体、健康、自由以及贞操的规定；第一千三百条有关于作为同居一方的女方享有的请求权的规定。③ 这种立法被不少国家等所效仿。但此类立法导致侵害其他法律没有直接列举的人格权（包括一些新的人格利益），受害人就不能请求精神损害赔偿。考虑到此种弊端，《瑞士债务法》直接改变了只有在法律明文规定的情况下人格权受到侵害才可以请求精神损害赔偿的规定。《瑞士债务法》第四十九条第二款规定：“人格关系受侵害时，其侵害情节及加害人过失重大者，被害人得请求慰抚金。”我国台湾地区“民法”也通过对第一百九十五条的修改，建立了一般人格权制度，从而从根本上克服了精神损害赔偿必须特别列举的弊端。德国也通过2002年债法修改和德国《民法典实施法》第二条软化了原来的规定。④

---

① 谢哲胜：《民法基础理论体系与立法》，载王利明等主编：《中国民法典基本理论问题研究》，人民法院出版社2004年版，第66页。

② 王利明：《人格权法研究》，中国人民大学出版社2005年版，第733页。

③ 王利明：《人格权法研究》，中国人民大学出版社2005年版，第706－707页。

④ 该条规定：“（1）仅在法律所规定的情形，才能因非财产损害而请求金钱赔偿。（2）因侵害身体、健康、自由或性的自决权而须赔偿损害的，也可以因非财产损害而请求公平的金钱赔偿。”根据德国《民法典施行法》第二条的规定，德国民法典意义上的“法律”是指一切法律规范，包括德国民法典里的法律规范。参见《德国民法典》，陈卫佐译注，法律出版社2004年版，第76页。

此外，还有两个表现。其一，非财产权利要用金钱来估价，这虽然不足以将它们归入财产之中，但是体现了“一种人与财产之间的结合”。① 其二，侵权损害赔偿金的部分可让与性、可继承性是对人格权专属性的突破。

3. 财产权的人格化。日本、法国承认侵害财产权可以请求精神损害赔偿。而我国承认特定的财产权受到侵害也可请求精神损害赔偿，即承认财产权包含了一定的伦理因素。《日本民法典》第七百一十条规定：“不论是侵害他人身体、自由或名誉情形，还是侵害他人财产权情形，依前条规定应负赔偿责任者，对财产以外的损害，亦应赔偿。”② 民法典继承了《精神损害赔偿司法解释》第四条的规定，承认侵害特定财产权的精神损害赔偿。但日本对于侵害财产权请求精神损害赔偿的范围要远远大于我国所限定的“具有人格象征意义的特定纪念物品”。

曾世雄指出，人格权和财产权的划分不是决定是否可以请求精神损害赔偿的唯一标准。比如，侵害巨额财产所导致的精神损害一般要远远大于侵害姓名权所导致的精神损害。③ 这种主张同欧洲人权法院的认识，在某种程度上是一致的。欧洲法承认了这样一种观点：“公安力量突然袭击损坏某一年龄已经超过50岁的人的住房，或者毁坏其住房中的部分财产，并且迫使该人在一旁看着其住房被烧毁，从而使当事人产生非常严重的痛苦，这种行为构成《欧洲人权公约》第三条意义上的非人对待。”④

此外，尸体和坟墓具有“孝忆思念”的意义，一般来讲，其具有极强烈的人格属性。诚如学者指出的，尸体是自然人死后的身体变化物，是具有人格利益、包含社会伦理道德因素、具有特定价值的特殊物，死者的近亲属作为所有权人，对尸体享有所有权。⑤ 法国法在确认死者的遗体是神圣的、不可侵犯的家庭共同所有权的标的⑥的同时，法国最高行政法院1993年7月2日也指出，

---

① ［法］雅克·盖斯旦等：《法国民法总论》，陈鹏等译，法律出版社2004年版，第164页。

② 《日本民法典》，王书江译，中国法制出版社2000年版，第126页。

③ 曾世雄：《从“资源本位”检视侵权行为之传统思维》，2005年江苏扬州海峡两岸民法典研讨会论文。

④ 《法国民法典（上册）》，罗结珍译，法律出版社2005年版，第75页。这种观点为法国立法所认可。

⑤ 杨立新等：《论尸体的法律属性及其处置规则》，载《法学家》2005年第4期。

⑥ 《法国民法典（上册）》，罗结珍译，法律出版社2005年版，第76页。

在医生与病人的关系中，尊重人之身体的基本道德原则对医生具有强制约束力；这一原则并不随着病人的死亡而停止适用。[①]

七、理论的检讨

（一）大陆法系

人格权二元性的学说虽然不能说源远流长，但也并不是什么异端，在历史上很多法学家都曾经从不同的角度对此作出了阐述。

1895年，德国基尔克主张，人格权具有双重性，既具有财产价值，又具有精神价值。[②] 耶林也曾经系统地阐释过人格权的理论，他从罗马法出发区分了有体物和无体物，认为名誉、荣誉等利益属于无形财产，应当受到保护。[③] 德国现代学者认为，有一部分之人格权，并非只是单纯具有精神利益之内涵，其尚包含有经济利益之内涵，权利人通过权利之行使，可以享有一定之经济利益，而且这些行为符合社会发展之需要，并为社会通念所接受，在法律秩序上亦应该被肯认。[④] 雷炳德总结了德国法对此的研究成果，认为可以从经济上的知名度将作为财产权的人格权分为五种类型：（1）为了信息的目的（包括娱乐新闻在内的新闻报道、史料性的或者传记性的描述）；（2）作为智力创作成果的事实来源；（3）以为商品或者服务提供广告宣传为目的；（4）为了制作商品化的产品；（5）通过人物自己公开出席或者通过第三人的描述。[⑤] 雷炳德的这一看法进行了类型化分析，有利于梳理各种类型的具体规则，建立法律规则体系。

法国学者认为，法国的肖像权已经告别了纯粹的人格权时代，具有二元属性，开始保护财产利益和精神利益。1988年法国的某地方法院也认为，肖像权有精神和财产双重属性，并不是纯粹精神性的，其财产利益可以通过金钱补偿的方法以合同的形式进行商业开发，并且能够为后代所继承。[⑥] 明确地区分将

① 《法国民法典（上册）》，罗结珍译，法律出版社2005年版，第71页。

② 薛军：《人格权的两种基本理论模式与中国人格权立法》，载《法商研究》2004年第4期。

③ 王利明：《人格权法研究》，中国人民大学出版社2005年版，第10页。

④ Vgl. Forkel, Allgemeines PersÖnlichkeitsrecht und wirtschaftliches persÖnlichkeitsrecht, festschrift fΓr Karl H. Neumayer, 1985, S. 229ff. 转引自谢铭洋：《论人格权之经济利益》，载戴东雄六轶华诞祝寿论文集编辑委员会编：《固有法制与当代民事法学》，三民书局1997年版，第124页。

⑤ ［德］M·雷炳德：《著作权法》，张恩民译，法律出版社2005年版，第547页。

⑥ Julius C. S. Pinckaers, From Privacy toward a New Intellectual Property in Persona, Kluwer Law International, 1996, pp. 10－11.

肖像“视为人的固有的组成部分”与“视为可得利用的财产”在法律意义上的不同，指出“前者主要是普通人的领域，旨在阻却他人的擅自利用；而后者则主要是‘名人’的领域，旨在赋予该名人利用（或不利用）他或她的肖像以取得商业利益的自由”。[①] 20世纪90年代，法国法认为，姓名权是人格权的一种特性，至少在某些方面是这样；当它被用于招徕商业客户时，它就脱离人身而成为财产权利；主体对其肖像的权利不属于经济领域，但他可以出卖肖像复制权。[②] 法国学者有以《人身性财产权》为题目写作博士论文的。[③] 而德国学者希曼和格廷也分别有《作为所有权的知名度》和《作为财产权的人格权》来论述人格要素的财产性问题。[④]

星野英一认为，人格权具有两重性，人格权可以包含经济利益，但主要是人格的，财产权也可以包含人格意义，但主要是经济的。[⑤] 星野英一的观点不仅指出了人格权的二元性问题，而且还说明了两者之间的关系。这一点非常重要。黄立提出所谓“财产人格权”概念，区分精神人格权与财产人格权。其举例论证，有人在甲死后，将其肖像制成金币或者出版邮票，此时甲之肖像权则系有财产价值之标的。如仍不得让与或继承，恐非妥当。此时宜仿照著作权法上将著作权区分为著作人格权与著作财产权的做法，对于精神人格权的侵害，因自然人之死亡或法人人格之丧失而消灭，其受侵害之损害赔偿请求权，非经转换为金钱债权，不得让与或继承，但对于财产人格权的侵害，其请求权应认为当然得让与或继承。[⑥] 黄茂荣主张，专利权与著作权属于人格权的延伸。[⑦]

马俊驹指出，随着商品经济关系在整个社会领域的蔓延，越来越多的人的伦理属性，开始具有了可以金钱价值衡量的财产属性。一方面，人开始对自身的部分人格价值进行支配，犹如他们当初支配财产那样。另一方面，未经本人

---

① 马俊驹、张翔：《人格权的理论基础及其立法体例》，载《法学研究》2004年第6期。

② ［法］雅克·盖斯旦等：《法国民法总论》，陈鹏等译，法律出版社2004年版，第164页。

③ J. AUDIER先生的博士论文，LGDJ，1979，转引自［法］雅克·盖斯旦等：《法国民法总论》，陈鹏等译，法律出版社2004年版，第163页脚注2。

④ ［德］M. 雷炳德：《著作权法》，张恩民译，法律出版社2005年版，第547－548页。

⑤ 2012年3月12日，日本学者星野英一在云南丽江市举行的中国民法典草案国际研讨会上的发言。

⑥ 黄立：《民法债编总论》，中国政法大学出版社2002年版，第264页。

⑦ 黄茂荣：《债法总论（第二册）》，中国政法大学出版社2003年，第51页脚注23。

同意而支配他人人格要素的现象也出现了。从法律上看，这种现象与未经主人同意而对于其物的擅自使用具有相当的同质性。这样，传统民法中人格价值与财产的鲜明对立开始模糊，人像拥有财产那样拥有人格价值已经不再是不可想象的事情。① 马俊驹从人格权和财产权相对性的角度出发阐明人格权的财产性问题，值得肯定。梅夏英认为作为人格应该区分为财产性人格和人身性人格，因此，人格权应该可以区分为财产性人格权和人身性人格权。传统民法没有人身格适用的语境。我们知道，传统民法将人抽象掉以后，人与人的关系是财产性的，按黑格尔的话来说，就是工具性和外部性的，是反伦理的。在围绕人、财产和行为等形成的结构体系中，人本身的主体性是被忽视的，也就是说，传统民法人格的假设根本就不会考虑所谓的主体性的觉醒，以及由此导致的人文关怀。其焦点是财产，而不是人。② 梅夏英的这种主张从主体制度出发，角度较为新颖，值得继续深入探讨。

（二）英美法系

在英美法系，隐私权和公开权的关系似乎是“剪不断，理还乱”。其实，二者对应的就是人格权的伦理性和财产性。哈伊莫丽认为，形象权具有精神的、经济的双重属性，如果该种权利受到侵害，受害者不仅可以主张经济赔偿，还可以基于人的自由、尊严主张精神赔偿。③ 这种观点指出了人格权二元性对损害赔偿制度的影响，有利于损害赔偿制度的精细化，正确确定损害赔偿数额，是正确有意义的主张。加拿大学者认为，隐私权和公开权的划分是自然而然、无可避免的。隐私权与公开权保护不同的利益与价值。但是，不能因此而忽视两者之间密切相关的联系。公开权上的损失通常是由名人们来承受的，但这不过是反映了商业或是市场方面的更大价值。名人们也会遭受具有痛苦与耻辱性质的隐私权上的损害。同样，普通人在其形象被用于商业目的时也会遭受公开权上的损失。正是在一个人期望“获取”或利用另一个人的人格形象

---

① 马俊驹、张翔：《人格权的理论基础及其立法体例》，载《法学研究》2004年第6期。

② 梅夏英：《民法上人格的二元性与民法典的结构》，www.civillaw.com.cn，最后访问时间：2010年1月3日。

③ Alice Haemmerli，whose who? The Case for a Kantian Right of Publicity，49Duke Law Journal 383（1999）.

中，体现出了某种程度上的内在固有价值。[1] 上述看法说出了其中的奥妙。隐私权和公开权客体相同，保护利益不同，正是基于一个综合体产生的人格权的两方面。

法条关联

◆《消费者权益保护法》

第十四条　消费者在购买、使用商品和接受服务时，享有人格尊严、民族风俗习惯得到尊重的权利，享有个人信息依法得到保护的权利。

◆《旅游法》

第十条　旅游者的人格尊严、民族风俗习惯和宗教信仰应当得到尊重。

◆《未成年人保护法》

第五条　保护未成年人的工作，应当遵循下列原则：

（一）尊重未成年人的人格尊严；

（二）适应未成年人身心发展的规律和特点；

（三）教育与保护相结合。

第二十一条　学校、幼儿园、托儿所的教职员工应当尊重未成年人的人格尊严，不得对未成年人实施体罚、变相体罚或者其他侮辱人格尊严的行为。

第五十五条　公安机关、人民检察院、人民法院办理未成年人犯罪案件和涉及未成年人权益保护案件，应当照顾未成年人身心发展特点，尊重他们的人格尊严，保障他们的合法权益，并根据需要设立专门机构或者指定专人办理。

◆《妇女权益保障法》

第三十六条　国家保障妇女享有与男子平等的人身权利。

第四十四条　国家保护妇女的婚姻自主权。禁止干涉妇女的结婚、离婚自由。

第五十一条第一款　妇女有按照国家有关规定生育子女的权利，也有不生育的自由。

---

① Michael Henry ed., International Privacy, Publicity and Personality Laws, Butterworths Press (UK), 2001, pp. 90－91.

◆《老年人权益保障法》

第二十一条 老年人的婚姻自由受法律保护。子女或者其他亲属不得干涉老年人离婚、再婚及婚后的生活。

赡养人的赡养义务不因老年人的婚姻关系变化而消除。

◆《慈善法》

第六十二条 开展慈善服务，应当尊重受益人、志愿者的人格尊严，不得侵害受益人、志愿者的隐私。

◆《精神损害赔偿司法解释》

第一条 自然人因下列人格权利遭受非法侵害，向人民法院起诉请求赔偿精神损害的，人民法院应当依法予以受理：

（一）生命权、健康权、身体权；

（二）姓名权、肖像权、名誉权、荣誉权；

（三）人格尊严权、人身自由权。

违反社会公共利益、社会公德侵害他人隐私或者其他人格利益，受害人以侵权为由向人民法院起诉请求赔偿精神损害的，人民法院应当依法予以受理。

◆《治安管理处罚法》

第四十七条 煽动民族仇恨、民族歧视，或者在出版物、计算机信息网络中刊载民族歧视、侮辱内容的，处十日以上十五日以下拘留，可以并处一千元以下罚款。

◆《涉外民事关系法律适用法》

第四十六条 通过网络或者采用其他方式侵害姓名权、肖像权、名誉权、隐私权等人格权的，适用被侵权人经常居所地法律。

◆《利用信息网络侵害人身权益司法解释》

第一条 本规定所称的利用信息网络侵害人身权益民事纠纷案件，是指利用信息网络侵害他人姓名权、名称权、名誉权、荣誉权、肖像权、隐私权等人身权益引起的纠纷案件。

案例评议

王某某诉张某某生育选择权纠纷案①

◆ **评议**

张某某享有生育或不生育子女的人格权，对在其不知情情况下生下的“试管婴儿”，其无需负担作为父亲的法律责任。张某某同意生育的意思表示是与王某某同居关系存续期间，在双方解除关系、已经生育两个子女的背景下，张某某同意生育第三个孩子的意思表示不能自动延伸到第三个孩子。张某某可视为一个单纯的捐赠精子者，其对出生的后代既没有任何权利，也不承担任何责任。

法史钩沉

德国依据“读者来信”案补充创设了一般人格权。② 被告是一家出版社，在其出版的周刊上刊登了一篇批判性的文章，叙述德国前任帝国银行行长和经济部长雅尔玛·沙赫特博士最近正在从事的行为。沙赫特博士的律师以沙赫特博士的名义提起诉讼，要求对这篇文章作更正。然而，被告断章取义，仅发表了这封信件的片段，而且把这些片段放在“读者来信”栏目下发表。前审法院（汉堡州高等法院）驳回了要求撤回的诉讼，理由是：虽然发表的方式可以引人产生原告写下这封读者来信的不正确印象，但这样做既未损害原告的信用，也未损害原告的名誉。联邦最高法院仅仅用一句话援引了《基本法》中的有关规定（第一条“人的尊严”：“人类尊严不得侵犯。尊重及保护人类尊严，是所有国家权利的义务”及第二条“发展人格”：“在不侵害他人权利及违反宪法秩序或公共秩序规定范围内，任何人均有自由发展其人格的权利”），将一般人格权称为“由宪法保障的基本权利”。联邦最高法院认为，在本案中，这一权利受到了损害，因为将原告表达的内容加以变更后予以发表，可以给人产生“一种不正确的人格形象”。本案创制一般人格权的基础是，直接引用宪法规范，视

---

① 《王某某诉张某某生育选择权纠纷案》，https：//www. chinacourt. org/article/detail/2014/11/id/1491378. shtm，最后访问时间：2015 年 1 月 1 日。

② ［德］迪特尔·梅迪库斯：《德国民法总论》，邵建东译，法律出版社 2001 年版，第 805 页。

为广义人格的法律赋权规范，使之具有直接规范的效力，突破了《德国民法典》原有具体人格权制度有限保护的人格范围。

第九百九十一条　【人格权不可侵性】

民事主体的人格权受法律保护，任何组织或者个人不得侵害。

本条来源

《2002年民法草案》人格权法第二条。

立法演变

《2002年民法草案》人格权法第二条规定："自然人、法人的人格尊严和人身自由不受侵犯。"一审稿、二审稿也都没有明确什么是人格权。在三次审议时，有意见提出，将关于民事主体人格权受法律保护的规定单列一条，三审稿作了增补。

条文释义

本条规定了人格权的绝对性。绝对权的一个基本特征是不特定的义务主体负有不可侵害义务。物权、知识产权都是绝对权，都具有类似特点。绝对权不需要义务主体的配合，明确人格权的绝对权性质，既有维护民事主体人格自由、人格尊严的作用，也具有将人格权的财产利益纠纷"定分止争"的作用。本条是第九百九十五条的逻辑基础，违反了本条的禁止性规定的，权利人可以依据本条和第九百九十五条保护自己的人格权。

本条中的"任何组织和个人不得侵犯"可以理解为"任何组织和个人不得非法侵犯"。虽然本条没有明确规定"侵害"必须是非法的，但是在行政执法、刑事司法等活动中，有时候不可避免地侵害行为人的人格权。比如，有的行政处罚涉及行为人的名誉。因此，民事主体的人格权益保护也不完全是绝对的，国家机关依法行使行政权或者司法权等情形的，应当予以排除。

公权力机关行使公权力侵害民事主体人格权时，必须坚持法定原则。以我国最常用的行政监管措施——行政处罚为例，《行政处罚法》明确了行政处罚法定原则：一是对象法定，《行政处罚法》第三条明确规定必须是对于“公民、法人或者其他组织违反行政管理秩序的行为”；二是行使主体法定，必须是依法具有管辖权的行政机关，法律、法规授权的具有管理公共事务职能的组织可以在法定授权范围内实施行政处罚，委托执法也必须符合有关程序和条件；三是处罚种类法定，《行政处罚法》第八条规定的处罚种类包括警告，罚款，没收违法所得、没收非法财物，责令停产停业，暂扣或者吊销许可证、暂扣或者吊销执照，行政拘留，法律、行政法规规定的其他行政处罚；四是处罚设定依据法定，行政处罚的设定层级是法律、行政法规、地方性法规和规章，地方性法规可以设定除限制人身自由、吊销企业营业执照以外的行政处罚，规章只能设定警告和一定数量的罚款；五是处罚程序法定，行政执法主体才有权按照法定程序予以处罚；六是处罚决定的执行法定，行政处罚决定作出后，行为人拒不履行行政处罚决定的，行政执法主体也不能任意为之，其处理的方式、措施都必须按照法律规定。

此外，行政强制也适用法定原则，《行政强制法》第四条规定：“行政强制的设定和实施，应当依照法定的权限、范围、条件和程序。”众所周知，罪刑法定是刑法的基本原则。刑事司法领域措施对民事主体人格权的侵害比行政监管措施干预度更强，因此，其也适用法定原则。概言之，对侵益性的国家行为而言，必须有法律规定，否则，其侵害可能面临国家赔偿。

法条关联

◆《精神损害赔偿司法解释》

第一条　自然人因下列人格权利遭受非法侵害，向人民法院起诉请求赔偿精神损害的，人民法院应当依法予以受理：

（一）生命权、健康权、身体权；

（二）姓名权、肖像权、名誉权、荣誉权；

（三）人格尊严权、人身自由权。

违反社会公共利益、社会公德侵害他人隐私或者其他人格利益，受害人以侵权为由向人民法院起诉请求赔偿精神损害的，人民法院应当依法予以受理。

◆《利用信息网络侵害人身权益司法解释》

第一条 本规定所称的利用信息网络侵害人身权益民事纠纷案件，是指利用信息网络侵害他人姓名权、名称权、名誉权、荣誉权、肖像权、隐私权等人身权益引起的纠纷案件。

案例评议

“处女嫖娼”案[①]

◆ **裁判规则**

行政机关及其工作人员在行使行政职权时，违法拘留或者违法采取限制公民人身自由的行政强制措施的，非法拘禁或者以其他方法非法剥夺公民人身自由的，以殴打、虐待等行为或者唆使、放纵他人以殴打、虐待等行为造成公民身体伤害或者死亡的，违法使用武器、警械造成公民身体伤害或者死亡的，都应当依法承担损害赔偿责任；致人精神损害的，应当在侵权行为影响的范围内，为受害人消除影响，恢复名誉，赔礼道歉；造成严重后果的，应当支付相应的精神损害抚慰金。

◆ **评议**

本案影响非常大。行政机关的具体行政行为要严格按照法律规定的权限和程序实施。本案公安机关违法行政，但是由于我国当时的《国家赔偿法》没有明确精神损害和间接损失可以获得赔偿，如果适用《国家赔偿法》，当事人只能够获得极为有限的赔偿。但是如果适用《民法通则》，则当事人可以获得较高数额的赔偿。正是这种对比凸显出了《国家赔偿法》的弊端，《国家赔偿法》修改时承认了精神损害赔偿。民法典虽删除了《民法通则》关于国家机关侵权的规定，但在解释层面，《国家赔偿法》没有规定的，民法典可以参照补充适用。在国家机关侵权与民事侵权构成共同侵权时，相关法律交错适用。

2019年12月28日，十三届全国人大常委会第十五次会议通过了《全国人民代表大会常务委员会关于废止有关收容教育法律规定和制度的决定》，自2019年12月29日起施行。该决定废止了《全国人民代表大会常务委员会关于严禁卖淫

① 《华商报》2001年12月12日。

嫖娼的决定》第四条第二款、第四款，以及据此实行的收容教育制度。同时决定还规定，在收容教育制度废止前，依法作出的收容教育决定有效；收容教育制度废止后，对正在被依法执行收容教育的人员，解除收容教育，剩余期限不再执行。

第九百九十二条　【专属性】

人格权不得放弃、转让或者继承。

本条来源

《民法通则》第九十九条规定了名称权的使用、转让，第一百条规定了肖像权的侵权保护。

立法演变

《2002 年民法草案》第三条规定：“自然人、法人的人格权与该自然人、法人不可分离，人格权不得转让、继承，但法律另有规定的除外。”一审稿第七百七十五条规定：“人格权不得放弃、转让、继承，但是法律另有规定的除外。对人格权不得进行非法限制。”二审稿删除了第二款，三审稿删除了但书，四审稿延续了上述规定。五审稿作了文字调整。

条文释义

本条规定了人格权的专属性，具有总纲性质，但第九百九十三条、第一千零二十一条至第一千零二十三条等构成该条文的例外。立法过程中虽然删除了“但法律另有规定的除外”，但从本章其他规定来看，这一“但书”仍然客观存在。适用时，要与第一千零六条结合起来。

一、专属性

本条规定的是人格权专属性。从本条来看，条文表述发生过比较大的转变。《民法通则》第九十九条第二款规定：“法人、个体工商户、个人合伙享有名称权。企业法人、个体工商户、个人合伙有权使用、依法转让自己的名称。”如前所述，《2002 年民法草案》、一审稿、二审稿都规定了“但法律另有规定的除外”。但是，三审稿删除了“但法律另有规定的除外”“对人格权不得进行非法限制”。四审稿第九百九十二条延续了上述规定。为什么发生这种转变？主要原因在于，不少意见坚持人格权具有严格的专属性，坚持人格权的不可分离性、不可让与性。比如，有意见认为，自然人人格权不得转让，应以自然人为中心规定人格权，故主张删除但书的内容。这种观点也有立法例支持。《埃塞俄比亚民法典》第九条规定：“（1）由宪法保障的人格权和自由权为不流通物。（2）任何自愿的对上述权利与自由权的行使科加的限制为无效，被合法利益证明为正当作出的除外。”《魁北克民法典》第三条：“每个人专属享有自己的人格权，如生命权、人格尊严权和姓名、名誉、隐私受尊重的权利。这些权利是不可让与的。”人格权保护的首先是精神利益。人的精神利益无法转让，每个人都有自己的独立人格，集体名誉、肖像、隐私等涉及共同人格权益的，也不存在人格权益转让的问题，而是一个人格权共有共享问题。

删除第二款的主要原因在于，一审稿和二审稿中该条文两款规定分别是人格权的专属性和人格权的限制，二者之间的关联并不密切，同时，后续条款对人格权的限制进行了规定。

二、专属性例外规定

专属性也有例外条款。虽然删除了“但书”，但是，立法实际规定了例外。比如，本法规定的转让名称、公开或许可姓名肖像声音、无偿捐献人体细胞等人体物、书面同意人体试验、同意隐私披露、同意个人信息的收集处理等，都可以被理解为抛弃、转让，从“无偿捐献人体细胞等人体物”等表述来看，本法没有禁止从其他处分人格利益的行为中获得收益。综合来看，这些处分形式主要是财产性处分，但也有精神性处分。综合来看，本条在立法技术上存在瑕疵，应确保体系一致，恢复但书的规定，为未来发展留有余地。

精神损害请求权能否突破专属性。侵害他人人格权的精神损害赔偿请求权原则保持专属性，但例外是“赔偿义务人已经以书面方式承诺给予金钱赔偿，或者赔偿权利人已经向人民法院起诉”。主要理由是，此种情形下的精神损害赔偿请求权已经转化为财产权。《人身损害赔偿司法解释》第十八条第二款规定：“精神损害抚慰金的请求权，不得让与或者继承。但赔偿义务人已经以书面方式承诺给予金钱赔偿，或者赔偿权利人已经向人民法院起诉的除外。”我国台湾地区“民法”第一百九十五条规定：“不法侵害他人之身体、健康、名誉、自由、信用、隐私、贞操，或不法侵害其它人格法益而情节重大者，被害人虽非财产上之损害，亦得请求赔偿相当之金额。其名誉被侵害者，并得请求回复名誉之适当处分。前项请求权，不得让与或继承。但以金额赔偿之请求权已依契约承诺，或已起诉者，不在此限。前二项规定，于不法侵害他人基于父、母、子、女或配偶关系之身分法益而情节重大者，准用之。”该规定来源于《德国民法典》第八百四十七条。

三、违反本条的民事法律行为的效力

违反本条规定的民事法律行为效力如何，人格权编没有明确规定。本法第一百五十三条规定：“违反法律、行政法规的强制性规定的民事法律行为无效。但是，该强制性规定不导致该民事法律行为无效的除外。违背公序良俗的民事法律行为无效。”第九百九十二条属于所谓的强制性规定，行为有效与否的关键是，如何认定“该强制性规定不导致该民事法律行为无效”。有学说认为，自然人可以对行使人格权作出自愿限制，只要其行为无关不可处分之利益，不违反公共秩序原则或侵犯善良风俗即有效。从比较法来看，我国《澳门民法典》第六十九条关于人格权之自愿限制的规定具有较强的借鉴意义：一是对行使人格权所作之自愿限制，凡涉及不可处分之利益，违反公共秩序原则或侵犯善良风俗者，均属无效。二是在不属上款规定之情况下，如同意人格权受限制之本人满十四岁，且在表示同意时，具有判断同意之意义及其可及之范围之必要辨别能力者，则该自愿限制产生效力，但另有规定者除外。三是即使有关之未成年人未满十四岁，只要其具有上款所指之辨别能力，且其反对其法定代理人所作之同意，则该同意不生效力。四是同意得以任何方法表示，只要该方法能表现出受法律保护利益之人或其法定代理人之认真、自由及已明了情况之意思；但有特别规定者除外。五是对人格权所作之合法自愿限制得随时废止，即使对他方当事人之正当期待造成损害而须负赔偿义务者亦然。

据此，“该强制性规定不导致该民事法律行为无效”的认定标准，可参考“凡涉及不可处分之利益，违反公共秩序原则或侵犯善良风俗者，均属无效”。

四、不得继承

死者人格蕴含的财产利益能否继承？王泽鉴认为，自然人死亡后，其民事权利能力终止，无法享有人格权，与财产权不同，自然人死亡后，人格权也将终于消灭，无法成为继承的对象。① 但是，《巴西民法典》第十一规定：“除非

① 王泽鉴：《人格权保护的课题与展望》，载《人大法律评论》2009 年第 1 期。

有法律规定的例外情形，人格权不可转移和放弃，其行使也不能承受自愿的限制。”这给人格权的财产利益继承预留了法律通道。

死者人格蕴含的财产利益是否是财产？对此有三种路径：一是承认此种权益为财产权，自然人死亡，则人格权消灭，留下的只是财产权，美国篮球明星科比·布莱恩特死后姓名、肖像蕴含的财产利益，可由继承人继承。二是解释死者人格利益侵权保护条款，该条明确了死者人格利益的保护，保护的基础是死者人格利益的被动使用，既然被动使用可以获得损害赔偿，则主动使用也符合本条的规定。三是解释继承规则。《继承法》第三条规定，遗产是公民死亡时遗留的个人合法财产，包括：公民的收入；公民的房屋、储蓄和生活用品；公民的林木、牲畜和家禽；公民的文物、图书资料；法律允许公民所有的生产资料；公民的著作权、专利权中的财产权利；公民的其他合法财产。这种写法比较具体，新型财产利益如何被认定为遗产，实践中遇到过困难。《民法典》第一千一百二十二条改变了这种写法，规定：“遗产是自然人死亡时遗留的个人合法财产。依照法律规定或者根据其性质不得继承的遗产，不得继承。”从该规定来看，不排除人格权中的财产利益可以作为遗产。

法条关联

◆《民法典》

第一千零六条 完全民事行为能力人有权依法自主决定无偿捐献其人体细胞、人体组织、人体器官、遗体。任何组织或者个人不得强迫、欺骗、利诱其捐献。

完全民事行为能力人依据前款规定同意捐献的，应当采用书面形式，也可以订立遗嘱。

自然人生前未表示不同意捐献的，该自然人死亡后，其配偶、成年子女、父母可以共同决定捐献，决定捐献应当采用书面形式。

◆《人体器官移植条例》

第三条 任何组织或者个人不得以任何形式买卖人体器官，不得从事与买卖人体器官有关的活动。

案例评议

美国运动员老虎伍兹姓名肖像案①

◆ 裁判规则

公开权是与隐私权相对应的，二者的载体都是人的自身，前者是对财产利益的保护，后者是对精神利益的保护。但是，使用一个人人格仅作为传达资讯或表达意见，非为商业使用时，不成立侵犯公开权。伍兹画像作品包含重要运动资讯的传承要素，具有意见表达特别保护价值，且应高于个人公开权保护的经济利益。

◆ 评议

该案件是伍兹将自己的姓名、肖像概括性转让给商业性公司，该商业性公司因为公开权与表达自由发生冲突而发生的纠纷。该案例在表明姓名权、肖像权可以适用合同变动规则的同时，提出了如何认定侵害人格权财产利益违法行为，以及言论自由与民事主体人格权保护之间冲突时如何进行利益衡量等问题。

深度研讨

本部分重点讨论法律行为在人格权领域的适用。

一、人格法律行为的可能性

学界虽然很少提及人格法律行为这一称谓，但是很早以前就对具体的人格法律行为类型进行了探索，最典型的就是肖像使用行为。肖像权是受市场经济和大众媒体影响最大的一类人格权，甚至可能是当今社会最容易发生变动的人格权。对此，很早就进行了研究。② 在人格权法中，虽然人格权不能移转，但随着社会经济的发展，肖像使用权等人格权的利用权转让的现象日渐增加，对此也可适用法律行为制度加以调整。③

肖像使用行为包括两类：一是本人单方面授权给他人，使他人有权使用自

① EWT Corporation v. Jireh Publishing, Inc. 332 E. 3d 915 (2003). 参见林世宗：《言论新闻自由与诽谤隐私权》，2005 年自版，第 586 – 588 页。

② 杨立新、尹艳：《侵害肖像权及其民事责任》，载《法学研究》1994 年第 1 期。

③ 王利明：《民法总则研究》，中国人民大学出版社 2005 年版，第 528 页。

己的肖像。二是本人与肖像使用权人订立肖像使用合同。该许可使用在性质上属于债权合同，其内容只是规定他人可以利用其肖像，而不是全部转移了其肖像权。① 对于肖像使用行为是否是一种法律行为，学者很早就得出结论，即肖像使用行为具有合同的一般特征：肖像使用行为是双方或多方意思表示一致的民事法律行为；肖像使用行为的基础产生于双方当事人就他们之间设立以至变更、消灭肖像使用关系的协议；肖像使用由双方当事人协商达成协议，约定肖像使用的范围、方式、报酬等具体内容，即双方的权利、义务关系，这种在当事人之间设立、变更、终止某种民事法律关系的协议，正是合同的基本特征之一；肖像使用行为是当事人在平等、自愿的基础上所进行的民事法律行为；肖像使用行为的约定对双方具有法律拘束力。② 这些论证非常准确地概括了肖像使用行为的一般特征，对于总结提炼人格法律行为具有极大的参考性。

当然，肖像使用行为仅仅是人格法律行为的一种典型表现，有关人格法律行为的一般理论仍然急需深入探索。

（一）人格法律行为的立法和学理现状

1. 立法现状

（1）严格规定不得让与、抛弃、继承。这类立法明确禁止有关人格权的变动，通过强制性规定否认相应人格权变动的法律效力。比如：《法国民法典》第16-1条规定："人体、人体各部分以及人体所生之物，不得作为财产权利之标的。"《法国民法典》第16-5条规定："任何赋予人体、人体各部分以及人体所生之物以财产价值的协议，均无效。"《瑞士民法典》第二十七条："任何人不得让与其自由，或在限制行使自由时损害法律及道德。"《魁北克民法典》第三条规定："每个人专属享有自己的人格权，例如生命权、人格尊严权和姓名、名誉、隐私受尊重的权利。这些权利是不能够让与的。"《法国民法典》第16-7条规定："为他人之利益生育或怀孕的任何协定，均无效。"《澳门民法典》第一千七百二十六条规定："任何为第三人生育或妊娠之协议均属无效。"当然，此类立法在新的形势下，也往往会以特别法对原有规定作一定的革新。

① 王利明：《人格权法研究》，中国人民大学出版社2005年版，第457-458页。

② 杨立新、尹艳：《侵害肖像权及其民事责任》，载《法学研究》1994年第1期。杨立新：《人身权法论》，中国检察出版社1996年版，第470-471页，人民法院出版社2006年第3版，第510-511页。

比如说，我们认为名称权是人格权。因此，名称权也应该适用上述规则。但是许多国家的商法典或者特别法律都规定了名称权可以通过授权许可（即部分转让）或者全面转让的方式进行变动，甚至在一定条件下可以予以继承。《商业特许经营管理条例》以此来规范商号等企业标志的许可使用行为。

(2) 在不违背强行法和公序良俗的前提下可以让与、继承。比如，《意大利民法典》第五条规定："在可能对身体的完整性造成永久性破坏，或者在与法律、公共秩序、善良风俗相抵触的情况下，禁止提供自己身体的器官或肢体。"《埃塞俄比亚民法典》第九条规定："(1) 由宪法保障的人格权和自由权为不流通物。(2) 任何自愿地对上述权利与自由权的行使科加的限制为无效，被合法利益证明为正当作出的除外。"《越南民法典》第二十六条第一项规定："本法典规定的人身权是与每个人之人身紧密相关的民事权利，不能移转于他人，法律另有规定的，不在此限。"《澳门民法典》第六十九条规定："一、对行使人格权所作之自愿限制，凡涉及不可处分之利益，违反公共秩序原则或侵犯善良风俗者，均属无效。"《澳门民法典》第七十一条规定："对身心完整权所作之自愿限制，如可预料对生命构成严重危险，或可能对权利人之健康造成严重及不可复原之损害后果，均为无效；但后者具应予重视之理由时，不在此限。"此外，《澳门民法典》第七十二条和第七十三条对自由权和名誉权的自愿限制问题作了相应规定。此类立法例还应该包括美国部分州。由于其立法认为公开权是财产权，因此，有关于肖像、姓名、声音等形象可以直接适用财产权的法律规则。从立法上来看，各国对此的严格规定在市场经济、科学技术等日益发达的现代社会中正逐步向财产性转换。

2. 学理现状

(1) 否认说。梁慧星认为，人格权不能依权利人的意思、行为而取得或处分，不适用总则编关于法律行为、代理、时效和期日、期间的规定。其他民事权利均可以根据权利人自己的意思，依法律行为而取得，均可以根据自己的意思，依法律行为而处分，而人格权因自然人的出生而当然取得，因权利人的死亡而当然消灭，其取得与人的意思、行为无关，原则上不能处分，不能转让、赠与、抵销、抛弃。因此，《民法总则》的法律行为、代理、时效、期间期日等制度，对于其他民事权利均有适用余地，而唯独不能适用于人格权。如人格权单独设编而与物权、债权、亲属、继承并列，不仅割裂了人格权与人格的本质联系，混淆了人格权与其他民事权利的区别，而且破坏了民法典内部的逻辑关系，难以处理总则编的法律行为、代理、诉讼时效、期日、期间等制度应否适用于人格权编的难题。① 与之相适应，其主持的学者民法典建议稿第十六条规定："自然人的人格权不得转让，非基于法律规定，不得予以限制。"第十九条规定："人体、人体各部分，不得作为财产权利的标的。但法律另有规定的除外。"该特别规定指的是，在法律允许条件下的血液、骨髓、眼角膜、皮肤、器官等的转让。② 董安生认为，民事法律行为有其适用范围，在人身权关系中，法律行为完全没有适用的余地。③ 姚辉认为，人格权关系作为人身关系的一种，在本质上不是或不完全是经济利益关系，其发生、变动、消灭亦无法完全取决于权利人的个人意志，因此人格权关系是无期限的，永久性的。人格权关系中的权利和义务也不能自由处分，所以不得任意让与、抛弃。在人格权法领域，国家干预成分要比在财产法上多得多。进而法律规范中的大多数表现为强行规定。④

（2）肯定说。肯定说学者认为，意志自由能够在人格权领域得到贯彻。德国克尼佩尔认为，意志表现于行为之中，当行为表达了一个由法律制度所授予的意志力量或意志统治时，行为具有法律效力。在物权那里，意志对于涉及物的行为具有决定作用。在人身权那里，意志是对于单个人格人的某种行为的权利。在合同那里，他人的意志表示被理解并获得遵守。⑤ 王利明认为，对于具有财产价值的人格权，权利人有权自己进行商业化利用，或者通过合同允许他人进行商业化利用，并获取报酬。⑥ 在人格权制度中，也可以适用法律行为制度。⑦ 马俊驹认为，民法的人法似乎更多地适用于财产法，而不太适用于人身法；民事

① 梁慧星主编：《中国民法典草案建议稿附理由：总则编》，法律出版社 2004 年版，第28 页。

② 梁慧星主编：《中国民法典草案建议稿附理由：总则编》，法律出版社 2004 年版，第28 页。

③ 董安生：《民事法律行为》，中国人民大学出版社 1994 年版，第 46 页。

④ 姚辉：《民法的精神》，法律出版社 1999 年版，第 15 – 17 页。当然，姚辉论述的前提是，人身关系是一种精神上的扶助关系。人身关系在本质上不是利益，与财产法上一切基于经济上利益出发完全不同。人身关系是一种以非财产利益为核心的建立在感情、协助、共同生活、精神健康等因素基础之上的关系。

⑤ ［德］罗尔夫·克尼佩尔：《法律与历史：论〈德国民法典〉的形成与变迁》，朱岩译，法律出版社 2003 年版，第 64 – 65 页。

⑥ 王利明：《人格权法研究》，中国人民大学出版社 2005 年版，第 284 页。

⑦ 王利明：《民法总则研究》，中国人民大学出版社 2005 年版，第 528 页。

法律行为在人身法中，也表现出诸多例外。①

（二）人格法律行为被忽视的原因

1. 民法典财产法传统的深刻烙印

人格权变动长期以来被忽视的一个重要原因就是民法的财产法传统源远流长，以致发挥工具理性的财产权在民法典以及法学家的视野中超过了作为目的存在的人身权法。

（1）民法典的财产法传统具有历史原因。等级社会的民法，身份是人格与财产的基本构成要素。身份是一个人在社会上存在和发展的基础。一个人身份的位阶决定了人格的贵贱和财产的多寡。因此，等级社会的民法首先关注的是身份法，其次是财产法。

从身份到契约的社会变革基本完成之后，人与人之间为平等主体的关系。人格尊严、人格自由在此过程中完成了法律技术上的转换，人对自身的支配真正地成为法律上的权利，即人格权。身份到契约的变革标志着每个人都可以第一次独立地占有和支配自己的财产。于是，财产的多寡，似乎成了个人价值高低的直接表现，即钱赚得越多，个人价值便实现得越彻底。② 财产成了人格的标志。就像黑格尔所说的："人格权本质上是物权。"③ 正是由于康德、黑格尔等哲学家的影响，直至19世纪，西方民法学者都是把财产权视为个人人格的延长，主张将个人意志自由和人格尊严的价值体现在个人对财产权的支配方面，认为人格权利就是对财产自由地占有、使用、收益和处分的权利，对人格的尊重意味着对他人财产的尊重。④ 最终，上述有关人格权与财产权的认识直接表现在民法典上。19世纪到20世纪初欧洲几部重要民法典充分注重个人意思的自由以及个人尊严的价值，并将其集中表现在个人对财产权的支配方面（所有权神圣不可侵犯，所有权绝对原则），对于人格权本身的保护反而未加注意。⑤

（2）民法典的财产法传统具有合理的逻辑基础。人本主义心理学马斯洛在

---

① 马俊驹、梅夏英：《我国未来民法典中设置财产权总则编的理由和基本构想》，www.civillaw.com.cn，最后访问时间：2010年5月1日。

② 江山：《互助与自足》，中国政法大学出版社1994年2月版，第208-209页。转引自姚辉：《民法的精神》，法律出版社1999年版，第7页。

③ ［德］黑格尔：《法哲学原理》，范扬等译，商务印书馆1961年版，第48页。

④ 王利明、杨立新主编：《人格权与新闻侵权》，中国方正出版社2000年版，第42页。

⑤ 施启扬：《民法总则》，三民书局1996年版，第97页。

《人类动机的理论》一书中提出了需要层次论。该理论认为，人的需求从低到高依次分成生理需求、安全需求、社交需求、尊重需求和自我实现需求五类。当人的某一级的需要得到最低限度满足后，才会追求高一级的需要，如此逐级上升，成为推动继续努力的内在动力。① 无疑，财产在一般情况下比人格更能够满足大多数人的较低层次的需求。在两次史无前例的工业革命之后，社会也更加需要能够定分止争的财产法规则。毕竟，精神并不能够满足人的生命延续的基本需求。皮之不存，毛将焉附？没有肉体的存续，精神的追求也不能够实现。

2. 对科技技术迅猛发展的人文主义忧虑

当今社会科学技术迅猛发展，一些国家在民法典中通过保守的立法来遏制科技发展的负面效应。一方面，现代科学技术极大地促进了人格权的发展。比如说复印机、照相机、摄像机、互联网等等极大地扩展了人格权的内涵和保护范围。另一方面，现代科技也正在朝着日益将作为主体的人完全客体化的方向迅速发展。基因、克隆、器官移植、人工授精等生命技术使得人被完全物化的可能性大大增加。正是考虑到克隆技术对生命伦理学的巨大冲击，世界各国才纷纷立法以阻止克隆技术的负面效应。

在世界各国中，法国和秘鲁两国最具代表性。法国法的态度最为坚决、最为保守。可以说法国法完全扮演了生命科技的急刹车的作用。法国法完全杜绝了人的物化的可能。比如，《法国民法典》第16－1条第三款规定：“人体、人体各组成部分及人体所生之物，不得作为财产权利之标的。”第16－3条：“损害人之身体的完整性，仅以对该人的治疗有必要的情形为限。”第16－4条：“任何人均不得侵害人种之完整性。旨在组织对人进行选择的任何优生学实践活动，均予禁止。除为预防与治疗遗传性疾病之目的进行研究外，旨在改变人的后代，对人的遗传特征进行任何改造，均予禁止。”第16－5条规定：“任何赋予人体、人体各部分以及人体所生之物以财产性价值的协议，均无效。”第16－7条规定：“为他人之利益生育或怀孕的任何协定，均无效。”此外，《法国民法典》第三章“对人之特征的遗传学研究以及通过遗传特征对人进行鉴别”。这些规定从根本上保证了人是作为目的而存在，而不是作为手段而存在，

---

① http：//blog. china. alibaba. com/blog/lucy178/article/b0－i1532952. html。

最淋漓尽致地体现了法国法在人格权的理论基础上以人格尊严为核心，而不是像美国法是以人格自由为核心。然而在笔者看来，上述规定所有人体所生之物都不得适用法律行为，未免矫枉过正。并不是所有的人体衍生物都会对人造成损害。比如，毛发、体液等。正常的献血不会对人体造成损害，反而有助于人体造血功能的完善。

尽管无伤害处分身体本身在《秘鲁民法典》中拿到了通行证，但总的来讲《秘鲁民法典》还是非常靠近法国风格。1984 年《秘鲁民法典》在人格权一章规定生命权、身体完整权、自由权、名誉权及其他人所固有的权利不可抛弃，也不得成为转让的客体；对身体本身的处分行为，以不对身体的完整性造成永久损害或不违背公序良俗为条件；人体器官的捐献以不严重损害身体健康或不减损捐献人的寿命为限。① 1994 年《秘鲁民法典修正案》第五条规定任何人都不应该侵犯人的纯正性。除非是以防止、减少或者消除严重疾病为目的，禁止为了其他目的而改变人的基因。无性繁殖、人种和性别选择、身体或人种特征的改变之类的遗传制造手段，也是被禁止的。② 修正案第 5a 条对三种情况进行了限制，(1) 人体胚胎，其细胞、组织或器官，不得被转让、制造或损坏。但对死胎之器官或组织的移植却是允许的。(2) 只能是为了生育的目的，才能对卵子进行人工授精。(3) 借助他人进行生育或传宗接代的协议是不可执行的。第六条规定了人的身体、器官、组织、细胞、其产品以及基因不得进入商业流通领域的原则。该条明确规定，它们不是财产权或专利权的客体，且对其转让或利用是无偿的。否定了人格的物化倾向。③ 从上述规定中可以见到《法国民法典修正案》的影响，即通过限制有关人本身的科学研究，以防止科学对人类的灾难性后果。

尽管这种人文主义的忧虑是非常值得称赞的，但是当代社会已非水木风车时代，法典化即变革化，各国对人格和财产的关系的认识也不再局限于康德、

---

① 徐涤宇：《秘鲁民法典的改革》，载徐国栋主编：《罗马法与现代民法（第二卷）》，中国法制出版社 2001 年版，第 228 页。

② 性别选择、身体或人种特征的改变在美国、韩国、捷克等国家，甚至包括中国已经实践先行，并在某些领域有了比较成熟的经验。

③ 徐涤宇：《秘鲁民法典的改革》，载徐国栋主编：《罗马法与现代民法（第二卷）》，中国法制出版社 2001 年版，第 231－232 页。

黑格尔、萨维尼时代，对人的自由和尊严的全面保护，不仅需要通过财产，必要的情况下，人格要素本身也能够发挥同样的作用。人是目的，但是在尊重人格尊严和自由的前提下人格要素也可以作为手段。由此看来，法国民法典的此条修订过于保守，人格要素商品化已经是大势所趋。

3. “人格权不是支配权”的财产法思维

（1）否定说。

第一，绝对否认说。受康德影响并对19世纪德国私法学具有支配性影响的萨维尼虽然承认每个人对其不受他人的意思支配的独立地支配自己意思领域的权利，但却否认了对自己自身的实定法上的支配权，认为对自己的支配权不需要经过法律的承认，而由许多具体制度加以保护。① 尹田认为，人格权具有与其他民事权利完全不同的性质。如果将民法上的“支配权”观念引入生命、身体、健康、名誉、隐私等人格权，不仅会使法律与道德的界限严重混淆，产生法律基本价值观的扭曲，而且会将人格权保护导入误区。究其本质属性，人格权不是一种支配权。② 这一主张同萨维尼的观点有些类似。

《德国民法典》的起草人温特沙伊德等人继承了萨维尼的观点，认为权利是人支配物的关系，而不是人支配人的关系，所以就无法规定人格权，③ 部分承袭了这一观点，并将支配权的类别由物权发展到物权、无形财产权、亲属权。史尚宽先生认为“支配权包括物权、无体财产权和亲属权”。④ 黄立先生认为，支配权乃权利人对特定客体（物或无形财产），有直接支配处分之权限，如物权、专利权、著作权等，因此权利人得对其支配的客体长期或于权利存续期间内使用。因此也排除了他人同时使用及支配的机会。所以支配权之另一内容为排他性功能。⑤ 王泽鉴先生也认为“人格权的客体为人之本身，系以人之本身为人格权的存在基础，及其直接现实的表现，乃应受法律保护的对象，而非得

① ［日］星野英一：《私法中的人》，王闯译，载梁慧星主编：《为权利而斗争》，中国法制出版社2000年版，第356页。

② 尹田：《自然人具体人格权的法律探讨》，载《河南省政法管理干部学院学报》2004年第3期。

③ 王利明：《人格权法研究》，中国人民大学出版社2005年版，第9页。

④ 史尚宽：《债法总论》，中国政法大学出版社2000年版，第134页。

⑤ 黄立：《民法总则》，中国政法大学出版社2002年版，第65页。

受支配的客体”。①

绝对否认说最开始否认人格权在民法上获得独立的可能性。后来，随着社会的发展，虽然承认了人格权的独立地位，但是既没有承认人格权的直接支配性，也没有承认人格权的排他性。即支配权的两个属性都没有为绝对否认说承认。

第二，相对否认说。拉伦茨则认为，支配权的客体既不能是自己，也不能是他人。正如我们所看到的，人身权根据它的实质是一种受尊重的权利，一种人身不可侵犯的权利，人身权不是支配权。② 李永军认为，人格权是一种绝对权而非支配权。“认识自己的主人，但不是身体的所有者”，人对于自己的身体、健康、生命、尊严等无支配权，否则就会存在使人沦为非人的危险。人格权的特点在于其绝对性，即拉伦茨所说的不可侵犯性。③ 影响人格权发展的原因主要有二：一是实证主义的影响，二是商业化对人格权的渗透导致了“支配性”倾向。④ 相对否认说从根本上只承认人格权的排他性，并没有承认人格权的直接支配性。也就是说，相对否认说仅仅承认了人格权的消极权能，而没有承认人格权的积极权能。

（2）肯定说。

在属于人的权利之中，除了对外界事物的支配权以外，对自己自身也有支配权的观点在很早以前就存在了。多内尔鲁斯（Donellus，1527－1591）认为，属于我们自己的东西可以分为两种，一种是本来就属于我们的东西，另一种就是我们所负担的义务。在近代自然法论者中，好像也有相当多的人承认这一点。⑤ 德国法学大儒基尔克就认为：“我们所说的‘人格权’，就是指保障一个主体能够支配自己的人格必要组成部分的权利。正是在这意义上，该权利可以被称为‘对本人的权利’，而且通过这一客观性的表述可以清楚地将它与其他权利区别开来。……作为一种私法上的特别权利，人格权与我们所说的一般人格权有清楚的区别，因为后者指的是由法律制度保障的、要求自己作为一个人

---

① 王泽鉴：《民法总则》，中国政法大学出版社2001年版，第205页。

② ［德］卡尔·拉伦茨：《德国民法通论》，王晓晔等译，法律出版社2003年版，第379页。

③ 李永军：《民法总论》，法律出版社2005年版，第247页。

④ 李永军：《论我国人格权的立法模式》，《当代法学》2005年第6期。

⑤ ［日］星野英一：《私法中的人》，王闯译，载梁慧星主编：《为权利而斗争》，中国法制出版社2000年版，第356页。

应该享有的请求权。人格权是一种主观权利，它必须得到每一个人的重视。”①当前，一般从以下几个角度论述人格权是支配权。

第一，直接结合支配权的积极方面和消极方面双重属性来认定人格权是一种支配权。“支配权者，直接支配权利客体之权利也。”② 人格权同身份权、物权、无体财产权等都是支配权，具有支配权的积极方面和消极方面的特征，即于积极方面人格权的权利人有权就其人格利益（如姓名、肖像、名誉等）直接支配，于消极方面有权禁止他人妨碍其人格权利益的实现。③

第二，结合人格权的客体从内在性到外在性的转变，认为人格权是一种支配权。社会生活具有对于人的伦理价值的“可支配性”的要求。而且，人的伦理价值的范围今日业已超越人之本体而及于人的外部领域，侵权法自身无法完成“人我自由之界限”的划分。对于“法律保护”的强调并不能取代或者回避“法律之所以保护”的问题。在客观上，无论法律是否承认人格权的支配性，人对于包括生命在内的所有的人格价值都存在事实上的支配状态，只不过这种支配不过是一种负担性、不改变归属的“使用许可”或者“暂时限制”的意义上的支配。④

（3）折中说。

首先，承认人格权是支配权具有客观的事实基础和法律基础。不论是英美法系，还是大陆法系，现代民法通说承认人格权是一种典型的民事权利。所争论的不过是人格权的客体问题，究竟是人本身，还是人格利益。在客观上，人可以通过支配自身从而实现与其他社会成员的互动。人格权作为一种法律技术，在调整人与人之间的关系问题上，和物权、知识产权发挥同样的法律作用。在人格权财产化的大背景下，姓名权、肖像权、隐私权、信用权、名称权等人格

① ［德］汉斯·哈腾鲍尔：《民法上的人》，孙宪忠译，www.civillaw.com.cn，最后访问时间：2010年5月1日。

② 胡长清：《中国民法总论》，中国政法大学出版社1997年版，第40页。

③ 姚辉：《人格权的研究》，载杨与龄主编：《民法总则争议问题研究》，五南图书出版公司1999年版，第104页。王利明、杨立新、姚辉：《人格权法》，法律出版社1997年，第8页。魏振瀛主编：《民法》，北京大学出版社、高等教育出版社2000年版，第38页。梁慧星：《民法总论》，法律出版社2001版，第81页。杨立新：《人身权法论》，人民法院出版社2006年版，第59、65页。彭万林主编：《民法学》，中国政法大学出版社1994年版，第141页。张俊浩主编：《民法学原理》，中国政法大学出版社2000年版，第137、142、143、158页。胡田野：《财产权、自由与人格权》，载《湖南社会科学》2004年第5期。

④ 马俊驹、张翔：《人格权的理论基础及其立法体例》，载《法学研究》2004年第6期。

权的支配性表现得更为直接。退一步讲，即使不考虑人格权的财产化问题，人格权仍然会体现出支配性。例如，身体权是自然人对其肢体、器官等的支配权。身体作为一个整体，不可转让。但是现代法律伦理允许血液、皮肤甚至个别器官的转让。信用权是直接支配自己的信誉并享受其利益的人格权。① 同时，承认人格权是支配权并不意味着直接承认酗酒权、通奸权、自杀权、吸毒权。② 因为上述所谓权利，有的是民事主体对自身的事实支配，而不是法律支配，比如，酗酒问题并不是法律所调整的范围。而通奸明显违反了配偶权意义上的忠实义务，吸毒明显违反法律的强制性规定。

其次，这种支配权具有有限性的特点。一方面，人格权的支配性因为主体的不同而表现出不同的支配性。一般来讲，法人的人格权支配性较强。自然人人格权支配性较弱。另一方面，不同的人格权种类支配性程度表现不一。财产性强伦理性弱的人格权表现出的支配性程度更强；反之，财产性弱伦理性强的人格权表现出的支配性程度更弱。

（三）建构人格法律行为的学说基础

1. 财产行为与身份行为二元分类存在瑕疵

在法律行为分类的问题上，依据学术通说，根据法律行为的效果意思，或者根据行为标的为财产上或者身份上之法律关系，或者根据法律行为发生法律关系之变动的类别，法律行为可分为财产行为与身份行为。③ 财产行为是指当事人实施行为所要发生的后果为财产权利义务变动的行为。身份行为是指当事

---

① 张俊浩主编：《民法学原理》，中国政法大学出版社 2000 年版，第 137、142、143、158 页。

② 尹田：《自然人具体人格权的法律探讨》，载《河南省政法管理干部学院学报》2004 年第 3 期。

③ 史尚宽：《民法总论》，中国政法大学出版社 2000 年版，第 319 页。施启扬：《民法总则》，三民书局 1996 年版，第 202 页。[德] 迪特尔·梅迪库斯：《德国民法总论》，邵建东译，法律出版社 2001 年版，第 172 页。[德] 卡尔·拉伦茨：《德国民法通论》，王晓晔等译，法律出版社 2003 年版，第 434 页。不过需要指出的是，拉伦茨和梅迪库斯直接分为债法上的行为、物权法上的行为、亲属法上的行为、继承法上的行为。显然，这一分类不过是将财产行为和身份行为的分类详细化。[日] 四宫和夫：《日本民法总则》，唐晖等译，五南图书出版公司 1995 年版，第 152 页。刘得宽：《民法总则》，中国政法大学出版社 2006 年版，第 168 页。黄立：《民法总则》，中国政法大学出版社 2002 年版，第 199 页。魏振瀛主编：《民法》，北京大学出版社、高等教育出版社 2000 年版，第 137 页。梁慧星：《民法总论》，法律出版社 2001 年版，第 161 页。张俊浩主编：《民法学原理》，中国政法大学出版社 2000 年版，第 238 页。龙卫球：《民法总论》，中国政法大学出版社 2001 年版，第 490 页。李永军：《民法总论》，法律出版社 2005 年版，第 432 页。

人实施行为所要发生的后果为身份关系变动的行为。这一学术通说在合同法中得到了贯彻，《合同法》第二条规定："本法所称合同是平等主体的自然人、法人、其他组织之间设立、变更、终止民事权利义务关系的协议。婚姻、收养、监护等有关身份关系的协议，适用其他法律的规定。"很显然，本条第一款是从正面规定了财产法律行为意义上的合同，第二款排除的是身份法律行为意义上的合同。人格法律行为被包含在第一款了吗？依据笔者浅见，人格法律行为在合同法立法时根本没有被考虑。

但是，与其密切相关的民法调整对象问题却与上述法律行为的分类出现了矛盾。《民法通则》第二条规定："中华人民共和国民法调整平等主体的公民之间、法人之间、公民和法人之间的财产关系和人身关系。"对此，我国学术通说认为，民法的调整对象是平等主体之间的人身关系与财产关系。① 需要特别指出的是，学者们一般也强调，民法所调整的人身关系，包括人格关系与身份关系。人格关系是基于人格利益而发生的社会关系。身份关系是基于主体的一定身份而发生的社会关系。

这样，如果我们将财产行为、身份行为的分类与财产关系、人格关系和身份关系的分类对比起来，我们会发现在逻辑上，财产行为和身份行为的法律行为分类并没有和应该作为其分类前提的调整对象的分类较好地统一起来。按照正常的逻辑来讲，所有的法律行为应该分为财产行为、身份行为和人格行为。而财产行为、身份行为的分类恰恰忽略了人格法律行为。

依笔者陋见，传统理论得出这样结论原因在于：第一，人格权理论出现较晚，并且在各国民法典中没有取得同财产权、身份权一样的法典地位。第二，强调人格权的本质是伦理性、精神性人格权的理论在民法典中得到贯彻。进而，人格权变动的可能性丧失了现实基础。第三，部分人格法律行为被财产法律行为所吸纳。比如说，按照标的分类，传统上的医疗合同本应为人格法律行为。第四，传统社会人格权发生变动的类型过于单一，不具有类型化、典型化的必要性。第五，否认人格权是支配权，缺乏把人格权的客体认定为"人格物"的理念，从而误认为承认"人格权是支配权"必然产生人享有自杀权等问题。

---

① 对此，我们可以参见各类教材、专著，除了在人身关系和财产关系的先后顺序上有所争议之外，学者们对二者作为民法的调整对象已经达成了共识。

然而，如前所述，在市场经济、公共媒体、现代科技日益发达的今天，人格权财产化极大地促进了人格权制度的内涵，大多数的人格权已经存在了适用法律行为制度的可能性。谢怀栻先生曾经将法律行为分为财产行为和人身行为（而不是身份行为），明确指出了法律行为包括有关人身权的人身行为。① 现代民法理论有必要对人格权适用法律行为制度的特殊性作出总结和归纳。人格权变动已经具有了一定的典型意义，人格法律行为这一类型的提出具有较强的迫切性，人格权的有限支配性已经日渐凸显。

2. 零散的人格权合同行为亟须总结

实际上，目前实践中已经存在一些具体的人格法律行为类型，其共同的特征都是处分“人格物”，而这些类型还缺少统一的规则予以规范，因此可以通过提取公因式的方法，总结此类法律行为不同于财产行为和身份行为的一般规则。人格法律行为的典型例子应属下文所说的人体器官、组织的捐献和移植与前文所说的肖像使用行为。

物质性人格权的变动受科学技术的影响最为深刻。由于物质性人格权直接关乎人的存在问题，因此，在器官移植技术成熟之前，人们很难设想此类人格权也可以发生变动。但即使是现在，此类人格权的变动也是被公法所严格限制的。

传统民法认为捐献主体的一部分不是民法的问题，而是公法的问题。但是，当事人以双方法律行为或者以单方法律行为捐献和移植人体器官的，捐献和移植是人的意思表示的结果；从法律行为理论来看，不应该将这些行为排斥在民法之外。② 同时，捐献尸体的死因行为，在法律上是有效行为。③

---

① 谢怀栻先生认为法律行为按照发生的效果的不同性质，可以分为财产行为和人身行为，人身行为是设立、变更和消灭有关人身的权利义务的行为，包括有关人身权的行为，有关身份关系的行为，有关继承的行为。谢怀栻先生还指出，财产行为和人身行为有很大的不同，等价有偿原则完全不能适用于人身行为。《民法通则》有关法律行为的许多规定也不能适用于人身行为。例如，关于代理的规定不能适用于大部分人身行为。此外，《民法通则》中的大部分规定都只能适用于财产行为。所以，区分财产行为和人身行为对判断《民法通则》中各种规定的适用范围是极为重要的。参见谢怀栻：《民法总则讲要》，北京大学出版社 2007 年版，第 132 页。

② 孙宪忠认为，如果将这些行为纳入民法，则立即产生行为支配的客体问题，这就必然得出被捐献、移植的器官也是物，器官的主体对人体器官享有物权的结论。而人对被捐赠、移植的器官享有临时性物权是解决这个问题的可能答案。参见孙宪忠：《中国物权法总论》，法律出版社 2003 年版，第 128 页。

③ 孙宪忠：《中国物权法总论》，法律出版社 2003 年版，第 127 页。

如果我们从此类行为的效果来看，其在当事人之间设立、变更或终止了民事权利与民事义务。此种设权行为当属法律行为。如果按照法律行为的分类标准来看，此类行为涉及的标的既不属于财产关系，也不属于身份关系，而是属于人格关系。因此，当属人格法律行为。正是考虑到此种行为的重大性，许多省通过地方性法规来规定人体器官、组织的移植行为。2007 年《人体器官移植条例》对此作了规范。

除此之外，名称权的部分转让或者全部转让已经为各国商法典或者公司法所承认。许多传统意义上的人格权都可以进行权利变动。对此，可以参见下文论述。

二、人格法律行为的概念及特征

人格法律行为是指当事人实施行为所要发生的后果为人格关系上的权利义务变动的行为。人格法律行为同财产法律行为和身份法律行为并列，共同构成法律行为制度的具体类型。人格法律行为作为法律行为的一种，具有法律行为的特征。人格法律行为也是一种人为的法律事实，是民事法律关系的发生原因之一；人格法律行为是具有导致一定法律效果发生的表意行为；人格法律行为以意思表示为要素，行为人将其期望发生法律行为的意思以一定的方式表现于外部。人格法律行为具有如下特征：

（一）变动以不违反伦理为前提

财产性人格权的变动体现了不同于物权等财产权的变动特点：财产性人格权的变动受到了伦理性人格权的牵制，二者是共生共存的关系。财产性人格权的变动以不损害伦理性人格权为前提，财产性人格利益并不能凌驾于伦理性人格利益之上。这类似于著作权法上的收回权。收回权是指作者有重大人格因素等正当理由，如学术观点改变，对自己的旧作有了新的评价，以及其他原因，可以收回已发表的作品，不许可他人再发行自己的作品。收回权是著作人身权中的一种极端的权利，是给著作权人以权利保护的一条最后防线，保障作者有一种维护其身份权及其利益的最后手段。①

在人格权变动问题上，也应该遵循类似路径，以贯彻人格利益在法律上的最高位阶，人格法律行为在未执行之前可无条件撤销。比如，在器官移植问题

① 杨立新：《人身权法论》，人民法院出版社 2006 年版，第 888－889 页。

上，学者建议："权利人可随时撤销其捐献身体器官、体液和遗体的行为，仅对相对人因信赖其行为而支付的合理费用负赔偿责任。"这主要考虑到捐赠行为客体的特殊性。在未于人体分离之前，其健康完整的权利仍然存在，依照人格利益高于财产利益的通则，纵然此时可能对于相对人基于捐赠合同的期待利益和信赖利益造成损失，也不得维护该捐赠行为的效力，损害人体完整和生命健康。这种捐赠行为依其性质不得强制执行，这也决定了在没有实际履行之前，捐赠行为没有强制性的拘束力，捐赠人可以任意反悔，撤销其捐献行为。① 但是，无条件撤销是有适用条件的。支配身体的行为是实践法律行为，而非诺成性法律行为，因交付器官、组织而生效。捐赠人在交付行为完成以后，一旦转让的器官、血液为人所用，捐献者要收回既不可能也违背伦理。② 总之，无条件撤销必须在法律行为履行之前。

正是因为承认了人格法律行为的可撤销性，人格法律行为也同时必然具有不可强制执行性。在对人体客体化利用的施行方面，不得采取法律上的强制执行措施。倘若允诺提供器官者后来反悔，或者死者生前表示捐赠遗体但其继承人又表示反对，法院不得为此采取强制执行措施。因为只有在捐赠者真正而无保留的自愿基础上，人体的客体化利用才谈得上不损害人的尊严。③ 孙宪忠也曾经提出过"不可强制执行的法律行为""人身关系法律行为"这一概念，但是其所指的范围较广，包含了所有涉及人身权利的法律行为，比如，人体器官的移植或捐献，精子、卵子捐献，甚至艺员和运动员的转会等④，并不是专指人格权变动的法律行为。但无论如何，"不可强制执行"这一点也同时概括出了人格法律行为的一个根本特点。但这里的不可强制执行对"人身"提供者的约束要比对其相对人的约束更强一些。因为不可强制法律规则设立的目的是保护"人身"提供者的利益。如果人格权人已经处分了其人格利益，而相对人没

---

① 王利明主编：《中国民法典学者建议稿及立法理由·人格权编·婚姻家庭编·继承编》，法律出版社2005年版，第72－73页。但为了防止捐赠人草率行事，任意撤销，戏弄相对人，法律维护双方的利益平衡，故应规定捐赠人对相对人因信赖其行为而支付的合理费用负赔偿责任。

② 刘敏：《公民支配身体行为的法理研究》，载《江苏社会科学》1997年第1期。

③ 陈甦：《遗体是不能强制执行的"遗产"》，www.civillaw.com.cn，最后访问时间：2010年5月4日。

④ 孙宪忠：《法律行为制度构造与民法典的制定》，http：//www.cass.net.cn/file/2005102750614.html，最后访问时间：2010年5月4日。

有履行法律行为设定的义务，那么人格权人就可以申请强制执行，要求义务人履行给付义务。

有学者认为，民事法律关系有一个很核心的要素就是可诉性。如果承认了不可强制执行的法律行为，那么可诉性在民事法律关系中就会得不到体现，是个值得考虑的问题。① 罗马法中确定合同的体系，就是依据可诉与不可诉的标准；但中世纪寺院法时代开始不采纳这一标准。后来，人们普遍认识到涉及人身权利的合同，虽然可以发生法律效果，但是不可以用诉讼的方式强制执行。② 实际上，可诉性问题的解决，可以通过继续履行之外的违约责任来平衡双方当事人的利益。一般而言，对于守约人而言，违约责任的最佳形式是继续履行（强制实际履行），但是人格法律行为不符合继续履行违约责任的适用前提。因为继续履行的前提包括了“对一些与人身有关的合同义务，因具有严格的人身性质，不得强制债务人履行义务”。③ 这样，损害赔偿和支付违约金是双方当事人可以选择的违约救济方式。

（二）变动的可能性、变动的内容等具有较强的法定性

对于人格权的变动，有学者建议规定一个一般性的变动条款，即“权利人就其人格利益享有专有使用权。权利人可以在公共秩序和善良风俗允许的合理范围内许可他人使用其姓名、名称、肖像、隐私等人格利益，并获取报酬”。④ 但是，笔者认为某些特别类型的具体人格权是否能够通过法律进行变动，还必须由法律直接予以规定。比如，器官捐献行为。而且此类法律不局限于民法典，还包括特别法（包括公法），有点一般条款和类型化关系的意味。此外，在变动方式上，伦理性色彩较浓的人格权变动以无偿性为主，以有偿性为例外；⑤

---

① 孙宪忠：《法律行为制度构造与民法典的制定》，http：//www. cass. net. cn/file/2005102750614. html，最后访问时间：2010 年 5 月 4 日。

② 孙宪忠：《法律行为制度构造与民法典的制定》，http：//www. cass. net. cn/file/200510 2750614. html，最后访问时间：2010 年 5 月 4 日。

③ 郭明瑞主编：《民法》，高等教育出版社 2003 年版，第 462 页。

④ 王利明、杨立新、马特：《中国人格权法草案建议稿》，载王利明主编：《民法典 · 人格权法重大疑难问题研究》，中国法制出版社 2007 年版，第 599 页。

⑤ 在捐献身体器官和组织时，捐献身体组织或者器官通常会造成捐献者生理机能暂时性下降或者永久性丧失，在捐献过程中，捐献者也可能受到一定的误工损失。因此，捐献者一般可以获得一定的补偿。参见刘敏：《公民支配身体行为的法理研究》，载《江苏社会科学》1997 年第 1 期。但需要注意，不可以是等额的赔偿。如果是赔偿，就等于是器官买卖了。

财产性色彩较浓的人格权变动以有偿性为主，以无偿性为例外。

（三）变动的可能性、变动的内容等具有较强的地域性

人格权的变动受到科技、宗教、文化、法律传统等多种因素的深刻影响。一般来讲，科学技术、市场经济、大众传媒发达的地区，人格权的变动更加容易。美国的人格权变动规则较为发达，相关判例也较为丰富。早在1968年美国国家委员会在统一州法律中通过的特别委员会《统一组织捐献法》中就规定：任何超过18岁的个人可以捐献他尸体的全部或一部分，用于教学、研究、治疗和移植。[①] 同时，1995年的美国法学会《不公平竞争法法律重述（第三次）》也规定了姓名、肖像、声音等人格物的法律变动规则。加利福尼亚州、肯塔基州、田纳西州等13个州已经不同程度地通过制定法承认了上述人格物的变动规则。[②]

而科学技术、市场经济、大众媒体同样发达的英国则与之形成了鲜明的对照。一位英国球员如果在法国或德国，他的私生活（或个人空间）会受到保护，但在英国却办不到，这种不合理状况亟待消除。同时，虽然有可能为个人签字取得有限的商标（特征）保护，但是对于更广泛的人格权利却缺乏任何保护，在一个格外注重商品化、产品认可与名人崇拜的社会中，这显得很不相称。尽管由于欧洲一体化的推动，《欧洲人权公约》《欧盟个人数据保护指令》在一定方面促进了英国相关法律的完善。[③]

（四）意思表示应采取书面形式（包括特殊书面形式）

一般认为，意思表示的具体形式主要有口头形式、书面形式和默示形式。《民法通则》第五十六条规定："民事法律行为可以采取书面形式、口头形式或者其他形式。法律规定用特定形式的，应当依照法律规定。"尽管人格权已经呈现出渐进似的二元属性，但就目前的发展阶段来看，一些人格权还不能像知识产权的人身权与财产权那样，实现完全的分离，伦理性特点仍然是人格权不可

---

① 杨立新、曹艳春：《论脱离人体的器官及组织的法律属性及其规则》，载《中国法学》2006年第1期。

② American Law Institute，Restatement of the Law，Third，Unfair Competition，§46，comment h（1995）.

③ Michael Henry ed.，International Privacy，Publicity and Personality Laws，Butterworths Press（UK），2001，pp. 1 - 6.

分割的组成部分。同时，人格权的客体大多具有抽象性，类似于知识产权的客体，具有无形的特点，因此，总体上有必要对意思自治在人格权领域的适用采取严格政策。首先，书面形式能够提醒行为人在进行器官捐献等人格法律行为时要更加慎重。其次，有利于保存证据，较好地解决纠纷。我们知道，虽然口头形式简单方便，能够更加充分地贯彻私法自治原则，降低了交易成本，使交易更加迅速、便捷，但在发生纠纷时，口头形式往往难以查证，不利于纠纷解决。这样，欠缺法定形式要求的法律行为就不能成立或生效。

(五) 法律效力强烈地受到公序良俗原则影响

公序良俗作为民法的一项基本原则，为许多国家的民法典所承认。比如：《德国民法典》规定："违反善良风俗的法律行为无效。某人利用他人处于急迫情势、没有经验、缺乏判断力或意志显著薄弱，以法律行为使该他人就某项给付而向自己或第三人约定或给予与该项给付明显地不相当的财产利益的，该法律行为尤其无效。"就人格权来讲，伦理属性是其最本质的属性。因此，公序良俗原则对人格权变动的法律效力的影响则更大。

下面以卖淫行为、有偿性行为为例进行分析。当今世界多数国家都认为卖淫行为是违反公序良俗的典型行为表现，因而往往认定卖淫行为不具有相应的法律效力，或者说是无效的民事行为。但我们不得不承认的是，这种公序良俗的判断标准正在变得逐渐宽松。如前所述，像荷兰等国家是承认性交易的合法性的。有些国家虽然不承认性交易的合法性，但是承认脱衣舞等色情表演是合法的，按照双方当事人的表意行为发生法律效力。此外，对于涉及性交易/有偿性行为的法律效力的判断也慢慢地局限于性交易行为本身。例如，德国联邦最高法院对出租和租赁妓院的合同就曾秉持保守的态度。他们认为，和性交易行为相关的其他民事行为的法律效力并非绝对无效。他们认为这类合同只有在下列情况下才属完全无效的合同：

如果承租人向妓女要求过高的租金，这个租金被看作为经济上的剥削；如果承租人不考虑妓女的人身独立性而强迫她营业；如果协商的租金和租赁物的价值之间存在着明显的不合理。① 当然，如前所述，德国2002年已经通过制定法承认了卖淫并不违反善良风俗。

---

① [德] 卡尔·拉伦茨：《德国民法通论》，王晓晔等译，法律出版社2003年版，第614页。

三、人格法律行为与相似概念的区别

（一）与无因管理的区别

一般认为，无因管理是没有法定的或者约定的义务，为避免他人利益受损失而为他人管理事务或者服务的法律事实。无因管理之债不同于合同之债，它不是基于当事人双方的合意产生的，而是由法律直接规定的。① 这一看法适用于人格法律行为。

有些行为虽然体现了人格权的支配权能，但这并不意味着这些行为就是人格法律行为。比如说，见义勇为问题。在笔者看来，见义勇为行为是最为典型的无因管理行为。见义勇为是在他人生命、健康或者财产处于紧急状态的情况下，行为人自愿处分自己生命、健康、身体而采取的积极营救他人生命、健康或者财产的行为。但无因管理并不是法律行为，而只能是事实行为。这是因为见义勇为完全符合了无因管理的一般要件，即没有法定的或约定的义务，为避免他人利益受损失，自愿管理他人事务或为他人提供服务的行为。由此看来，当事人的意思表示并不是债的发生原因，相反，法律规定决定了上述行为可以作为债的发生原因。

这里顺便需要指出的是，并非所有的处分人格物的行为都构成人格法律行为，有的行为可能是事实行为。人格权的权能与人格法律行为之间并不能够画等号。

（二）与侵权性不当得利的区别

格劳斯认为，公开权和商业利用侵害二者是相对的一组行为，差别在于前者经授权，后者无授权。② 德国人格权法所说的侵权性不当得利其实就是人格权被动商品化。当权利人的人格权被以商品化的形式侵犯之后，如果受害人不愿意将自己的人格权商品化，则可以通过不当得利或者侵权损害赔偿的方式请求法律救济。如果受害人愿意将自己的人格权商品化，则可以与侵权人进行事后协商，如果不能够达成协议，则仍然可以请求损害赔偿。相反，人格权的主动商品化是一种当事人之间的合意行为，是指权利人在法律允许的范围内，将

---

① 郭明瑞主编：《民法》，高等教育出版社 2003 年版，第 357 页。

② Hyman Gross, The Concept of Privacy. 42 N. Y. REV. 34 （1967）. 转引自詹文凯：《隐私权之研究》，台湾大学法学院 1998 年博士学位论文，第 171 页。

自己的人格利益通过物权性授权契约或者债权性授权契约的形式让与他人使用，从而获得收益的行为。

四、人格法律行为的类型

（一）市场化人格法律行为与非市场化人格法律行为

市场化人格法律行为是典型的有偿法律行为，体现了直接的经济伦理，通常可以适用合同法的一般规则，比如，形象代言合同。按照笔者的理解，市场化人格法律行为是财产性人格权的权能体现。

非市场化人格法律行为是典型的无偿法律行为，但是其与一般的无偿法律行为不同的是，非市场化人格法律行为具有较强的精神伦理色彩，一般要采取书面形式，有的可能还要到有关部门备案、登记，不适用代理制度，也不能附义务，允许当事人随时撤销法律行为。这类合同最典型的就是与人体器官、组织有关的赠与法律行为。按照笔者的理解，非市场化人格法律行为是伦理性人格权的权能体现。

（二）物权性人格法律行为和债权性人格法律行为

市场化人格法律行为，按照法律行为创设的效果可分为债权性人格法律行为和物权性人格法律行为。物权性人格法律行为旨在创设一项在他人人格要素上产生可以控制、使用、收益和处分的，具有对世性的“用益财产权”。其主要特点有：第一，该法律行为的期限可能是终身性的，甚至可能在当事人死亡之后仍然可以发生法律效力。第二，对世性。不仅可以对抗合同当事人，也可以对抗第三人。第三，可以是概括性的转让，也可以是部分性的转让。比如，贝克汉姆可以和宝洁公司签订合同将个人形象在洗发品、护肤品方面的概括性转让。宝洁公司可以据此任意使用贝克汉姆的个人形象。第四，可以以权利人的身份处分他人人格要素上的财产利益，通过各种行为使用、收益。债权性人格法律行为所产生的仅仅是具有相对性的合同权利义务，不能进一步处分他人的人格要素，只能够使用他人人格要素并获得收益。

五、人格法律行为的特殊规则

（一）通常需要具有完全行为能力

由于涉及人的伦理价值，人格法律行为的当事人通常要具有完全民事行为能力。当然，在贯彻上述原则的同时，某些人格法律行为也存在着例外。比如，未成年人骨髓移植合同。科学表明未成年人的骨髓具有很强的再生性，捐献一定数量的骨髓并不会对未成年人产生重大影响。因此，许多国家允许此种情况下的未成年人允诺。再如，未成年人演艺合同。《劳动法》规定："禁止用人单位招用未满十六周岁的未成年人。文艺、体育和特种工艺单位招用未满十六周岁的未成年人，必须依照国家有关规定，履行审批手续，并保障其接受义务教育的权利。"

（二）市场化的影响

非市场化人格法律行为原则上不适用代理制度，市场化人格法律行为原则上适用代理制度。具有人身性质的法律行为不适用代理，这一点，学界已有通说。凡法律规定应由本人实施的民事法律行为，如立遗嘱、婚姻、收养等，不适用代理；依行为的性质应由本人实施的民事法律行为，如特约某画家作画，因其义务的履行与特定人的身份有关，该义务的履行不适用代理；虽法律没有规定或依其性质可由他人代理的，但当事人双方约定应由本人实施的民事法律行为，也不适用代理。①《民法通则》第六十三条第三款也规定："依照法律规定或者按照双方当事人约定，应当由本人实施的民事法律行为，不得代理。"非市场化人格法律行为原则上不适用代理制度，是因为其具有浓厚的伦理性；市场化人格法律行为原则上适用代理制度是因为其具有浓烈的财产性。

（三）人格法律行为原则上适用精神损害赔偿规则

《合同法》第一百零七条规定："当事人一方不履行合同义务或者履行合同义务不符合约定的，应当承担继续履行、采取补救措施或者赔偿损失等违约责任。"这是我国关于违约责任的一般规定。一般据此认为，违约不能适用精神损害赔偿规则。

原来承认这种规则的许多国家或地区已经通过修改立法作了改变。2002年在德国生效的《修改损害赔偿规定第二法》的一个重要变化就是取消了原法固定的痛苦抚慰金的第八百四十七条，而是将其内容合并到了第二百五十三条第二款。第八百四十七条位置从原来的侵权法提前到债法总则，按照立法理由，这样做的目的是使财产损害的金钱赔偿这一法律救济手段不但适用于侵权责任，而且适用于合同责任和危险责任当中。②修正后的我国台湾地区"民法"增加规定："债务人因债务不履行，致债权人之人格权受侵害者，准用第一百九十二

① 郭明瑞主编：《民法》，高等教育出版社2003年版，第121页。

② 齐晓琨：《德国民法中的一般人格权》，载《吉林省教育学院学报》2006年第10期。

条至第一百九十五条及第一百九十七条之规定，负损害赔偿责任。”这就是说，债务人违约造成债权人人格权受损害的情况下，应当认为债权人可以请求精神损害赔偿。①

如果合同的标的包含精神利益，精神损害的发生就是可预见的，而按合同法基础理论，既然损害是可预见的，当损害发生时就应赋予受害人救济权；而如果赋予受害人救济权就会更有利于保护受害人利益、平衡违约人的负担、节约诉讼成本，同时也是尊重当事人诉讼选择权的表现；另外设立此等非财产损害赔偿又不会导致违约与侵权二元体制的混乱；所以回应社会现实，由合同法规整违约导致的非财产损害已是逻辑必然。而从设立其请求权基础来看，在现有基础上进行谨慎革新应是一佳径。②

因此，人格法律行为损害伦理性人格权的，适用精神损害赔偿规则。人格法律行为损害财产性人格权的，原则上适用财产损害赔偿规则，如果加害人故意侵害当事人人格尊严的，可以使用精神损害赔偿规则。

第九百九十三条　【许可他人使用】

民事主体可以将自己的姓名、名称、肖像等许可他人使用，但是依照法律规定或者根据其性质不得许可的除外。

本条来源

此前没有系统性规定，如《民法通则》第一百条规定仅限于肖像权。

立法演变

一审稿第七百七十六条后各稿延续，仅有个别文字性修改。

---

① 宁红丽：《大陆法系国家的医疗合同立法及对我国的借鉴意义》，载王文杰主编：《月旦民商法研究·法学方法论》，清华大学出版社2004年版，第163页。

② 蒋军洲：《试析合同法对违约导致非财产损害的调整》，http：//www. ccelaws. com，最后访问时间：2010年5月4日。

条文释义

要把本条作为前一条的例外规定来理解。司法实践有大量的姓名、肖像案件，有的判决直接承认了肖像的双重属性。比如，有判决认为，肖像是公民的外貌在物质载体上通过绘画、照相、电影、电视、录像、雕塑等形式再现的视觉形象。肖像作为公民的一种图像标志，与该公民的外部形象及人格密切相关。一方面，它可以将该公民与其他公民区别开来，并体现出肖像权人的人格尊严、名誉等，构成肖像权人的精神利益；另一方面，对肖像的利用可以带来一定的经济利益。[①] 姓名也是如此。理解本章，还要将本条与第三章、第四章等规定结合起来，从体系上理解条文内涵。

据观察，本编第三章至第六章规定的人格权，存在许可他人使用的空间，但是生命权、身体权、健康权等物质性人格权是人的精神利益的基本载体，更多地体现人的精神利益，基本不适合许可他人使用。比如，本编规定，禁止以任何形式买卖人体细胞、人体器官、人体组织、遗体。违反该规定的买卖行为无效。下面，结合代孕行为重点讲一下“依照法律规定或者根据其性质不得许可的除外”。

代孕行为是一种典型的具有三方当事人的合同。2001 年，我国卫生部颁布的《人类辅助生殖技术管理办法》第三条明确规定“医疗机构和医务人员不得实施任何形式的代孕技术”，这意味着人工生殖技术在我国受到了极大的限制。

根据《人类辅助生殖技术管理办法》的规定，人类辅助生殖技术是指运用医学技术和方法对配子、合子、胚胎进行人工操作，以达到受孕目的的技术，分为人工授精和体外受精—胚胎移植技术及其各种衍生技术。人工授精是指用人工方式将精液注入女性体内以取代性交途径使其妊娠的一种方法。根据精液来源不同，分为丈夫精液人工授精和供精人工授精。体外受精—胚胎移植技术及其各种衍生技术是指从女性体内取出卵子，在器皿内培养后，加入经技术处理的精子，待卵子受精后，继续培养，到形成早期胚胎时，再转移到子宫内着

① 中山市樱花帝王电器有限公司与张某立等肖像权纠纷二审民事判决书，(2015) 三中民终字第 06153 号。

床，发育成胎儿直至分娩的技术。不妊的原因出在女性一方时，作为回避手段，可以请别的女性妊娠、分娩，这就叫作代理母亲。代理母亲也就是签订了代理分娩契约的母亲。①

与我国类似的有法国、德国、日本、新加坡等。法国认定借腹生育合同的非法性。《法国民法典》第16－7条规定："为他人之利益生育或怀孕的任何协定，均无效。"理论上认为，借腹生育，即妇女承担为他人怀孕并生育的义务，待孩子出生时即将其抛弃给他人。此种义务即使是无偿的，不仅违反"人之身体不可处分"之公共秩序原则，同时违反"人之身份不可处分"的原则。② 但是法国允许提取妻子卵子进行人工受孕协议，法国法院认为夫妇双方与合法机构签订协议，取女方卵子并用丈夫的精子使之受孕，这种协议所规定的并不是通过异质的方法来治疗不孕症的行为，因此符合《法国民法典》第一千一百二十八条的规定。③ 德国《胚胎保护法》以刑事处罚的方法禁止对代理母亲进行人工授精、胚胎移植。④ 日本虽然未对人工生殖技术以特别立法来管理，但在执法上明确禁止任何形式的代孕母。新加坡则明订法律，不允许任何以人工生殖技术执行代孕行为。我国台湾地区"人工协助生殖技术管理办法"，明确禁止代孕母行为。⑤ 欧洲国家的基督教传统在一定程度上影响了这些国家对于代孕行为的承认。

当然，这种立法主要考虑到承认代孕可能导致一些复杂的法律问题。假设代孕母亲利用了他人的精卵并生育了孩子，但拒绝将孩子给雇用者，即受精卵的所有人，代孕母亲是否就是孩子理所当然的母亲？雇用代孕母亲的夫妇是否能作为父母取得对孩子的监护权？如果在孩子出生后，代孕母亲与雇用双方都拒绝接受孩子（如孩子有先天缺陷），法律又将如何确定他们之间的权利义务？⑥ 在著名

---

① ［日］植木哲：《医疗法律学》，冷罗生等译，法律出版社2006年版，第300－301页。

② 法国最高法院全体庭，1991年5月31日。《法国民法典（下册）》，罗结珍译，法律出版社2006年版，第819页。

③ 《法国民法典（下册）》，罗结珍译，法律出版社2006年版，第819页。

④ 张燕玲：《论代孕母的合法化基础》，载《河北法学》2006年第4期。

⑤ 张燕玲：《论代孕母的合法化基础》，载《河北法学》2006年第4期。［日］植木哲：《医疗法律学》，冷罗生等译，法律出版社2006年版，第314页。

⑥ 李旭修、耿焰：《由"借腹生子"新闻所引发的思考：论民法中的身体权》，载《中国律师》2000年第5期。

的斯顿诉玛丽一案中，代孕母亲的难题得到充分体现。作为代孕母亲的玛丽在生下孩子后，对孩子产生了难以割舍的感情，因此拒绝按照代孕合同的规定交出孩子，并要求孩子的抚养权，最后双方达成调解协议。斯顿夫妇即精子与卵子的提供者享有抚养权，而玛丽享有探视权。[①]

根据精、卵来源情况，代孕可分为以下几种情况：由丈夫供精，妻子供卵而实施的代孕；由丈夫供精，代孕母亲供卵而实施的代孕；由丈夫供精，第三人供卵而实施的代孕；由妻子供卵，第三人供精而实施的代孕；由第三人供精，第三人供卵而实施的代孕。这种复杂的生育过程，动摇了自罗马法以来“谁分娩，谁为其母”的法律原则[②]，使得原本单一的生殖关系，出现了多方位的父母利益纷繁复杂的局面、自然血亲关系由单一明确变得复杂模糊、自然血亲所具有的时空界域被打破、近亲婚配难于防范、良好的效益致使人工生殖技术被非法滥用。[③] 正是基于这一点，梁慧星先生指出，代替她人怀孕的所谓“代理母”协议，属于公序良俗违反行为中的危害家庭关系行为类型。基于公序良俗原则的强行法性格，该法律行为自应无效。[④] 此外，还有死后人工生殖问题。我国台湾地区“孙吉祥死后取精”案曾经引发台湾关于死后人工生殖的法律争议。学者认为，人死后人工生殖打破知情同意法则，违反人工生殖目的，危及子女最佳利益。未来人工生殖立法应在满足生育自由的同时，尊重人性尊严，关怀后代福祇。建议严禁死后取精，严禁死后人工生殖。[⑤]

英国、美国、韩国、泰国等国家和地区不同程度地允许代孕母的存在。依据英国的《代孕安排法》和《人类受精和胚胎法》，英国允许借腹孕母和借腹借卵孕母行为，但禁止商业性代孕。[⑥] 美国各州对代孕行为持不同态度，有 11 个州以“亲子地位法”或“判例”的方式承认代孕契约的合法性，有 6 个州在亲子地位法中认定代孕契约无效；有 8 个州依法禁止代孕母通过代孕取得补偿

---

① 姜柏生：《论人工生殖子女的法律地位》，载《法律与医学杂志》2004 年第 4 期。

② 余能斌、侯向磊、余立力：《世纪之交看新中国民商法的发展》，载《法学评论》1998 年第 5 期。

③ 王丽丽：《谈人工生殖技术中的几个法律问题》，载《甘肃政法学院学报》1998 年第 1 期。

④ 梁慧星：《民法学说判例与立法研究（二）》，国家行政学院出版社 1999 年版，第 12 – 17 页。

⑤ 杨芳、姜柏生：《死后人工生殖的民法问题研究》，载《河北法学》2006 年 11 月。

⑥ 张燕玲：《论代孕母的合法化基础》，载《河北法学》2006 年第 4 期。

金；有2个州拒绝承认代孕契约。[①] 而韩国与泰国，现在开放非商业性的代孕行为，但对于亲子关系的认定方式又各有不同。2000年6月我国香港地区立法会通过《人类生殖科技条例》，允许非商业性代孕行为的存在，但禁止非配偶间的精卵进行代孕，也即该条例仅开放非商业的借腹代孕。[②]

支持承认代孕合同的学者认为，代孕具有合法性基础。禁止代孕构成对人的基本权利的非法限制、允许代孕符合法理上的无伤害不禁止原则、允许代孕符合法理上的正义原则、允许代孕诠释了人的追求幸福权和家庭权[③]、允许代孕符合权利人身体权的基本规则。[④] 支持说学者进一步指出，代孕制度设计的关键在于如何协助妇女不会因为社会经济的因素来允诺此类行为，而不在于禁止此类行为的可能性。[⑤] 在制度设计上，要明确强行法坚守的底线。比如，强行法应该考虑到商品化对代孕行为的危害：商品化会影响捐献者的意愿，商品化会产生贫穷伤害道德观念，商品化会影响精卵的品质，商品化具有象征意义和利他主义的影响。[⑥] 但是代孕母仍然要得到一定的补偿。这种类似于代孕母的补偿问题可以在法律限制内自由确定。同时，双方当事人还可以约定有关代孕的其他事宜，比如，代孕母在怀孕期间的健康护理费用、产后6个星期的有关费用及保险安排，代孕母怀孕期间的生活方式，代孕的合理补偿费用。[⑦]

不断发展的科技已经能够满足不孕症繁衍后代、建立完整家庭的需要。否定说学者考虑到的法律难题都能够通过限制承认代孕行为而逐一解决：

第一，强调代孕合同的非商业性，禁止商业中介机构和商业经营机构的进入。同时，根据合同法的基本原理结合代孕合同的伦理性特点确立必要的强行规则。但是对于因代孕产生的必要费用，包括医疗费用、怀孕中所需营养费用

---

① Crotty, Patricia McGee, Family law in the United States, New York, Washington, 1999, 111. 转引自张燕玲：《论代孕母的合法化基础》，载《河北法学》2006年第4期。

② 张燕玲：《论代孕母的合法化基础》，载《河北法学》2006年第4期。

③ 张燕玲：《论代孕母的合法化基础》，载《河北法学》2006年第4期。

④ 朱川等：《代孕子女身份的法律认定》，载《科技与法律》2001年第3期。

⑤ 颜厥安：《法与实践理性》，中国政法大学出版社2003年版，第350－352页。

⑥ 游彦城：《以生殖为目的使用处分人类精卵》，台湾中原大学财经法律学系2005年硕士学位论文，第98页。

⑦ 徐继响、杨文心：《论代孕的合理使用及其法律调控》，载《医疗法律》2003年第3期。

及其他因实施代孕行为所需要的费用，如代孕减少的收入等应予适当补偿。这也是肯定代孕合同的立法例底限，这能够避免商业化的反目的性。第二，强制执行。代孕人不履行代孕合同，不愿意受胎怀孕，则不得要求强制执行。如果不孕夫妻希望代孕人堕胎，如代孕人不愿意堕胎，可否强制执行颇费思量。一方面，代孕行为对代孕人来讲是具有人身属性的，不宜强制执行。另一方面，不孕夫妇如果能够自然怀孕，在允许堕胎的国家或地区，其当然可以要求堕胎。此两方面需要结合具体情况加以裁判。比如，如果发现胎儿可能有先天残疾，此时，强制执行的利益就高于代孕人的利益。如果代孕母在孩子出生后不愿意交付子女，那么，应该允许强制执行。其一，从子女的利益出发，如果允许代孕母不交付孩子，导致的结果是，孩子与生父母血缘上的联系直接被中断。其二，从不孕夫妇的角度来看，即使金钱的赔偿也无法弥补其巨大的精神创伤。[①]第三，明确规定出现残疾婴儿，当事人都不愿意认领的法律规则。依据委托关系，应由委托人负责认领，承担亲权人责任。第四，规定代孕子女的知情权，且不受行为能力制度约束。第五，明确规定适用于代孕合同的当事人资格。是不是仅仅局限于患有不孕症的夫妻？同性恋伙伴是否可以？单身男女是否可以？死者近亲属是否可以成为适格当事人？另一方面，对于医院的资格也有必要作出严格规定，将相关手术局限在一定资格以上的医院，如三甲医院。第六，明确合同必备条款，从而对当事人起到良好的指导作用，如保险条款。第七，借腹、借腹借卵、借腹借卵借精等多种类型的代孕合同是否都允许，需要强行法明确规则。第八，明确列举精神损害的部分适用情况。代孕涉及生命权、身体权和健康权等损害，其所遭受的是无形的精神痛苦损害，因此，当然可以适用精神损害赔偿。代孕契约的法定赔偿范围应该包括因代孕的目的可能受阻碍而产生的精神上痛苦的损害赔偿，即代孕人违反怀孕义务、代孕人违反行动自由之限制、代孕人未为应施行之人工流产、代孕人未分娩胎儿、代孕人拒不交出子女等情形。[②]

---

① 陈美伶：《人工生殖之立法规范》，台湾政治大学法律研究所 1994 年博士学位论文，第 250 页。

② 苏坤成：《论代孕契约之损害赔偿》，“国防管理学院”法律研究所 1999 年硕士学位论文，第 125 页。

法条关联

◆《企业名称登记管理规定》

第二十三条 企业名称可以随企业或者企业的一部分一并转让。

企业名称只能转让给一户企业。企业名称的转让方与受让方应当签订书面合同或者协议，报原登记主管机关核准。

企业名称转让后，转让方不得继续使用已转让的企业名称。

◆《人类辅助生殖技术管理办法》

第三条 人类辅助生殖技术的应用应当在医疗机构中进行，以医疗为目的，并符合国家计划生育政策、伦理原则和有关法律规定。

禁止以任何形式买卖配子、合子、胚胎。医疗机构和医务人员不得实施任何形式的代孕技术。

第二十二条 开展人类辅助生殖技术的医疗机构违反本办法，有下列行为之一的，由省、自治区、直辖市人民政府卫生行政部门给予警告、3 万元以下罚款，并给予有关责任人行政处分；构成犯罪的，依法追究刑事责任：

（一）买卖配子、合子、胚胎的；

（二）实施代孕技术的；

（三）使用不具有《人类精子库批准证书》机构提供的精子的；

（四）擅自进行性别选择的；

（五）实施人类辅助生殖技术档案不健全的；

（六）经指定技术评估机构检查技术质量不合格的；

（七）其他违反本办法规定的行为。

第二十四条 本办法所称人类辅助生殖技术是指运用医学技术和方法对配子、合子、胚胎进行人工操作，以达到受孕目的的技术，分为人工授精和体外受精—胚胎移植技术及其各种衍生技术。

人工授精是指用人工方式将精液注入女性体内以取代性交途径使其妊娠的一种方法。根据精液来源不同，分为丈夫精液人工授精和供精人工授精。

体外受精—胚胎移植技术及其各种衍生技术是指从女性体内取出卵子，在器皿内培养后，加入经技术处理的精子，待卵子受精后，继续培养，到形成早期胚胎时，再转移到子宫内着床，发育成胎儿直至分娩的技术。

案例评议

王某、商丘市丰禾食品有限公司肖像权纠纷案①

◆ **裁判规则**

形象代言合同到期后，未经肖像权人同意擅自继续使用他人肖像，属于侵犯肖像的行为。公民的肖像权受到侵害的，有权要求停止侵害，恢复名誉，消除影响，赔礼道歉，并可以要求赔偿损失。侵权人承担责任的形式应当与其侵权行为的具体方式和造成的影响范围相当，侵权影响到的地域是本案考虑赔礼道歉的主要因素。损害赔偿金的数额要结合形象代言合同酬金、侵权时间等因素确定。

◆ **评议**

形象代言合同是许可他人使用自己的姓名、肖像、声音等个人形象，形象权人可以依法获得一定报酬的合同。这是市场经济条件下，人格权商品化的重要形式之一。合同到期后，法律极少规定在双方没有明确意思表示的情况下自动延续合同。当然仓储合同是个例外，我国民法典规定，储存期间届满，存货人或者仓单持有人应当凭仓单、入库单等提取仓储物。存货人或者仓单持有人逾期提取的，应当加收仓储费。本案一审法院判决未支持上诉人要求被上诉人赔礼道歉的诉讼请求，确为不当。原因在于，侵害他人肖像权不仅仅是经济利益，还涉及权利人的精神利益，在此情况下，赔礼道歉为妥当的责任形式。②

第九百九十四条　【死者人格遗存保护】

死者的姓名、肖像、名誉、荣誉、隐私、遗体等受到侵害的，其配偶、子女、父母有权依法请求行为人承担民事责任；死者没有配偶、子女且父母已经死亡的，其他近亲属有权依法请求行为人承担民事责任。

---

① （2019）豫14民终4755号。

② 关于赔礼道歉，学界多有阐述，参见姚辉、段睿：《“赔礼道歉”的异化与回归》，载《中国人民大学学报》2012年第2期。葛云松：《民法上的赔礼道歉责任及其强制执行》，载《法学研究》2011年第2期。

本条来源

本条最初来源于1989年《最高人民法院关于死亡人的名誉权应受法律保护的函》，1992年，《最高人民法院关于范应莲诉敬永祥侵害海灯名誉一案如何处理的复函》改认死者名誉权为死者名誉，1993年，《名誉权解答》承认死者名誉。2001年，《精神损害赔偿司法解释》第三条明确了死者人格保护的一般规则，延续了1993年《名誉权解答》的规定。《民法总则》第一百八十五条规定："侵害英雄烈士等的姓名、肖像、名誉、荣誉，损害社会公共利益的，应当承担民事责任。"《英雄烈士保护法》第二十五条从英雄烈士人格利益保护的角度再次明确了相关法律规则。概括来讲，该条经过了从个案到一般规则，从一般规则再到英烈等重点保护的发展过程。

立法演变

《2002年民法草案》人格权法第六条规定："自然人死亡的，其配偶、父母、子女有权保护其姓名、肖像、名誉、荣誉、隐私等权利。该自然人没有配偶、子女或者父母已经死亡的，其兄弟姐妹、祖父母、外祖父母、孙子女、外孙子女有权保护其姓名、肖像、名誉、荣誉、隐私等权利。"该草案重要的一点是承认死者姓名、肖像、名誉、荣誉、隐私等的"权利"属性。一审稿第七百七十七条规定："死者的姓名、肖像、名誉、荣誉等受到侵害的，其配偶、子女、父母可以依法请求行为人承担民事责任；死者没有配偶、子女和父母的，其他近亲属可以依法请求行为人承担民事责任。"对比《2002年民法草案》，一审稿不承认死者姓名、肖像、名誉、荣誉等的权利属性，相应地，其请求权基础部分的表述方式从"有权保护其姓名、肖像、名誉、荣誉、隐私等权利"调整为"可以依法请求行为人承担民事责任"。"其他近亲属"的调整是技术性调整，不影响实际含义。"死者没有父母"的表述背离客观事实，与原草案也并不一致。由此推断上述两个草案之间延续性并不是很强。二审稿将"死者没有配偶、子女和父母"修改为"死者没有配偶、子女并且父母已经死亡"，增加了"遗体"，把"可以"修改为"有权"，三审稿增加了"隐私"，此后各稿延续了三审稿的规定。五审稿删除了"并"。此外，阶段稿曾就英雄烈士的姓名、肖像、名誉、荣誉作了单独规定，但内容与《英雄烈士保护法》的规定非常相似，后来删除了这一条款。

条文释义

本条规定的是死者人格的保护，没有承认死者人格权，也没有承认死者人格利益，其保护的焦点虽然是死者人格，但其行使的主体是死者近亲属，死者近亲属有权依法行使保护请求权，也有权放弃。在死者近亲属放弃的情况下，本条没有规定人民检察院等机关或者组织有权提起公益诉讼，也没有规定死者近亲属依法提起诉讼时，人民检察院可以支持起诉。“依法请求行为人承担民事责任”意味着死者近亲属除了到法院提起诉讼外，还可以诉诸其他救济途径，比如请求公安机关依据《治安管理处罚法》依法予以保护。

一、受保护的范围

本法规定的保护范围是“死者姓名、肖像、名誉、荣誉、隐私、遗体等”，虽然审议稿中曾经增加过“隐私”“遗体”，本书认为，此处增加与否并不实际影响保护范围，从解释的角度看，“等”是一个不完全列举，可以根据实际情况进行解释，比如遗骨、骨灰、个人信息，虽然没有明确在本条中列举，但是在其承载了死者人格精神利益的情况下，其仍然可以作为保护的客体。实践中，这方面的侵权行为主要表现在恶意挖掘、扬弃、污损等各种侵害死者遗体、遗骨、骨灰。在强制火化的背景下，遗体的表现形式就是骨灰和遗骨。当然，也有的侵权行为主要是侵害他人坟墓，污损墓碑等，这类行为可以请求排除妨碍、停止侵害等行为保全措施，同时可以依据本法第一千一百八十三条的规定，侵害具有人身意义的特定物造成严重精神损害的，被侵权人有权请求精神损害赔偿。另外，本条删除了《精神损害赔偿司法解释》“以违反社会公共利益、社会公德的其他方式”侵害死者人格，在违法性的判断方面，没有规定“悖于善良风俗”类型的侵权行为，而是统一按照过错侵权的一般条款进行判断，原告的证明难度降低了。

需要注意的是，《英雄烈士保护法》规定的保护范围限于英雄烈士的姓名、肖像、名誉、荣誉，不包含隐私、遗体等，同时还要增加[①]“损害社会公共利

---

① 金庸在《倚天屠龙记》描写过空闻大师为周芷若作法事，操度殷离亡灵，空闻沉思半晌，道：“幽冥之事，实所难言。”张无忌道：“然则方丈何以虔诚行法，超度幽魂？”空闻道：“善哉，善哉！幽魂不须超度。人死业在，善有善报，恶有恶报。佛家行法，乃在求生人心之所安，超度的乃是活人。”

益的行为”这一要件，这增加了取证的难度。

二、保护主体

死者人格的保护，可以定义为身份性人格权。从本条的法律构造来看，死者人格的保护基础是身份权，即配偶、子女、兄弟姐妹、祖父母、外祖父母、孙子女、外孙子女。表面上保护的是死者，实际保护的是生者。

（一）立法采纳了近亲属利益保护说

人格权的基本特点之一是专属性。我国法律不承认死者还拥有人格权。《民法通则》规定，公民的民事权利能力始于出生，终于死亡。在这个问题上，最高人民法院曾经在荷花女案件的批复中承认了死者人格权。最高人民法院于2000年《关于周海婴诉绍兴越王珠宝金行侵犯鲁迅肖像权一案应否受理的答复意见》中表示，公民死亡后，肖像权应依法保护。[①]。所谓死者名誉，是指死者因其生前的属性和特征而获得的社会评价，这些社会评价并未随着死者的离去立即消亡，而是还要或长或短地存续一段时间。一个人的出身、家庭背景、亲友关系对其工作、生活、社会交往会产生一定的影响，死者名誉受到侵害，往往直接影响到其近亲属的名誉和其他利益，所以保护死者名誉的实质作用，在于保护其近亲属的利益。因此，《名誉权解答》采纳了这一观点，在第五条中规定了对“死者名誉”的保护，而改变了以往的司法解释中关于保护死者名誉权的规定。[②]《精神损害赔偿司法解释》继续明确规定死者近亲属因他人“侵害死者姓名、肖像、名誉、荣誉”遭受精神痛苦而享有诉权，并未使用“姓名权”“肖像权”等措辞。

如前所述，虽然《2002年民法草案》承认死者人格权利，但最终的立法没有采纳该意见，这一做法与德国、奥地利的立法接近。[③] 同时，我国立法也没有承认死者人格为“死者利益”。我国在死者人格问题上有权利保护说、近亲属利益保护说、家庭利益保护说、法益保护说、延伸保护说等几种学说。[④]《精神损害赔偿司法解释》第三条采纳的是近亲属利益保护说（但主要起草人认为

---

① （2015）玄民初字第1257号。

② 韩玫：《〈名誉权解答〉的理解与适用》，http：//www. npc. gov. cn/zgrdw/huiyi/lfzt/qqzrfca/2008－12/21/content_ 1462860. htm，最后访问时间：2019年12月31日。

③ 王利明：《人格权重大疑难问题研究》，法律出版社2019年版，第263页。

④ 杨立新：《民法思维与司法对策（上）》，北京大学出版社2017年版，第527－528页。

是延伸保护说)[1]，民法典延续了近亲属利益保护说。

近亲属利益保护说也为我国台湾地区司法实践所采纳。台北地方法院在诽谤蒋介石案件中，创设了“遗族对故人爱慕之情的人格上利益”，判决理由认为，人格权之侵害不限于他人之身体、健康、名誉、自由、隐私、贞操，以吾国风尚，对于死者向极崇敬，若对已逝世之人妄加侮辱诽谤，非独不能其死者于地下而辩白，亦使其遗族为之难堪，甚有痛楚愤怨之感，故而“刑法”第三百一十二条特规定侮辱诽谤死者罪，借以保护遗族对其先人之孝思追念，并进而激励善良风俗，自应将遗族对于故人敬而追慕之情，视同人格上利益加以保护。[2]

（二）保护顺位

《名誉权解答》没有规定保护顺位，而是规定“死者名誉受到损害的，其近亲属有权向人民法院起诉”。但是，《精神损害赔偿司法解释》规定了近亲属的请求权顺位，第一顺位是配偶、父母、子女，第二顺位是兄弟姐妹、祖父母、外祖父母、孙子女、外孙子女等其他近亲属。第一顺位的近亲属如果不行使请求权，则第二顺序的近亲属也不得起诉；没有第一顺位的近亲属，第二顺位的近亲属才可以起诉。

同一顺位的主体，是单独行使，还是共同行使，法律没有明确规定。从解释上来看，同一顺位的近亲属可以共同请求保护，也可以单独请求保护，对于任何一个同一顺位的近亲属而言，可以推定其都会有精神痛苦，精神利益都受到侵害。

对于这种规定是否合理，王利明提出过批评意见。对死者利益的侵害还涉及社会公共道德和风气的保护，如果设定提起诉讼的顺序，则未免与死者人格利益保护制度的设置目的相悖，所以原则上不得采取近亲属按序主张权利的方式，如果在第一顺序的人不主张而又不允许第二顺序的人主张精神痛苦则是不妥当的。[3] 本书认为，死者精神利益的保护不宜规定保护顺位，但死者人格蕴含的财产利益，可以规定保护顺位。

---

① 受害人死亡属于保护间接受害人。参见陈现杰：《人格权司法保护的重大进步和发展》，载《人民法院报》2001年3月28日。

② 王泽鉴：《人格权法》，北京大学出版社2013年版，第250－251页。

③ 王利明：《人格权重大疑难问题研究》，法律出版社2019年版，第277页。

（三）近亲属之外的其他亲属是否有请求权

本法第一千零四十五条第二款规定，配偶、父母、子女、兄弟姐妹、祖父母、外祖父母、孙子女、外孙子女为近亲属。老舍有名著《四世同堂》，且在现代生活条件越来越好的情况下，可能有四世同堂、五世同堂。比如，在新冠肺炎疫情期间，前三代亲属不幸都去世，对于诋毁、贬损第一代亲属的行为，第四代亲属无法依据本条获得救济，尽管可能存在非常大的精神损害。本法第一百八十五条规定："侵害英雄烈士等的姓名、肖像、名誉、荣誉，损害社会公共利益的，应当承担民事责任。"这里的"等"提供了请求权的基础，即使死者不是英雄烈士，也可以在"损害社会公共利益"的前提下，获得法定的保护请求权。

此外，公法也提供了救济的途径，但法律效果与民法并不相同。检察机关提起诉讼是否是最佳救济路径。本书认为，英雄烈士没有近亲属或者近亲属不提起诉讼的，其最佳的保护路径是行政监管，即由公安机关按照《治安管理处罚法》"侵犯人身权利、财产权利的行为和处罚"的规定，要求行为人责令改正，并给予罚款、拘留等行政处罚。效率是行政的第一生命，在此背景下，行政监管的成本比公益诉讼的成本更低，解决问题速度更快。

（四）同性伴侣是否可以作为请求权主体

本法第一千零四十一条规定："实行婚姻自由、一夫一妻、男女平等的婚姻制度。"本法并不承认同性婚姻或者同性生活伴侣关系，同性伴侣无法因为"事实婚姻"而获得互为配偶的法律地位，因此，同性伴侣不可以作为请求权主体。

（五）作为侵害人的死者近亲属有无请求权

这个问题立法没有明确，要区分利用和保护两个层面。

1. 利用。对于死者人格财产利益，本书认为可以准用本法继承编的有关规定，即"继承人有下列行为之一的，丧失继承权：（一）故意杀害被继承人；（二）为争夺遗产而杀害其他继承人；（三）遗弃被继承人，或者虐待被继承人情节严重；（四）伪造、篡改、隐匿或者销毁遗嘱，情节严重；（五）以欺诈、胁迫手段迫使或者妨碍被继承人设立、变更或者撤回遗嘱，情节严重。继承人有前款第三项至第五项行为，确有悔改表现，被继承人表示宽恕或者事后在遗嘱中将其列为继承人的，该继承人不丧失继承权。受遗赠人有本条第一款规定行为的，丧失受遗赠权”。

2. 保护。死者人格精神利益是不是只允许近亲属侵害，不允许其他人侵害？常识告诉我们，死者的精神利益不允许他人包括死者近亲属，肆意侵犯。因此，从本条规定来看，如果侵害人是近亲属，则其事实上不可能自己起诉自己，其他近亲属有请求权；如果是所有近亲属共同侵权，可以考虑公益诉讼或者支持起诉。公安机关可以依据《治安管理处罚法》对有关侵害人予以行政处罚，以保护死者人格精神利益。如果侵害人是近亲属以外的其他人，则近亲属有请求权。

三、保护期限

（一）一般规定

本法规定的死者人格保护期限非常明确，即近亲属的生存期间。如果死者和近亲属同时死亡，则不存在民法上的救济途径，即不存在侵权损害赔偿问题。需要特别强调的是，这里没有区分死者人格蕴含的精神利益和财产利益。德国联邦最高法院指出，死者人格保护的期限不能一般性地确定，而是取决于个案的具体情况。理论界也认为，统一的以及严格地划定一般人格权存续界限的观点应该被拒绝，无论是界定为七十年、五十年、三十年还是二十五年或者十年。[①] 美国法中，不同的州对死者人格上蕴含的财产利益保护期限各有不同，有的没有设置，有的设置了五十年或者七十年，有的设置了一百年。瑞士刑法第一百七十五条规定：“诽谤死亡者，如死者已死亡逾三十年以上者，不罚。”[②]

死者肖像保护期限因著作权因素缩短。杨立新认为，出于死者人格利益保护与死者肖像作者著作权冲突的协调考量，死者肖像利益的保护期限缩短为十年，以保护肖像制作人的著作权；但他人对死者肖像进行商业化利用的，不受该期限的限制。[③] 按照德国的规定，死者肖像利益的保护期限是十年，超过这个期限，死者的肖像利益不再予以保护。[④]

（二）英雄烈士

英雄烈士的姓名、肖像、名誉、荣誉的保护期限没有明确时间限制。根据《英雄烈士保护法》规定，英雄烈士没有近亲属或者近亲属不提起诉讼的，检

---

① 沈建峰：《一般人格权研究》，法律出版社2012年版，第116页。

② 杨仁寿：《法学方法论》，中国政法大学出版社1999年版，第5页。

③ 杨立新、扈艳：《人格权法建议稿及立法理由书》，载《财经法学》2016年第4期。

④ ［德］迪特尔·梅迪库斯：《德国民法总论》，邵建东译，法律出版社2000年版，第801页。

察机关依法对侵害英雄烈士的姓名、肖像、名誉、荣誉，损害社会公共利益的行为人向人民法院提起诉讼。

最高人民检察院在公布曾云侵害英烈名誉案（检例第51号）指导案例时提出，检察机关履行这类公益诉讼职责，要在提起诉讼前确认英雄烈士是否有近亲属以及其近亲属是否提起诉讼，区分情况处理。对于英雄烈士有近亲属的，检察机关应当当面征询英雄烈士近亲属是否提起诉讼；对于英雄烈士没有近亲属或者近亲属下落不明的，检察机关可以通过公告的方式履行告知程序。

检察机关办理该类案件，除围绕侵权责任构成要件收集、固定证据外，还要就侵权行为是否损害社会公共利益这一结果要件进行调查取证。对于在微信群内发表侮辱、诽谤英雄烈士言论的行为，要重点收集微信群成员数量、微信群组的私密性、进群验证方式、不当言论被阅读数、转发量等方面的证据，证明侵权行为产生的不良社会影响及其严重性。检察机关在决定是否提起公益诉讼时，还应当考虑行为人的主观过错程度、社会公共利益受损程度等，充分履行职责，实现政治效果、社会效果和法律效果的有机统一。[①]

如后文所列，我国台湾地区曾经发生过诽谤韩愈案件，以此类推，岳飞、文天祥等都是历史上的英雄，历史学者的考据辞章是否会因此而被检察机关提起公益诉讼？本书认为，英雄烈士的姓名、肖像、名誉、荣誉保护期限应该以“社会公共利益”进行限制，也就是说，这里的英雄烈士应限于与“社会公共利益”相关的英雄烈士，否则“孝思忆念”过于久远，过宽保护，也不利于社会的持续发展。

四、死者人格遗存利用规则

本条没有规定死者人格的财产利益的利用规则，比较遗憾。这与本编第一条同时调整人格权的“享有”和“保护”的定位并不一致。对此，可以将其解释为具有“人身意义”的无形财产，参照继承编等规定办理，依法分配给法定继承人、遗嘱继承人或者受遗赠人。

（一）受保护的利益性质

本书认为，死者人格的财产利益可以被解释为具有“人身意义”的无形财

---

① 《曾云侵害英烈名誉案》，https：//www. spp. gov. cn/spp/zdgz/201812/t20181225_403352. shtml，最后访问时间：2018年12月31日。

产。死者人格的财产利益，有的被开发了，有的还处于潜在开发利用阶段。在死亡前，有的人对其人格上的商业价值予以开发，签订了特许经营等协议，这个时候其人格商业价值可以表现为债权，可以作为遗产继承。在有的国家，也允许概括性转让人格上的商业价值，在不侵害其精神利益的前提下，被转让人可以享有排他使用权限（参见本书老虎伍兹案）。对于未开发的死者人格的财产利益，也可以考虑作为遗产予以继承。在上述解释框架下，也符合本编关于人格专属性、遗产的范围等相关规定。

当然，有的人并不想自己被商业化，比如肯尼迪夫人曾经拒绝披露相关隐私以获得财产利益。因此，如果死者在遗嘱或者遗赠协议中明确拒绝其人格的商业化，或者生前明确拒绝其人格商业化的，则该意思表示具有约束效力，死者姓名、肖像等不能被商业化利用。反之，似可考虑允许其继承人共同决定是否商业化利用死者姓名、肖像等①，但是，其利用不得悖于用公序良俗，也就是说尊重死者精神利益仍然被置于财产利益之前。这再次表明了精神利益不同于一般的财产，精神利益、财产利益的二元性仍然有所体现。

需要探讨的还有，该无形财产能否被再次继承、转让？在解释上，可以有多种方案：一是死者近亲属范围内可以再次继承，法定继承人以外的其他人获得财产的，以其有生之年为限，不得再次继承和转让；二是基于专属性，不允许死者人格上的财产利益再次继承、转让，近亲属也概莫能外；三是以本条第一顺位近亲属为限，只有配偶、子女、父母之间可以再次继承死者人格上的财产利益。究竟哪一种方案合适，需要结合具体情况进行分析，陶行知曾言："滴自己的汗，吃自己的饭，自己的事自己干，靠人，靠天，靠祖上，不算是英雄好汉。"据此，本书倾向于第二种方案。

（二）损害赔偿

死者人格上的财产利益受到侵害时，近亲属是否有权依法请求行为人精神损害赔偿？此事颇费思量。虽然承认了死者人格上的财产利益为无形财产，但该无形财产仍然蕴含了"人身意义"。本法第一千一百八十三条规定："侵害自

---

① 《人体器官移植条例》第八条第二款规定："公民生前表示不同意捐献其人体器官的，任何组织或者个人不得捐献、摘取该公民的人体器官；公民生前未表示不同意捐献其人体器官的，该公民死亡后，其配偶、成年子女、父母可以以书面形式共同表示同意捐献该公民人体器官的意愿。"

然人人身权益造成严重精神损害的，被侵权人有权请求精神损害赔偿。因故意或者重大过失侵害自然人具有人身意义的特定物造成严重精神损害的，被侵权人有权请求精神损害赔偿。”据此，其近亲属可以请求精神损害赔偿。但是，有法院在判决中并不支持，在商业使用死者人格时，近亲属可以请求精神损害赔偿。邓丽君去世后其姓名、肖像具有一定的商业价值。被告在未取得邓丽君近亲属授权同意的情况下，擅自使用邓丽君的姓名、肖像从事餐饮业经营牟利，该行为属于侵权行为。原告要求被告赔偿经济损失 80 万元，结合侵权程度、侵权行为持续的时间、被告经营规模、造成的后果等因素，酌定支持被告赔偿原告经济损失 10 万元。原告要求被告赔偿精神损害抚慰金 10 万元，被告的行为虽已构成侵权，但并无证据表明被告的行为给原告造成严重的精神痛苦，故该项主张缺乏依据，不予支持。[①] 在他人擅自使用死者姓名等情况下，近亲属是否有精神痛苦也因人而异，该判决通过财产赔偿解决未尝不可。

（三）失踪人的人格利益保护

在民事主体失踪时，如何保护其人格利益，我国法律上没有明确规定，宣告失踪的主要目的是为了解决其财产的不确定状态。本书认为，在此情形下，可以参照本条规定予以适用，对于侵害其人格要素上财产利益和精神利益的行为都予以保护。在民事主体人格利益积极利用方面，本法第四十二条第一款规定：“失踪人的财产由其配偶、成年子女、父母或者其他愿意担任财产代管人的人代管。”考虑到这一规定的主体范围较广，民法典也没有直接承认人格要素上的财产利益为财产，本书认为，适用第九百九十四条更有利于保护民事主体的利益。在比较法上，《巴西新民法典》第二十条规定：“在受害人死亡或失踪的情形，其配偶、直系尊血亲或直系卑血亲均可合法地请求此种保护。”

此外，死者可能是自然死亡，也可能是宣告死亡。对于宣告死亡的，如果该自然人重新出现被撤销死亡宣告，则关于其人格要素商业价值签订的合同，原则上应认定有效，但是，该自然人拒绝人格要素商业化的，属于第一千零二十二条规定的“正当理由”，可以依法解除合同。

---

① （2015）玄民初字第 1257 号。

法条关联

◆《英雄烈士保护法》

第二十五条　对侵害英雄烈士的姓名、肖像、名誉、荣誉的行为，英雄烈士的近亲属可以依法向人民法院提起诉讼。

英雄烈士没有近亲属或者近亲属不提起诉讼的，检察机关依法对侵害英雄烈士的姓名、肖像、名誉、荣誉，损害社会公共利益的行为向人民法院提起诉讼。

负责英雄烈士保护工作的部门和其他有关部门在履行职责过程中发现第一款规定的行为，需要检察机关提起诉讼的，应当向检察机关报告。

英雄烈士近亲属依照第一款规定提起诉讼的，法律援助机构应当依法提供法律援助服务。

第二十六条　以侮辱、诽谤或者其他方式侵害英雄烈士的姓名、肖像、名誉、荣誉，损害社会公共利益的，依法承担民事责任；构成违反治安管理行为的，由公安机关依法给予治安管理处罚；构成犯罪的，依法追究刑事责任。

◆《精神损害赔偿司法解释》

第三条　自然人死亡后，其近亲属因下列侵权行为遭受精神痛苦，向人民法院起诉请求赔偿精神损害的，人民法院应当依法予以受理：

（一）以侮辱、诽谤、贬损、丑化或者违反社会公共利益、社会公德的其他方式，侵害死者姓名、肖像、名誉、荣誉；

（二）非法披露、利用死者隐私，或者以违反社会公共利益、社会公德的其他方式侵害死者隐私；

（三）非法利用、损害遗体、遗骨，或者以违反社会公共利益、社会公德的其他方式侵害遗体、遗骨。

◆《治安管理处罚法》

第六十五条　有下列行为之一的，处五日以上十日以下拘留；情节严重的，处十日以上十五日以下拘留，可以并处一千元以下罚款：

（一）故意破坏、污损他人坟墓或者毁坏、丢弃他人尸骨、骨灰的；

（二）在公共场所停放尸体或者因停放尸体影响他人正常生活、工作秩序，不听劝阻的。

◆《烈士褒扬条例》

第八条 公民牺牲符合下列情形之一的，评定为烈士：

（一）在依法查处违法犯罪行为、执行国家安全工作任务、执行反恐怖任务和处置突发事件中牺牲的；

（二）抢险救灾或者其他为了抢救、保护国家财产、集体财产、公民生命财产牺牲的；

（三）在执行外交任务或者国家派遣的对外援助、维持国际和平任务中牺牲的；

（四）在执行武器装备科研试验任务中牺牲的；

（五）其他牺牲情节特别突出，堪为楷模的。

现役军人牺牲，预备役人员、民兵、民工以及其他人员因参战、参加军事演习和军事训练、执行军事勤务牺牲应当评定烈士的，依照《军人抚恤优待条例》的有关规定评定。

案例评议

陈秀琴诉魏锡林、《今晚报》社侵害已故女儿名誉权纠纷案①

◆ **裁判规则**

荷花女死后，其名誉权应依法保护，其母陈秀琴亦有权向人民法院提起诉讼。《荷花女》一文中的插图无明显侵权情况，插图作者可不列为本案的诉讼当事人。被告是否承担或如何承担民事责任，由你院根据本案具体情况确定。

◆ **评议**

中国对死者人格的保护首先是死者名誉。对于死者名誉的保护首先来自于本案。1992年的海灯法师案司法解释采纳了死者名誉和近亲属名誉的双重保护说。1993年，死者人格权的提法虽然为《名誉权解答》所更改，但是《2002年民法草案》仍然采纳了死者人格权的意见。国外关于死者人格保护也有类似做法。这种直接保护说因为与人格权的专属性不一致，间接保护说才得到崭露头角的机会。

---

① 《最高人民法院公报》1990年第2辑。

法史钩沉

诽谤韩愈案是一个非常值得玩味的案例。[①] 1976年10月，我国台湾地区《潮州文献》杂志上，赫然登出文章《韩文公苏东坡给与潮州后人的观感》。作者郭寿华提及："韩愈为人尚不脱古文人风流才子的怪习气，妻妾之外，不免消磨于风花雪月，曾在潮州染风流病，以致体力过度消耗，及后误信方士硫磺铅下补剂。离潮州不久，果卒于硫磺中毒。"韩愈第三十九代孙韩思道查到"刑法"第三百一十二条诽谤死者罪：对于已死之人，犯诽谤罪者，处一年以下有期徒刑、拘役或一千元以下罚金。立法解释为："所以保护死者后人之孝思也。我国风俗，对于死者，其尊重心过乎外国，故不可不立此条，以励俗薄而便援用。"遂向台北地方法院，提起自诉。刑庭法官认定："自诉人以其祖先韩愈之道德文章，素为世人尊敬，被告竟以涉于私德而与公益无关之事，无中生有，对韩愈自应成立诽谤罪。自诉人为韩氏子孙，因先人名誉受侮，而提出自诉，自属正当。"判处被告罚金300元。郭寿华不服上诉，我国台湾地区高等法院判决驳回，维持原判，该案遂告定谳。此案涉及的法律问题核心要点是死者人格利益的保护期限，按照我国民法典的规定，这个保护时限是近亲属有生之年。

韩愈在《调张籍》一诗中有云："李杜文章在，光焰万丈长。不知群儿愚，那用故谤伤。蚍蜉撼大树，可笑不自量。伊我生其后，举颈遥相望。"韩愈在写这首诗歌时，恐怕不会想到自己在故去1000多年后还会沾上名誉诽谤的官司。

第九百九十五条　【人格权保护/人格权请求权】

人格权受到侵害的，受害人有权依照本法和其他法律的规定请求行为人承担民事责任。受害人的停止侵害、排除妨碍、消除危险、消除影响、恢复名誉、赔礼道歉请求权，不适用诉讼时效的规定。

---

① 《怪哉，诽谤韩愈奇案》，http：//finance. ifeng. com/roll/20111223/5317554. shtml，最后访问时间：2015年12月1日。也可参见杨仁寿：《法学方法论》，中国政法大学出版社1999年版，第3－8页。

本条来源

《民法通则》只规定了人格权的禁止性条款，没有规定人格权请求权的内容，还规定了承担侵权责任的方式。《侵权责任法》第二十一条规定："侵权行为危及他人人身、财产安全的，被侵权人可以请求侵权人承担停止侵害、排除妨碍、消除危险等侵权责任。"该规定没有区分人格权请求权和侵权请求权，但在侵权责任形式内部作了区分。《民法总则》第一百九十六条规定："下列请求权不适用诉讼时效的规定：（一）请求停止侵害、排除妨碍、消除危险……"

立法演变

《大清民律草案》第五十一条规定："人格关系受侵害者，得请求摒除其侵害。前项情形以法律特别规定者为限，请求损害赔偿或慰抚金。"第五十五条规定："姓名权受侵害者，得请求摒除其侵害。前项之侵害，恐有继续情形者，得申请审判衙门禁止之。"[①]《民国民律草案》第十八条规定："人格权受伤害者，得请求摒除其伤害。前项情形，以法律有特别规定者为限，得请求损害赔偿或慰抚金。"[②]

《2002年民法草案》第五条规定："侵害自然人、法人人格权的，应当承担停止侵害、恢复名誉、消除影响、赔礼道歉、赔偿损失、支付精神赔偿金等民事责任。"一审稿第七百七十八条规定："侵害民事主体人格权的，应当依照本法和其他法律的规定承担停止侵害、排除妨碍、消除危险、赔偿损失、消除影响、恢复名誉、赔礼道歉等民事责任。民事主体依照前款规定提出的停止侵害、排除妨碍、消除危险、消除影响、恢复名誉、赔礼道歉请求权不受诉讼时效的限制。"二审稿第七百七十八条第一款删除了"停止侵害、排除妨碍、消除危险、消除影响、恢复名誉、赔礼道歉"，第二款删除了"赔礼道歉"，三审稿作了文字修改，五审稿增加了"赔礼道歉"，并将两款合为一款。

条文释义

人格权的保护方法主要包括人格权请求权、侵权请求权和不当得利请求权，

① 《大清民律草案·民国民律草案》，杨立新点校，吉林人民出版社2002年版，第8页。
② 《大清民律草案·民国民律草案》，杨立新点校，吉林人民出版社2002年版，第205页。

这三种救济方式在民法典中都有规定。从本法立法情况来看，本法从立法技术上直接概括性地承认了人格权请求权，统一规定了人格权的不可侵性，没有再单独规定具体人格权的请求权。本条第二款规定的是人格权请求权，不适用诉讼时效，该规定要与本法第九百九十七条合并理解与适用。

一、人格权请求权①

（一）人格权请求权客观存在的立法考察

事实上，人格权请求权客观存在的最主要依据，就是各国民法典对人格权请求权的确认。各国规定人格权请求权的基本做法分为以下几种：

1. 规定个别具体人格权的请求权。比较一致的做法是，很多国家的民法典都在总则中直接规定姓名权的请求权。例如《德国民法典》第十二条，《意大利民法典》第七条、第八条，《泰国民法典》第四十二条，《埃塞俄比亚民法典》第四十六条，以及我国的《大清民律草案》第五十五条、《民国民律草案》第十九条和第二十条，以及我国台湾地区“民法”第十九条等，都规定了姓名权请求权，大多包括姓名权的停止妨害请求权和姓名权的排除妨害请求权。《日本民法典》没有人格权请求权。但是，日本通过判例的形式确认了人格权请求权。“北方杂志案”是日本最高法院就存在名誉侵害之嫌的表达行为可否事先停止侵害而表明立场的第一个判例。日本最高裁判所 1986 年 6 月 11 日的判决认为，名誉遭受违法侵害者，除可要求损害赔偿及恢复名誉外，对于作为人格权的名誉权，出于排除现实进行的侵害行为或预防将来会发生的侵害的目的，应解释为还可以要求加害者停止侵害。②

2. 规定人格权的某种请求权。在有些民法典或者草案中，就人格权的某一种请求权作出规定。例如，《埃塞俄比亚民法典》第十条、《大清民律草案》第五十一条、《民国民律草案》第十八条，都规定了人格权的停止妨害请求权。我国台湾地区“民法”第十八条规定了人格权的停止妨害请求权和排除妨害请求权。《俄罗斯民法典》第一千零六十五条规定了人格权的排除妨害请求权。

---

① 本部分主要内容与杨立新合作。

② 姚辉：《民法上的“停止侵害请求权”——从两个日本判例看人格权保护》，载《检察日报》2002 年 6 月 25 日。于敏：《日本侵权行为法》，法律出版社 1998 年版，第 336 页。

3. 全面规定人格权请求权。《越南民法典》是全面规定人格权请求权的立法。该法第二十七条规定："当公民的人身权受到侵犯时，该公民有权：(1) 要求侵权行为人或请求人民法院强制侵权行为人终止侵权行为，公开赔礼道歉、改正；(2) 自行在大众通信媒介上更改；(3) 要求侵权行为人或请求人民法院强制侵权行为人赔偿物质、精神损失。"这一规定涉及了人格权请求权的所有方面，是一个关于人格权请求权的全面、完整的规定。《阿尔及利亚民法典》也是全面规定人格权请求权的立法。该法第四十七条规定："当事人基于人格享有的固有权利遭受不法侵害时，得请求停止侵害和损害赔偿。"这个条文虽然简单，但是其内容非常全面，是规定得最为完整的人格权请求权。《瑞士民法典》是在立法史上第一次规定一般人格权和专章规定人格权的民法典。在这部民法典中，也第一次完整地确立了人格权请求权，几经修改，不仅将原来的第二十八条作了修改使之完善，并且增加了第二十八条 a 至第二十八条 l 共 12 个条文，建立了全面的人格权请求权，包括请求禁止即将面临的妨害、请求除去已经发生的妨害和请求消除影响，同时它也确立了人格权请求权的其他相关规定。

《瑞士民法典》关于人格权请求权的规定的最主要的内容是：第一，规定人格权请求权，这就是第二十八条规定："(1) 人格受到不法侵害时，为了寻求保护，可以向法官起诉任何加害人。"第二，规定人格权请求权的具体权利内容，即第二十八条 a 规定："(1) 原告可以向法官申请：①禁止即将面临的侵害行为，②除去已发生的侵害行为，③如果侵害仍然存在的话，确认其不法性。(2) 原告尤其可以请求消除影响或将判决通知第三人或公开。(3) 赔偿金和慰抚金之诉以及依照无因管理规定返还利得之诉，不受此限。"第三，规定人格权请求权中的采取预防措施的要件。第二十八条 c 规定："(1) 凡经初步证明，其人格已受到不法侵害，或有理由担心该侵害会发生且因此可能对其造成不易补救之损害的，可申请有关预防措施的责令。(2) 法官尤其可以：①出于预防目的禁止或除去侵害，②出于保全证据目的采取必要措施。(3) 侵害行为会导致非常严重的损害，其显然无支持理由，且采取的措施又并非不合理时，仅在此条件下，出于预防目的，法官可以禁止或除去通过周期性出版媒介施加的侵害。"第四，与其他大陆法系民法典的规定一样，《瑞士民法典》也单独规定了姓名权的请求权。该法第二十九条第二款规定的是姓名权请求权的内容："因他人冒用姓名而受到侵害的人，可诉请禁止冒用；如冒用有过失的，并可诉请损害赔偿；如就侵害的种类侵害人应当给付一定数额的慰抚金时，亦可提出此项诉请。”①

20 世纪 70 年代和 90 年代，法国改变了拿破仑法典没有规定人格权请求权的状况。《法国民法典》第九条（1970 年修正）规定了法官有权采取阻止或者抑制妨害私生活隐私的任何措施；第 16－2 条（1994 年修正）规定了法官有权采取阻止或者抑制对人体非法侵害的任何措施。

以上说明，各国民法典尽管在规定人格权请求权的立法例上并不相同，但是多数国家的民法典是确认人格权请求权的。在这些立法中，《瑞士民法典》的规定最为详尽、具体、全面，建立了完善的人格权请求权制度。在《埃塞俄比亚民法典》和我国台湾地区“民法”中，也规定了人格权请求权，不过其范围和完善程度不如瑞士立法。在德国等民法中，只规定了姓名权请求权，而没有规定其他人格权请求权，究其原因，就是这些国家民法采用的是将人格权的主要部分规定在侵权法当中，而在总则中仅仅规定姓名权，这样就有了姓名权的请求权保护和其他人格权的债法保护方法的区别。不过，不论怎样，民法单独规定人格权请求权的基本做法，反映了人格权请求权客观存在的现实。因此，人格权请求权应当作为一项法律制度独立存在。人格权请求权的内容包括排除妨害请求权和停止妨害请求权，侵权请求权的内容为恢复原状请求权和金钱赔偿请求权。

（二）人格权请求权客观存在的学理考察

1. 德国学说。德国学者拉伦茨认为，人格权请求权具有独立性，是一项独立的权利。他指出，在人格权有受到侵害之虞，司法实践准许提起侵害之诉，在继续受到侵害时，准许请求停止侵害。② 沃尔夫认为，从德国的民法典和单行法律当中可以得出德国的先进法律的一个基本的原则，即每一个绝对权都与《德国民法典》的第一千零四条的适用相对应，通过不作为请求权和排除妨害请求权而得到保护。因此，无论是《德国民法典》第八百二十三条第一款的权

① 《瑞士民法典》，殷生根、王燕译，中国政法大学出版社 1999 年版，第 9 页。

② ［德］卡尔·拉伦茨：《德国民法通论（上册）》，王晓晔、邵建东、程建英、徐国建、谢怀栻译，谢怀栻校，法律出版社 2003 年版，第 169－170 页。

利还是违反一般的人格权，无论是违反对公司企业的会员权或者股权还是违反经营权，都可以类推适用第一千零四条主张不作为或者排除妨害。[①]

2. 法国学说。拿破仑法典没有确认人格权，当然也就更不必说人格权请求权了。根据萨瓦第埃的研究，当时的立宪委员会从未想过要就人格权提出什么宣言。实际上，法国一直是通过判例保护各种人格利益不受侵犯的。直到20世纪初，法国才借助德国的学说在人格权领域有了基本的共识，并进一步区分人格权请求权和侵权请求权。后来，法国民法典修正委员会吸收了这一研究成果，在民法典草案第一百六十五条规定："对人格权施加的不法侵害，被害人有中止侵害请求权。这并不妨碍加害者应承担的损害赔偿责任。"[②] 类似的条文在1970年和1994年分别被通过，正式成为《法国民法典》的组成部分。

3. 日本学说。在日本，关于侵权行为的效果，是否应该认可请求停止、排除侵害行为的停止行为请求权，存在着对立的意见。有学者认为，在构成侵权行为的侵害行为仍在继续的场合下，只承认对已经发生的损害的赔偿请求权，作为对受害者的救济是不充分的，这种见解是认可停止行为请求权的立场的根据。但是，对在立法论上主张停止行为请求权应该如何评价的问题另说，仅就解释论而言，通说对现行法上作为侵权行为的效果，是否应该认可停止行为请求权的问题是持否定态度的。关于停止行为请求权的法律依据，也同样存在着"权利说"和"侵权行为说"的对立，"权利说"包含物权性请求权说、人格权说和环境权说。"侵权行为说"包含纯粹侵权行为说、违法侵害说和新忍受限度论。[③]

总的来讲，日本的学说总体上倾向于支持本国法院的判例，承认人格权请求权的独立性，否认侵权请求权包括停止行为请求权。

4. 我国台湾地区学说。大多根据我国台湾地区"民法"第十八条、第十九条、第一百八十四条、第一百九十四条和第一百九十五条的规定阐释人格权保

---

① ［德］曼弗雷德·沃尔夫：《物权法》，吴越、李大雪译，法律出版社2002版第18版，第161页。作者所称的不作为请求权即本文所称的停止妨害请求权。

② ［日］星野英一：《私法中的人》，王闯译，载梁慧星主编：《为权利而斗争》，中国法制出版社、金桥文化出版（香港）有限公司2000年版，第355－358页。

③ 于敏：《日本侵权行为法》，法律出版社1998年版，第334－335页。也可参见邓曾甲：《日本民法概论》，法律出版社1995年版，第126页。

护的理论。它们在实质上承认了人格权请求权，但是，台湾地区学者很少用人格权请求权这一提法，他们大多用“不作为请求权”“除去侵害请求权”和“保护（保全）请求权”等提法。① 略举数例以说明：（1）史尚宽先生认为，不法侵害人格权，可以请求除去其侵害。人格权因其为绝对权，其有被侵害之虞者，亦得请求防止之。② 史先生的这一论断，阐明了人格权请求权的两个主要方面。（2）王伯琦先生认为，（人格权）其保护方法有二：第一，除去侵害请求权。“民法”第十八条规定，人格权受侵害时，得请求法院除去侵害。所谓除去其侵害，系使侵害之行为或状态终止之意。被侵害人为此项请求时，不必证明自己之损害，及行为人之故意过失，一有侵害行为虽未发生损害，行为人虽无过失，即得请求除去。此与第七百六十七条对于所有权之保护相仿佛。人格权得受与财产权同一之保护，乃近代法律之进步也。第二，损害赔偿请求权。上述之除去侵害请求权，仅属消极的保护，仅使不再有侵害行为，或使侵害状态不能再继续存在而已。如其已受损害自应予以赔偿。故第十八条第二项规定，人格权被侵害的请求损害赔偿或慰抚金者，有第十一条之姓名权，有第一百九十四条之生命权，第一百九十五条之身体，健康，名誉，自由。③ 王先生关于人格权的保护应当与所有权的保护相一致，人格权得受与财产权同一之保护的观点，是极为鲜明的。（3）李宜琛先生的观点与王伯琦先生的意见大致相同，只不过其又指出，“然于具体侵害之际，欲为排除侵害之请求，自须就各种特定的人格利益而为考察。盖非此不足以明确其侵害之有无及损害之程度也。”④（4）陈猷龙先生认为，人格权受损害救济方法有三：请求除去侵害；请求防止侵害；请求损害赔偿或抚慰金。⑤ 这个说法，言简意赅，明确指出了人格权请求权的基本方法。（5）王泽鉴认为，五编制是“民法”之形式结构，贯

---

① 梅仲协：《民法要义》，中国政法大学出版社 1998 年版，第 61 页。胡长清：《中国民法总论》，中国政法大学出版社 1997 年版，第 86 页。曾世雄：《损害赔偿法原理》，中国政法大学出版社 2001 年 10 月版，第 6 – 8 页。曾世雄：《民法总则之现在与未来》，中国政法大学出版社 2001 年 10 月版，第 234 – 235 页。郑玉波：《民法总则》，台北三民书局 1979 年第十一版，第 97 – 99 页。

② 史尚宽：《民法总论》，中国政法大学出版社 2000 年版，第 127 页。

③ 王伯琦：《民法总则》，台北正中书局 1979 年版，第 57 – 58 页。

④ 李宜琛：《民法总则》，台湾地区“国立编译馆”1977 年版，第 403 页。

⑤ 陈猷龙：《人格权之保护》，载《首届海峡两岸民商法学研讨会成果报告》，台湾辅仁大学 2000 年刊印，第 105 – 106 页。

穿其间而作为其核心概念的，系权利及法律行为。权利可以分为人格权、财产权（物权、债权）、身份权。此等权利，为满足其利益，或为维护其圆满之状态，均具有或可发生一定的请求权，得请求他人为一定的行为。如：人格权受侵害时，得请求法院除去其侵害，并得依法律之规定，请求损害赔偿或慰抚金。① 人格权的保护分为不作为请求权、损害赔偿请求权和不当得利请求权。其中不作为请求权包括侵害除去请求权和侵害防止请求权（须侵害行为具有不法性，有无故意或过失在所不问）。② 王泽鉴先生的这个主张，客观地描述了人格权请求权的基本含义和意义，是对现实存在的人格权请求权的准确表述。

以上学说主张并不全面，但是可以说明人格权请求权的客观存在是被学者所确认的。人格权请求权作为私法的重要思考工具，其在制度设计上是围绕人格权考虑的，其功能就是预防和保全人格权不受损害，避免更严重的侵权行为发生，它作为独立的请求权类型，客观存在着，立法必须正视它的存在。

（三）确认人格权请求权为独立请求权的意义

既然人格权请求权是一个现实的存在，是一个对人格权保护的不可或缺的法律制度，那么在民事立法上就应当依法确认它，使它发挥其应有的作用。我们认为，确认人格权请求权为独立的请求权制度，具有以下意义：

第一，确认人格权请求权为独立请求权，是对人格权保护制度的完善，对“民法是人法”精神的进一步弘扬。人格的弘扬乃人类社会的根本，人是世界上最宝贵的东西。梁启超先生曾言：“凡人之所以为人者有二大要件：一曰生命，二曰权利。二者缺一，时乃非人。”尽管我国有“仁者爱人”这样的古老传统，但是，令人遗憾的是，长期的战争和政治运动破坏了我们对于传统文化的继承的连续性。同时，苏联的计划经济和高度国家主义的影响依然存在，社会主义初级阶段的市场经济利益主体和意识形态日益多元化。这一切都会进一步加剧人们对人格权的漠视。在这样的背景下，我国法律有必要加大人格权的保护力度。加大对人格权的保护力度，仅仅有侵权请求权并不完全和完善，还必须有人格权请求权对自己的保护。侵权请求权主要的是在权利已经造成了损

① 王泽鉴：《法律思维与民法实例》，中国政法大学出版社 2001 年版，第 63－64 页。
② 王泽鉴：《民法总则》，中国政法大学出版社 2001 年版，第 128－130 页。

害的情况下适用，如果人格权并没有受到实际的损害，而是受到损害的危险，仅仅依靠侵权请求权的保护就无法实现。只有建立了完善的人格权请求权制度，人格权才能够得到应有的保护。

第二，确认人格权请求权为独立的请求权，是对私法请求权思考方法的完善。请求权是私法的基本思考方法之一。德国学者梅蒂库斯认为，当今流行最广的案例分析方法，是根据请求权进行操作的。实体法上的请求权对未经严格训练的初学者来说，是其分析案例的一种不可缺少的思维手段。用请求权及抗辩权来思维，可以使其对法律关系内的问题的分析，集中在一些重要的问题上；解决了这些问题，案例中提出的问题也就迎刃而解了。① 这是关于请求权基础的思考方式的精辟论述。王泽鉴专门论述了请求权方法比照历史方法处理案例的优越性。② 他还强调了请求权基础的检查次序的重要性，认为请求权基础的寻找原则上应该依照一定次序，通盘检讨，其优点有三：可以藉此养成邃密深刻的思考；可以避免遗漏；可以确实维护当事人的利益。

但是，上述请求权的思考方法是围绕财产权而展开的，传统意义上请求权基础的思考方法没有给人格权请求权以一席之地。王泽鉴认为，各种请求权基础包括，契约上的请求权，类似契约请求权（包括无权代理人损害赔偿责任等），无因管理上之请求权，物上请求权，不当得利请求权，侵权行为损害赔偿请求权，其他请求权。③ 此外，王泽鉴对人格权请求权的称谓很不固定，按照其理论，他所说的保护请求权、不作为请求权、人格权上的请求权，实际上指代同一内容，即人格权的停止妨害请求权和排除妨害请求权。④ 事实上，名称上的不确定性反映了理论上的混乱或者不清晰。

我们认为，人格权请求权没有取得合理的理论地位，是与其母体权利——人格权的发展状况密切联系的。财产法观念的膨胀使作为私法工具的请求权基础

---

① ［德］迪特尔·梅蒂库斯：《德国民法总论》，邵建东译，法律出版社2001年版，第70－72页。

② 王泽鉴：《法律思维与民法实例》，中国政法大学出版社2001年版，第40－46页。

③ 王泽鉴：《法律思维与民法实例》，中国政法大学出版社2001年版，第77页以下。王泽鉴先生没有明确指出其他请求权包括人格权请求权。

④ 王泽鉴将人格权请求权称为不作为请求权、保护请求权、“人格权上的请求权”的提法。参见王泽鉴：《侵权行为法》，中国政法大学出版社2001年版，第104页。王泽鉴：《民法总则》，中国政法大学出版社2001年版，第92页。

理论体系集中在物权和债权等财产权的请求权上面。[①] 事实上，学者们并不是拒绝吸收人格权请求权的概念和理论，而是认为人格权的保护自有其办法，不一定非得要建立人格权请求权和债权请求权两套办法。这其实是对人格权及其保护的忽视。在一个庞大的民法典体系中，对一个庞大的人格权的内容仅仅将其放在债权法的角落当中，偶尔一提而过，不能不说是《德国民法典》等对人格权的忽视。在这样的情况下，不规定或者仅仅规定某种具体人格权请求权，不是很能说明问题吗？现实的问题是，如果过分地强调民法的财产法属性，那么人格权请求权很难进入请求权基础的思考体系。反之，如果我们强调民法是人法，并且首先是人法，那么我们就可以理所当然地确认人格权请求权为请求权基础思考方法的内容之一。说到底，对于民法本质属性的认识决定了请求权思考方法对人格权请求权的取舍。

完善的私法请求权制度，应当包括两个方面：第一方面，是绝对权请求权，包括物权请求权、知识产权请求权、人格权请求权和身份权请求权。第二方面，是相对权请求权，就是债权的请求权，包括合同请求权、侵权请求权、不当得利请求权和无因管理请求权。这既是私法的请求权思考方法，也是私法的权利保护体系。在这样一个严密的体系当中，如果缺少人格权请求权，那就是残缺的思考方法，也是残缺的请求权制度。

第三，确认人格权请求权为独立请求权，有利于厘清侵权法体系上的混乱。如前所述，人格权请求权和侵权请求权是两种不同的请求权。由于人格权请求权和侵权请求权的个性大于共性，如果将排除妨害和停止妨害的人格权请求权纳入侵权法的体系，将会使以过错为基础的侵权法进一步消解[②]，不利于侵权法的内部协调，会发生体系混乱的问题。而我们现行的做法正是这样操作的。例如，我国现行的侵权行为法立法和理论构筑的归责原则和责任构成体系，实

---

① 关于传统民法注重保护财产权的论述很多。兹举一例：施启扬认为，各国民法在传统上偏重对财产权的保障，而忽略人格权的价值与对人格权的保护。此乃因为19世纪到20世纪初，欧洲几部重要民法典制定时的法律思潮，将个人意思的自由以及个人尊严的价值，表现在个人对财产权的支配方面（所有权神圣不可侵犯，所有权绝对原则），对于人格权本身的保护反而未加注意。参见施启扬：《民法总则》，台北三民书局1996年版，第97页。

② 曾世雄认为，民事责任之基础并非单一，而系复数。惟复数之责任基础中，仍以过失惟其主干。亦即民事责任原则上仍建立在过失之要求上，例外之情形建立在危险、社会安全或保险之上。参见曾世雄：《损害赔偿法原理》，中国政法大学出版社2001年版，第7页。

际上都是为侵权损害赔偿请求权所构建的，对于排除妨害和停止侵害等侵害人格权的救济基本上不适用。因此，区别人格权请求权和侵权请求权对于侵权法而言，有如下意义：

其一，重新界定侵权法上的损害。有学者认为，因侵权行为导致的损害，主要有侵占、损害、伤害、妨碍等几种情形。① 人格权请求权的独立使我们能够区分损害与妨害，把妨害行为与损害结果相区别。

其二，侵权法归责原则的协调。人格权请求权和侵权请求权的混同在一定程度上造成了侵权法归责原则的混乱。事实上，人格权请求权的归责，就是客观归责，凡是非法妨害，尽管没有造成损害，也应当认为构成请求权的要件，可以依法行使。我国台湾地区曾经有学者主张侵害姓名权适用无过失责任，对于姓名权成立侵权行为而发生之损害赔偿，不以侵害人有故意或者过失为要件。② 这也说明了在这个问题上的侵权法的混乱。

其三，纯化侵权责任构成内涵。我国现行侵权行为法关于侵权请求权是同责任规定在一起的，是从责任的角度作出的规定，因此讲到侵权请求权时，就是讲侵权责任；讲到侵权责任的方式，又包括了八种之多。但是在规定侵权责任构成时，所强调的则是侵权损害赔偿责任的构成，因而，或者将排除妨害或者停止侵害等人格权请求权的构成等同于侵权损害赔偿请求权，在责任构成上同等要求，或者讲的是一套，做的是另一套，形成理论和实践的“两层皮”。将人格权请求权独立出去，对人格权的保护会更加完善，也对侵权法的责任构成学说和规定更为单纯和精确。

（四）人格权请求权的概念与特征

人格权请求权是指民事主体在其人格权的圆满状态受到妨害或者有妨害之虞时，得向加害人或者人民法院请求加害人为一定行为或者不为一定行为，以排除妨害或者预防妨害的保全性原权请求权。

人格权请求权具有以下几个特征：

第一，人格权请求权是基于人格权而产生的权利，但是它不是人格权的本身，而是一种手段性权利。它的功能是预防、保全母体权利即人格权不受非法

① 宁金成、田土城：《民法上之损害研究》，载《中国法学》2002 年第 2 期。

② 王泽鉴：《民法学说与判例研究（一）》，中国政法大学出版社 1998 年版，第 51 页。

妨害。正如德国学者拉伦茨指出的，人格权请求权实际上具有服务的功能，这种请求权的实质和目的仅仅是回复人格权的圆满状态，在请求对方不作为的情况下，则是保持人格权的圆满状态。请求权使人格权主体能够反对特定的人，即非法干扰者，从而使人格权相应的状态重新恢复。①

第二，行使人格权请求权的前提是民事主体的人格权受到妨害。我们认为，这里需要区分妨害、损害和侵害三个概念。妨害和损害适用于不同的救济制度，妨害是行使人格权请求权的要件，损害是提起侵权损害赔偿之诉的要件。从人格权请求权的角度出发，可以概括为，妨害是没有构成损害的侵害。而侵害一词可以涵盖妨害和损害的内容，侵害是二者的上位概念。学者运用语义分析得出结论：认为侵害行为（infringement）是侵权行为（tort）的上位概念。在一般意义上，侵权行为（tort）的范围要稍窄一些，它只覆盖了负有损害赔偿责任的侵权行为。而侵害行为（infringement）的覆盖面就较宽。它除了把侵权行为（tort）涵盖在内，还涵盖了一切侵犯他人权利或利益的行为。从字面上看，你只要“进入”（in）了他人的“圈”（fringe），即只要有了侵入事实，侵害行为（infringement）即可确定。这里绝不再以什么主观状态、实施损害等为前提。至于进一步探究侵害行为（infringement）之下包含的侵权行为（tort）是否能构成侵权，则要符合过失、实际损害等要件。② 这种分析是正确的。据此，我们可以得出这样的结论，当人格权受到侵害并没有达到构成侵权行为时，也可以行使人格权请求权，因为只要具备了对人格权妨害的条件，就可以行使人格权请求权。当然还有必要指出的是，当人格权受到侵害已经构成侵权行为时，当事人仍然可以行使人格权请求权，这种情况下发生的是人格权请求权和侵权请求权的聚合，“举轻以明重”说的就是这个道理。我国侵权法的理论和实践一直认为侵权行为的效力包括妨害预防和妨害排除等人格权请求权内容，就是因为人格权请求权属于侵权请求权救济的前一阶段，这一点与刑法中的吸收犯理论有相似之处。

第三，人格权请求权的基本性质是请求权，是对于相对应的民事主体的请

---

① ［德］卡尔·拉伦茨：《德国民法通论》，王晓晔等译，谢怀栻校，法律出版社 2003 年版，第 326－328 页。

② 郑成思：《中国侵权法理论的误区与进步》，载《中国专利与商标》2000 年第 4 期。郑成思：《WTO 知识产权协议逐条讲解》，中国方正出版社 2001 年版，第 159 页。

求为一定行为或者不为一定行为的请求权。所谓相对应的民事主体，不是相对权的意思，而是指的人格权请求权的义务人。义务人对于特定的人格权人实施妨害行为，或者有妨害行为之虞，这个义务主体即确定，与权利人从绝对的关系变为相对应的关系，因而产生了请求权。义务人的义务也就特定化，从绝对的义务转变为相对的义务，需要对权利人承担为一定行为或者不为一定行为的义务。当然，这并不意味着所有的民事主体都享有同样的人格权请求权，实践中需要对不同的人格利益进行具体分析，进而确定不同人格权请求权的具体内容。“盖非此不足以明确其侵害之有无及损害之程度也。”①

第四，权利人可以向加害人直接行使，也可以向人民法院起诉。请求权是一种实体权利，人格权请求权的权利人可以向加害人提出请求，加害人不履行义务的，权利人可以直接向人民法院提出请求。

（五）人格权请求权的基本内容

1. 人格权请求权的来源和性质。

不言而喻，人格权请求权的来源是人格权。人格权是民事主体生而固有的权利，是必备的权利，那么，人格权请求权也是附随于人格权的发生而产生的权利。一方面，人格权作为一类民事权利，这种人格权就具有请求权的内容。当我们从总体上研究人格权请求权时，其是人格权所具有的请求权权利。另一方面，我们在研究具体人格权的请求权时，其就是具体人格权的请求权。不论在哪方面观察，人格权请求权都是人格权的具体权利，是随着人格权或者具体人格权的产生而产生的。因此，人格权请求权也具有固有性、必备性的特点。

正因为其有着这样的来源，人格权请求权的性质应该属于非独立性请求权。德国学者拉伦茨认为，请求权有独立请求权和非独立行请求权之分，独立请求权自身具有一定的意义。它具有独立的经济价值，本身就属于一种权利。这些独立的请求权有：债权、亲属法中的抚养请求权。非独立请求权则是为实现它的权利服务的，这些权利是绝对权、人格权、人身亲属权、支配权或无体财产权。② 易言之，人格权请求权是基于人格权而产生的保护人格权的权利，是一

① 李宜琛：《民法总则》，台湾地区“国立编译馆”1977 年版，第 403 页。

② ［德］卡尔・拉伦茨：《德国民法通论》，王晓晔等译，谢怀栻校，法律出版社 2003 年版，第 325 页。这里，作者将支配权、绝对权同人格权、人身亲属权和无体财产权并列，这种做法和我国传统民法理论是相悖的，存在逻辑上的矛盾，这反映了拉伦茨对主观权利理论的不同认识。

种手段性权利。它是非独立请求权、防卫性请求权。人格权请求权本身兼具绝对权和相对权的效力，它是人格权和债权的混血儿。[①] 而侵权请求权是债权请求权、独立请求权、进取性请求权、索取性请求权，具有完全不同的性质。

2. 人格权请求权的功能和目的。

人格权请求权的功能和目的，就是通过人格权行使过程中的妨害预防和妨害排除，起到预防和保全权利人的人格利益的作用。妨害预防是在妨害没有出现的情况下的请求权，而妨害排除则是在妨害已经发生的情况下的请求权，但即便如此，妨害排除所针对的仍然是将来的妨害，其发挥的作用仍然可以定义为预防保全。德国学者拉伦茨认为，人格权请求权具有这样的意义，即它能够使一个针对某人的、和一个绝对权相应的状态得以实现[②]，人格权请求权是服务于人格权的。人格权请求权主要基于人格权的支配性、排他性、绝对性而产生，其为人格权权利本身作用的结果。[③] 在可能存在妨害的情况下，权利人可以行使妨害预防请求权；在存在妨害的情况下，权利人可以行使妨害排除请求权。因为如果等到损害真的发生了，也就只能够要求损害赔偿了，这对于保护人格权是极为不利的。有学者主张，“人格利益是难以事后救济的。与财产利益的侵害不同，人格利益一旦遭受侵害就覆水难收，事实上无法再通过金钱对损害予以填补。生命、身体、名誉、隐私等人格利益被侵害后的治愈是极端困难甚至不可能的。正因为如此，针对盖然性较高的侵害事先采取措施防患于未然就显得极为必要。”[④] 也正是在这一层面上，确立人格权请求权独立性较之确立物权请求权的独立性具有更大的意义。可以说，人格权请求权的独立对于弘扬

---

① 人格权请求权和物权请求权同为绝对权请求权/非独立请求权，具有可类比性。在我国台湾地区的物权请求权学说中，也存在物权作用说，认为物权请求权乃物权之作用（效用），并非独立之权利；准债权之特殊请求权；纯债权说；非纯粹债权说；物权效力所生请求权说；物权派生之请求权说；所有权动的现象说等。参见谢在全：《民法物权论（上册）》，中国政法大学出版社 1999 年版，第 38 – 39 页。

② ［德］卡尔·拉伦茨：《德国民法通论》，王晓晔等译，谢怀栻校，法律出版社 2003 年版，第 326 – 328 页。

③ 此种论断较多地参考物权请求权成立的解释。有学者认为，物权请求权是一种典型的从物权的排他性、绝对性衍生而来的防卫性的请求权。参见梁慧星主编：《中国物权法草案建议稿》，社会科学文献出版社 2000 年版，第 197 页。也有学者认为，物权请求权系直接来自物权之直接支配性。参见谢在全：《民法物权论》上册，中国政法大学出版社 1999 年版，第 37 页。

④ 姚辉：《民法上的“停止侵害请求权”》，载《检察日报》2002 年 6 月 25 日。

“民法是人法”的精神具有基础性的意义。

需要注意的是，人格权请求权和侵权请求权虽然在规范目的上都是回复人格权的圆满状态，但是二者有着本质的不同。人格权请求权的圆满状态以绝对权的排他性为参照标准。侵权请求权的圆满状态以绝对权的客体为标准，作为侵权请求权的恢复原状和金钱赔偿主要发挥的是补偿的功能，其目的是使“被害人能够再处于如同损害行为未曾发生然之情况”。①

人格权请求权本质上是预防保全措施，其对义务人最本质的要求是不作为。侵权请求权本质上是填补损害措施，其对义务人最本质的要求是作为，二者的效力形式是相对的。简言之，人格权请求权——防患未然；侵权请求权——亡羊补牢。

3. 人格权请求权的举证责任。

主张人格权请求权时，权利人只需要证明妨害行为的违法性、妨害行为可能发生或者正在进行和因果关系为已足，不必像行使侵权损害赔偿请求权那样，权利人必须证明构成侵权责任的全部要件，依据通说，即要证明违法行为、损害事实、因果关系和主观过错。事实上，主张侵权请求权的权利人举证责任还是很重的，权利人必须证明损害的程度，损害的范围，行为的违法性，责任成立的因果关系，责任范围的因果关系，以及加害人的主观可归责状态。在这里，是否要求加害人具有过错，是区分两种请求权的一个重要标准。众所周知，侵权法的责任基础主要是过错，诚如法学大儒耶林所言，不是损害而是过错造成了责任。简言之，就像化学家所断言的那样，燃烧的不是光亮，而是空气中所含的氧气。②

4. 人格权请求权的诉讼时效。

依据传统理论，人格权请求权不适用诉讼时效，而侵权请求权则适用诉讼时效。这个意见也被本条采纳。

从理论上讲，人格权请求权不适用诉讼时效的原因如下：其一，如果对于人格权请求权也适用诉讼时效的规定，将不利于对权利人的保护。妨害排除请

① 曾世雄：《损害赔偿法原理》，中国政法大学出版社 2001 年版，第 15 页。

② ［德］克雷斯蒂安·冯·巴尔：《欧洲比较侵权行为法（下卷）》，焦美华译，张新宝校，法律出版社 2001 年版，第 143 页。

求权所指向的，或者是持续的妨害行为，或者是持续的妨害状态。而对于妨害预防请求权而言，其所针对的是可能发生而又没有发生的妨害，更加难以适用诉讼时效制度。总之，诉讼时效在人格权请求权起算点上的难以确定性，决定了诉讼时效不能够适用人格权请求权制度。其二，人格权请求权与诉讼时效的设立目的相冲突。旧中国民法的“立法理由”认为：“规定请求权若干年不行使而消灭，盖期确保交易之安全，维持社会秩序耳。盖以请求权永远存在，足以碍社会经济之发展。”① 可见，诉讼时效本质上是交易的制度，是财产上的制度。而相对于人格权请求权而言，人格权请求权具有人身性，其主要行使方式——妨害排除和妨害预防，都是非财产性的法律措施。人格权请求权救济措施的非财产性决定了其不能够适用诉讼时效制度。

人格权请求权不适用诉讼时效，还可以在侵权损害赔偿请求权不能保护人格权时发挥作用。这就是，人格权受到妨害或者侵害，依据诉讼时效制度，侵权损害赔偿请求权已经丧失胜诉权时，权利人仍然可以依据人格权请求权请求义务人妨害预防或者妨害排除。

（六）人格权请求权的基本类型

人格权请求权的具体类型包括停止侵害、排除妨碍、消除危险、消除影响、恢复名誉、赔礼道歉请求权。按照人格权请求权的方式划分，可以概括为妨害排除请求权和妨害预防请求权。人格权请求权所针对的对象，是存在妨害行为或者极有可能存在妨害行为，而不是权利损害的结果。对于可能发生的妨害，权利人可以通过妨害预防请求权请求救济②；对于已经存在的妨害，权利人可以通过妨害排除请求权请求救济。妨害预防和妨害排除这两种请求权都直接指向妨害，其目的也只是积极地预防或者保全权利人的人格权不受损害。侵权请求权直接指向的是一定程度的损害，包括财产损害、人身损害和精神损害。具体到人格权，其成立的基础就是人身损害和精神损害。侵权请求权针对的主要是行为所导致的结果——损害。③ 无论是恢复原状，还是金钱赔偿，都以既存

---

① 王泽鉴：《民法总则》，中国政法大学出版社 2001 年版，第 516 页。

② 王泽鉴指出，在台湾地区法上，若无损害，虽然不成立侵权行为，但无碍于主张不作为请求权（第七百六十七条）。参见王泽鉴：《侵权行为法》，第 182 页。

③ 该损害例外地存在以预期性利益为赔偿客体。参见曾世雄：《损害赔偿法原理》，中国政法大学出版社 2001 年版，第 50 页。

的一定损害为前提。没有损害，侵权请求权就失去了存在的基础。西方法谚——无损害，无赔偿——从一定意义上说，讲的就是这个道理。

1. 妨害预防请求权。

妨害预防请求权是人格权请求权的基本权利，是指民事主体的人格权有受到不法妨害之虞时，得向加害人或者人民法院请求加害人为或者不为一定行为以防止妨害的权利。排除妨碍、消除危险、消除影响都具有妨害预防的功能。

妨害预防请求权的构成要件，应当具备：第一，民事主体的人格权有受到妨害之虞；第二，加害人的妨害行为具有违法性；第三，加害人的违法行为和妨害事实之间具有因果关系。

其抗辩事由是：第一，妨害情节轻微。权利人应该忍受适当的不舒适的感觉，轻微的损害不能够获得司法的救济。[①] 人类共同生活在这个绿色的星球上，人与人之间不可能没有摩擦，如果法律允许民事主体动辄为鸡毛蒜皮的小事情诉诸法庭，那么，有限的司法资源就不能够发挥其对整个社会的调控作用。[②] 第二，受害人自己有不当行为。例如，如果有证据证明受害人行窃，那么商场就可以在一定条件下对受害人的人身自由进行限制。第三，受害人允诺。第四，与公共利益相冲突。当民事主体的人格权请求权的行使有碍于公共利益时，法律不允许人格权请求权的行使。第五，人民法院的裁决不具有可操作性。第六，其他依据法律规定可以提供正当事由的。如果存在第四种和第五种抗辩事由的话，就发生了人格权请求权之诉向侵权请求权之诉的转化，依据国外的习惯，该民事主体可以获得侵权法意义上的替代性赔偿。

妨害预防请求权的效力在于：当权利人依据法律规定向加害人请求妨害预防时，加害人应该采取相关预防措施。当权利人依据法律规定向人民法院请求妨害预防时，符合条件的，由法院发出裁决，加害人应该履行妨害排除的义务。妨害预防的费用由被告自己负担。如果被告不履行裁决，原告可以请求人民法

---

① ［德］克雷斯蒂安·冯·巴尔：《欧洲比较侵权行为法（下卷）》，焦美华译，张新宝校，法律出版社 2001 年版，第 84 页。参见曾世雄：《损害赔偿法原理》，中国政法大学出版社 2001 年版，第 6－8 页。

② 从这个意义上讲，美国宪法修正案的第七条规定小额诉讼的最低限额是有其道理的。美国宪法修正案第七条规定："在普通法上之诉讼，关于价额超过 20 元的诉讼，有受陪审团审判的权利；由陪审团审理的事实，非依普通法上之规定，于合众国任何法院不得再理。"参见李龙：《宪法基础理论》，武汉大学出版社 1999 年版，第 339 页。

院强制执行。在英美法上，被告不执行法院的妨害预防禁制令时，被告的行为就构成蔑视法院。对于蔑视法院的行为可以针对不同情况处以监禁、查封财产、罚金的处罚。凡是禁制令禁止作一项事情，就是绝对的禁止，与当事人的意思没有关系。第三人知情地帮助或者煽动违反禁制令，同样构成蔑视法院行为。但是，如果需要的话，应该给予被告一定时间的宽限期，以免利益过多地向原告倾斜。[①] 我们认为，英美法的上述制度值得借鉴。

由于妨害预防请求权得到法院支持的后果是被告的行为受到拘束，因此法律应该在授予原告妨害预防请求权的同时给予一定的限制。首先，原告向法院提起人格权请求权之诉必须提供一定的证据，必须有初步的证据证明有正当理由认为原告的人格权可能受到不法妨害。其次，如果妨害预防措施会给被告造成一定的损害，那么原告应该提供一定的担保。再次，妨害预防请求得到法院的支持以后，原告必须在一定期间内主动通过和解、调解、仲裁或者起诉等方式解决纠纷。如果原告没有在该期间内主动解决纠纷，妨害预防措施因时间期满而自动失效。最后，如果原告过错行使人格权请求权，原告应该赔偿因其所造成的损害，当然无过错或者轻微过错的可以不赔或者少赔。

2. 妨害排除请求权。

妨害排除请求权也是人格权请求权的基本权利，是指民事主体的人格权受到不法妨害时，得向加害人或者人民法院请求加害人为或者不为一定行为以回复人格权的圆满状态的权利。停止侵害、恢复名誉、赔礼道歉都具有妨害排除的功能。

妨害排除请求权的构成要件是：第一，民事主体的人格权受到不法妨害，该不法妨害可以是持续行为，也可以是可能重复发生的行为。第二，加害人的妨害行为具有违法性。第三，加害人的违法行为和妨害事实之间具有因果关系。

---

① 沈达明：《衡平法初论》，对外经济贸易出版社 1997 年版，第 295 页。在英美法上，对于人格权已经受到妨害或者有妨害之虞的情况，一般采取禁令的保护方法。禁令是一种和损害赔偿（damage）、自力救济（self – help）相对应的救济方法。英美法上的禁令或者禁制令或者禁止令或者禁止命令都是 injunction，学者认为，禁制命令是禁止实行或持续违法作为的法院命令。目前不仅衡平法院，而且高等法院的所有庭都可以给予救济。禁令的分类包括，中间禁令和终局禁令；禁止的禁令和强制的禁令；预防的禁止命令等。参见望月礼二郎：《英美法》，五南图书出版公司 1997 年版，第 255 页、第 262 页以下。实际上禁令制度发挥了大陆法系请求权制度的功能。此外，世界贸易组织的《与贸易有关的知识产权协议》第四十四条也是有关禁令的规定。

妨害排除请求权的抗辩事由与妨害预防请求权的抗辩事由基本相同。

妨害排除请求权的效力的基本表现是，符合妨害排除请求权的构成要件的，加害人应该妨害排除以回复权利人人格权圆满状态。如果妨害排除会产生一定的费用，那么加害人应该自己承担。当加害人的行为不能够使权利人人格权回复圆满状态时，受害人可以再次请求加害人采取措施回复其人格权的圆满状态。加害人拒绝或者故意拖延的，受害人可以请求人民法院强制执行。

此外，加害行为同时构成侵权的，受害人可以一并请求损害赔偿。

（七）人格权请求权需要注意的几个问题

1. 人格权请求权和人格权侵权请求权的区别。

人格权请求权和人格权侵权请求权同为请求权，但是二者的个性大于共性。在前面的讨论中，我们已经谈到了人格权请求权与人格权侵权请求权在来源、性质、功能、目的、举证责任、诉讼时效等方面的区别。其实，人格权请求权和人格权侵权请求权的差异还有很多：

第一，人格权请求权的主体范围与侵权请求权的主体范围有差异。人格权请求权的主体只包括加害人和受害人。侵权请求权的基本主体为加害人和受害人，此外，在加害人之外还存在替代责任者，在受害人之外还存在间接受害人、受害人的法定继承人，父母、配偶、子女和为被害人支付丧葬费之人。[①] 由此，我们可以看出，与人格权侵权请求权相比，人格权请求权的封闭性、相对性更强一点，这是和人格权请求权的预防保全功能相一致的。

第二，程序的救济要求有所不同。人格权请求权要求比较简化的裁定程序，人格权侵权请求权经过的程序相对冗长，需要人民法院作出判决。如前所述，主张人格权请求权时，权利人的举证责任较为轻微。相对侵权之诉而言，对于事实认定和对法律适用的要求都比较低，加害人一般也很难进行抗辩。如果把人格权请求权之诉纳入侵权之诉当中，所造成的结果只能是损害当事人的利益，混淆不同的构成要件和法律效果。由于侵权之诉的审理时间相对较长，法院的判决就会与加害行为的发生时间间隔较长，或者使本来不应该发生的损害发生，或者使已经发生的损害继续扩大。

第三，适用阶段不同。人格权请求权适用于诉讼前后的一切阶段，其中，

---

① 曾世雄：《损害赔偿法原理》，中国政法大学出版社 2001 年版，第 33 页。

妨害预防请求权是事前措施；妨害排除请求权可以是事前、事中、事后措施。不同的是，人格权侵权请求权本质上是赔偿措施，是事后措施。换句话说就是，成立侵权未必适用妨害排除、妨害预防，反之，在适用妨害排除、妨害预防时，也不一定成立侵权。二者之间的关系既不是充分条件也不是必要条件。例如，直接将他人伤害，在受害人投诉到法院时，妨害已经停止，在不存在持续妨害时，只能够请求损害赔偿。①

第四，人格权请求权的内容包括妨害预防和妨害排除，其具有人身性，而人格权侵权请求权的内容包括恢复原状和金钱赔偿，其体现了财产性。

第五，责任形态并不相同。人格权请求权的责任形态是预防性的“状态责任”或者存续保障责任②。人格权侵权请求权的责任形态是填补性的损害赔偿责任。两者的区分基础在于妨害和损害的划分。

2. 人格权请求权和其他请求权的竞合问题。

传统理论认为，因同一原因事实而发生两个以上的请求权，若其内容不同时，得为并存（请求权聚合）；其内容同一时，则发生请求权竞合，由权利人选择行使之。③ 据此，人格权请求权和侵权请求权之间的关系是责任聚合，而不是责任竞合；人格权请求权和物权请求权、知识产权请求权的关系是责任竞合，而不是责任聚合。

（1）人格权请求权和侵权请求权能否竞合。有学者认为，停止侵害、消除危险、排除妨害等民事责任方式尽管与物上请求权等存在理论上的竞合，但是为了发挥侵权行为法的积极功能，仍吸收《民法通则》的成功经验，对这些民事责任方式继续加以规定。④ 我们认为，上述看法有一定的道理。如前所述，如果构成妨害的情况下能够适用停止侵害、消除危险、排除妨害，“举轻以明重”，构成损害的情况下当然也能够适用以上几种责任方式。但是依据本书的论述，上述责任方式可以作为物权请求权、人格权请求权以及知识产权请求权的

---

① 李宜琛：《民法总则》，台湾地区“国立编译馆”1977 年版，正中书局印行，第 404 – 405 页。

② “状态责任”的提法，参见［德］鲍尔、施蒂尔纳：《德国物权法》，法律出版社 2004 年版，第 233 页。“存续保障责任”的提法，参见徐晓峰：《请求权概念批判》，载《月旦民商法学·法学方法论》，清华大学出版社 2004 年版，第 140 页。

③ 王泽鉴：《民法总则》，中国政法大学出版社 2001 年版，第 93 页。

④ 张新宝：《〈中国民法典·侵权行为法编草案建议稿〉理由概说（五）》，www.civillaw.com.cn/法界动态/立法聚焦，最后访问时间：2010 年 4 月 3 日。

固有内容。

这样，我们在处理人格权请求权和侵权请求权能否竞合的问题上可以有两种选择。其一就是认为二者是请求权竞合。该主张认为侵权请求权包含了人格权请求权的全部内容，因此当事人在进行诉讼时只能够择一而诉。其二就是认为二者是请求权聚合。其主张的前提是人格权请求权包括停止妨害、排除妨害等，那么在这样的情况下由于请求的内容不同，就只存在责任聚合，而不是责任竞合的问题，从而也避免了责任竞合时择一而诉造成的不完全救济的制度缺陷。具体到程序法上，对于请求权的聚合可以用“客观的诉合并”或者“请求的合并”来解决。对此，《德国民事诉讼法》第二百六十条有类似的规定可以参考。[①]

总的来讲，人格权请求权和侵权请求权能否竞合实际上是一个立法选择问题，而不是一个逻辑判断问题。我们采用责任聚合的意见。目前，本法第一千一百六十七条规定停止侵害、消除危险、排除妨碍等为侵权责任，但本条又规定停止侵害、消除危险、排除妨碍等不适用诉讼时效，又承认了人格权请求权与侵权请求权的不同。

（2）人格权请求权和物权请求权、知识产权请求权能否竞合。由于人格权请求权和物权请求权、知识产权请求权都具有排除妨害和停止妨害的内容，因此，当上述三种请求权发生竞合时，依据一般的原理，权利人只能够择一行使。下面各举一例进行分析：

人格权请求权和物权请求权的竞合。甲在乙的房屋周围修建高楼，造成乙房屋常年见不到太阳，这样就发生了人格权请求权和物权请求权的竞合问题。依据请求权竞合的原理，乙只能够选择物权请求权或者人格权请求权其中之一提起诉讼。如果造成损害的，乙可以依据侵权法向甲请求损害赔偿，因为无论是人格权请求权还是物权请求权，和侵权请求权的内容都不同，可以和侵权请求权发生聚合，而不会发生竞合。

人格权请求权和知识产权请求权的竞合。乙自导自演了一部电影，甲未经乙的许可将包含乙自己肖像的剧照用于自己产品的广告当中，这样就发生了人

---

① ［德］卡尔·拉伦茨：《德国民法通论（上册）》，王晓晔等译，谢怀栻校，法律出版社2003年版，第350页。

格权请求权和知识产权请求权的竞合问题。乙只能够选择知识产权请求权或者人格权请求权其中之一提起诉讼。当然，如果造成损害的，乙也可以依据侵权法向甲请求损害赔偿。

3. 精神损害赔偿是否要纳入人格权请求权。

我们认为，精神损害赔偿不应该作为人格权请求权的内容规定。理由如下：首先，人格权请求权本质上是预防保全措施，而不是赔偿措施，其针对的是妨害行为，而不是损害结果。而精神损害赔偿本身是对应精神损害这种结果的一种赔偿措施，其针对的是损害后果，而不是妨害行为本身。因此，精神损害赔偿不符合人格权请求权的预防保全功能的本质，不应该作为人格权请求权的内容。其次，精神损害赔偿制度在性质上更符合侵权法的本质。侵权法本质上是赔偿法律制度，赔偿制度是侵权法构成的核心要素。① 而精神损害赔偿制度恰恰是符合侵权法这一本质属性的，② 因此，精神损害赔偿应该作为侵权法的重要内容规定，而不应该作为人格权请求权的内容规定。没有精神损害赔偿制度，侵权法就不能构成一个完整的赔偿体系。

（八）客体对绝对权请求权的影响

近年来，对物权请求权、知识产权请求权、人格权请求权、身份权请求权以及整个绝对权请求权体系都进行了深入的研究。③ 由于物权、人格权、知识

---

① ［德］克雷斯蒂安·冯·巴尔：《欧洲比较侵权行为法（上卷）》，张新宝译，法律出版社2001年版，第1页。

② 除了传统民法典，2002年新修订的《魁北克民法典》明确规定了民事损害包括财产损害、人身损害和精神损害。例如其具有侵权行为法一般条款性质的第一千四百五十七条规定："Ⅰ 每个人都有义务遵守依据具体情况、习惯、法律设定约束自己的行为规则，并不得对他人实施加害行为。Ⅱ 具有识别能力而没有尽到其义务，造成他人损害的，不论该损害在性质上是人身的、精神的，还是财产的，均应承担损害赔偿责任。Ⅲ 在一定条件下，一个人也有责任赔偿由于他人的行为或者过错或者其监护下的物件造成的损害。"

③ 代表性著作有很多，比如，侯利宏：《论物上请求权制度》，载梁慧星主编：《民商法论丛（第6卷）》，法律出版社1997年版。吴汉东：《试论知识产权的"物上请求权"与侵权赔偿请求权》，《法商研究》2001年第5期。唐昭红：《论人格权请求权与知识产权请求权的确立》，《法商研究》2002年第2期。崔建远：《绝对权请求权抑或侵权责任方式》，载《法学》2002年第11期。徐晓峰：《请求权概念批判》，载《月旦民商法学·法学方法论》，清华大学出版社2004年版。杨立新、曹艳春：《论民事权利保护的请求权体系及其内部关系》，载《河南省政法管理干部学院学报》2005年第3期。杨明：《论知识产权请求权》，北京大学出版社2005年版。杨立新、袁雪石：《论身份权请求权》，载《法律科学》2006年第2期。

产权、身份权都是绝对权、支配权，而绝对性、排他性和直接支配性是绝对权产生绝对权请求权的基础，因此这些权利都可以基于其自身的绝对性、专属性和直接支配性而具有绝对权请求权。这种绝对权请求权也被称为支配权请求权或者保全请求权。① 这种请求权实际上是民事权利的消极效力。妨害预防和妨害排除是该请求权效力的一般表现，此二者体现出该请求权预防保全的基本特点。

以往的研究表明，在绝对权请求权体系中，绝对权请求权的权利基础——物权、知识产权、人格权和身份权的差异性，对绝对权请求权的内容具有一定的影响。实际上，尽管各种绝对权请求权基本内容都包括了基本的保全请求权类型，即妨害排除和妨害预防，但是由于原权利客体的性质不同，不同的绝对权请求权仍然会具有各自特殊的请求权内容。

基于对物的直接占有支配的考虑，物权请求权中的所有物返还请求权为物权请求权的特殊内容。② 基于对人格权的绝对尊重和侵害人格权的请求权不适用诉讼时效等考虑，在一定条件下人格权请求权应包括人身损害赔偿请求权或者恢复名誉请求权与消除影响请求权。③ 知识产权请求权也因为其权利客体的无形性和权利的专有性特点而导致了知识产权请求权的内容还特别地包括废弃请求权和获取信息请求权。④ 身份权本身可以同时呈现出形成权、请求权和支配权等多种权利形态，⑤ 其权利属性远远比任何其他绝对权都更为复杂。⑥ 身份权请求权包括妨害预防请求权、妨害排除请求权和违反身份权相对效力而产生

---

① “绝对权请求权”的效力不仅仅表现在绝对权上，作为相对权的债权也具有这种效力。因此，“保全请求权”可能是更合理的称谓。但是客观来讲，这种请求权是绝对权的典型效力，因此，称为绝对权请求权未尝不可。

② 代表文献参见王利明：《物权法研究》，中国人民大学出版社 2002 年版，第 120－122 页。[德] 鲍尔、施蒂尔纳：《德国物权法》，法律出版社 2004 年版，第 186 页。

③ 崔建远：《债法总则与中国民法典的制定》，载《清华大学学报》2003 年第 4 期。

④ 这两种内容在 TRIPS 协议的第四十六条和第四十七条有明文规定。参见杨明：《论知识产权请求权》，北京大学出版社 2005 年版，第 114－120 页。

⑤ 史尚宽：《亲属法论》，中国政法大学出版社 2000 年版，第 37 页。

⑥ 身份权就是康德所说的“具有物权性质的对人权”，一方面，身份权在数个权利主体之间，构成权利义务关系，具有相对性的性质，这是身份权的对内关系。另一方面，身份权又是绝对权，具有对世性，是对世性的民事权利。这是身份权的对外关系。这种权利特点和债权很相似，但与债权的意定性不同，身份权具有法定性。

的身份权请求权。[①]

正是考虑到客体对绝对权请求权的上述影响，本书尝试以类型化的方法探索人格精神利益、财产利益二元化对具体人格权请求权的具体影响。

（九）人格权请求权的类型化

1. 物质性人格权。

这里以美国约翰·摩尔对已切除的细胞处分权案和德国法的丢失冷冻精液案分析人格权二元性对人格权请求权的影响。

（1）人体脱离物适用类似物权请求权的“返还人格物”规则。与人体脱离的人体衍生物可能因为权利人的主观意志而产生不同的权利性质。依权利人的意思人体脱离物脱离人体是为了保持身体功能，或其后将再与身体结合时，则权利人仍然享有人格权。这时候，如果该“人格物”为其他人所侵占，那么权利人可以要求“返还人格物”。如果权利人没有放弃人体脱离物的基因权利，那么权利人同样可以行使“返还人格物”请求权。即使权利人放弃了上述权利，但是权利人没有放弃人体脱离物的合法财产利益，比如说毛发的财产权，那么权利人仍然可以享有返还请求权，只不过此时的请求权实际上是物权请求权。

（2）人格权请求权向侵权损害赔偿请求权和不当得利请求权的转化。如前所述，当人格权请求权遇到执行不能的情况下，可以向替代性损害赔偿请求权转化。实际上，人格权请求权还可以向不当得利请求权转化。这里，德国丢失冷冻精液案和美国约翰·摩尔对已切除的细胞处分权案最具有代表性。

一是只能请求损害赔偿。当义务人将冷冻精液丢失时，权利人要求“返还精液”已经不可能，因此，人格权请求权已经存在执行不能的情况，此时的救济方式除了金钱赔偿已经别无选择，这样就发生了人格权请求权向损害赔偿请求权的转化。在客观上，此损害赔偿请求权和侵权请求权发生了竞合，在执行层面上，可以考虑将此情节作为确定损害赔偿数额的一个因素。

二是还可以请求不当得利。在美国约翰·摩尔对已切除的细胞处分权案中，虽然原告已经不能要求返还人格物，但是被告通过研究原告的细胞而获得了专利，最终获得巨大的经济利益。这种情况和精液案又有不同。在该案中，原告

① 杨立新、袁雪石：《论身份权请求权》，载《法律科学》2006年第2期。

的细胞仅仅是被告获得经济利益的原因之一，被告的科学研究是被告获得经济利益的主要因素。因此，笔者以为原告在实行人格权请求权已经不可能的情况下，可以以不当得利请求权为依据要求适当分配被告的经济利益。根据不当得利的一般规则，受益人为恶意时，其返还利益的范围应该是受益人取得利益时的数额。王泽鉴认为，在侵害他人人格权获益时，受益人应该偿还使用此等权益客观上应支付之对价。[①] 在本案上，笔者以为被告同时构成了侵权行为，单独适用不当得利制度不利于阻止此类行为的发生，也就是说，在请求权竞合择一而诉并没有达到法律最终目的的情况下，可以考虑侵权请求权的再次适用，适当加入惩罚性因素，增加赔偿数额，以遏制此类行为的发生。[②] 在两种请求权的适用上，损害赔偿数额总体上应略高于不当得利请求权单独适用的结果。

2. 自由性人格权。

自由性人格权二元性对人格权请求权也产生了特殊的影响。一是废弃请求权。废弃请求权是和出版行为相关的一类请求权，是妨害排除请求权的特殊表现。当出版行为侵害他人隐私时，权利人有权要求召回并毁弃非法披露个人隐私的载体，包括纸本出版物、网络出版物和音像出版物等。人格权二元性对此类人格权请求权的影响主要体现在公众人物限制的规则上。一般来讲，公众人物的伦理性人格权要受到限制。但是，美国公开权的经验告诉我们，即使是公众人物，也不能在未经允许或者无法定事由的情况下对该人的人格要素进行商业化利用。因此，公众人物可以基于人格权请求权在相关出版物即将出版时，要求废弃相关出版物。在相关出版物已经出版时，可以要求召回相关出版物，并进行毁弃。

二是查阅请求权、异议请求权、更正请求权、删除请求权等。1980 年经济合作与发展组织（OECD）颁布了《隐私保护和个人资料跨界流通的指南》，确立了保护个人资料方面的收集限制等八项原则，许多国家依据上述八项原则建立自己的个人信息保护规则，要求个人资料被合法收集的情况下，权利人有权要求被告知，权利人还可以查询，并且在信息发生错误的情况下，个人有权要

---

① 王泽鉴：《不当得利》，中国政法大学出版社 2002 年版，第 174 页。

② 我国台湾地区司法实践肯定了请求权竞合的情况下，择一而诉不能达到法律效果的，可以另行提起诉讼。王泽鉴也赞同这一观点。参见王泽鉴：《不当得利》，中国政法大学出版社 2002 年版，第 174 页。

求更正或者删除。这些权利都是人格权请求权的表现。

3. 评价性人格权。

一是返还请求权。荣誉权具有明显的物质利益属性，如果加害人侵占该物质利益时，权利人可以行使返还请求权。比如，教练员无故占用运动员的比赛奖金时，运动员有权请求教练员返还奖金。

二是更正请求权。与名誉权不同，信用权和荣誉权二者作为特殊的评价性人格权往往是有书面记载的。这样，当上述记载发生错误时，比如说，搞错了信用级别，或者将荣誉证书的名字写错了，权利人有权利要求予以更正。

三是废弃请求权。与隐私权的废弃请求权类似，评价性人格权也具有类似的人格权请求权。有法院判决指出，经查被告人郭德纲在网络上发表文章，在文章中虚构了时任文化馆馆长的杨志刚装修自己的房屋用公款报销及与女同事同居的事，但现有证据不足以证明郭德纲的上述行为达到了情节严重。① 郭德纲在接受采访时指出，在即将出版的《我叫郭德纲》一书中将原封不动地写入上述细节。本案原告可以通过废弃请求权请求法院废弃相关的出版物，同时通过妨害预防请求权阻止相关侵权物的发表。

4. 标表性人格权。

《德国民法典》第十二条，《意大利民法典》第七条、第八条，《泰国民法典》第四十二条，《大清民律草案》第五十五条，《民国民律草案》第十九条和第二十条等，都规定了姓名权请求权，大多包括姓名权的妨害排除请求权和姓名权的妨害预防请求权。可以说，姓名权请求权是最早被立法所确立的人格权请求权。

一是废弃请求权。由于标表性人格权都可以在一定的载体上出现，比如肖像画、录音磁带等，因此，此类人格权请求权也可以包括废弃请求权。

二是可以向替代性损害请求权的转化。在执行不能的情况下，可以认定人格权请求权向替代性损害请求权的转化。比如，刘翔案件二审法院经审理认为：千期专刊已经发行，精品报社在千期专刊封面使用刘翔肖像的行为已经完成，故刘翔要求停止侵权行为，显然不现实，无法得到支持。本书认为，

---

① 宋平：《郭德纲诽谤案胜诉　杨志刚不服欲连带法院一起告》，http：//yule.sohu.com/20070406/n249239660.shtml，最后访问时间：2017 年 4 月 3 日。

二审法院的看法是有道理的。因为千期专刊在二审时已经发行了两年左右，请求废弃已经不可能了，因此，人格权请求权在此时转化为替代性损害赔偿请求权。

（十）理想的人格权请求权条款

我国的民事立法应该在人格权部分直接规定人格权请求权的内容，在侵权民事责任部分只规定恢复原状和金钱赔偿两种责任方式。具体而言：

第一，规定人格权请求权的基本条文。应当规定：人格权受妨害时，可以请求加害人停止妨害；有受妨害之虞时，可以请求加害人排除妨害。

加害人不履行前款规定的义务时，得请求人民法院发布排除妨害禁止令或者停止妨害禁止令。情况需要的，应该给予加害人一定时间的执行宽限期。

不履行禁止令的，原告可以请求人民法院强制执行。加害人是自然人的，法院可以加害人蔑视法院为由对其处以罚金、拘留、查封财产等处罚。加害人是法人的，法院可以加害人蔑视法院为由对法人处以罚金、查封财产，对于该法人的主管人员或者直接责任者处以拘留。

排除妨害或者停止妨害产生的费用由加害人承担。

第二，应当规定排除妨害禁止令和停止妨害禁止令在时间上的差别。明确规定：人民法院可以出于预防目的，也可以出于保全证据目的发布排除妨害禁止令。

排除妨害禁止令发布以后，原告必须在法官规定的期间内，最迟必须在三十日内，主动通过和解、调解、仲裁或者起诉等方式解决纠纷。如果原告没有主动解决纠纷，排除妨害禁止令因期限届满而自动失效。

停止妨害禁止令不因期限届满而自动失效，法院的判决具有既判力。

第三，明确规定过错行使排除妨害禁止令、停止妨害禁止令的损害赔偿问题。规定排除妨害禁止令或者停止妨害禁止令会给被告造成一定损害的，原告应该提供一定的担保。

过错行使人格权请求权的，原告应该赔偿因禁止令所造成的损害，但是原告无过错或者有轻微过错的，可以不赔或者少赔。

第四，规定侵权的民事责任方式。承担侵权的民事责任的方式有恢复原状和金钱赔偿。侵害他人人格权的，受害人可以请求消除影响、恢复名誉、赔礼道歉。

二、侵权请求权

故意或者过失侵害他人人格权的，为侵权行为，加害人应该承担侵权损害赔偿责任。这种损害赔偿责任一般包括人身损害赔偿责任和精神损害赔偿责任。一般来讲，侵权责任的构成要件包括损害事实、违法行为、损害事实与违法行为之间的因果关系和主观过错四个构成要件。该理论为我国司法实践所广泛采纳。在请求权基础方面，主要适用本法第七编侵权责任及个别部门法、司法解释的有关规定。

（一）侵权构成要件

判断一个行为是否构成侵权行为，主要依据的是本法侵权责任编第一章的基本规定以及特殊侵权的有关条款。

1. 损害事实。损害事实是指一定的行为致使权利主体的人身权利、财产权利以及其他利益受到侵害，并造成财产利益和非财产利益的减少或灭失的客观事实。其特点如下：第一，是现实的损害，也就是说这种损害已经客观发生了。第二，是达到了一定程度的损害，没有达到一定程度的损害属于道德调整的范畴。比如说，坐公共汽车将别人的脚踩了一下，那么这种情况下受害人就应该予以容忍。在侵害人格权时，可以造成财产损害、人身损害和精神损害。

2. 违法行为。违法行为，是指自然人或者法人违反法定义务，而实施的侵害他人合法权益的作为或不作为的行为。其具有如下特点：第一，该行为基于民事主体自由意思，梦游以及类似膝跳反射的非自由意思的加害行为就其自身而言不构成违法行为。第二，该行为也包括行为人控制、管领的动物、物体所造成的侵害。比如说，放纵自己饲养的狼狗咬伤了邻居孩子，可以认定狗咬伤孩子的行为违法。第三，该行为还包括受行为人监管的他人的作为或不作为行为。

（1）违法行为的判断。法律条文有时候并没有直接给出判断违法行为的标准。一般来讲，违法行为的判断可以依据以下几个标准。一是侵害他人的合法权利即为违法。不论加害人在主观上是故意还是过失，只要是侵害他人合法权利，而同时没有正当理由的，那么法律上就直接推定行为人的行为非法。二是违反以保护他人为目的的法律的行为也为违法。以保护他人为目的的法律最典型的是民法、消费者权益保护法、刑法、反不正当竞争法等。三是故意以违反善良风俗的方式损害他人合法利益。这种情况下，即使法律没有明确规定，只要行为人的行为是故意，而不是过失，那么就可以直接认定其行为具有违法性。

例如，无故将棺材长时间停放到他人家门口。

（2）消极不作为违法行为的判定。消极不作为的行为违法的前提必须是行为人具有积极作为的法定义务。如果行为人违反了这些积极作为的义务，那么其行为就可以被认定为违法行为。一般来讲，理论和司法实践承认以下三种特定的不作为义务的来源：第一，法律直接规定的作为义务。例如，监护人对被监护人的安全保障义务。第二，基于行为人的业务或者职务上的要求而产生的作为义务。例如，在合理的诊治之外，医生对于病人的人身也有一定的保护义务。第三，基于行为人的先行行为而产生的作为义务。例如，某人邀请邻居到家里做客，那么其对来访者应承担合理的注意义务。①

3. 违法行为与损害事实之间的因果关系。侵权法中的因果关系指的是违法行为与损害事实之间的因果关系，违法行为作为原因，损害事实作为结果，在它们之间存在的前者引起后果，后者被前者所引起的客观联系。

（1）因果关系的判断。在一因一果的情况下，行为与结果之间具有直接因果关系的，无需再适用其他判断法则，直接确认其具有因果关系即可。在多因一果的情况下，应注意多因一果的判断规则：

大前提：依据一般的社会智识经验（排除了意外事件等），该种行为能够引起该种损害结果；

小前提：在现实中，该种行为确实引起了该种损害结果；

结　论：那么，该种行为是该种损害事实发生的适当条件，因而，二者之间具有相当因果关系。②

（2）主要原因、次要原因与精神损害赔偿。根据行为对损害结果所起作用的大小，原因可分为主要原因和次要原因。前者是指对结果的发生起着主要作用的原因事实；后者是指对结果的发生起次要作用的原因事实。在引起同一个损害结果发生的原因为两个以上的原因时，如果各个原因的作用大小不同，就应当区分主要原因和次要原因，最终确定主要原因者承担主要责任，次要原因者承担次要责任。原因力规则贯彻了归责、确定责任范围及分配责任的始终。③

---

① 不作为侵权，参见杨垠红：《不作为侵权责任之比较研究》，法律出版社2012年版。

② 杨立新：《侵权法论》，人民法院出版社2011年版，第184页。

③ 杨立新：《侵权法论》，人民法院出版社2011年版，第188页。

4. 主观过错。过错就是行为人实施侵权行为时的主观心理状态，是行为人对自己行为的损害后果的主观态度。过错可以分为故意和过失。故意是指行为人预见到自己行为的后果而仍然希望或放任该结果发生的心理状态。如果行为人希望损害结果发生，为恶意；如果行为人听任损害的发生，为放任。过失是指行为人应当预见或能够预见自己行为的后果而没有预见，或者虽然预见到了其行为的后果但轻信能够避免该后果的心理状态。如果行为人应当预见或能够预见而没有预见，为疏忽；已经预见而轻信能够避免，为懈怠。目前，对于过错的判断有从主观过错到客观过错的发展趋势，在许多情况下会从被告的注意义务出发进行判断，在判断时也会引入合理人标准。

（二）人身损害赔偿

人身损害赔偿主要依据的是本法侵权责任编第二章损害赔偿的规定。《消费者权益保护法》《医疗事故处理条例》《人身损害赔偿司法解释》等法对人身损害赔偿也作了规定。

人身损害赔偿，是指自然人的生命权、身体权、健康权受到不法侵害，造成致伤、致残、致死的后果以及其他损害时，要求侵权人以财产赔偿等方法进行救济和保护的侵权法律制度。本法第一千一百七十九条规定："侵害他人造成人身损害的，应当赔偿医疗费、护理费、交通费、营养费、住院伙食补助费等为治疗和康复支出的合理费用，以及因误工减少的收入。造成残疾的，还应当赔偿辅助器具费和残疾赔偿金；造成死亡的，还应当赔偿丧葬费和死亡赔偿金。"本法第一千一百八十二条规定："侵害他人人身权益造成财产损失的，按照被侵权人因此受到的损失或者侵权人因此获得的利益赔偿；被侵权人因此受到的损失以及侵权人因此获得的利益难以确定，被侵权人和侵权人就赔偿数额协商不一致，向人民法院提起诉讼的，由人民法院根据实际情况确定赔偿数额。"

人身损害赔偿案件中的人身伤害主要包括以下四种情况：一是侵害身体完整所造成的损害，这种损害，不以受害人感受身体上的痛苦为必要，也不以肉体上的实际损伤为必要，比如说剪掉他人的长发，剃阴阳头；二是致人伤害，以人体造成伤害为起点，以伤害经治愈为临界点，与人体致残相区别；三是致人残疾，以造成人体伤害为前提，以经治疗仍留有残疾为必要条件，与致伤、致死相区别；四是致人死亡，以受害人生命丧失为必要条件的人身权侵害，仍以人身伤害为必要前提。

（三）精神损害赔偿

侵权行为成立后，如何进行精神损害赔偿，主要依据的是本法侵权责任编第二章损害赔偿的规定。《精神损害赔偿司法解释》《人身损害赔偿司法解释》也是重要的法律规范。侵权责任中的精神损害赔偿，也称为非财产损害赔偿，是指自然人因其人格权利受到不法侵害，使其人格利益受到损害或遭受精神痛苦，要求侵权人通过财产形式赔偿等方法，进行救济和保护的民事法律制度。① 本法第一千一百八十三条第一款规定："侵害自然人人身权益造成严重精神损害的，被侵权人有权请求精神损害赔偿。"《人身损害赔偿司法解释》第一条第二款规定："本条所称'赔偿权利人'，是指因侵权行为或者其他致害原因直接遭受人身损害的受害人、依法由受害人承担扶养义务的被扶养人以及死亡受害人的近亲属。"

1. 侵害生命权、健康权、身体权的精神损害赔偿。侵害生命权、健康权、身体权的，会造成财产损害和精神损害，造成他人成为植物人等无痛苦感受能力人的，受害人也享有精神损害赔偿请求权。

2. 精神损害赔偿的请求权主体。一是胎儿的精神损害赔偿请求权。对胎儿在其孕育的过程中受到损害，是否有权请求精神损害赔偿，以及如何行使精神损害赔偿请求权，《民法通则》未作规定，现实生活中出现了大量的胎儿受到损害的事例，例如，胎儿因污染、服药、损伤而其出生后，出现残疾等生理缺陷，给其带来精神痛苦或精神利益的减损。对此，应当准许胎儿在其出生为活体，取得民事权利能力后，行使精神损害赔偿请求权。如果胎儿出生时即为死体的，因为其自始不具有民事权利能力，没有享有民事权利的资格，则不存在请求精神损害赔偿的问题。本法第十六条规定："涉及遗产继承、接受赠与等胎儿利益保护的，胎儿视为具有民事权利能力。但是，胎儿娩出时为死体的，其民事权利能力自始不存在。"

二是法人或其他组织是否可以享有精神损害赔偿请求权。本法第一千一百八十三条规定请求精神损害赔偿的主体是"自然人"，法人的损害可以被认定为是财产损害。《精神损害赔偿司法解释》第五条也规定："法人或者其他组织以人格权利遭受侵害为由，向人民法院起诉请求赔偿精神损害的，人民法院不予受理。"这样规定的理由有二：其一，法人不同于自然人的根本区别就在于法

---

① 非财产损害赔偿代表作，参见曾世雄：《损害赔偿法原理》，中国政法大学出版社 2001 年版。

人是没有生命的社会组织，既然法人没有生命，也就没有生理、心理上的精神活动，法人的名誉权、名称权、荣誉权受到侵害时，不会发生精神上、心理上的痛苦，因此不宜成为精神损害赔偿的权利主体。其二，从损害赔偿的角度来看，法人遭受的往往是财产损害，可以通过财产损害赔偿来获得救济。

《人身损害赔偿司法解释》第一条第三款规定："本条所称'赔偿义务人'，是指因自己或者他人的侵权行为以及其他致害原因依法应当承担民事责任的自然人、法人或者其他组织。"精神损害赔偿法律关系的义务主体，既可以是自然人，也可以是法人，还可以是其他组织；既可以是单个主体，也可以是多数主体。

三、不当得利请求权

本法第二十九章规定了不当得利。在理论上，不当得利是指没有法律或者合同上的依据而取得利益，取得不当利益的一方应当将其得到的利益返还给另一方，另一方有请求其返还的权利。

不当得利需要注意以下几点：一是返还获得利益有除外情形。包括为履行道德义务进行的给付、债务到期之前的清偿、明知无给付义务而进行的债务清偿；得利人不知道且不应当知道获得的利益没有法律根据，获得的利益已经不存在的。二是损害赔偿请求权。得利人知道或者应当知道获得的利益没有法律根据的，受损失的人可以请求得利人返还其获得的利益并依法赔偿损失。三是第三人效力。得利人已经将获得的利益无偿转让给第三人的，受损失的人可以请求第三人在相应范围内承担返还义务。

不当得利在人格权领域适用空间较大。例如，俾斯麦死后遗容偷拍案，就适用不当得利。对于人格权的财产利益，"权利归属"的不当得利理论有较大适用空间。"权益归属"的不当得利理论认为，权益有一定的利益内容，专属于权利人，归其享有。违反法秩序所定权益归属而取得其利益的，系属侵害他人权利范畴，欠缺法律上的原因，应成立不当得利。"权益归属"的主要特征在于权益内容具有市场变价的可能性，通常可经由交易获得一定的对价。[①] 人格权上的经济利益可以合法利用，当其他人非法利用自己人格要素获取经济利益时，原告就可以以不当得利为根据向被告请求不当得利返还。

权益侵害型不当得利和侵权行为之间有诸多差别：第一，功能不同。前者

① 王泽鉴：《不当得利》，中国政法大学出版社 2002 年版，第 141 页。

目的是去除所受利益或者填补损害。第二，构成要件不同。前者不以故意过失或者违法性为前提，后者必须具备故意过失和违法性。第三，时效不同。前者适用特别时效，后者适用普通时效，前者的时间要比后者时间长。

法条关联

◆《食品安全法》

第一百四十一条　违反本法规定，编造、散布虚假食品安全信息，构成违反治安管理行为的，由公安机关依法给予治安管理处罚。

媒体编造、散布虚假食品安全信息的，由有关主管部门依法给予处罚，并对直接负责的主管人员和其他直接责任人员给予处分；使公民、法人或者其他组织的合法权益受到损害的，依法承担消除影响、恢复名誉、赔偿损失、赔礼道歉等民事责任。

◆《消费者权益保护法》

第五十条　经营者侵害消费者的人格尊严、侵犯消费者人身自由或者侵害消费者个人信息依法得到保护的权利的，应当停止侵害、恢复名誉、消除影响、赔礼道歉，并赔偿损失。

◆《反家庭暴力法》

第四章　人身安全保护令

第二十三条　当事人因遭受家庭暴力或者面临家庭暴力的现实危险，向人民法院申请人身安全保护令的，人民法院应当受理。

当事人是无民事行为能力人、限制民事行为能力人，或者因受到强制、威吓等原因无法申请人身安全保护令的，其近亲属、公安机关、妇女联合会、居民委员会、村民委员会、救助管理机构可以代为申请。

第二十四条　申请人身安全保护令应当以书面方式提出；书面申请确有困难的，可以口头申请，由人民法院记入笔录。

第二十五条　人身安全保护令案件由申请人或者被申请人居住地、家庭暴力发生地的基层人民法院管辖。

第二十六条　人身安全保护令由人民法院以裁定形式作出。

第二十七条　作出人身安全保护令，应当具备下列条件：

（一）有明确的被申请人；

（二）有具体的请求；

（三）有遭受家庭暴力或者面临家庭暴力现实危险的情形。

第二十八条 人民法院受理申请后，应当在七十二小时内作出人身安全保护令或者驳回申请；情况紧急的，应当在二十四小时内作出。

第二十九条 人身安全保护令可以包括下列措施：

（一）禁止被申请人实施家庭暴力；

（二）禁止被申请人骚扰、跟踪、接触申请人及其相关近亲属；

（三）责令被申请人迁出申请人住所；

（四）保护申请人人身安全的其他措施。

第三十条 人身安全保护令的有效期不超过六个月，自作出之日起生效。人身安全保护令失效前，人民法院可以根据申请人的申请撤销、变更或者延长。

第三十一条 申请人对驳回申请不服或者被申请人对人身安全保护令不服的，可以自裁定生效之日起五日内向作出裁定的人民法院申请复议一次。人民法院依法作出人身安全保护令的，复议期间不停止人身安全保护令的执行。

第三十二条 人民法院作出人身安全保护令后，应当送达申请人、被申请人、公安机关以及居民委员会、村民委员会等有关组织。人身安全保护令由人民法院执行，公安机关以及居民委员会、村民委员会等应当协助执行。

◆**《国家赔偿法》**

第三条 行政机关及其工作人员在行使行政职权时有下列侵犯人身权情形之一的，受害人有取得赔偿的权利：

（一）违法拘留或者违法采取限制公民人身自由的行政强制措施的；

（二）非法拘禁或者以其他方法非法剥夺公民人身自由的；

（三）以殴打、虐待等行为或者唆使、放纵他人以殴打、虐待等行为造成公民身体伤害或者死亡的；

（四）违法使用武器、警械造成公民身体伤害或者死亡的；

（五）造成公民身体伤害或者死亡的其他违法行为。

第十七条 行使侦查、检察、审判职权的机关以及看守所、监狱管理机关及其工作人员在行使职权时有下列侵犯人身权情形之一的，受害人有取得赔偿的权利：

（一）违反刑事诉讼法的规定对公民采取拘留措施的，或者依照刑事诉讼法规定的条件和程序对公民采取拘留措施，但是拘留时间超过刑事诉讼法规定的时限，其后决定撤销案件、不起诉或者判决宣告无罪终止追究刑事责任的；

（二）对公民采取逮捕措施后，决定撤销案件、不起诉或者判决宣告无罪终止追究刑事责任的；

（三）依照审判监督程序再审改判无罪，原判刑罚已经执行的；

（四）刑讯逼供或者以殴打、虐待等行为或者唆使、放纵他人以殴打、虐待等行为造成公民身体伤害或者死亡的；

（五）违法使用武器、警械造成公民身体伤害或者死亡的。

第三十二条　国家赔偿以支付赔偿金为主要方式。

能够返还财产或者恢复原状的，予以返还财产或者恢复原状。

第三十五条　有本法第三条或者第十七条规定情形之一，致人精神损害的，应当在侵权行为影响的范围内，为受害人消除影响、恢复名誉、赔礼道歉；造成严重后果的，应当支付相应的精神损害抚慰金。

◆《治安管理处罚法》

第一百一十七条　公安机关及其人民警察违法行使职权，侵犯公民、法人和其他组织合法权益的，应当赔礼道歉；造成损害的，应当依法承担赔偿责任。

案例评议

四川西禅整形美容医院有限公司与林某某人格权纠纷案①

◆ 评议

侵害他人肖像权的案件经常会同时侵害他人名誉权。依据本法，名誉是对民事主体的品德、声望、才能、信用等的社会评价，整容与否的确不涉及对民事主体上述几个方面的评价，据此本判决不予认定同时侵害名誉权的合乎法理、情理。侵害肖像权会同时导致财产损害和精神损害。以往的实践经常认定侵害物质性人格权会产生双重损害。《侵权责任法》第二十条将这一规定上升为一般规定。《民法通则》及其司法解释规定侵害他人肖像权的前提之一是“以营利为目的”，本法已经删除了这一要件。即使是公众人物，对其人格权的商业化

---

① （2015）川民终字第501号。

使用，不论是主动商业化，还是被动商业化，都可能既涉及财产利益，又涉及精神利益。这就印证了本书主张的观点——人格权具有二元性。

第九百九十六条　【违约请求精神损害赔偿】

因当事人一方的违约行为，损害对方人格权并造成严重精神损害，受损害方选择请求其承担违约责任的，不影响受损害方请求精神损害赔偿。

本条来源

《合同法》第一百二十二条规定：“因当事人一方的违约行为，侵害对方人身、财产权益的，受损害方有权选择依照本法要求其承担违约责任或者依照其他法律要求其承担侵权责任。”本条改变了该条规定，增加了例外情形。

立法演变

《2002年民法草案》总则编第九十五条规定：“因当事人一方的违约行为，侵害对方人身、财产权益的，受害人可以选择要求违约方承担违约责任或者侵权责任。”一审稿第七百八十二条规定：“因当事人一方的违约行为，损害对方人格权造成严重精神损害，受损害方选择请求其承担违约责任的，不影响受损害方请求精神损害赔偿。”

条文释义

违约责任和侵权责任竞合问题，反映了法律逻辑和客观生活之间的差异。法律的生命是经验，而不是逻辑。《合同法》原来规定违约责任和侵权责任竞合只能择一而诉。《精神损害赔偿司法解释》起草人曾表示，关于违约损害赔偿，国外有因违反合同而被法院判决赔偿精神损害的若干判例，但一般限于以提供安宁的享受或解除痛苦和烦恼等期待精神利益为目的的合同，如旅游度假服务合同、摄影录像服务合同等。国内对美容整形服务合同未能达到预期目的并造成不良后果的，以及洗印照片被丢失的，也有判决违约方赔偿精神损害的若干判例，但司法实践对此不断有突破。①

本法第一百八十六条规定："因当事人一方的违约行为，损害对方人身权益、财产权益的，受损害方有权选择请求其承担违约责任或者侵权责任。"基本上沿袭了原来的规定，但本条吸收了司法实践和《国际商事合同通则》《欧洲合同法原则》的做法和规定，允许基于违约请求精神损害赔偿。

一、违约责任和侵权责任的区别和联系

从现行法律来看，我国仍然采用的是违约责任和侵权责任请求权竞合说。原则上同一行为同时触发违约责任和侵权责任的，受损害方只能择一而诉，目的是防止其不当得利。违约责任和侵权责任有诸多差别：

一是构成要件不同。违约责任原则上并不要求违约人具有过错，只要没有免责事由，违约人就要承担违约责任。而侵权责任以过错责任为原则；实行无过错责任时，需要有法律的明确规定，但即使在这种情形下，侵害人的过错仍然会影响损害赔偿的数额大小。

二是举证责任不同。违约责任证明责任轻，受损害方原则上不需要证明违约人的过错；即使需要证明违约人过错，由于采取的是举证责任倒置，举证责任也很轻。但是，侵权责任通常要证明侵害人的过错。因此，基于违约的精神损害赔偿，受损害方的证明责任更低。实践中，发生违约责任和侵权责任竞合的，以违约责任为诉由提起诉讼对受损害方更为有利。

三是赔偿范围不同。当事人一方不履行合同义务或者履行合同义务不符合约定，造成对方损失的，损失赔偿额应当相当于因违约所造成的损失，包括合同履行后可以获得的利益；但是，不得超过违反合同一方订立合同时预见到或者应当预见到的因违反合同可能造成的损失。但是，我国侵权法限于直接损失和间接损失，没有扩大到可预见性损失。②

四是诉讼时效不同。二者的请求保护民事权利的诉讼时效期间都为三年，但侵权请求权的诉讼时效有例外规定，即未成年人遭受性侵害的损害赔偿请求权的诉讼时效期间，自受害人年满十八周岁之日起计算。

五是免责条款效力不同。本法规定，合同中造成对方人身损害、因故意或

① 陈现杰：《人格权司法保护的重大进步和发展》，载《人民法院报》2001 年 3 月 28 日。

② 于雪峰：《侵权法可预见性规则研究——以法律因果关系为视角》，北京大学出版社 2017 年版。

者重大过失造成对方财产损失的免责条款无效。从解释上来看，其他免责条款可以认定具有法律效力，但是侵权责任没有类似免责条款的规定。

此外，学理认为还有责任方式等不同，如果受损害方想继续履行合同，则可以选择违约责任之诉。

二、违约请求精神损害赔偿的构成要件

因当事人一方的违约行为，损害对方人格权并造成严重精神损害，受损害方选择请求其承担违约责任的，不影响受损害方请求精神损害赔偿。从法条表述来看，基于违约请求精神损害赔偿的构成要件比较简单：一是违约行为，二是损害人格权；三是造成严重精神损害；四是违约行为与精神损害之间有因果关系。

（一）违约行为

违约行为分为两种，其一是实际违约，即当事人一方不履行合同义务或者履行合同义务不符合约定的，应当承担继续履行、采取补救措施或者赔偿损失等违约责任。其二是预期违约，即当事人一方明确表示或者以自己的行为表明不履行合同义务的，对方可以在履行期限届满之前请求其承担违约责任。

（二）损害人格权

人格权主要是自然人的人格权，即自然人的生命权、身体权、健康权、姓名权、肖像权、名誉权、荣誉权、隐私权等权利，以及自然人享有基于人身自由、人格尊严产生的其他人格权益。《精神损害赔偿司法解释》第五条规定："法人或者其他组织以人格权利遭受侵害为由，向人民法院起诉请求赔偿精神损害的，人民法院不予受理。"据此，侵害法人、非法人组织的人格权，只能请求财产损害赔偿。实践中，需要关注的是祭奠、变性、生育等非典型人格利益。

因故意或者重大过失侵害自然人具有人身意义的特定物造成严重精神损害的，被侵权人只能依据侵权责任的有关规定请求精神损害赔偿，不能直接依据违约请求精神损害赔偿。比如，今后宠物寄养合同不能直接依据合同请求精神损害赔偿。潘某将其饲养的宠物龙猫、兔子各一只送至屋牛蜗宠物美容店寄养，并向屋牛蜗宠物美容店提供了饲养所需的食物、用品等，及支付费用合计520元。潘某向屋牛蜗宠物美容店寄养宠物龙猫，所寄养的宠物在屋牛蜗宠物美容店寄养期间死亡。法院认为，潘某主张屋牛蜗宠物美容店赔偿宠物购买费用、饲养费用、寄养费用及精神损失费，合法合理。判决向原告潘某赔偿宠物购买

费用 7000 元；返还宠物寄养费 260 元；支付精神损害赔偿 500 元。①

（三）造成严重精神损害

精神损害赔偿的前提是"严重"，本法第一千一百八十三条规定，侵害自然人人身权益造成严重精神损害的，被侵权人有权请求精神损害赔偿。一般的精神损害不予赔偿。基于违约请求精神损害赔偿时，这个精神损害必须是在订立合同时就可以预见。比如，殡葬服务合同履行人把死者骨灰弄丢了，或者把死者骨灰与仇人等其他死者骨灰混合在一起。周某在广州市南海区某医院产下一男婴，后婴儿在医院莫名失踪。在与医院协商未果的情况下，周某夫妇将医院告上法庭请求赔偿精神损失费 50 万元。反面的例子：有判决认定，只有在民事侵权法律关系中，自然人法定的人格权利受到非法侵害，当事人才可以向人民法院请求赔偿精神损害，而本案系民事合同法律关系，故原告要求被告支付因购房未果而造成的精神损害赔偿的诉讼请求本院不予支持。②

（四）因果关系

精神损害与违约行为之间存在直接的因果关系。

三、违约请求精神损害赔偿的合同类型

本条适用的合同类型主要是涉及人身的合同，包括消费合同、服务合同（装饰装修、婚庆、葬礼、寿礼）、旅游合同、雇佣合同、运输合同、医疗合同、承揽合同等，造成的损害类型包括精神痛苦、失去生活的某些愉快、丧失美感，也可以是指对名誉或荣誉的攻击造成的损害。但是，这个损害必须在签订合同时可预见。在国际商业中，本规则可能会适用于受雇于一个公司或一个组织的艺术家、杰出的男女运动员、顾问等人员签订的合同。③ 下面是本书梳理的我国法院的相关判决要旨。

（一）物业服务合同

智善公司和王某签订的前期物业管理服务协议合法有效，对双方具有法律

---

① 潘某与广州市天河区东棠屋牛蜗宠物美容店、黄某浩合同纠纷一审民事判决书，（2017）粤 0106 民初 15522 号。

② 高某睿与乳山市新宇房地产开发有限公司银滩分公司商品房销售合同纠纷一审民事判决书，（2012）乳银民初字第 308 号。

③ 程啸：《违约与非财产损害赔偿》，载王利明主编：《民商法理论争议问题——精神损害赔偿》，中国人民大学出版社 2004 年版，第 260－261 页。本书有多篇违约精神损害赔偿的文章。

约束力，智善公司应履行对小区共用部位的管理等义务，王某应履行支付物业服务费、电梯费等义务。智善公司、王某的纠纷，起因是小区公共停车区域堵塞致使王某丈夫无法出行，尤其是无法参加对家庭具有特殊纪念意义的活动，智善公司的管理不当是这一结果的发生的直接原因；而纠纷出现后，智善公司未积极弥补损害、仅顾自身收费，进一步加剧了双方的矛盾；同时，王某及其丈夫，在纠纷发生后以堵路、长期不交物业费的方式寻求权利救济，虽情有可原，但方法失当，不为法律所提倡，对矛盾的持续亦负有责任。对于其精神损害赔偿的诉请，法院酌情支持1500元。对于王某购买并使用的室内停车位被他人多次占用问题，王某虽未提出相应的反诉请求，但智善公司理应采取必要措施保障王某合法权益，案外人的侵权行为不是智善公司免除自身合同义务的正当理由。①

（二）旅游合同

原告在旅游过程中发生意外事故，出现了违约责任与侵权责任的竞合。原告选择以旅游合同纠纷起诉，则本案应根据合同法的相关规定按违约责任进行处理。但原告作为完全民事行为能力人，对自身的安全应负有一定的注意义务，因此，原告对其所受损失应承担一定的责任。基于合同法的公平原则，并结合全案考虑，应减轻被告乐游旅行社30%的赔偿责任。法院最后判决被告退还原告旅游费3612元，并支付鉴定费1680元。因原告构成八级伤残，判决赔偿原告精神损害抚慰金3000元。② 类似的案例，王泽鉴从“时间浪费为非财产损害赔偿”“商业化理论”等角度早有详述。③

（三）运输合同

原告卜某自乘坐普通客车起，即与承运人之间建立了客运合同关系，承运人即负有将旅客安全运到约定地点义务，亦应保障运输过程中旅客的人身安全，并对运输过程中旅客的伤亡承担损害赔偿责任。被告驻马店汽运公司在运输旅

---

① 深圳星河智善生活股份有限公司常州分公司与王某物业服务合同纠纷一审民事判决书，(2018) 苏0412民初1462号。

② 张某与西安乐游国际旅行社有限公司、中国平安财产保险股份有限公司陕西分公司旅游合同纠纷一审民事判决书，(2017) 陕0113民初字3432号。由于被告投保，实际赔偿由保险公司承担。

③ 王泽鉴：《民法学说与判例研究（第七册）》，中国政法大学出版社1998年版，第127－146页。

客过程中因发生交通事故，致原告受伤，且并非原告故意或重大过失造成，故被告驻马店汽运公司应当承担赔偿责任。被告驻马店汽运公司对营运的客车投保了道路客运责任险，保险公司应与承运人承担不真正连带责任，乘客可以向保险公司请求支付保险赔偿金。最后，法院判决向原告支付医疗费、误工费、护理费、住院伙食补助、营养费、交通费、鉴定费、残疾赔偿金等合计 30 余万元，另外本次事故给原告精神上造成了伤害，故对于原告主张的精神损害抚慰金，酌定为 5500 元。① 原告为十级伤残，法院判决赔偿精神损害抚慰金 5000 元。② 另有原告因事故受伤、流产，精神受到一定的损害，法院酌情认定原告的精神损害抚慰金为 5000 元。③

（四）服务合同

原告与被告达成婚庆服务合同，交纳押金 300 元，婚礼后又交纳 4600 元婚庆费用。原告对婚庆中包括的其他服务未提出异议，但双方均认可记载婚礼过程的视频已永久性灭失。对原告夫妻来说，婚礼具有不可重复的客观性，婚礼视频的永久灭失给原告及其家人造成一定程度的精神伤害，被告石某还应向原告支付精神损害赔偿金。法院判决，被告向原告返还婚礼录像及视频费用 2000 元，支付精神损害赔偿 1000 元，合计 3000 元。④

此外，还有两个实务操作细节。一是可以变更诉讼请求。《合同法解释（一）》第三十条规定："债权人依照合同法第一百二十二条的规定向人民法院起诉时作出选择后，在一审开庭以前又变更诉讼请求的，人民法院应当准许。对方当事人提出管辖权异议，经审查异议成立的，人民法院应当驳回起诉。"在司法实践中，有的尽管是合同案件，但没有违约责任诉求，最终判决不涉及违约责任。⑤ 二是通过保险分担风险。经检索我国法院判决发现，不少违约人通

---

① 卜某与焦某晓、魏某云运输合同纠纷一审民事判决书，（2018）豫 1726 民初 212 号。

② 周某某与宁波市××××交通有限公司运输合同纠纷一审民事判决书，（2011）甬北庄民初字第 150 号。原告余某英与被告刘某平、兴文县通达运业有限责任公司、陈某志、中国人民财产保险股份有限公司宜宾市分公司公路旅客运输合同纠纷一案一审民事判决书，（2016）川 1528 民初 1842 号。

③ 吴某某与宁波市××交通有限公司合同纠纷一审民事判决书，（2012）甬东民初字第 272 号。

④ 刘某豪、钱某丽与清河区皇家婚纱摄影中心、石某承揽合同纠纷一审民事判决书，（2016）苏 0802 民初 2209 号。

⑤ 葛某斗与杨某献、魏某安劳务合同纠纷一审民事判决书，（2019）鲁 1324 民初 2903 号。

过事故精神损害赔偿责任险等险种来规避风险，在此情况下，保险公司往往作为共同被告或者第三人。

法条关联

◆《合同法司法解释（一）》

第三十条 债权人依照合同法第一百二十二条的规定向人民法院起诉时作出选择后，在一审开庭以前又变更诉讼请求的，人民法院应当准许。对方当事人提出管辖权异议，经审查异议成立的，人民法院应当驳回起诉。

◆《最高人民法院关于审理旅游纠纷案件适用法律若干问题的规定》

第七条第一款 旅游经营者、旅游辅助服务者未尽到安全保障义务，造成旅游者人身损害、财产损失，旅游者请求旅游经营者、旅游辅助服务者承担责任的，人民法院应予支持。

案例评议

大同市北都国际酒店有限责任公司与康芮餐饮服务合同纠纷案①

◆ **评议**

本案属于典型的违约行为造成另一方当事人精神利益受损害。按照《合同法》第一百二十二条的规定，违约责任和侵权责任只能二选一。二审法院判决并无不当。原《合同法》秉持的责任竞合二选一的路径，不少国家都有例外。

第九百九十七条 【行为保全】

民事主体有证据证明行为人正在实施或者即将实施侵害其人格权的违法行为，不及时制止将使其合法权益受到难以弥补的损害的，有权依法向人民法院申请采取责令行为人停止有关行为的措施。

---

① （2017）晋02民终476号。

本条来源

《侵权责任法》第二十一条规定："侵权行为危及他人人身、财产安全的，被侵权人可以请求侵权人承担停止侵害、排除妨碍、消除危险等侵权责任。"《民事诉讼法》第一百零一条规定："利害关系人因情况紧急，不立即申请保全将会使其合法权益受到难以弥补的损害的，可以在提起诉讼或者申请仲裁前向被保全财产所在地、被申请人住所地或者对案件有管辖权的人民法院申请采取保全措施。申请人应当提供担保，不提供担保的，裁定驳回申请。人民法院接受申请后，必须在四十八小时内作出裁定；裁定采取保全措施的，应当立即开始执行。申请人在人民法院采取保全措施后三十日内不依法提起诉讼或者申请仲裁的，人民法院应当解除保全。"

立法演变

一审稿第七百八十条规定："民事主体有证据证明他人正在实施或者即将实施侵害其人格权的行为，如不及时制止将会使其合法权益受到难以弥补的损害的，可以在起诉前依法向人民法院申请采取责令停止有关行为的措施。"二审稿将"可以在起诉前"修改为"有权"。三审稿在"责令"后增加了"行为人"。五审稿明确适用的前提是"违法"行为。

条文释义

本条是一个实体法和程序法的衔接条款。请求权是德国学者温特沙伊德依据诉权制度创立的①，可以说从诞生的那天开始，请求权就是一个连接实体法和程序法的桥梁，人格权请求权也不例外。在具体的诉讼过程中，各国一般都是通过保护令状、预防措施或者禁止令状，而不是通过普通审判程序来实现人格权请求权的运作。在《民事诉讼法》修改前，我国几乎没有和人格权请求权相协调的程序法规定，立法上存在着较大缺陷。当然，知识产权领域由于TRIPS协议的引入，《专利法》《商标法》《著作权法》修改后，也引入了责令

① ［德］卡尔·拉伦茨：《德国民法通论（上册）》，王晓晔、邵建东、程建英、徐国建、谢怀栻译，谢怀栻校，法律出版社2003年版，第323页。

行为人为或者不为一定行为的行为保全制度，我国各级法院的行为保全的实践也多数集中在知识产权领域，中国裁判文书网显示，人格权领域行为保全的司法实践极少。这种制度和英美法系的禁止令状（injunction）制度类似。当然，法院有时候救不了急，权利人还可以依据《治安管理处罚法》等行政管理规定寻求行政监管，以达到权利保障的目的。

一、行为保全的基本含义

受害人（包括权利人或利害关系人）认为行为人正在实施的违法行为侵害人格权的，可以在起诉之前、起诉同时或诉讼过程中申请人民法院采取相关措施，禁止行为人从事一定行为。人民法院经过审查，认为行为人的申请符合法律规定的，可以作出行为保全裁定，责令行为人停止相关被控行为。

行为保全措施是在法院生效裁判作出前保护人格权的一种临时性措施，以防止违法行为人继续实施相关行为可能会给权利人造成难以弥补的损失。虽然该行为保全申请与判令停止侵害的部分判决在内容上存在重叠的可能，在功能上具有尽快明确各方当事人之间的法律关系状态、提高纠纷解决效率的类似之处，但作为两种不同的制度设计，责令停止侵害的行为保全申请在特定情况下仍具有独特价值。例如，当发生申请人利益被侵害的紧急情况或者给申请人造成损害的其他情况，判令停止侵害的部分判决因处于上诉状态而尚未发生效力时，责令停止侵害的诉中行为保全措施可以起到及时制止侵权行为的效果，更加有效地保护专利权。特别是，在我国相关民事诉讼法律并未规定未生效判决临时执行制度的现实情况下，责令停止侵害的行为保全的价值更加明显。[①] 法院作出行为保全裁定是依据权利人或利害关系人（申请人）提供的现有证据，综合考虑相关因素而确定的。

2007 年《民事诉讼法》只规定了财产保全与先予执行。最高人民法院《民法通则司法解释》第一百六十二条第一款规定：“在诉讼中遇有需要停止侵害、排除妨碍、消除危险的情况时，人民法院可以根据当事人的申请或者依职权先行作出裁定。”程序法上与之相对接的只有财产保全和先予执行。但行为保全与二者的适用范围明显不同。与财产保全限制财产的措施不同，行为保全的核心

① 厦门卢卡斯汽车配件有限公司、厦门富可汽车配件有限公司侵害发明专利权纠纷二审民事判决书，(2019) 最高法知民终 2 号。

是限制债务人的行为，裁定债务人必须为或者不为一定的行为，债务人一旦违反裁定设定的义务应当承担一定的法律责任。[①] 就先予执行而言，其适用范围包括追索赡养费、扶养费、抚育费、抚恤金、医疗费用的案件；追索劳动报酬的案件；因情况紧急需要先予执行的案件。适用的条件包括当事人之间权利义务关系明确，不先予执行将严重影响申请人的生活或者生产经营的；被申请人有履行能力。2007 年《民事诉讼法》第九十七条规定，对因情况紧急需要先予执行的案件，法院可以根据当事人的申请裁定先予执行。最高人民法院《关于适用〈民事诉讼法〉若干问题的意见》第一百零七条对紧急情况作了解释，其中包括需要立即停止侵害、排除妨碍以及立即制止某项行为的情形。但是，先予执行和禁止令状是不能够相互代替的，因为先予执行是法院在诉讼过程中采取的措施，禁止令状则是法院经过审理后在诉讼过程中或诉讼结束时作出的。先予执行措施不能够完全起到禁令的作用。[②] 2017 年《民事诉讼法》规定了行为保全制度，保全不仅针对财产，而且还扩充到了行为。

二、行为保全申请的管辖与处理

《最高人民法院关于适用〈中华人民共和国民事诉讼法〉的解释》第一百六十一条规定："对当事人不服一审判决提起上诉的案件，在第二审人民法院接到报送的案件之前，当事人有转移、隐匿、出卖或者毁损财产等行为，必须采取保全措施的，由第一审人民法院依当事人申请或者依职权采取。第一审人民法院的保全裁定，应当及时报送第二审人民法院。"参照上述规定，对当事人不服原审判决提起上诉的案件，当事人在第一审程序中提出行为保全申请的，在第二审人民法院接到报送的案件之前，由第一审人民法院管辖；在第二审人民法院接到报送的案件之后，应由第二审人民法院管辖。

对于停止侵害的行为保全申请，法院可能考虑不同情况，分别予以处理：如果情况紧急或者可能造成其他损害，权利人提出行为保全申请，而法院无法在行为保全申请处理期限内作出终审判决的，应当对行为保全申请单独处理，依法及时作出裁定；符合行为保全条件的，应当及时采取保全措施。此时，由

---

① 新疆诚祥建设发展有限公司与兆龙诚祥公司、乌鲁木齐领地凯悦房地产开发有限公司合资、合作开发房地产合同纠纷执行裁定书，（2018）新执复 89 号。

② 江伟、王景琦：《WTO 协议与中国民事司法制度的完善》，载《中国法学》2001 年第 1 期。

于原审判决已经认定侵权成立，法院可根据案情对该行为保全申请进行审查，且不要求必须提供担保。如果法院能够在行为保全申请处理期限内作出终审判决的，可以及时作出判决并驳回行为保全申请。[①]

三、错误行为保全的赔偿

由于行为保全裁定是在法院未经生效裁判认定行为人的行为是否侵权的情况下作出的，就可能有存在申请错误的情形。如发生权利人或其他利害关系人申请错误，被申请人可依法起诉要求申请人予以赔偿，从而保障行为人的利益不受侵害。[②] 至于赔偿的范围，应当包括积极损失和可得利益损失。如行为保全错误仅赔偿当事人的积极损失，而不赔偿可得利益损失，对被申请人不公平，且也纵容了错误保全申请人一方。《最高人民法院关于审理民事、行政诉讼中司法赔偿案件适用法律若干问题的解释》规定，违法采取保全措施，符合依法不应当采取保全措施而采取的；依法不应当解除保全措施而解除，或者依法应当解除保全措施而不解除的；违法采取行为保全措施的等情形，要承担赔偿责任。

四、权利人可以直接向行为人提出救济请求

意思自治是民法的基本原则。当行为人正在实施或者即将实施侵害他人人格权的违法行为时，权利人也可以直接向行为人请求停止侵害、排除妨碍。该请求在司法实践中有时被称为侵权警告。侵权警告不同于法院对诉前行为保全的裁定，所涉侵权行为并不会因侵权警告行为而当然停止，被警告者是否停止所涉侵权行为由其自行决定。下文以未经同意张贴他人肖像的产品为例。

权利人发送侵权警告维护自身合法权益是其行使民事权利的应有之义，但行使权利应当在合理的范围内。在采取维护权利行为的同时，也要注重对公平竞争秩序的维护，避免滥用侵权警告，打压竞争对手合法权益。判断侵权警告是正当的维权行为，还是打压竞争对手的不正当竞争行为，应当根据发送侵权警告的具体情况来认定，以警告内容的充分性、确定侵权的明确性为重点。权利人发送侵权警告必须以确定的具体侵权事实为依据，在发送侵权警告时应当对所警告的行为是否构成侵权尽审慎注意义务，对所涉侵权的具体事实进行充

---

① 厦门卢卡斯汽车配件有限公司、厦门富可汽车配件有限公司侵害发明专利权纠纷二审民事判决书，（2019）最高法知民终 2 号。

② 莆田市荔城区搏斯达克贸易有限公司侵害商标权纠纷民事决定书，（2018）苏司惩复 4 号。

分考量和论证后进行。侵权警告的内容不应空泛和笼统，对于权利人的身份、所主张的权利的有效性、权利的保护范围以及其他据以判断被警告行为涉嫌构成侵权的必要信息应当予以披露。权利人发送侵权警告的目的，在于让被警告者知悉存在可能侵害他人权利的事实，自行停止侵权或与权利人积极沟通、协商解决纠纷，权利人无需再提起侵权之诉寻求公力救济。

从侵权警告信的发送对象看，权利人所履行的审慎注意义务也并不相同。制造者作为侵权的源头，通常是权利人进行侵权警告的主要对象，权利人希望被警告的制造者停止侵权行为或与其进行协商以获得授权，制造者往往会选择与权利人正面协商、沟通的方式解决纠纷。权利人发送侵权警告的对象还可能包括产品的销售商、进口商，或者发明或实用新型产品的使用者等，这些人作为制造者的交易相对方，往往也是权利人争夺的目标客户群。由于他们通常对是否侵权的判断认知能力相对较弱，对所涉侵权的具体情况知之较少，与制造者不同，他们的避险意识较强，更易受到侵权警告的影响，可能会选择将所涉产品下架、退货等停止被警告行为，拒绝对制造者的商品进行交易。因此，向这些主体进行警告的行为容易直接导致制造商无法销售，影响所涉产品的竞争交易秩序。向销售商发送侵权警告时，对确定被警告行为构成侵权而产生的注意义务要高于向制造者发送侵权警告的情形，其警告所涉信息应当详细、充分，如披露请求保护的权利的范围、涉嫌侵权的具体信息以及其他与认定侵权和停止侵权相关的必要信息。否则，易导致交易方面对内容不明确的警告内容，为避免自身涉及警告信所称的后果，停止进行交易，影响公平竞争的交易秩序。①

五、拒不执行行为保全裁判的结果

在收到行为保全裁判后，行为人必须切实履行裁定内容，否则将承担严厉的法律制裁。《民事诉讼法》第二百四十一条规定："被执行人未按执行通知履行法律文书确定的义务，应当报告当前以及收到执行通知之日前一年的财产情况。被执行人拒绝报告或者虚假报告的，人民法院可以根据情节轻重对被执行人或者其法定代理人、有关单位的主要负责人或者直接责任人员予以罚款、拘留。"如果行为人在收到生效行为保全裁定后仍然继续从事被控侵权行为，法院

① 石家庄双环汽车股份有限公司、本田技研工业株式会社确认不侵害专利权纠纷二审民事判决书，(2014) 民三终字第7号。

依法作出罚款决定。罚款决定不需要等待法院生效裁判对其所从事的行为是否确实侵害了权利人的人格权作出认定。[①] 对个人的最高罚款是10万元，一般来讲，高于行政机关的罚款额度。

法院可以决定强制执行或者代履行。《民事诉讼法》第二百五十二条规定："对判决、裁定和其他法律文书指定的行为，被执行人未按执行通知履行的，人民法院可以强制执行或者委托有关单位或者其他人完成，费用由被执行人承担。"

在比较法上，《瑞士民法典》的相关规定比较细致，第二十八条c规定："（1）凡经初步证明，其人格已受到不法侵害，或有理由担心该侵害会发生且因此可能对其造成不易补救之损害的，可申请有关预防措施的责令。"第二十八条e规定："预防措施的责令，像判决一样，在任何州都可强制执行。（2）在法官规定的期限内，最迟须在30天内，申请人未提起诉讼的，在诉讼发生拘束之日前责令采取的预防措施失效。"[②]

六、理想的制度

一是将排除妨害禁止令作为行为保全制度。排除妨害禁止令发布以后，原告必须在法官规定的期限内，最迟必须在30日内，主动通过和解、调解、仲裁或者起诉等方式解决纠纷。如果原告没有主动解决纠纷，排除妨害禁止令因期限届满而自动失效。

二是将停止妨害禁止令作为民事特别程序，规定停止妨害禁止令不因期限届满而自动失效，使法官的判决具有既判力，区别于保全制度。

三是如果排除妨害禁止令或者停止妨害禁止令会给被告造成一定损害的，原告应该提供一定的担保。

四是情况需要的，应该给予被告一定时间的执行宽限期。

五是过错行使人格权请求权的，原告应该赔偿因禁止令所造成的损害，但是原告无过错或者有轻微过错的，可以不赔或者少赔。

六是创设妨害排除禁止令和妨害排除禁止令的强制执行制度。针对被告不履行禁止令，人民法院仍然有可能无法强制执行的情况，可以规定对被告处以

---

① 莆田市荔城区搏斯达克贸易有限公司侵害商标权纠纷民事决定书，（2018）苏司惩复4号。

② 《瑞士民法典》，殷生根、王燕译，中国政法大学出版社1999年版，第11页。

罚金、拘留、查封财产等处罚。对于不执行禁止令状的自然人和法人采取不同的处理措施。自然人不履行禁止令的，原告可以请求人民法院强制执行。除了要求执行禁止令以外，法院还可以加害人蔑视法院为由对加害人处以罚金、拘留、查封财产等处罚。对于法人不履行禁止令的，除了要求执行禁止令以外，法院还可以其蔑视法院为由对该法人处以罚金、查封财产，对于法人的主管人员或者直接责任者处以拘留。

法条关联

◆《民事诉讼法》

第一百零二条　保全限于请求的范围，或者与本案有关的财物。

第一百零五条　申请有错误的，申请人应当赔偿被申请人因保全所遭受的损失。

◆《最高人民法院关于适用〈中华人民共和国民事诉讼法〉的解释》

第一百五十二条　人民法院依照民事诉讼法第一百条、第一百零一条规定，在采取诉前保全、诉讼保全措施时，责令利害关系人或者当事人提供担保的，应当书面通知。

利害关系人申请诉前保全的，应当提供担保。申请诉前财产保全的，应当提供相当于请求保全数额的担保；情况特殊的，人民法院可以酌情处理。申请诉前行为保全的，担保的数额由人民法院根据案件的具体情况决定。

在诉讼中，人民法院依申请或者依职权采取保全措施的，应当根据案件的具体情况，决定当事人是否应当提供担保以及担保的数额。

第一百六十六条　裁定采取保全措施后，有下列情形之一的，人民法院应当作出解除保全裁定：

（一）保全错误的；

（二）申请人撤回保全申请的；

（三）申请人的起诉或者诉讼请求被生效裁判驳回的；

（四）人民法院认为应当解除保全的其他情形。

解除以登记方式实施的保全措施的，应当向登记机关发出协助执行通知书。

第一百七十条　民事诉讼法第一百零六条第三项规定的情况紧急，包括：

（一）需要立即停止侵害、排除妨碍的；

（二）需要立即制止某项行为的；

（三）追索恢复生产、经营急需的保险理赔费的；

（四）需要立即返还社会保险金、社会救助资金的；

（五）不立即返还款项，将严重影响权利人生活和生产经营的。

案例评议

杨季康（笔名杨绛）与中贸圣佳国际拍卖有限公司、李国强诉前禁令案[①]

◆ **评议**

广义来讲，著作人格权是一种具体人格权类型。本案是人民法院作出的首例涉及著作人格权的临时禁令，也是《民事诉讼法》（2012 年修订）实施后首例针对侵害著作权行为作出的临时禁令。书信可能涉及著作人格权和隐私权，如果书信本身构成著作，则其要受著作权保护。书信还会涉及隐私，这方面要受隐私权保护。《葡萄牙民法典》区分了秘密书函和非秘密书函，在“作为文学、历史或传记性文件”时，只能通过发信人同意的方式；对于非秘密书函，收信人可以在“不违背发信人期待”的前提下，使用该书函。本案虽然依据的是著作人格权作出了司法禁令，但实际也可以基于隐私权作出司法禁令。

第九百九十八条 【侵权考虑因素】

认定行为人承担侵害除生命权、身体权和健康权外的人格权的民事责任，应当考虑行为人和受害人的职业、影响范围、过错程度，以及行为的目的、方式、后果等因素。

本条来源

《侵权责任法》第十七条规定：“因同一侵权行为造成多人死亡的，可以以相同数额确定死亡赔偿金。”第二十条规定：“侵害他人人身权益造成财产损失的，按照被侵权人因此受到的损失赔偿；被侵权人的损失难以确定，侵权人因

---

① 《最高人民法院公告》2014 年第 10 期。

此获得利益的，按照其获得的利益赔偿；侵权人因此获得的利益难以确定，被侵权人和侵权人就赔偿数额协商不一致，向人民法院提起诉讼的，由人民法院根据实际情况确定赔偿数额。”第二十二条规定：“侵害他人人身权益，造成他人严重精神损害的，被侵权人可以请求精神损害赔偿。”本条区分了侵害生命权、身体权和健康权与其他人格权。

立法演变

《2002 年民法草案》侵权责任法第十七条规定：“精神损害赔偿的具体数额应当根据以下因素确定：（一）侵权人的过错程度；（二）侵害的手段、场合、行为方式等具体情节；（三）侵权行为所造成的后果；（四）侵权人获利的情况；（五）侵权人承担责任的经济能力；（六）受诉法院所在地平均生活水平。”一审稿第七百七十九条第一款规定：“认定行为人承担侵害人格权的民事责任，应当考虑下列因素：（一）人格权的类型；（二）行为人和受害人的职业、社会身份、影响范围等；（三）行为的目的、方式、地点、时间、后果等具体情节。”二审稿第七百八十一条：“认定行为人承担侵害除生命权、身体权和健康权以外的人格权的民事责任，可以考虑行为人和受害人的职业、影响范围、过错程度，以及行为的目的、方式、后果等因素。”（从原第七百七十九条第一款移来此处）三审稿将二审稿的“可以”修改为“应当”。

条文释义

本条规定的是侵权损害赔偿如何确定的问题，实务操作需要紧密结合侵权责任编第二章损害赔偿等规定综合研判。

一、侵害生命权、身体权和健康权的除外规定

根据本条，侵害生命权、身体权和健康权的，不应当考虑行为人和受害人的职业、影响范围、过错程度，以及行为的目的、方式、后果等因素。

（一）定型化赔偿

根据《人身损害赔偿司法解释》，受害人遭受人身损害，因就医治疗支出的各项费用以及因误工减少的收入，医疗费、误工费、护理费、交通费、住宿费、住院伙食补助费、必要的营养费；受害人因伤致残的，其因增加生活上需要所支出的必要费用以及因丧失劳动能力导致的收入损失，包括残疾赔偿金、残疾辅助器具费、被扶养人生活费，以及因康复护理、继续治疗实际发生的必要的康复费、护理费、后续治疗费；受害人死亡的，除抢救治疗相关费用外，还应当包括丧葬费、被扶养人生活费、死亡补偿费以及受害人亲属办理丧葬事宜支出的交通费、住宿费和误工损失等其他合理费用。以上费用基本上是客观支出，与行为人和受害人的主观状态、职业等无关，采取的是定型化赔偿模式。需要注意的是，此前误工费的计算仍与受害人的职业等具体情况相关，《人身损害赔偿司法解释》第二十条规定："误工费根据受害人的误工时间和收入状况确定。误工时间根据受害人接受治疗的医疗机构出具的证明确定。受害人因伤致残持续误工的，误工时间可以计算至定残日前一天。受害人有固定收入的，误工费按照实际减少的收入计算。受害人无固定收入的，按照其最近三年的平均收入计算；受害人不能举证证明其最近三年的平均收入状况的，可以参照受诉法院所在地相同或者相近行业上一年度职工的平均工资计算。"随着民法典的出台，该司法解释关于误工费的计算应有所调整，实行定型化的赔偿模式。

（二）同命同价的例外规定

《侵权责任法》和本法都规定"因同一侵权行为造成多人死亡的，可以以相同数额确定死亡赔偿金。"这样规定的主要原因是，《侵权责任法》制定过程中提出了"同命不同价"问题，同一次交通事故城镇和农村居民获得的损害赔偿数额不一致，这引发了质疑。因此，《侵权责任法》特别增加了本条规定，即在同一侵权行为导致多人死亡的，应当考虑行为人和受害人的职业、影响范围、过错程度，以及行为的目的、方式、后果等因素。本条适用的条件是同一行为，损害结果是致人死亡，致人残疾的不可以。当然，"可以"表明也可以有例外做法。

对于致单个人死亡的，最高人民法院《经常居住地在城镇的农村居民因交通事故伤亡如何计算赔偿费用的复函》明确：人身损害赔偿案件中，残疾赔偿金、死亡赔偿金和被扶养人生活费的计算，应当根据案件的实际情况，结合受害人住所地、经常居住地等因素，确定适用城镇居民人均可支配收入（人均消费性支出）或者农村居民人均纯收入（人均年生活消费支出）的标准。受害人虽然为农村户口，但在城市经商、居住，其经常居住地和主要收入来源地均为城市，有关损害赔偿费用应当根据当地城镇居民的相关标准计算。

（三）其他问题

1. 能否同时请求精神损害赔偿。《精神损害赔偿司法解释》第九条规定，精神损害抚慰金包括残疾赔偿金、死亡赔偿金等。但是，根据本法第一千一百七十九条，侵害生命权、身体权和健康权的，可以请求人身损害赔偿。根据第一千一百八十三条，侵害生命权、身体权和健康权，造成严重精神损害的，可以请求精神损害赔偿。据此，二者可以同时请求。

2. 赔偿额计算。侵害生命权、身体权和健康权的损害赔偿数额，可以用公式表示：

实际赔偿数额 =（物资损失赔偿总和 + 精神损害赔偿抚慰金 – 损益相抵额）×（1 – 过失相抵比率）– 考虑赔偿责任人经济状况而适当减少的数额。[①]

二、侵害其他人格权的民事责任

本条规定的是侵害其他人格权的损害赔偿，而不是构成要件。是否构成侵权要根据侵权责任编第一章一般侵权和其他章节特殊侵权的有关规定来判定。

《精神损害赔偿司法解释》第十条规定，精神损害的赔偿数额确定因素包括侵权人的过错程度，侵害的手段、场合、行为方式等具体情节，侵权行为所造成的后果，侵权人的获利情况，侵权人承担责任的经济能力，受诉法院所在地平均生活水平。

对比该规定，本条适用应注意以下几点：一是新增加受害人的职业、影响范围、过错程度。阶段稿还规定了“社会身份”，其背后传达的意思是，该损害赔偿要个体化。关于过失相抵，《侵权责任法》已有规定，本法第一千一百七十三条规定：“被侵权人对同一损害的发生或者扩大有过错的，可以减轻侵权人的责任。”这里不过是进一步明确。二是行为人的职业、影响范围。曾有欧洲国家规定，富豪故意侵权的，损害赔偿数额与其本身的经济能力挂钩。本条的“职业、影响范围”与原司法解释“侵权人承担责任的经济能力”的规定具有一定程度的同一性。除了补偿，惩罚和预防是侵权法的重要功能。三是行为具体情节等表述虽有变化，但是具体意思和司法解释上述规定没有实质改变。二审稿删除了行为的“地点、时间”，在损害赔偿方面具有裁判意义，比如，在死者葬礼上公然侵害死者名誉、披露死者隐私、侮辱死者遗体，这样的侵权行

① 杨立新：《侵权法论（第四版）》，人民法院出版社 2011 年版，第 832 页。

为造成的精神损害更大，因此，删除了行为的“地点、时间”可以用行为的具体情节进行解释。再如，删除的“人格权的类型”也同样具有实际意义，比如杀人、摘取他人器官、公开他人肖像、诋毁他人名誉、非法采集个人信息、盗用企业名称，不同的人格权类型，承载的精神利益程度并不相同，名称等承载的精神利益低于财产利益，在确定损害时，需要不同的计算标准。

此外，本条规定的“民事责任”实为损害赔偿责任。虽然本法第一百七十九条规定，承担民事责任的方式主要有停止侵害，排除妨碍，消除危险，返还财产，恢复原状，修理、重作、更换，继续履行，赔偿损失，支付违约金，消除影响、恢复名誉，赔礼道歉。但是，停止侵害、排除妨碍、消除危险、消除影响、恢复名誉本质上都是恢复原状，不适用诉讼时效，原则上不适用本条规定。

法条关联

◆《精神损害赔偿司法解释》

第十条 精神损害的赔偿数额根据以下因素确定：

（一）侵权人的过错程度，法律另有规定的除外；

（二）侵害的手段、场合、行为方式等具体情节；

（三）侵权行为所造成的后果；

（四）侵权人的获利情况；

（五）侵权人承担责任的经济能力；

（六）受诉法院所在地平均生活水平。

法律、行政法规对残疾赔偿金、死亡赔偿金等有明确规定的，适用法律、行政法规的规定。

案例评议

刘某肖像广告案[①]

◆ **评议**

该案是一个人格权被动商业化的典型案例，同时与言论自由抗辩相联系。

① 刘某诉《精品购物指南》报社、北京精品卓越科技发展有限公司、北京中友百货有限责任公司，参见北京市第一中级人民法院（2005）一中民终字第8144号民事判决书。

刘某案提出了如何区别人格权主动商业化和被动商业化，如何通过侵权法救济具有二元性的人格权。审理此案的高海鹏法官分析说：刘某肖像与购物节广告之间是否具有广告性质的关联性，既是刘某提出的最主要的诉求理由，也是双方当事人争议的焦点。北京市第一中级人民法院在审理中正是从关联性的角度出发，根据《精品购物指南》在使用刘某肖像时对原新闻图片进行了修改，使之不属于单纯的新闻报道。法院认定，刘某的肖像与购物节广告之间，虽然不具有直接的广告关系，但具有一定的广告性质的关联性。由此，作出了《精品购物指南》报社在使用刘某肖像过程中，因过错造成刘某人格受商业化侵害，构成侵犯肖像权的终审判决。①

第九百九十九条　【合理使用】

为公共利益实施新闻报道、舆论监督等行为的，可以合理使用民事主体的姓名、名称、肖像、个人信息等；使用不合理侵害民事主体人格权的，应当依法承担民事责任。

本条来源

《名誉权解释》第六条至第九条。

立法演变

《2002 年民法草案》人格权法第四条规定："因新闻报道等，可以合理使用自然人的姓名、肖像或者法人的名称。"一审稿第七百七十九条第二款规定："行为人为维护公序良俗实施新闻报道、舆论监督等行为的，可以在必要范围内合理使用民事主体的姓名、名称、肖像、隐私、个人信息等。"一审稿增加了"隐私、个人信息"，并保持了开放性。二审稿无实质变化，三审稿删去了"隐私"，五审稿增加了适用的前提"为公共利益"，同时，不合理使用并不当然意味着构成侵权，增加了"侵害民事主体人格权"。

---

① 《刘某肖像权案终审翻盘胜诉　被告：绝不主动道歉》，http：//www. cnr. cn/news/t20051216_504142069. html，最后访问时间：2010 年 2 月 1 日。

条文释义

本条规定的主要是新闻报道、舆论监督等合理使用人格要素的规则。

一、新闻媒体和新闻作品

新闻报道、舆论监督等合理使用人格要素具有《宪法》依据。《宪法》第二十七条第二款规定："一切国家机关和国家工作人员必须依靠人民的支持，经常保持同人民的密切联系，倾听人民的意见和建议，接受人民的监督，努力为人民服务。"第三十五条规定："中华人民共和国公民有言论、出版、集会、结社、游行、示威的自由。"

（一）新闻媒体

新闻媒体是指传播信息的介质，通俗地说就是宣传的载体或平台，包括依法设立的从事新闻报道工作的机构，如报社、通讯社、广播电台、电视台、杂志社、出版社、互联网信息服务提供者、移动互联网信息服务提供者等。《出版管理条例》第九条第二款、第三款规定："本条例所称出版单位，包括报社、期刊社、图书出版社、音像出版社和电子出版物出版社等。法人出版报纸、期刊，不设立报社、期刊社的，其设立的报纸编辑部、期刊编辑部视为出版单位。"

在我国，新闻媒体的设立实行严格的行政许可制度。比如，《出版管理条例》第十二条规定："设立出版单位，由其主办单位向所在地省、自治区、直辖市人民政府出版行政主管部门提出申请；省、自治区、直辖市人民政府出版行政主管部门审核同意后，报国务院出版行政部门审批……"互联网新闻服务也有单独的许可，根据《国务院对确需保留的行政审批项目设定行政许可的决定》等，国家和省、自治区、直辖市互联网信息办公室实施互联网新闻信息服务许可。

当然，并不是所有的互联网内容服务者都享有新闻采编权，这也是我国互联网新闻转载率高的一个原因。这些社会信息传播的主要平台，如果没有遵守传播法的基本规则，那么，其就必须承担相应的法律责任。

（二）新闻作品

在新闻学意义上，狭义的新闻作品仅仅指"消息"，是新近发生事实的报道。广义的新闻作品是指及时报道新近发生的重要事件或生活现象的各种文章，包括消息、通讯和兼有新闻、文学双重特征的报告文学。媒体侵权基本是在广义新闻的前提下讨论的，除了报告文学之外的其他作品，学术专著等也被纳入讨论的范围。

在法律适用意义上，对于什么是新闻作品，1998 年《名誉权解释》规定："有关机关和组织编印的仅供领导部门内部参阅的刊物、资料等刊登的来信或者文章，当事人以其内容侵害名誉权向人民法院提起诉讼的，人民法院不予受理。机关、社会团体、学术机构、企事业单位分发本单位、本系统或者其他一定范围内的内部刊物和内部资料，所载内容引起名誉权纠纷的，人民法院应当受理。"这个司法解释明确了内参和内部资料的区别，由于内参更多的是为了有关国家机关高层领导人进行决策的参考，公共利益性非常强，传播范围也有限，这些文件也往往按照《保守国家秘密法》的相关规定传播，因此，最高人民法院排除了其可诉性。至于内部资料，任何单位都可以编印内部资料或者编辑内部刊物，因此，其被最高人民法院认定为可诉对象。

此外，黑客编写的程序，病毒也往往具有一定的独创性，但是《著作权法》第四条规定："著作权人行使著作权，不得违反宪法和法律，不得损害公共利益。国家对作品的出版、传播依法进行监督管理。"由于其不符合《著作权法》关于作品的规定，因此，黑客或者病毒编写者不能成为《著作权法》意义上的作者。从这个角度来看，媒体侵权并不都与作品相关。

二、媒体侵权

媒体侵权是新闻媒体或者个人利用新闻等作品，或者以媒体为工具，侵害他人合法民事权益（主要是人格权）的行为。媒体侵权体现了传播行为的特点，其侵权行为影响的区域广、知悉的人数多、传播的速度快，共同侵权现象较为常见，损害的后果难以根除。

媒体侵权是《民法通则》通过以来出现较多的一种侵权行为，最高人民法院也出台了一系列司法解释。虽然有不少学者认为应该将媒体侵权作为独立的侵权类型在《侵权责任法》当中加以规定，但是，《侵权责任法》最后没有对此加以规定。民法典延续了《侵权责任法》的规定，媒体侵权应该直接适用侵权责任的一般规定，以及相关法律和最高人民法院司法解释的有关规定。

媒体侵权是一般侵权行为，适用过错归责原则，侵权的构成要件包括违法行为、损害事实、因果关系和主观过错，侵权主体包括媒体和利用媒体发表作品的作者，黑客，病毒传播者，教唆者、帮助者等。本法第一千一百六十五条规定："行为人因过错侵害他人民事权益造成损害的，应当承担侵权责任。依照法律规定推定行为人有过错，其不能证明自己没有过错的，应当承担侵权责任。”本条沿袭了《侵权责任法》第六条规定，第一款规定的是过错责任的一般构成要件，而第二款规定的是过错推定责任的构成要件。

本条在侵权行为主体的表述上，和《民法通则》有所不同。本条规定的是行为人，《民法通则》第一百零六条规定的是“公民、法人”。很明显，行为人包括了其他组织，其范围要远远大于公民、法人的范围；而行为人的表述不同于侵权人的表述。行为人的表述实际上涵盖了行为人与责任人相分离的替代责任的情形。要深刻理解媒体侵权，必须认识到新闻本身是一个信息的传播过程，新闻的生产，离不开采集、写作、编辑、设计等环节，其中一个环节出了问题，就足以被认定为媒体侵权行为，如果几个环节都出了问题，则可能被认定为共同侵权行为。最高人民法院的司法解释已经明确，新闻机构有时要替代记者作为侵权责任的主体。

三、合理使用的限度

（一）基本规则

本条所规定的合理使用，是媒体侵权的抗辩事由，是指在没有法律明确规定和权利人同意的背景下，可以不经权利人的同意而使用他人姓名、名称、肖像、个人信息等。经过多年的发展，我国新闻侵权的理论和实务成果丰硕，除了相关专注，还有不少学者对司法实践案例进行了整理，提炼了裁判规则和法律适用指引。[①] 相关司法解释也是人格权领域最多的。

侵害不同的民事权利，抗辩事由的适用范围也有所不同，比如，事实基本属实是媒体侵害名誉权的抗辩事由，但是，这个抗辩事由并不必然适用于媒体侵害隐私权的情况，反而越是属实，越要承担侵权责任。

从司法实践来看，绝大部分的媒体侵权侵害的是名誉权。新闻媒体侵害名誉权的抗辩主要是以下几个方面：一是事实方面，要满足基本属实；二是意见表达方面，要满足公正评论。

---

① 中国新闻侵权案例精选与评析课题组：《中国新闻（媒体）侵权案件精选与评析50例》，法律出版社2009年版。杨立新主编：《中国媒体侵权责任案件法律适用指引》，人民法院出版社2013年版。徐迅主编：《新闻（媒体）侵权研究新论》，法律出版社2009年版，该书通过问卷形式分析了800个案例。岳业鹏：《媒体诽谤侵权责任研究》，中国政法大学出版社2014年版。王利明、杨立新主编：《人格权与新闻侵权》，中国方正出版社2000年版。英美法关于诽谤、隐私权与表达自由方面的论著非常多，核心观点参见王利明、葛维宝主编：《中美法学前沿对话：人格权法及侵权法专题研究》，中国法制出版社2006年版。

新闻媒体侵害隐私权、肖像权、姓名权、个人信息方面，抗辩事由主要有：一是公共利益，新闻报道的目的主要是行使舆论监督权；二是公众人物，是在公众领域具有很大影响的人物，公众人物在一定的场合，其人格权主要是肖像权、隐私权受到适当限制。

杨立新总结司法实践经验，提出了事实基本真实、权威消息来源、连续报道、报道特许发言、公正评论、满足公众知情权、公众人物、批评公权力机关、公共利益目的、新闻性、受害人承诺、为本人或者第三人利益、强制“对号入座”、报道批评对象不特定、配图与内容无关或者有关等15个完全抗辩事由，以及已尽审查义务、已经更正道歉、如实报道和转载、推测事实和传闻、读者来信来电和直播、文责自负等7个不完全抗辩事由。[①] 上述梳理既有适用指引，还有案例评析，具有极大的参考价值。

（二）公众人物规则

1. 公众人物的类型。

公众人物的概念，最初起源于美国联邦最高法院1964年的纽约时报诉沙利文案。公众人物在媒体侵权中意义非凡，是一种非常重要的抗辩事由。公众人物也称为公共人物，是指因身份、职务或行为对社会意见的形成，社会问题的解决或者是对其他社会成员的行为具有重大影响的人。大致包括：政府公职人员[②]；公益组织领导人；文艺界、娱乐界、体育界的“明星”；文学家、科学家、知名学者、劳动模范等知名人士；罪犯；偶然卷入新闻事件的“非自愿的公众人物”；等等。

在如何认定公众人物的问题上，由于国外法也存在一定的争议，因此，我国各级法院还在探索中。在陈某诉服饰导报案中，审理法院否认了原告属于公众人物，法院审判认为，陈某虽系演员，也曾担任过地方电视台的主持人，在一定范围内享有知名度，但不属于我国社会所认知概念中的公众人物。因此，被告未经同意，刊登陈某照片，侵犯了原告的肖像权，应当承担侵权责任。[③]

---

① 杨立新：《论中国新闻侵权抗辩及体系与具体规则》，载徐迅主编：《新闻（媒体）侵权研究新论》，法律出版社2009年版，第193－222页。

② 冯象：《县委书记的名誉权》，载《读书》2003年第4期。

③ 国家法官学院、中国人民大学法学院编：《中国审判案例要览（2001年民事审判案例卷）》，中国人民大学出版社2002年版，第437页。

在杨丽娟案件①中，杨丽娟被认定为属于自愿型公众人物，而且这不是我国法院首次认定当事人属于自愿型公众人物。在张钰诉中央人民广播电台、张纪中、黄健中、于敏侵害名誉权案件中，张钰主动向媒体爆料关于黄健中的“潜规则猛料”，经过媒体的连续报道，张钰成为社会焦点，引起了公众的广泛关注，此案件一时间成为公众事件。据此，一审法院认定原告张钰“将自己置于公众人物角色”。二审法院认定原告“将自己置于公众关注的位置”。实际上，两级法院都认定原告为公众人物，应当容忍乃至接受相关的社会评价。该案件同杨丽娟案件极为相似。

自愿型公众人物是自愿参与某种社会争议、试图影响有关解决该争议的公共舆论的人。具体来讲，判断的关键要件包括：第一，公共争议和该争议的解决必须影响许多人，而不仅仅是其中的参与者，争议的结果必须影响社会大众。第二，原告必须自愿参与争议，被迫卷入由其他人（如新闻界）制造的争议的个人不是自愿型公众人物。第三，试图影响争议结果、塑造有关该问题的公众舆论的原告是自愿型公众人物。②

公共官员要受公众人物规则的约束。官员从事公共事务，其行为涉及公共利益，行政管理相对人等享有知情权，官员与职权相关的行为要受到公众人物规则的约束。

2. 如何认定公众人物规则中的“适度报道”。

公众人物的人格权只是基于公共利益和公众兴趣在合理的范围内受到限制，但公众人物的隐私权、名誉权等人格权还是受到法律保护的。第一，与公共利益、公众合理兴趣无关的个人信息。例如，名人冯小刚的家庭住址曾经被媒体曝光，这种行为就侵犯了冯小刚的隐私权，应当承担侵权责任。公众人物受到限制的人格权是与公共利益或者公众合理兴趣有关的事务，其他情况下，公众人物的人格权受到正常保护。第二，公众人物的个人空间。包括适用望远镜等器材窥探公众人物个人空间的行为都构成侵害他人隐私权，否则，如果允许这样的行为发生，则公众人物就基本上等于牺牲了全部的人格利益，甚至比囚犯

① 杨大正：《杨丽娟状告媒体名誉侵权终审败诉被认为自愿型公众人物》，http：//www.nfdaily.cn，最后访问时间：2007年11月20日。

② ［美］唐·R. 彭伯：《大众传媒法（第十三版）》，张金玺、赵刚译，中国人民大学出版社2005年版，第184页。

都不如。也正是因为如此，西谚说，家庭是个人生活的堡垒，风能进，雨能进，国王不能进。第三，为了商业目的而利用公众人物的肖像、隐私等将构成侵权。第四，恶意侵害他人名誉权、隐私权等人格权，严重贬损他人人格尊严。在此情况下，行为人的行为已经超出了公众利益的界限，属于基于个人目的的恶意加害行为，因此应当由行为人承担责任。[①]

3. 公众人物规则中举证责任的分配。

据不完全统计，我国司法实践并没有出现要求公众人物承担证明被告存在实际恶意的举证责任转移的情况，“赵忠祥诉张淋、新华日报社侵害名誉权案”即为例证。[②] 这与公众人物规则的滥觞地——美国的做法有所不同。美国的公众人物规则确定了举证责任倒置规则，也就是，除非该公众人物能够证明发表言论者存在实际恶意，而不是一般案件中的过失，[③] 否则其不能够获得法律救济。确立这一规则的经典案例是纽约时报诉沙利文案，后文还会详述有关案情。

法条关联

◆《名誉权解释》

六、问：新闻单位报道国家机关的公开的文书和职权行为引起的名誉权纠纷，是否认定为构成侵权？

答：新闻单位根据国家机关依职权制作的公开的文书和实施的公开的职权行为所作的报道，其报道客观准确的，不应当认定为侵害他人名誉权；其报道失实，或者前述文书和职权行为已公开纠正而拒绝更正报道，致使他人名誉受到损害的，应当认定为侵害他人名誉权。

七、问：因提供新闻材料引起的名誉权纠纷，如何认定是否构成侵权？

答：因提供新闻材料引起的名誉权纠纷，认定是否构成侵权，应区分以下两种情况：

---

① 王利明：《人格权法研究》，中国人民大学出版社2005年版，第247－248页。

② 北京市海淀区人民法院（2000）海民初字第7230号民事判决书。

③ 郭国松：《“公众人物”的隐私不受保护?》，载《南方周末》2003年1月9日。关于纽约时报诉沙利文案详细判决，可以参见方流芳：《纽约时报诉沙利文案》，载中国民商法律网。关于公众人物的论述也可参见冯象：《政法笔记》，江苏人民出版社2004年版，第174－184页。

（一）主动提供新闻材料，致使他人名誉受到损害的，应当认定为侵害他人名誉权。

（二）因被动采访而提供新闻材料，且未经提供者同意公开，新闻单位擅自发表，致使他人名誉受到损害的，对提供者一般不应当认定为侵害名誉权；虽系被动提供新闻材料，但发表时得到提供者同意或者默许，致使他人名誉受到损害的，应当认定为侵害名誉权。

八、问：因医疗卫生单位公开患者患有淋病、梅毒、麻风病、艾滋病等病情引起的名誉权纠纷，如何认定是否构成侵权？

答：医疗卫生单位的工作人员擅自公开患者患有淋病、梅毒、麻风病、艾滋病等病情，致使患者名誉受到损害的，应当认定为侵害患者名誉权。

医疗卫生单位向患者或其家属通报病情，不应当认定为侵害患者名誉权。

九、问：对产品质量、服务质量进行批评、评论引起的名誉权纠纷，如何认定是否构成侵权？

答：消费者对生产者、经营者、销售者的产品质量或者服务质量进行批评、评论，不应当认定为侵害他人名誉权。但借机诽谤、诋毁，损害其名誉的，应当认定为侵害名誉权。

新闻单位对生产者、经营者、销售者的产品质量或者服务质量进行批评、评论，内容基本属实，没有侮辱内容的，不应当认定为侵害其名誉权；主要内容失实，损害其名誉的，应当认定为侵害名誉权。

案例评议

范某某诉文汇新民联合报业集团侵害名誉权案①

◆ **评议**

本案是我国第一个提出公众人物概念的案例，范某某作为体育明星，是典型的公众人物，关于范某某是否参加赌球的问题，媒体的连续报道既满足了公

① 《媒体舆论监督并无不当“赌球案”范某某一审败诉》，http：//www.civillaw.com.cn/weizhang/default.asp？id＝10880，最后访问时间：2020年2月15日；《范某某名誉侵权案审判长访谈》，http：//news.sohu.com/71/94/news206249471.shtml，最后访问时间：2020年2月15日。

众知情权，也排除了其主观过错。本案争议的报道是被告处在“世界杯”的特定背景下，遵循新闻规律，从新闻媒体的社会责任与义务出发，为满足社会大众对公众人物的知情权而采写的监督性报道。即使原告认为争议的报道点名道姓称其涉嫌赌球有损其名誉，但作为公众人物的原告，对媒体在行使正当舆论监督的过程中，可能造成的轻微损害应当予以容忍与理解。

法史钩沉

沙利文诉纽约时报案是当代世界关于公众人物名誉权问题的重要判决，其产生背景是20世纪60年代由马丁·路德·金在美国南部发起的民权运动，它深刻地影响了美国。以下是美国最高法院关于该案的判决要旨。被告人阿拉巴马州蒙哥马利一位经由选举产生的官员，向阿拉巴马州法院提起诉讼，声称其受到刊登在法人上诉人报纸上的广告的诽谤，广告的正文由四位个人上诉人和其他许多人士签名。广告包括一份声明，声明中声称的警察直接对参加民权示威活动的学生和民权运动的领导人采取行动的一些内容是错误的；被告人声称声明指涉他，因为他的职责包括警察局的管理工作。初审法官指示陪审团，这样的声明“本身就是诽谤”，法律上的损害已经被包含在内，无需实际损害的证据，并且，就补偿性损害而言，恶意是被推定的，因此，如果发现声明是由上述上诉人发表并与被告人有关，针对上诉人的前述赔偿请求就能够成立。至于惩罚性赔偿，法官指示：仅仅具有过失不能作为具有实际恶意的证据，不能据此作出惩罚性赔偿判决。他拒绝向陪审团指示，在作出惩罚性赔偿判决之前，必须证明加害故意或轻率行为的实际存在，或者支持被告人的裁决必须区分补偿性赔偿和惩罚性赔偿。陪审团作出了支持被告人的裁决，州最高法院对该裁决予以确认。本院判决：在宪法第一修正案和第十四修正案之下，除非证明存在“实际恶意”——明知声明错误或无视其真假，一州不能因与职务行为有关的诽谤性错误就判决对公共官员予以赔偿。①

举证责任之所在，败诉之所在。通过本案确立的“实际恶意”举证责任倒

---

① 该判决全文参见孙沛成：《私法的能与不能——纽约时报案评析》，载《判解研究》2005年第1期。相关评论参见［美］安东尼·刘易斯：《批评官员的尺度》，何帆译，北京大学出版社2011年版。

置，给了媒体监督以较大的“喘息空间”，这也是后来《华盛顿邮报》能够充分发挥媒体监督作用的制度原因。

第一千条 【更正报道】

行为人因侵害人格权承担消除影响、恢复名誉、赔礼道歉等民事责任的，应当与行为的具体方式和造成的影响范围相当。

行为人拒不承担前款规定的民事责任的，人民法院可以采取在报刊、网络等媒体上发布公告或者公布生效裁判文书等方式执行，产生的费用由行为人负担。

本条来源

《民法通则》第一百二十条规定：“公民的姓名权、肖像权、名誉权、荣誉权受到侵害的，有权要求停止侵害，恢复名誉，消除影响，赔礼道歉，并可以要求赔偿损失。法人的名称权、名誉权、荣誉权受到侵害的，适用前款规定。”《名誉权解答》第十条规定：“……恢复名誉、消除影响、赔礼道歉可以书面或者口头的方式进行，内容须事先经人民法院审查。恢复名誉、消除影响的范围，一般应与侵权所造成不良影响的范围相当……”《利用信息网络侵害人身权益司法解释》第十六条规定：“人民法院判决侵权人承担赔礼道歉、消除影响或者恢复名誉等责任形式的，应当与侵权的具体方式和所造成的影响范围相当。侵权人拒不履行的，人民法院可以采取在网络上发布公告或者公布裁判文书等合理的方式执行，由此产生的费用由侵权人承担。”

立法演变

一审稿第七百八十一条规定：“侵权人依法承担消除影响、恢复名誉或者赔礼道歉等民事责任的，应当与侵权的具体方式和造成的影响范围相当。侵权人拒不履行的，人民法院可以采取在报刊、网络等媒体上发布公告或者公布生效裁判文书等方式执行，产生的费用由侵权人负担。”二审稿作了两处修改，一是将侵权人改为行为人，二是明确了侵害的是人格权。此后无变化。

条文释义

本条是关于侵害人格权的恢复原状类责任方式如何落地的问题。

一、相当性

相当性的规定来源于上文两部司法解释。理论依据是侵权法的补偿功能，即以恢复原状与金钱赔偿的方式，使侵权人填补受害人因侵权行为所受到的损害。侵权法的这一基本功能决定了，无论是恢复原状，还是金钱赔偿，都要遵循等额赔偿原则。至于惩罚性赔偿，则是为了充分发挥侵权责任的预防功能而在消费者权益保护、知识产权等领域实行的例外规则。

如何判断相当性。有判决书提出，利用网络侵害他人名誉权的损害后果，通常是通过网络传播的方式对受害人产生不利影响，因而侵权人以赔礼道歉、消除影响或者恢复名誉等形式承担侵权责任时，亦应在侵权行为发生地即发布侵权信息的网址进行，赔礼道歉的方式与范围应当与侵权人之侵权行为方式及影响范围相适应。①

二、适用的人格权类型和方式

（一）适用的人格权类型

本条保护的人格权类型是否有限制？侵害他人生命权、身体权和健康权是否适用？从文义来看，本条的适用范围很广，甚至侵害他人财产权的情况也可适用。但是，司法实践适用本条最常见的人格权类型是姓名权、肖像权、名誉权、荣誉权，以及法人、非法人组织人格权。侵害他人生命权、身体权和健康权时，受害人重点关注的是金钱赔偿，登报等公之于众的方法与回复受害人人格权的圆满状态关联度不高，受害人可能还不想将自己被他人侵害的事情公之于众，以免面子受损。所以，侵害他人生命权、身体权和健康权时的诉讼请求虽然可能包括消除影响、恢复名誉、赔礼道歉，但受害人往往会拒绝登报广而告之。类似的还有隐私权，涉及个人隐私的案件，我国法律明确规定要不公开审理，政府信息公开条例也将涉及个人隐私的作为原则不公开的内容，之所以如此规定，原因就是保护权利人利益。

---

① 吴某等与瞿某名誉权纠纷二审民事判决书，（2019）京01民终9899号。

（二）适用的人格权方式

从司法实践来看，法院一般判决支持属地报刊或者行业报刊。“网络”有可能是微信群、博客、视频网站等，也有可能是小区布告栏，这个载体也取决于原侵害行为。

（三）可否强制执行

下文以赔礼道歉为例。赔礼道歉的作为义务既来自生效裁判，还来自侵权人的先行行为。有判决认为，赔礼道歉侧重于精神上的补救，通过赔礼道歉，受害人感觉其得到尊重，其精神损害得到了补救。赔礼道歉作为民事责任承担方式之一，侧重于人格权益的损害救济。① 司法实践中，有不少案例被告被判决赔礼道歉，但是履行期限届满也没有按照判决执行，法院一般会在媒体上刊登相关判决书，费用由被告承担。我国台湾地区将登报道歉启事作为恢复名誉的适当处分方式之一。

通常来讲，公开刊登判决书被视为赔礼道歉的强制执行方式。在此情况下，赔礼道歉能否起到预防的作用？答案可能是否定的，“相当性”决定了受害人只能够得到与其损害相适应的责任限度，因此侵害人不赔不赚，由于侵权法不赔偿可预见损失，甚至受害人的损失更大一些。众所周知，商场如战场，商机稍纵即逝，如果此类侵权行为在商业竞争中被广泛使用，侵害人通过侵害法人人格权以获取可预见的商业利益，则法律会失灵。

（四）制度反思

当然，还需要关注对赔礼道歉作为民事责任方式的批评意见。姚辉认为，赔礼道歉为自发式、自愿式、自向性的行为，并不关注相对人的反应。我国侵权法无视强制赔礼道歉与宪法上基本权利所可能发生的冲突，直接将赔礼道歉作为一种民事责任方式的非合理性，是显而易见的。② 孩子犯错了，但拒不改正，亲权人可以实施惩戒。同理，杀人、散布他人隐私、盗用他人姓名，这些对于一个成年人众所周知的法律红线，如果其故意侵权而被法院判决后仍然拒绝赔礼道歉，一个价格低廉的登报道歉广告似乎让其感觉还是赚到了，而受害人的损害也没有被填补到位。为了充分发挥侵权法的一般预防作用，明规则于

---

① 桂前友、张恒生命权、健康权、身体权纠纷二审民事判决书，（2019）鄂01民终6142号。

② 姚辉：《人格权法论》，中国人民大学出版社2007年版，第337－349页。

前，侵害人拒不赔礼道歉的执行问题，是否可以在既有措施的前提下，拒不履行赔礼道歉义务的，则自动转化为相应的损害赔偿金，以期教化、弘扬社会主义核心价值观。这类似于在行政处罚中，当违法行为人不能支付足额罚款时，在必要的情况下可以将财产罚转化为人身罚。

法条关联

◆《安全生产法》

第一百一十一条　生产经营单位发生生产安全事故造成人员伤亡、他人财产损失的，应当依法承担赔偿责任；拒不承担或者其负责人逃匿的，由人民法院依法强制执行。

生产安全事故的责任人未依法承担赔偿责任，经人民法院依法采取执行措施后，仍不能对受害人给予足额赔偿的，应当继续履行赔偿义务；受害人发现责任人有其他财产的，可以随时请求人民法院执行。

◆《最高人民法院关于适用〈中华人民共和国民事诉讼法〉的解释》

第五百零三条　被执行人不履行生效法律文书确定的行为义务，该义务可由他人完成的，人民法院可以选定代履行人；法律、行政法规对履行该行为义务有资格限制的，应当从有资格的人中选定。必要时，可以通过招标的方式确定代履行人。

申请执行人可以在符合条件的人中推荐代履行人，也可以申请自己代为履行，是否准许，由人民法院决定。

第五百零四条　代履行费用的数额由人民法院根据案件具体情况确定，并由被执行人在指定期限内预先支付。被执行人未预付的，人民法院可以对该费用强制执行。

代履行结束后，被执行人可以查阅、复制费用清单以及主要凭证。

案例评议

葛长生诉洪振快名誉权、荣誉权纠纷案（指导案例99号）①

◆ **裁判规则**

对侵害英雄烈士名誉、荣誉等行为，英雄烈士的近亲属依法向人民法院提起诉讼的，人民法院应予受理。英雄烈士事迹和精神是中华民族的共同历史记忆和社会主义核心价值观的重要体现，英雄烈士的名誉、荣誉等受法律保护。人民法院审理侵害英雄烈士名誉、荣誉等案件，不仅要依法保护相关个人权益，还应发挥司法彰显公共价值功能，维护社会公共利益。任何组织和个人以细节考据、观点争鸣等名义对英雄烈士的事迹和精神进行污蔑和贬损，属于歪曲、丑化、亵渎、否定英雄烈士事迹和精神的行为，应当依法承担法律责任。

◆ **评议**

英雄烈士事迹和精神，不仅涉及个人权益，还关系到社会公共利益，这是本案的重大核心见解。如果本案原告不起诉或者英雄烈士没有近亲属，根据《英雄烈士保护法》第二十五条，检察机关依法对侵害英雄烈士的姓名、肖像、名誉、荣誉，损害社会公共利益的行为向人民法院提起诉讼，负责英雄烈士保护工作的部门和其他有关部门在履行职责过程中发现侵权行为，需要检察机关提起诉讼的，应当向检察机关报告。英雄烈士近亲属依法提起诉讼的，法律援助机构应当依法提供法律援助服务。这里和《民事诉讼法》第五十五条规定的公益诉讼有所不同，对污染环境、侵害众多消费者合法权益等损害社会公共利益的行为，法律规定的机关和有关组织可以向人民法院提起诉讼，与此同时，人民检察院可以支持起诉。《英雄烈士保护法》《民事诉讼法》都没有明确在本案原告提起诉讼的情况下，人民检察院是否可以支持起诉。本案判决生效后，因洪振快逾期未履行赔礼道歉，北京市西城区人民法院决定刊登两案判决书的主要内容，所需费用由洪振快承担。

① 最高人民法院审判委员会讨论通过，2018年12月19日发布。

第一千零一条 【身份权参照适用】

对自然人因婚姻家庭关系等产生的身份权利的保护，适用本法第一编、第五编和其他法律的相关规定；没有规定的，可以根据其性质参照适用本编人格权保护的有关规定。

本条来源

《民法总则》第一百一十二条规定：“自然人因婚姻、家庭关系等产生的人身权利受法律保护。”本法第一百一十二条原封不动的沿用了该条文。但是，本条将“人身权利”调整为“身份权利”，似更为准确。《民法通则》规定了人身权专节，第一百零四条第一款规定：“婚姻、家庭、老人、母亲和儿童受法律保护。”《婚姻法》第二十条规定：“夫妻有互相扶养的义务。一方不履行扶养义务时，需要扶养的一方，有要求对方付给扶养费的权利。”第二十一条规定：“父母对子女有抚养教育的义务；子女对父母有赡养扶助的义务。父母不履行抚养义务时，未成年的或不能独立生活的子女，有要求父母付给抚养费的权利。子女不履行赡养义务时，无劳动能力的或生活困难的父母，有要求子女付给赡养费的权利。禁止溺婴、弃婴和其他残害婴儿的行为。”《继承法》第十条规定：“遗产按照下列顺序继承：第一顺序：配偶、子女、父母。第二顺序：兄弟姐妹、祖父母、外祖父母。继承开始后，由第一顺序继承人继承，第二顺序继承人不继承。没有第一顺序继承人继承的，由第二顺序继承人继承。本法所说的子女，包括婚生子女、非婚生子女、养子女和有扶养关系的继子女。本法所说的父母，包括生父母、养父母和有扶养关系的继父母。本法所说的兄弟姐妹，包括同父母的兄弟姐妹、同父异母或者同母异父的兄弟姐妹、养兄弟姐妹、有扶养关系的继兄弟姐妹。”

立法演变

一审稿无此条规定，有意见提出，自然人因婚姻家庭关系产生的身份权利，与人格权在保护上具有一定相似性。对这些身份权利的保护，除了适用婚姻家庭编的规定外，还应当参照适用人格权保护的相关规定。据此，二审稿第七百八十二条之一规定：“自然人因婚姻、家庭关系等产生的身份权利的保护，参照适用本编人格权保护的有关规定。”三审稿第七百八十二条之一规定：“对自然人因婚姻家庭关系等产生的身份权利的保护，适用本法总则编、婚姻家庭编和其他法律的相关规定；没有规定的，参照适用本编人格权保护的有关规定。”对比二审稿，增加了总则编、婚姻家庭编、其他法律、人格权编的适用顺位。五审稿增加了“可以根据其性质”，并作了文字调整。

条文释义

对自然人因婚姻家庭关系等产生的身份权利的保护，适用本法总则编、婚姻家庭编和其他法律的相关规定；没有规定的，参照适用本编人格权保护的有关规定。

身份权是自然人基于婚姻家庭关系等产生的相互之间享有的人身和财产方面的权利，对外具有排他性支配权，其发生原因为结婚、收养、血缘等，其消灭原因为离婚、解除收养、血缘排除等。与人格权、物权等不同，本法没有明确规定身份权，在立法过程中，笔者曾建议明确身份权的概念和类型，但立法最后采用的是“身份权利”，在立法上保持了一定的张力。谢怀栻先生以亲属权替代身份权的提法，认为“身分权”一词里的“身分”有点中世纪法律用语的气味，用来表示现代的民事权利，很不确切，容易引起误会。[①] 当然，史尚宽指出，身份权也称为亲属权。[②]

从本法规定来看，亲权、配偶权、亲属权为典型的身份权。著作人身权不宜作为我国身份权的类型，荣誉权已经明确为人格权，也不宜作为身份权，婚姻自主权在体例上与其他人格权共同规定，与身份权分开规定，应认定为具体人格权。

侵害身份权的，可以适用身份权请求权和侵权请求权的保护方法。如何理解“可以根据其性质参照适用本编人格权保护的有关规定”？关于身份权请求权，在“深度研讨”部分会有详细阐述。由于身份权的种类不同，人身和财产方面的权利义务也不同，适用绝对权请求权和侵权请求权等也有差异，比如，亲权的绝对权请求权可以包括返还子女的请求权，配偶权则往往无法适用返还

① 谢怀栻：《论民事权利体系》，载《法学研究》1996 年第 2 期。
② 史尚宽：《亲属法论》，中国政法大学出版社 2000 年版，第 34 页。

配偶的请求权。简单来讲，不同的身份权类型，相应的绝对权请求权内容不同，这就是“根据其性质”。但在侵权保护方面，本书认为并不存在本质上的差别，具体损害赔偿数额，要根据个案确定。

一、亲权

亲权是父母基于其身份，对于未成年子女以教养保护为目的的权利义务的集合。① 这里的子女包括婚生子女、非婚生子女、养子女、形成抚养教育关系的继子女。

1. 亲权包括人身和财产两方面的抚养、教育和保护等内容。例如，父母不履行抚养义务的，未成年子女或者不能独立生活的成年子女，有要求父母给付抚养费的权利。成年子女不履行赡养义务的，缺乏劳动能力或者生活困难的父母，有要求成年子女给付赡养费的权利。父母有教育、保护未成年子女的权利和义务。未成年子女造成他人损害的，父母应当依法承担民事责任。父母和子女有相互继承遗产的权利。除此之外，学理上认为还包括居所指定权、子女交还请求权、惩戒权、代理权、同意权和财产管理权等。

2. 亲权不因离婚而丧失。实践中，离婚后不与子女共同生活居住的一方探望权纠纷很多。我国大量判决书认为，离婚后父母对子女的探望权是作为亲属权的一项延伸权利，它是建立在一定的亲属身份关系上的，它所涉及的是一种人身关系。② 这一裁判的依据主要来自《婚姻法》，本法第一千零八十六条继续规定：“离婚后，不直接抚养子女的父或者母，有探望子女的权利，另一方有协助的义务。行使探望权利的方式、时间由当事人协议；协议不成的，由人民法院判决。父或者母探望子女，不利于子女身心健康的，由人民法院依法中止探望；中止的事由消失后，应当恢复探望。”从判决书的表述来看，其“亲属权”为身份权，与谢怀栻先生的表述一致。

3. 继父或者继母和受其抚养教育的继子女，在继父母与其生父母离婚后，是否还是父母子女关系？民法典继承编规定，继父或者继母和受其抚养教育的继子女间的权利义务关系，适用本法关于父母子女关系的规定。从上述规定来

---

① 史尚宽：《亲属法论》，中国政法大学出版社 2000 年版，第 658 页。

② 如，张某与马某探望权纠纷二审民事判决书，（2018）陕 04 民终 1134 号。李某与王某探望权纠纷一审民事判决书，（2019）内 0404 民初 2896 号。黄某玉与何某明探望权纠纷一审民事判决书，（2019）闽 0602 民初 3931 号。

看，并未明确继父母子女关系是否继续。本书认为，可以区分两种情况，一是离婚时，继子女成年的，除非继父母子女声明解除父母子女关系的，否则原则上应继续承认父母子女关系，依据第一千零六十九条的规定，继子女应当承担赡养义务。继父母死亡后，继子女也可以继承遗产。但如继子女未承担赡养义务，则可以酌情考虑认定父母子女关系解除。继子女声明解除父母子女关系的，可以支持，但要支付赡养费用。二是离婚时，继子女未成年的，继父母没有明确继续抚养教育的意思表示的，此身份关系自动解除，基于父母子女关系的赡养义务、继承权利都相应终止。《最高人民法院关于人民法院审理离婚案件处理子女抚养问题的若干具体意见》第十三条规定："生父与继母或生母与继父离婚时，对曾受其抚养教育的继子女，继父或继母不同意继续抚养的，仍应由生父母抚养。"

4. 亲权的界限。禁止胁迫、诱骗、利用未成年人乞讨或者组织未成年人进行有害其身心健康的表演等活动。父母或者其他监护人不得允许或者迫使未成年人结婚，不得为未成年人订立婚约。禁止拐卖、绑架、虐待未成年人，禁止对未成年人实施性侵害。但是，亲权是否因虐待、性侵害等事由而消灭，民法典没有给出明确规定。根据《未成年人保护法》，父母或者其他监护人不履行监护职责或者侵害被监护的未成年人的合法权益，经教育不改的，人民法院可以根据有关人员或者有关单位的申请，撤销其监护人的资格，依法另行指定监护人。被撤销监护资格的父母应当依法继续负担抚养费用。从比较法来看，父母滥用亲权时，亲权可能因此被暂停或者终止，由社会福利机构等代为抚养教育未成年人。

二、配偶权

本法第一千零四十三条第二款规定："夫妻应当互相忠实，互相尊重，互相关爱；家庭成员应当敬老爱幼，互相帮助，维护平等、和睦、文明的婚姻家庭关系。"这是配偶权的主要依据。本条规定弹性很大，结合其他条款，配偶权包括了忠实义务、同居义务、贞操义务、相互扶助抚养义务以及平等权、日常家事代理权、继承权、独立姓名权、生产工作学习和社会活动自由权等。

（一）配偶权的取得

配偶权基于结婚而取得。达到法定婚龄的男女双方，依法登记结婚后，双方互相取得配偶权。有的国家和地区采取仪式婚，需要经过一定的仪式向社会公示，方能产生结婚的效力。婚姻通过登记将“婚姻契约”[①] 的相对性，提升为绝对性，具备了排他性的支配权。

1. 事实婚姻。1994 年后，我国不再承认事实婚姻。《最高人民法院关于适用新的〈婚姻登记管理条例〉的通知》[②] 规定：“1989 年 11 月 21 日，我院《关于人民法院审理未办结婚登记而以夫妻名义同居生活案件的若干意见》第三条规定：‘自民政部新的婚姻登记管理条例施行之日起，没有配偶的男女，未办结婚登记即以夫妻名义同居生活，按非法同居关系对待。’1994 年 2 月 1 日，民政部发布了新的《婚姻登记管理条例》，并于发布之日起施行。因此，自 1994 年 2 月 1 日起，没有配偶的男女，未经结婚登记即以夫妻名义同居生活的，其婚姻关系无效，不受法律保护。对于起诉到人民法院的，应按非法同居关系处理。在此之前，未经结婚登记即以夫妻名义同居生活，新的《婚姻登记管理条例》施行以后起诉到人民法院的，仍按我院上述《意见》中的有关规定办理。”此后，我国承认了同居关系，不再认定为非法。

但是，民事和刑事领域的差异性认知，在婚姻效力的认定方面再次显现。同样是 1994 年，《最高人民法院关于〈婚姻登记管理条例〉施行后发生的以夫妻名义非法同居的重婚案件是否以重婚罪定罪处罚的批复》[③] 规定：“新的《婚姻登记管理条例》发布施行后，有配偶的人与他人以夫妻名义同居生活的，或者明知他人有配偶而与之以夫妻名义同居生活的，仍应按重婚罪定罪处罚。”

2. 同居关系。法国、我国台湾地区等承认同性婚姻或者生活伴侣关系，但是我国民法典明确规定，结婚的主体是男女双方，不包括同性。有判决明确，同居不能当然取得配偶权。同居关系的法律效果是，同居期间所生子女与父母具有父母子女关系；同居期间，双方共同取得的财产按照按份共有处理，一方取得的财产归其个人所有；同居者相互不享有配偶权。[④]

3. 忠诚协议。忠诚协议的效力通常为法律所承认。根据本法第一千零六十

---

① 史尚宽：《亲属法论》，中国政法大学出版社 2000 年版，第 98 – 110 页。

② 该文件已被《最高人民法院关于废止 1980 年 1 月 1 日至 1997 年 6 月 30 日期间发布的部分司法解释和司法解释性质文件（第九批）的决定》废止。

③ 该批复已被《最高人民法院关于废止 1980 年 1 月 1 日至 1997 年 6 月 30 日期间发布的部分司法解释和司法解释性质文件（第九批）的决定》废止。

④ 岑某温、李某涛同居关系析产纠纷、同居关系子女抚养纠纷二审民事判决书，（2017）桂 10 民终 542 号。

五条第二款，夫妻对婚姻关系存续期间所得的财产以及婚前财产的约定，对双方具有法律约束力。司法实践中，夫妻一方声明或者双方单独签订忠诚协议的，如果一方违反忠诚义务，则按照忠诚协议约定的内容承担违约责任。有判决认定，《保证书、说明书》属夫妻间忠诚协议约定的性质，严某在《保证书、说明书》中向郑某保证："……过往的错事不再犯，从8月4日起彻底与……断绝来往……"，若违背，则放弃所有资产与财产。① 另有判决认定，若在婚姻关系期间，一方经语音、图片、视频、网络短信等其他方式被证明出现精神或肉体出轨的不忠诚现象（包括但不限于婚外情、与他人发生性关系、同居、重婚等行为）或对另一方有家庭暴力、遗弃、虐待等违反夫妻忠诚协议行为的，过错方的全部婚前财产及男女双方的夫妻共同财产将自愿赠与无过错方，归无过错方所有；同时，自协议签订之日后取得的所有财产按此约定内容执行。法院认为，签订的《婚内忠诚协议》系双方当事人真实意思表示，不违反法律、行政法规的禁止性规定，亦无证据证明存在受胁迫、受欺诈、显示公平等情形，合法有效，法院予以确认。②

（二）侵害配偶权的损害赔偿

1. 离婚损害赔偿请求权。所谓离婚损害赔偿请求权，系婚姻法赋予夫妻无过错一方得向因重大过错致夫妻关系被解除的另一方主张相应物质或精神损害赔偿的权利。离婚损害赔偿请求权之权利主体、义务主体及适用情形，均由婚姻法予以明确规定。离婚损害赔偿请求权作为基础权利即配偶权被侵害而派生之权利，其适用情形仅限于婚姻法明确规定的四种情形。易言之，婚姻关系中有重大过错的他方，所实施的侵害无过错他方配偶权的行为仅限于重婚，有配偶者与他人同居的，实施家庭暴力，虐待、遗弃家庭成员等四种法定情形。③ 本法第一千零九十一条规定："有下列情形之一，导致离婚的，无过错方有权请求损害赔偿：（一）重婚；（二）与他人同居；（三）实施家庭暴力；（四）虐待、遗弃家庭成员；（五）有其他重大过错。""其他重大过错"可以包括以下情形：

---

① 严某、郑某离婚后财产纠纷二审民事判决书，（2019）闽01民终5767号。

② 刘某、杨某离婚后财产纠纷二审民事判决书，（2019）川01民终1078号。

③ 陈某林与田某离婚后损害责任纠纷一审民事判决书，（2019）渝0156民初4075号。

一是婚外生子。陈某对自己在与刘某婚姻存续期间存在与他人发生性关系并怀孕、于离婚后生育子女的行为并无异议，该行为违反了夫妻间的忠实义务，无疑在自身感受和社会评价方面给刘某带来痛苦和精神压力。①

二是婚生子女否认。女方在夫妻关系存续期间，生育与男方不存在亲子关系的小孩，其行为违反关于夫妻之间应当互相忠实、互相尊重的法律规定，且造成了男方的精神痛苦，属于有过错责任的一方，应该根据男方的精神损害程度，承担精神损害赔偿责任。同时，作为丈夫在没有抚养义务的情况下代为履行了抚养义务，故孩子的父母作为获益一方应当返回其获取的不当利益，该不当利益也包括孩子的抚养费。②

三是卖淫嫖娼、赌博、吸毒等。

2. 侵害配偶一方的性能力。徐某倒车将张某撞伤，结果为因外伤致阴茎勃起功能障碍。张某的妻子认为，自己作为张某的合法妻子，丈夫因车祸丧失性功能，使自己的生理及心理健康受到了严重伤害，今后将陷入漫长的、不完整的夫妻生活。法院审理认为，环卫所司机徐某在工作中倒车时疏于观察，将张某撞伤，环卫所应负全部责任。性权利是公民健康权的一个方面，正是由于徐某的侵害，使王某作为妻子的性权利受到了侵害。法院判决，环卫所赔偿张某医疗费、残疾生活补助费、残疾赔偿金等损失，赔偿王某精神损害抚慰金10000 元。③

三、亲属权

亲属权是（外）祖父母与（外）孙子女、兄弟姐妹、父母与成年子女之间基于身份关系而产生的法定权利。

1. （外）祖父母与（外）孙子女。本法第一千零七十四条规定："有负担能力的祖父母、外祖父母，对于父母已经死亡或者父母无力抚养的未成年孙子女、外孙子女，有抚养的义务。有负担能力的孙子女、外孙子女，对于子女已经死亡或者子女无力赡养的祖父母、外祖父母，有赡养的义务。"有判决指出，（外）祖父母的探望权属于亲属权的范畴，其派生于亲权而存在，同时是对亲

---

① 陈某婷与刘某伏离婚后损害责任纠纷二审民事判决书，（2019）吉 01 民终 174 号。

② 王某某与史某某离婚后损害赔偿纠纷一审民事判决书，（2018）宁 0105 民初 2504 号。

③ 杨立新：《间接侵害婚姻关系的侵权行为》，http：//old. civillaw. com. cn/article/default. asp? id = 16862，最后访问时间：2007 年 5 月 1 日。

权的有益补充。特别是在亲权不行使或者无法行使时，亲属权的地位和作用尤其重要。《婚姻法》虽然将探望主体规定为离婚后不直接抚养子女的父或母，没有将（外）祖父母列入探望权主体范围。但是，设置探望权的主要目的是保护未成年子女的身心健康，故并不意味立法本意是将（外）祖父母彻底排除在外，否则，显然是不符合人性和情理的。相反，正常的亲属之间的往来，有利于未成年人亲情观念和关心他人等良好品行的养成，部分弥补了单亲家庭子女父（或母）爱的缺失，符合我国“未成年人利益最大化”的保护原则。同时，探望孙辈也是失独老人获得精神慰藉的重要途径之一，应视为老年人应有之权益，且可与孙辈享有代位继承权之法律原理相对应。老年人居家养老，享有家庭成员尊重、关心和照料的权利。失独老人代替死亡子女行使探望权于法于理并不相悖，亦是对失独老人的特殊保护和关心。[①] 我国未采用尊亲属和卑亲属的概念，民法典立法过程中曾就尊亲属的探望权作出规定，但后来删除了，本书认为，民法典关于亲属的规定本来就松散稀薄。

2. 兄弟姐妹。本法第一千零七十五条规定：“有负担能力的兄、姐，对于父母已经死亡或者父母无力抚养的未成年弟、妹，有扶养的义务。由兄、姐扶养长大的有负担能力的弟、妹，对于缺乏劳动能力又缺乏生活来源的兄、姐，有扶养的义务。”

3. 父母与成年子女。成年子女不履行赡养义务的，缺乏劳动能力或者生活困难的父母，有要求成年子女给付赡养费的权利。子女应当尊重父母的婚姻权利，不得干涉父母离婚、再婚以及婚后的生活。子女对父母的赡养义务，不因父母的婚姻关系变化而终止。父母和子女有相互继承遗产的权利。

4. 民事的近亲属与刑事的近亲属范围不同。根据《刑事诉讼法》第一百零八条，“近亲属”是指夫、妻、父、母、子、女、同胞兄弟姊妹。根据本法第一千零四十五条，配偶、父母、子女、兄弟姐妹、祖父母、外祖父母、孙子女、外孙子女为近亲属。我国采“近亲属”而不采“亲等”的立法路径，值得检讨。由于计划生育的影响，我国相当数量的人并没有兄弟姐妹，整个社会呈现“小家庭”治理模式，如能扩大亲属在法律上的意义、检讨家庭的独立民事主体地位，则有助于进一步发挥家庭在国家和社会治理中的作用。

---

① 王某某、周某某与周某探望权纠纷一审民事判决书，（2015）虎少民初字第00197号。

法条关联

◆《未成年人保护法》

第二章　家庭保护

第十条　父母或者其他监护人应当创造良好、和睦的家庭环境，依法履行对未成年人的监护职责和抚养义务。

禁止对未成年人实施家庭暴力，禁止虐待、遗弃未成年人，禁止溺婴和其他残害婴儿的行为，不得歧视女性未成年人或者有残疾的未成年人。

第十一条　父母或者其他监护人应当关注未成年人的生理、心理状况和行为习惯，以健康的思想、良好的品行和适当的方法教育和影响未成年人，引导未成年人进行有益身心健康的活动，预防和制止未成年人吸烟、酗酒、流浪、沉迷网络以及赌博、吸毒、卖淫等行为。

第十二条　父母或者其他监护人应当学习家庭教育知识，正确履行监护职责，抚养教育未成年人。

有关国家机关和社会组织应当为未成年人的父母或者其他监护人提供家庭教育指导。

第十三条　父母或者其他监护人应当尊重未成年人受教育的权利，必须使适龄未成年人依法入学接受并完成义务教育，不得使接受义务教育的未成年人辍学。

第十四条　父母或者其他监护人应当根据未成年人的年龄和智力发展状况，在作出与未成年人权益有关的决定时告知其本人，并听取他们的意见。

第十五条　父母或者其他监护人不得允许或者迫使未成年人结婚，不得为未成年人订立婚约。

第十六条　父母因外出务工或者其他原因不能履行对未成年人监护职责的，应当委托有监护能力的其他成年人代为监护。

◆《预防未成年人犯罪法》

第二章　预防未成年人犯罪的教育

第六条　对未成年人应当加强理想、道德、法制和爱国主义、集体主义、社会主义教育。对于达到义务教育年龄的未成年人，在进行上述教育的同时，应当进行预防犯罪的教育。

预防未成年人犯罪的教育的目的，是增强未成年人的法制观念，使未成年人懂得违法和犯罪行为对个人、家庭、社会造成的危害，违法和犯罪行为应当承担的法律责任，树立遵纪守法和防范违法犯罪的意识。

第七条 教育行政部门、学校应当将预防犯罪的教育作为法制教育的内容纳入学校教育教学计划，结合常见多发的未成年人犯罪，对不同年龄的未成年人进行有针对性的预防犯罪教育。

第八条 司法行政部门、教育行政部门、共产主义青年团、少年先锋队应当结合实际，组织、举办展览会、报告会、演讲会等多种形式的预防未成年人犯罪的法制宣传活动。

学校应当结合实际举办以预防未成年人犯罪的教育为主要内容的活动。教育行政部门应当将预防未成年人犯罪教育的工作效果作为考核学校工作的一项重要内容。

第九条 学校应当聘任从事法制教育的专职或者兼职教师。学校根据条件可以聘请校外法律辅导员。

第十条 未成年人的父母或者其他监护人对未成年人的法制教育负有直接责任。学校在对学生进行预防犯罪教育时，应当将教育计划告知未成年人的父母或者其他监护人，未成年人的父母或者其他监护人应当结合学校的计划，针对具体情况进行教育。

第十一条 少年宫、青少年活动中心等校外活动场所应当把预防未成年人犯罪的教育作为一项重要的工作内容，开展多种形式的宣传教育活动。

第十二条 对于已满十六周岁不满十八周岁准备就业的未成年人，职业教育培训机构、用人单位应当将法律知识和预防犯罪教育纳入职业培训的内容。

第十三条 城市居民委员会、农村村民委员会应当积极开展有针对性的预防未成年人犯罪的法制宣传活动。

◆《妇女权益保障法》

第五章 财产权益

第三十条 国家保障妇女享有与男子平等的财产权利。

第三十一条 在婚姻、家庭共有财产关系中，不得侵害妇女依法享有的权益。

第三十二条 妇女在农村土地承包经营、集体经济组织收益分配、土地征收或者征用补偿费使用以及宅基地使用等方面，享有与男子平等的权利。

第三十三条　任何组织和个人不得以妇女未婚、结婚、离婚、丧偶等为由，侵害妇女在农村集体经济组织中的各项权益。

因结婚男方到女方住所落户的，男方和子女享有与所在地农村集体经济组织成员平等的权益。

第三十四条　妇女享有的与男子平等的财产继承权受法律保护。在同一顺序法定继承人中，不得歧视妇女。

丧偶妇女有权处分继承的财产，任何人不得干涉。

第三十五条　丧偶妇女对公、婆尽了主要赡养义务的，作为公、婆的第一顺序法定继承人，其继承权不受子女代位继承的影响。

第六章　人身权利

第三十六条　国家保障妇女享有与男子平等的人身权利。

第三十七条　妇女的人身自由不受侵犯。禁止非法拘禁和以其他非法手段剥夺或者限制妇女的人身自由；禁止非法搜查妇女的身体。

第三十八条　妇女的生命健康权不受侵犯。禁止溺、弃、残害女婴；禁止歧视、虐待生育女婴的妇女和不育的妇女；禁止用迷信、暴力等手段残害妇女；禁止虐待、遗弃病、残妇女和老年妇女。

第三十九条　禁止拐卖、绑架妇女；禁止收买被拐卖、绑架的妇女；禁止阻碍解救被拐卖、绑架的妇女。

各级人民政府和公安、民政、劳动和社会保障、卫生等部门按照其职责及时采取措施解救被拐卖、绑架的妇女，做好善后工作，妇女联合会协助和配合做好有关工作。任何人不得歧视被拐卖、绑架的妇女。

第四十条　禁止对妇女实施性骚扰。受害妇女有权向单位和有关机关投诉。

第四十一条　禁止卖淫、嫖娼。

禁止组织、强迫、引诱、容留、介绍妇女卖淫或者对妇女进行猥亵活动。

禁止组织、强迫、引诱妇女进行淫秽表演活动。

第四十二条　妇女的名誉权、荣誉权、隐私权、肖像权等人格权受法律保护。

禁止用侮辱、诽谤等方式损害妇女的人格尊严。禁止通过大众传播媒介或者其他方式贬低损害妇女人格。未经本人同意，不得以营利为目的，通过广告、商标、展览橱窗、报纸、期刊、图书、音像制品、电子出版物、网络等形式使用妇女肖像。

第七章　婚姻家庭权益

第四十三条　国家保障妇女享有与男子平等的婚姻家庭权利。

第四十四条　国家保护妇女的婚姻自主权。禁止干涉妇女的结婚、离婚自由。

第四十五条　女方在怀孕期间、分娩后一年内或者终止妊娠后六个月内，男方不得提出离婚。女方提出离婚的，或者人民法院认为确有必要受理男方离婚请求的，不在此限。

第四十六条　禁止对妇女实施家庭暴力。

国家采取措施，预防和制止家庭暴力。

公安、民政、司法行政等部门以及城乡基层群众性自治组织、社会团体，应当在各自的职责范围内预防和制止家庭暴力，依法为受害妇女提供救助。

第四十七条　妇女对依照法律规定的夫妻共同财产享有与其配偶平等的占有、使用、收益和处分的权利，不受双方收入状况的影响。

夫妻书面约定婚姻关系存续期间所得的财产归各自所有，女方因抚育子女、照料老人、协助男方工作等承担较多义务的，有权在离婚时要求男方予以补偿。

第四十八条　夫妻共有的房屋，离婚时，分割住房由双方协议解决；协议不成的，由人民法院根据双方的具体情况，按照照顾子女和女方权益的原则判决。夫妻双方另有约定的除外。

夫妻共同租用的房屋，离婚时，女方的住房应当按照照顾子女和女方权益的原则解决。

第四十九条　父母双方对未成年子女享有平等的监护权。

父亲死亡、丧失行为能力或者有其他情形不能担任未成年子女的监护人的，母亲的监护权任何人不得干涉。

第五十条　离婚时，女方因实施绝育手术或者其他原因丧失生育能力的，处理子女抚养问题，应在有利子女权益的条件下，照顾女方的合理要求。

第五十一条　妇女有按照国家有关规定生育子女的权利，也有不生育的自由。

育龄夫妻双方按照国家有关规定计划生育，有关部门应当提供安全、有效的避孕药具和技术，保障实施节育手术的妇女的健康和安全。

国家实行婚前保健、孕产期保健制度，发展母婴保健事业。各级人民政府应当采取措施，保障妇女享有计划生育技术服务，提高妇女的生殖健康水平。

◆《反家庭暴力法》

第四章　人身安全保护令

第二十三条　当事人因遭受家庭暴力或者面临家庭暴力的现实危险，向人民法院申请人身安全保护令的，人民法院应当受理。

当事人是无民事行为能力人、限制民事行为能力人，或者因受到强制、威吓等原因无法申请人身安全保护令的，其近亲属、公安机关、妇女联合会、居民委员会、村民委员会、救助管理机构可以代为申请。

第二十四条　申请人身安全保护令应当以书面方式提出；书面申请确有困难的，可以口头申请，由人民法院记入笔录。

第二十五条　人身安全保护令案件由申请人或者被申请人居住地、家庭暴力发生地的基层人民法院管辖。

第二十六条　人身安全保护令由人民法院以裁定形式作出。

第二十七条　作出人身安全保护令，应当具备下列条件：

（一）有明确的被申请人；

（二）有具体的请求；

（三）有遭受家庭暴力或者面临家庭暴力现实危险的情形。

第二十八条　人民法院受理申请后，应当在七十二小时内作出人身安全保护令或者驳回申请；情况紧急的，应当在二十四小时内作出。

第二十九条　人身安全保护令可以包括下列措施：

（一）禁止被申请人实施家庭暴力；

（二）禁止被申请人骚扰、跟踪、接触申请人及其相关近亲属；

（三）责令被申请人迁出申请人住所；

（四）保护申请人人身安全的其他措施。

第三十条　人身安全保护令的有效期不超过六个月，自作出之日起生效。人身安全保护令失效前，人民法院可以根据申请人的申请撤销、变更或者延长。

第三十一条　申请人对驳回申请不服或者被申请人对人身安全保护令不服的，可以自裁定生效之日起五日内向作出裁定的人民法院申请复议一次。人民法院依法作出人身安全保护令的，复议期间不停止人身安全保护令的执行。

第三十二条 人民法院作出人身安全保护令后，应当送达申请人、被申请人、公安机关以及居民委员会、村民委员会等有关组织。人身安全保护令由人民法院执行，公安机关以及居民委员会、村民委员会等应当协助执行。

◆《老年人权益保障法》

第二章 家庭赡养与扶养

第十三条 老年人养老以居家为基础，家庭成员应当尊重、关心和照料老年人。

第十四条 赡养人应当履行对老年人经济上供养、生活上照料和精神上慰藉的义务，照顾老年人的特殊需要。

赡养人是指老年人的子女以及其他依法负有赡养义务的人。

赡养人的配偶应当协助赡养人履行赡养义务。

第十五条 赡养人应当使患病的老年人及时得到治疗和护理；对经济困难的老年人，应当提供医疗费用。

对生活不能自理的老年人，赡养人应当承担照料责任；不能亲自照料的，可以按照老年人的意愿委托他人或者养老机构等照料。

第十六条 赡养人应当妥善安排老年人的住房，不得强迫老年人居住或者迁居条件低劣的房屋。

老年人自有的或者承租的住房，子女或者其他亲属不得侵占，不得擅自改变产权关系或者租赁关系。

老年人自有的住房，赡养人有维修的义务。

第十七条 赡养人有义务耕种或者委托他人耕种老年人承包的田地，照管或者委托他人照管老年人的林木和牲畜等，收益归老年人所有。

第十八条 家庭成员应当关心老年人的精神需求，不得忽视、冷落老年人。

与老年人分开居住的家庭成员，应当经常看望或者问候老年人。

用人单位应当按照国家有关规定保障赡养人探亲休假的权利。

第十九条 赡养人不得以放弃继承权或者其他理由，拒绝履行赡养义务。

赡养人不履行赡养义务，老年人有要求赡养人付给赡养费等权利。

赡养人不得要求老年人承担力不能及的劳动。

第二十条 经老年人同意，赡养人之间可以就履行赡养义务签订协议。赡养协议的内容不得违反法律的规定和老年人的意愿。

基层群众性自治组织、老年人组织或者赡养人所在单位监督协议的履行。

第二十一条 老年人的婚姻自由受法律保护。子女或者其他亲属不得干涉老年人离婚、再婚及婚后的生活。

赡养人的赡养义务不因老年人的婚姻关系变化而消除。

第二十二条 老年人对个人的财产，依法享有占有、使用、收益和处分的权利，子女或者其他亲属不得干涉，不得以窃取、骗取、强行索取等方式侵犯老年人的财产权益。

老年人有依法继承父母、配偶、子女或者其他亲属遗产的权利，有接受赠与的权利。子女或者其他亲属不得侵占、抢夺、转移、隐匿或者损毁应当由老年人继承或者接受赠与的财产。

老年人以遗嘱处分财产，应当依法为老年配偶保留必要的份额。

第二十三条 老年人与配偶有相互扶养的义务。

由兄、姐扶养的弟、妹成年后，有负担能力的，对年老无赡养人的兄、姐有扶养的义务。

第二十四条 赡养人、扶养人不履行赡养、扶养义务的，基层群众性自治组织、老年人组织或者赡养人、扶养人所在单位应当督促其履行。

第二十五条 禁止对老年人实施家庭暴力。

第二十六条 具备完全民事行为能力的老年人，可以在近亲属或者其他与自己关系密切、愿意承担监护责任的个人、组织中协商确定自己的监护人。监护人在老年人丧失或者部分丧失民事行为能力时，依法承担监护责任。

老年人未事先确定监护人的，其丧失或者部分丧失民事行为能力时，依照有关法律的规定确定监护人。

第二十七条 国家建立健全家庭养老支持政策，鼓励家庭成员与老年人共同生活或者就近居住，为老年人随配偶或者赡养人迁徙提供条件，为家庭成员照料老年人提供帮助。

◆**《治安管理处罚法》**

第四十五条 有下列行为之一的，处五日以下拘留或者警告：

（一）虐待家庭成员，被虐待人要求处理的；

（二）遗弃没有独立生活能力的被扶养人的。

◆《精神损害赔偿司法解释》

第二条 非法使被监护人脱离监护，导致亲子关系或者近亲属间的亲属关系遭受严重损害，监护人向人民法院起诉请求赔偿精神损害的，人民法院应当依法予以受理。

案例评议

赵某强等诉通化市人民医院侵犯身份权赔偿案①

◆ **评议**

八个孩子抱错仨，精神损害真真切切，损害程度甚至比侵害姓名权的人格权的损害程度更深。孙某父表示："我并不是为了把我的亲生儿子要回来，我只是想找到他，哪怕只是看他一眼也行。这不需要任何理由。20多年了，我连自己的亲生儿子都没有见到，这本身就是不公平的，对那个我未曾谋面的儿子同样也是不公平的。"而赵某的态度更坚决："一直到现在，我还不知道自己的亲生父母是谁，我甚至连自己是哪个民族的都不清楚，你说，我该不该找下去?"此外，与人格权不同，身份权的主体是复数，受害人往往是复数，在侵害配偶权的情况下，配偶可能与第三人成为共同侵权人，也有可能是第三人侵害配偶双方。

深度研讨

本部分重点讨论身份权请求权。② 身份权请求权是民事权利保护的请求权体系中的一种。现代身份权完全区别于历史上的身份权，具有现代的特质。基于身份权的现代特质，身份权请求权具有独特而必要的法律地位。身份权请求权包括妨害预防请求权、妨害排除请求权和违反身份权相对效力而产生的身份权请求权，而确定身份权的请求权不属于身份权请求权的内容。身份权请求权在诉讼上表现为给付之诉。本书将结合身份权的基本特点和绝对权请求权体系来探讨身份权请求权的若干基本理论问题。

① 《轰动全国的通化串子案终审判决医院被判赔52万》，http：//www.people.com.cn/GB/shehui/1061/1981373.html，最后访问时间：2007年2月2日。

② 本部分与杨立新教授合作完成。

由于身份权与物权、人格权、知识产权都是绝对权、支配权，而绝对性、排他性和直接支配性是绝对权产生保全请求权的基础，因此，身份权也应当基于其自身的绝对性、专属性和直接支配性而具有身份权请求权。[①] 我们认为，身份权请求权是指民事主体在其身份权的圆满状态受到妨害或者有妨害之虞时，得向加害人或者人民法院请求加害人为一定行为或者不为一定行为，以回复身份权的圆满状态或者防止妨害的权利。

以往的研究表明，在绝对权请求权体系中，绝对权请求权的权利基础——物权、知识产权和人格权的差异性对绝对权请求权的内容具有一定的影响。实际上，尽管各种绝对权请求权的基本内容都包括了保全请求权，即妨害排除和妨害预防，但是由于原权利的性质不同，不同的绝对权请求权仍然会具有各自特殊的内容。例如，基于对物的占有支配的考虑，物权请求权中的所有物返还请求权为物权请求权的特殊内容。[②] 基于对人格权的绝对尊重和侵害人格权的侵权请求权适用诉讼时效的双重考虑，我们曾经提出了在一定条件下人格权请求权应包括人身损害赔偿请求权。知识产权请求权也因为其权利客体的无形性而导致了知识产权请求权的内容还特别地包括获取信息请求权[③]。并且身份权本身可以同时呈现出形成权、请求权和支配权等多种权利形态[④]，其权利属性远远比任何其他绝对权都更为复杂。据此我们可以认为，身份权请求权也可能因为其权利基础——身份权而具有不同于其他绝对权请求权的权利内容，甚至身份权会对身份权请求权的构成要件等其他方面产生进一步的影响。

本书试以上述身份权请求权的概念为前提假设，从探寻身份权请求权的现实需求和身份权的现代特质出发，进而深入探讨身份权请求权的概念、特征、内容等基本问题，最后提出相应的立法建议。

一、身份权请求权的现实需求

综观我国亲属法及相关司法解释，对身份权请求权的排除妨害和停止妨害

---

① 对此，史尚宽先生曾将身份权和物权进行类比，认为因身份法益被侵害而发生之请求权，与物权之物上请求权具有同样的性质。参见史尚宽：《亲属法论》，中国政法大学出版社 2000 年版，第 34 页。

② 王利明：《物权法研究》，中国人民大学出版社 2002 年版，第 120 页以下。［德］鲍尔、施蒂尔纳：《德国物权法》，张双根译，法律出版社 2004 年版，第 186 页。

③ 杨明：《论知识产权请求权》，北京大学出版社 2005 年版，第页。

④ 史尚宽：《亲属法论》，中国政法大学出版社 2000 年版，第 37 页。

两种救济途径完全没有提及。对于基于违反身份权相对效力而产生的身份权请求权也只有一类：即违反扶养、抚养和赡养义务而产生的身份权请求权。[①] 究其原因，恐怕主要在于我国身份权理论的研究相对落后。同时，我国的绝对权请求权研究刚刚起步，虽然已经有一定的成果问世，但是关于身份权请求权的研究仍然基本上无人问津，[②] 甚至专门研究绝对权请求权的文章也忽略了身份权请求权。[③] 尽管修改婚姻家庭法的讨论如火如荼，但是除了巫昌祯、李忠芳两位关于“家庭暴力适用停止侵害民事禁止令”[④] 和杨大文关于“父母有权依法排除他人对其未成年子女的侵害，保护未成年子女的人身和财产权益”[⑤] 的建议之外（而这其实为人格权请求权的内容），民法学界对这个问题罕有论述。

但是，身份权请求权的现实需求并不因为法律没有规定，理论没有研究而自生自灭。在我国，身份权请求权的制度需求在“爷爷无权探望孙子”案中表现得淋漓尽致。艾某夫妇的儿子与媳妇离了婚，孙子判给了妈妈抚养。爷爷奶奶非常喜欢孙子，常去探望。但是，孙子的妈妈一纸诉状于某日把艾某夫妇告上了法庭，理由是爷爷奶奶对孙子地探望给她新组成的家庭生活造成了不良影响。法院认为，被告作为祖父母，如果原告没有异议，在适当的场合，有节制的探望自己的孙子是人之常情，但两人在孩子的直接监护人已经对他们的行为

---

① 《婚姻法》第二十条规定：“夫妻有互相扶养的义务。一方不履行扶养义务时，需要扶养的一方，有要求对方付给扶养费的权利。”第二十一条的规定：“父母对子女有抚养教育的义务；子女对父母有赡养扶助的义务。父母不履行抚养义务时，未成年的或不能独立生活的子女，有要求父母付给抚养费的权利。子女不履行赡养义务时，无劳动能力的或生活困难的父母，有要求子女付给赡养费的权利。”后文将对这一身份权请求权进行论述。

② 王利明认为，身份权上的请求权主要包括抚养请求权和赡养请求权。参见王利明：《民法总则研究》，中国人民大学出版社2003年版，第215页。在这里，王利明没有对身份权自身的请求权和基于身份权支配性而产生的请求权进行区分。史尚宽先生指出，在诸如亲权、监护权之支配，发生对于妨害人之妨害除去请求权。此外，另有夫妇间之亲属法上请求权，与债权本质上并无差别。我们认为，史尚宽先生虽然指出了身份权上的请求权，但是直接认定“一定亲属间之扶养请求权”为身份权请求权的内容也同样不妥。参见史尚宽：《民法总论》，中国政法大学出版社2000年版，第27页。

③ 崔建远：《绝对权请求权抑或侵权责任方式》，载《法学》2002年第11期。

④ 巫昌祯、李忠芳：《民法典婚姻家庭编通则一章的具体设计》，载《中华女子学院学报》2002年第4期。

⑤ 王利明主编：《中国民法典草案建议稿及说明》，中国法制出版社2004年版，第68页。

有异议的情况下坚持探望，侵犯了原告的监护权，违反了《婚姻法》只有离婚后不直接抚养子女的父或母才有探望子女权利的规定，因而判决被告今后未经孩子母亲的许可，不得擅自探望孙子。这样判决的结果就是，爷爷奶奶没有权利探望自己的孙子，现在“他们只得在幼儿园附近远远观望自己的孙子”。① 本案中的“爷爷奶奶”可以主张亲属权上的身份权请求权，进而实现探望孙子的愿望。《婚姻法》第三十八条规定：“离婚后，不直接抚养子女的父或母，有探望子女的权利，另一方有协助的义务。行使探望权利的方式、时间由当事人协议；协议不成时，由人民法院判决。父或母探望子女，不利于子女身心健康的，由人民法院依法中止探望的权利；中止的事由消失后，应当恢复探望的权利。”根据对此条的解释，我们可以知道《婚姻法》允许本案中孩子的父亲在适当的时间对孩子进行探望。尽管《婚姻法》确实没有规定其他的近亲属享有探望权，但是在债权法、人格权法、身份权法中，法律规定的权利是权利，法律没有规定的权利，只要是符合民法的基本原则的，合乎情理的，符合人性的，符合民事习惯的，都可以认定为是权利，都可以寻求法律的保护。虽然孩子的父母已经离婚，但是由于身份权本身具有事实先在性，离婚并不能够消灭与孩子相关的任何身份权，因此本案中的艾某夫妇仍然享有亲属权，应该享有探望权。其依据就在于其爷爷奶奶享有亲属权上的绝对权请求权。在本案中，孩子妈妈的阻止艾某夫妇探望孩子的行为目的是疏离爷爷奶奶与孙子之间的感情联络和交往，实际上已经构成对艾某夫妇亲属权的非法妨害。造成本案错误判决的部分原因就在于我国法律没有明确规定基于亲属权的绝对权请求权。

可见，我国存在确立身份权请求权的现实需要。因此，我们在研究这个问题时曾经指出：“身份权本身也有两种请求权。在身份权的内容中，就包括了身份权请求权，例如抚养、扶养、赡养的请求权，就是身份权本身的权利。但是，作为身份权自身保护方法的请求权与此不同，是独立于派生身份权的请求权，它是作为身份权受到侵害时，依据身份权请求权，权利人可以请求停止侵害、排除妨害和恢复原状。因此，这种身份权请求权是附随于身份权的保护身份权自身的请求权。身份权自身的请求权保护，就是身份权自身存在的在其受到侵

① 杨立新：《2002 年热点民事案件点评》，http：//www. civillaw. com. cn，最后访问时间：2003 年 2 月 1 日。

害之后，权利人所享有的请求权。”[①]

二、身份权请求权权利基础——身份权的现代特质

在古代，人的身份体现为家族和社会的双重性，身份的法律含义体现的是国家和家族中的权力和等级特权，高等级身份的人对低等级身份的人享有在人身和财产上的绝对支配，这也就决定了身份权在产生之初就表现为一种不平等的专制支配性质。[②] 英国梅因指出，在“人法”中所提到的一切形式的“身份”都起源于古代属于“家族”所有的权力和特权，在某种程度上，至今仍旧带有这种色彩。一定意义上，到此处为止，所有进步社会的运动，是一个“从身份到契约”的运动。[③]

但是，随着社会的发展，身份的含义逐渐变化，即排斥其原本所包含的权力因素，注入义务中心的观念，变狭隘的特权为普遍的权利，变目的的社会结合的财产法上的支配为本质的社会结合之身份法上的支配，变单方的支配为相互的支配。[④] 可以说，平等观念彻底地改变了民法的面貌。[⑤] 身份权一改以前对人身支配的面貌，变成了仅仅是对身份利益的支配。可以单凭一己意志决定妻子（妾）、子女等他人生命、健康、财产多寡的时代一去不复返了。

正因为如此，身份权是所有民事权利中变化最大的一类基本民事权利。身份权的变化主要表现为：第一，族权消亡。[⑥] 第二，专制的夫权为平等的配偶权所代替。[⑦] 第三，亲权从“家族本位”向“亲本位”转变，再由“亲本位”向“子本位”转变。[⑧] 第四，出现新型的亲属权。[⑨] 第五，和身份权密切相关的

---

① 杨立新：《亲属法专论》，高等教育出版社2005年版，第77页。

② 韩延斌：《身份权论》，中国人民大学1998年博士学位论文，第20页。

③ ［英］梅因：《古代法》，商务印书馆1984年版，第97页。

④ 史尚宽：《民法总论》，台湾地区正大印书馆1980年版，第109页。转引自王利明主编：《人格权法新论》，吉林人民出版社1994年版，第196页。

⑤ 杨振山、陈健：《平等身份与现代民法学》，载《法律科学》1998年第2期。

⑥ 族权、族长权在族内的行使可以说是父权的延伸。参见王丽萍：《亲子法研究》，法律出版社2004年版，第16页。

⑦ 梁慧星：《中国民法经济法诸问题研究》，法律出版社1991年版，第52－55页。

⑧ 王丽萍：《亲子法研究》，法律出版社2004年版，第1－41页。

⑨ 杨立新：《人身权法论》，人民法院出版社2002年版，第32－33页。

“家”不再作为民事主体的一个基本类型。①

上述变化是身份权现代化的主要标志。在这一过程中，身份权的客体不再是活生生的自然人，而是演变成了身份利益。这样，身份权的主体开始具有对偶性，身份权在权利主体与相对人之间的天平开始从绝对支配性向相对请求性转变，身份权的性质变得复杂化，即身份权不再像物权一样是一种纯粹的绝对权。

（一）身份权演变为具有相对性的绝对权

身份权的特殊之处，就在于权利主体的多元性。也就是说，作为身份权的权利主体，总是二人以上，身份权标表的是特定的亲属之间的身份地位和权利义务，那么权利主体总要是具体的相对的亲属。配偶权的权利主体就是夫和妻，亲权的主体就是父母和未成年子女，亲属权的主体也必须是相对的亲属。只有一个亲属，不能构成身份权。既然如此，身份权应当具有相对性。但是，身份权的基本性质是绝对权，是人身权体系中的一类基本权利，具有对世性，那么怎么解释身份权的性质呢？

我们认为，此时的身份权是具有相对性的绝对权。② 一方面，身份权在数个权利主体之间，构成权利义务关系，具有相对性的性质。我们称这种基于相对性而产生的权利义务关系为身份权的对内关系。由于总是在特定的、相对应的亲属之间享有身份权，因此，身份权的主要内容是对内的权利义务关系。在身份权对内关系中，权利义务是平等的。在权利人之间，既是权利人，又是义务人，双方互为权利人和义务人。平等的权利义务关系，构成身份权对内关系的一个基本特点。任何一方亲属都不能对另一方亲属取得身份地位上的优势，

---

① 家制是几千年来社会组织的基础，一旦根本推翻，恐窒碍难行，或影响社会太甚，故亲属编立法原则议定，在事实上似以保留此种组织为宜，在法律上自应承认家制的存在。参见李显冬：《从大清例律到民国民法典的转型》，中国人民公安大学出版社 2003 年版，第 269 页。现代民法典大多否定了家作为民事主体的做法，典型的转变可以参见日本、韩国以及我国的亲属法律史。不过，《意大利民法典》第八条还有关于家族姓名的规定（在本法第七条规定的情况下，由于维护家族利益的需要，即使未使用受到抨击或被不恰当使用的姓名之人也可以提起本法第七条规定的诉讼），这恐怕是家制的遗存。关于中国家制的现代化，参见戴东雄：《亲属法论文集》，三民书局 1993 年版，第 537 页以下。

② 史尚宽认为，权利得分为身份权和非身份权。民法上身份权者，所谓基于亲属法上之相对关系之身份，有一定身份然后得享有之权利也。参见史尚宽：《民法总论》，中国政法大学出版社 2000 年版，第 21 页。

不得凌驾于另一方。身份权的对内关系的另一个特点是以义务为中心，身份权对内的权利义务中，义务为重点，而不是以权利为中心。

另一方面，身份权又是绝对权，具有对世性，是对世性的民事权利。身份关系具有稳定性、法定性、亲缘性①、非暂时性、专属性等特点，且家庭为社会的基本组织形态，亲子关系、配偶关系、亲属关系为社会的最基本关系，因此，出生、死亡等身份法律事实和婚姻、收养等身份法律行为在法定机关登记之后，具有较强的公示力。正是由于身份权具有法定公示力，所以具有相对性的身份权利义务关系能够成为一种绝对权。② 我们称这种基于绝对性而产生的权利义务关系为身份权的对外关系。身份权的对外关系表明，身份权的权利主体享有这种权利，其他任何人都负有不得侵犯这种权利的义务。身份权作为对世性的权利，权利人是特定的相对应的亲属，权利人享有的权利，是表明特定亲属之间的特定身份地位，并通过这种亲属的身份地位使权利主体对特定亲属之间的身份利益的绝对占有和支配。身份权作为对世性的权利，义务人是特定亲属之外的其他任何人，负担的义务是对特定亲属身份地位的尊重，并对特定亲属之间的身份利益的不得侵犯。

身份权的对世性和对人性，构成了这样的相对性的绝对权。例如，配偶权首先是一个绝对权，是对世性的权利，对世宣告只有该夫妻之间才是配偶，确定只有他们而不是其他任何人具有这样的身份地位，其他任何人都必须尊重这样的配偶关系。但是，配偶关系的最重要的身份地位在于相对性，夫对妻而言是配偶，妻对夫而言是配偶，对其他任何人，他或者她都不是配偶，只有他们之间才享有配偶的权利，负担配偶的义务。身份权的对世性和对人性，构成了身份权与其他权利的不同。③

---

① 王利明主编：《人格权法新论》，吉林人民出版社1994年版，第199页。

② 同样具有相对性的合同债权由于不具有类似的法定公示力，因此其不能够成为绝对权，而只能够产生不可侵性。其侵害债权的责任构成要件也比较严格。

③ 从这个特点上说，身份权比较接近于共有权。共有权对外的特点是绝对权，是所有权，但共有权同时也注重共有人之间的权利义务关系。比如说，两个人去买一套房屋，现在共有这个房屋了，两人之间就相互约束，一个人想卖必须经另一个人的同意，否则就侵犯了对方的权利。因此共有权就是具有相对性的一个绝对权，对外它是绝对权，对内它是一个相对的权利。相比较而言，身份权在这一点上与共有权很相似。比如亲属之间讲身份权时，总是要讲特定的亲属，例如父母和子女之间，祖父母和孙子女之间，在这些特定的亲属之间才能构成这样的权利义务关系；但是对外又具有宣示性，是一个绝对权。

身份权具有两个方面的权利义务关系，因此形成了相对性的绝对权的性质。那么，在身份权的这两种权利义务关系中，哪一种更应当重点保护呢？我们认为，身份权的这两种权利义务关系都是重要的。对外的权利义务关系，表明身份权的绝对权性质，任何人都不得对特定亲属之间的身份利益予以侵害，法律予以严密的保护。同样，身份权对内的权利义务关系，表明特定亲属相互之间的权利义务，任何一方都有权行使自己享有的身份权，也都不得违背自己作为特定的亲属所应当负担的义务。①

（二）身份权也包括形成权

派生身份权还可以作形成权、请求权、支配权的划分。身份权的形成权，是指基本身份权中关于依照权利人单方面的意思就能使一定的法律关系发生、变更或者消灭的派生身份权。

身份权形成权分为使亲属关系发生变动的身份形成权和使身份权发生变动的身份权形成权。身份形成权一经行使，即对亲属的身份关系发生变动，例如，婚姻、收养撤销权，离婚、终止收养关系请求权，婚生子女否认权，非婚生子女认领权，认领请求权，认领撤销权，都属于这种身份形成权。身份形成权一经行使，即使身份权发生变动，例如，亲权全部丧失（或停止）或部分（财产管理权）丧失（或停止）的宣告请求权，无民事行为能力或者限制民事行为能力的宣告请求权，无民事行为能力或者限制民事行为能力宣告撤销请求权。②

三、身份权请求权本体论——以身份权的现代特质为中心

身份权请求权的基本内容大多和其他绝对权请求权一致③，但是身份权毕竟远远不同于其他绝对权，身份权的现代特质对身份权请求权有何影响？身份权请求权和其他绝对权请求权有何不同之处？下文将以此为主线逐步探索身份

---

① 我国存在重视身份权的对内关系而忽略或者忘记对外关系的倾向。举例说明，《婚姻法》第四十六条规定配偶一方违反忠实义务具有过错，造成离婚结果的，无过错一方有权请求损害赔偿。这一规定，明显保护的是配偶权。忠实义务是配偶之间的义务，重婚或者实施婚外性行为，就是违反忠实义务，就是侵害了对方的配偶权，承担损害赔偿责任就是确认配偶一方侵害对方配偶权的侵权行为。但是，配偶权的对外关系也是重要的，法律也是要保护的。我国法律制裁配偶违反忠实义务的侵权行为，但是对于第三人与配偶一方发生性行为的侵害配偶权的行为，却不认为是侵权行为，没有规定侵权责任。这是不公平的。

② 史尚宽：《亲属法论》，台北荣泰印书馆 1980 年版，第 32－33 页。

③ 杨立新、袁雪石：《论人格权请求权》，载《法学研究》2003 年第 6 期。

权请求权的主要问题。

（一）身份权请求权的特征

与其他绝对权请求权类似，身份权请求权是基于身份权而产生的权利，但是它不是身份权的本身，而是一种手段性权利，系属绝对权请求权之一种。它的功能是预防、保全母体权利即身份权不受非法妨害，回复身份权的圆满状态。德国学者拉伦茨认为，人身亲属权请求权实际上具有服务的功能。[①] 当遭遇妨害或者有妨害行为之虞时，绝对性转化为相对性，身份权法律关系中对于任意第三人的绝对义务就转变为直接针对加害人的相对义务。权利人可以向加害人直接行使，也可以向人民法院起诉。但是，在这里需要进一步明确的是：

第一，行使身份权请求权的前提是民事主体的身份权受到妨害。从身份权请求权的角度出发，妨害是没有构成损害的侵害，妨害是对权利人之于其客体意思支配力的侵害；而损害则是造成权利之于其主体的物质上和精神上的有用性减损的侵害。[②] 妨害和损害适用于不同的救济制度，妨害是行使身份权请求权的要件，损害是提起侵权损害赔偿之诉的要件。侵害一词可以涵盖妨害和损害的内容，侵害是二者的上位概念。

第二，身份权请求权通常涉及三方主体，而其他绝对权请求权的主体一般只涉及两方当事人。这是因为作为身份权请求权基础的身份权的权利主体具有共生性，我们认为此类主体的权利能力可以称之为身份性人格。这种共生性的身份权类似于团体，但又不同于合伙等团体。因为团体往往采取一体主义，同一团体在法律上具有一个人格，团体的行为和其组成人员个人的行为之间是可区分的。而自平等原则重塑了亲属法律制度以后，在夫妻关系上，各国普遍弃夫妻一体主义，转而采取夫妻别体主义。夫妻各自为平等的民事主体。[③] 在亲子关系上，随着家不再成为民事主体，父权的主体——男子也不再对外代表家享有民事权利，履行民事义务。父子一体的观念也逐渐进入伦理领域。

---

① ［德］卡尔·拉伦茨：《德国民法通论（上册）》，王晓晔等译，谢怀栻校，法律出版社2003年版，第325页。

② 徐晓峰：《请求权概念批判》，载《月旦民商法学·法学方法论》，清华大学出版社2004年版，第134页。

③ ［美］威廉·杰·欧·唐奈、大卫·艾·琼斯：《美国婚姻与婚姻法》，顾培东、杨遂全译，重庆出版社1985年版，第66页以下。

第三，在民事责任体系中，身份权请求权单独对应的一类责任形式，可以称之为状态责任，或者存续保障责任。[①] 众所周知，民法的请求权体系应该和民事责任体系相对应。而民法的各种请求权基础包括，契约上的请求权，类似契约请求权（包括无权代理人损害赔偿责任等），无因管理上之请求权，物上请求权，不当得利请求权，侵权行为损害赔偿请求权和其他请求权。[②] 当前民法和民事诉讼法理论基本上没有直接承认这样一种基于绝对权请求权的责任形式，导致的问题是：在民法上，用侵权责任吸纳“状态责任”或者“存续保障责任”，造成体系违反；在民事诉讼法上，缺乏独立的程序来适用，造成起诉、受理、判决和执行等多方面的困难。

第四，近亲属（甚至包括其他亲属）侵害身份权时，受害人原谅发生的频率往往很大，身份权请求权的适用通常是当事人退而求其次的选择。例如，美国学者认为，配偶之间长期存在的各种冲突不同程度地产生各种需要解决的问题，而唯有婚内自我解决这些问题才是合乎逻辑的选择。而更为重要的是，夫妻间的这些冲突在绝大多数家庭中已构成家庭生活的一部分，因而自我解决这些日常矛盾不仅与婚姻的性质更为适应，而且一般说来，也是对家庭生活进行社会控制的最有效途径。[③] 法律程序的对抗性决定了离婚诉讼的疏理能力比任何其他力量都强。夫妻和谐原则认为，在婚姻内部冲突解决的过程中，婚姻矛盾的自我平息比运用法律手段更有利于尊重婚姻自主权，因为法律诉讼中的固有缺陷很有可能进一步损及婚姻关系。[④] 这个时候，伦理规范一般会代替法律规范，这也是身份权请求权适用中的一个特色。在效果上，亲属的原谅容易使亲属关系得以继续维持，甚至峰回路转，使亲属关系沿着更好的方向发展，正所谓物极必反。究其原因，我们认为，这主要是因为家庭承担了经济、赋予社

---

① “状态责任”的提法，参见［德］鲍尔、施蒂尔纳：《德国物权法》，张双根译，法律出版社2004年版，第233页。“存续保障责任”的提法，参见徐晓峰：《请求权概念批判》，载《月旦民商法学·法学方法论》，清华大学出版社2004年版，第140页。

② 王泽鉴：《法律思维与民法实例》，中国政法大学出版社2001年版，第77页以下。

③ ［美］威廉·杰·欧·唐奈、大卫·艾·琼斯：《美国婚姻与婚姻法》，顾培东、杨遂全译，重庆出版社1985年版，第69页。

④ ［美］威廉·杰·欧·唐奈、大卫·艾·琼斯：《美国婚姻与婚姻法》，顾培东等译，重庆出版社1985年版，第70页。

会地位、教育、保护、宗教、娱乐、爱情①等较多的社会功能，家庭在很大程度上是一个人的社会关系的基础，家庭也是社会的组织基础，而人的本质就是社会关系的总和。正是基于这些考虑，身份权请求权才往往让位于伦理规范。此外，波斯纳还认为，婚姻关系具有封闭性，配偶在婚姻期间有争议，法院一般不会干预其争端的解决；而配偶双方将不得不努力自行解决。②

（二）确定身份权的请求权是否属于身份权请求权？

对于确认物权是否构成物权请求权的内容，学者曾有争论。在身份权问题上，同样存在确定身份权的请求权是否属于身份权请求权的问题。我们认为，确定身份权的请求权不属于身份权请求权。

首先，绝对权请求权是由其基础权利的绝对性而产生的，因此判断一项请求权是否是绝对权请求权的标准就是其能否由基础权利的绝对性推衍出来。而确定身份权的请求权是指当事人在身份权利地位不明确时，请求相对人、有关行政机关或者人民法院确认所请求的身份权的权利。因此，确定身份权的请求权解决的是基础权利的不明确状态，正所谓皮之不存，毛将焉附，只有明确了当事人之间的身份关系，当事人之间的权利地位才能够产生公示、公信的效力，也才能够进一步使身份权具有绝对性、排他性和支配性，最终保证身份权请求权行使的正当性。

其次，行使确定身份权的请求权的前提通常是权利人，相对人或者第三人的身份异议，且当事人对此请求必须具有确认利益，即必须有值得救济的利益。比如，《德国民事诉讼法》第二百五十六条规定："确定法律关系成立或不成立的诉讼，承认证书的诉讼，或确定证书真伪的诉讼，只在法律关系的成立与否、证书的真伪由法院裁判并即时确定，对于原告有法律上的利益时，原告才可以提起。"③ 而行使身份权请求权的前提通常需要存在违法行为和妨害，并且二者之间要有一定的因果关系。

再次，身份权请求权在无法行使的情况下通常可以转化为侵权请求权。这

① 林显宗：《家庭社会学》，五南图书出版有限公司 1999 年版，第 390 页。

② ［美］波斯纳：《法律的经济分析（上册）》，蒋兆康译，中国大百科全书出版社 1997 年版，第 186 页。

③ 邵明：《民事之诉法理探微》，http：//www. studa. net/2005/3 – 17/101056. html，最后访问时间：2005 年 6 月 22 日。

一特点也是其他绝对权请求权所共有的特点。[①] 发生在通化的“串子”案最能说明这个问题，案情详见上文。在本案中，赵达和孙家对医院最根本的诉讼请求实际上是妨害的排除，也就是使“亲离子散”的局面得以改变，这属于身份权请求权的内容。但是，由于“出生记录被洪水冲走”的客观情况使得这种请求权不能够实现，因此，此时的身份权请求权也就很自然地在客观上转变为侵权请求权。

而确认身份权的请求权的情况则比较复杂。一方面，如果当事人所主张的身份权能够被确认，则其有可能通过进一步主张侵权给付而获得赔偿。另一方面，如果其所主张的身份权不能够被确认，则其有可能还要承担一定的赔偿费用。

最后，二者所属的诉讼类别并不相同。确认身份权的请求权属于民事诉讼上的确认之诉，是指原告请求法院确认其主张的法律关系或法律事实存在或不存在之诉，可以进一步分为主张法律关系存在的，肯定（积极）的确认之诉（比如，原告请求法院确认他与被告之间存在收养关系），和主张法律关系不存在的否定（消极）的确认之诉（比如，原告请求法院确认他与被告之间婚姻无效确认之诉）。[②] 而身份权请求权则属于民事诉讼上的给付之诉。此类诉讼中，原告会请求被告履行一定给付义务。而身份权益人对其义务人享有特定的给付请求权（保全请求权），是该给付之诉成立的实体（法）基础。此时原告所主张的给付，应该包括被告的金钱给付（费用）和行为给付（作为或者不作为）。

（三）身份权请求权的基本类型

身份权请求权的类型具有特殊性，即除了包含停止妨害请求权和排除妨害请求权之外，还包括基于身份权的相对人违反身份权本身的请求权（即原权利请求权）而产生的作为请求权。如前所述，身份权本身已经包含请求权。例如抚养请求权、赡养请求权等，都是请求权。但是，这些请求权不是身份权保护的请求权，而是身份权自身的请求权。现在的问题是，如果身份权权利人的相

---

① 侯利宏：《物上请求权》，载梁慧星主编：《民商法论丛（第六卷）》，法律出版社 1997 年版，第 678 页。

② 邵明：《民事之诉法理探微》，http：//www. studa. net/2005/3 – 17/101056. html，最后访问时间：2005 年 6 月 22 日。

对人不履行抚养义务或者赡养义务等身份权自身的请求权，则权利人依据何种请求权获得救济？我们认为，该救济权的性质为身份权请求权。主要考虑：第一，该请求权具有救济权的性质，已经不是身份权自身的原权利请求权。第二，该请求权不属于侵权请求权。在这种情况下，权利人请求相对人作为的请求其目的是回复身份权的圆满状态和支配力的。而请求恢复绝对权的圆满状态和支配力则是绝对权请求权的典型类型——物权请求权创设的根本目的。[①] 如果身份权内部的相对性义务没有得到履行，那么权利人对身份利益的意思支配力就减弱乃至丧失，其结果是消解身份权的绝对性。此外，从功能上来讲，此时侵害的排除无疑是对将来可能发生的损害的预防，这符合绝对权请求权的本质，而不同于侵权请求权填补损害的本质功能。

需要注意的是，我们应该区分因相对人违反身份权的相对性义务而产生的身份权请求权（如针对通奸一方提出的贞操维持请求权），和因违反身份权的绝对性义务（如暴力殴打致他人损害）而产生的侵权请求权，二者的违反义务的性质有所不同。

（四）身份权请求权的构成要件

与其他绝对权请求权的构成要件一样，身份权请求权的构成要件包括了妨害、违法性和两者之间的因果关系。关于妨害，我们在《论人格权请求权》和上文中已有论述，下面着重论述身份权请求权构成要件中的违法性问题。

1. 违法性的判断标准。身份权请求权的违法性判断标准包括违反法律规定和违背善良风俗两种情形。需要注意的有两点：第一，违反法律规定不仅包括违反民法上的规定，违反其他以保护他人为目的的法律规范也可以被认定具有违法性。第二，违反违背公序良俗为判断身份权请求权构成要件违法性的重要标准。在身份法中，最重要的是讲究伦理秩序。以亲属权为例，亲属权的内容，具体包括亲属之间的扶养关系、尊敬或者尊重的权利等。说到尊敬权，卑亲属对尊亲属一定要有尊敬的义务，不可能说无论老少、尊卑、长幼，地位都平等了，就可以称爷爷、父亲为哥们，这是不行的。亲属之间还是要注重尊卑、长幼。一个行为如果违反了这个尊卑长幼秩序，那么其也就具有了违法性。

---

① 王利明：《物权法研究》，中国人民大学出版社 2002 年版，第 103 页。

2. 违法性判断标准的不确定化。“打是亲，骂是爱”、“清官难断家务事”等俗语都说明了确定身份权请求权违法性的判断标准难度。我们认为，身份权的相对人对内侵犯身份权和第三人侵犯身份权的违法性判断标准是不同的。一般而言，对近亲属的妨害行为适用较高的判断标准①；对其他人的妨害行为适用较低的判断标准。这主要是因为：一方面，在传统上，直系尊亲属对子孙有教养扑责的权利，原不成立伤害罪，因子孙不孝或违反教令，而将子孙杀死，法律上的处分也极轻，甚至无罪，过失杀死且不得论。② 罗马法也曾经主张家父的杀子权。③ 即使在现代，尊亲属对卑亲属具有一定的管教权（惩戒权）。④正是基于身份权所内在的惩戒权使得尊亲属对卑亲属的伤害行为在一定程度上阻却了违法性，而其阻却程度也要高于其他绝对权请求权构成要件中的容忍义务。另一方面，亲属关系的亲疏程度也决定了不同的身份权中所包含的此类阻却违法性的程度的大小。亲属关系越“亲”，则阻却违法性的程度就越大，反之，则阻却违法性的程度就越小。诚如瞿同祖先生所讲的，亲属团体固异于非亲属团体，不以凡论，但同属亲属团体，其间的关系也不尽相同，各人之间是有一定的亲疏关系和差别的，伦理上并不要求亲族分子之间社会关系的一致；相反地，是着重于差异性的，亲属间固相亲，但愈亲则愈当亲爱，依次推及于渐疏者，有一定的分寸，有一定的层次，这是上杀、下杀、旁杀的道理，也就是整个服制图成立的基础。亲属间相侵犯的规定是完全以服制上亲疏尊卑之序为依据的。⑤

归根结底，人伦秩序法律化和非法律化的程度决定了身份权请求权构成要件中违法性判断标准的高低。这充分地体现了即使是现代的身份权也仍然是一种差异性行为规范。

---

① 对于身份权的相对人的加害，需要注意区分是违反了身份权的相对性义务，还是违反了身份权的绝对性义务。

② 瞿同祖：《中国法律与中国社会》，载瞿同祖：《瞿同祖法学论著集》，中国政法大学出版社 2004 年版，第 38 页。

③ ［英］巴里·尼古拉斯：《罗马法概论》，黄风译，法律出版社 2000 年版，第 65 页以下。丘汉平：《罗马法》，中国方正出版社 2004 年版，第 81 页以下。

④ 张俊浩主编：《民法学原理》，中国政法大学出版社 2000 年版，第 161 页。

⑤ 瞿同祖：《中国法律与中国社会》，载瞿同祖：《瞿同祖法学论著集》，中国政法大学出版社 2004 年版，第 52 页。

（五）身份权请求权和其他绝对权请求权的适用关系

1. 身份权的权利人和相对人之间。身份权意味着在亲子之间、夫妻之间和亲属之间存在着人格和财产两方面的权利义务关系。由于身份权会使相对人的人格权和财产权受到一定的限制，身份权当然也会对产生于人格权和财产权的人格权请求权、物权请求权和知识产权请求权产生一定的限制。因此，当身份权的权利人在身份权的限制范围内而对相对人的人格权和财产权“造成积极妨害”时，其相对人就不能够对权利人主张适用人格权请求权、物权请求权和知识产权请求权。但是，如果其超出了身份权的限制范围对身份权相对人的人格权和财产权“造成积极妨害”时，则相对人有权主张人格权请求权、物权请求权和知识产权请求权的适用。需要注意的是，如果身份权的权利人对相对人的人格权和财产权“造成消极妨害”，即权利人没有履行身份权规定的相对性义务时，则其相对人可以主张适用身份权请求权。简言之，身份权在一定程度上可以成为其他绝对权请求权行使的抗辩事由。

2. 身份权的权利人、相对人和第三人之间。在第三人妨害身份权权利人人格权的情况下，身份权的权利人可以依据其人格权受到妨害而主张人格权请求权的适用，而身份权的相对人可以依据身份权受到妨害而主张身份权请求权的适用。例如，甲的领导乙利用职务之便不断对其进行性骚扰，并屡次对甲提出非分要求，据此，甲的丈夫可以依据身份权而主张身份权请求权的适用，而甲则可以依据性自主权主张人格权请求权的适用，从而排除乙的妨害。① 当然，这两类请求权是竞合关系，因为每一种请求权的适用都会达到排除妨害的效果。

但第三人妨害身份权权利人物权和知识产权时，事情则较为复杂。如果第三人妨害的是夫妻的共同财产，则夫妻任何一人都可以主张物权请求权和知识产权请求权。反之，则和上述妨害人格权的适用情况一致。

此外，还有一种情况，就是身份权的相对人和第三人串通妨害身份权权利人的利益。最为典型的就是通奸。此时，身份权的权利人如果能够原谅配偶，则可以主张身份权请求权请求相对人履行同居义务。否则，该权利人可以主张

① 类似的案件也发生在家庭关系侵权的领域，如我国南京雨花区法院审理的“丈夫受伤妻子索赔案”。

离婚或者别居。① 当然，无论哪一种情况，该权利人都可以对妨害自己婚姻关系的第三人主张身份权请求权和侵权请求权，因为二者是责任聚合关系。

（六）诉讼时效

我们认为，身份权请求权不适用诉讼时效的规则。这主要是考虑到：第一，诉讼时效制度违背绝对权的本质。对此，已经作了精当的概括：基于绝对权受侵害所发生的存续保障责任，旨在回复权利人对其客体的意思支配力，是由绝对权的支配性所决定的绝对权自身之效力内容的表现，若使之罹于时效，则必造成由支配权之外形却无支配之力量的权利变态现象。② 因此，身份权作为绝对权的一种，当然不能够适用诉讼时效制度。第二，身份权请求权不适合诉讼时效的设立目的。诉讼时效立足于财产制度，其设立是为了“规定请求权若干年不行使而消灭，盖期确保交易之安全，维持社会秩序耳。盖以请求权永远存在，足以碍社会经济之发展”③。身份权虽然也涉及一定的财产利益，但是身份权毕竟还包括了一定的人格利益。身份关系是一个社会的最基本关系，身份关系通常也是终身的。就家庭矛盾而言，时间是最好的医治办法。但是，如果由于相对人的原谅（误以为对方能够悔改）而使妨害（比如通奸）持续存在，在妨害人长时间（假设这一时间超过了诉讼时效的期限）执迷不悟的情况下，诉讼时效的适用恐怕对受害人的权益保护就会显得不利（比如受害人有可能在离婚之前不得不继续忍受精神痛苦）。第三，身份权请求权不适用诉讼时效还可以在侵权请求权已经不能保护身份权时发挥作用。即依据诉讼时效制度，受害人丧失胜诉权时权利人仍可以请求排除妨害和停止妨害。

四、立法解释建议

从法条表述来看，我国民法典没有明确身份权的概念、性质、类型等，我国的身份权请求权制度亟须完善。我们认为，应从以下几个方面着手：一是在体系上，在法律解释中，确认身份权是一种具有相对性的绝对权，准用人格权

① 别居，也称为分居，为判决或合意免除同居义务之制度。参见林菊枝：《亲属法新论》，五南图书出版公司 1996 年版，第 133 页以下。对于设立别居制度的必要性，林诚二先生举出八点理由以支持建立别居制度。参见林林诚二：《民法理论与问题研究》，中国政法大学出版社 2000 年版，第 402 页以下。我国目前未确立此制度。

② 徐晓峰：《请求权概念批判》，载《月旦民商法学 · 法学方法论》，清华大学出版社 2004 年版，第 140 页。

③ 王泽鉴：《民法总则》，中国政法大学出版社 2001 年版，第 516 页。

请求权条款，允许物权请求权、知识产权请求权、人格权请求权和身份权请求权基于自身的权利特点创设新的请求权内容。二是明确身份权请求权是基于身份权的绝对性和对身份利益的支配力而产生的保护性请求权。确立身份权请求权包括停止妨害请求权、排除妨害请求权和违反身份权相对效力而产生的身份权请求权，以上三类请求权不适用诉讼时效。同时，确定亲子身份的请求权，不属于身份权请求权。三是身份权请求权的构成要件包括妨害、违法性和因果关系。其中，违法性包括违反法律规定和违反公序良俗。

第二章　生命权、身体权和健康权

本章概要

本章从内容上看，《2002年民法草案》第四编人格权法共有12条内容，现行人格权编都延续作了规定。主要变化：

一是身体权的规定突破了以往的实践做法和学说见解。在最初的阶段稿中并没有规定身体权，而是延续了《2002年民法草案》的规定，即仅仅规定了生命权和健康权。在征求意见环节，有关方面建议增加身体权。

二是没有直接规定人身自由权，在立法技术上采取扩张身体权外延的做法，吸收了人身自由权的内涵，将其作为身体权的组成部分。同时，也单独就人身自由权规定了一条。从解释上来看，关于人身自由权的适用，优先适用人身自由权条款，其次适用身体权条款。

三是没有规定性自主权，但是在本章有关于性骚扰的规定，从解释上来看，关于性自主权，优先适用性骚扰条款，其次适用身体权条款。

四是增加了人体物处分的特殊规定。如，无偿捐献的主体限于完全民事行为能力人，必须采用书面形式或者订立遗嘱；再如买卖人体物、进行人体试验，都涉及人体物的处分自由与限制。这部分在适用时可关注《人体器官移植条例》，以及将要制定的《生物安全法》《生物技术研究开发安全管理条例》《生物医学新技术临床应用管理条例》。

五是增加了人体基因、人体胚胎的规定，该规定因贺某奎基因编辑事件入法，实施时注意把握“三不”原则。

第一千零二条　【生命权】

自然人享有生命权。自然人的生命安全和生命尊严受法律保护。任何组织或者个人不得侵害他人的生命权。

本条来源

《民法通则》第九十八条规定："公民享有生命健康权。"第一百一十九条规定："侵害公民身体造成伤害的，应当赔偿医疗费、因误工减少的收入、残废者生活补助费等费用；造成死亡的，并应当支付丧葬费、死者生前扶养的人必要的生活费等费用。"《民法总则》第一百一十条规定："自然人享有生命权、身体权、健康权、姓名权、肖像权、名誉权、荣誉权、隐私权、婚姻自主权等权利……"

立法演变

《2002 年民法草案》人格权法第八条规定："自然人享有生命健康权。禁止非法剥夺自然人的生命、禁止侵害自然人的身体健康。"一审稿第七百八十三条规定："自然人享有生命权，有权维护自己的生命安全。任何组织或者个人不得侵害他人的生命权。"二审稿在"生命安全"后增加了"生命尊严"，五审稿作了文字调整。

条文释义

生命权是以自然人的生命安全和生命尊严为客体的人格权。此前，理论界并没有将生命尊严作为保护客体。如生命权者，不受他人之妨害，而对于生命之安全，享受利益之权利也。① 本法将生命尊严同时作为生命权的保护对象，是一个重大的变化。邱仁宗等学者认为，生命尊严应当放在生命安全前面，体现其价值位阶。

生命始于出生，终于死亡。我国民法实践中出生的标准采用"独立呼吸

① 何孝元：《损害赔偿之研究》，台湾商务印书馆 1982 年版，第 124 页。龙显铭：《私法上人格权之保护》，中华书局 1948 年版，第 42 页。

说”，死亡的标准目前还是采用以呼吸、心跳停止为特征的“心肺呼吸说”①，但越来越多的法院判决已经采用了脑死亡标准。②

生命权体现了人格权最浓郁的伦理特点，生命权为自然人专属、固有，不问年龄、性别、种族、职业、地位、生理及心理状态，自然人生命均受平等法律保护。我国二十四孝中有“埋儿奉母”，这体现了旧时代下身份权对于人格权的高度支配性。在《宪法》框架下，男女平等条款的引入，已经改变了身份权的地位。理论上，可以用梅因讲的“从身份到契约”的概括予以展开讨论。

一、生命权

生命权包括生命享有权、生命维护权、生命支配权和生命保护请求权，实践中问题最多的是生命权的有限支配问题。

（一）生命享有权

每个人是自己生命权的享有者。胎儿如何享有生命权？本法第十六条规定：“涉及遗产继承、接受赠与等胎儿利益保护的，胎儿视为具有民事权利能力。但是胎儿娩出时为死体的，其民事权利能力自始不存在。”关于流产问题，本法并没有规定其拥有发言权。《乌克兰民法典》第二百八十一条规定，怀孕不超过十二周的，按照孕妇的意愿，可以人工终止妊娠。在法律特别规定的情形下，怀孕十二周至二十二周的，也可以人工终止妊娠。法律应当明确列举在何种情形下，怀孕十二周及十二周以上的可以人工终止妊娠。从我国的实践来看，何时能够人工流产受行政法及医疗技术规制。

错误出生的案件在国内外都不少。我国法院判决主要有以下几种类型：一是产前诊断过错，因医疗机构在履行彩色超声检查的合同义务时，未尽到合理的注意义务，产前检查存在过错导致具有先天性缺陷的患儿出生，所受损失与医疗专业检查存在瑕疵具有一定的因果关系。③ 二是助孕治疗过错导致缺陷婴

---

① 如，孙某松、鞠某波等与范某明、安华农业保险股份有限公司潍坊市中心支公司机动车交通事故责任纠纷二审民事判决书，(2016) 鲁 07 民终 2732 号。

② 如，陈某新、农某兰生命权、健康权、身体权纠纷二审民事判决书，(2019) 粤 04 民终 1967 号。清远市方能电力工程安装有限公司、文某兰生命权、健康权、身体权纠纷二审民事判决书，(2019) 川 16 民终 1296 号。唐某秀、朱某华生命权、健康权、身体权纠纷二审民事判决书 (2017) 云 01 民终 5832 号。

③ 李某霞与长沙市妇幼保健院、潘某毛医疗损害责任纠纷再审民事判决书，(2014) 湘高法民再终字第 115 号。

儿出生。医院在进行胚胎移植技术诊疗过程中，未尽到谨慎注意及告知的义务，在××毒血清检验结果出现异常的情况下，违反了常规体外受精与胚胎移植的临床诊疗规范，没有及时履行告知义务，侵害了其知情权和选择权，导致患儿不当出生，医院应承担赔偿责任。[①] 三是将基因编辑过的胚胎通过辅助生殖技术移植到人体内，3 名基因编辑婴儿出生。中国和世界多个国家的科学家认为，艾滋病的防范已有多种成熟办法，而这次基因修改使两个孩子面临巨大的不确定性。这次实验使人类面临风险，因为被修改的基因将通过两个孩子最终融入人类的基因池。[②]

当然，也有判决认为，新生儿的先天缺陷与医院并不存在因果关系；医院对母亲的诊疗活动，没有发生侵害新生儿的法律事实。因此，新生儿在本案中不是侵权损害赔偿法律关系的适格主体，其依法不具有原告资格。[③] 本书认为，该判决的理由并不具有充分的说服力。即使是对孕妇中晚期 B 超检查中存在不细致的情况，未尽到谨慎注意义务，也是存在过错的，对于新生儿来讲，本能避免的损失，因为医疗机构的过错而丧失了机会，这类“机会丧失”也构成损害。

关于错误出生的赔偿份额。此类损害是多因一果，因此存在损害赔偿份额的问题。法院对此的总体态度是，医院只分担部分赔偿责任。理论上认为，要考虑胎儿先天残疾的事实、患者故意隐瞒或者提供虚假信息、医疗机构的诊疗范围等因素综合考量承担比例。[④] 对于缺陷婴儿因“错误出生”给其造成的医疗费用及教育抚育费用增加部分等经济损失如何赔偿，我国现行法律没有明确规定，也没有指导案例统一司法操作。法院认为，胎儿自怀胎受孕开始即患残障，其残障并非因医生所引起，侵权责任法的任务在于保护人身的完整不受侵害，不在于防止残障者的出生。生命纵有残障，其生命的价值仍胜于无，不能因此低估残障人士生命的价值及对残障人士进行法律层面的歧视。发生这种人生不幸境遇，不能由任何具体的个人来承担。而应当通过社会分担的方式范围

---

① 王某、孙某琴医疗损害责任纠纷二审民事判决书，(2019) 鄂 01 民终 9325 号。

② 《基因编辑婴儿事件》，https：//baike. baidu. com/item/% E5% 9F% BA% E5% 9B% A0% E7% BC% 96% E8% BE% 91% E5% A9% B4% E5% 84% BF% E4% BA% 8B% E4% BB% B6/23176263?fr = aladdin#reference – ［15］ –23733280 – wrap，最后访问时间：2019 年 3 月 26 日。

③ 孟某 1、梧州市红十字会医院医疗损害责任纠纷二审民事判决书，(2019) 桂 04 民终 1389 号。

④ 杨立新、王丽莎：《错误出生的损害赔偿责任及适当限制》，载《北方法学》2001 年第 2 期。

内担负起照顾残障人士的责任，故只能在医务人员过错的范围内对孕父母的可赔偿损失进行赔偿，而不对缺陷胎儿的残障、护理及其他等法律未规定的费用进行赔偿。原告期望生育一健康婴儿，但由于被告未尽到完全的告知义务，导致其期望的落空，给其精神上带来巨大的痛苦，因此，法院酌定被告应当赔偿原告精神损害抚慰金。关于原告主张的医疗费、护理费、交通费、住院伙食补助费、营养费、残疾赔偿金、残疾辅助器具费、后续治疗费、鉴定费均无法律依据，法院不予支持。① 另有判决认定，生父母明知自己是××毒患者，并积极主动地选择助孕治疗，孩子的出生是生父母主动追求的结果，从这个意义上讲，医院没有告知的行为对于生父母选择权的影响是极为有限的，所以孩子出生所产生的医疗费用，医院的过错是20%，生父母应自行承担孩子医疗费用的80%。

需要注意的是，我国多个法院错误出生的判决，原告是患儿的生父母，而不是患儿，法院支持了生父母的部分赔偿请求。因为请求赔偿的主体不同，损害赔偿的范围也有所不同，如，患儿不能要求赔偿抚养费。

（二）生命维护权

对于侵害他人生命权的行为，自然人有权予以维护，维护的方式可以是自力救济，也可以是请求官方救济。自力救济，分为自助行为和自卫行为，是指纠纷主体在没有中立第三者介入的情形下，依靠自己的力量强制他人捍卫自己权利的行为。采取自力救济受到法律的严格限制，权利主体只能以法律许可的方式和在法律允许的限度内保护自己的权利。错误实施自助行为或者自助措施不当造成损害的，应当承担侵权责任。②

1. 正当防卫。本法第一百八十一条规定：“因正当防卫造成损害的，不承担民事责任。正当防卫超过必要的限度，造成不应有的损害的，正当防卫人应当承担适当的民事责任。”《刑法》第二十条第一款规定：“为了使国家、公共利益、本人或者他人的人身、财产和其他权利免受正在进行的不法侵害，而采取的制止不法侵害的行为，对不法侵害人造成损害的，属于正当防卫，不负刑事责任。”故而，有法院认为，正当防卫属于刑法调整范畴，不适用于自然人之

① 文某仪、刘某杰医疗损害责任纠纷二审民事判决书，（2018）粤03民终17841号。

② 刘某银、刘某义生命权、健康权、身体权纠纷二审民事判决书，（2019）鄂10民终770号。

间的民事纠纷。但是，因该观点与《侵权责任法》等规定不相符，不被支持。[①]在双方发生口角等互有过错时，往往不认定为正当防卫，依法适用过错相抵，依据各自的过错程度承担损害赔偿责任。

最高人民法院在“于欢故意伤害案”指导案例中提出了正当防卫的有关认定规则。一是对正在进行的非法限制他人人身自由的行为，应当认定为《刑法》第二十条第一款规定的“不法侵害”，可以进行正当防卫。二是对非法限制他人人身自由并伴有侮辱、轻微殴打的行为，不应当认定为《刑法》第二十条第三款规定的“严重危及人身安全的暴力犯罪”。三是判断防卫是否过当，应当综合考虑不法侵害的性质、手段、强度、危害程度，以及防卫行为的性质、时机、手段、强度、所处环境和损害后果等情节。对非法限制他人人身自由并伴有侮辱、轻微殴打，且并不十分紧迫的不法侵害，进行防卫致人死亡重伤的，应当认定为《刑法》第二十条第二款规定的“明显超过必要限度造成重大损害”。四是防卫过当案件，如系因被害人实施严重贬损他人人格尊严或者亵渎人伦的不法侵害引发的，量刑时对此应予充分考虑，以确保司法裁判既经得起法律检验，也符合社会公平正义观念。以上虽是刑法中正当防卫的认定，但实践中也可以准用于侵权法当中。

2. 紧急避险。本法第一百八十二条规定：“因紧急避险造成损害的，由引起险情发生的人承担民事责任。危险由自然原因引起的，紧急避险人不承担民事责任，可以给予适当补偿。紧急避险采取措施不当或者超过必要的限度，造成不应有的损害的，紧急避险人应当承担适当的民事责任。”

3. 自助行为。本法第一千一百七十七条规定：“合法权益受到侵害，情况紧迫且不能及时获得国家机关保护，不立即采取措施将使其合法权益受到难以弥补的损害的，受害人可以在保护自己合法权益的必要范围内采取扣留侵权人的财物等合理措施；但是，应当立即请求有关国家机关处理。受害人采取的措施不当造成他人损害的，应当承担侵权责任。”自助行为在理论上一直有阐述，但《民法总则》立法时并没有吸收进来，本次立法在侵权责任部分予以规定，

① 汪某伟、张某明生命权、健康权、身体权纠纷二审民事判决书，（2019）辽民终1179号。

是立法的进步。①

（三）生命支配权

生命支配权主要体现在对生命尊严方面。个人对自己的生命有无最终处置权？安乐死在希腊语中，就是尊严死亡的意思。在世界各国中，荷兰和日本并不禁止主动（作为）安乐死，其他国家一般只允许消极安乐死。② 例如，《乌克兰民法典》第二百八十一条规定，应自然人的请求而终止其生命，是禁止的。

生命尊严既包括生得有尊严，也包括死得有尊严。本条在审议过程中增加了“生命尊严”，为安乐死合法化留有了解释的空间，这体现了高超的立法技术。

关于自杀，萨维尼也不愿承认“对自身的原始权利”，认为这必然会得出自杀权的结论，其实，人死亡后，主体已经不存在，国家无法对其作出惩处。如果一定要惩处的话，不给发抚恤金、增加遗产税等，则是对生者的惩罚，我国法律上尚没有对于自杀的限制。所以，自杀——对自己生命的支配——是一种完全的自由，尽管法律或者理论可能不承认这是一种权利。当然，自杀有其社会成因和社会危害，国家应有所作为，努力防止自杀，履行自己对于生命权的保护义务。③

（四）生命保护请求权

生命保护请求权的对象不限于司法机关，还包括行政机关、负有法定救助义务的组织或个人等。在保护路径上，有人格权请求权、侵权请求权、公法保护请求权。《乌克兰民法典》第二百八十一条规定，自然人有权以任何法律不禁止的方式保护其生命和健康，以免受到不法的侵害；自然人也有权以任何法律不禁止的方式保护其他自然人的生命和健康，以免其他自然人受到不法的侵害。

二、生命权的位阶

生命权是民事主体存在和发展的基础，生命权具有至高无上性的特点。尽

① 徐昕：《论私力救济》，中国政法大学出版社2005年版。该书对于私力救济的研究具有代表性，民法上的自助行为，可以参见胡长清、梅仲协等学者的阐述。

② 杨立新、刘宗胜：《安乐死合法化的民法基础》，载《云南大学学报（法学版）》2005年第4期。

③ 王贵松：《自杀问题的国家立场》，载《北方法学》2009年第5期。如果愿意对自杀问题深入研究，一定要看社会学经典著作《自杀论》，［法］埃米尔·迪尔凯姆：《自杀论》，冯韵文译，商务印书馆1996年版。

管我国民法典没有明确生命权的位阶，但是在法解释层面上，生命权处于第一权利位阶，其他人格权处于第二权利位阶，财产权的位阶低于人格权的位阶。正所谓“皮之不存，毛将焉附”，生命是人存在和发展的根本，在保护顺位上应优先于健康权和身体权。我国民法典规定的身体权包括了人身自由权，在这个意义上，身体权的位阶得到进一步提升。匈牙利诗人裴多菲写道：“生命诚可贵，爱情价更高。若为自由故，二者皆可抛。”《东亚侵权法示范法》第九条规定：“本法对不同性质的私法权益，依照下列顺序予以保护：（一）人的生命、健康、身体、自由、尊严和人格完整性；（二）其他人格权益、身份权益；（三）物权、债权、知识产权等财产权益。前款规定的私法权益之间发生冲突时，对位阶较高的私法权益优先予以保护。”①

三、侵害生命权

侵害生命权造成他人死亡的，要承担侵权损害赔偿责任，请求赔偿的主体是死者近亲属。目前，主要法律依据是本法侵权责任编及《人身损害赔偿司法解释》《精神损害赔偿司法解释》等相关规定。

侵害一个人的生命权，其生命的丧失会给其近亲属造成精神上的创伤和痛苦，而侵害生命权的精神损害赔偿实际上就是对其近亲属的赔偿。

（一）死亡赔偿金与精神损害赔偿

本法第一千一百七十九条规定了侵害生命权的民事责任，其规定：“侵害他人造成人身损害的，应当赔偿医疗费、护理费、交通费、营养费、住院伙食补助费等为治疗和康复支出的合理费用，以及因误工减少的收入。造成残疾的，还应当赔偿辅助器具费和残疾赔偿金；造成死亡的，还应当赔偿丧葬费和死亡赔偿金。”这里明确了死亡赔偿金，但没有明确是否包括对死者近亲属的精神损害赔偿。本法第一千一百八十三条第一款规定：“侵害自然人人身权益造成严重精神损害的，被侵权人有权请求精神损害赔偿。”从条文顺序来看，本条与第一千一百七十九条是并列关系，可以合并适用，但是，《精神损害赔偿司法解释》扩展了精神损害赔偿的适用范围，此司法解释的第一条将自然人的生命权纳入可请求精神损害赔偿的范围，并在第九条相应规定，精神损害抚慰金包括残疾赔偿金、死亡赔偿金等。在法理上，死者近亲属也不应获得超额赔偿。

---

① 杨立新主编：《东亚侵权法示范法》，北京大学出版社2016年版，第7－8页。

（二）侵害生命权的精神损害赔偿方式及金额计算

至于精神损害的赔偿数额，我国没有采用限定上限的方式，精神损害赔偿数额的确定主要根据以下几个因素加以确定：侵权人的过错程度，法律另有规定的除外；侵害的手段、场合、行为方式等具体情节；侵权行为所造成的后果；侵权人的获利情况；侵权人承担责任的经济能力；受诉法院所在地平均生活水平。

（三）侵害生命权的其他赔偿

1. 医疗中的损失赔偿。在遭受人身损害丧失生命的案件中，对于因抢救、治疗而发生的前述医疗费、误工费、护理费、交通费、住宿费、住院伙食补助费和必要的营养费的损失，都是正常的财产支出。按照人身损害赔偿财产损失的规则进行赔偿。

2. 丧葬费赔偿。丧葬费按照受诉法院所在地上一年度职工月平均工资标准，以六个月总额计算。

3. 死亡赔偿金。死亡赔偿金的计算标准是，按照受诉法院所在地上一年度城镇居民人均可支配收入或者农村居民人均纯收入标准计算。用一次性方法赔偿，期限是为二十年，如果受害人为60周岁以上的，年龄每增加1岁减少一年；75周岁以上的，按五年计算。

此外，被扶养人生活费计入残疾赔偿金或死亡赔偿金。《最高人民法院关于适用〈中华人民共和国侵权责任法〉若干问题的通知》第四条规定："人民法院适用侵权责任法审理民事纠纷案件，如受害人有被扶养人的，应当依据《最高人民法院关于审理人身损害赔偿案件适用法律若干问题的解释》第二十八条的规定，将被扶养人生活费计入残疾赔偿金或死亡赔偿金。"

法条关联

◆《治安管理处罚法》

第四十五条　有下列行为之一的，处五日以下拘留或者警告：

（一）虐待家庭成员，被虐待人要求处理的；

（二）遗弃没有独立生活能力的被扶养人的。

◆《国家赔偿法》

第三十四条　侵犯公民生命健康权的，赔偿金按照下列规定计算：

（一）造成身体伤害的，应当支付医疗费、护理费，以及赔偿因误工减少的收入。减少的收入每日的赔偿金按照国家上年度职工日平均工资计算，最高额为国家上年度职工年平均工资的五倍；

（二）造成部分或者全部丧失劳动能力的，应当支付医疗费、护理费、残疾生活辅助具费、康复费等因残疾而增加的必要支出和继续治疗所必需的费用，以及残疾赔偿金。残疾赔偿金根据丧失劳动能力的程度，按照国家规定的伤残等级确定，最高不超过国家上年度职工年平均工资的二十倍。造成全部丧失劳动能力的，对其扶养的无劳动能力的人，还应当支付生活费；

（三）造成死亡的，应当支付死亡赔偿金、丧葬费，总额为国家上年度职工年平均工资的二十倍。对死者生前扶养的无劳动能力的人，还应当支付生活费。

前款第二项、第三项规定的生活费的发放标准，参照当地最低生活保障标准执行。被扶养的人是未成年人的，生活费给付至十八周岁止；其他无劳动能力的人，生活费给付至死亡时止。

案例评议

汪某某诉仪征龙兴塑胶有限公司生命权纠纷案①

◆ 裁判规则

擅自砌墙将河道引入厂区妨碍行洪导致洪水毁墙夺路溺死他人，应承担侵权责任。根据《防洪法》第二十二条规定，禁止在河道、湖泊管理范围内建设妨碍行洪的建筑物、构筑物，禁止从事影响河势稳定、危害河岸堤防安全和其他妨碍河道行洪的活动。公民的生命权受法律保护。行为人因过错侵害他人民事权益，应当承担侵权责任。受害人对于损害的发生也具有过错的，可以减轻侵权人的民事责任。

◆ 评议

法律法规设定的义务具有重要法律意义。《德国民法典》第八百二十三条第二款规定，违背以保护他人为目的的法律的人，对他人负有赔偿由此发生的

① 《最高人民法院公报》2017年第6期。

损害的义务。我国侵权责任虽没有明确采纳德国立法例，但解释上可以吸收采纳。无民事行为能力人、限制民事行为能力人因侵权行为伤亡的，监护人很可能会因未尽监护义务而承担赔偿责任。

法史钩沉

本部分介绍基于宗教原因拒绝输血案。“X 教派”的忠实教徒 A 罹患肝脏肿瘤，就诊于东京大学医科学研究所附属医院，患者 A 在就诊时明确表示因输血违背自己的宗教信念而拒绝接受伴有输血的医疗行为，但是在接受肝脏肿瘤摘除手术时，医生对她实行了伴有输血的医疗行为，最后手术成功。该患者后来得知自己医疗过程中被输血的消息后，精神极度痛苦。于是，该患者对医院及其医生提起损害赔偿之诉。后来，该患者在诉讼中死亡，由其继承人继承诉讼。

日本东京地院 1997 年 3 月 12 日第一审认为，为救他人的生命而进行的输血行为，乃属于社会上的正当行为，以无违法性为由驳回原告的诉讼请求。第二审法院认为，因医师违反说明义务，以致患者的自己决定权受到侵害，因此被告的行为构成侵权行为，判令被告赔偿原告 55 万日元。第三审法院即最高裁判所第三小法庭认为，患者认为输血会违反自己宗教信念而明确拒绝伴有输血的医疗行为的意思时，该意思决定权应为人格权之内容，医院对此意思决定权应予以尊重。在本案的上述事实下，手术时除输血以外别无其他救命方法。但在入院时，医生应对患者说明在医疗过程中必要情况下，还是要输血。是否要接受该医院的手术，应该属于患者的自己决定权。本案被告怠于履行上述告知义务，因此可以认为其已经侵害了患者的意思决定权，即被告已经侵害了患者的人格权。因此，被告应该就受害人所受的精神痛苦负担慰抚金损害赔偿责任。①

本案问题的核心是生命权的有限支配性的界限，如何衡量病人的自由意志和病人的生命之间的关系。这实际是一个宪法问题。病患的自主决定权的最大障碍在于社会集体价值对于个人选择的宽容程度。一般来讲，各国在这个问题上遵循着折衷的态度。承认病人自主决定权可能合理地推演出病人有安乐死权

① 本案为日本最高裁判所 2000 年（H12）2 月 29 日第三小法庭判决。本案素材系由日本东海大学法学部刘得宽教授提供，特此致谢！

利。而目前世界各国除了荷兰等少数国家之外，很少有承认安乐死的立法例。基于宗教信仰拒绝输血的自主决定权，在一定程度上也可能会危及人的生命，因此，该教派教徒的宗教信仰在一些国家让位于生命价值，即病人的自主决定权止步于拒绝输血的意愿。美国最初对该教派教徒也是如此处理，但是后来该教派的教徒纷纷随身携带拒绝输血的急救标签，而且美国医院也针对这一群体采取了应对措施，目前美国病人的自主决定权已经可以包括拒绝输血。这种现实情况也反映了生命权有限支配性的地域性特点。就大多数国家的国情而言，拒绝治疗权还是应该受到公序良俗原则的限制。

第一千零三条 【身体权】

自然人享有身体权。自然人的身体完整和行动自由受法律保护。任何组织或者个人不得侵害他人的身体权。

本条来源

《民法通则》第一百一十九条规定的“侵害公民身体造成伤害的……”，过去被解释为侵害生命健康权，后来司法解释拓展明确了身体权。生命、健康、身体在有关国家和地区立法中是同时并列受到保护的独立人格权利。实践中，如强制文身、强制抽血、偷剪发辫等，均属侵害他人身体权，即使对健康权作扩张解释也难以概括侵害身体权的各种类型。据此，增列“身体权”。[①]《民法总则》第一百一十条第一款规定：“自然人享有生命权、身体权、健康权、姓名权、肖像权、名誉权、荣誉权、隐私权、婚姻自主权等权利。”

立法演变

一审稿第七百八十四条规定：“自然人享有身体权，有权维护自己的身体完整。任何组织或者个人不得侵害他人的身体权。”二审稿在“身体完整”后增加了“行动自由”，将拥有独立案由的人身自由权降格规定在身体权中，同时改变了传统上关于身体权的内涵。五审稿作了文字调整。

---

① 陈现杰：《人格权司法保护的重大进步和发展》，载《人民法院报》2001年3月28日。

条文释义

一、身体权

（一）身体

一般来讲，法律意义上的身体是指自然人（不是其他动物）的身体，是指自然人的生理组织的整体，由头颅、肢体、器官、其他组织以及附属部分（如毛发、指甲）所构成的一个整体。法律意义上的身体强调了完整性、完全性、自由性。下列非常规意义上的人体组成部分也可以成为法律意义上的身体，身体的判断标准从物理一体性转变为功能一体性①：

第一，被移植的器官、组织在一定条件下可以成为法律所保护的身体。被移植的器官、组织。人体移植已经成为现代社会人类自我保护、自我完善和自我发展的一项重要的技术。不仅人体的器官、组织能够相互移植，而且某些和人体不发生排异反应的动物器官、组织也可以移植到人体内。这样，如果该被移植的器官、组织和其他人体器官、组织融为一体，那么它就成为人体的一部分，即可以成为法律所保护的身体。

第二，假眼、假牙、假肢、人工心脏瓣膜等人造的人体器官、组织。这些人造的人体器官、组织是否可以成为法律意义上的人体，有一个判断标准，即如果它和其他人体器官、组织融为一体，那么它就成为人体的一部分，可以成为法律所保护的身体。如果某人将假肢拆卸下来修理，那么这个时候损害他的假肢，就不构成侵害他人的身体权，只能构成侵害他人的财产权。因为这个时候，该假肢已经不能够成为法律意义上的身体，它不具有完整性、完全性的特点。

但是，与身体脱离的器官组织是否受身体权保护？与身体脱离的人体衍生物是不是我们的身体？还是不是人格权的保护客体？是不是就不受人格权的保护？是不是可以受到财产权的保护？对此，理论界有不同的认识。

1. 人格权保护说。

利用人格权保护与人体脱离的人体衍生物的典型立法例非法国莫属。《法国民法典》1994 年修正案规定：“任何赋予人体、人体各部分以及人体所生之物

① 刘召成：《身体权的现代变革及其法典化设计》，载《当代法学》2020 年第 2 期。

以财产性价值的协议，均无效。”法国做法最彻底，完全否认了人格物化的任何可能性。这个修正案反映了法国人试图通过立法来阻止相关科学技术发展的意图。然而，这种看法如果不是因循守旧地遵循人格权法规则的话，那么也是一刀切地处理科技发展所带来的人格权法问题。这种态度更多的是回避而不是面对。

美国也有这方面的判例。比如，Del Zio v. Columbia Prebyterian Hospital 案。1973 年，原告夫妻因不孕而实施人工体外授精，将精卵自体内取出培养而成为受精卵，但尚未植入其自体内。执行医师未向医院汇报，该院的负责人知悉后认为此程序有违道德，于是在未经通知当事人和执行医师的情况下，将该受精卵加以销毁。一年后，该夫妇以侵害胚胎财产权及精神上损害为由提起诉讼。后来，当事人有关财产权的请求被驳回，但是获得了 50 万美元精神损害赔偿。①

2. 财产权保护说。

德国学者梅迪库斯指出，现在必须承认献出的血以及取出的、可用于移植的器官为物。这些东西可以成为所有权的客体，而且是首先提供这些东西的活人的所有物。对于这些东西的所有权移转，只能适用有关动产移转的规则（《德国民法典》第九百二十九条以及以下条款），当然，一旦这些东西被移植到他人的身体中，它们就重新丧失了物的性质。② 杨立新针对人体脱离物和人体医疗废物的法律属性进行了专门研究。对于人体脱离物，其认为脱离人体的器官和组织为物的属性具有合理性，理由是人体器官一旦脱离了人格的物质载体，那么也就与民事主体的人格脱离了关系，也就不再具有人格的因素了，不再是人格的载体，具有了物的属性。但是由于其具有普遍的生命性、限定的独立性、可利用性和价值性、不可再生性和易损性的特征，因此应该属于特殊的物，适用特殊的规则。③ 而人体医疗废物是指由于医疗活动而脱离人体的无生命价值或者生理活性的器官、组织以及人体滋生物。人体医疗废物的法律属性，

---

① 陈美伶：《人工生殖之立法规范》，台湾政治大学法律研究所 1994 年博士学位论文，第 216 页。

② ［德］迪特尔 · 梅迪库斯：《德国民法总论》，邵建东译，法律出版社 2001 年版，第 876 页。

③ 杨立新：《人身权法论》，人民法院出版社 2006 年版，第 266 – 279 页。

属于权利的客体，属于物。[1] 孙宪忠也指出，权利人对被捐赠、移植的器官享有临时性物权是解决被捐赠、移植器官的权利属性问题的可能答案。[2]

3. 人格权与财产权双重保护说。

在德国 BGHZ124，52 一案中，某甲预见有不能生育的可能性，于是将自己的精液冷冻储存于某大学附属医院。后来，某甲结婚想要取用精液时，获知因医院过失导致其储存的精子灭失，乃向乙请求 25000 马克的抚慰金。下级法院和原审法院均否认甲的请求权。德国联邦最高法院在 1993 年 11 月 9 日判决中指出，毁损一已生病的男子之冷冻保藏的精子视为对身体的伤害。按照德国联邦最高法院的观点，如果身体的一部分的分割，依权利主体者的意思系为保持身体功能，或其后将再与身体结合时，则为保护权利主体者的自主决定权与身体本身。从法律规范目的而言，应认为此项身体部分在其与身体分离期间，仍构成功能上的一体性，对此种分离身体部分的侵害，应认为是对其身体的侵害。如果该部分将与身体永久性分离，例如，捐献器官，那么这部分就具有了物的性质。鉴于储存精子是为了挽回生育能力，其目的在于个人自我决定和自我实现，应认为侵害原告身体权。[3] 德国学者鲍尔和施蒂纳尔赞同德国联邦最高法院对此案的裁判意见，认为仅仅是在这些被取出的部分，是为了保持被取出人的身体运动功能或是为了将来再植入其身体内时，才被继续视为受保护之“身体”，不是“物”。[4] 可见，这两位学者认为人体衍生物应该受人格权法保护的前提决定于权利人的“意思表示”。

对这一问题，德国学者沃尔夫分析更为深入全面。他指出，与人体分离出来已经独立化的人体部分（头发、拔去的牙齿等），可以是所有权客体之物。这与人身权是重叠的，而且人身权优先适用。也就是说，只要人不将来源于自身的物拿来进行交易，那么它们仍然受到人身权的保护。如丢失某人为了避免失去生育能力而在手术前存放的精子的，德国联邦最高法院认为这属于侵犯人

① 杨立新：《人身权法论》，人民法院出版社 2006 年版，第 280 – 291 页。

② 孙宪忠：《中国物权法总论》，法律出版社 2003 年版，第 128 页。

③ 王泽鉴：《侵权行为法（第一册）》，中国政法大学出版社 2001 年版，第 108 – 109 页。［德］马克西米利安·福克斯：《侵权行为法》，齐晓琨译，法律出版社 2006 年版，第 13 页。

④ 两位学者在论述人体脱离物时，说明了其争议性，但同时引用了《联邦最高法院民事判例集》第一百二十四卷第 54 页判决的观点。参见［德］鲍尔、施蒂纳尔：《德国物权法》，张双根译，法律出版社 2004 年版，第 22 页。

身权，而不是所有权（BGH NJW 1994，127；Taupitz 995，745）。相反，如果某人将人的身体部分投入到交易当中，则人体部分就成了物权的客体，所有权规则就优先适用。[①] 据此，沃尔夫的观点有这样几层意思：第一，某些人体衍生物可以适用财产法规则。第二，如果可以同时适用人身权和财产权规则的，优先适用人身权规则。第三，如果权利人将人体组成部分拿来进行交易，则所有权规则就优先适用。第四，判断适用人格权规则还是适用财产权规则的标准是权利人是否将人体衍生物进行交易。

本书倾向于第三种学说。

（二）身体权和健康权的区别

第一，身体权保护的是身体完整和身体自由，而健康权保护的是身心健康。

第二，身体权保护的目的是维护自然人身体组织的完整性、完全性、自由性，健康权保护的目的是维护自然人身体功能的完善性。只要对人体的功能造成了损害，那么就构成了对健康权的损害。比如，过失导致别人的眼睛失明等。

第三，身体权一定程度上体现了自然人对自己身体组成部分的支配性，而健康权则没有明显的支配性质。比如说，将自己的长发全部剃光的行为，体现了权利人对自己身体的支配。遵循自己意志自主行动，也体现了支配性。

二、身体完整权

传统看法认为，身体权是指自然人维护其身体完整并能自由支配其身体各个组成部分的权利。身体权的客体是自然人的身体，身体权设定的目的在于保持人的身体的完整性和完全性。身体权体现了自然人对自己身体的控制、使用和维护。

《民法通则》没有明文规定身体权，而是仅仅在第九十八条规定了“生命健康权”，第一百一十九条规定了“侵害公民身体造成伤害”的赔偿规则。如果宽泛解释，也可以认定这些规定暗含了身体权。《精神损害赔偿司法解释》《人身损害赔偿司法解释》都确认了自然人享有身体权，自然人的身体权受到侵害的，可以请求精神损害赔偿和人身损害赔偿。此外，《宪法》第三十七条规定了“禁止非法搜查公民身体”，《民法通则司法解释》第一百四十六条和第一百四十七条中提到“侵害他人身体”。《刑法》第一百三十四条、第一百三十五条也有保护自然人身体权的规定。直到《民法总则》，身体权在理论和实践

① ［德］M. 沃尔夫：《物权法》，吴越、李大雪译，法律出版社2004年版，第7－8页。

中都指的是身体完整权。

和身体权最密切的是健康权，有的国家干脆将二者统一起来保护。在我国司法实践中，一个案件经常同时涉及生命权、身体权、健康权。

三、身体自由权

人身自由权被《宪法》《妇女权益保障法》等法律和司法解释所承认，也是一项独立的案由。本法没有规定人身自由权，主要是因为《民法总则》没有规定人身自由权。从立法材料来看，《民法总则》规定的身体权并不包括人身自由权[①]，本条是运用立法技术将身体权扩张到身体自由权，之所以没有单独规定人身自由权，可能是因为《民法通则》没有规定人身自由权。《欧盟示范民法典草案》对自由理解为身体行动的自由，即离开现在所处的某地的权利和不被强迫前往某地的权利。被阻止进入一个特定的场所或者仅仅是某行为决定的自由受到不利影响，并不构成对自由的侵犯。[②]

四、侵害身体权

侵害身体权的违法行为，主要是对他人的身体完整性造成损害的行为。一般来讲，这些违法行为主要有如下表现形式：

第一，非法搜查他人身体。非法搜查他人身体属于常见的侵害身体权的行为，最典型的一类要数超市搜身案件。

第二，以殴打等方式非法侵扰他人身体。这种侵害方式排除了权利人的自主支配的权利。往往通过强行剃除他人毛发（包括剪阴阳头），强行剪掉他人指甲，强行抽取他人少量血液、脊髓等体液，向他人身上泼撒污物等，肆意殴打他人身体等。

第三，侵害他人身体行动自由。某人停车阻碍了另一辆汽车，是否构成侵害他人自由权？并不涉及对身体自由的侵犯，因为另一辆车的主人可以在任何时候通过其他方法离开。将某人锁在屋里，构成对自由的侵犯，关键是权利受到侵害的事实，而不是权利能否实际行使。[③]

---

① 张荣顺主编：《民法总则解读》，中国法制出版社 2017 年版，第 359 页。

② 欧洲民法典研究组欧洲现行司法研究组编：《欧洲私法的原则、定义与示范规则：欧洲示范民法典草案（第五、六、七卷）》，王文胜等译，法律出版社 2014 年版，第 278 页。

③ 欧洲民法典研究组欧洲现行司法研究组编：《欧洲私法的原则、定义与示范规则：欧洲示范民法典草案（第五、六、七卷）》，王文胜等译，法律出版社 2014 年版，第 321 页。

第四，欺骗公权力机关对无辜者的人身自由非法限制。在此情形下，公权力机关如有过错的话，构成没有意思联络的共同侵权。在法律适用上，要同时考虑本法和《国家赔偿法》。

法条关联

◆《精神卫生法》

第二十八条 除个人自行到医疗机构进行精神障碍诊断外，疑似精神障碍患者的近亲属可以将其送往医疗机构进行精神障碍诊断。对查找不到近亲属的流浪乞讨疑似精神障碍患者，由当地民政等有关部门按照职责分工，帮助送往医疗机构进行精神障碍诊断。

疑似精神障碍患者发生伤害自身、危害他人安全的行为，或者有伤害自身、危害他人安全的危险的，其近亲属、所在单位、当地公安机关应当立即采取措施予以制止，并将其送往医疗机构进行精神障碍诊断。

医疗机构接到送诊的疑似精神障碍患者，不得拒绝为其作出诊断。

◆《国家赔偿法》

第三十三条 侵犯公民人身自由的，每日赔偿金按照国家上年度职工日平均工资计算。

◆《治安管理处罚法》

第四十三条 殴打他人的，或者故意伤害他人身体的，处五日以上十日以下拘留，并处二百元以上五百元以下罚款；情节较轻的，处五日以下拘留或者五百元以下罚款。

有下列情形之一的，处十日以上十五日以下拘留，并处五百元以上一千元以下罚款：

（一）结伙殴打、伤害他人的；

（二）殴打、伤害残疾人、孕妇、不满十四周岁的人或者六十周岁以上的人的；

（三）多次殴打、伤害他人或者一次殴打、伤害多人的。

◆《妇女权益保障法》

第三十七条 妇女的人身自由不受侵犯。禁止非法拘禁和以其他非法手段剥夺或者限制妇女的人身自由；禁止非法搜查妇女的身体。

案例评议

徐加富强制医疗案（指导案例63号）①

◆ **裁判规则**

审理强制医疗案件，对于被申请人或者被告人是否“有继续危害社会可能”，应当综合被申请人或者被告人所患精神病的种类、症状，案件审理时其病情是否已经好转，以及其家属或者监护人有无严加看管和自行送医治疗的意愿和能力等情况予以判定。必要时，可以委托相关机构或者专家进行评估。

◆ **评议**

1991年，我国第一例人身自由权案件——“疑似精神病予以强制治疗案”，以侵害名誉权审结。强制治疗运用不慎，则会使正常人因此而丧失人身自由。中国大约有1.73亿人（差不多1:8）有精神疾病，包括焦虑、抑郁和强迫症等，其中1.58亿人从未接受过专业治疗。《精神卫生法》特别规定，除个人自行到医疗机构进行精神障碍诊断外，疑似精神障碍患者的近亲属可以将其送往医疗机构进行精神障碍诊断。对查找不到近亲属的流浪乞讨疑似精神障碍患者，由当地民政等有关部门按照职责分工，帮助送往医疗机构进行精神障碍诊断。对于近亲属、有关行政机关送医，而没有精神病症状的，医疗机构予以收治的，可能构成共同侵权。

深度研讨

本部分讨论人身自由的财产、精神二元性。

一、人身自由的伦理性

“不自由，毋宁死”，“生命、自由、财产”这些口号说明了自古以来人们对自由价值的认识。在法律上，许多国家的民法典，甚至宪法都从伦理性的角度对自由权作出了规定。

在古罗马，盖尤斯在《论行省告示》第五编指出，自由权比任何其他东西都更受照顾（D. 50，17，122）。《美国宪法》第四条修正案规定：“人民的人

① 最高人民法院审判委员会讨论通过，2016年6月30日发布。

身、住宅、文件和财产不受无理搜查和扣押的权利，不得侵犯。除依照合理根据，以宣誓或代誓宣言保证，并具体说明搜查地点和扣押的人或物，不得发出搜查和扣押状。”同时，也正是为了废除奴役和劳役而赋予所有公民人身自由权的《美国宪法》第十三条修正案引发了美国的南北战争。① 在近代民法史上，《德国民法典》第八百二十三条首先确定了自由权的人格权地位。《日本民法典》第七百一十条规定：“不问是侵害他人身体、自由或名誉情形，还是侵害他人财产权情形，依前条规定应负赔偿责任者，对财产以外的损害，亦应赔偿。”《埃塞俄比亚民法典》第十一条：“任何人的自由不受限制，并免于被搜查，法律另有规定的除外。”

在《民法通则》立法时，草案中原来也包括了人身自由权，只不过由于法律以外的原因，人身自由权才最终与《民法通则》失之交臂。但是，《精神损害赔偿司法解释》第一条明确了人身自由权为一种典型的人格权。而《宪法》《妇女权益保障法》《劳动法》等法律也规定了人身自由权。我国台湾地区“民法”第一百九十五条明确规定，自由为人格权的一种。

此外，《世界人权宣言》第三条、第四条、第九条，《公民权利和政治权利国际公约》第八条、第九条、第十条，也都规定人身自由权为一种典型的精神性权利。

在法理上，我国学界一般强调人身自由权是身体行动自由不受不法拘束或妨碍。同时对强制治疗问题进行了特别关注。② 此外，人身自由权还和讨债以及强制劳动问题相关。对于讨债问题，立法上一个基本的看法是：任何人不得仅仅由于无力履行约定义务而被监禁。在我国，对人身自由权的侵害还表现为强制劳动。部分中外企业通过限制人身自由的方法强迫劳动者连续劳动，成为当代“包身工”。在历史上，奴隶制和人身自由权问题密切相关。国际上奴隶制仍然没有彻底退出历史舞台，因此《世界人权宣言》《公民权利和政治权利国际公约》等多部国际公约都对奴隶制作了禁止性规定，以防止其对个人人身自由的严重侵害。

---

① ［美］卡尔威因、帕尔德森：《美国宪法释义》，徐卫东等译，华夏出版社 1989 年版，第 271 页。

② 杨立新：《人身权法论》，人民法院出版社 2006 年版，第 664－665 页。

二、人身自由的财产性

正是出于对自由价值的珍视，人身自由的商业化一般被公序良俗原则所禁止。

保罗在《论告示》第二编曾经指出："自由权是不可作价的东西。"（D. 50，17，106）《瑞士民法典》第二十七条第二款规定："任何人不得让与其自由，或在限制行使自由时损害法律及道德。"我国台湾地区"民法"第十七条明文规定："自由不得抛弃。自由之限制，以不背于公共秩序或善良风俗者为限。"

但是，随着社会条件的逐步变化，出现了将人身自由予以财产化的行为。美国CBS播放的节目名叫《老大哥》。该广播公司特别建了一所房屋，在应征男女中挑选出10名陌生人，把他们关闭在一起，共同生活90天。在这样犹如牢狱的环境中，生活极为简单，10个人共用两个卧房、一个厕所兼浴室。节目的要点是由观众投票逐一剔出他们所最不喜爱的角色，最后一个留下的可获100万元奖金。①

总的来讲，确认人身自由财产化为合法行为的国家还是少数，自由作为人们最为珍视的伦理价值，几乎同生命一样，不可以被商业化。但比较法上"自由不得被抛弃"的规定，能否经得起实践的挑战，需要关注。

第一千零四条　【健康权】

自然人享有健康权。自然人的身心健康受法律保护。任何组织或者个人不得侵害他人的健康权。

本条来源

《民法通则》第九十八条规定："公民享有生命健康权。"第一百一十九条规定："侵害公民身体造成伤害的，应当赔偿医疗费、因误工减少的收入、残废者生活补助费等费用；造成死亡的，并应当支付丧葬费、死者生前扶养的人必要的生活费等费用。"《民法总则》第一百一十条将健康权与生命权、身体权分开，作为独立的权利类型。

① 黄琳：《姓名权和肖像权的异化》，中国人民大学法学院2004年硕士学位论文，第2页。

立法演变

《2002 年民法草案》人格权法第八条规定："自然人享有生命健康权。禁止非法剥夺自然人的生命、禁止侵害自然人的身体健康。"一审稿第七百八十五条规定："自然人享有健康权，有权维护自己的身心健康。任何组织或者个人不得侵害他人的健康权。"五审稿作了文字调整。

条文释义

一、健康

健康首先是一个医学上的概念，健康是指人体各器官发育良好，功能正常，体质健壮，精力充沛并且有良好的劳动效能的状态。法律上的健康是指维持人体生命活动的生理机能的正常运作和功能的完善发挥。

健康首先是身体健康。个别情形下，损害身体健康如何认定也存在争议。例如，克雷斯蒂安·冯·巴尔举例，德国联邦最高法院曾在没有医学专家听证的情况下将持续一年多之久的凌晨噪声认定为健康损害，但汉堡上诉法院认定某一足球场噪声并不足使原告获得赔偿。①

健康还包括心理健康。对此，"生理健康说"认为，健康系生理之机能，不包括心理之机能，健康是人体生理机能的一种完善状况，健康权是自然人以其器官乃至整体的功能利益为内容的人格权。民法上的健康只限于身体上的健康，对精神上的健康只能通过精神损害赔偿的办法进行保护；而不能通过健康权的方法予以保护。②"生理心理健康说"认为，健康是指身体的生理机能的正常运转以及心理状态的良好状态，包括生理健康和心理健康。③《精神卫生法》第八十三条规定，精神障碍，是指由各种原因引起的感知、情感和思维等精神活动的紊乱或者异常，导致患者明显的心理痛苦或者社会适应等功能损害。

此前，我国法律没有明确是否保护心理健康。因他人侵权行为导致精神病，或者诱发精神病，依法能够获得赔偿，但操作上也有不同的认识。有意见提出，

---

① ［德］克雷斯蒂安·冯·巴尔：《欧洲比较侵权行为法（下卷）》，焦美华译，张新宝校，法律出版社 2001 年版，第 101 页。

② 杨立新：《人身权法论》，人民法院出版社 2002 年版，第 425 页。

③ 王利明主编：《人格权法新论》，吉林人民大学出版社 1994 年版，第 303 页。

医疗费应当包括精神诊治费，因为精神疾病医治是一个长期过程，这个数额在实践中不是一个小数目。被继父强奸的女童，提出需要 180 小时以上的专业心理辅导，按照广州市心理辅导的价格每小时 600 元，预计 16 万元，最后广东高院支持了 10 万元心理康复费。在法条表述来看，“身心健康”包括了精神疾病，精神诊治费可以包括在侵害健康权的医疗费中。实际上，这也与世界卫生组织的相关规定相符。我国法律明确规定健康包括心理健康，是一个进步。

二、健康权

健康权是指自然人以其身体外部组织的完整和身体内部生理机能的健全，使肌体生理机能正常运作和功能完善发挥，从而维持人体生命活动为内容的人格权。健康权的内容包括了健康享有权、健康维护权和有限处分权。下面择其要者，加以阐述。

（一）健康维护权

休息是指暂时停止工作、学习或活动。[①]《礼记月令》：“季秋之际霜始降，则百工休。”[②] 本书认为，休息权为健康维护权的体现，即自然人有权拒绝违法要求其持续劳动的权利。根据《宪法》第四十三条规定，劳动者有休息的权利。劳动者的休息权是自然人得以生存和发展的基本权利，属于基本人权的范畴。对于休息权的权利实现和救济，目前《劳动法》主要是通过严格控制加班和延长劳动时间及增加额外劳动报酬来保障劳动者的休息权的。根据《劳动法》关于工作时间的相关规定，国家实行劳动者每日工作时间不超过八小时、平均每周工作时间不超过四十四小时的工时制度。用人单位由于生产经营需要，经与工会和劳动者协商后可以延长工作时间，一般每日不得超过一小时；因特殊原因需要延长工作时间的，在保障劳动者身体健康的条件下延长工作时间每日不得超过三小时，但是每月不得超过三十六小时。该规定的例外情形包括发生自然灾害、事故或者因其他原因，威胁劳动者生命健康和财产安全，需要紧急处理的；生产设备、交通运输线路、公共设施发生故障，影响生产和公众利益，必须及时抢修的等。《意大利民法典》第二千一百零七条：“提供劳务者的日工作时间与周工作时间均不得超过特别法（或者行业规则）规定的限度。”

---

① 《现代汉语词典》，商务印书馆 1996 年版，第 1415 页。

② 《辞源》，商务印书馆 1979 年版，第 177 页。

有判决书认为，即使加班是自愿行为，但死者加班的原因与企业的生产经营需要是密不可分的，且被告对死者的加班行为知情且同意，故被告在死者的加班行为中存在侵权行为且存在过错。至于死者的加班行为与其死亡结果之间是否存在因果关系，根据现有的证据，虽无法论证二者存在直接因果关系，但根据加班、回宿舍后猝死这一过程的紧密度，该因果关系同样无法排除。最终，考虑到引发猝死的原因亦与死者个人身体素质、身心调整及日常生活安排等多重因素有关，具有多因一果性及一定的偶然性，三原告也未提交证据证实死者生前的身体状况，本院酌情认定被告对谢某的死亡造成的损失承担30%的赔偿责任。①

实践中，中国互联网企业盛行的“996”工作制，指的是早上9点上班、晚上9点下班，中午和傍晚休息1小时（或不到），总计工作10小时以上，并且一周工作6天的工作制度。这是一种违反《劳动法》的延长法定工作时间的工作制度，职工过劳死的，公司要承担侵害健康权的法律责任。

（二）有限处分权

有限处分权体现了行为人的处分意志，在一定程度上可以适用总则中法律行为等制度，人体器官移植问题当属是例，对此，本书将在第一千零六条专门阐述。

知情同意权包括充分知情权和自行决定权。权利人对健康的处分权的前提是对健康信息的全面知悉，缺少了任何一个环节，其他人对其健康的非法定处分都可能构成侵权行为。具有全面告知义务的主体可以是医疗美容机构、科研机构、教学机构等。1979年7月，德国联邦宪法法院判决指出，必须取得患者对医生作出的全部诊断、预防以及治愈措施的有效同意，这是法的要求。所有人都有义务尊重他人的人类尊严性以及自由、生命、人格的统一性的权利，患者有不受限制的自己决定权。②《乌克兰民法典》第二百八十五条规定：“自然人有权获得其健康状况方面的可靠的、完整的信息，包括查询涉及其健康的相关医疗资料。父母（包括养父母）、监护人或辅助人，有权获得其子女或被监

① 刘某柏、谢某等与广州市红蜻蜓服饰有限公司生命权、健康权、身体权纠纷一审民事判决书，（2018）粤0105民初3224号。

② 李燕：《患者自己决定权研究》，载梁慧星主编：《民商法论丛（第十七卷）》，金桥文化出版（香港）有限公司2000年版，第558页。

护人、被辅助人的健康状况方面的信息。如果自然人的疾病方面的信息会使得患者本身的健康状况恶化，或者会使得本条第二款提及的自然人的健康状况恶化，或者损及其治疗的过程，医务人员也有权提供该自然人健康状况方面的不完整信息，并有权限制特定医疗资料的获取。在自然人死亡的情形，其家庭成员或其他死者授权的自然人，有权在查明其死因时出现在现场，有权知悉死因查明的结论，并有权请求法院否定该结论。”

此外，《合同法》第五十三条规定，造成对方人身伤害的合同免责条款无效，对健康处分权进行了限制。本法合同编延续了该规定，但本章关于人体器官捐献等规定为其例外。

三、侵害健康权

侵犯健康权的违法行为，主要是对他人的健康造成损害的行为，既包括积极的对他人健康造成不利影响和侵害的行动，如殴打、各种肇事，也包括消极的不作为行为，如放任污染而不采取行动。对他人的殴打、砍、砸、划、刺等行为，都有可能对受害者的身体健康造成损害，带来各种病症甚至残疾的严重后果，这也是对健康权的侵害。一般来说，如果仅仅是殴打，而没有造成健康受损的后果，不认为是侵犯了健康权，而是侵犯了身体权。如果殴打致死，则是侵犯了生命权，只有后果介于两者之间，造成了受害人的健康损害时，是典型的侵犯健康权。侵害健康权的损害赔偿范围包括，医疗费、护理费、交通费、营养费等为治疗和康复支出的合理费用，以及因误工减少的收入。造成残疾的，还应当赔偿辅助器具费和残疾赔偿金。

实践中，有一类重要的违法行为即工伤事故。由于工作环境达不到保障劳动者的身体健康而制定的标准，而使长期在这种环境下工作的劳动者的身体健康受到的危害，也构成对健康权的侵害。这种情况下，侵犯他人健康权并且应当承担责任的，可能不是某个具体的个人，而是一个企业、单位。厂方应该对工人的健康负责，如果是由于厂方没有提供必要的保护措施造成工人在工作中健康受损，如长期吸入有毒气体，那么工人也可以依据健康权向厂方提出索赔。

《人身损害赔偿司法解释》第十二条规定：“依法应当参加工伤保险统筹的用人单位的劳动者，因工伤事故遭受人身损害，劳动者或者其近亲属向人民法院起诉请求用人单位承担民事赔偿责任的，告知其按《工伤保险条例》的规定处理。因用人单位以外的第三人侵权造成劳动者人身损害，赔偿权利人请求第三人承担民事赔偿责任的，人民法院应予支持。”

这里要注意的两点：第一，《工伤保险条例》的适用具有优先性。职工发生事故伤害或者按照《职业病防治法》规定被诊断、鉴定为职业病，所在单位应当自事故伤害发生之日或者被诊断、鉴定为职业病之日起30日内，向统筹地区劳动保障行政部门提出工伤认定申请。遇有特殊情况，经报劳动保障行政部门同意，申请时限可以适当延长。用人单位未按前款规定提出工伤认定申请的，工伤职工或者其直系亲属、工会组织在事故伤害发生之日或者被诊断、鉴定为职业病之日起1年内，可以直接向用人单位所在地统筹地区劳动保障行政部门提出工伤认定申请。在此情况下，通常要到设区的市的劳动能力鉴定委员会申请劳动能力鉴定，而且该申请和劳动仲裁一样有时间限制。第二，用人单位以外的第三人侵权造成劳动者健康损害的，不适用《工伤保险条例》，只有与用人单位存在劳动关系（包括事实劳动关系）的各种用工形式、各种用工期限的劳动者被用人单位伤害的情况，才能够适用《工伤保险条例》。

法条关联

◆《精神卫生法》

第二十七条 精神障碍的诊断应当以精神健康状况为依据。

除法律另有规定外，不得违背本人意志进行确定其是否患有精神障碍的医学检查。

第八十三条 本法所称精神障碍，是指由各种原因引起的感知、情感和思维等精神活动的紊乱或者异常，导致患者明显的心理痛苦或者社会适应等功能损害。

本法所称严重精神障碍，是指疾病症状严重，导致患者社会适应等功能严重损害、对自身健康状况或者客观现实不能完整认识，或者不能处理自身事务的精神障碍。

本法所称精神障碍患者的监护人，是指依照民法通则的有关规定可以担任监护人的人。

◆《妇女权益保障法》

第三十八条 妇女的生命健康权不受侵犯。禁止溺、弃、残害女婴；禁止歧视、虐待生育女婴的妇女和不育的妇女；禁止用迷信、暴力等手段残害妇女；禁止虐待、遗弃病、残妇女和老年妇女。

第四十六条　禁止对妇女实施家庭暴力。

国家采取措施，预防和制止家庭暴力。

公安、民政、司法行政等部门以及城乡基层群众性自治组织、社会团体，应当在各自的职责范围内预防和制止家庭暴力，依法为受害妇女提供救助。

◆《未成年人保护法》

第二十一条　学校、幼儿园、托儿所的教职员工应当尊重未成年人的人格尊严，不得对未成年人实施体罚、变相体罚或者其他侮辱人格尊严的行为。

第三十五条　生产、销售用于未成年人的食品、药品、玩具、用具和游乐设施等，应当符合国家标准或者行业标准，不得有害于未成年人的安全和健康；需要标明注意事项的，应当在显著位置标明。

第三十八条　任何组织或者个人不得招用未满十六周岁的未成年人，国家另有规定的除外。

任何组织或者个人按照国家有关规定招用已满十六周岁未满十八周岁的未成年人的，应当执行国家在工种、劳动时间、劳动强度和保护措施等方面的规定，不得安排其从事过重、有毒、有害等危害未成年人身心健康的劳动或者危险作业。

案例评议

尹瑞军诉颜礼奎健康权、身体权纠纷案①

◆ **裁判规则**

刑事案件受害人因犯罪行为受到身体伤害，另行提起民事侵权诉讼的，残疾赔偿金属于物质损失的范畴。刑事案件的受害人因犯罪行为受到身体伤害，未提起刑事附带民事诉讼，而是另行提起民事侵权诉讼的，关于残疾赔偿金是否属于物质损失范畴的问题，刑事诉讼法及司法解释没有明确规定。刑事案件受害人因犯罪行为造成残疾的，今后的生活和工作必然受到影响，导致劳动能力下降，造成生活成本增加，进而变相地减少物质收入，故残疾赔偿金应属于物质损失的范畴，应予赔偿。

① 《最高人民法院公报》2019年第3期。

◆ 评议

本案的重要意义在于，认定残疾赔偿金属于物质损失，而根据《精神损害赔偿司法解释》，残疾赔偿金属于精神损害赔偿抚慰金。在刑事附带民事诉讼中，受害人是否可以请求精神损害赔偿。法律和司法解释的态度并不相同，有的司法解释不支持请求精神损害赔偿。①

民事法律的态度是明确支持的。《侵权责任法》第二十二条规定："侵害他人人身权益，造成他人严重精神损害的，被侵权人可以请求精神损害赔偿。"该条款被直接吸收为本法第一千一百八十三条第一款。民事领域的司法解释支持精神损害赔偿。《精神损害赔偿司法解释》第一条第一款规定："自然人因下列人格权利遭受非法侵害，向人民法院起诉请求赔偿精神损害的，人民法院应当依法予以受理：（一）生命权、健康权、身体权；（二）姓名权、肖像权、名誉权、荣誉权；（三）人格尊严权、人身自由权。"

刑事法律没有明确的障碍。《刑事诉讼法》第一百零一条第一款规定："被害人由于被告人的犯罪行为而遭受物质损失的，在刑事诉讼过程中，有权提起附带民事诉讼……"从解释上来看，"物质损失"可以被认定为财产损害，也可以被解释为精神损害赔偿。《民法通则》规定了"赔偿损失"，司法实践中，"赔偿损失"被解释为"精神损害"。

但是，刑事方面的解释不支持精神损害赔偿，而且是一贯的认识。《最高人民法院关于印发〈全国法院维护农村稳定刑事审判工作座谈会纪要〉的通知》提出，刑事附带民事诉讼的赔偿范围，在没有司法解释规定之前，赔偿只限于犯罪行为直接造成的物质损失，不包括精神损失和间接造成的物质损失。《最高人民法院关于人民法院是否受理刑事案件被害人提起精神损害赔偿民事诉讼问题的批复》规定："根据刑法第三十六条和刑事诉讼法第七十七条以及我院《关于刑事附带民事诉讼范围问题的规定》第一条第二款的规定，对于刑事案件被害人由于被告人的犯罪行为而遭受精神损失提起的附带民事诉讼，或者在该刑事案件审结以后，被害人另行提起精神损害赔偿民事诉讼的，人民法院不予受理。"根据有关规定，上述内容已经被《最高人民法院关于适用〈刑事诉

① 类似的案件很多，受害人依法难以获得精神损害赔偿，如罗某玉、袁某龙生命权、健康权、身体权纠纷再审审查与审判监督民事裁定书，(2019) 粤民申 8612 号。

讼法〉的解释》的相关内容代替。《最高人民法院关于适用〈刑事诉讼法〉的解释》第一百三十八条规定："被害人因人身权利受到犯罪侵犯或者财物被犯罪分子毁坏而遭受物质损失的，有权在刑事诉讼过程中提起附带民事诉讼；被害人死亡或者丧失行为能力的，其法定代理人、近亲属有权提起附带民事诉讼。因受到犯罪侵犯，提起附带民事诉讼或者单独提起民事诉讼要求赔偿精神损失的，人民法院不予受理。"第一百五十五条第二款规定："犯罪行为造成被害人人身损害的，应当赔偿医疗费、护理费、交通费等为治疗和康复支付的合理费用，以及因误工减少的收入。造成被害人残疾的，还应当赔偿残疾生活辅助具费等费用；造成被害人死亡的，还应当赔偿丧葬费等费用。"第一百六十三条规定："人民法院审理附带民事诉讼案件，除刑法、刑事诉讼法以及刑事司法解释已有规定的以外，适用民事法律的有关规定。"

刑事司法解释是否合乎法律规定？本书认为，相关司法解释规定应依据民事法予以修改。主要理由如下：

一是现有刑事司法解释造成了制度上的不公平。构成刑事犯罪的，加害人不必承担精神损害赔偿，受害人不能获得精神抚慰金，侵权法的补偿、惩罚、教育功能为刑事法所限制。同为侵害健康权的案例，不能构成犯罪的侵权行为反而可能赔得多。这一问题尤其在共同侵权行为中表现更为突出，构成犯罪的赔偿数额低，不构成犯罪的赔偿数额高，错责相当性失调。① 长此以往，社会容易积累负面情绪，不利于国家的长治久安。

二是现有刑事司法解释可能诱发犯罪。比如，交通事故中，可能本来只会造成他人健康受伤害的结果，但是为了少赔偿，在撞到人的一刹那踩油门，结果导致死亡的后果，交通事故致人死亡最高刑期是七年，虽然有七年的刑期，但是赔偿数额可能会少很多。

三是财产性法律责任可以聚合适用。承担刑事责任并不排斥同时承担民事责任，这也是刑事附带民事诉讼存在的原因之一。但是，有人认为，对加害人进行刑罚处罚，本身就是对被害人的精神损害方面的平复和抚慰，无需再用经

---

① 《基于刑事案件另行提起民事诉讼是否能获得精神损害赔偿金及死亡赔偿金》，载曹士兵主编：《中国法院2017年度案例·人格权纠纷》，中国法制出版社2017年版，第142－149页。

济赔偿手段制裁被告人或用金钱去抚慰被害人。[①] 其实质就是对犯罪行为“打了不罚，罚了不打”的变种。[②] 这种理由与民事法规定并不一致，本法第一百八十七条规定：“民事主体因同一行为应当承担民事责任、行政责任和刑事责任的，承担行政责任或者刑事责任不影响承担民事责任；民事主体的财产不足以支付的，优先用于承担民事责任。”这一条的内容与《民法总则》第一百八十七条相同，来源于《侵权责任法》第四条、《公司法》第二百一十五条等法律的实践。

四是罪犯往往没有能力赔偿的理由站不住脚。民事权利和民事权利的实现是两码事，不能因为执行难，就在制度上剥夺了受害人的权利。

深度研讨

本部分重点研讨违反告知义务的侵权损害赔偿责任。[③] 《医疗事故处理条例》规定的医疗机构义务是“软义务”。医疗机构的告知义务是一种法定的合同义务，体现了法定性和意定性的交融。医疗行为本身的特点决定了有必要将意定性的告知义务上升为强行性的法定义务。患者的知情同意权包括充分知情权和自行决定权。医疗机构违反告知义务的侵权责任构成要件中的违法行为和损害事实具有特殊性：判断医疗机构的行为是否构成违反法定告知义务必须以患者的医疗期待为基础；损害事实包括现实权益损害和期待利益损害。

一、问题的提出

《医疗事故处理条例》规定的医疗机构义务是“软义务”。与原《医疗事故处理办法》相比，《医疗事故处理条例》对患者的权利作出了12项新的规定。诸如：患者有权复印或者复制病历资料；医疗机构对患者的病情、医疗措施、医疗风险等有告知的义务，患者享有知情权；发生、发现医疗事故、医疗过失行为等，医疗机构有通报、解释义务，患者享有知情权；在发生医疗事故争议时，医疗机构对病历资料单独处置，应当承担对自己不利的后果，等等。[④] 但

---

① 刘金友、奚玮：《附带民事诉讼原理与实务》，法律出版社2005年版，第171页。

② 杨立新：《性暴力犯罪受害人可否请求精神损害赔偿问题》，载张新宝主编：《侵权法评论（第一卷）》，人民法院出版社2003年版。

③ 本部分与杨立新教授合著。

④ 详见杨立新：《〈医疗事故处理条例〉的新进展及其审判对策》，《人民法院报》2002年5月10日、17日连载。

并没有规定保护患者行使权利的保障措施。按照法理，对应权利的应当是义务，对应义务的应当是责任，因为责任就是违背法定义务的法律后果。没有规定法律责任的权利和义务，就没有法律的强制性。没有规定法律责任的义务就是软义务。相应的权利也得不到根本的保障。因此，这个问题必须解决，否则在审判实践中就没有办法保障患者的权利。

那么，在医疗机构没有履行保障患者权利而应履行的义务时，究竟应当承担什么样的法律后果？在研究了相关一些案例之后，我们专门就医疗机构违反告知义务的侵权责任问题，结合《执业医师法》《医疗事故处理条例》等法律法规有关规定进行深入探讨。

二、医疗机构告知义务的性质

告知义务也称为“告知后同意”法则，学者认为，所谓“告知后同意”法则（the Doctrine of Informed Consent）乃指医师有法律上的义务，以病人得以了解的语言，主动告知病人病情、可能之治疗方案、各方案可能之风险与利益，以及不治疗之后果，以利病人作出合乎其生活形态的医疗选择。[①] 我们认为，医疗机构的告知义务是一种法定的合同义务，体现了法定性和意定性的交融，是合同法和侵权法日益融合的产物。

（一）医疗机构告知义务的意定性

医疗合同是医师、护士、药师等医疗专家通过医院的医疗活动，向患者提供医疗技术服务救治病患的合同。尽管将医疗纠纷确定为合同责任或者是侵权责任存在着一定的争议，但是将医患关系确定为合同关系为相当数量的立法、司法和理论所支持。德、日民法典没有直接规定医疗合同为有名合同，而是在民事特别法等相关法律中规定了医疗关系。德国学界通说认为，医疗关系为雇佣契约。日本的学界通说认为，医疗关系为准委任契约。英美法系一般认为，医疗关系为承揽契约。[②] 1994 年，荷兰颁布了《医疗服务法案》，该法案规定了病人在医疗关系中所享有的各项权利，以及可能导致的各项侵权情形。1995 年，该法案被收

---

① 杨秀仪：《告知后同意》，http：//sm. ym. edu. tw/download/942 医疗与法律专题 - 告知后同意 . doc，最后访问时间：2007 年 3 月 5 日。

② 邱聪智：《民法研究（一）》，中国人民大学出版社 2002 年版，第 303 页。

入了《荷兰民法典》第七编“具体合同”之中，并易名为“医疗服务合同”。①

在此前提下，就医疗机构而言，其承担着诊疗义务、告知或者说明义务、劝告转诊义务、取得同意义务、保密义务、制作治疗记录义务及报告义务等。②而就患者而言，患者享有选择权、自我决定权，当然，其也承担着支付医疗报酬义务、接受并协助治疗义务、诚实告知等义务。在一般的医疗关系中，医疗机构必须通过诊断并进行详细的说明，出具诊疗方案，以获得患者的有效承诺，展开治疗。患者挂号、就诊，医疗机构听诊、告知，体现了合同订立的要约、承诺过程。从这一点来看，一般的医疗关系可以认定为是医疗服务合同。同时，医疗机构如果不履行或者不充分履行告知义务，就会导致患方承诺的意思表示不真实，从而也影响了医疗服务合同的效力，告知义务对患方意思表示的制约对于医疗服务合同的订立、履行、终止等具有决定性的意义。因此，医疗机构作为合同当事人的告知义务当然可以认定为合同义务。

甚至，告知义务也可以对医疗服务合同成立之前的缔约阶段具有法律上的意义。例如，如果在缔约阶段，医疗机构及其工作人员不履行理应转诊的告知义务，那么其行为就可以构成缔约过失责任。

（二）医疗机构告知义务的法定性

1. 告知义务已经被认定为法定义务。

（1）我国法律规定。《执业医师法》《医疗事故处理条例》《医疗机构管理条例》等法律、法规都明确规定医疗机构的告知义务和患方的知情同意权。

我国最早涉及医疗机构告知义务和患方的知情同意权的法律、法规是《医疗机构管理条例》及其实施细则。《医疗机构管理条例》第三十三条规定：“医疗机构施行手术、特殊检查或者特殊治疗时，必须征得患者同意，并应当取得其家属或者关系人同意并签字；无法取得患者意见时，应当取得家属或者关系人同意并签字；无法取得患者意见又无家属或者关系人在场，或者遇到其他特殊情况时，经治医师应当提出医疗处置方案，在取得医疗机构负责人或者被授权负责人员的批准后实施。”很明显，《医疗机构管理条例》提到了患者的同意

① 宁红丽：《大陆法系国家的医疗合同立法及对我国的借鉴意义》，载王文杰主编：《月旦民商法研究·法学方法论》，清华大学出版社2004年版，第151－152页。

② 黄丁全：《医事法》，中国政法大学出版社2003年版，第173－174页。

问题，但并没有直接提出患者的知情同意权，当然也没有提到医疗机构的告知义务。这里，医疗机构“父权式”的自由裁量权还具有支配性的地位。患者的独立民事主体地位也受到了挑战，表现有二：第一，患者自己——即使是完全民事行为能力人——同意医疗方案并不能保证正常开展医疗行为，医疗机构必须得到患者家属或者关系人的签字；第二，当患者不同意医疗机构的医疗方案，在客观上符合了“无法取得患者意见”的条件，患者的家属或者关系人可以“越俎代庖”地代表患者同意医疗方案。但不久以后颁布的《医疗机构管理条例实施细则》部分地改变了这种状况，明确规定了医疗机构的告知义务和患者的知情权。第六十二条规定：“医疗机构应当尊重患者对自己的病情、诊断、治疗的知情权利。在实施手术、特殊检查、特殊治疗时，应当向患者作必要的解释。因实施保护性医疗措施不宜向患者说明情况的，应当将有关情况通知患者家属。”第六十一条：“医疗机构在诊疗活动中，应当对患者实行保护性医疗措施，并取得患者家属和有关人员的配合。”但是，上述条文仅仅规定了医疗机构的说明义务和患者的知情权，而没有规定医疗机构获得患者同意的义务和患者的选择权。这只不过是“父权式”医患关系的模式局部改良。

此后，我国相继颁布实施了一系列法律，确定了医疗机构告知义务的法定性。《执业医师法》第二十六条规定：“医师应当如实向患者或者其家属介绍病情，但应注意避免对患者产生不利后果。医师进行实验性临床医疗，应当经医院批准并征得患者本人或者其家属同意。”《合同法》第六十条从合同义务的角度作了强行性规定：“当事人应当按照约定全面履行自己的义务。当事人应当遵循诚实信用原则，根据合同的性质、目的和交易习惯履行通知、协助、保密等义务。”《合同法》这一规定适用于一切合同领域，医疗服务合同在其约束之内。

此外，对于告知义务和知情同意权，还有以下法律法规有规定：一是《计划生育技术服务管理条例》第三条规定：“计划生育技术服务实行国家指导和个人自愿相结合的原则。公民享有避孕方法的知情选择权。国家保障公民获得适宜的计划生育技术服务的权利。”二是《医疗事故处理条例》第十一条规定：“在医疗活动中，医疗机构及其医务人员应当将患者的病情、医疗措施、医疗风险等如实告知患者，及时解答其咨询；但是，应当避免对患者产生不利后果。”三是《医疗美容服务管理办法》第十九条规定：“执业医师对就医者实施治疗前，必须向就医者本人或亲属书面告知治疗的适应症、禁忌症、医疗风险和注意事项等，并取得就医者本人或监护人的签字同意。未经监护人同意，不得为无行为能力或者限制行为能力人实施医疗美容项目。”

（2）域外比较法规定。美国是世界上最早和最常引用知情同意理论审理医疗纠纷案件的国家。1914年，卡多佐法官写道，每一个成年的、精神健全的人有权决定对他的身体应做些什么，外科医师应对没有得到病人的同意便进行手术造成的人身损害承担损害赔偿责任。美国第一例医疗知情同意案件发生于1957年，在该案的判决中，法官首次引入了知情同意（informed consent）的概念，认为医师除了告知患者治疗措施的本质外，还应当告知患者治疗措施可能存在的风险（如并发症），尽管有时这种风险发生概率是非常微小的。如果医师告知不当，医师则应承担医疗过失责任。[①] 1972年，美国制定了《病人权利法》，将知情同意权列入患者的法定权利。20世纪80年代，美国对患者知情同意权的研究进入了全盛期，也发展出较细腻、清楚的理论架构，并流传至欧洲各国及日本，广为采纳。[②]

在欧洲，医生在治疗（基于诊断目的或直接的治疗目的）前必须正确告知病人疗法所附带的风险，已经为欧洲各国所共同认可。略有不同的是，医生在特定情况下，具体应该阐明到何种程度。[③]

在日本，说明义务于20世纪60年代在学术界被提出，随后有个别判例偶然提及，但它作为损害赔偿原因在诉讼中得到广泛承认却是90年代的事情。这里的说明义务指的就是医生必须就患病情况、治疗方法及治疗所伴生的危险等事项对患者加以说明，[④] 也就是通常所说的告知义务。

2002年我国台湾地区修正“医师法”，明订医师有病情告知义务，是“告知后同意”“成文法化”的第一步。2004年1月起，台湾地区医院开始启用新

---

① 卡多佐所说的“知情同意”仅仅是要求医师为患者手术须征得患者的同意。参见杨茜：《美国涉及患者知情权案件》，http：//www.chinalabnet.com/show.aspx？id = 349&cid = 35，最后访问时间：2007年3月5日。

② 杨秀仪：《告知后同意》，http：//sm.ym.edu.tw/download/942医疗与法律专题 - 告知后同意.doc，最后访问时间：2007年3月5日。

③ ［德］克里斯蒂安·冯·巴尔：《欧洲比较侵权行为法（下卷）》，焦美华译，张新宝校，法律出版社2002年版，第389页。

④ ［日］稻田龙树：《说明义务（1）》，选自根本久编：《裁判实务大系17：医疗过误法》，第188－189页。转引自龚赛红、李柯：《关于医疗过程中的“说明义务”》，载渠涛主编：《中日民商法研究（第一卷）》，法律出版社2003年版，第474页。

版的手术同意书，更是具体落实“告知后同意”的良善措施。①

综上所述，将告知义务确定为医疗机构的法定义务，已经成为普遍共识。

2. 告知义务上升为法定义务的原因。

医疗行为本身的特点决定了有必要将意定性的告知义务上升为强行性的法定义务。

第一，医疗机构的告知并获得患者或其监护人同意是具有侵袭性的医疗行为具有合法性的前提。医疗行为对人的生命、身体、健康具有不同程度的侵袭性。人食五谷杂粮，不可能不患疾病。伤风感冒，可能通过人体的自身免疫系统就能够重获健康。但是，重症、顽疾甚至要采取以毒攻毒、刮骨疗伤、开膛破肚、器官移植等医疗方式救治才能够取得一定的疗效。《三国演义》中曹操拒绝华佗开颅医治头疾的例子就生动地说明了这一点。众所周知，人对自己的身体的支配权具有合理性，人是自己的身体的主人。因此，医疗行为要获得正当性，就必须取得权利主体——病人或其他权利人的同意。而且该同意的意思表示必须是真实有效的，符合民事法律行为生效的一般构成要件。

第二，医疗行为具有较高的风险性。“死马当活马医”的古语，说明了我们的祖先已经对医疗风险有了比较深刻的认识。正是考虑到了医疗行为的高风险性，学界一般限定医疗行为必须是容许性危险，即为达成某种有益于社会目的之行为，在其性质上，经常含有某种侵害法益的抽象危险，但此种危险如在社会一般意识上认为相当时，即应容许其危险行为为适法行为。② 并发症、青霉素过敏、输血反应等都可以直接夺走人的生命，药物的副作用也可能使人体健康受到巨大损害，给人带来终身的痛苦。医疗行为的风险性、信赖性、专业性和患者的广泛性等因素，使得医疗机构的告知义务具备了由约定义务上升为法定义务的合理性。

三、医疗机构告知义务的一般内容

（一）医疗机构告知义务的来源

医疗机构的告知义务的来源，是患者享有的知情同意权。正是由于患者享

---

① 杨秀仪：《告知后同意》，http：//sm. ym. edu. tw/download/942 医疗与法律专题－告知后同意 . doc，最后访问时间：2007 年 3 月 5 日。

② 邱聪智：《民法研究（一）》，中国人民大学出版社 2002 年版，第 303 页。

有知情同意权，医疗机构才应当对患者履行告知义务。正因为如此，法律认可受害人同意、自愿承受危险是阻却侵权行为不法性的原因之一。“受害人明确同意对其实施加害行为，并且自愿承担损害后果的，行为人不承担民事责任。加害行为超过受害人同意范围的，行为人应当承担相应的民事责任。”“受害人自愿承担损害的内容违反法律或者社会公共道德的，不得免除行为人的民事责任。”① 在医疗领域，创设告知义务是因为具有侵袭性的医疗行为必须获得正当性基础，而患者的知情同意权就是阻却侵袭性医疗行为违法性的法定事由。

患者的知情同意权经历了一个发展过程。这个过程大致和上述告知义务的发展保持着同步性。患者的知情同意权具有如下内容：第一，充分知情权。充分知情权可以从以下几个方面来理解：首先，医疗知识的专业性要求医生应当以浅显易懂的语言介绍，使得患者能够了解自己的病情、可供选择的治疗方案及其成功率和治疗效果等、检查治疗的价格，最终使得患者能够准确理解，克服信息的不对称状况。其次，应该采取口头表达和书面说明并重的方法。鉴于我国的现实状况，单一的书面告知会给部分患者带来理解上的困难，因此，要想患者充分了解医疗机构的意见，医疗机构必须结合以上两种方式予以告知。第二，自行决定权。当患者了解到医疗机构的专家意见之后，患者就会面临很多种选择。是拒绝还是同意？选择何种方案治疗？是否治疗？选择在哪家医院治疗？选择中医、西医还是民族医治疗？这个时候就产生了患者的同意权与拒绝权。

（二）医疗机构告知义务的内容

医疗机构告知义务的范围主要是对患者作出决定具有决定性影响的信息。这些信息包括：

1. 医疗机构的医疗水平、设备技术状况等。根据《医疗机构管理条例实施细则》第三条，医疗机构通常可以分为：(1) 综合医院、中医医院、中西医结合医院、民族医医院、专科医院、康复医院；(2) 妇幼保健院、妇幼保健计划生育服务中心；(3) 社区卫生服务中心、社区卫生服务站；(4) 中心卫生院、乡（镇）卫生院、街道卫生院；(5) 疗养院；(6) 综合门诊部、专科门诊部、中医门诊部、中西医结合门诊部、民族医门诊部；(7) 诊所、中医诊所、民族

---

① 王利明主编：《中国民法典学者建议稿及立法理由·侵权行为法编》，法律出版社2005年版，第26页。

医诊所、卫生所、医务室、卫生保健所、卫生站；(8) 村卫生室 (所)；(9) 急救中心、急救站；(10) 临床检验中心；(11) 专科疾病防治院、专科疾病防治所、专科疾病防治站；(12) 护理院、护理站；(13) 医学检验实验室、病理诊断中心、医学影像诊断中心、血液透析中心、安宁疗护中心；(14) 其他诊疗机构。不同的医疗机构能够满足不同的需要，但显而易见，其具体的医疗水平亦各有不同。因此，医疗机构有必要将其医院等级、医院类别、现有硬件设备、医务人员的构成及专业水平、治疗经验、主治医师 (药师) 的健康状态等，比如，外科医生自身有诸如药物成瘾一类的疾病的情况，提前告知患者。①

2. 患者的病情以及医疗机构的检查、诊断方案。中医通常通过“望、闻、问、切”的传统方法来问诊，从而对患者的病情作出初步的判断，进而针对患者的个体情况提供一种或几种医疗方案。而西医通常在问诊之后，借助一定的医疗仪器或试剂对患者进行检查，比如检查炎症就需要抽血化验白细胞的数量，依据这些检查的结果，西医师会给出相应的医疗方案。但二者都会涉及患者的隐私 (尤其是身体、健康隐私) 和知情决定利益。比如说，特殊治疗、特殊检查。《医疗机构管理条例实施细则》第八十八条规定，特殊检查、特殊治疗是指具有下列情形之一的诊断、治疗活动：有一定危险性，可能产生不良后果的检查和治疗；由于患者体质特殊或者病情危笃，可能对患者产生不良后果和危险的检查和治疗；临床试验性检查和治疗；收费可能对患者造成较大经济负担的检查和治疗。此外，还包括医疗标准；官方确定的危险；物质性的标准，包括知道和应当知道的风险；物质性的主/客观测试；非物质性的条件；揭示一般条件；物质材料的危险；如果接受治疗后预后如何；实验和内科或外科医生的成功概率；医生的财务利益和奖励；② 不同医疗方案 (放射疗法、化学疗法、物理疗法)、不同医疗方法 (中医、西医、民族医) 之间在疗效、风险、副作用、并发症、合并症等方面的差别；医疗机构选择的医疗方案的成功率；是否

---

① Dobbs DB, The Law of Torts. St. Paul, West Group, 2000. pp. 52 – 54, p. 657, pp. 658 – 663. 转引自高也陶等：《中美医疗纠纷法律法规及专业规范比较研究》，南京大学出版社 2003 年版，第 270 页。

② Dobbs DB, The Law of Torts. St. Paul, West Group, 2000. pp. 52 – 54, p. 657, pp. 658 – 663. 转引自高也陶等：《中美医疗纠纷法律法规及专业规范比较研究》，南京大学出版社 2003 年版，第 270 页。

会产生变性、截肢、绝育、母婴只能保全其一等不可逆结果；治疗后的必要措施以及是否需要复检等。

3. 转医或转诊的告知义务。转医或转诊义务是指医生对本领域之外的患者或者超出本人治疗治疗能力的患者进行安全、快速转运到有条件加以治疗的医院的义务。一般来讲，转医的告知义务主要发生于以下几种情形：(1) 患者的疾病属于医生专门领域之外；(2) 医生对患者的诊疗能力不充分或不具备时；(3) 对患者存在更适当的诊疗方法且该方法用于患者比不转移发生非常明显的改善效果。① 当然，医疗机构还必须告知患者转医治疗的可能性。比如说，患者病情极其严重不适合长途转医或者地理位置非常偏僻等情况。

我国现有法规规章也有关于转诊义务的规定。《医疗机构管理条例》第三十一条规定："医疗机构对危重病人应当立即抢救，对限于设备或者技术条件不能诊治的病人，应当及时转诊。"《医院工作制度》也规定："凡决定转诊、转科或转院的病员，经治医师必须书写较为详细的转诊、转科、或转院记录，主治医师审查签字。转院记录最后由科主任审查签字。"尽管如此，虽然我国的非营利性公立医疗机构也居于主导地位，但是其中某些医疗机构仍然会考虑到本院的经营效益问题，违背诚实信用原则，不履行转诊告知义务。而不履行告知义务的结果往往是延误了患者医治疾病的契机，从而产生加速患者死亡等后果，侵害了患者得到适当治疗后追求生活方式以及生活质量、适当治疗机会以及期待得到符合医疗水准治疗的期待利益。② 在我国的审判实践中也存在未尽转诊说明义务而承担损害赔偿的案例。③

4. 告知义务的例外。当然，并不是在一切情况下医疗机构都需要履行告知义务。有学者已经对此类情况进行了总结，其认为不需要加以说明的情况有：(1) 依据法律给予医生强制治疗的权限；(2) 危险性极其轻微，并且发生的可能性几乎没有；(3) 患者非常清楚自己的症状；(4) 患者自愿放弃接受医生的

---

① [日] 松山恒昭：《转医义务 (2)》，载根本久编：《裁判实务大系 17：医疗过误法》，第 227－228 页。转引自梁慧星主编：《民商法论丛（第九卷）》，法律出版社 1998 年版，第 734 页。

② 夏芸：《不作为型医疗过误的期待权侵害理论》，载梁慧星主编：《民商法论丛（第 32 卷）》，法律出版社 2005 年版，第 207－208 页。

③ 杨太兰主编：《医疗纠纷判例点评》，人民法院出版社 2003 年版，第 31 页。

说明；[1]（5）由于事态紧急无法取得患者的承诺；（6）如果加以说明可能给患者招致不良影响。[2]（7）以理性人的标准，患者在此情况下会表示同意。[3]

我们认为，上述总结的第六种情形是需要进一步检讨的。我国法律中也有保护性治疗的规定。保护性医疗制度的实质是要注意该对病人说什么，不该对病人说什么，也就是并不是什么都对病人如实告知。[4]这样做的后果就是，有些患者至死也不知道自己究竟是得了什么病死的。在实践中，经常讨论癌症的告知说明问题。癌症要不要直接告知具有完全民事行为能力的患者？在日本，甚至有学者认为，这已经成了一个深刻的社会问题。[5]在我国实践中，医生一般选择告知患者的家属，或者在无家属的情况下，医生可能会考虑告知患者的朋友或单位的领导等，或者告知患者其他的疾病名称。这主要是考虑到：癌症这种病被认为是将来可能导致死亡的不治之症，如果告知患者的病名，将对患者造成严重的精神打击、动摇，也对患者对待病情的态度等有诸多不利的影响，与病情不告知相比，告知可能妨害疾病的治疗[6]，因此，许多人主张这个时候应该由医生根据客观情况加以裁量告知或者不告知或者告知的程度、时机。单纯从法律规范上考虑，这里最重要的问题就是患者是否一定是限制民事行为能力或者无民事行为能力人？其实，在很多情况下即使是癌症患者也具有完全民事行为能力。如果患者具有完全民事行为能力，在没有当事人特别约定的情况下，按照我国法律的规定，医生无疑应直接向癌症患者进行告知，这种告知和一般疾病的告知并没有根本的不同，如果说真的存在不同的话，无非是告知方式、期限的差别，对于告知的对象、内容、程度不应有任何的不同。之所以医

---

① 据初步梳理，关于放弃知悉权的规定仅见于荷兰民法典第7：449条："倘若病人明示不愿接受信息，则就不应当提供信息，除非不提供信息对病人或其他人的不利后果超过了病人放弃信息的利益。"参见［德］克里斯蒂安·冯·巴尔：《欧洲比较侵权行为法（下卷）》，焦美华译，张新宝校，法律出版社2001年版，第389页。

② 段匡等：《医生的告知义务和患者的承诺》，载梁慧星主编：《民商法论丛（第十二卷）》，法律出版社1999年版，第162页。

③ 李响：《美国侵权法原理及案例研究》，中国政法大学出版社2004年版，第123页。当然，关于理性人还存在争论，是理性的医生，还是理性的患者？我们认为理性的患者标准较为合理。

④ 高也陶等：《中美医疗纠纷法律法规及专业规范比较研究》，南京大学出版社2003年版，第270页。

⑤ ［日］植木哲：《医疗法律学》，冷罗生等译，法律出版社2006年版，第124页。

⑥ ［日］植木哲：《医疗法律学》，冷罗生等译，法律出版社2006年版，第322页。

生不向癌症患者履行告知义务，其根本原因还是“父权式医疗关系”在实践中仍然处于支配地位，父权式医疗关系也隐含了一个推定的生死观——“苟延残喘地活着胜过具有尊严的死亡”。虽然实践中发生过有的患者知道了自己的病情（比如癌症）之后，其身体健康状况急转直下的案例，但是如果彻底贯彻保护性治疗的规定，那么患者的知情权、其他治疗方法的选择权、充分享受剩余生活质量①等权利都会受到侵害。而实际上，癌症并不等于死亡，癌症患者并不等于无意思能力，世上也不乏在获悉了自己罹患癌症后，笑对人生，最后成功获得新生的案例。因此，我们认为，积极面对是一种正确的人生观，医生的告知说明义务必须服从于患者的自我决定权，医患关系中必须贯彻这一基本原则，医方应在适当的时机，采取合理的方式向患者履行告知义务，只有这样，才能够体现对人的尊严与自由的彻底尊重。

（三）医疗机构告知义务的履行

1. 告知义务与医疗机构的自由裁量权。1956年，美国社会学家萨斯和荷伦德首次提出医患关系的基本模式，根据医师与病患的地位、主动性的大小，将医患关系分为三种模式，即：（1）主动被动模式（activity - passivity model）；（2）指导合作模式（guidance - cooperation）；（3）共同参与模式（mutual participation model）。② 我们认为，第一种模式体现了父权式的医患关系。第二、第三种模式体现了平等的医患关系。在传统父权式的医患关系模式下，告知义务受制于医疗机构的自由裁量权。这种制约的前提在于：法律必须假定，当患者不能够独立进行意思表示时，医疗机构天然地获得急症患者或者其法定代理人的同意，因为在急症的情况下，各方对生命的价值判断是一致的。救死扶伤的

① 比如说，香港艺人梅艳芳在得知自己得了癌症之后，选择在离开人世之前举办一次盛大的个人演唱会。NBA某篮球明星在得知自己感染艾滋病病毒之后选择退役，之后又选择复出。类似的事例不胜枚举。

② 黄丁全：《医事法》，中国政法大学出版社2003年版，第229页。该书还详细地比较了三种医患模式。该比较具有参考意义。

模式	医师之地位	病患之地位	临床模式运用	生活原型
主动被动模式	为病人做什么	被动接受	麻醉急性创伤昏迷	父母与婴儿
指导合作模式	告诉病人做什么	合作（被动）	急性感染	父母与青、少年
共同参与模式	帮助病人自疗	进入伙伴关系	大多数慢性病心理疗法	成人之间

医疗伦理表明医疗机构会从患者的角度将其利益最大化。这种推定有利于保证患者的利益和建立和谐的医患关系。另一方面，在平等的医患关系模式下，医疗机构的告知义务优于医疗机构的自由裁量权，无论患者的状况如何，医疗机构都应该以适当的方式履行告知义务。因为医疗机构必须时刻考虑到这种告知义务也是一种合同上的意思表示，不履行告知义务或者告知义务履行不充分都会直接导致患者同意的无效，从而使自己的侵袭行为失去合法基础。

2. 告知义务与同意医治的主体。患者是否具有完全的意思表示能力是告知义务履行当中的一个重大问题。如果患者具有完全民事行为能力，那么医疗机构就必须向其本人履行告知义务，患者本人就是同意医治的主体。如果患者不具有完全民事行为能力，那么医疗机构就必须向其监护人履行告知义务，患者的监护人就是同意医治的主体。在未得到患者或者其监护人同意的情况下，医疗机构具有侵袭性的医疗行为就不具备合法基础。如果医疗机构怠于获得患者本人或者其监护人的同意，那么医疗机构很有可能使患者错过医治的最佳时机。患者本人具有完全民事行为能力的问题不具有特殊性，这里不予以讨论。我们选择患者不具备完全民事行为能力的情况进行检讨。

（1）患者是无民事行为能力人。在此种情况下，医疗机构别无选择只能够向患者的监护人履行告知义务，并在获得其同意的情况下进行治疗。对于无民事行为能力人，我国民事法律仅仅规定了10周岁以下的未成年人和完全不能辨认自己行为的精神病人（包括痴呆症人）两类。而实际上，处于昏迷状态的患者，严重脑震荡患者，植物人，或者罹患类似重大疾病不能进行意思表示的患者，同样不具有任何意思表示能力，我们认为，我国法律有必要将其规定为无行为能力人。医疗机构在需要向上述患者履行告知义务时应该直接向患者的监护人告知，并在获得其同意之后实施医疗行为。

（2）患者是限制民事行为能力人。在此情形下，医疗机构可以依据病情的轻重缓急，分别向患者本人或者其监护人履行告知义务，并进而获得其允许治疗的承诺。我们认为，对于这类患者能够认知和理解的疾病，医疗机构应该获得患者本人的同意。对于这类患者不能够认知和理解的疾病，比如属于《医疗机构管理条例》规定的特殊检查和特殊治疗的疾病，医疗机构的医治行为必须获得患者监护人的同意，同时医疗机构还应该和患者的监护人进行配合向患者本人进行告知诊疗情况。当然，医疗机构在前一种情况下向患者本人告知的标准是不确定的，我们认为，必须结合患者的病情和患者的精神状况予以确定。

四、违反告知义务的侵权损害赔偿

（一）侵权责任构成要件

根据《最高人民法院关于民事诉讼证据的若干规定》，我国医疗侵权案件过错和因果关系都实行举证责任倒置。本法侵权责任编只实行过错推定原则，因果关系推定规则已经被修改。下文主要讨论违法行为和损害事实两个侵权责任构成要件。

1. 违法行为。违法行为是指自然人或者法人违反法定义务、违反法律所禁止而实施的作为或不作为。该违法主要表现为违反法定义务、违反保护他人的法律和故意违背善良风俗致人以损害。[①] 告知义务是一种法定义务。因此，如果行为人违反告知义务，那么其行为就具有了违法性。

（1）违反告知义务的判断标准。是否尽到告知义务的标准通常有合理医师说、合理患者说、具体患者说、折衷说。所谓合理医师说是指一般医师负有说明的义务。所谓合理患者说是指在医疗过程中，凡是一般患者所重视的医疗资料，医师都有说明义务。所谓具体患者说是指医师应否负具体说明义务，应就个别患者决定，凡依患者的年龄、人格、信念、身心状态，可确知某种医疗资料与患者的利益相结合，为患者所重视的医疗资料，而医生有预见可能时，医师对该资料即有说明的义务。折衷说是指医疗资料不仅为一般患者所重视，即具体患者也同样重视，且为医师所能预见时，医师就有说明义务，是合理患者说和具体患者说的折衷。[②]

我们认为，判断医疗机构是否尽到告知义务的标准分为如下两个层次：第一，当患者没有提出医疗期待时，医疗机构应该履行当前专科医院医疗水平告知义务。医疗机构应该首先向患者说明当前临床医疗实践中有效性和安全性[③]都得到认可的治疗方案。同时，医疗机构应该告知患者自己医院的类别（专科医院/综合医院）、所准备采用的医疗方案和实施能力以及本院是否达到当前专科医院的一般医疗水平等。第二，当患者提出其他医疗期待时，医疗机构应该

① 杨立新：《侵权法论》，人民法院出版社 2005 年版，第 161－163 页。

② 黄丁全：《医事法》，中国政法大学出版社 2003 年版，第 248 页。

③ 有关医疗水准的讨论，参见［日］新美育文：《医师的过失》，夏芸译，载张新宝主编：《侵权法评论（第二辑）》，人民法院出版社 2003 年版，第 164－174 页。

履行其有效性和安全性尚处于被验证的医疗方案的告知义务。结合医院所处的环境等因素，某些医院还应该履行国际上有效性和安全性得到认可或正在被验证的疗法的告知义务。

（2）违反告知义务的类型。第一，未履行告知义务。这是违反告知义务的最基本形态。需要注意的是，在某些情况下医疗机构不需要履行告知义务。第二，未履行充分告知义务。这种违反经常表现为：未告知治疗过程中的并发症、药物的毒副作用、手术中擅自扩大手术范围、手术后必要的复查等。[①] 第三，错误告知。医疗机构由于疏忽等原因，错误告知患者的病情、医疗方案的成功率、副作用等。第四，迟延履行告知义务。这种情况经常导致患者失去治疗的最佳时机，患者的合理期待利益受到损害。比较典型的是，医疗机构迟延履行转诊告知义务。第五，履行了告知义务，但未经同意而实施医疗行为。告知的目的是获得患者或者其监护人的同意，因此，医疗机构尽管履行了告知义务，但是没有获得患者或者其监护人的同意就实施医疗行为的，仍然有可能构成侵权行为。

2. 损害事实。

（1）现实权益损害。违反告知义务造成现实权益损害的表现形式有很多。第一，人身损害。比如，医生在剖腹产手术过程中认定再次怀孕将威胁病人的安全，于是在手术过程中根本未征求病人同意就当即进行绝育手术。[②] 这种损害通常和医生的父权式作风具有密切关系。第二，精神损害。前例中的当事人因绝育手术失去了享受天伦之乐的机会，也必然因此而承受巨大的精神痛苦。第三，财产损害。主要指直接财产损失。就直接财产损失而言，前例医疗机构必然要求当事人承担绝育手术的相关费用；在切除卵巢的情况下，当事人需要长期服用雌性激素维持女性的生理特征的费用；违反告知义务切除患者肢体，造成患者残疾所必须支出的费用等。

（2）期待利益损害。违反告知义务还会导致患者期待利益的损害。这主要表现为患者丧失治疗最佳时机（包括存活机会）、最佳治疗方案，丧失其他可

---

① 相关深入探讨参见 William J. Curran, Mark A. Hall, David H. Kaye, Health Care Law, Forensic Science, and Public Policy, Little, Brown and Company, 1990, p. p. 363 – 378.

② ［德］克里斯蒂安·冯·巴尔：《欧洲比较侵权行为法（下卷）》，焦美华译，张新宝校，法律出版社 2001 年版，第 390 页。

预见利益，间接财产损失。第一，丧失治疗最佳时机（包括存活机会）、最佳治疗方案。一方面，医疗机构没有履行转诊等告知义务，会使患者丧失确诊的最佳时机（比如，患者的病情已经由早期发展到晚期），最终不得不采取风险性和侵害性更大的治疗手段进行治疗，从而使患者支出了额外的治疗费用、承担了不必要的精神痛苦。在某些情况下，患者很可能就因此而丧失了生命。1988年"台上字第1876号"认为，病人生命存活机会之丧失，被害人得请求损害赔偿。学者认为，因医师治疗疏失致使病人丧失存活机会，该存活机会是对未来继续生命的期待，应属于人格完整性、人的存在价值及人身不可侵犯性等概念，应认为其属于一般人格权，在其受到侵害时，得依据侵权法的规定，请求损害赔偿。① 另一方面，医疗机构怠于履行告知义务，可能剥夺了患者所认定的最佳治疗方案。不同的患者可能会结合其具体情况选择不同的治疗方案——保守治疗或者激进治疗。如果患者没有被告知，那么其相应的期待利益也就收到了侵害。第二，丧失其他可预见利益。比如在美容治疗中，美容师怠于向时装模特履行美容药物可能产生毁容的较大风险的告知义务，从而使消费者丧失了权衡利弊的机会，最终产生了毁容的严重后果，导致该模特失去T型舞台工作。在本案中，美容师就侵害了该模特的可预见利益。第三，间接财产损失。间接财产损失主要是指患者因医疗过失而导致其本可以抚养、扶养、赡养他人而无法给予他人的利益。

（二）违反告知义务的侵权损害赔偿

违反告知义务的侵权损害赔偿范围与一般的医疗损害赔偿没有区别。医疗损害赔偿关系到全人类的福祉，如果让医疗机构承担过重的医疗损害赔偿责任，可能有的医院就会面临经营困境，最后承担苦果的还是患者本身。因此，有必要从全局出发妥善地平衡医疗机构和患者之间的利益关系。我们认为，医疗损害赔偿制度可以从以下几个方面进行构建：

第一，强制医疗机构参加责任保险。当发生医疗事故时，由保险公司在责任保险的限额之内承担损害赔偿责任。当医疗损害赔偿费用超过责任保险限额时，由医疗机构自己承担剩余部分的赔偿数额。

第二，抑制药价、检查费用虚高现象，禁止医药行业做广告，降低医疗成

---

① 陈聪富：《因果关系与损害赔偿》，北京大学出版社2006年版，第174页。

本。《广告法》第十六条第一款规定："医疗、药品、医疗器械广告不得含有下列内容：（一）表示功效、安全性的断言或者保证；（二）说明治愈率或者有效率；（三）与其他药品、医疗器械的功效和安全性或者其他医疗机构比较；（四）利用广告代言人作推荐、证明；（五）法律、行政法规规定禁止的其他内容。"同时，我国还有《医疗广告管理办法》。这些都表明我国是允许进行医疗广告。而学者认为，我们国家医疗费用居高不下的原因主要是药价和检查费用虚高。[①] 打开电视机之后，我们就可以发现医药、化妆品、保健品、食品等占据了广告市场主要份额。而这些巨额的广告费用最终是由广大患者来承担的。而在美国和许多西方国家，药品是不得在公共媒介上做广告的。[②] 从公共政策角度来看，国家有必要像禁止烟草业做广告一样，也禁止医药业做广告。事实上，人食五谷杂粮，不可能不生病，独占性、垄断性的医药行业根本不需要广而告之。

第一千零五条　【法定救助】

自然人的生命权、身体权、健康权受到侵害或者处于其他危难情形的，负有法定救助义务的组织或者个人应当及时施救。

本条来源

《侵权责任法》第五十六条规定："因抢救生命垂危的患者等紧急情况，不能取得患者或者其近亲属意见的，经医疗机构负责人或者授权的负责人批准，可以立即实施相应的医疗措施。"《民法总则》第一百八十四条规定："因自愿实施紧急救助行为造成受助人损害的，救助人不承担民事责任。"据此，救助义务不是一项普遍义务。

---

① 高也陶等：《中美医疗纠纷法律法规及专业规范比较研究》，南京大学出版社2003年版，第191页。

② 高也陶等：《中美医疗纠纷法律法规及专业规范比较研究》，南京大学出版社2003年版，第191页。

立法演变

《2002 年民法草案》人格权法第十二条规定：“自然人因灾害、事故等原因致使生命健康处于危险状态，急需抢救而不能立即支付医疗费用，有关医疗机构应当救助。”一审稿删去了“医疗费用”，增加了“受到侵害”，并将医疗机构扩大到所有的“机构”，第七百八十六条规定：“自然人的生命权、身体权、健康权受到侵害或者处于其他危难情形的，负有法定救助义务的机构和人员应当依法及时施救。”二审稿将“机构”改为“组织”，并删去了“依法”。此后无变化。

条文释义

本条规定的法定救助义务保护范围限于生命权、身体权、健康权，其他人格权不在此限，这说明了生命权、身体权、健康权的高位阶。从体系上，还应考虑总则编的规定。例如，第一百八十三条规定：“因保护他人民事权益使自己受到损害的，由侵权人承担民事责任，受益人可以给予适当补偿。没有侵权人、侵权人逃逸或者无力承担民事责任，受害人请求补偿的，受益人应当给予适当补偿。”第一百八十四条规定：“因自愿实施紧急救助行为造成受助人损害的，救助人不承担民事责任。”

一、特殊职业的法定救助义务

根据《人民警察法》第二十一条、《人民武装警察法》第二十八条、《执业医师法》第二十四条、《消防法》第四十四条等规定，人民警察、武装警察、医师、消防队具有法定的救助义务。从法条的表述来看，警察的义务是“应当立即救助”，武装警察的义务是“应当及时救助”，医师的义务是“应当采取紧急措施进行诊治”，消防队的义务是“必须立即赶赴火灾现场，救助遇险人员，排除险情，扑灭火灾”。以上救助义务完全基于法定，而非基于合同行为。

从法律责任的角度来看，未履行法定救助义务或者履行义务不到位，要承担相应的侵权责任。对于警察和消防队来说，由于其属于国家机关，首先适用的法律依据是《国家赔偿法》。

二、合同包含的救助义务

与人身安全密切相关的合同，合同当事人需要承担相应的救助义务。有时，这类救助义务会在法律法规中明确规定，体现了意定性和法定性的结合。比如，本法第八百二十二条、第八百二十三条规定了客运合同承运人的救助义务，即承运人在运输过程中，应当尽力救助患有急病、分娩、遇险的旅客。承运人应当对运输过程中旅客的伤亡承担赔偿责任；但是，伤亡是旅客自身健康原因造成的或者承运人证明伤亡是旅客故意、重大过失造成的除外。再如，船长也有救助义务。《船员条例》第二十条规定，船长在保障水上人身与财产安全、船舶保安、防治船舶污染水域方面，具有独立决定权，并负有最终责任。当船舶遇险并严重危及船舶上人员的生命安全时，船长可以决定撤离船舶。第十八条还规定，弃船时，船长应当采取一切措施，首先组织旅客安全离船，然后安排船员离船，船长应当最后离船。

除此之外，保安服务合同为非典型合同，根据《保安服务管理条例》，保安服务公司派出保安员为客户单位提供门卫、巡逻、守护、押运、随身护卫、安全检查以及安全技术防范、安全风险评估等服务，尽管《保安服务管理条例》作为行政法规没有明确规定保安服务合同的主要条款，但是，此类合同的目的是人身、财产安全，因此，救助义务是双方约定的主要条款之一，通常来讲双方的约定内容包括了救助义务。

从损害赔偿的角度来看，通常存在违约责任和侵权责任的竞合，由于本法明确了违约可以请求精神损害赔偿，扩大了违约之诉的赔偿范围，对于受害人来讲，违约之诉举证责任轻，选择违约责任提起诉讼更容易获得胜诉。

三、法定安全保障义务

《侵权责任法》第三十七条第一款规定："宾馆、商场、银行、车站、娱乐场所等公共场所的管理人或者群众性活动的组织者，未尽到安全保障义务，造成他人损害的，应当承担侵权责任。"该规定为民法典所吸收，并增加规定了"经营者、管理者或者组织者承担补充责任后，可以向第三人追偿"。

判断公共场所的管理人是否尽到安全保障义务，应当以管理人的行为是否符合法律、法规或特定操作规程的要求，是否尽到了善良管理人同类交易情形下通行的注意义务作为衡量的尺度。在公共场所的管理人已经尽到安全保障义务的前提下，无民事行为能力人因其自身行为及监护人监护不力导致损害事实发生的，损害后果应由无民事行为能力人及其监护人自行承担。① 水库作为提供农田灌溉和生活饮用水的水利设施，不属于对公众开放的公共场所，作为水库管理者在尽到适当注意义务的情况下，对擅入钓鱼、游泳者不承担法定安全保障义务。② 水库管理人负有确保水利设施完备、功能完好等保障义务，但对进入水库游泳者不负安全保障义务。未成年人到水库游泳，不慎溺水身亡应由监护人承担监护不力的责任。③

四、先行行为的救助义务

先行行为导致行为人承担作为义务，这为民法和刑法所共同承认。例如，结伴野外游泳的参与者负有互相照顾、救助义务，若参与者未尽到相关义务，应当对其他参与者的损害承担相应的过错责任。④ 共同饮酒发生致人损害后果，共饮人没有尽到合理注意义务的，应当承担侵权损害赔偿责任。⑤ 一方先行的侵权行为诱发了另一方采取一定危险行为并导致损害发生，虽然先行侵权行为并未直接导致最终损害，但若先行的侵权行为与最终损害之间存在相当因果关系，则也应当认定侵权人的责任成立。此外，侵权人责任成立并不排斥过失相抵规则的适用。⑥ 纯粹好意、无偿、利他的驾驶陪练本身不属于民事法律行为，而是情谊行为，但一旦实施，施惠人即需对受惠人的人身、财产负必要的安全保障义务，否则造成损害，应当承担侵权责任。⑦

五、特殊身份关系人的救助义务

特殊身份关系衍生了承担扶持、救助等义务。一是监护人的救助义务。《民

---

① 颜某铭诉南京肯德基广州路餐厅等违反安全保障义务损害赔偿纠纷案，（2015）鼓民初字第 1012 号。

② 蔡某、戴某宗诉古雷开发区水库管理处生命权纠纷案，（2016）闽 06 民终 1127 号。

③ 沈某强、沈某赞诉王某君、章某波、王某旭、王某洪、吴某妹、王某泽、王某腾、董某额、王某、奉化市莼湖镇同山村村民委员会、奉化市莼湖镇同山村经济合作社生命权纠纷案，（2016）浙民申 591 号。

④ 沈某强、沈某赞诉王某君、章某波、王某旭、王某洪、吴某妹、王某泽、王某腾、董某额、王某、奉化市莼湖镇同山村村民委员会、奉化市莼湖镇同山村经济合作社生命权纠纷案，（2016）浙民申 591 号。

⑤ 赵某军、吴某玉诉赵某清、唐某国生命权纠纷案，（2015）鄂宜昌中民一终字第 00411 号。

⑥ 李某州诉申某文身体权纠纷案，（2014）台温民初字第 1039 号。

⑦ 刘某羊、朱某芳、丁某情、刘某宇诉许某佐、孙某松生命权、健康权、身体权纠纷案，（2014）阜少民初字第 0008 号。

法总则》第三十四条规定了监护人的监护责任，即“监护人的职责是代理被监护人实施民事法律行为，保护被监护人的人身权利、财产权利以及其他合法权益等……监护人不履行监护职责或者侵害被监护人合法权益的，应当承担法律责任”。该条文为民法典所沿用。无民事行为能力人在幼儿园、学校或者其他教育机构学习、生活期间，教育机构的义务是“教育、管理职责”，没有履行该义务或者履行不到位的，要承担侵权责任。二是亲属的救助义务。《民法总则》第二十六条规定了父母子女之间法律义务，即“父母对未成年子女负有抚养、教育和保护的义务。成年子女对父母负有赡养、扶助和保护的义务”。根据本法第一千零六十八条，父母对子女有保护义务，从解释上来看，“保护”应包括救助义务。如果从整个婚姻家庭编来看，父母子女之间、配偶之间、其他近亲属之间有抚养、扶养、赡养义务，这个义务也可以解释为包括救助义务。

法条关联

◆《执业医师法》

第二十四条 对急危患者，医师应当采取紧急措施进行诊治；不得拒绝急救处置。

◆《人民警察法》

第二十一条 人民警察遇到公民人身、财产安全受到侵犯或者处于其他危难情形，应当立即救助；对公民提出解决纠纷的要求，应当给予帮助；对公民的报警案件，应当及时查处。

人民警察应当积极参加抢险救灾和社会公益工作。

◆《人民武装警察法》

第二十八条 人民武装警察遇有公民的人身财产安全受到侵犯或者处于其他危难情形，应当及时救助。

◆《消防法》

第五条 任何单位和个人都有维护消防安全、保护消防设施、预防火灾、报告火警的义务。任何单位和成年人都有参加有组织的灭火工作的义务。

第四十四条 任何人发现火灾都应当立即报警。任何单位、个人都应当无偿为报警提供便利，不得阻拦报警。严禁谎报火警。

人员密集场所发生火灾，该场所的现场工作人员应当立即组织、引导在场人员疏散。

任何单位发生火灾，必须立即组织力量扑救。邻近单位应当给予支援。

消防队接到火警，必须立即赶赴火灾现场，救助遇险人员，排除险情，扑灭火灾。

◆《消费者权益保护法》

第十八条第二款 宾馆、商场、餐馆、银行、机场、车站、港口、影剧院等经营场所的经营者，应当对消费者尽到安全保障义务。

◆《海商法》

第一百七十四条 船长在不严重危及本船和船上人员安全的情况下，有义务尽力救助海上人命。

◆《道路交通安全法》

第七十条 在道路上发生交通事故，车辆驾驶人应当立即停车，保护现场；造成人身伤亡的，车辆驾驶人应当立即抢救受伤人员，并迅速报告执勤的交通警察或者公安机关交通管理部门。因抢救受伤人员变动现场的，应当标明位置。乘车人、过往车辆驾驶人、过往行人应当予以协助。

在道路上发生交通事故，未造成人身伤亡，当事人对事实及成因无争议的，可以即行撤离现场，恢复交通，自行协商处理损害赔偿事宜；不即行撤离现场的，应当迅速报告执勤的交通警察或者公安机关交通管理部门。

在道路上发生交通事故，仅造成轻微财产损失，并且基本事实清楚的，当事人应当先撤离现场再进行协商处理。

◆《人身损害赔偿司法解释》

第六条 从事住宿、餐饮、娱乐等经营活动或者其他社会活动的自然人、法人、其他组织，未尽合理限度范围内的安全保障义务致使他人遭受人身损害，赔偿权利人请求其承担相应赔偿责任的，人民法院应予支持。

因第三人侵权导致损害结果发生的，由实施侵权行为的第三人承担赔偿责任。安全保障义务人有过错的，应当在其能够防止或者制止损害的范围内承担相应的补充赔偿责任。安全保障义务人承担责任后，可以向第三人追偿。赔偿权利人起诉安全保障义务人的，应当将第三人作为共同被告，但第三人不能确定的除外。

案例评议

刘某田等诉上海市公安局闵行分局救助义务行政纠纷案①

◆ 裁判规则

人民警察基于其身份特殊性，在公民人身、财产安全受到侵犯或陷于其他危难情形时，负有法律上的救助义务。在警察履行法定职责过程中，因追捕的正当职务行为导致犯罪嫌疑人面临人身危险时，其与嫌疑人之间即产生一种法律上的救助与被救助关系，若警察未采取任何救助措施，则属于行政法上不履行法定职责的情形。然而，判断警察是否履行了救助义务，不能仅以其是否成功阻止损害的发生为依据，而应综合具体案情，采用主客观相结合的标准，对其是否履行了救助义务进行认定。

◆ 评议

不作为侵权是一种重要的侵权行为。警察救助义务是法定义务，这意味着不是可做可不做，如果不履行救助义务或者履行不到位导致他人损害的，行政机关要承担损害赔偿责任，警察有故意或者重大过失的会被追偿。除此之外，还可能因为玩忽职守等受到处分，乃至承担刑事责任。本条的重要意义在于确定了特殊行为人的作为义务。

第一千零六条 【捐献人体物】

完全民事行为能力人有权依法自主决定无偿捐献其人体细胞、人体组织、人体器官、遗体。任何组织或者个人不得强迫、欺骗、利诱其捐献。

完全民事行为能力人依据前款规定同意捐献的，应当采用书面形式，也可以订立遗嘱。

自然人生前未表示不同意捐献的，该自然人死亡后，其配偶、成年子女、父母可以共同决定捐献，决定捐献应当采用书面形式。

① （2015）闵行初字第41号。

本条来源

《人体器官移植条例》第七条至第十条。

立法演变

《2002年民法草案》人格权法第九条规定："自然人可以将身体的血液、骨髓、器官等捐助，也可以将遗体等捐助。自然人生前不反对前款捐助，死亡后，他的配偶、子女、父母可以将遗体或者遗体的一部分捐助。"一审稿第七百八十七条规定："完全民事行为能力人有权依法自主决定无偿捐献其人体细胞、人体器官、人体组织、遗体。任何组织或者个人不得欺诈、胁迫自然人捐献。自然人同意捐献的意思表示应当采用书面形式或者有效的遗嘱形式，并且可以随时被撤销或者撤回。"二审稿增加了"利诱"，删除了"并且可以随时被撤销或者撤回"。有意见提出，死后遗体捐献有利于医疗卫生事业的发展，有利于弘扬社会主义核心价值观，应当予以鼓励，建议吸收《人体器官移植条例》的相关内容，明确公民生前未拒绝捐献的，其近亲属可以共同决定捐献。据此，三审稿第七百八十七条中增加一款规定：自然人生前未表示不同意捐献的，该自然人死亡后，其配偶、成年子女、父母可以采用书面形式共同决定捐献。终审稿将五审稿中的"书面形式或者遗嘱形式"修改为"书面形式，也可以订立遗嘱"。遗嘱有书面的，也有口头的，终审稿更加符合实际情况。

条文释义

一、人体细胞、人体组织、人体器官

人体细胞是人体的结构和生理功能的基本单位。人体细胞中最大的是成熟的卵子，其直径在200微米左右；最小的是血小板，直径只有约2微米。人体由体细胞和生殖细胞组成。人体细胞由有机质和无机质构成，细胞与细胞间质组成组织，由上皮组织、结缔组织、肌肉组织、神经组织等组织构成眼、耳、鼻、舌、心、肝、肺、胃、肾、骼肌、皮肤等器官；功能相似的器官组成系统，由运动系统、神经系统、内分泌系统、循环系统、呼吸系统、消化系统、泌尿

系统、生殖系统等八大系统组成一个人体。①

二、人体细胞、组织、器官捐赠现状

《世界卫生组织人体细胞、组织和器官移植指导原则》② 提出，在过去50年里，人体器官、组织和细胞的移植已成为全球的做法，它延长了成千上万人的生命，并极大提高了其生活质量。医疗技术，尤其是有关器官和组织排异方面技术的不断改进，导致了器官和组织需求的增加。尽管近年来尸体器官捐献大幅度增加，同时也更多依赖活体捐献，但是需求总是超过供给。据统计，目前我国每年进行肾移植手术仅约2000余例，而需要手术者则多达30余万人，仅满足0.17%病患者的需要。又如，占我国残疾人总数15%的500余万的盲人之中，有近400万人可通过角膜移植而重见光明，但由于供体严重缺乏，每年却只有700多名病人能够接受角膜移植。③ 在美国，一年可做37000例角膜移植手术；而有超过14亿人口的中国一年只能做上千例，中国甚至还要接受斯里兰卡眼库捐赠的角膜。④

而另一方面，我国每年有大量的人死亡，2005年，我国道路交通事故共造成98738人死亡，自2001年以来全国交通事故死亡人数首次回落到10万人以下。⑤ 我国的道路交通事故死亡人数在全国总死亡人数中排在脑血管、呼吸系统、恶性肿瘤、心脏病、损伤与中毒以及消化系统疾病后面，居第七位。⑥ 令人惋惜的是，这些能够救他人于危难之际的人体器官却绝大多数都被焚烧。可见，我国人体器官组织的供需协调问题没有得到解决。

本书认为，人体器官组织捐献主要表现为如下几个问题：第一，脑死亡标准没有确立，心肺呼吸说的死亡标准深入人心。第二，“身体发肤，受之父母，不敢毁伤，孝之始也”的传统观念深入人心。第三，传统的“停尸”丧葬习俗

---

① 《人体四大组织》，https：//baike. baidu. com/item/% E4% BA% BA% E4% BD% 93% E5% 9B%9B% E5% A4% A7% E7% BB% 84% E7% BB% 87，《人体细胞》，https：//baike. baidu. com/item/人体细胞，最后访问时间：2019年1月1日。

② 2010年5月召开的第63届世界卫生大会第63. 22号决议批准。

③ 李显冬：《人体器官捐赠的法律思考》，www. civillaw. com. cn，最后访问时间：2019年1月1日。

④ 高崇明、张爱琴：《生物伦理学十五讲》，北京大学出版社2004年版，第197页。

⑤ 《2005年，我国交通事故死亡人数约多少万人?》，http：//www. lok. net. ru/1/21541. shtml，最后访问时间：2019年1月1日。

⑥ 《我国道路交通事故死亡人数居世界第一》，http：//traffic. cars. com. cn/? p = 142，最后访问时间：2019年1月1日。

使得实体丧失活性，失去了移植价值。第四，缺乏有效的人体器官组织捐献运作机制。比如，捐献无门。

三、捐献主体

（一）必须是完全民事行为能力人，但未满18周岁自然人不在此限

根据本法第十八条规定，成年人为完全民事行为能力人，可以独立实施民事法律行为。十六周岁以上的未成年人，以自己的劳动收入为主要生活来源的，视为完全民事行为能力人。从法条表述来看，"视为"的意思即看作"是"，但实际上"不是"。根据《人体器官移植条例》第九条，任何组织或者个人不得摘取未满18周岁公民的活体器官用于移植。该规定是一项对未成年人的严格保护规定，以保护未成年人身体健康和生命安全的角度来看，该规定应该作为捐献主体的解释基础。

本条在起草过程中，曾规定捐献主体是"自然人"。考虑到捐献对无民事行为能力人或者限制民事行为能力人身心健康影响较大，仅由法定代理人同意便可作无偿捐献，也可能会侵害无民事行为能力人或者限制民事行为能力人的合法权益。假设哥哥为精神病人，弟弟需要肾脏，法定代理人可能会决定哥哥捐献肾脏给弟弟。

比较法上，也有国家规定捐献主体必须是完全民事行为能力人。《乌克兰民法典》第二百九十条第一款规定："具有完全民事行为能力的自然人，都有权捐献其血液、血液的组成部分、器官、其他身体组织和生殖细胞。血液、血液的组成部分、器官和其他身体组织和生殖细胞的捐献，应当依照法律规定进行。"但是，《世界卫生组织人体细胞、组织和器官移植指导原则》在这个原则之外，给各个国家留了一个口子，允许各国规定例外。

（二）精神病人等限制民事行为能力的成年人也不可以实施捐献行为

根据本法规定，不能辨认自己行为的成年人为无民事行为能力人，由其法定代理人代理实施民事法律行为。不能完全辨认自己行为的成年人为限制民事行为能力人，实施民事法律行为由其法定代理人代理或者经其法定代理人同意、追认，但是可以独立实施纯获利益的民事法律行为或者与其智力、精神健康状况相适应的民事法律行为。假设同胞兄弟姐妹，哥哥为精神病人，弟弟需要肾脏，哥哥不能实施捐献行为。

（三）死后捐献由配偶、成年子女、父母共同决定

一是死后捐献不需要死者有明确的捐献意思表示，只要不反对即可。由于宗教、习俗或者个人偏好，自然人生前可能表达了拒绝捐献的意思表示，则此意思表示具有约束力。

二是未成年子女不能决定捐献。按照本法规定，法定继承的第一顺位是配偶、子女、父母，第二顺位是兄弟姐妹、祖父母、外祖父母。从本条规定来看，死后捐献的主体比第一顺位继承人范围还窄，也就是说，没有成年子女，其父母双亡的，除非其父母此前已经按本条第二款表达了捐献意思，否则未成年子女不能决定捐献，这是和本条第一款相呼应的。

三是死者配偶、成年子女、父母不能就捐献达成一致意思表示的，“共同决定”未达成，依法不能捐献。当然，本条死者配偶、成年子女、父母故意杀害死者的，应适用总则有关公序良俗等规定，应否认其享有决定捐献权。

四、捐献行为

（一）书面形式

无论是生前捐献，还是死后捐献，都需要书面形式。书面捐赠必须符合民事法律行为的有效要件。本法第一百四十三条规定：“具备下列条件的民事法律行为有效：（一）行为人具有相应的民事行为能力；（二）意思表示真实；（三）不违反法律、行政法规的强制性规定，不违背公序良俗。”实践中，不少国家在捐献卡、驾驶执照、身份证件、医疗记录或捐献者登记册上要求自然人签字是否同意，这些形式有效拓展了人体器官等的来源。

《世界卫生组织人体细胞、组织和器官移植指导原则》指导原则3明确，活体捐献在以下情况下才可接受：捐献人知情并获得其自愿同意，已保证对捐献人的专业照料和完善组织后续步骤，并已审慎执行和监督捐献人选择标准。应以完整和可理解的方式告知活体捐献人，其捐献可能存在的危险、捐献的益处和后果；捐献人应在法律上有资格和能力权衡这些信息；捐献人应自愿行动，不受任何不正当的影响或强迫。

（二）订立遗嘱

遗嘱是一种单方法律行为，是否有效首先要符合总则关于民事法律行为的规定，然后要区分不同的遗嘱形式，结合继承编的规定判定其效力。从继承编的规定来看，无民事行为能力人或者限制民事行为能力人所立的遗嘱无效，也

就是说，无民事行为能力人或者限制民事行为能力人不能自主决定捐献人体细胞、人体组织、人体器官。此外，遗嘱必须表示遗嘱人的真实意思，受欺诈、胁迫所立的遗嘱无效，伪造的遗嘱无效。遗嘱被篡改的，篡改的内容无效。具体来讲，遗嘱形式不同，要求也不一样。

一是自书遗嘱由遗嘱人亲笔书写，签名，注明年、月、日。二是代书遗嘱应当有两个以上见证人在场见证，由其中一人代书，并由遗嘱人、代书人和其他见证人签名，注明年、月、日。三是打印遗嘱应当有两个以上见证人在场见证。遗嘱人和见证人应当在遗嘱每一页签名，注明年、月、日。需要注意的是，无民事行为能力人、限制民事行为能力人以及其他不具有见证能力的人，如继承人、受遗赠人，与继承人、受遗赠人有利害关系的人，不能作为遗嘱见证人。四是录音遗嘱。以录音录像形式立的遗嘱，应当有两个以上见证人在场见证。遗嘱人和见证人应当在录音录像中记录其姓名或者肖像，以及年、月、日。五是口头遗嘱。遗嘱人在危急情况下，可以立口头遗嘱。口头遗嘱应当有两个以上见证人在场见证。危急情况消除后，遗嘱人能够以书面或者录音录像形式立遗嘱的，所立的口头遗嘱无效。六是公证遗嘱。公证遗嘱由遗嘱人经公证机构办理。需要注意的是，《继承法》第二十条第三款规定，自书、代书、录音、口头遗嘱，不得撤销、变更公证遗嘱。民法典已经取消了公证遗嘱的优先效力，给了遗嘱自由更大的空间。

（三）无偿捐献

捐献与赠与有联系，又有区别。二者的共同之处在于无偿性。但二者又有所不同：一是受赠对象不同，《天龙八部》里面，游坦之捐献角膜给阿紫，受赠人确定，而生活中死者捐献角膜往往受赠人具有不特定性；二是标的性质不同，赠与合同是赠与人将自己的财产无偿给予受赠人，受赠人表示接受赠与的合同，标的物是财产，而本条的捐赠标的是人体细胞、人体组织、人体器官、遗体。

捐献行为的核心要求是自愿、无偿，并且捐献意思表示可以被撤销。《世界卫生组织人体细胞、组织和器官移植指导原则》指导原则 1 明确：细胞、组织和器官可以从死亡或者活体身上摘取用于移植，如果：（a）已得到符合法律规定的任何同意意见，以及（b）没有理由相信死者生前反对这种摘取。《巴西新民法典》第十四条规定：“为了科学或利他目的，部分或全部无偿处置自己身体的行为，以死因处分为限，有效。任何时候都可自由地撤销此等处置行为。”此外，世界卫生组织提出的人体器官移植指导原则要求，尊重人体器官捐献人的意愿，严禁人体器官买卖，按照公正、公平、公开的要求确定申请人体器官移植手术患者的排序。

捐献是否可以附义务？依照本法，赠与合同可以附义务。赠与附义务的，受赠人应当按照约定履行义务。本书认为，捐献人体细胞、人体组织、人体器官、遗体的可以附义务，但该义务不得与无偿捐赠相冲突。比如，捐献人要求受捐献人每年在沙漠里种植一棵梭梭树，该义务具有公益性，可以认定不违反本条规定的无偿捐献规定。

五、其他需要注意的问题

本条规定并没有区分体细胞和生殖细胞。《世界卫生组织人体细胞、组织和器官移植指导原则》明确，该指导原则不适用于以生殖为目的的配子、卵巢或者睾丸组织，或者胚胎移植；或者以输血为目的采集的血液或者血液成分。输血也是捐献人体细胞，包括白细胞、红细胞、淋巴细胞等，我国有单独的《献血法》，献血首先要依据其规定。生殖细胞捐献方面，尚没有专门的法律法规。实践中的挑战日趋严峻。比如，“三亲婴儿”，又称3P婴儿（3P即英文three parents的缩写），是英国新的基因技术。为了避免夫妻把生理缺陷遗传给孩子，医生去除女性捐赠者的卵子中的细胞核，接着用母亲卵细胞中对应的遗传基因取而代之，最后再按照标准的试管婴儿技术进行培育。这样诞生的孩子将会继承一位父亲和两位母亲的遗传基因。简单地说，就是这名婴儿有三名血缘亲代，即两母一父。2015年10月，英国成为立法允许培育具有两个基因母亲和一个基因父亲的婴儿的第一个国家。[①] 换细胞核或者细胞浆的三亲婴儿，如何确定生物学父母？如果不披露其三方父母，可能导致近亲结婚。

人体器官移植管制更严格。人体器官移植医师执业资格需要经过许可，《卫生部办公厅关于对人体器官移植技术临床应用规划及拟批准开展人体器官移植医疗机构和医师开展审定工作的通知》第二条规定，审定专家工作组将通过审核的医疗机构和医师名单及相关材料报卫生部人体器官移植技术临床应用委员

---

① 《三亲婴儿》，https：//baike. baidu. com/item/三亲婴儿/7149127？fr = aladdin，最后访问时间：2019年1月1日。

会审定，经委员会报我部同意后，由各省级卫生行政部门按照《人体器官移植技术临床应用管理暂行规定》，对准予人体器官移植执业资格认定的医疗机构进行相关诊疗科目登记，并将准予执业资格认定的医疗机构和医师名单向社会公布。《国务院关于取消和调整一批行政审批项目等事项的决定》（国发〔2014〕27号）附件1第二十五项规定，人体器官移植医师执业资格认定，下放至省级人民政府卫生计生行政主管部门。此外，根据《人体器官移植条例》，人体器官移植，是指摘取人体器官捐献人具有特定功能的心脏、肺脏、肝脏、肾脏或者胰腺等器官的全部或者部分，将其植入接受人身体以代替其病损器官的过程。在境内从事人体器官移植，适用本条例；从事人体细胞和角膜、骨髓等人体组织移植，不适用本条例。

法条关联

◆《献血法》

第二条 国家实行无偿献血制度。

国家提倡十八周岁至五十五周岁的健康公民自愿献血。

◆《人体器官移植条例》

第七条 人体器官捐献应当遵循自愿、无偿的原则。

公民享有捐献或者不捐献其人体器官的权利；任何组织或者个人不得强迫、欺骗或者利诱他人捐献人体器官。

第八条 捐献人体器官的公民应当具有完全民事行为能力。公民捐献其人体器官应当有书面形式的捐献意愿，对已经表示捐献其人体器官的意愿，有权予以撤销。

公民生前表示不同意捐献其人体器官的，任何组织或者个人不得捐献、摘取该公民的人体器官；公民生前未表示不同意捐献其人体器官的，该公民死亡后，其配偶、成年子女、父母可以以书面形式共同表示同意捐献该公民人体器官的意愿。

第九条 任何组织或者个人不得摘取未满18周岁公民的活体器官用于移植。

第十条 活体器官的接受人限于活体器官捐献人的配偶、直系血亲或者三代以内旁系血亲，或者有证据证明与活体器官捐献人存在因帮扶等形成亲情关系的人员。

案例评议

易某强、廖某英与湘雅二医院医疗损害责任纠纷案①

◆ **评议**

死者的父母对捐献的人体器官使用结果享有知情权。本案死者及其父母主动捐献人体器官体现了人间大爱，但湘雅二医院张榜公布的捐献人员名单内未将易某列入，易某亲属至今不知道有几人受益，使得死者父母雪上加霜，精神受损，进一步引发了医疗纠纷。被告违反了基于捐献行为衍生的附随义务，侵害了原告的人格自由与人格尊严，造成原告精神损害，依法应赔偿精神损害。

深度研讨

本部分探讨人体的捐赠问题。

一、捐赠原则

（一）无偿性原则

世界卫生组织早已明确规定禁止买卖器官。买卖器官不能合法化，对人体器官的买卖、担保、抵债，应视为违反公序良俗，其行为不应有效。② 1989 年在第一届国际器官移植学术会上关于买卖器官问题有过一场广泛的讨论与辩论。会议的结论是：活体器官的商业化是不能接受的。③ 目前，世界各国一般也遵循此原则。

事实上，美国早已有血液和精子的市场，任何人都可以把血液或者精子出卖给血库或者精子库。美国允许出售血液和精子，是因为它们是可以再生的，而且对于卖主没有风险，而对于肾脏等器官则不能容忍。但是，由于大多数人的反对，1984 年 9 月，美国政府通过一项立法，使买卖人类器官成为非法。④

目前，我国也有学者从个人利益的固有性、权利义务相一致原则的要求、社会公平观念的需要三个角度出发，认为应当允许在国家有序规制下的有偿捐

---

① （2017）湘 01 民终 1092 号。
② ［德］迪特尔·梅迪库斯：《德国民法总论》，邵建东译，法律出版社 2001 年版，第 876 页。
③ 李燕等：《我国人体器官移植立法若干问题的探讨》，载《科技进步与对策》2000 年第 5 期。
④ 邱仁宗：《生命伦理学》，上海人民出版社 1987 年版，第 223－225 页。

献。[①] 在美国，允许个人出售器官的主要根据有：可增加器官的供应，解决目前的短缺问题；个人或他委托的代理人有使用和处置他们身体的自由。辅助论据有：血液、精子等生物学上有用的物质的供应，表明商业化或市场化是成功的。器官市场将改善移植的质量。可缓和医务人员与供体家属之间的矛盾。[②]

但是反对买卖器官的理由也有很多。第一，人格的商品化有可能诱发道德风险，导致自杀甚至谋杀。甚至拉丁（Radin）认为，不应该允许人体组织的买卖，如果允许人体组织的买卖，就会产生多米诺骨牌效应，进而造成连活的人都可以贩卖其肾脏或者角膜的可怕后果。[③] 的确，器官买卖有可能成为人道主义、人本主义衰落的第一张多米诺骨牌，造成的结果可能会导致人体的整体贩卖。这是有"滑坡效应"（slippery slope）或"流沙效应"（quick sand）作为理论依据的。第二，器官买卖也会造成权利人自身的损害。[④] 第三，增加器官供应并不是可以商业化的理由。第四，个人利用和处置身体的自由不是绝对的，社会限制个人以某些方式利用身体的自由。第五，经验证明，市场上的血液、精子比捐献的质量低，出卖者常常为了钱隐瞒自己的病史或者遗传史、性行为。第六，会加剧医务人员和家属之间的矛盾。第七，买卖器官会加剧两极分化，高科技的福祉为富人所独享。第八，穷人在绝望的条件下出售器官，不可能是真正的自愿。[⑤] 第九，不利于发扬人道主义精神，消减社会的利他爱心。

有鉴于此，《人体器官移植条例》第三条明确规定："任何组织或者个人不得以任何形式买卖人体器官，不得从事与买卖人体器官有关的活动。"我国台湾地区"人体器官移植条例"第十二条规定："提供移植之器官，应以无偿捐赠方式为之。"香港特区《人体器官移植条例》第四条也是禁止将人体器官作商业交易的条款，该条款通过民刑法的措施对此作了详细规定。

（二）捐赠自愿原则

1998 年，北京大夫高某某为了救治绝境中的急症患者，在备用角膜失效的

---

① 李显冬：《人体器官捐赠的法律思考》，www.civillaw.com.cn，最后访问时间：2019 年 1 月 1 日。

② 邱仁宗：《生命伦理学》，上海人民出版社 1987 年版，第 224 页。

③ Margarate Jane Radin, Market－Inalienablity, 100 Harv. L. Rev. 1912－1915（1987）。转引自游彦城：《以生殖为目的使用处分人类精卵》，台湾中原大学财经法律学系 2005 年硕士学位论文，第 97 页。

④ 王利明：《人格权法研究》，中国人民大学出版社 2005 年版，第 354 页。

⑤ 邱仁宗：《生命伦理学》，上海人民出版社 1987 年版，第 224－225 页。

情况下，从医院太平间摘取死者的眼球，使两名患者双眼复明。后被死者家属发现，要求追究医生的刑事责任并索取精神赔偿费50万元人民币，司法机关随即立案侦查。① 该案件反映的问题是器官捐献应该采取什么原则。本案医生采取的是推定原则，即推定同意原则，是指如果生前没有登记不捐献器官，则被认为死后愿意捐献尸体器官。这种原则实际上反映了一种父权式的医患模式。在传统父权式的医患关系模式下，器官捐献人没有主动权，捐献在很大程度上受制于医生的自由裁量权。该原则违背了基本的权利规则，为现代社会多数国家所抛弃。

一般认为，自愿原则为捐献的一般原则。该原则也被称为知情同意原则，该原则要求"明示同意"，对于活体器官捐献，需要本人了解器官摘取手术的过程风险及可能的后果等信息后作出同意的意思表示。②

（三）优先考虑供体利益原则

该原则的含义是，在进行器官捐献与移植时，应当以供体（即器官的捐献者）的身体健康和生命安全为优先考虑的因素。③ 该原则的基础在于捐献者享有的人格权伦理性居于支配地位，伦理要素的影响明显地要强于财产要素的影响。

这一原则首先表现为不严重伤害的内涵。徐国栋撰写的民法典草案也持上述看法，该《绿色民法典草案》第三百二十一条规定："身体、器官或不会再生的组织的一部分的赠与，不应严重地损害赠与人的健康或明显减少其预期寿命。此等处分的效力取决于赠与人明示和书面的同意。"④

此外，优先考虑供体利益原则还表现为捐赠人可以随时撤销意思表示原则。在立法上，我国香港特区《人体器官移植条例》第五条规定："其本人可随时撤回同意的权利。"《深圳经济特区人体器官捐献移植条例》第八条规定，人体器官捐献者有权以口头或者书面形式撤销已作出的捐献或者接受移植决定。

在实践中，捐赠人可能在捐献过程中，甚至包括手术之前反悔，从而撤销原来的意思表示。据载，中国造血干细胞捐献者资料库管理中心主任洪俊岭向

---

① 佘川：《论器官捐献法立法原则》，载《法律与医学杂志》2000年第2期。
② 申卫星、王琦：《论人体器官捐献与移植的立法原则》，载《比较法研究》2005年第4期。
③ 申卫星、王琦：《论人体器官捐献与移植的立法原则》，载《比较法研究》2005年第4期。
④ 徐国栋主编：《绿色民法典草案》，社会科学文献出版社2004年版，第85－86页。

媒体透露，全国骨髓初配成功后，志愿者的反悔率达20%。[①] 考虑到捐献伦理性因素，立法应该准许。但是，在人体器官组织的捐赠、移植的过程中，特定的受赠人往往会作出一定的准备，如请假、到具有较高器官移植水平的医院就诊、和医院签订手术合同，等等。这些都是出于对捐赠人的信赖而作出的，如果单纯因为捐赠人主观意愿不想捐赠原定的器官组织的话，捐赠人应该补偿活体受赠人的误工费、医疗费、交通费、护理费、必要的康复费等信赖利益费用。唯有如此，方能保证捐赠人慎重决定捐赠。当然，如果受赠人为公益机构，而不是具体的受赠人的话，捐赠人信赖损失的赔偿范围应仅仅局限于检验费用。

（四）充分保护无民事行为能力人、限制民事行为能力人利益的原则[②]

严格保护未成年人等无民事行为能力人、限制民事行为能力人的利益始终是民法的基本规则之一。这体现了现代民法对法的实质正义和社会妥当性的关注。[③]

虽然器官移植给很多人带来了延长生命的机会。但是，器官移植手术（包括器官摘取手术）毕竟是一种高难度的手术，手术过程中会伴随着一定的风险。而未成年人作为正处于生理发育最佳时期的一类特殊社会群体，在如对摘除器官后的承受能力、对被摘除器官的未来健康需求等许多方面都还具有不确定性的特点，加之未成年人一般都缺乏足够成熟和理性的自我判断能力和情绪控制能力，对器官移植的后果等都难以具有足够清醒的认识和理解，容易遗留问题和纠纷。因此，未成年人及其法定代理人都不宜直接作为器官组织的捐献主体。世界各国一般都对未成年人的生命权益给予了较为特殊的保护，不提倡未成年人捐献器官。[④]

二、尸体器官组织捐赠的特殊法律问题

比较法上，尸体器官组织的捐赠主体有可能是死者本人，有可能是死者近

---

① 《骨髓捐献志愿者二成反悔》，http：//news. sina. com. cn/c/2005 - 12 - 15/14227716975s. shtml，最后访问时间：2019 年 1 月 1 日。

② 当然，也有的学者将这一原则概括为禁止将未成年人、限制民事行为能力人及无民事行为能力人作为器官移植的供体。参见李显冬：《人体器官捐赠的法律思考》，www. civillaw. com. cn，最后访问时间：2019 年 1 月 1 日。

③ 梁慧星：《从近代民法到现代民法》，载《律师世界》2002 年第 5 期。

④ 刘长秋：《台湾省〈人体器官移植条例〉评议》，www. civillaw. com. cn，最后访问时间：2019 年 1 月 1 日。

亲属，也有可能通过法律推定的方式，由医生决定尸体器官组织的捐献。几种模式的差别在于获得意思表示的模式不同，这种差别从根本上反映了法律行为理论在尸体器官组织捐赠行为上需要特殊的法政策考量：增加人体器官组织的供应量，抑或是维护传统的全尸的道德观念。

尸体器官组织的捐赠具有赠与合同的一般特征，系属法律行为。在准用赠与合同的一般规定的同时，尸体器官组织的捐赠还有若干特殊的法律问题。其中，最核心的问题就是死者没有明确表示是否愿意捐赠器官组织时，死者近亲属应否成为合法的捐赠主体。这反映了法律行为理论在此问题上的特殊性。

有关尸体器官组织捐赠的立法模式，早就有了详细的总结，总的来讲分为五种立法例。第一种，规定死者本人生前有权决定捐献。这些国家有保加利亚和巴西。第二种，规定只有亲属有权决定是否捐献死者遗体，即使死者生前同意捐献，但若亲属不同意，死者的遗嘱将视为无效。这些国家和地区有：日本、韩国、黎巴嫩、罗马尼亚、新加坡和中国香港。第三种，规定在接受遗体前，必须得到死者生前的同意及其亲属的许可。这类国家和地区有：阿根廷、科威特、卢森堡、瑞典、乌拉圭、委内瑞拉。第四种，规定在某些特殊情况下，如急需用死者的遗体，不需经亲属同意即可由医院摘取所需器官和组织。这些国家有：澳大利亚、玻利维亚、加拿大、法国、印度、新加坡、新西兰、荷兰。第五种，规定在死者生前或其亲属未加拒绝的情况下，可以摘取遗体的器官和组织。这些国家有：奥地利、比利时、捷克、土耳其、瑞士。①

在学理上，有些学者持肯定说。杨立新认为，在没有死者明确意思表示的情况下，死者近亲属可以基于对尸体的准所有权而进行不违背善良风俗的处分，包括但不限于不违背善良风俗的尸体捐献与尸体的部分器官、组织的捐献。如果权利人对尸体的处理发生争议，可以依据协商一致原则、少数服从多数原则、最亲近关系的亲属决定原则、法官裁决原则四项原则予以处理。② 余能斌认为，遗体处分权应归属于生前的本人及继承法理下的其他人。首先，本人生前承诺捐赠的行为应是一种死因赠与行为，以本人死亡为生效要件，继承人、协力摘

① 阎锐：《浅议遗体捐献行为》，载《法学》2001年第2期。

② 杨立新：《人身权法论》，人民法院出版社2006年版，第453－458页。

取器官的医方是为执行人，因此本人意思应予以最大尊重。其次，本人生前无有效表示时，继承法理下的其他人有权进行处分。遗体是可继承的物权法上的限制流通物，即在器官捐赠场合，遗体所有权归属适用继承法理。本人未处分时依法定继承归属于死者的继承人；例外的是，如死者生前为未成年或精神障碍等欠缺行为能力人，依照监护制度的立法宗旨，则本人死亡当时的监护人也应为有权处分遗体的人。在无前述权利主体时，即可由国家先占取得所有权。[①]此外，梁慧星、徐国栋虽然没有明确对此发表意见，但可以从其主编的民法典草案作出肯定说的推论。

有些学者持否定说，反对死者近亲属依自己的意思捐赠尸体器官，认为就人体器官、体液和遗体的捐献行为应当遵循自愿、无偿原则。该捐献行为须本人书面作出，不得由他人代理。权利人可随时撤销其捐献身体器官、体液和遗体的行为，仅对相对人因信赖其行为而支付的合理费用负赔偿责任。否定说的理由是，虽然我国也有观点主张，遗体是一种社会资源，应当物尽其用，只要使用目的合理，死者生前、国家及死者亲属对尸体分别具有处置权，但是这种观点与我国国情和民众观念不符，我国是一个重孝道的国度，“身体发肤，受诸父母”的观念长期深入人心，法意人情，尤须尊重，因此，死者的遗体应当受到充分的尊重和保护，社会公众的捐献意识应当依靠教育、宣传逐步提高，而不应通过法律揠苗助长。因此，如果没有权利人生前的书面明确表示，其近亲属不得擅自决定捐赠死者遗体，违背死者生前意愿。[②]刘心稳认为，死者生前未立遗体捐赠的遗嘱，从维护社会公德和正常伦理观念出发，不应承认继承人有权任意处分被继承人的遗体。而且，遗体应是“近亲属安葬权”的标的。近亲属安葬权是近亲属之间相互享有的以安葬为目的而占有、管理、处分死者遗体的权利。属于近亲属身份关系的内容之一。[③]

本书认为，在死者生前没有明确意思表示的情况下，赋予死者近亲属捐赠死者器官组织或遗体的权利利大于弊。理由如下：

第一，提供大量的人体器官是实践的需要。包括我国在内的世界各国都出

---

① 余能斌、涂文：《论人体器官移植的现代民法基础》，载《中国法学》2003 年第 6 期。
② 王利明主编：《中国民法典学者建议稿及立法理由》，法律出版社 2005 年版，第 72－73 页。
③ 张俊浩主编：《民法学原理（下册）》，中国政法大学出版社 2000 年版，第 977－978 页。

现了器官供不应求的严重局面。大量的患者在等待中死亡，无数的人体器官资源被焚烧。第二，捐献器官符合新时代的“善良风俗”的内涵。救死扶伤是人道主义的高尚行为，捐献人体器官弘扬了互助友爱、救人于危难的利他主义行为。第三，全尸的儒家生死观、道义观违背了自然界的基本规律。法律应该发挥移风易俗的作用，为捐献死者遗体器官的人提供行为的合理依据，排除传统观念的不良影响和巨大压力。第四，近亲属以不违背善良风俗的方式处分遗体符合继承法理。第五，在上述几种立法例中，以死者近亲属同意为前提获得人体器官是相对柔和的推定主义。在具有国家干预传统的大背景下，这种方式容易缓解矛盾，维护社会稳定。

当然，是否建立了推定主义（近亲属同意模式）并不会完全决定一个国家器官捐献率的高低。比如，实行推定主义（近亲属同意模式）的意大利的捐献率比实行非推定主义的英国的捐献率低，实行推定主义的比利时和法国的器官捐献率也比较低。而同样实行推定主义（近亲属同意模式）的西班牙具有较高的器官捐献率。器官捐献率还要取决于很多因素：不适合捐献的脑死亡比例、没有查找到潜在的捐献者、医护人员迟疑向死者近亲属询问器官捐献、近亲属拒绝获取死者器官、储存和移植等技术因素、获取器官的组织工作等。① 西班牙是一个生前捐献和死后捐献比例都非常高的国家，其成功的原因在于器官的取得变得组织化了。经济合作发展组织（OECD）发现，培养医疗专家和及时启动沟通供需两端的程序是提高捐献率的重要途径。②

因此，如果想要提高器官的捐赠率，我们还应采取多种措施。首先，我们有必要建立获得死者生前明确意思表示的机制，如书面协议、捐献卡、驾驶执照、书面遗嘱等。其次，还要建立器官捐献的激励机制。第一，自然人生前为不指定的接受人捐献器官的，其近亲属申请人体器官移植手术的，在同等条件下享有优先权。二人以上享有优先权的，由省红十字会根据申请登记的时间确定顺序。第二，自然人生前明确反对捐献器官的，其近亲属申请人体器官移植手术的，在同等条件下不予优先考虑。第三，遗体或遗体器官捐献人曾为不指

---

① Nora Machado, Using the Bodies of the Dead, Dartmouth Publishing Company Limited, 1998, pp. 51 – 52.

② Nora Machado, Using the Bodies of the Dead, Dartmouth Publishing Company Limited, 1998, p. 194.

定的接受人捐献器官的，申请人体器官移植手术的，在同等条件下享有优先权。第四，各地人民政府应当为遗体捐献人/死者集中营造纪念林地，并授予一定的荣誉，颁发荣誉证书。器官受赠人应该捐赠一定数量的纪念林木。最后，大力普及脑死亡观念。

三、捐赠合同的特殊规则

第一，人体器官组织捐赠合同为实践性赠与。赠与合同为诺成合同还是实践合同，历来存在争议。在立法例上，德国民法、日本民法等规定赠与合同为诺成合同，而苏联、东欧国家民法一般将赠与合同规定为实践合同，我国以往的司法解释也将赠与合同作为实践合同加以规定。① 但是，我国《合同法》和本法合同编规定赠与合同原则上是实践性合同，只有经过公证的赠与合同或者依法不得撤销的具有救灾、扶贫、助残等公益、道德性质的赠与合同才是诺成性合同。本书认为，尽管人体器官组织捐赠合同具有公益性，但是其仍然属于实践性合同。

第二，人体器官组织捐赠合同不得附义务，但可以附条件、附期限。这是由人体器官组织捐赠的伦理性、无偿性决定的。如果允许当事人自由设定捐赠合同的负担义务，那么导致的结果可能把赠与合同变为有偿合同，最终无异于允许买卖人体器官组织。而我们知道，无论是附期限的法律行为，还是附条件的法律行为，都是当事人于法律行为中设定一定的附款以决定法律行为效力的，无论是条件还是期限都是用以限制法律行为的效力。② 因此，允许当事人对人体器官组织的捐赠发生法律效力的时间进行约定并不会影响双方当事人的权利和义务，也不会从根本上影响该合同的性质，不会导致买卖器官结果的发生，合同伦理性和公益性的本质没有被改变。相反，附期限和附条件可能会使当事人调整身体，使得捐献器官和组织处于最佳生理状态，从而有利于实现赠与合同的目的。

第三，考虑到人体器官组织捐赠的伦理性、无偿性，捐赠人应该可以任意撤销赠与合同。但当受赠人为特定的自然人时，应该同样受到合同法保护信赖利益规则的限制，无故撤销捐赠的意思表示的，应该赔偿信赖利益的损害。因为人体器官组织移植在时间上具有紧迫性，受赠人可能因此在时间上和物质上

---

① 郭明瑞主编：《民法》，高等教育出版社2003年版，第485页。

② 郭明瑞主编：《民法》，高等教育出版社2003年版，第110页。

作了充分的准备，而人体器官组织赠与合同本身以书面形式签订，并要到有关部门登记，因此，在合同签订之前，已经给了当事人必要的准备时间，在此前提下，信赖利益规则有自己的适用空间。但是，当受赠人为公益组织时，其赔偿范围可以仅仅局限于检验费用。如此规定主要是为了增加人体器官组织的捐赠数量，缓解紧迫的现实问题。

第四，强烈的伦理性决定了人体器官组织捐赠以要式性的方式进行，双方当事人以书面形式签订捐赠协议，同时还要在相应机构登记。《魁北克民法典》、香港特区《人体器官移植条例》、我国台湾地区“人体器官移植条例”等明确规定人体器官组织捐赠必须采用书面形式。此外，《上海市遗体捐献条例》《山东省遗体捐献条例》《福建省遗体和器官捐献条例》《武汉市遗体捐献条例》《广州市志愿捐献遗体管理暂行办法》等地方性法规都已经明确规定了人体器官组织捐赠必须采用书面形式，相应的红十字会是遗体捐献的登记机构，负责遗体捐献的登记工作。书面形式有利于保证捐赠人的意思表示是明示的、真实的。某些国家直接通过法律规定“默式方式”作为捐赠人的意思表示的方法是不可取的。

第五，人体器官组织捐赠合同的赠与人原则上不承担瑕疵担保责任。人体器官组织捐赠之前通常要进行详细的医学检验，因此，很难因为传染性疾病等原因而导致受赠人受到损害。即使捐赠人隐瞒病史，大多数情况下也能够被检测出来。但是，如果因为捐赠人故意隐瞒病史而造成受赠人损害的，捐赠人应该承担损害赔偿责任。

第六，与医疗合同的利己性不同，人体器官组织捐献合同具有浓厚的利他性色彩，原则上，人体器官组织捐献合同不适用代理制度。在允许限制民事行为能力人和无民事行为能力人捐献的国家，可以适用代理，但此类适用必须由强行法严格限制：其一，遵守的底线是由法定代理人同意，如果有两个法定代理人，必须一致同意，如果有多个法定代理人的，必须达到三分之二多数同意。美国曾经有法定代理人不能达成一致意见的案例。该案件发生属于同父异母的未成年人骨髓捐赠的情况，具有很强的代表性。美国法院曾判定，父母单方不能强迫孩子接受不符合其最佳利益又被另一方反对的治疗。一对3岁半的双胞胎的父亲向法院请求许可令，使他的双胞胎孩子接受骨髓采集以捐献给双胞胎的同父异母的患了白血病的兄弟，但双胞胎孩子的母亲反对。法院支持了孩子的母亲，并判定骨髓采集不符合双胞胎的最佳利益。① 其二，捐献受益人范围只能局限于近亲属，不能指定科学、教育机构、医院或非以营利为目的的器官或组织库为捐赠的受益人。根据国际刑法学协会第十四次代表大会的决议，即使法定代理人同意，也必须是为了挽救捐赠人近亲、挚友，且无其他适宜之捐献时。② 其三，代理未成年人捐献器官组织的，法律应该明确捐献年龄和捐献器官组织类别、数量的限制。我国人口众多，如果能够通过各种措施使得一般成年人愿意捐献人体器官组织，那么人体器官资源就应该非常丰富了，未成年人人体器官捐献的必要性就大大降低。其四，植物人的捐献应由其近亲属本着最有利于植物人的原则作出决定，此种最佳利益的判断应根据一般人的观念和植物人在正常状态下的相关意思表示具体判定。

第一千零七条　【禁止买卖人体物】

禁止以任何形式买卖人体细胞、人体组织、人体器官、遗体。

违反前款规定的买卖行为无效。

本条来源

《人体器官移植条例》第三条规定："任何组织或者个人不得以任何形式买卖人体器官，不得从事与买卖人体器官有关的活动。"

立法演变

《2002 年民法草案》人格权法第十条规定："自然人的遗体、骨灰受法律保护，不得侮辱、损害遗体、骨灰。"从审议稿开始，本条的规定基本不变，区别在于一审稿第七百八十八条规定的是人体细胞、人体器官、人体组织、遗体，二审稿和三审稿规定的是"人体细胞、人体组织、人体器官、遗体"，更具逻辑性。此后无变化。

---

① 李燕：《患者自己决定权研究》，载梁慧星主编：《民商法论丛（第十七卷）》，金桥文化出版（香港）有限公司 2000 年版，第 575－576 页。

② 唐雪梅：《器官移植法律研究》，载梁慧星主编《民商法论丛（第二十卷）》，金桥文化出版（香港）有限公司 2001 年版，第 189 页。

条文释义

本条要与上一条及总则关于民事法律行为效力、公序良俗原则等规定结合起来理解。

一、《人体器官移植条例》对禁止买卖原则的贯彻

《世界卫生组织人体细胞、组织和器官移植指导原则》指导原则5规定，禁止人体器官买卖是国际共同遵循的规则。指导原则5明确：细胞、组织和器官应仅可自由捐献，不得伴有任何金钱支付或其他货币价值的报酬。购买或提出购买供移植的细胞、组织或器官，或者由活人或死者近亲出售，都应予以禁止。禁止出售或购买细胞、组织和器官不排除补偿捐献人产生的合理和可证实的费用，包括收入损失，或支付获取、处理、保存和提供用于移植的人体细胞、组织或器官的费用。

为了防止可能发生的买卖或者变相买卖人体器官的情形，《人体器官移植条例》明确规定任何组织或者个人不得以任何形式买卖人体器官，不得从事与买卖人体器官有关的活动。同时，对人体器官移植手术收取费用的范围作了界定，即医疗机构实施人体器官移植手术，只能依照条例的规定收取摘取和植入人体器官的手术费、药费、检验费、医用耗材费以及保存和运送人体器官的费用，不得收取或者变相收取所移植人体器官的费用。为了防止变相买卖人体器官，条例对活体器官接受人的范围作了严格的限制，即活体器官的接受人限于活体器官捐献人的配偶、直系血亲或者三代以内旁系血亲，或者有证据证明与活体器官捐献人存在因帮扶等形成亲情关系的人员。

为了保证禁止人体器官商业交易原则得以落实，《人体器官移植条例》对买卖人体器官或者从事与买卖人体器官有关活动的单位和个人规定了严格的法律责任。条例规定，对买卖人体器官或者从事与买卖人体器官有关活动的，由卫生主管部门没收违法所得，并处以交易额八倍以上十倍以下的罚款；医疗机构参与上述活动的，还应当对负有责任的主管人员和其他直接责任人员依法给予处分，并由原登记部门撤销该医疗机构人体器官移植诊疗科目登记，该医疗机构3年内不得再申请人体器官移植诊疗科目登记；医务人员参与上述活动的，由原发证部门吊销其执业证书；国家工作人员参与上述活动的，由有关部门依据职权，依法给予撤职、开除的处分。①

二、买卖行为无效的司法适用

（一）补偿或困难救助金

捐献人体器官等，是否可以给予相关补偿。这个问题在立法过程中曾经讨论过多次，最后没有明确规定。从司法实践来看，有判决认为可以给予补偿或困难救助费。根据《人体器官移植条例》第七条的规定，人体器官捐献遵循自愿、无偿的原则。救援金系医疗机构对符合正当目的且不违背善良风俗，合乎伦理道德的善意捐献行为给予的救助、慰藉，兼具倡导、鼓励捐献器官以救助他人的作用，而不是对所捐献器官支付的对价，捐献器官与获得救援金并不具有必然联系。有判决指出，中华医学会器官移植学分会支付的60000元救援金系赠与、救助的性质，不具备《继承法》中规定的“遗产是公民死亡时遗留的个人合法财产”的法律特征，不属于冯某的遗产。双方当事人争议的救援金应为接受器官捐献机构对器官捐献人的家庭成员的抚慰金，具有对象的特定性，其指向是特定的人，用于特定的用途，他人无权分享。② 患者家属支出的180000元系对器官捐献者家属的困难救助费，非武汉大学中南医院收取，不属于医疗费用。③

《世界卫生组织人体细胞、组织和器官移植指导原则》指导原则5允许补偿捐献费用（包括医疗支出和活体捐献人的收入损失），以免打击捐献的积极性。只要人体及其部件不成为财务收益的来源，支付获取供移植的人体细胞、组织产品和器官并保证其安全、质量和功效的合法费用也得到接受。与捐献相关的免费定期医疗评估和对捐献引起死亡或并发症的保险，都可合法地提供给活体捐献人。

（二）无效的法律后果

1. 民事责任。

根据本法第一百五十五条、第一百五十七条，无效的或者被撤销的民事法

① 《原国务院法制办、卫生部负责人就〈人体器官移植条例〉有关问题答中国政府网问》，www. pkulaw. cn/fulltext_ form. aspx? Db = lawexplanation&Gid = af6a787e25b0f86ab3eb7a764a8aaf5dbdfb，最后访问时间：2020年4月20日。

② 杜某翔、杜某与冯某愚财产损害赔偿纠纷二审民事判决书，（2009）汴民终字第292号。

③ 张某、孙某芝医疗损害责任纠纷二审民事判决书，（2019）鄂01民终8595号。

律行为自始没有法律约束力。民事法律行为无效、被撤销或者确定不发生效力后，行为人因该行为取得的财产，应当予以返还；不能返还或者没有必要返还的，应当折价补偿。有过错的一方应当赔偿对方由此所受到的损失；各方都有过错的，应当各自承担相应的责任。法律另有规定的，依照其规定。

由于该条款是强行性规定，任何人不能以不知法律规定为由主张自己无过错，因此，如果发生人体器官买卖，则过错是双方的，各自应承担相应的责任。遗体在实践中一般具备返还的可能性，但关键的问题是，是否需要返还已经移植的人体细胞、人体组织、人体器官，本书认为，需要分情形处理。一是如果摘除会伤及生命或者对人体健康存在严重损害的不确定性时，应认定不予返还，但相关的治疗费用、康复费用、误工费用等可予以支持。二是被摘除的人已经死亡的，此时器官无法重新移植回去。三是被移植的人死亡，可以移植回被摘除人，但被摘除的人有权拒绝。

2. 行政责任。

根据《人体器官移植条例》第二十六条，违反本条例规定，买卖人体器官或者从事与买卖人体器官有关活动的，由设区的市级以上地方人民政府卫生主管部门依照职责分工没收违法所得，并处交易额八倍以上十倍以下的罚款；医疗机构参与上述活动的，还应当对负有责任的主管人员和其他直接责任人员依法给予处分，并由原登记部门撤销该医疗机构人体器官移植诊疗科目登记，该医疗机构三年内不得再申请人体器官移植诊疗科目登记；医务人员参与上述活动的，由原发证部门吊销其执业证书。国家工作人员参与买卖人体器官或者从事与买卖人体器官有关活动的，由有关国家机关依据职权依法给予撤职、开除的处分。2019 年，《国家卫生健康委关于印发人体捐献器官获取与分配管理规定的通知》发布，对人体器官捐献与移植，规范人体器官获取，完善人体器官获取与分配体系等进行了详细规定，具有重要的实践价值。

3. 刑事责任。

构成犯罪的，要依法追究刑事责任。2011 年，为了加强对民生的保护，对一些社会危害严重，人民群众反响强烈，原来由行政管理手段或者民事手段调整的违法行为，规定为犯罪，加大惩处力度，据此，《刑法修正案（八)》第三十七规定了组织贩卖人体器官罪，该罪为行为犯，不以损害结果的发生为既遂标准。

法条关联

◆ 《刑法》

第二百三十四条之一 组织他人出卖人体器官的，处五年以下有期徒刑，并处罚金；情节严重的，处五年以上有期徒刑，并处罚金或者没收财产。

未经本人同意摘取其器官，或者摘取不满十八周岁的人的器官，或者强迫、欺骗他人捐献器官的，依照本法第二百三十四条、第二百三十二条的规定定罪处罚。

违背本人生前意愿摘取其尸体器官，或者本人生前未表示同意，违反国家规定，违背其近亲属意愿摘取其尸体器官的，依照本法第三百零二条的规定定罪处罚。

案例评议

魏某锋、张某洋组织出卖人体器官案①

◆ 评议

买卖人体细胞、人体组织、人体器官、遗体，在实践中已经十分猖獗，多为有组织的共同犯罪，不少还是跨国犯罪，电影《杀破狼 2》即以此为主题。民事案件中，多为第三人盗取人体器官，但由于原告往往难以发现证据，司法实践中案件较少。本条没有详细规定第三人盗取人体器官等的民事责任，但从解释上来看，买卖行为无效，被盗取人自身有权请求侵权人承担民事责任，被盗取人死亡的，其近亲属有权按照本法第九百九十四条请求行为人承担民事责任。如果具有安全保障义务或者保管义务的医疗机构等未尽到相应义务的，应先承担补充责任。承担补充责任后，其可以向第三人追偿。

法史钩沉

美国约翰·摩尔对已切除的细胞处分权纠纷案反映的是人体及其衍生物在现代社会的可财产性、医疗法律行为的特殊性以及人格权与专利权的协调问题。

① 魏某锋、张某洋组织出卖人体器官二审刑事裁定书，（2018）冀 10 刑终 72 号。

在Moore v. Regents of the University of California（1990）案中，原告John Moore因罹患血癌到加利福尼亚州大学（UCLA）医学中心接受治疗，主治医师Golde建议原告进行脾脏切除手术，以避免生命危险，原告同意并签署“脾脏切除手术同意书”。Golde事先安排取得原告的部分脾脏组织，从事与治疗原告无关的研究工作，并未将此事实告知原告。手术后原告遵从Golde指示，多次回到UCLA接受追踪检查，Golde为其抽取血液、血清、骨髓等样本，确立了T淋巴细胞的细胞系，UCLA据该细胞取得专利，并包括数种制造淋巴腺的方法，开发作为商业用途。Moore对Golde、UCLA以多项诉因提起诉讼。原告主张对自身的细胞拥有所有权，且该所有权不因细胞切除、与人体分离而消灭，因此有权决定切除后的细胞用途。加利福尼亚州最高法院依据多数意见分别就“强占”（conversion）和违反告知义务进行了判决：

首先，原告主张对自身细胞拥有所有权，且该所有权不因细胞切除、与人体分立而消灭。被告未征得原告同意，擅自取用原告的细胞从事具有经济利益的医学研究，已经构成了conversion，原告主张对细胞或细胞系列专利所衍生的一切成果，享有财产上的利益。由于conversion侵权行为的成立需要原告对该标的具有所有权或占有权为前提，因此，加利福尼亚州最高法院否定原告的此点主张，提出过去从未有司法案例认定患者对已切除的细胞等部分享有任何权利。如果采用了肯定立场，将加诸医学研究人员的过重负担，阻碍医学发展。

其次，原告主张主治医师Golde未事先告知其切除细胞之经济价值及从事的研究工作，违反忠实义务暨取得同意前的告知义务。对于此点，加利福尼亚州最高法院提出三项原则：（1）心智健全的成人有权利决定是否接受医疗。（2）患者有效的同意必须建立在有事先告知的前提下。（3）医生在取得患者的同意时，须尽忠实义务，告知所有足以影响患者决定的事实。根据此项原则，法院认为医生应将关乎患者健康事项一并告知，包括医生个人的研究或经济利益，因为此等事项可能影响医生个人的医疗诊断，医生未为此项告知时，构成侵权。①

① 王泽鉴：《侵权行为法（第一册）》，中国政法大学出版社2001年版，第109－111页。

第一千零八条 【人体试验】

为研制新药、医疗器械或者发展新的预防和治疗方法，需要进行临床试验的，应当依法经相关主管部门批准并经伦理委员会审查同意，向受试者或者受试者的监护人告知试验目的、用途和可能产生的风险等详细情况，并经其书面同意。

进行临床试验的，不得向受试者收取试验费用。

本条来源

《执业医师法》第二十六条、第三十七条，《医疗机构管理条例》第三十三条，《药品管理法》第二十一条、第二十三条，《药物临床试验质量管理规范》《涉及人的生物医学研究伦理审查办法》等对此有相关规定。

立法演变

该条经多次修改。《2002 年民法草案》人格权法第十一条规定："有关科研机构开发新药或者新的治疗方法，需要在人体上进行试验的，经卫生等主管部门批准后，还应当向接受试验的本人告知可能产生的损害，并经其同意。"一审稿第七百八十九条规定："有关科研机构等开发新药或者发展新的治疗方法，需要在人体上进行试验的，依法经相关主管部门批准后，还应当向接受试验的本人或者其监护人告知试验目的、用途和可能产生的损害等详细情况，并经其书面同意。本人或者其监护人可以随时撤销该同意。禁止向接受试验者支付任何形式的报酬，但是可以给予其必要的补偿。"二审稿删除了"有关科研机构"，"本人或者其监护人可以随时撤销该同意"，"禁止向接受试验者支付任何形式的报酬，但是可以给予其必要的补偿"，增加了"预防"方法和"经伦理委员会审查同意"。2019 年 4 月，有意见提出，开展人体试验活动，涉及人格权保护，必须进行严格规范，保护受试者的生命安全和身体健康。据此，对草案作如下修改：一是将此类活动的规范范围扩大为"为研制新药、医疗器械或者发展新的预防和治疗方法"的所有活动。二是增加规定，开展此类活动，除经主管部门批准外，还应取得伦理委员会的审查同意。三是删除有关禁止向受试者支付任何形式的报酬，但可以给予必要补偿的规定。此后，三审稿增加了“进行临床试验的，不得向受试者收取试验费用”的规定。四审稿作了技术调整，此后无变化。

条文释义

行政许可、伦理审查与知情同意书是保障受试者权益的主要措施。2020年国家药监局《药物临床试验质量管理规范》第一章第三条规定：“药物临床试验应当符合《世界医学大会赫尔辛基宣言》原则及相关伦理要求，受试者的权益和安全是考虑的首要因素，优先于对科学和社会的获益。伦理审查与知情同意是保障受试者权益的重要措施。”

一、依法经相关主管部门批准

2013年以来，国家大力推进“放管服”改革，取消下放了大量的行政许可。《国务院关于严格控制新设行政许可的通知》（国发〔2013〕39号）更是明确，今后起草法律草案、行政法规草案一般不新设行政许可，确需新设的，必须严格遵守行政许可法的规定，严格设定标准。按照《行政许可法》第十二条的规定，直接关系人身健康、生命财产安全等特定活动，需要按照法定条件予以批准的事项；直接关系公共安全、人身健康、生命财产安全的重要设备、设施、产品、物品，需要按照技术标准、技术规范，通过检验、检测、检疫等方式进行审定的事项，可以设定行政许可。

从本条规定来看，现行法律有关于药品、医疗器械人体试验的许可，但是对于新的预防和治疗方法，尚未找到相关法律依据。也就是说，民法典实际创设了一项行政许可。行政许可的主体可能涉及卫生健康、药品等部门。

根据《药品管理法》第十九条，开展药物临床试验，应当按照国务院药品监督管理部门的规定如实报送研制方法、质量指标、药理及毒理试验结果等有关数据、资料和样品，经国务院药品监督管理部门批准。国务院药品监督管理部门应当自受理临床试验申请之日起六十个工作日内决定是否同意并通知临床试验申办者，逾期未通知的，视为同意。其中，开展生物等效性试验的，报国务院药品监督管理部门备案。开展药物临床试验，应当在具备相应条件的临床试验机构进行。药物临床试验机构实行备案管理，具体办法由国务院药品监督管理部门、国务院卫生健康主管部门共同制定。2019年，《药品管理法》修改，提高了对行政机关的审查要求，自受理临床试验申请之日起六十个工作日内未通知的，视为同意，这是一个重大突破，也对行政机关提出了更高的要求。

医疗器械领域的人体试验，有的规定的是备案，根据《医疗器械监督管理条例》第十八条，开展医疗器械临床试验，应当按照医疗器械临床试验质量管理规范的要求，在具备相应条件的临床试验机构进行，并向临床试验提出者所在地省、自治区、直辖市人民政府食品药品监督管理部门备案。接受临床试验备案的食品药品监督管理部门应当将备案情况通报临床试验机构所在地的同级食品药品监督管理部门和卫生计生主管部门。医疗器械临床试验机构实行备案管理。医疗器械临床试验机构应当具备的条件及备案管理办法和临床试验质量管理规范，由国务院食品药品监督管理部门会同国务院卫生计生主管部门制定并公布。

医疗器械领域的人体试验，有的规定的是许可。根据《医疗器械监督管理条例》第十九条，第三类医疗器械进行临床试验对人体具有较高风险的，应当经国务院食品药品监督管理部门批准。临床试验对人体具有较高风险的第三类医疗器械目录由国务院食品药品监督管理部门制定、调整并公布。国务院食品药品监督管理部门审批临床试验，应当对拟承担医疗器械临床试验的机构的设备、专业人员等条件，该医疗器械的风险程度，临床试验实施方案，临床受益与风险对比分析报告等进行综合分析。准予开展临床试验的，应当通报临床试验提出者以及临床试验机构所在地省、自治区、直辖市人民政府食品药品监督管理部门和卫生计生主管部门。

二、伦理审查

人体试验是否会被滥用，除了行政许可，伦理审查被寄予厚望。

1. 伦理委员会

根据《涉及人的生物医学研究伦理审查办法》，伦理委员会设在医疗卫生机构，其职责是保护受试者合法权益，维护受试者尊严，促进生物医学研究规范开展；对本机构开展涉及人的生物医学研究项目进行伦理审查，包括初始审查、跟踪审查和复审等；在本机构组织开展相关伦理审查培训。

伦理委员会委员任期五年，可以连任。伦理委员会设主任委员一人，副主任委员若干人，由伦理委员会委员协商推举产生。伦理委员会的委员从生物医学领域和伦理学、法学、社会学等领域的专家和非本机构的社会人士中遴选产生，人数不得少于七人，并且应当有不同性别的委员，少数民族地区应当考虑少数民族委员。必要时，伦理委员会可以聘请独立顾问。独立顾问对所审查项目的特定问题提供咨询意见，不参与表决。

2. 伦理审查的基本原则

一是知情同意原则。尊重和保障受试者是否参加研究的自主决定权，严格履行知情同意程序，防止使用欺骗、利诱、胁迫等手段使受试者同意参加研究，允许受试者在任何阶段无条件退出研究。

二是控制风险原则。首先将受试者人身安全、健康权益放在优先地位，其次才是科学和社会利益，研究风险与受益比例应当合理，力求使受试者尽可能避免伤害。这里面还有的风险是，同一时间段，同一受试者可能会参加不同药品试验，在客观上影响了试验的效果。

三是免费和补偿原则。应当公平、合理地选择受试者，对受试者参加研究不得收取任何费用，对于受试者在受试过程中支出的合理费用还应当给予适当补偿。本条第二款明确规定了不得向受试者收取费用。实践中，有的名为人体试验，实际目的就是向受试者收取费用。

四是保护隐私原则。切实保护受试者的隐私，如实将受试者个人信息的储存、使用及保密措施情况告知受试者，未经授权不得将受试者个人信息向第三方透露。

五是依法赔偿原则。受试者参加研究受到损害时，应当得到及时、免费治疗，并依据法律法规及双方约定得到赔偿。

六是特殊保护原则。对儿童、孕妇、智力低下者、精神障碍患者等特殊人群的受试者，应当予以特别保护。另外，由于罕见病药的患者少，其人体试验也需要考虑其特殊因素。《世界医学大会赫尔辛基宣言》第八条提出：有些受试人群是弱势群体需加以特别保护。必须认清经济和医疗上处于不利地位的人的特殊需要。要特别关注那些不能作出知情同意或拒绝知情同意的受试者、可能在胁迫下才作出知情同意的受试者、从研究中本人得不到受益的受试者及同时接受治疗的受试者。

3. 伦理审查的内容

伦理审查的内容主要包括研究者的资格、经验、技术能力等是否符合试验要求；研究方案是否科学，并符合伦理原则的要求；受试者可能遭受的风险程度与研究预期的受益相比是否在合理范围之内；知情同意书提供的有关信息是否完整易懂，获得知情同意的过程是否合规恰当；是否有对受试者个人信息及相关资料的保密措施；受试者的纳入和排除标准是否恰当、公平；是否向受试者明确告知其应当享有的权益，包括在研究过程中可以随时无理由退出且不受歧视的权利等；受试者参加研究的合理支出是否得到了合理补偿；受试者参加研究受到损害时，给予的治疗和赔偿是否合理、合法；是否有具备资格或者经培训后的研究者负责获取知情同意，并随时接受有关安全问题的咨询；对受试者在研究中可能承受的风险是否有预防和应对措施；研究是否涉及利益冲突；研究是否存在社会舆论风险等。

伦理审查的基本标准：坚持生命伦理的社会价值；研究方案科学；公平选择受试者；合理的风险与受益比例；知情同意书规范；尊重受试者权利；遵守科研诚信规范。除此之外，对已批准实施的研究项目，伦理委员会应当指定委员进行跟踪审查。

三、知情同意

知情同意是医疗的基石。《残疾人权利国际公约》（我国为2007年签字国）第十五条规定，不得在未经本人自由同意的情况下，对任何人进行医学或科学试验。从民法典本条的规定来看，知情同意的形式必须是书面形式，主体是受试者或受试者的监护人，且不存在免除告知同意的情形。

此前口头形式也可以。《涉及人的生物医学研究伦理审查办法》第三十三条规定：“项目研究者开展研究，应当获得受试者自愿签署的知情同意书；受试者不能以书面方式表示同意时，项目研究者应当获得其口头知情同意，并提交过程记录和证明材料。”《世界医学大会赫尔辛基宣言》提出，如果不能得到书面的同意书，则必须正规记录非书面同意的获得过程并要有见证。从这个角度来看，我国的规定更为严格。

此前规定有可免除签署知情同意书的情形。《涉及人的生物医学研究伦理审查办法》第三十九条规定：“以下情形经伦理委员会审查批准后，可以免除签署知情同意书：（一）利用可识别身份信息的人体材料或者数据进行研究，已无法找到该受试者，且研究项目不涉及个人隐私和商业利益的；（二）生物样本捐献者已经签署了知情同意书，同意所捐献样本及相关信息可用于所有医学研究的。”民法典生效后，上述规定应予以修改。

在知情同意获取过程中，项目研究者应当按照知情同意书内容向受试者逐项说明，其中包括：受试者所参加的研究项目的目的、意义和预期效果，可能遇到的风险和不适，以及可能带来的益处或者影响；有无对受试者有益的其他措施或者治疗方案；保密范围和措施；补偿情况，以及发生损害的赔偿和免费治疗；自愿参加并可以随时退出的权利，以及发生问题时的联系人和联系方式等。

实施试验方在试验全过程中都具有说明义务，该说明要结合个体因素阐述，不是一般性的、格式化的说明。有判决认定，在药物试验过程中，应对受试者的个人权益给予充分保障，但根据二被告提供的证据，二被告在患者靳某英是否符合入选资格、试药后中止原治疗方案等方面未与患者及家属进行沟通，在患者退出药物临床试验后，二被告亦未出具评估和分析报告、病情处理建议和向患方提出终止试验的书面材料，故对患者下一步诊疗方案，具有不利影响。①

实践中，在人体试验可能造成不可逆转的永久性损害时，由哪个机构来撤销监护人的同意，还需要进一步研究。

法条关联

◆《执业医师法》

第二十六条 医师应当如实向患者或者其家属介绍病情，但应注意避免对患者产生不利后果。

医师进行实验性临床医疗，应当经医院批准并征得患者本人或者其家属同意。

第三十七条 医师在执业活动中，违反本法规定，有下列行为之一的，由县级以上人民政府卫生行政部门给予警告或者责令暂停六个月以上一年以下执业活动；情节严重的，吊销其执业证书；构成犯罪的，依法追究刑事责任：

……

（八）未经患者或者其家属同意，对患者进行实验性临床医疗的；

……

◆《药品管理法》

第二十一条 实施药物临床试验，应当向受试者或者其监护人如实说明和解释临床试验的目的和风险等详细情况，取得受试者或者其监护人自愿签署的知情同意书，并采取有效措施保护受试者合法权益。

---

① 李某等与江苏恒瑞医药股份有限公司等产品责任纠纷一审民事判决书，（2015）西民初字第14150号。

第二十三条 对正在开展临床试验的用于治疗严重危及生命且尚无有效治疗手段的疾病的药物，经医学观察可能获益，并且符合伦理原则的，经审查、知情同意后可以在开展临床试验的机构内用于其他病情相同的患者。

◆《基本医疗卫生与健康促进法》

第三十二条 公民接受医疗卫生服务，对病情、诊疗方案、医疗风险、医疗费用等事项依法享有知情同意的权利。

需要实施手术、特殊检查、特殊治疗的，医疗卫生人员应当及时向患者说明医疗风险、替代医疗方案等情况，并取得其同意；不能或者不宜向患者说明的，应当向患者的近亲属说明，并取得其同意。法律另有规定的，依照其规定。

开展药物、医疗器械临床试验和其他医学研究应当遵守医学伦理规范，依法通过伦理审查，取得知情同意。

◆《疫苗管理法》

第十六条 开展疫苗临床试验，应当经国务院药品监督管理部门依法批准。

疫苗临床试验应当由符合国务院药品监督管理部门和国务院卫生健康主管部门规定条件的三级医疗机构或者省级以上疾病预防控制机构实施或者组织实施。

国家鼓励符合条件的医疗机构、疾病预防控制机构等依法开展疫苗临床试验。

第十七条 疫苗临床试验申办者应当制定临床试验方案，建立临床试验安全监测与评价制度，审慎选择受试者，合理设置受试者群体和年龄组，并根据风险程度采取有效措施，保护受试者合法权益。

第十八条 开展疫苗临床试验，应当取得受试者的书面知情同意；受试者为无民事行为能力人的，应当取得其监护人的书面知情同意；受试者为限制民事行为能力人的，应当取得本人及其监护人的书面知情同意。

◆《医疗机构管理条例》

第三十三条 医疗机构施行手术、特殊检查或者特殊治疗时，必须征得患者同意，并应当取得其家属或者关系人同意并签字；无法取得患者意见时，应当取得家属或者关系人同意并签字；无法取得患者意见又无家属或者关系人在场，或者遇到其他特殊情况时，经治医师应当提出医疗处置方案，在取得医疗机构负责人或者被授权负责人员的批准后实施。

◆《涉及人的生物医学研究伦理审查办法》

第四条 伦理审查应当遵守国家法律法规规定，在研究中尊重受试者的自主意愿，同时遵守有益、不伤害以及公正的原则。

第五条　国家卫生计生委负责全国涉及人的生物医学研究伦理审查工作的监督管理，成立国家医学伦理专家委员会。国家中医药管理局负责中医药研究伦理审查工作的监督管理，成立国家中医药伦理专家委员会。

省级卫生计生行政部门成立省级医学伦理专家委员会。

县级以上地方卫生计生行政部门负责本行政区域涉及人的生物医学研究伦理审查工作的监督管理。

第七条　从事涉及人的生物医学研究的医疗卫生机构是涉及人的生物医学研究伦理审查工作的管理责任主体，应当设立伦理委员会，并采取有效措施保障伦理委员会独立开展伦理审查工作。

医疗卫生机构未设立伦理委员会的，不得开展涉及人的生物医学研究工作。

第十一条　伦理委员会对受理的申报项目应当及时开展伦理审查，提供审查意见；对已批准的研究项目进行定期跟踪审查，受理受试者的投诉并协调处理，确保项目研究不会将受试者置于不合理的风险之中。

第十二条　伦理委员会在开展伦理审查时，可以要求研究者提供审查所需材料、知情同意书等文件以及修改研究项目方案，并根据职责对研究项目方案、知情同意书等文件提出伦理审查意见。

第十三条　伦理委员会委员应当签署保密协议，承诺对所承担的伦理审查工作履行保密义务，对所受理的研究项目方案、受试者信息以及委员审查意见等保密。

◆《药物临床试验质量管理规范》

略

案例评议

白某某、红某等与内蒙古民族大学附属医院、太原市诚诚科技有限公司等医疗损害责任纠纷案①

◆ 裁判规则

本案中争议焦点问题为本案中清脑宣窍滴丸Ⅲ期的临床应用是否符合药物

① 白某某、红某等与内蒙古民族大学附属医院、太原市诚诚科技有限公司等医疗损害责任纠纷一审民事判决书，(2017) 内0502民初8898号。

临床试验规范，是否履行了明确的法律规定范围内告知义务，按照相关协议原告病情是否符合清脑宣窍滴丸临床试验选取的范围，原、被告双方出示的鉴定意见是否符合法律规定及被告承担责任的主体和范围。《药物临床试验质量管理规范》规定进行药物临床试验必须有充分的科学依据。在进行人体试验前，必须周密考虑该试验的目的及要解决的问题，应权衡对受试者和公众健康预期的受益及风险，预期的受益应超过可能出现的损害。选择临床试验方法必须符合科学和伦理要求。药物临床试验是指任何在人体（病人或健康志愿者）进行的药物的系统性研究，以证实或发现试验药物的临床、药理或其他药效学方面的作用、不良反应或吸收、分布、代谢及排泄，目的是确定试验药物的安全性和有效性。

◆ **评议**

人体试验纠纷是医疗损害责任纠纷的一个重要类型，双方的争点多为知情同意。此外，相关机构没有获得许可资格或者没履行备案手续，没有经过伦理委员会审查或者审查未通过，实施试验方未充分履行说明义务等，也是常见的违法行为。

第一千零九条　【人体医学科研】

从事与人体基因、人体胚胎等有关的医学和科研活动，应当遵守法律、行政法规和国家有关规定，不得危害人体健康，不得违背伦理道德，不得损害公共利益。

本条来源

规范方面主要是《人类遗传资源管理条例》《基因工程安全管理办法》，但贺某奎基因编辑婴儿事件直接催生了本条。立法过程中，深度换脸、高空抛物、宾馆安装摄像头等都直接影响了相关法条的起草。

立法演变

一审稿无本条。2019 年 4 月，有意见提出，开展与人体基因、人体胚胎等有关的医学和科学研究，可能带来人体生命健康安全和伦理道德方面的风险，必须有严格的法律规范。据此，第二章“生命权、身体权和健康权”增加了本条。有意见提出，从事这类活动，还应当强调不得损害公共利益。据此，三审稿增加规定：从事此类活动“不得损害公共利益”。此后无变化。

条文释义

一、人体基因、人体胚胎等活动的法律界限

人体基因、人体胚胎主要涉及人类遗传与生殖领域。基因是DNA分子上的具有遗传效应的特定核苷酸序列的总称，是具有遗传效应的DNA分子片段，是人体的重要组成部分。妊娠第二周受精卵（合子）成为胚胎。

目前，与本条相关的法律规范主要是《人类遗传资源管理条例》和科技部《基因工程安全管理办法》，卫健委《人类辅助生殖技术管理办法》，以及卫健委《人类辅助生殖技术规范》《人的体细胞治疗及基因治疗临床研究质控要点》，人体胚胎方面尚无相应的法律规范。本条具有公法性质，给人体基因、人体胚胎医学和科研活动划定的界限是：有规定时，遵守规定；无规定时，要符合“三不”标准——“不得危害人体健康，不得违背伦理道德，不得损害公共利益”。

（一）身体权保护

基因不仅可以通过复制把遗传信息传递给下一代，还可以使遗传信息得到表达。基因信息具有一定的识别当事人身份的功能；基因信息能够预测当事人未来的生理状况；基因信息与当事人社会生活关系重大，可能发生就业、保险、银行贷款、教育基因歧视等。① 基因研究所涉及的基因概念极为广泛，主要有基因组基因、互补基因、表达序列片段（EST）、单核苷酸多态性（SNP）和电子克隆等基本概念。②

维护身体的完整性必然要求对基因取得和利用的合法性。传统上，身体权

---

① 罗胜华：《基因隐私权研究》，载易继明主编：《私法》第2辑第2卷，北京大学出版社2003年版，第103页。

② 目前关于基因的知识产权问题主要集中在专利权中，基因（指人体基因）专利主要是基因序列专利、基因方法专利、基因产品专利和基因产品的用途专利这四大类。参见秦义龙：《基因专利浅谈》，载《当代法学研究》2002年第2、3期。

的完整性功能往往因为人体四肢受到损害而被破坏，保护身体的完整性主要是指保护人体四肢不受非法损害。随着科技的发展，生物科学、生物医学和基因研究以及基因改造使人的身体遭受损害的可能性大增。过去，我国民法对此类问题基本上无规定，其他法律对此亦无规定。① 2019 年，《人类遗传资源管理条例》出台，根据该规定，人类遗传资源包括人类遗传资源材料和人类遗传资源信息。人类遗传资源材料是指含有人体基因组、基因等遗传物质的器官、组织、细胞等遗传材料。人类遗传资源信息是指利用人类遗传资源材料产生的数据等信息资料。立法者认为，人类遗传资源首先是一个资源属性，资源要保护好，更要合理利用。我们必须坚定地划出保护公共利益、尊重隐私、尊重伦理、禁止买卖、禁止非法外流的红线以适应发展新趋势、回应新诉求。在发展和监管之间找到一个平衡点。②

自然人对自己的身体有维护完整的权利，有对自己身体各部分进行处分、支配的权利，应当遵循告知后同意的原则，只有经当事人同意后，方可依法对其基因进行采集、保藏、利用，对外提供。③ 首先，没有经过样品来源者或其代理人同意，任何人不得为了基因分析的目的而收集他人的 DNA 样品；其次，在获取样品来源者或其代理人的同意之前，收集人必须全面履行告知义务，告知采样分析的目的、采集的方法手段、采样分析的结果、对采样分析获得的基因信息的用途、当事人享有的权利等。当然，在一定条件下可以不经当事人同意而强制收集基因。例如，为了辨别尸体身份、为了指认罪犯需要对比 DNA 样本等。但是，强制收集基因的事项应由法律明确规定，在采集的过程中也应当采取保护身体权的必要措施，如，应当尽可能地履行告知义务等。④

（二）“三不”标准

为什么规定“三不”标准？主要是人体基因、人体胚胎技术的高度不确定

---

① 张民安：《过错侵权责任制度研究》，中国政法大学出版社 2002 年版，第 441 页。

② 《管好用好人类生命说明书——科技部、司法部有关负责人解读〈人类遗传资源管理条例〉》，http：//www. gov. cn/zhengce/2019 －06/13/content_ 5399764. htm，最后访问时间：2019 年 7 月 1 日。

③ 罗胜华：《基因隐私权研究》，载易继明主编：《私法》第 2 辑第 2 卷，北京大学出版社 2003 年版，第 115 页。

④ 罗胜华：《基因隐私权研究》，载易继明主编：《私法》第 2 辑第 2 卷，北京大学出版社 2003 年版，第 118 －119 页。

性，容易对人类整体带来风险。基因还有代际共有的特点，公开基因可能会导致基因歧视，损害社会公共利益，引发社会问题。

1998 年联合国大会第 85 次全体会议决议通过的《世界人类基因组与人权宣言》有关决议提出，意识到生命科学的迅速发展以及其中某些应用对人类的尊严和个人的权利和自由所产生的伦理问题，谋求在尊重基本人权和人人获益的情况下促进生物学和遗传学的科技进步，确信必须在国家和国际计划中发展生命伦理学。

“三不”标准符合《世界人类基因组与人权宣言》的相关规定。该宣言规定，影响一个人基因组的研究、治疗或诊断只应在对此后的潜在风险和好处进行严格的事先评估之后并依据国家法律的任何其他要求来进行。所有病例均应得到有关人员事先、自由的知情同意。如有关人员不处于同意的地位，则应在有关人员的最高利益下按法律规定的方式获得同意或授权。在进行研究的情况下，研究方案应另外提交按有关的国家和国际研究标准或准则进行事先评审。涉及人类基因的研究或其应用，尤其在生物学、遗传学与医学领域，不应该超越对个人或在适用时对有关群体的人权、基本自由与人的尊严的尊重。2005 年，联合国教科文组织通过的《世界生物伦理与人权宣言》，强调科技发展应当以承认人的尊严和普遍尊重及遵守人权和基本自由为前提，认识到违背伦理的科学技术行为对原住民和地方社区产生了特殊的影响，认为在医学和生命科学研究方面的伦理标准上，应一视同仁地对待所有人。

理论上认为，基因工程可以把基因切开、粘上，从一个生物转移到另一个生物，从一种动物转移到另一种动物，从动物转移到植物，把新切下的基因植入任何生命细胞中。基因工程也可能使新创造的耐药病原体逸出实验室，在全世界流行；使不用肥料就能生长良好的粮食作物，占领地球，破坏生态平衡；给军国主义和恐怖主义提供新的杀人手段。因此，1974 年，美国科学院特设委员会建议暂停重组 DNA 研究，直到国际社会制订出适宜的安全措施为止。① 安德森认为，生殖系基因治疗用于人以前，至少应该满足三个条件：应该取得体细胞基因治疗的大量经验，保证体细胞治疗的有效性和安全性；应该有充分的动物研究表明生殖系治疗的可重复性、可靠性和安全性；应该有公众对这种治

① 邱仁宗：《生命伦理学》，上海人民出版社 1987 年版，第 134 – 135 页。

疗方法表示的知情同意。① 目前，胚胎干细胞的基因编辑技术尚未完全成熟，有可能影响人类基因组的安全，对未来人类健康以及基本伦理道德造成很大冲击。

不少国家也有这方面的立法。《法国民法典》第16—4条规定："任何人均不得侵害人种之完整性。旨在组织对人进行选择的任何优生学实践活动，均予禁止。除为预防与治疗遗传性疾病之目的进行研究外，旨在改变人的后代，对人的遗传特征进行的任何改造，均予禁止。"第16—10条规定："对人之特征进行遗传学研究，仅限于医疗与科学研究之目的。在实施此种研究之前，应当征得当事人的同意。"《意大利民法典》第五条规定："在可能对身体的完整性造成永久性破坏，或者在与法律、公共秩序、善良风俗相抵触的情况下，禁止提供自己身体的器官或肢体。"《埃塞俄比亚民法典》第十八条规定："自然人对其身体的全部或某一部分所为的处分行为，如果在其生前执行该行为将对其人身的完整性造成严重损害，则该处分行为在民法上无效。"英国人类基因委员会2002年5月21日建议政府制定相关法律，将未经许可拿取他人DNA资料的行为确定为犯罪。委员会建议，只有在用于合法授权的医疗或调查目的时，有关方面才可以秘密调取某人的基因资料；而那些用作其他目的、使用诈骗手段取得他人基因资料的行为就是犯罪。②

（三）《人类遗传资源管理条例》的有关规定③

1. 在加强我国人类遗传资源保护方面采取的措施。

一是国家加大对我国人类遗传资源的保护力度，开展人类遗传资源调查，对重要遗传家系和特定地区人类遗传资源实行申报登记制度。二是外国组织、个人及其设立或者实际控制的机构需要利用我国人类遗传资源开展科学研究活动的，采取与我国科研机构、高等学校、医疗机构、企业合作的方式进行。三是将人类遗传资源信息对外提供或者开放使用，实行备案并提交信息备份；可能影响我国公众健康、国家安全和社会公共利益的，应当通过国务院科学技术

---

① 邱仁宗：《生命伦理学》，上海人民出版社1987年版，第132页。

② 《加强基因隐私权保护英国一委员会建议立法》，http：//www.southcn.com/news/international/gjkd/200205221641.htm，最后访问时间：2010年1月2日。

③ 《促进我国人类遗传资源的有效保护和合理利用》，http：//www.gov.cn/xinwen/2019－06/11/content_5399019.htm，最后访问时间：2019年7月1日。

行政部门组织的安全审查。

2. 在规范采集、保藏、利用、对外提供人类遗传资源等活动方面的规定。

一是采集、保藏、利用、对外提供我国人类遗传资源不得危害我国公众健康、国家安全和社会公共利益，要符合伦理原则，保护资源提供者的合法权益，遵守相应的技术规范。禁止买卖人类遗传资源，为科学研究依法提供或者使用人类遗传资源并支付或者收取合理成本费用，不视为买卖。二是开展生物技术研究开发活动或者开展临床试验的，应当遵守有关生物技术研究、临床应用管理法律、行政法规和国家有关规定。三是保留暂行办法中对采集、保藏我国人类遗传资源、利用我国人类遗传资源开展国际合作科学研究和人类遗传资源材料出境的审批，并明确审批条件、完善审批程序。

（四）下一步立法

2019 年 10 月，生物安全法草案首次提请十三届全国人大常委会第十四次会议审议，草案在保障我国生物资源和人类遗传资源的安全方面作了规定。为进一步加强对生命科学研究、医疗活动的规范和管理，国务院还将加快生物技术研究开发安全管理和生物医学新技术临床应用管理方面的立法工作，与人类遗传资源管理条例共同构成全过程的监管链条。生物技术研究开发安全管理方面的立法，重在规范相关科研行为，防止生物技术研究开发活动中少数组织和个人实施严重悖逆社会伦理的行为或者生物恐怖主义，避免出现直接或者间接生物安全危害的问题；生物医学新技术临床应用管理方面的立法，重在规范相关诊疗行为，通过加强生物医学新技术的临床应用管理，规范医疗机构生物医学新技术应用行为，保证医学技术临床应用的安全，维护人民群众的健康权益，目前有关部门正在按照立法程序积极推动相关工作。①

二、国家规定、国家有关规定

总结来看，国家有关规定或者国家规定包括以下几种含义：

一是指党内法规。2018 年《深化党和国家机构改革方案》实施后，将国家公务员局并入中央组织部，中央组织部统一管理公务员工作，中央组织部对外

---

① 《管好用好人类“生命说明书”——科技部、司法部有关负责人解读〈人类遗传资源管理条例〉》，http：//www. gov. cn/zhengce/2019 －06/13/content_ 5399764. htm，最后访问时间：2019 年 7 月 1 日。

保留国家公务员局牌子，不再保留单设的国家公务员局。中央宣传部统一管理电影工作，将国家新闻出版广电总局的电影管理职责划入中央宣传部，中央宣传部对外加挂国家电影局牌子。类似的还有民族宗教事务、侨务、网信等。

二是指法律和全国人大的决定。《外商投资法》第二十九条规定："外商投资需要办理投资项目核准、备案的，按照国家有关规定执行。"这里的核准、备案依据可以是外商投资法及其实施条例，也可以是国务院的决定。《野生动物保护法》第五十二条规定："违反本法第三十五条规定，进出口野生动物或者其制品的，由海关、公安机关、海洋执法部门依照法律、行政法规和国家有关规定处罚；构成犯罪的，依法追究刑事责任。"这里的国家有关规定可以指《全国人民代表大会常务委员会关于全面禁止非法野生动物交易、革除滥食野生动物陋习、切实保障人民群众生命健康安全的决定》。

三是指司法解释。《最高人民法院关于准确理解和适用刑法中"国家规定"的有关问题的通知》规定：根据刑法第九十六条的规定，刑法中的"国家规定"是指，全国人民代表大会及其常务委员会制定的法律和决定。《全国人民代表大会常务委员会关于加强法律解释工作的决议》规定："凡属于法院审判工作中具体应用法律、法令的问题，由最高人民法院进行解释。凡属于检察院检察工作中具体应用法律、法令的问题，由最高人民检察院进行解释。最高人民法院和最高人民检察院的解释如果有原则性的分歧，报请全国人民代表大会常务委员会解释或决定。"

四是国务院制定的行政法规、规定的行政措施、发布的决定和命令。《最高人民法院关于准确理解和适用刑法中"国家规定"的有关问题的通知》规定：根据刑法第九十六条的规定，刑法中的"国家规定"包括国务院制定的行政法规、规定的行政措施、发布的决定和命令，其中，"国务院规定的行政措施"应当由国务院决定，通常以行政法规或者国务院制发文件的形式加以规定。以国务院办公厅名义制发的文件，符合以下条件的，亦应视为刑法中的"国家规定"：(1) 有明确的法律依据或者同相关行政法规不相抵触；(2) 经国务院常务会议讨论通过或者经国务院批准；(3) 在国务院公报上公开发布。按照《国务院办公厅关于对少数地方和单位违反国家规定集资问题的通报》的规定，《国务院办公厅转发财政部、国家计委、中国人民银行关于一九九三年国债发行工作请示的通知》、《国务院关于坚决制止乱集资和加强债券发行管理的通知》

为国家规定。

五是指国家标准。《海洋环境保护法》第五十一条第一款规定："海洋石油钻井船、钻井平台和采油平台的含油污水和油性混合物，必须经过处理达标后排放；残油、废油必须予以回收，不得排放入海。经回收处理后排放的，其含油量不得超过国家规定的标准。"这里的标准可以是国家标准。

部门规章是否为国家规定有不同的处理。《最高人民法院关于准确理解和适用刑法中"国家规定"的有关问题的通知》规定：对于违反地方性法规、部门规章的行为，不得认定为"违反国家规定"。《检察机关办理侵犯公民个人信息案件指引》进一步区分了"国家规定""国家有关规定"，《刑法修正案（九）》将原第二百五十三条之一的"违反国家规定"修改为"违反国家有关规定"，后者的范围明显更广，还包括部门规章，这些规定散见于金融、电信、交通、教育、医疗、统计、邮政等领域的法律、行政法规或部门规章中。《公共图书馆法》第十九条第二款规定："公共图书馆应当根据其功能、馆藏规模、馆舍面积、服务范围及服务人口等因素配备相应的工作人员。公共图书馆工作人员应当具备相应的专业知识与技能，其中专业技术人员可以按照国家有关规定评定专业技术职称。"关于职称评定，人力资源社会保障部、中国社会科学院《关于深化哲学社会科学研究人员职称制度改革的指导意见》在实际上发挥着具体规定的作用，应认定为国家有关规定。具体到辅助生殖领域，除了《人类辅助生殖技术管理办法》一部规章外，没有法律、行政法规，是否视为国家规定，尚值得讨论。

法条关联

◆ **《人类遗传资源管理条例》**

第二条 本条例所称人类遗传资源包括人类遗传资源材料和人类遗传资源信息。

人类遗传资源材料是指含有人体基因组、基因等遗传物质的器官、组织、细胞等遗传材料。

人类遗传资源信息是指利用人类遗传资源材料产生的数据等信息资料。

第七条 外国组织、个人及其设立或者实际控制的机构不得在我国境内采集、保藏我国人类遗传资源，不得向境外提供我国人类遗传资源。

第八条 采集、保藏、利用、对外提供我国人类遗传资源，不得危害我国公众健康、国家安全和社会公共利益。

第九条 采集、保藏、利用、对外提供我国人类遗传资源，应当符合伦理原则，并按照国家有关规定进行伦理审查。

采集、保藏、利用、对外提供我国人类遗传资源，应当尊重人类遗传资源提供者的隐私权，取得其事先知情同意，并保护其合法权益。

采集、保藏、利用、对外提供我国人类遗传资源，应当遵守国务院科学技术行政部门制定的技术规范。

第十条 禁止买卖人类遗传资源。

为科学研究依法提供或者使用人类遗传资源并支付或者收取合理成本费用，不视为买卖。

◆《基因工程安全管理办法》

第二条 本办法所称基因工程，包括利用载体系统的重组体DNA技术，以及利用物理或者化学方法把异源DNA直接导入有机体的技术。但不包括下列遗传操作：

（一）细胞融合技术，原生质体融合技术；

（二）传统杂交繁殖技术；

（三）诱变技术，体外受精技术，细胞培养或者胚胎培养技术。

第三条 本办法适用于在中华人民共和国境内进行的一切基因工程工作，包括实验研究、中间试验、工业化生产以及遗传工程体释放和遗传工程产品使用等。

从国外进口遗传工程体，在中国境内进行基因工程工作的，应当遵守本办法。

第三十条 本办法所用术语的含义是：

（一）DNA，系脱氧核糖核酸的英文名词缩写，是贮存生物遗传信息的遗传物质。

（二）基因，系控制生物性状的遗传物质的功能和结构单位，是具有遗传信息的DNA片段。

（三）目的基因，系指以修饰宿主细胞遗传组成并表达其遗传效应为目的的异源DNA片段。

（四）载体，系指具有运载异源DNA进入宿主细胞和自我复制能力的DNA

分子。

（五）宿主细胞，系指被导入重组 DNA 分子的细胞，宿主细胞又称受体细胞。

（六）重组 DNA 分子，系指由异源 DNA 与载体 DNA 组成的杂种 DNA 分子。

（七）有机体，系指能够繁殖或者能够传递遗传物质的活细胞或者生物体。

（八）重组体，系指因自然因素或者用人工方法导入异源 DNA 改造其遗传组成的有机体。

（九）变异体，系指因自然或者人工因素导致其遗传物质变化的有机体。

（十）重组体 DNA 技术，系指利用载体系统人工修饰有机体遗传组成的技术，即在体外通过酶的作用将导源 DNA 与载体 DNA 重组，并将该重组 DNA 分子导入宿主细胞内，以扩增异源 DNA 并实现其功能表达的技术。

（十一）遗传工程体，系指利用基因工程的遗传操作获得的有机体，包括遗传工程动物、遗传工程植物和遗传工程微生物。

下列变异体和重组体不属于本办法所称遗传工程体：用细胞融合或者原生质体融合技术获得的生物；传统杂交繁殖技术获得的动物和植物；物理化学因素诱变技术改变其遗传组成的生物；以及染色体结构畸变和数目畸变的生物。

（十二）遗传工程产品，系指含有遗传工程体、遗传工程体成份或者遗传工程体目的的基因表达产物的产品。

（十三）基因工程实验研究，系指在控制系统内进行的实验室规模的基因工程研究工作。

（十四）基因工程中间试验，系指把基因工程实验研究成果和遗传工程体应用于工业化生产（生产定型和鉴定）之前，旨在验证、补充相关数据，确定、完善技术规范（产品标准和工艺规程）或者解决扩大生产关键技术，在控制系统内进行的试验或者试生产。

（十五）基因工程工业化生产，系指利用遗传工程体，在控制系统内进行医药、农药、兽药、饲料、肥料、食品、添加剂、化工原料等商业化规模生产，亦包括利用遗传工程进行冶金、采油和处理废物的工艺过程。

（十六）遗传工程体释放，系指遗传工程体在开放系统内进行研究、生产和应用，包括将遗传工程体施用于田间、牧场、森林、矿床和水域等自然生态系统中。

（十七）遗传工程产品使用，系指遗传工程产品投放市场销售或者供人们应用。

（十八）控制系统，系指通过物理控制和生物控制建立的操作体系。

物理控制，系指利用设备的严密封闭、设施的特殊设计和安全操作，使有潜在危险的DNA供体、载体和宿主细胞或者遗传工程体向环境扩散减少到最低限度。

生物控制，系指利用遗传修饰，使有潜在危险的载体和宿主细胞在控制系统外的存活、繁殖和转移能力降低到最低限度。

不具备上述控制条件的操作体系，称为开放系统。

案例评议

基因编辑婴儿案①

◆ **评议**

《人类遗传资源管理条例》第八条规定："采集、保藏、利用、对外提供我国人类遗传资源，不得危害我国公众健康、国家安全和社会公共利益。"第九条规定："采集、保藏、利用、对外提供我国人类遗传资源，应当符合伦理原则，并按照国家有关规定进行伦理审查。"但是本法2019年7月1日才生效，由于本案的原因，本法相关规定还作了补充调整。

"基因编辑婴儿"事发后，国内外舆论哗然，广东省委、省政府迅速成立调查组开展调查，并于2019年1月公布调查结果。同时根据有关规定，广东省对涉事单位和人员进行了严肃处理和问责。卫生健康行政部门已将相关涉案人员列入人类生殖技术违法违规人员"黑名单"，终身禁止其从事人类辅助生殖技术服务工作。科技主管部门已对涉案人员作出终身禁止其申请我国人类遗传资源行政审批、终身禁止其申请财政资金支持的各级各类科研项目等行政处理。

① 《基因编辑婴儿案一审宣判贺某奎等三被告人被追究刑事责任》，https：//baijiahao.baidu.com/s? id = 1654333219580716977&wfr = spider&for = pc，人民网，最后访问时间：2019年12月30日。

科技主管部门、卫生健康行政部门分别责成涉事单位完善科研和医疗管理制度，加强对相关从业人员的监督管理等。

本案虽然有刑事判决和行政处罚，但是，由于基因编辑结果的不确定性，3名基因编辑婴儿将来仍然可能基于错误出生请求损害赔偿。

立法技术

法乃国之重器。《立法法》规定了一系列程序，以确保法律能够科学、民主、合法。立一部法，一般都要一年以上，像民法典这样的基本法律时间更长，从1954年算起，中国民法典起草足足有60多年，在各国民法典制定史上也算时间长的。但是，也有不少法律、行政法规立法的时间很短，有的还不到一个月，本书称之为应急立法，应急立法都为了解决哪些问题？

一是补充立法漏洞。当原有立法不足以满足突发事件处理时，就必须通过立法来立规矩，明秩序。比如，新冠疫情爆发后，我国在1个多月的时间就公布实施《全国人民代表大会常务委员会关于全面禁止非法野生动物交易、革除滥食野生动物陋习、切实保障人民群众生命健康安全的决定》。2020年1月16日，日本厚生劳动省向新闻媒体通报了日本首例新冠肺炎患者确诊的消息，1月28日，日本政府公布“将新冠肺炎列为指定感染症的政令（2020年政令第十一号）”以及“部分修订检疫法实施令的政令（2020年政令第十二条）”，日本厚生劳动省也在当天公布了与这两部行政法规相对应的两部部门规章的修订版。两部行政法规和修订后的两部部门规章在2020年2月1日开始实施。①

二是重建管理秩序。例如，三鹿牌婴幼儿奶粉事件给婴幼儿的生命健康造成很大危害，给我国乳制品行业带来了严重影响，2008年9月13日，中国国务院启动国家安全事故I级响应机制（“I级”为最高级：指特别重大食品安全事故）处置三鹿奶粉污染事件。2008年10月9日，国务院公布实施《乳品质量安全监督管理条例》。该条例从奶畜养殖、生鲜乳收购、乳制品生产、乳制品销售、监督检查等环节重新对既有管理体制进行了调整。

三是处置专项事务。如，2008年5月12日，四川汶川发生特大地震后，国

---

① 王彬：《日本的传染病防治体系：从新冠肺炎的对策谈起》，“规制与公法”微信公众号，2020年3月10日刊载。

务院公布《汶川地震灾后恢复重建条例》，并于2008年6月8日起施行。由于汶川地震是新中国成立以来破坏性最强、波及范围最广、救灾难度最大的一次地震，灾后恢复重建时间紧、任务重，涉及面广，行业众多，很多事情需要统筹协调，科学安排，要保证这次地震灾后恢复重建顺利进行，做到质量与效率、眼前与长远的协调统一，实现科学恢复重建，亟须有一部专门的行政法规对地震灾后恢复重建进行规范。为此，国务院制定了该条例。[①]

总之，应急立法或者是因为法不够用了，或者需要专门强调专项工作。法是用来解决问题的。习近平总书记强调，疫情防控越是到最吃紧时，越要坚持依法防控，在法治轨道上统筹推进各项防控工作，保障疫情防控工作顺利开展。应急状态下，只要有需要，就有应急立法。应急立法的规律，还需要不断梳理总结。

第一千零一十条　【性骚扰】

违背他人意愿，以言语、文字、图像、肢体行为等方式对他人实施性骚扰的，受害人有权依法请求行为人承担民事责任。

机关、企业、学校等单位应当采取合理的预防、受理投诉、调查处置等措施，防止和制止利用职权、从属关系等实施性骚扰。

本条来源

《妇女权益保障法》第四十条、第五十八条。

立法演变

一审稿第七百九十条："违背他人意愿，以言语、行动或者利用从属关系等方式对他人实施性骚扰的，受害人可以依法请求行为人承担民事责任。用人单位应当在工作场所采取合理的预防、投诉、处置等措施，预防和制止性骚扰行为。"二审稿在"投诉"后增加了"调查"，将"预防"改为"防止"，"可以"

① 《国务院法制办就汶川地震灾后重建条例答记者问》，http：//www. china. com. cn/news/txt/2008－06/10/content_ 15735115. htm，最后访问时间：2018年1月1日。

改为“有权”，把“利用从属关系”从第一款移到第二款。三审稿删除了第二款中的“工作场所”，在“投诉”后增加“受理”，将“利用从属关系等”修改为“利用职权、从属关系等”。在三审时，有意见提出，建议明确“用人单位”包含哪些主体，以使这一规定在防止职场和校园性骚扰方面更有针对性。据此，将“用人单位”修改为“机关、企业、学校等单位”。四审稿按此作了修改。终审稿增加了“文字、图像、肢体”等行为方式。

条文释义

性骚扰是个法律问题，但性是个社会问题。福柯曾有名著《性经验史》。霭理士对性道德也有经典阐述，潘光旦先生认为，霭理士的《性道德论》有五根柱石，即婚姻自由、女子经济独立、不生育的性结合与社会无干、女子性责任自负自决、性道德的最后对象是子女。中国人应付性生活的原则，始终是一个“节”字，所谓节也就是分寸与节制的原则。[①] 如果能“发乎情，止乎礼”，则不存在性骚扰问题，当超越道德的管束后，则法律就发挥作用了。在学理上，性骚扰的法律基础是性自主权，民法典将性自主权规定在本章为立法技术调整。

一、性骚扰

本条是对性利益的保护，考虑到性是以身体为媒介的[②]、第一千零一十一条是对行动自由的保护，而行动自由是身体权的保护内容，从体系上宜将本条解释为身体权的特殊条款。

但在理论上，性自主权是一个独立的权利类型。性自主权最初立法上表现为贞操权。现代法上贞操权是以1900年《德国民法典》的颁布实施为标志的，《德国民法典》第八百二十五条规定：“以欺诈、威胁或者滥用从属关系，诱使妇女允诺婚姻以外的同居的人，对该妇女因此而产生的损害负有赔偿义务。”第八百四十七条第二款规定：“对妇女犯有违反不道德的罪行或不法行为，或以诈

① 潘光旦译序，[英] 霭理士：《性与社会》，潘光旦、胡寿文译，商务印书馆2016年版，第4－9页。

② 福柯认为，性属于身体的规训，也属于人口的调节。在身体和人口的连接点，性变成了以管理生命为中心的权力的中心目标。[法] 米歇尔·福柯：《性经验史》，佘碧平译，上海世纪出版集团2005年版，第94－95页。

欺、威胁或滥用从属关系，诱使妇女允诺婚姻以外的同居者，该妇女享有与前项相同的请求权。”[①] 张新宝通过对德国司法实践的探讨，提出德国法院50多年来没有适用侵害贞操权的规定判决过任何案件。[②] 2002年，德国《关于修改损害赔偿法上的规定的第二次法律》关于修改第二百五十三条的决议，增加了第二款“因侵害身体、健康、自由或者性的自我决定而须赔偿损害的，也可以因财产损害以外的损害而请求公平的金钱赔偿”。[③] 1994年，德国还制定《第二平等权利法》，规定关于工作中隐蔽和公开的性骚扰的处理。欧洲私法学界将性骚扰界定为，与人的性别相关的非自愿的行为……其目的或者结果是侵犯了人格尊严，和营造了一个有威胁的、敌意的、有辱人格的或者令人反感的环境。[④]

《民法通则》《民法总则》等都没有规定性自主权或者贞操权。《妇女权益保障法》第四十条第一款明确规定“禁止对妇女实施性骚扰”。但实际上，男性也是性自主权的主体。《治安管理处罚法》也明确规定猥亵他人的，要予以处罚。另外，《刑法》中规定的强奸罪、猥亵侮辱妇女罪等也是对性利益的保护。

本条扩张了《妇女权益保护法》的有关规定，保护主体不限于女性，男女都是本条保护的对象。侵害的前提是违背他人意愿，双方自愿的性行为不构成侵权。侵害的形式主要是言语、文字、图像、肢体、电子信息等行为，如强奸、欺诈诱使同居或发生性行为、强迫他人卖淫、猥亵、提出不受欢迎的性要求或者性提议等。为了更好地保护被骚扰人的利益，不需要被骚扰人以言词反对，侵害人如果发送含有性信息的短消息、图片等，即使被骚扰人没有明确反对，也可以认定构成性骚扰。

何为性骚扰，不同国家和地区有不同理解。性骚扰在20世纪70年代的美国逐渐被关注，美国多数州均有关于禁止性骚扰的规定，但各州法律的规定分歧较大。最常见的性骚扰法律是规制工作场所性骚扰方面的，第二常见的是出租关系下房东性骚扰方面的法律。1991年，欧共体制定了一部不具有约束力的

---

① 杨立新、孙博：《国外人格权的历史发展》，载《河北法学》1995年第4期。

② 张新宝：《侵权法立法模式：全面的一般条款+全面列举》，载《法学家》2003年第4期。

③ 《德国民法典》，陈卫佐译注，法律出版社2004年版，第76页。

④ 欧洲民法典研究组欧洲现行司法研究组编：《欧洲私法的原则、定义与示范规则：欧洲示范民法典草案（第五六七卷）》，王文胜等译，法律出版社2014年版，第320页。

反性骚扰措施施行法，其规定性骚扰系指违背意欲之性本质行为，或其他基于性之行为而影响男女工作时之尊严者而言，包含不受欢迎的肢体、言词或非言词行为。[①] 1994 年，美国制定了《工作场所性骚扰受雇人保护法》。

我国台湾地区“性骚扰防治法”规定，性骚扰系指性侵害犯罪以外，对他人实施违反其意愿而与性或性别有关之行为，且有下列情形之一者：（一）以该他人顺服或拒绝该行为，作为其获得、丧失或减损与工作、教育、训练、服务、计画、活动有关权益之条件。（二）以展示或播送文字、图画、声音、影像或其他物品之方式，或以歧视、侮辱之言行，或以他法，而有损害他人人格尊严，或造成使人心生畏怖、感受敌意或冒犯之情境，或不当影响其工作、教育、训练、服务、计画、活动或正常生活之进行。上述规定对于性骚扰方面的侵权行为列举比较全面，可供参考，但是，其扩大到与性别歧视有关的行为，从我国民法典规定来看，性别平等宜适用第九百九十条的规定。此外，我国台湾地区对性利益的保护综合运用民事、行政、刑事三种手段，相关立法还有《性骚扰事件调解办法》《性骚扰防治准则》《性骚扰防治法施行细则》《校园性侵害性骚扰或性霸凌防治准则》《工作场所性骚扰防治措施申诉及惩戒办法订定准则》《儿童及少年性交易防制条例》等。

二、单位的作为义务

本款规定的是安全保障义务的子类型，即单位对劳动者或者学生等性利益的安全保障义务，违反该规定的，应适用本法第一千一百九十八条的规定处理。理论来源是职场保护主义。具体适用方面需要把握以下几点。

一是机关、企业、学校等单位对劳动者或者学生等性利益具有安全保障义务。起草过程中，单位的列举不断扩大，但在适用中不受上述列举限制。监所、军队、福利院等都构成本条意义上的单位。联合国《消除对妇女暴力行为宣言》第二条第一款将“在工作场所、教育机构和其他场所的性骚扰”列入对妇女的暴力行为。[②]

二是预防措施。包括制定相关防范规则、安装监控设备等，以提供公平、

---

① 高凤仙：《性暴力防治法规——性侵害、性骚扰及性交易相关问题》，新学林出版社 2005 年版，第 61－96 页。

② 王利明主编：《中国民法典学者建议稿及立法理由·人格权编·婚姻家庭编·继承编》，法律出版社 2005 年版，第 182 页。

健康的工作、学习环境。如中国农业银行制定了《中国农业银行女员工权益保障（暂行）办法》，第二十五条规定：“禁止对女员工进行性骚扰。各级行均有义务防止工作场所的性骚扰，制定适当的调查性骚扰指控的制度，建立反对性别歧视的良好工作环境。”

三是补救措施。包括受理投诉、制止违法行为、调查处置、报警、保护隐私、积极处理赔偿等。

四是单位承担补充责任。实施性骚扰的侵害人利用职权、从属关系等侵害他人性利益，造成他人损害的，由其承担侵权责任，发生侵害人逃跑、死亡等情形的，单位承担补充责任，在承担赔偿责任后，单位可以向侵害人追偿。如果侵害人没有利用职权、从属关系等与单位有关联的关系，则单位可以免除补充责任，只由侵害人独自承担责任。

五是对未成年人的性利益侵害诉讼时效计算时间从十八周岁起开始。《民法总则》第一百九十一条规定：“未成年人遭受性侵害的损害赔偿请求权的诉讼时效期间，自受害人年满十八周岁之日起计算。”该条文在本法总则编中继续沿用。该条规定参考了德国立法例，德国规定受害人满二十一周岁之前，时效不开始计算。从客观情况来看，德国规定较为合理，我国十八周岁的成年人绝大多数并不具备独立的经济能力，心智等尚未能完全适应社会，当然也难以独立地面对性侵害史。从实践来看，对未成年人性骚扰的问题较为突出。2018 年 10 月，最高人民检察院一号检察建议书在认真分析办理的性侵幼儿园儿童、中小学生犯罪案件后，针对校园安全管理规定执行不严格、教职员工队伍管理不到位，以及儿童和学生法治教育、预防性侵害教育缺位等问题，建议教育部进一步健全完善预防性侵害的制度机制；加强对校园预防性侵害相关制度落实情况的监督检查；依法严肃处理有关违法违纪人员等。①

法条关联

◆《妇女权益保障法》

第四十条 禁止对妇女实施性骚扰。受害妇女有权向单位和有关机关投诉。

---

① 蒋安杰：《最高检史上首份检察建议书为何发给教育部》，https：//www. spp. gov. cn/spp/zdgz/201903/t20190313_ 411640. shtml，最后访问时间：2019 年 1 月 1 日。

第四十一条　禁止卖淫、嫖娼。

禁止组织、强迫、引诱、容留、介绍妇女卖淫或者对妇女进行猥亵活动。

禁止组织、强迫、引诱妇女进行淫秽表演活动。

第四十二条　妇女的名誉权、荣誉权、隐私权、肖像权等人格权受法律保护。

禁止用侮辱、诽谤等方式损害妇女的人格尊严。禁止通过大众传播媒介或者其他方式贬低损害妇女人格。未经本人同意，不得以营利为目的，通过广告、商标、展览橱窗、报纸、期刊、图书、音像制品、电子出版物、网络等形式使用妇女肖像。

第五十八条　违反本法规定，对妇女实施性骚扰或者家庭暴力，构成违反治安管理行为的，受害人可以提请公安机关对违法行为人依法给予行政处罚，也可以依法向人民法院提起民事诉讼。

◆**《治安管理处罚法》**

第四十二条　有下列行为之一的，处五日以下拘留或者五百元以下罚款；情节较重的，处五日以上十日以下拘留，可以并处五百元以下罚款：

（一）写恐吓信或者以其他方法威胁他人人身安全的；

（二）公然侮辱他人或者捏造事实诽谤他人的；

（三）捏造事实诬告陷害他人，企图使他人受到刑事追究或者受到治安管理处罚的；

（四）对证人及其近亲属进行威胁、侮辱、殴打或者打击报复的；

（五）多次发送淫秽、侮辱、恐吓或者其他信息，干扰他人正常生活的；

（六）偷窥、偷拍、窃听、散布他人隐私的。

第四十四条　猥亵他人的，或者在公共场所故意裸露身体，情节恶劣的，处五日以上十日以下拘留；猥亵智力残疾人、精神病人、不满十四周岁的人或者有其他严重情节的，处十日以上十五日以下拘留。

第六十六条　卖淫、嫖娼的，处十日以上十五日以下拘留，可以并处五千元以下罚款；情节较轻的，处五日以下拘留或者五百元以下罚款。

在公共场所拉客招嫖的，处五日以下拘留或者五百元以下罚款。

第六十七条　引诱、容留、介绍他人卖淫的，处十日以上十五日以下拘留，可以并处五千元以下罚款；情节较轻的，处五日以下拘留或者五百元以下罚款。

第六十九条　有下列行为之一的，处十日以上十五日以下拘留，并处五百元以上一千元以下罚款：

（一）组织播放淫秽音像的；

（二）组织或者进行淫秽表演的；

（三）参与聚众淫乱活动的。

明知他人从事前款活动，为其提供条件的，依照前款的规定处罚。

◆《未成年人保护法》

第四十一条 禁止拐卖、绑架、虐待未成年人，禁止对未成年人实施性侵害。

禁止胁迫、诱骗、利用未成年人乞讨或者组织未成年人进行有害其身心健康的表演等活动。

第五十六条 讯问、审判未成年犯罪嫌疑人、被告人，询问未成年证人、被害人，应当依照刑事诉讼法的规定通知其法定代理人或者其他人员到场。

公安机关、人民检察院、人民法院办理未成年人遭受性侵害的刑事案件，应当保护被害人的名誉。

◆《女职工劳动保护特别规定》

第十一条 在劳动场所，用人单位应当预防和制止对女职工的性骚扰。

案例评议

闫某诉齐某短信性骚扰纠纷案①

◆ **评议**

判断性骚扰是否构成侵权行为，从法条表述来看，只要实施了性骚扰行为即可，并不需要具有损害后果。从损害赔偿的范围来看，损害的大小影响了赔偿金额的多少，侵害人原则上应赔偿医疗费、护理费、交通费等为治疗和康复支出的合理费用，因误工减少的收入，以及精神抚慰金。造成残疾的，还应当赔偿残疾生活辅助具费和残疾赔偿金。造成死亡的，还应当赔偿丧葬费和死亡赔偿金。性骚扰案件往往涉及正当防卫，有的还同时是刑事案件，在加害人承担刑事责任的情况下，依据司法解释，许多受害人无法获得精神损害赔偿。

① 【法宝引证码】CLI. C. 238287。

深度研讨

一、性/贞操的伦理性[①]

人类历史上流传了无数风流艳事，烽火戏诸侯，埃及艳后与恺撒、安东尼等不一而足。诚如福柯所说，社会的众多特征之一就是热衷于谈性。[②] 尽管性不是一个完全受尊重的公共讨论话题，但性却是人类快乐和痛苦、人类制度，或者是民族兴衰的一个主要来源。[③] 如果一个国家的性问题解决不好，那么这个国家的统治可能就会因此而受到很大的影响。比如，因为性问题而导致国力衰弱最后亡国的楼兰古国和古代巴比伦。同性恋（包括娈童关系）、卖淫、色情物品、强奸（甚至强奸儿童）、诱奸、通奸、私通、非婚同居、重婚、再婚、[④] 娈童、一夜情等都是解决婚姻性问题的替代渠道。

在中国，贞操观念并非自然而然的产生，乃是随着时间的经过，社会风俗慢慢积累逐渐建立起来的。中国先秦时代，尚未有明确的贞操观念。秦代时，贞操对男女双方都有其规范效力。在汉代，以官方的形式加以褒扬和提倡。唐律则以保护社会中的性道德为目的。宋代对贞操的推崇达到前所未有的程度。明清则对变态的贞操推崇到极致。而这种贞操其实不是赋予主体以人格权，而是赋予男子以身份权。[⑤]

在近现代民法典中，1811 年《奥地利民法典》首先规定了侵害贞操的侵权责任，第一千三百八十二条规定，恶意引诱他人与其从事性交易或其他性行为的，应承担精神损害赔偿。[⑥]《德国民法典》第八百二十五条规定：“以欺诈、

① 尽管对于性自主权和贞操权这两个概念，学界有所争论。但是，这两个概念基本上都指代相同的人格权内涵。本文忽略二者的分歧，文中所说的贞操权即是性自主权，反之亦然，之所以如此在于专注考虑其伦理性和财产性。对于相关的学说流变，参见王竹：《我国性自主权理论的发展历程综述》，载《判解研究（第23 辑）》，人民法院出版社 2005 年版，第 166 – 190 页。王利明也认为，贞操权和性自主权没有本质上的区别。参见王利明：《人格权法研究》，中国人民大学出版社 2005 年版，第 647 页。此外，本文关于性/贞操的研究是基于研究全面性的需要而展开的，并不表明作者反对我国现行政策。

② ［法］米歇尔·福柯：《性史》，姬旭升译，青海人民出版社 1999 年版，第 66 页。

③ ［美］理查德·A. 波斯纳：《性与理性》，苏力译，中国政法大学出版社 2002 年版，第 13 页。

④ ［美］理查德·A. 波斯纳：《性与理性》，苏力译，中国政法大学出版社 2002 年版，第 49 页。

⑤ 钱明婉：《贞操权之法律观》，中兴大学法律学研究所 1998 年硕士学位论文，第 32 – 33 页。

⑥ 王利明：《人格权法研究》，中国人民大学出版社 2005 年版，第 655 页。

威胁或者滥用从属关系，诱使妇女允诺婚姻以外的同居的人，对该妇女因此而产生的损害负有赔偿义务。”第八百四十七条规定了对妇女贞操权的保护，第二款规定：“对妇女犯有违反不道德的罪行或不法行为，或以诈欺、威胁或滥用从属关系，诱使妇女允诺婚姻以外的同居者，该妇女享有与前项相同的请求权。”此外，《德国刑法典》也对侵害贞操权的问题作出了相应的规定。据张新宝考证，德国法院50多年来没有适用侵害贞操权的规定判决过任何案件。① 从世界范围来看，贞操权都是死去的或正在死去的权利。② 但是，2002年7月德国《关于修改损害赔偿法上的规定的第二次法律》关于修改第二百五十三条的决议，增加了第二款“因侵害身体、健康、自由或者性的自我决定而须赔偿损害的，也可以因财产损害以外的损害而请求公平的金钱赔偿”的规定。③ 该条其实是将第八百四十七条的规定移到了债法总则部分。我国民法典专家建议稿提出：“自然人享有贞操权。禁止使用暴力、胁迫、欺诈或者其他手段非法奸淫、猥亵他人。贞操权的行使不得违反公序良俗”④、“自然人不分男女，都享有维护自己的贞操的权利。”⑤

我国台湾地区“民法”原来并未规定贞操权，后来在修订“民法典”时，“民法典修订委员会”达成多数意见，在第一百九十五条明确规定贞操权为人格权的一种特别类型，同时，侵害贞操权应承担非财产损害赔偿责任。也有学者认为，贞操权为自然人之性自主决定权，此权利渊源于宪法人格尊严的保障，

---

① 张新宝：《侵权法立法模式：全面的一般条款+全面列举》，载《法学家》2003年第4期。

② 张新宝认为，贞操权都是死去的或正在死去的“权利”，这主要是男女两性实质平等的要求。如果规定妇女贞操权，必然逻辑是：（1）在男女共同构成的社会里，女性处于较低的地位；（2）既然女性有贞操权，也就有维护这一权利的责任；（3）受到性侵害的女性会被认为失去贞操甚至被歧视（人格减等）。基于这样的考虑，我们认为我国人格权法内部系统中不应当包括贞操权。将贞操权解释为性自主的权利，这样的思路也许是可取的，但是将其作为一种法定权利还需要更坚实的理论基础。参见张新宝：《人格权法的内部体系》，载《法学论坛》2003年第6期。可见，张新宝主张废弃贞操权的主要原因是将贞操权的主体限制在女性。但是，学界仍然有许多学者认为贞操权的主体包括女性也包括男性。参见史尚宽：《债法总论》，中国政法大学出版社2000年版，第149页。孙森焱：《民法债编总论（上册）》，法律出版社2006年版，第188－189页。杨立新：《人身权法论》，中国检察出版社1996年版，第588页。

③ 《德国民法典》，陈卫佐译注，法律出版社2004年版，第76页。

④ 王利明主编：《中国民法典学者建议稿及立法理由·人格权编·婚姻家庭编·继承编》，法律出版社2005年版，第143页。

⑤ 徐国栋主编：《绿色民法典草案》，社会科学文献出版社2004年版，第88页。

可归于广义的自由权，但因其重要性而成为独立保护的客体。①

关于贞操的内涵，学者一般认为其是性纯洁状态和性的自我决定。② 但是，关于贞操/性的内涵的阐述，《性权宣言》的列举最为全面。1999 年世界性学会会议通过的《性权宣言》认为性权利应包括十一类：(1) 性自由权；(2) 性自治权、性完整权与性身体安全权；(3) 性私权；(4) 性公平权；(5) 性快乐权；(6) 性表达权；(7) 性自由结合权；(8) 自由负责之生育选择权；(9) 以科学调查为基础之性资讯权；(10) 全面性教育权；(11) 性保健权。③ 这里性/贞操在司法上的基本内涵：自主决定、纯洁状态（性完整）、平等、享乐等等。从这些内涵来看，这些无疑都具有极为浓厚的精神属性。

二、性/贞操的财产性

对于性/贞操的财产化问题，从古至今走过了一个由肯定到否定的态度。娼妓现象存在的原因往往可以从经济的需要、生物学的先天的癖性、道德的考虑、所谓的文明的价值四个方面加以分析。④ 在中外历史上，都曾经存在允许性交易的长期历史，甚至至今在荷兰、德国、美国等地性交易还是合法的。

在未开化的民族偶尔能见到业余性质的娼妓，但通常都要到文明进入半开化而且充分发展到已经接近文明阶段时，才有真正的娼妓出现。⑤ 在古代中国，中国的官妓始于管仲设置“女闾”，管仲也因此被称为世界官妓之祖。中国的官办妓院曾经很发达，汉朝的营妓，唐朝的“官妓”，宋朝的“瓦舍”，元朝的“监护”，明朝的“乐坊”，等等。直到清朝康熙年间，才废除了官办妓院，改官办为私营。⑥

在西方，古罗马的男妓和妓女，都极其普遍（和情人一样），这就像古希腊一样，作为女演员和舞女，妇女会登台演出，并常常裸体登台，有时还会搞一些性的活动。在道德上，人们认为女演员同妓女差不多。⑦ 中世纪的娼妓制度和古希腊、古罗马不同之处就在于，古希腊、古罗马时代的卖淫业是男性自

---

① 钱明婉：《贞操权之法律观》，中兴大学法律学研究所 1998 年硕士学位论文，第 103 页。
② 马强：《试论贞操权》，www.civillaw.com.cn，最后访问时间：2007 年 7 月 3 日。
③ 赵合俊：《性权与人权——从〈性权宣言〉说起》，载《环球法律评论》2002 年春季号。
④ ［英］霭理士：《性与社会》，潘光旦、胡寿文译，商务印书馆 2016 年版，第 350 页。
⑤ ［英］霭理士：《性与社会》，潘光旦、胡寿文译，商务印书馆 2016 年版，第 317 页。
⑥ 鲍遂献、魏东：《卖淫嫖娼与刑法抗制》，载《公安大学学报》1999 年第 2 期。
⑦ ［美］理查德·A. 波斯纳：《性与理性》，苏力译，中国政法大学出版社 2002 年版，第 59 页。

由民寻求快乐的产物；而中世纪的统治者们却想利用卖淫业来控制社会。中世纪基督教会首先发明和运用了“妓女是社会的安全阀”的理论，并一直流传至今。[①] 18世纪和19世纪是欧洲“卖淫的黄金时代”，也是史料记载最多的时代，在那个时代高级妓女和街头妓女都十分盛行。[②] 1860年巴黎警方承认巴黎有妓女3万人，1868年巴黎有妓女12万人。1839年伦敦有妓女8万人。1830年，纽约有妓女2万人。1852年，旧金山只有2万5千人，而妓女有3千人。维也纳在当时曾经号称“性都”，40万人口中有2万妓女，平均7个男士拥有一名妓女。[③]

卖淫嫖娼行为经过漫长发展之后，到达资本主义社会达到了空前泛滥的程度。性自由、性解放与资本主义所倡导的“自由”“平等”“博爱”的观念有所契合，卖淫嫖娼的商业性得到一定的强化，妓女的活动空间和经营范围有所扩大，卖淫嫖娼的表现形式更加多样化。[④] 除了典型的性交易之外，还出现了脱衣舞等色情表演。德国2002年1月1日以保护妓女权益的名义立法，规范色情业管理，色情服务于是顺理成章获得合法地位。2005年，柏林一家职业介绍所推荐一名女性求职者到妓院去当女招待，该女士因拒绝赴职而丧失了从政府领取失业补贴的资格。[⑤]

客观来讲，相对于嫖娼而言，婚姻具有高成本的特点。由于有大量的年轻单身汉，这就造成了一种需求，用付酬的性服务来替代婚内的性行为，而由于有一定数量的未婚妇女，这就创造了一种供应。[⑥] 在人类历史上，凡是有较强性需求的时代和区域，一般都允许性交易的存在，这种统治策略的目的在于谋求社会的稳定。而性在很大程度上被认为是社会的一种统治方式。性需求的另外一个例子是日本帝国主义侵略者在“二战”期间在亚洲各国建立主要用于解决军人性需求的慰安妇制度。当然，处理单身汉的方法还有中世纪罗马天主教

---

① ［法］米歇尔·福柯：《性史》，姬旭升译，青海人民出版社1999年版，第66页。

② 《卖淫业的历程名妓香吻可抵家仆6个月工资》，http：//www. bolaa. com/BolaaStar/110453860826sn. html，最后访问时间：2007年7月3日。

③ 丁文华：《性法学》，陕西人民教育出版社1992年版，第30页。

④ 鲍遂献、魏东：《卖淫嫖娼与刑法抗制》，载《公安大学学报》1999年第2期。

⑤ 朱晶：《足球·啤酒·性——德国世界杯的另类性感》，载《Life生活》2006年第7期。

⑥ ［美］理查德·A. 波斯纳：《性与理性》，苏力译，中国政法大学出版社2002年版，第171－172页。

的修道苦行制度和拜占庭东正教以及此后穆斯林后继者的阉人制度。[①] 但是，这种方法是比允许性交易更为不人道的方法，已经不被现代社会的伦理道德所采纳。

有学者根据1929年日内瓦妇孺青年国际联盟的调查报告认为被调查的48个国家大致可以分为两个类型：第一，以法律形式完全“废止”卖淫，这类国家有德国、玻利维亚、美国、挪威、芬兰、古巴、英国、荷兰、波兰、多米尼加、瑞士、捷克等28个国家。第二，以法律形式采取“节制娼妓”的办法，这类国家有法国、意大利、比利时、澳大利亚、西班牙、希腊、南斯拉夫、日本、巴拿马、萨尔瓦多以及南美诸国等20个国家。[②] 当然，这个标准在现在已经失去了较强的参考价值，许多国家都作出了不同程度的调整。

综上所述，本书认为，能否基于性/贞操这类人格要素而产生财产性人格权具有不确定性，要受到不同国家的历史、宗教[③]、文化、公共政策等方面的影响[④]，而公序良俗原则往往是是否允许其财产化的一个基本标准。在我国，性交易是不被允许的，违反性管制的，要被追究行政和刑事责任。当然，在允许性交易的国家和地区，性工作者要到官方登记注册，并接受检查管理，违反管制的，也依然要承担公法责任。

第一千零一十一条　【行动自由】

以非法拘禁等方式剥夺、限制他人的行动自由，或者非法搜查他人身体的，受害人有权依法请求行为人承担民事责任。

---

① ［美］理查德·A. 波斯纳：《性与理性》，苏力译，中国政法大学出版社2002年版，第173页。

② 谈大正：《性文化与法》，上海人民出版社1998年版，第232页。转引自鲍遂献、魏东：《卖淫嫖娼与刑法抗制》（续），载《中国人民公安大学学报》1999年第2期。

③ 欧洲中世纪的性禁锢主要来自教会，认为性是一种罪恶、性欲是传播罪恶的渠道、人体是有罪的、同性恋是极可恶的等。参见丁文华：《性法学》，陕西人民教育出版社1992年版，第26页。

④ 《蜜蜂的寓言》的作者孟德费尔在《适度地保护公开的娼妓》中提出“鼓励公开娼妓不仅能防止这种伤风败俗的恶行的有害影响，甚至还可以总体上减少娼妓的数量，使能够容纳它的地区尽量缩小到最狭窄的程度”。参见［英］霭理士：《性与社会》，潘光旦、胡寿文译，商务印书馆2016年版，第344页。

本条来源

《民法总则》第一百零九条规定："自然人的人身自由、人格尊严受法律保护。"《妇女权益保障法》《精神卫生法》《消费者权益保护法》《国家赔偿法》《刑法》《精神损害赔偿司法解释》等有关条款参见现行法整理。

立法演变

一审稿第七百九十一条规定："自然人的人身自由不受侵犯。任何组织或者个人以非法拘禁等方式剥夺、限制他人的行动自由，或者非法搜查他人身体的，受害人可以依法请求行为人承担民事责任。"二审稿删除了"自然人的人身自由不受侵犯"，并将"可以"改为"有权"。三审稿删除了"任何组织或者个人"。此后无变化。

条文释义

本条是对人身自由利益的规定，从体系上其属于身体权的保护范围。人身自由权是民事自由权中的一部分，是指自然人在法律规定的范围内，按照自己的意志和利益进行行动和思维，不受约束、控制或妨碍的权利。总体来讲，此条立法偏保守，人身自由权是《宪法》《消费者权益保护法》《妇女权益保障法》《刑法》等多部法律所承认或者保护的人格利益，司法实践中也是独立的案由。但是本条没有直接承认其是独立的人格权类型，而是将其作为身体权的保护内容，甚至二审稿还删除了"自然人的人身自由不受侵犯"。

侵害他人行动自由主要有以下几种表现形式：

一是强制治疗。强制治疗是常见的侵害他人行动自由的侵权行为。这方面判定侵权与否的尺度主要依据《精神卫生法》第三十条，简单来讲，近亲属、所在单位、公安机关可以将"武疯子"送往医疗机构进行强制治疗。有判决认定，精神障碍患者是否住院治疗实行自愿原则，但诊断结论、病情评估表明就诊者为严重精神障碍患者且已经发生危害他人安全的行为或者有危害他人安全的危险的，应当对其实施住院治疗。其监护人不办理住院手续的，由患者所在单位、村民委员会或者居民委员会办理住院手续，并由医疗机构在患者病例中予以记录。①

二是强迫劳动。强迫劳动罪是《刑法》所规定的罪名。被告采取暴力、威胁、限制人身自由的方法，强迫他人劳动，情节严重，其行为构成强迫劳动罪。② 在刑法修正案八出台之前，本罪名为“强迫职工劳动罪”，用人单位以殴打、限制人身自由、没收押金和集资款、威胁不给报酬或少给报酬等方式强迫劳动，强迫超体力劳动，强迫长时间劳动等都构成强迫劳动，侵害他人行动自由。当然，不存在劳动关系或者雇佣关系时，也可能发生强迫劳动，如“黑砖窑”。《世界人权宣言》第四条规定：“任何人不得使为奴隶或奴役；一切形式的奴隶制度和奴隶买卖，均应予以禁止。”

三是强制交易。有些经营者通过限制消费者的人身自由，甚至扣留、殴打消费者，以达到消费者不自愿购买物品的目的，如“黑导游”。

四是非法搜查。有判决认为，人身自由权，是指公民在法律范围内有独立行为而不受他人干涉，不受非法逮捕、拘禁，不被非法剥夺、限制自由及非法搜查身体的自由权利。它是公民按照自己的意志和利益进行行动和思维、不受约束、控制或妨碍的人格权。侵害人身自由权须具备四个要件：(1) 存在侵害人身自由权的行为。违反宪法关于公民人身自由权的保护规定、禁止拘禁规定、限制公民人身自由的禁令规定和行使自由与权利不得损害其他公民合法自由和权利的限制的规定，即属违法。(2) 有损害结果。侵害人身自由权造成的损害事实，表现为行为侵害公民人身自由权包括身体自由权和精神自由权所造成的客观表现和最终结果。(3) 侵权行为与损害事实之间有因果关系。当行为人的行为与受害人自由权受到损害的事实具有因果关系时，即成立该要件。(4) 侵权行为人主观上有过错。即行为人必须在主观上有归责性的意思状态，即存在过错。③

五是非法拘禁。非法拘禁罪是刑法所规定的罪名，是指以拘押、禁闭或者其他强制方法，非法剥夺他人人身自由的犯罪行为。《最高人民法院关于对为索取法律不予保护的债务非法拘禁他人行为如何定罪问题的解释》规定，行为人

---

① 张某与房某宝等人身自由权纠纷一审民事判决书，(2018) 京 0108 民初 35335 号。

② 白某某强迫劳动一审刑事判决书，(2019) 冀 0682 刑初 197 号。

③ 刘某龙与国网甘肃省电力公司民勤县供电公司、民勤县收成镇人民政府等人身自由权纠纷二审民事判决书，(2018) 甘 06 民终 157 号。

为索取高利贷、赌债等法律不予保护的债务，非法扣押、拘禁他人的，依照刑法第二百三十八条的规定定罪处罚。

六是非法阻碍。例如，子女对父母有赡养和扶助的义务，赡养是指子女在物质上和经济上为父母提供必要的生活条件；扶助是指子女对父母在精神上和生活上的关心、帮助和照料。根据我国社会现状，老年人养老主要依据家庭，家庭成员应当关心和照料老人，子女看望父母，在精神上对老人进行慰藉也是赡养的一种表现形式。如果养老中心拒绝提供便利条件，进行阻挠，也应构成侵害行动自由。①

法条关联

◆《宪法》

第三十七条 中华人民共和国公民的人身自由不受侵犯。

任何公民，非经人民检察院批准或者决定或者人民法院决定，并由公安机关执行，不受逮捕。

禁止非法拘禁和以其他方法非法剥夺或者限制公民的人身自由，禁止非法搜查公民的身体。

◆《立法法》

第八条 下列事项只能制定法律：

……

（五）对公民政治权利的剥夺、限制人身自由的强制措施和处罚；

……

第九条 本法第八条规定的事项尚未制定法律的，全国人民代表大会及其常务委员会有权作出决定，授权国务院可以根据实际需要，对其中的部分事项先制定行政法规，但是有关犯罪和刑罚、对公民政治权利的剥夺和限制人身自由的强制措施和处罚、司法制度等事项除外。

◆《消费者权益保护法》

第二十七条 经营者不得对消费者进行侮辱、诽谤，不得搜查消费者的身

① 此段根据下面案例改编。萧某与北京市丰台区幸福里养老中心人身自由权纠纷二审民事判决书，(2017) 京 02 民终 12511 号。

体及其携带的物品，不得侵犯消费者的人身自由。

◆《治安管理处罚法》

第四十条　有下列行为之一的，处十日以上十五日以下拘留，并处五百元以上一千元以下罚款；情节较轻的，处五日以上十日以下拘留，并处二百元以上五百元以下罚款：

（一）组织、胁迫、诱骗不满十六周岁的人或者残疾人进行恐怖、残忍表演的；

（二）以暴力、威胁或者其他手段强迫他人劳动的；

（三）非法限制他人人身自由、非法侵入他人住宅或者非法搜查他人身体的。

第四十一条　胁迫、诱骗或者利用他人乞讨的，处十日以上十五日以下拘留，可以并处一千元以下罚款。

反复纠缠、强行讨要或者以其他滋扰他人的方式乞讨的，处五日以下拘留或者警告。

第四十二条　有下列行为之一的，处五日以下拘留或者五百元以下罚款；情节较重的，处五日以上十日以下拘留，可以并处五百元以下罚款：

（一）写恐吓信或者以其他方法威胁他人人身安全的；

……

（三）捏造事实诬告陷害他人，企图使他人受到刑事追究或者受到治安管理处罚的；

……

◆《妇女权益保障法》

第三十七条　妇女的人身自由不受侵犯。禁止非法拘禁和以其他非法手段剥夺或者限制妇女的人身自由；禁止非法搜查妇女的身体。

第三十九条　禁止拐卖、绑架妇女；禁止收买被拐卖、绑架的妇女；禁止阻碍解救被拐卖、绑架的妇女。

各级人民政府和公安、民政、劳动和社会保障、卫生等部门按照其职责及时采取措施解救被拐卖、绑架的妇女，做好善后工作，妇女联合会协助和配合做好有关工作。任何人不得歧视被拐卖、绑架的妇女。

◆《精神卫生法》

第五条第二款 任何组织或者个人不得歧视、侮辱、虐待精神障碍患者，不得非法限制精神障碍患者的人身自由。

第三十条 精神障碍的住院治疗实行自愿原则。

诊断结论、病情评估表明，就诊者为严重精神障碍患者并有下列情形之一的，应当对其实施住院治疗：

（一）已经发生伤害自身的行为，或者有伤害自身的危险的；

（二）已经发生危害他人安全的行为，或者有危害他人安全的危险的。

第三十一条 精神障碍患者有本法第三十条第二款第一项情形的，经其监护人同意，医疗机构应当对患者实施住院治疗；监护人不同意的，医疗机构不得对患者实施住院治疗。监护人应当对在家居住的患者做好看护管理。

◆《劳动法》

第九十六条 用人单位有下列行为之一，由公安机关对责任人员处以十五日以下拘留、罚款或者警告；构成犯罪的，对责任人员依法追究刑事责任：

（一）以暴力、威胁或者非法限制人身自由的手段强迫劳动的；

（二）侮辱、体罚、殴打、非法搜查和拘禁劳动者的。

◆《刑法》

第二百三十八条 非法拘禁他人或者以其他方法非法剥夺他人人身自由的，处三年以下有期徒刑、拘役、管制或者剥夺政治权利。具有殴打、侮辱情节的，从重处罚。

犯前款罪，致人重伤的，处三年以上十年以下有期徒刑；致人死亡的，处十年以上有期徒刑。使用暴力致人伤残、死亡的，依照本法第二百三十四条、第二百三十二条的规定定罪处罚。

为索取债务非法扣押、拘禁他人的，依照前两款的规定处罚。

国家机关工作人员利用职权犯前三款罪的，依照前三款的规定从重处罚。

第二百四十四条 以暴力、威胁或者限制人身自由的方法强迫他人劳动的，处三年以下有期徒刑或者拘役，并处罚金；情节严重的，处三年以上十年以下有期徒刑，并处罚金。

明知他人实施前款行为，为其招募、运送人员或者有其他协助强迫他人劳动行为的，依照前款的规定处罚。

单位犯前两款罪的，对单位判处罚金，并对其直接负责的主管人员和其他直接责任人员，依照第一款的规定处罚。

◆《国家赔偿法》

第三条 行政机关及其工作人员在行使行政职权时有下列侵犯人身权情形之一的，受害人有取得赔偿的权利：

（一）违法拘留或者违法采取限制公民人身自由的行政强制措施的；

（二）非法拘禁或者以其他方法非法剥夺公民人身自由的；

（三）以殴打、虐待等行为或者唆使、放纵他人以殴打、虐待等行为造成公民身体伤害或者死亡的；

（四）违法使用武器、警械造成公民身体伤害或者死亡的；

（五）造成公民身体伤害或者死亡的其他违法行为。

第三十三条 侵犯公民人身自由的，每日赔偿金按照国家上年度职工日平均工资计算。

◆《精神损害赔偿司法解释》

第一条 自然人因下列人格权利遭受非法侵害，向人民法院起诉请求赔偿精神损害的，人民法院应当依法予以受理：

（一）生命权、健康权、身体权；

（二）姓名权、肖像权、名誉权、荣誉权；

（三）人格尊严权、人身自由权。

违反社会公共利益、社会公德侵害他人隐私或者其他人格利益，受害人以侵权为由向人民法院起诉请求赔偿精神损害的，人民法院应当依法予以受理。

案例评议

朱红蔚申请无罪逮捕赔偿案（指导案例42号）[①]

◆ **裁判规则**

国家机关及其工作人员行使职权时侵犯公民人身自由权，严重影响受害人

① 最高人民法院审判委员会讨论通过，2014年12月25日发布。

正常的工作、生活，导致其精神极度痛苦，属于造成精神损害严重后果。赔偿义务机关支付精神损害抚慰金的数额，应当根据侵权行为的手段、场合、方式等具体情节，侵权行为造成的影响、后果，以及当地平均生活水平等综合因素确定。

◆ 评议

行为人以欺诈方式欺骗公权力机关依法对他人实施限制人身自由的措施的，行为人也构成侵害他人行动自由。公权力机关违法实施限制人身自由措施的，构成共同侵权。在适用法律时，分别适用民法典与《国家赔偿法》。

第三章　姓名权和名称权

本章概要

《2002年民法草案》姓名权、名称权部分只有四个条文，本法规定了六个条文。从学理上来看，这六个条文并没有创设新的法律规则。对比以往的立法和学理而言，有如下变化：

一是删除了姓名重名条款。《2002年民法草案》第十四条规定："使用重名的自然人姓名时，应当采取适当方式，避免造成混淆、误导。"该规定直接针对现实生活中大量的重名问题，具有较强的适用性。本法虽然删除了该规定，但是根据本法关于姓名权的一般规定，姓名重名问题仍然能够得到规制。

二是增加了父母姓氏之外的第三姓。本规定主要来源于全国人大常委会相关立法解释，现实生活中的案例也不少，具有代表性的是"北雁云依"诉济南市公安局历下区分局燕山派出所公安行政登记案。

三是增加了民事主体决定、变更和转让姓名、名称的权利，并强调变更前实施的民事法律行为对民事主体具有法律约束力。该条文还明确规定了关于姓名、名称的行政确认行为，即"应当依法向有关机关办理登记手续"，体现了民法与行政法的交叉与融合。

四是增加了笔名、艺名、网名、译名、字号、姓名和名称的简称的准用规则，回应了现实生活中"搭便车"等不正当竞争行为。

五是删除了父母离异后子女姓氏变更的规定，主要是立法时离异父母对此条规定意见始终相左，立法回避了这一争议条款。实践既有支持改姓的例子，也有不支持改姓的，需要从子女利益和意愿出发具体情况具体分析。

第一千零一十二条　【姓名权】

自然人享有姓名权，有权依法决定、使用、变更或者许可他人使用自己的姓名，但是不得违背公序良俗。

本条来源

《民法通则》第九十九条第一款规定："公民享有姓名权，有权决定、使用和依照规定改变自己的姓名，禁止他人干涉、盗用、假冒。"《民法通则司法解释》第一百四十一条规定："盗用、假冒他人姓名、名称造成损害的，应当认定为侵犯姓名权、名称权的行为。"《侵权责任法》第二条第一款规定，侵害民事权益，应当依照本法承担侵权责任，并在第二款中列举民事权益包括姓名权、肖像权等。《民法总则》第一百一十条规定了姓名权。

立法演变

《大清民律草案》第五十一条规定："人格关系受侵害者，得请求摒除其侵害。前项情形以法律特别规定者为限，请求损害赔偿或慰抚金。"① 《民国民律草案》第十九条规定："姓名权被侵害者，得提起摒除侵害之诉，请求除去其侵害，并请求损害赔偿。"第二十条规定："姓名权有被侵害之虞者，得提起预防侵害之诉，请求禁止其侵害，并请求损害赔偿之担保。"②

《2002 年民法草案》人格权法第十三条："自然人享有姓名权，有权决定、使用和依照规定变更自己的姓名。自然人的笔名、艺名等，与姓名受同等保护。"一审稿第七百九十二条第一款："自然人享有姓名权，有权依法决定、使用、变更或者许可他人使用自己的姓名。"终审稿增加了"但是不得违背公序良俗"。

条文释义

本条是关于姓名权的基本规定。姓名权是法律史上首先被立法认可的人格权之一，这很大程度上取决于其与自然人主体的紧密关系。

---

① 《大清民律草案・民国民律草案》，杨立新点校，吉林人民出版社 2002 年版，第 8 页。

② 《大清民律草案・民国民律草案》，杨立新点校，吉林人民出版社 2002 年版，第 205 页。

一、姓名

在当代社会，姓名的法律意义主要在于，使一个自然人与其他自然人区别开来，在一定意义上姓名是主体存在的标志，也是自然人从事民事活动，行使法律赋予的各种权利和承担相应义务的前提条件，具有定分止争的秩序规范功能。

法律上的姓名不仅包括正式的登记姓名，也包括其他类似于姓名的笔名、艺名、绰号、网名等非正式姓名。这是因为姓名只是一种人格标识，正式与否并不影响姓名与当事人之间的联系。《公安部关于启用新的暂住人口登记表的通知》第七条规定："别名：指被登记人姓名以外的其他名字，包括曾用名、化名、艺名、绰号等。"

法名、经名是否是正式姓名需要区别对待。道教、佛教法名为正式姓名，伊斯兰教经名为非正式姓名。《公安部关于能否使用道教法名登记户口办理居民身份证有关问题的批复》规定：经商国家宗教事务局，根据道教教规规定，出家、独身并在道观宫观修行的道教教职人员道教法名与世俗姓名不能并存，因此，其在登记户口、办理居民身份证时应当使用道教法名，并在户口簿册"曾用名"项目内登记世俗姓名；未出家的道教教职人员，其道教法名仅具有宗教意义，限于在宗教仪式等场合使用，在登记户口、办理居民身份证时不得使用道教法名。《公安部关于能否使用佛教法名、伊斯兰教经名登记户口办理居民身份证有关问题的批复》规定：经商国家民族事务委员会、国家宗教事务局，根据佛教教规规定，已出家的佛教徒法名与世俗姓名不能并存，因此，已出家的佛教徒在登记户口、办理居民身份证时应当使用其本人的佛教法名，并在户口曾用名项目内登记世俗姓名；未出家的佛教徒在登记户口、办理居民身份证时则不得使用其本人的佛教法名。鉴于伊斯兰教经名仅具有宗教意义，限于在宗教仪式等场合使用，其信徒在从事日常生活、工作、学习等事务时均使用本人的世俗姓名，因此，伊斯兰教信徒在登记户口、办理居民身份证时不得使用其本人的伊斯兰教经名。

姓名原则上必须使用规范汉字，不可以使用异体字、繁体字等不规范汉字，这体现了公权力对私权利的影响。《国家通用语言文字法》第十七条规定，姓氏中的异体字可以保留或使用。《公安部关于对居民身份证姓名登记项目能否使用规范汉字以外文字和符号填写问题的批复》规定：根据《居民身份证法》第四条第一款、第七条第一款、第八条和第十条规定以及《国家通用语言文字法》第九条、第十八条第二款规定精神，居民身份证姓名登记项目应当使用规范汉字填写，并与常住人口登记表和居民户口簿姓名登记项目保持一致。《公安部关于启用新的常住人口登记表和居民户口簿有关事项的通知》要求：姓名登记项目使用汉字填写。公安机关发现常住人口登记表、居民户口簿或者居民身份证姓名登记项目未使用规范汉字填写的，应当请本人协助更正，并免费为其办理更正后的居民户口簿、居民身份证和变更姓名的证明文件。《公安部治安管理局关于对中国公民姓名用字有关问题的答复》规定：关于我国公民姓名可否使用繁体、异体及冷僻字的问题。除依据《国家通用语言文字法》第十七条有关规定，姓氏可以保留异体字外，应严格按照《公安部关于启用新的常住人口登记表和居民户口簿有关事项的通知》中“常住人口登记表和居民户口簿应使用国务院公布的汉字简化字填写”的规定办理。对于过去群众已使用繁体、异体或冷僻字登记姓名的，原则上可以保留。至于人口信息计算机管理系统汉字字库容量的问题，可考虑通过加强系统建设予以解决。

关于少数港澳同胞及华侨回内地定居入户时要求使用中英文夹杂或全外文名登记户口的问题，依据《公安部关于启用新的常住人口登记表和居民户口簿有关事项的通知》要求，须填写用汉字译写的姓名；如本人要求填写外文姓名的，可同时在该栏填写，但不允许填写中英文夹杂的姓名。例如，归化足球队员使用了中国姓名“高拉特”。

目前，我国公民姓名字数没有限制。《公安部治安管理局关于对中国公民姓名用字有关问题的答复》规定：依据《民法通则》第九十九条“公民享有姓名权，有权决定、使用和依据规定改变自己姓名，……”的规定，并考虑到我国民族众多，姓氏较为复杂，有关风俗习惯各异等诸多情形，户口登记机关不应也不便对公民姓名字数加以限制。

签名是不是姓名？签名仅作为使用姓名的外在表现形式，打印文字、音像等形式也可作为使用姓名的外在表现形式，如未经允许在文字中表述或在广播中做广告称某人代言，被代言人均可主张姓名权。姓名的形式可以多样化，但姓名的实质在于对特定人的识别功能，即区分人己，在社会生活中彰显与他人相区别的个别性以及本人前后行为的同一性，并不受限于载体的形式。①

① 上海第九城市信息技术有限公司等与迭戈·阿曼多·马拉多纳等肖像权纠纷二审民事判决书，(2013) 高民终字第3129号。

二、姓名权

姓名权是自然人决定、使用、变更或者许可他人使用自己的姓名，并排除他人干涉或非法使用的权利。姓名权的主体只能够是自然人本人，其他不是权利主体，但可以代为行使；法人等享有名称权。姓名权行使的前提是“不得违背公序良俗”。何为违反公序良俗，需要结合具体情形判断。为了恶意报复他人，将他人的姓名毫不更改地作为自己子女的姓名，此时，利害关系人可以请求撤销其子女的姓名。同样地，子女毫不更改地使用父母或者、祖父母、外祖父母的名字，混淆了尊卑，应认为属于违背公序良俗。相反，我国民间有给某些人起名为“狗剩儿”等贱名的习惯，这不属于违背公序良俗。

姓名权一直为我国法律明确保护，《婚姻法》第十四条、《民法通则》第九十九条和第一百二十条、《反不正当竞争法》第六条、《侵权责任法》第二条、《民法通则司法解释》第一百四十一条和第一百四十九条、《精神损害赔偿司法解释》第一条和第三条等都有关于姓名权的规定，其保护范围不仅包括了正式的登记姓名，也包括网名、笔名、艺名、别名、化名等。我国法院曾判决支持“荷花女”“红颜靖”等艺名、网名，最新案例是“乔丹”姓名的保护，乔丹虽然是外国人名的中译，但只要能够在特定的环境下认定“乔丹”指代的就是飞人乔丹，那么乔丹的诉求就能够得到我国法律的支持。

三、侵害姓名权

（一）侵害姓名权需要侵害人有违法行为

1. 干涉被监护人决定、使用和变更姓名。

夫妻离婚以后，未成年子女与其父母的一方生活在一起，这就经常发生父母一方未经对方同意擅自变更未成年子女姓名的情况，而这种纠纷也通常被当事人将其和未成年子女的抚养费用问题结合起来。对此，《最高人民法院关于变更子女姓氏问题的复函》规定：“据来文所述，陈森芳（男方）与傅家顺于1979年10月经鞍山市中级人民法院判决离婚。婚生子陈昊彬（当年七岁）判归傅家顺抚养，由陈森芳每月负担抚养费十二元。现因傅家顺变更了陈昊彬的姓名而引起纠纷。我们基本同意你院意见。傅家顺在离婚后，未征得陈森芳同意，单方面决定将陈昊彬的姓名改变傅伟继，这种做法是不当的。现在陈森芳既不同意给陈昊彬更改姓名，应说服傅家顺恢复儿子原来姓名。但婚姻法第十六条规定‘子女可以随父姓，也可以随母姓’。认为子女只能随父姓，不能随母姓的思想是不对的。因此而拒付子女抚养费是违反婚姻法的。如陈森芳坚持拒付抚养费，应按婚姻法第三十五条的规定，予以强制执行。”（该文中的婚姻法都指的是1980年婚姻法，现已失效。）

该司法解释在是否恢复被监护人在父母离婚前原来的姓氏的态度上还有些模糊。1993年，《最高人民法院关于人民法院审理离婚案件处理子女抚养问题的若干具体意见》第十九条规定：“父母不得因子女变更姓氏而拒付子女抚养费。父或母一方擅自将子女姓氏改为继母或继父姓氏而引起的纠纷，应责令恢复原姓氏。”2002年5月，公安部在《关于父母离婚后子女姓名变更有关问题的批复》中规定：“根据最高人民法院《关于变更子女姓氏问题的复函》的有关精神，对于离婚双方未经协商或协商未达成一致意见而其中一方要求变更子女姓名的，公安机关可以拒绝受理；对一方因向公安机关隐瞒离婚事实，而取得子女姓名变更的，若另一方要求恢复其子女原姓名且离婚双方协商不成，公安机关应予以恢复。”最高人民法院和公安部上述两个规范性文件态度一致、明确。至此，上文所举案例的答案就已经非常明显了。

此外，《收养法》第二十四条规定：“养子女可以随养父或者养母的姓，经当事人协商一致，也可以保留原姓。”该条被民法典继续沿用。如果养父母子女关系消灭，养子女可以恢复生父母子女的姓。实践中，发生较多的是生父母子女和养父母子女及其近亲属干涉其子女或者近亲属变更姓名的行为。对此，应该认定为侵害他人姓名权。

2. 干涉他人使用与自己相同的姓名。

姓名是随着人类社会的发展而逐渐出现并增加的。由于姓的数量是有限的，在一定的文化环境下，发生重名的现象就不足为怪。据调查，我国目前使用的汉字姓氏约为3600个，而在汉民族中有87%的人仅用了100个常用姓氏，也即在11亿人口中约有9.5亿多人只用了100个姓氏。在这100个姓氏中，李、王、张、刘、陈、杨、赵、黄、周、吴、徐、孙、胡、朱、高、林、何、郭、马等19个大姓的人口即占了汉族人口的55.6%，也即全国大约有一半人口只使用这19个姓氏。而在这19个大姓中，居于前三位的李、王、张三个“超级大姓”则占了汉族人口的22.4%，这就是说全国约有2.5亿的人只用这三个姓。据报道，天津市取名张建、张英的各有2000多人；广州叫梁妹、陈妹的2400多人；沈阳叫王伟、李杰的各超3000人，叫王玉兰、刘淑珍的超4000人；武汉市16岁以上叫王红、李斌的都超过1000人；上海市取名“沪生”的4000多人；北京市取名“京生”的4500多人。

由于重名使得其他人很难区分重名的当事人，因此就有人强迫其他与自己姓名相同的人更改姓名，这种干涉他人姓名变更、使用的行为，已经构成对他人姓名权的侵害。

此外，在重名的情况下，如故意混同使用行为，故意使用“李宁”，可能达到不正当竞争的商业目的。

3. 盗用、假冒他人姓名。

不少盗用他人姓名的具有商业目的。《反不正当竞争法》及相关司法解释作了比较明确的规定。在商标注册案例中，法院认为，在刘某致注册“李某河LIRUIHE”商标之前，李某河在茶业经营领域就已经具有了一定的知名度，并早已为相关公众所知悉，与天福公司形成了不可分割的关系，天福公司亦在其生产的部分茶叶产品外包装上签署李某河的“姓名”。刘某致作为同业竞争者，明知李某河与天福公司的关系及李某河在茶业经营领域的知名度，仍在其生产、销售的茶叶产品上使用李某河的姓名，明显具有搭便车、傍名牌的主观故意，其行为容易使相关公众将其产品误认为与天福公司及李某河相关联，应属于擅自使用他人姓名的不正当竞争行为。①

关于冒用他人姓名，除了以侵害他人姓名权的方式侵害他人受教育权的案例外，在实践中，还经常发生行为人冒用著名艺术家名字创作作品的案件。《最高人民法院关于范曾诉盛林虎姓名权纠纷案的复函》规定：“盛林虎临摹范曾绘画作品是一种复制行为。未经作者范曾同意，以营利为目的出售该复制品，侵害了范曾的著作权，盛林虎应承担侵权的民事责任。根据该案情况，其案由以定著作权纠纷为宜。”类似案件比较有名的还有吴某中诉上海朵云轩、香港永成古玩拍卖有限公司著作权纠纷案。因为司法实践一直将这类案件定为侵害他人著作权，因此，这类案件在过去较少能够获得精神损害赔偿。但现在司法实践已经逐渐承认侵害著作权获得精神损害赔偿。

算法自动产生的姓名关联，不构成冒用或者不正当竞争。法院认为，相关

---

① 2016年福建法院知识产权司法保护十大案例之二：李某河、漳州天福茶业有限公司与刘某致擅自使用他人姓名纠纷案。

搜索词系由过去一定时期内使用频率较高且与当前搜索词相关联的词条统计而由搜索引擎自动生成，并非由于百度公司人为干预。百度公司在“相关搜索”中推荐涉诉词条的行为，明显不存在对任某玉进行侮辱、诽谤等侵权行为。“任某玉”这三个字在相关算法的收集与处理过程中就是一串字符组合，并无姓名的指代意义，显然不存在干涉、盗用、假冒本案原告任某玉姓名的行为。①

由于姓名登记是一种行政确认行为，如果公安机关不履行或者错误履行职责，则可能引发行政复议或者行政诉讼。原则上，没有违背公序良俗规定、申请材料齐全的，公安机关应当进行姓名登记。如前所述，《魁北克民法典》规定了详细的姓名登记规则，我国在这方面的规定尚显不足。②

（二）侵害他人姓名权的损害事实

侵害他人姓名权一般情况下会造成受害人的精神损害，但是在有的情况下也会造成受害人的财产损失。对此，侵权人都应该予以赔偿。比如，《民法通则司法解释》第一百四十九条规定，盗用、假冒他人名义，以函、电等方式进行欺骗或者愚弄他人，并使其财产、名誉受到损害的，侵权人应当承担民事责任。我国审判实践曾出现利用电报将他人从浙江省欺骗到黑龙江省的真实案件。

有的损害是机会丧失。有判决指出，被冒用人的购房资格被取消，中大恒基公司在未获得石某授权，且石某与娄某并无真实房屋买卖合同的情况下，擅自使用石某的姓名进行网签信息提交，系属对石某姓名的盗用，并造成石某未能通过购买经济适用房资格审核的后果，构成侵权。③ 实际生活中，被冒用人可能因为时间窗口问题而无法申购中意住房，侵害人可以预见这种损害。

（三）侵害姓名权的损害赔偿

侵害姓名权具有严重情节，造成较为严重后果的情况下，可以适用精神损害赔偿。确定侵害姓名权的精神损害赔偿责任，应当综合考虑侵权人的过错程度，法律另有规定的除外；侵害的手段、场合、行为方式等具体情节；侵权行

① 任某玉诉北京市百度网讯科技公司侵犯名誉权、姓名权、一般人格权纠纷案，（2015）一中民终字第09558号。

② 相关公法见解，参见刘练军：《公法上的姓名》，北京大学出版社2019年版。

③ 石某诉北京中大恒基房地产经纪有限公司等姓名权、名誉权纠纷案，【法宝引证码】CLI. C. 3245227。

为所造成的后果；侵权人的获利情况；侵权人承担责任的经济能力等因素，酌定赔偿数额。

关于侵害人获利问题。《广告法》第三十三条规定："广告主或者广告经营者在广告中使用他人名义或者形象的，应当事先取得其书面同意；使用无民事行为能力人、限制民事行为能力人的名义或者形象的，应当事先取得其监护人的书面同意。"从实践来看，侵害他人姓名权很多情况下侵害人具有营利目的，这种情况下就尤其要考虑侵权人的获利情况确定侵权人的精神损害赔偿数额。如果同时还造成了权利人其他财产利益的损失，那么就应当赔偿其他财产损失。如果最后确定的财产损害赔偿数额已经包含了侵害姓名权的营利情况，那么确定精神损害赔偿数额时则不应该考虑侵害人的获利情况。如果加害人侵害姓名权有营利的，可以参考营利的数额。如果加害人无具体营利，也可以按照受害人的实际损失确定赔偿数额。受害人为恢复受到侵害的权利而支出的费用，应视为侵害姓名权的财产损失，应予以赔偿。一个侵权情节，不应两次计算。在赵某芝与上海琪姿贸易有限公司、上海诺宝丝化妆品有限公司侵害姓名权纠纷、肖像权纠纷案中，法院认为，被侵权人的影响力是判断经济损失的重要因素。①

---

① 2005年5月16日，赵某芝与诺宝丝公司签订《形象代言协议书》，约定赵某芝允许诺宝丝公司合法使用其肖像为VZI系列化妆品进行广告宣传，合约有效期为2005年7月31日至2006年7月31日，诺宝丝公司支付港币80万元作为酬金等。2012年1月9日，被告琪姿公司与被告诺宝丝公司签订协议书，约定诺宝丝公司确认琪姿公司为"VZI氧疗系列产品"上海区域的独家总代理商；诺宝丝公司向琪姿公司提供品牌代言人赵某芝等六大明星为"VZI"产品制作的影像广告宣传资料；协议有效期自2012年1月9日至2013年1月8日等内容。2012年，琪姿公司在其经营的网站上使用赵某芝的姓名、肖像等。赵某芝起诉请求两被告停止使用其姓名及肖像、公开赔礼道歉并赔偿经济损失95万元及精神抚慰金5万元。上海市浦东新区人民法院认为，诺宝丝公司未经赵某芝同意，无权在双方协议约定期间届满后继续使用其姓名和肖像，也无权授权他人使用，两被告的行为侵犯了原告的姓名权和肖像权。原告作为影视明星，其姓名和形象在中国大陆具有较高知名度，加之原告良好的外形和在公众中所产生的良好声誉，使用其姓名和形象对相关产品进行宣传可提升该产品的影响力和可信度，对该产品的生产商或销售商亦可带来实际的利益。因此，原告的姓名和肖像具有一定的商业价值，对其姓名权和肖像权造成侵害，侵权人应当赔偿一定的经济损失。对于该数额的确定，法院认为，结合琪姿公司在网站上使用原告姓名和肖像的时间长短、对原告造成的影响范围、其行为的过错程度等综合因素，酌情确定被告琪姿公司应赔偿原告损失25万元，诺宝丝公司承担连带责任。参见2014年利用信息网络侵害人身权益典型案例之四：赵某芝与上海琪姿贸易有限公司、上海诺宝丝化妆品有限公司侵害姓名权纠纷、肖像权纠纷案——被侵权人的影响力是判断经济损失的重要因素。

法条关联

◆《反不正当竞争法》

第六条 经营者不得实施下列混淆行为，引人误认为是他人商品或者与他人存在特定联系：

……

（二）擅自使用他人有一定影响的企业名称（包括简称、字号等）、社会组织名称（包括简称等）、姓名（包括笔名、艺名、译名等）；

……

◆《刑事诉讼法》

第六十四条 对于危害国家安全犯罪、恐怖活动犯罪、黑社会性质的组织犯罪、毒品犯罪等案件，证人、鉴定人、被害人因在诉讼中作证，本人或者其近亲属的人身安全面临危险的，人民法院、人民检察院和公安机关应当采取以下一项或者多项保护措施：

（一）不公开真实姓名、住址和工作单位等个人信息；

（二）采取不暴露外貌、真实声音等出庭作证措施；

（三）禁止特定的人员接触证人、鉴定人、被害人及其近亲属；

（四）对人身和住宅采取专门性保护措施；

（五）其他必要的保护措施。

证人、鉴定人、被害人认为因在诉讼中作证，本人或者其近亲属的人身安全面临危险的，可以向人民法院、人民检察院、公安机关请求予以保护。

人民法院、人民检察院、公安机关依法采取保护措施，有关单位和个人应当配合。

◆《最高人民法院关于审理不正当竞争民事案件应用法律若干问题的解释》

第六条第二款 在商品经营中使用的自然人的姓名，应当认定为反不正当竞争法第五条第（三）项规定的“姓名”。具有一定的市场知名度、为相关公众所知悉的自然人的笔名、艺名等，可以认定为反不正当竞争法第五条第（三）项规定的“姓名”。

第七条 在中国境内进行商业使用，包括将知名商品特有的名称、包装、装潢或者企业名称、姓名用于商品、商品包装以及商品交易文书上，或者用于广告宣传、展览以及其他商业活动中，应当认定为反不正当竞争法第五条第（二）项、第（三）项规定的“使用”。

案例评议

周星驰诉中建荣真无锡建材科技有限公司肖像权、姓名权纠纷案①

◆ 裁判规则

当姓名权和肖像权具有商业化使用权能时，当事人仅以侵权责任法为依据进行主张，该人格权的精神利益和财产价值可一并予以保护，包括属于合理开支的律师费在内均应纳入人格权的损害赔偿范围。在酌定赔偿数额时，人民法院应结合权利类型、侵权方式，从侵权程度、被侵权人和侵权人的身份地位、经济情况、获利情况、过错类型、其他情形等方面予以综合考量。

◆ 评议

本案属于纯粹的姓名商业化使用侵权。侵权人未经姓名权人同意，擅自使用他人商业姓名，《最高人民法院公报》本案导引虽然提出人格权的精神利益和财产价值可一并予以保护，但本案以精神损害没有达到严重程度为由，并没有支持精神损害的诉讼请求。本书认为，此种纯粹的商业使用他人姓名、肖像的，不宜认定具有严重精神损害。如果姓名权人未公开明确表达商业化使用姓名，侵权人在未经授权的情况下商业使用他人姓名，则可以认定侵害他人姓名权造成严重精神损害。是否支持精神损害的判断基准在于，姓名权人的商业化使用姓名与否的主观意愿。

深度研讨

本部分重点讨论姓名权的本质演变。单纯认定姓名权是人格权的观点存在缺陷。姓名是一个历史的范畴，姓名的社会功能决定了姓名权的本质。在等级社会中姓名具有表明等级关系的社会功能，姓名可以成为身份权的客体。在市场经济条件下，姓名用于体现社会评价和指代特殊事物，姓名因此分别成为人格权和财产权的客体。先占理论、功利主义理论和人格理论可以成为作为财产

① 《最高人民法院公报》2020年第2期。

权的姓名权的理论基础。姓名权本质的重新界定影响了对姓名的救济。

一、问题的提出

各种现象表明姓名在某些情况下并未体现人格权的本质，或者说至少不是非常明显地体现人格权的本质。在历史上姓名权是否一直以人格权的姿态受到保护？在封建等级社会，人格权弱小，身份权发达，那么姓名是否会成为身份权的客体？姓名权是否也曾经发生类似于“从身份到契约”的“从身份到人格”的运动？在市场经济迅速发展的现代社会，姓名权的本质是否仍然单纯地体现为人格权？姓名的商业利用是因为姓名权具有一定的经济内涵，还是因为姓名权本身就是财产权？姓名的商业化利用会不会引发一场“从财产到人格”的运动？

姓名的社会功能决定了姓名权的本质。在等级社会中，一方面，姓名是民事主体的属性；另一方面，由于姓名具有表明等级关系的社会功能，姓名可以成为身份权的客体。随着市场经济的迅速发展，姓名不再仅仅体现人格利益，姓名的商业化利用对将姓名权单纯定义为人格权的定论提出了挑战。经济领域的姓名体现了财产权的本质，非经济领域的姓名体现了人格权的本质。姓名权本质的重新界定决定了姓名的救济方法也因此而有所不同。

二、姓名不是身份权的客体吗？

透过文化的多棱镜，我们可以离析出姓名所承担的多方面的社会功能。第一，代表群体或者个体的功能。第二，表明等级身份的功能。第三，规范婚姻关系。第四，弥补命运缺憾。第五，指代特殊事物。第六，体现社会评价。第七，凝聚文明精华。① 在姓名承担的上述功能中，代表群体或者个体的功能、表明等级身份的功能、指代特殊事物和体现社会评价具有法律层面上的意义。我认为，上述人类学的论述可以作为认定姓名权本质的基础，下文就以姓名“表明等级身份的功能”为基础论述“姓名可以成为身份权的客体”。

姓名权的人格权本质说是以近代法典化时代为背景论述的。据考察，姓名在法典化之前的等级社会中表征了一定的身份关系，姓名因此得为身份权的客体，姓名权在历史上的确曾经以身份权的形态存在过。

众所周知，姓名中的“姓”无论在东方还是在西方都是世代承袭的，它表

---

① 何晓明：《姓名与中国文化》，人民出版社 2001 年版，第 8－16 页。

明了一定的血缘关系。正因为如此，德国学者莫迭尔等人才提出了姓名权为亲属权（也就是身份权）一部分的观点。他们认为姓名权的发生多源于亲属关系，所以姓名权为亲属权的一部分。例如，父亲的亲权，除监护外，还可令其子女从其姓，子女也有从父姓的权利。这种观点在一定程度上论证了姓名权是一种身份权。但是，反对此种观点的意见认为：一方面，此种观点仅能说明姓名权中姓权，而不能解释命名权，“名”的取得、变更及行使，与亲属关系并无直接联系。另一方面，公民在没有亲属的情况下（如弃儿），仍可有姓名，法律也绝不会因其无亲属而不保护其姓名权。① 本书认为，反对意见的第二点理由所反映的情况不具有代表性，在理论研究时可以忽略不计。但是应该承认反对意见的第一点理由击中了原命题论证的要害。如果要论证姓名权是一种身份权，不能仅仅从姓的角度去论证，因为这是一种不充分的论证。我们只有从姓和名两个角度论证姓名表征了一定的身份关系，不同的姓名体现了不同身份上的权利和义务，才可以得出“姓名权的本质为身份权”的结论。本文下面就尝试着在莫迭尔等人的基础上论证“姓名权的本质为身份权”的命题。

首先，姓名中的姓表征了一定的身份关系。姓名中的姓一般来讲是世代相袭的，因此它最主要发挥的还是血缘区分的功能，也就是说它能够进行群体区分。同时，在某些条件下，姓还可以发挥个体区分和身份区分的作用。因为在等级社会中姓本身就意味着高低贵贱。从微观上来讲，家长权、夫权、亲属权等都可以通过一个具体的姓体现出来。

其次，姓名中的名表征了更具体的身份关系。同姓相比较，名在不同的国家和地区表征身份关系的强弱各有不同。一般而言，在宗法等级制度和中央集权制度比较发达的国家和地区，名表征身份关系的功能体现得更为充分。

在宋代，行辈字号是行辈命名法的具体表现。使用行辈字号的目的，主要是为了标志出宗族中每一个男性成员的世代位置（有时也包括女性），以及同一代成员之间的长幼顺序排列关系。这一命名法由两种起源不同的称呼命名方法结合而成。其中一个是排行，一个是辈分。前者起源于民间将家族中的同辈兄弟，按其出生先后，依次排列为一、二、三（老大、老二、老三）……的习惯，用来表示同一世代者的长幼顺序；后者则起源于以一个相同的文字作为宗

① 王利明主编：《人格权法新论》，吉林人民出版社1994年版，第326页。

族内部同辈者之名的一部分，因而祖父世代、父世代、兄弟世代和子世代等不同辈就由不同的字号来表示的命名法，用来明确标明相同世代的尊卑等级。宋代把这二者被结合起来纳入族谱中，并发展成一种广泛流行的行辈制度。① 行辈字号主要体现在以下两个方面：

一方面，在中国古代一般通过世代排名制来判断一个人的辈分。（当然，连名制②也是与其相似的一种姓名制度）所谓世代排名制，即凡同宗同辈者，皆用一个固定的字或者偏旁取名，不同辈分使用不同的字或者偏旁，世次整肃，秩序井然，绵延不绝。这种制度大约形成于宋代，至今仍有许多人在沿用。③例如，孔子家族从第五十六代开始使用50个字来排列世代：④

希言公彦承，宏闻贞尚衍；

兴毓传继广，昭宪庆繁祥；

令德维垂佑，钦绍念显扬；

建道敦安定，懋修肇益常；

裕文焕景瑞，永锡世绪昌。

这种世代排名制，同宗同辈的人不仅每代有一相同的字按序排名，甚至人名中除此之外的另一字也有以偏旁取名者。如：黎龙钺、黎龙银、黎龙镜、黎龙铤，其中“龙”为辈字，另外一字均用“金”旁。⑤

另一方面，在中国古代一般通过族谱中记载的出生顺序记录同辈人的排行。例如，清光绪十七年（1891）浙江诸暨《暨阳大成徐氏宗谱》卷三《徐鲁川鸿二百八十四公传》记录：

---

① 钱杭：《血缘与地缘之间——中国历史上的联宗与联宗组织》，上海社会科学出版社2001年版，第221-222页。

② 连名制是比较典型地体现家族性的一种命名形式，主要表现，为祖先与子孙的名字中有共用的字（一般为一个字）。中国除一些少数民族地区偶有连名制现象外，在汉族家庭中，不同辈分的人是决不可以使用相同的字的。参见《中日姓名文化比较》，http：//res. 50years. net/upload/antu/atbs/luru/jiazu/10. htm，最后访问时间：2004年4月10日。

③ 《中日姓名文化比较》，http：//res. 50years. net/upload/antu/atbs/luru/jiazu/10. htm，最后访问时间：2004年4月10日。

④ 汪石满：《中国姓氏》，安徽教育出版社2002年版，第107页。

⑤ 《中日姓名文化比较》，http：//res. 50years. net/upload/antu/atbs/luru/jiazu/10. htm，最后访问时间：2004年4月10日。

徐君讳宗岱，号鲁川，以步青名入国学生，行鸿二百八十四。①

“行鸿二百八十四”表明徐宗岱在“鸿”字辈的出生顺序是284号。

无独有偶，非洲的苏丹多贡人也有与世代排名制类似的姓名制度，他们的名字也要反映不同人的性别、家系、出生顺序、所属的兄弟姐妹集团等身份关系。②

可见，我们可以通过这种行辈字号的姓名制度轻易地判断出不同人的尊卑、血族、父母双亲、婚姻、子嗣、兄弟姐妹等社会认知因素，从而确定他们之间是否有一定的亲属关系，有着什么样的亲属关系，以及由此产生的权利义务都是什么。因此，姓名在严格的等级制度下可以成为身份关系的制度抽象，一个具体的姓名就是一个具体的身份，一个具体的姓名就意味着身份关系上的具体权利义务。正是从这种意义上来讲，姓名权就是一种身份权。

三、从身份权到人格权

人身依附关系和等级制度是人格权制度建立的绊脚石，而等级社会中的姓名恰恰标志着人与人之间的不平等。因此，如果没有实现姓名的平等和独立，作为人格权的姓名权也就根本无法建立。姓名平等与姓名独立促进了作为人格权的姓名权制度（也包括整个人格权制度）的建立，从此姓名权逐渐实现了从身份权向人格权的过渡。

在西欧封建等级社会，贵族的姓名中往往有一个音节表明贵族身份。例如，青年马克思热恋的燕尼·冯·威斯特华伦（Jenny Von Westphalen）的姓名中，“冯（Von）”就是贵族身份的标记。法国作家居依·德·莫泊桑（Guy de Cervantes）姓名中的“德（de）”，荷兰画家文森特·凡·高（vincent van Gogh）姓名中的“凡（van）”，都表明他们出身于贵族世家。③ 但是，由于西方社会封建制度持续的时间比较短，宗法等级制度和中央集权制度不如传统的东方社会发达，再加上宗教的强大影响和较大规模的民族征服，姓名表明身份等级的社会功能并不十分典型，持续时间也较短。后来，在启蒙运动、工业革命和资产

---

① 钱杭：《血缘与地缘之间——中国历史上的联宗与联宗组织》，上海社会科学出版社2001年版，第222页。

② 刘宗迪：《姓氏名号面面观》，齐鲁书社2000年版，第92页。

③ 何晓明：《姓名与中国文化》，人民出版社2001年版，第10－11页。也可参见张联芳：《外国人的姓名》，中国社会科学出版社1987年版，第243－431页。

阶级革命的狂飙之下，等级制度迅速地退出了欧洲的历史舞台。姓名也因此在欧洲丧失了表明等级身份的功能。姓名权也在这一过程中逐渐开始“从身份向人格”转变。

在中国历史上，姓名承担着强大的表明等级身份功能，姓名很长时间里是贵族中的等级以及贵族与平民区别的标志。这也是封建制度的“礼”所要求的。① 中国姓名制度较大规模的变革有三次：

在上古、春秋时代，有没有姓氏本身便是身份高低的标志。② 中国姓氏制度第一次大突破是在战国以后，那时不但贵族有姓氏，而且平民也有了姓氏。作为平民在两千四五百年前便有姓氏，恐怕在世界范围内只有古罗马的自由民可以与之匹敌。但是当时的姓与氏仍有区别。姓氏制度第二次大突破开始于司马迁的《史记》，顾炎武《日知录》指出：“姓氏之称，自太史公《史记》混而为一。”而且从汉代开始，从天子到庶人都可以有姓了。③

在魏晋南北朝之时，不同的姓氏之间存在着明显的高下之分，门阀制度为其提供了坚固的制度保障。④ 比如，“袁”姓在当时即为贵族姓氏。姓氏制度的第三次大的突破是在唐朝安史之乱之后。安史之乱沉重地打击了维持姓氏高低贵贱之分的门阀制度，唐宪宗元和年间的《元和姓纂》，在决定姓氏的先后顺序时连皇族李姓也不做特殊待遇。从此，姓氏表明身份等级的社会功能逐渐萎缩。⑤ 到了清末民初，随着等级制度的崩溃，人身依附的枷锁被打碎，姓名最终丧失了表明等级身份的功能。姓名权也从身份权向人格权开始过渡。

在日本，姓氏曾经是权势的象征，在名前冠用姓氏，是当时统治阶级的特权；平民百姓有名无姓。镰仓时代到明治时代庶民原则上是没有姓的。姓名本身就担负一定的社会关系。⑥ 1868 年明治维新以后，日本废除了封建等级制。日本政府于 1870 年决定：百姓都可以取姓，但由于滞后的习惯仍然在起作用，许多人不敢取姓。鉴于这个情况，日本政府于 1875 年规定：所有国民必须有

---

① 郑宝倩：《华夏人名与中国文化》，中国人民大学出版社 1993 年版，第 42 页。

② 何晓明：《姓名与中国文化》，人民出版社 2001 年版，第 10 页。

③ 郑宝倩：《华夏人名与中国文化》，第 42 页。

④ 何晓明：《姓名与中国文化》，人民出版社 2001 年版，第 10 页。

⑤ 何晓明：《姓名与中国文化》，人民出版社 2001 年版，第 11－12 页。

⑥ ［日］滋贺秀三：《中国家族法原理》，张建国、李力译，法律出版社 2003 年版，第 52－53 页。

姓。此后，日本国民才都有了姓，子承父姓，妇随夫姓，世代相传。[①] 姓名权也开始从身份权向人格权过渡。

在印度，更是存在着著名的种姓制度。公元前2000年代中叶，雅利安人侵入印度，逐渐开始推行种姓制度。他们将所有的人划分为婆罗门、刹帝利、吠舍、首陀罗四种种姓。此外，还有一种"不可接触的贱民"，他们处于社会的最底层。姓名的表明等级身份功能在印度发挥地可谓淋漓尽致。我们至今可以从《摩奴法典》管窥一豹。例如，《摩奴法典》规定，刹帝利辱骂了婆罗门，要罚款100帕那（银钱单位）。如果是吠舍骂了，就要罚款150帕那到200帕那。要是首陀罗骂了，就要用滚烫的油灌入他的口中和耳中。相反，如果婆罗门侮辱刹帝利，只罚款50帕那；侮辱吠舍，罚款25帕那；侮辱首陀罗罚款12帕那。高级种姓的人如果杀死了一个首陀罗，仅用牲畜抵偿，或者简单地净一次身就行了。《摩奴法典》还对各个种姓的衣食住行都作了烦琐的规定。比如规定不同种姓的人不能待在同一个房间里，不能同桌吃饭，不能同饮一口井里的水。不同种姓的人严格禁止通婚，以便使种姓的划分永久化。每个种姓都有自己的机构，处理有关种姓内部的事务，并监督本种姓的人严格遵守摩奴法典及传统习惯。倘有触犯者，轻则由婆罗门祭司给予处罚，重则被开除出种姓之外。[②] 自从1947年独立之后，印度采取了一系列否定种姓制度的法律、政治和行政手段。[③] 姓名权也从身份权向人格权开始过渡。

随着近代工业化的开始和资产阶级革命的胜利，血缘意识和宗法等级意识不断地被削弱，传统家族组织的多数功能已经为国家所代替。姓名表明等级身份的功能也由于各种原因逐渐消失。反之，姓名的区别功能和体现社会评价功能逐渐地成为姓名的主要社会功能。人身依附关系的解体和封建等级制度的消灭使得姓名在形式上从不平等走向了平等，从依附走向了独立，姓名权也因此从身份权走向人格权。

17世纪开始，大陆法系的一些国家在公法里规定姓名的使用，其变更必须

---

① 纳日碧力戈：《姓名论》，社会科学文献出版社1997年版，第148－149页。

② 《古代印度的种姓制度》，http：//www. cnread. net/cnread1/etwx/y/yiming/sjsx/022. htm，最后访问时间：2004年4月10日。

③ 赵章云：《印度种姓制度是种族主义吗?》，http：//www. hubce. edu. cn/jwc/jwc5/messages/14261. html，最后访问时间：2004年4月10日。

经官府许可，假冒他人姓名者要受刑罚处罚。法国大革命后，法国司法部门在判例中将姓名视为公民的所有权，认为冒用他人姓名是侵害了他人的所有权。[①]后来《法国民法典》第三十四条将姓名规定为身份证书的一项内容。[②]姓名作为传统人格权的伦理属性被《德国民法典》第十二条、《奥地利民法典》第四十三条、《德国民法典》第十二条、《意大利民法典》第六条至第九条、《俄罗斯联邦民法典》第一百五十条、《希腊民法典》第五十八条、《葡萄牙民法典》第七十二条、《瑞典民法典》第二十条、第二十三条[③]、《瑞士民法典》第二十九条、《泰国民法典》第四十二条、《越南民法典》第二十八条、前《捷克斯洛伐克社会主义共和国民法典》第十一条、《埃塞俄比亚民法典》第四十六条等诸多民法典所承认，姓名权的人格权时代逐渐确立。[④]

四、姓名权不是一种财产权吗？

（一）姓名权是财产权的理论疑问

尽管姓名权以人格权的性质在近代民法上最终确立，但是近代以来诸多学术贤达一直认为姓名权为一种财产权。概括起来，主要有以下几种学说：

第一，姓名权为所有权说。德国学者魏尔德认为，姓名权如所有权一样可以对抗第三人，并附有任意行使的权能，所以具有所有权的性质。[⑤]法国大革命后法国司法部门在判例中将姓名视为公民的所有权，认为冒用他人姓名是侵害了他人的所有权。[⑥]

第二，姓名权为无形财产权说。1870年，法国学者莫勒特在一本关于版权和工业版权的著作中论及人格权。1877年，德国学者加雷斯提出人格权的概念，但他把名誉、姓名、个人按其意愿安排生活的权利等划归知识产权。[⑦]德

---

① 佟柔主编：《中国民法学 民法总则》，中国人民公安大学出版社1990年版，第113页。

② 该条规定："身份证书应记载做成的年、月、日、时，以及所有证书上涉及之人的姓名、年龄、职业与住所。"《拿破仑法典》，李浩培等译，商务印书馆1997年版，第6页。

③ ［德］克里斯蒂安·冯·巴尔：《欧洲比较侵权法（下卷）》，焦美华译，张新宝审校，法律出版社2001年版，第109页、第110页注517。

④ 史尚宽：《民法总论》，中国政法大学出版社2000年版，第123页、第127页。

⑤ 王利明主编：《人格权法新论》，吉林人民出版社1994年版，第325页。

⑥ 佟柔主编：《中国民法学 民法总则》，中国人民公安大学出版社1990年版，第113页。

⑦ 王利明、杨立新主编：《人格权与新闻侵权》，中国方正出版社2000年版，第494页；陈永苗：《纳入合同关系中的非财产损害赔偿》，脚注9，http：//mylaw. myrice. com/jingyi/jingyi0024. htm，最后访问时间：2004年5月4日。

国学者斯陶伯认为，姓名权无有形的标的，仅在某种情况下可发生经济上的价值，并可以对此进行处分，故为无形财产权。① 1907年柯尔勒在其著作中认为姓名权、肖像权、隐私权等属于著作权的内容。②

正是基于上述认识，1928年，为慎重起见，“中华民国立法机关”拟定的第八条立法原则之说明认为：“姓名是否系私人财产，或是否可如其他财产之受法律保护，系一疑问。但近代各国，多认为应受法律保护。”③ 此一立法原则说明表明了当时立法者对于“姓名权”本质的认识并没有达成一致。该立法说明肯定的只是姓名应受法律保护，但是对于姓名权的本质究竟是什么，作为立法之重要原则也只是提出了一个疑问。其实此疑问并非空穴来风。《大清民律草案》总则、债权和物权的起草者之一松冈义正认为生命、身体、名誉等都是维持人格所必需的法律上拟制的货物，人格权是支配这些法律货物的权利，即人格权为“支配不得与人格分离之法律货物之权利也。不得与人格分离之法律货物，即为维持人格所必要之事项。若其缺之，人格即消灭，不能视为人之存在。如生命、身体、名誉、自由、氏名及商号等是也”。④ 松冈义正将人格权的客体视为“法律拟制的货物”的思维极易模糊姓名权究竟系财产权还是人格权的界限。两相对照，可以推测该思想影响了“中华民国民法典”立法原则第八条的制定。

姓名权究竟是一种什么样的权利，上述学说与实践只是提出了疑问，并没有具体而深入的回答，但是这已经足以促使我们继续探索个中因由。

（二）姓名商业化利用保护的现实需要

随着市场经济的发展，姓名、肖像、声音等人的形象标识的拥有者大量地将自己的这些人格标识积极地运用到商业领域，我们每天打开电视，十个广告会有八个明星。我们必须面对的事实是，大量的名人已经通过这种途径成为千万富翁，如尽管总是输球的国家男子足球队员。在经济更为发达的西方，姓名、肖像等形象的商品化甚至已经成为一个规模庞大的产业。⑤ 市场经济使得姓名、

① 王利明主编：《人格权法新论》，吉林人民出版社1994年版，第326页。

② 陈永苗：《纳入合同关系中的非财产损害赔偿》，脚注9，http://mylaw.myrice.com/jingyi/jingyi0024.htm，最后访问时间：2004年5月4日。

③ 胡长清：《中国民法总论》，中国政法大学出版社1997年版，第402页。

④ ［日］松冈义正：《京师法律学堂笔记 民法总则》，1911年，第127－128页。转引自俞江：《近代中国民法学中的私权理论》，北京大学出版社2003年版，第164－165页。

⑤ 程合红：《商事人格权》，中国人民大学2002年版，第15页。

肖像、声音等个人形象可以转化为看得见摸得着的财富。与此同时，关于姓名、肖像等个人形象商业化利用的纠纷也此起彼伏，在国内影响最大的莫过于鲁迅姓名权、肖像权案和姚明姓名权、肖像权案。在西方，有“马丁·路德·金肖像案”、“猫王姓名案”①、“海兰案”、“萨尼奇案”等。② 人格权不得让与或者继承的规定具有强行法的性质，这种规定在过去产生了积极的影响，解决了人格利益迫切需要保护的现实需要。但是，事实证明这样的立法在姓名的商业化利用大潮面前已经显得捉襟见肘。

荷兰法院在1963年就肯定了自然人的姓名可以由第三方商业开发。在1997年，一个前著名的国际曲棍球星和某曲棍球厂商签订了姓名使用合同，允许该厂商在球鞋上使用其姓名。后来该厂商的竞争者未经权利人同意迅速推出新球鞋，并在球鞋上标注了该球星的“姓”，该球星遂将竞争者起诉到法院。最后，法院判决被告停止侵害，并赔偿原告10000荷兰盾。③ 这个案件类似于我国的姚明诉可口可乐公司案。当然，这个案例比较特殊，一般情况下，使用他人的姓认定为侵权需要比较严格的构成要件。法国法就持相反的态度。法国法认为使用父姓（家族姓氏）是社会识别个人的必要方式。考虑到其身份识别的基本作用，作为父姓的个人姓氏不被认为是财产权的客体，法国采取这一立场已有超过100年的历史。④

在比利时，未经他人同意，将其姓名进行商业开发的行为依据《比利时民法典》第一千三百八十二条要承担侵权责任。比利时曾发生一个类似于我国刘翔肖像权的案例。一个药厂在广告中使用了某个乒乓球手的名字，而据称这个广告只是为了庆祝该乒乓球手进入了法国公开赛的决赛。法院认为，药厂没有经过该运动员的同意而使用他人姓名侵害了其对自己的姓名进行商业开发的权

① 冯象：《政法笔记》，江苏人民出版社2004年版，第82页。

② 1953年的“海兰”案件是第一个确立了形象权的案件；1977年的“萨尼奇”案件是到目前为止唯一一个由最高法院判决的形象权案件，该案件标志着形象权在全美国范围之内获得了认可。参见李明德：《美国知识产权法》，法律出版社2003年版，第397－405页。

③ Ian S. Blackshaw & Robert C. R. Eiekmann ed., Sports Image Rights in Europe, T·M·C Asser Press, 2005, pp. 22－23.

④ Michael Henry ed., International Privacy, Publicity and Personality Laws, Butterworths Press (UK), 2001, p. 148.

利。类似的案例在比利时还有很多。①

在芬兰，鉴于艺名被认为是在市场活动中确立起来，而且艺名通常与该艺术家联系在一起，因而芬兰法院认为它具有特定的经济意义与商业价值。②

在英美法系，姓名一般通过隐私权加以保护。在公开权从隐私权中分离出来之后，姓名成为隐私权和公开权共同保护的客体。美国最高法院早期判例认为："一个人的姓名是他自己所拥有的财产，并且他对姓名享有与对其他财产类别相同的使用和收益的权利。"③

（三）解决路径

本书认为，姓名权的二元本质论是解决此问题的最佳选择。

1．"姓名权"财产权性质的理论建构。

制度是一种人类欲望的产物，当人类群居社会频频发生姓名、肖像等个人形象商业化利用纠纷时，法律就不应缺席。对于既有的财产权而言，财产的不可侵犯的理论基础都是因人而异的。例如，罗斯科·庞德主张，应当确认至少有六组主要的理论解释。④ 这其中，先占理论、劳动理论、功利主义理论、人格理论、社会规划理论是这些解释中比较有影响的。总结起来这些理论体现的还是功利、公平、自由、秩序等社会价值。

如果姓名被应用于经济领域，姓名体现的是财产性质，其不是为了人格的自由发展，而是为了获取经济利益，那么该"姓名权"就是一种财产权。如果姓名处于伦理领域，姓名体现的是伦理性，其是为了人格的自由发展，而不是为了获取经济利益，那么该"姓名权"就是一种人格权。概括起来就是通过权利客体与生活事实领域确定姓名权的性质。对于前者，我将其命名为财产性姓名权；对于后者，将其命名为伦理性姓名权。这就是我所指称的"姓名权二元论本质说"。

---

① Michael Henry ed., International Privacy, Publicity and Personality Laws, Butterworths Press (UK), 2001, pp. 68 – 69.

② Michael Henry ed., International Privacy, Publicity and Personality Laws, Butterworths Press (UK), 2001, p. 128.

③ 马特：《人格权与财产权关系考》，载王利明主编：《民法典·人格权法重大疑难问题研究》，中国法制出版社2007年版，第181页。

④ ［英］彼得·斯坦、约翰·香德：《西方社会的法律价值》，王献平译，郑成思校，中国人民公安大学出版社1989年版，第252页。

2. 财产性姓名权的运作机理。

虽然财产性姓名权与伦理性姓名权的客体貌似相同，实则迥异。在客体意义上，当某一自然人的伦理性姓名（第一含义）被应用到财产领域之后，其所具有的伦理性就会因之而消失。由于一般人都能够区别出姓名——一种符号——的伦理意义和财产意义。因此，财产领域的姓名通过使用已经具有了第二含义，该第二含义就会排斥第一含义，并且最终由伦理符号变成消费符号。[①]据此，财产性姓名权的客体就是财产性姓名。

3. 姓名权二元本质论的长处。

第一，在学术传统和法典传统内和谐地构建了新型的权利，维护了民事权利体系的圆满性。[②]

姓名权二元论说维持权利体系分类标准的纯洁性，并使得人格权与财产权的界限得到遵守。本文主张的生活事实领域（或者目的）与客体作为民事权利分类理论维持了人格权的不可让与或者继承等基本特点，“姓名权”变成了伦理性姓名权，不再具有经济利益内涵，是一种人身非财产权。而作为其对应范畴，财产性姓名权是一种人身财产权，可让与或者继承。

第二，姓名权二元论说完善了对于姓名权的救济，主要表现为：首先，正确地区分了两种情况下的损害性质。在经济领域，姓名体现的是非伦理性价值，因此损害的性质是财产性的，从而确定了受害人不能够请求非财产损害赔偿。反之，在非经济领域，姓名体现的是伦理性价值，因此损害的性质是精神损害，从而确定了受害人可以请求精神损害赔偿。其次，辩证地处理了人格和财产的关系。人格能否既做伦理价值又做行动工具？[③] 在传统意义上姓名很难既做伦理价值又做行动工具。但是，姓名在商业化利用的过程中，由于具有了第二含义，从而使单纯作为人格要素的姓名具有了外在性，即使依据一般人的标准也可以认识到此姓名非彼姓名。一句话，姓名的第二含义使得姓名具有了外在性，进而突破了伦理意义的束缚，具备了成为财产的可能。从这个意义上来讲，“姓

① 关于第二含义和消费符号的论述受到冯象《鲁迅肖像权》一文的启发。参见冯象：《政法笔记》，江苏人民出版社2004年版，第80页。

② 这种方法也能够适用于关于“侵害特定纪念物品的，可以请求精神损害赔偿”的情况。

③ 姚辉：《逝者如斯夫》，载王利明主编：《判解研究（第7辑）》，人民法院出版社2002年版，第91页。

名”已经发生了一个从“人格”到“财产”的转变。历史上，从财产到人格的转变标志着人类法律制度的进步。① 那么，作为财产权的姓名权的确立是否标志着从财产到人格的运动之后，会发生一个从人格到财产的回归呢？

总结起来，本书对“姓名权二元论本质说”的构建如下图：

特征要素所处领域	经济领域	伦理领域
是否可以让与或者继承	可以	不可以
是否能够与主体分离	可以	不可以
姓名体现的性质	财产性	伦理性
目的	财富之增长	人格自由发展
载体表现	财产性姓名 （第二含义）具有外在性	伦理性姓名 （第一含义）具有内在性
符号的类别	消费符号	伦理符号
应然之概括称谓	财产性姓名权	伦理性姓名权
上位概念	形象财产权或 人身性财产权②	人格权或人身非财产权
所属于之法律领域	财产权法	人格权法
损害的性质	财产损害、期待 财富的丧失	精神损害、自由与 尊严等的丧失
违法行为的表现	擅自将他人姓名 使用于商业领域	不当使用他人姓名、 干涉他人使用姓名等
救济的途径	侵权损害赔偿请求权、 不当得利请求权、绝对权请求权	侵权损害赔偿请求权、 绝对权请求权

---

① 姚辉：《民法的精神》，法律出版社 1999 年版，第 7 – 19 页。[美] 伯纳德·斯瓦茨：《美国法律史》，王军等译，中国政法大学出版社 1989 年版，第 183 – 188 页。

② 芮沐先生认为其属于“人格物权”的一种，事实上芮沐先生所谓的“人格物权”即为广义的无形财产权。参见芮沐：《民事法律行为理论之全部（民总债总合编）》，中国政法大学出版社 2004 年版，第 7 页。芮沐先生的概括至少有几个优点：第一，人格物权的名称是人格要素和财产利益两个因素的组合，实现了内容和形式的和谐统一。第二，较好地统摄了形象财产权与著作权和专利权等类型知识产权的关系。第三，人格物权的称谓在符号上较好地反映了该类型权利和物权与人格权的关系。本文之所以没有采用“人格物权”的提法是基于以下考虑：本文所要论证的是姓名权的二元本质性，由于我国理论和实践中“人身非财产权”的根深蒂固，因此采用其对应范畴“人身性财产权”进行论证效果更好。

简而言之，姓名权在经济领域体现的是非伦理价值，可以认定是一种财产权；姓名权在非经济领域体现的是伦理价值，可以认定是一种人格权。这样，姓名权已经从人格权一枝独秀的时代转变到人格权和财产权二元并重的时代。现代社会中姓名权的本质已经不是一元的，而是二元的。

第一千零一十三条　【名称权】

法人、非法人组织享有名称权，有权依法决定、使用、变更、转让或者许可他人使用自己的名称。

本条来源

《民法通则》第九十九条第二款规定：“法人、个体工商户、个人合伙享有名称权。企业法人、个体工商户、个人合伙、其他组织有权使用、依法转让自己的名称。”《民法总则》第一百一十条第二款规定：“法人、非法人组织享有名称权、名誉权、荣誉权等权利。”《企业名称登记管理规定》规定了名称管理的行政规则。《国务院行政机构设置和编制管理条例》《地方各级人民政府机构设置和编制管理条例》《事业单位登记管理暂行条例》《基金会管理条例》《社会团体登记管理条例》《民办非企业单位登记管理暂行条例》《公司登记管理条例》《企业法人登记管理条例》《外国企业常驻代表机构登记管理条例》《个体工商户条例》《农民专业合作社登记管理条例》等规定了不同类型组织体的名称等行政管理制度。

立法演变

《2002年民法草案》人格权法第十五条规定：“法人享有名称权，有权使用、变更或者许可他人使用自己的名称。”一审稿第七百九十二条第二款：“法人、非法人组织享有名称权，有权依法使用、变更、转让或者许可他人使用自己的名称。”五审稿增加了“决定”。

条文释义

一、名称

名称是指法人及特殊的自然人组合等主体在社会活动中，用以确定和代表自身，并区别于他人的文字符号和标记。[①] 民商事主体的名称起到了区别的作用，为其从事民商事等各类活动的基本前提。

（一）企业名称

企业名称首先由企业自主选择，但最终的名称要受既有名称资源、法律法规的强行规定等约束。法律依据主要包括《企业名称登记管理规定》[②] 等规定。企业确定名称必须遵守以下规则：

1. 企业只准使用一个名称，在登记主管机关辖区内不得与已登记注册的同行业企业名称相同或者近似，此举主要是为了防止不正当竞争。除非另有规定，企业法人名称中不得含有其他法人的名称。企业名称中不得含有另一个企业名称。企业分支机构名称应当冠以其所从属企业的名称。

2. 企业名称应当使用符合国家规范的汉字，不得使用外文，不得使用汉语拼音字母、图形、字母数字、颜色、声音、阿拉伯数字。这也是《国家通用语言文字法》的要求，但是该法第十七条同时规定题词和招牌的手书字，可以保留或使用繁体字、异体字，这主要是因为字号是企业名称的组成部分，是简化的企业名称，也可以作为企业的标志。企业名称需译成外文使用的，由企业依据文字翻译原则自行翻译使用，不需报市场监管机关核准登记。

3. 企业名称的禁止性规定。除非另有规定，企业名称应当由行政区划、字号、行业、组织形式依次组成。除国务院决定设立的企业外，企业名称不得冠以“中国”“中华”“全国”“国家”“国际”等字样，不少国家也是这样规定的。在企业名称中间使用“中国”“中华”“全国”“国家”“国际”等字样的，该字样应是行业的限定语。使用外国（地区）出资企业字号的外商独资企业、外方控股的外商投资企业，可以在名称中间使用“（中国）”字样。企业名称中的行政区划是本企业所在地县级以上行政区划的名称或地名。市辖区的名称不能单独用作企业名称中的行政区划。市辖区名称与市行政区划连用的企业名称，由市市场监管局核准。省、市、县行政区划连用的企业名称，由最高级别行政区的市场监管局核准。企业名称中的字号应当由 2 个以上的字[③]组成，但目前

---

① 杨立新：《人身权法论》，人民法院出版社 2006 年版，第 484 页。

② 该条例的修改列入国务院 2019 年立法工作计划，截至目前尚未修改完毕。

③ 这里值得探讨的是，企业字号可否由一个字组成，中国有许多由地域和文化特征的文字，如“爨”本身就有很大的识别性和文化气息，考虑到我国目前企业数量庞大、字号资源紧张，许多企业都必须注册四个字以上的字号，放开一个字作为字号，有利于扩大企业名称数量，缓解矛盾。

的规定没有字数上限，如已经通过注册的最多有 39 个字，即“宝鸡有一群怀揣着梦想的少年相信在牛大叔的带领下会创造生命的奇迹网络科技有限公司”。由于名称是社会、经济交往符号，简洁明快、具有显著特征是其基本要求。此类长名称会受该规律的影响。行政区划不得用作字号，但县以上行政区划的地名具有其他含义的除外。

4. 企业名称可以使用自然人投资人的姓名作字号。此时，姓名权和名称权的保护就有可能重合，比如说李宁体育用品有限公司本身是一个名称，而李宁则是一个姓名。当然，“李宁”也是一种注册商标。

5. 企业名称中的行业表述应当是反映企业经济活动性质所属国民经济行业①或者企业经营特点的用语。企业名称中行业用语表述的内容应当与企业经营范围一致。企业经济活动性质分别属于国民经济行业不同大类的，应当选择主要经济活动性质所属国民经济行业类别用语表述企业名称中的行业。虽然该标准已经非常相近，但毕竟是逻辑思维的产物，有些新型经济难以归入国民经济行业种类中，需要立法和实践要留有一定余地。

6. 商号、字号和名称不是一码事情。一般来讲，它们的范围要小于名称的范围，名称包括了非商业领域的主体标志使用。有时商号、字号也可以是名称的简称。现在商号和字号很少在正式的场合使用，它们一般都通过名称登记程序获得了正式的身份，因此，商号和字号就较少出现在诉讼纠纷中。如果出现纠纷，一般也都可以通过名称权解决。

广义上的商号是商事主体的营业名称，营业名称是用来区别一个铺底与其他相似铺底的文词。②《德国商法典》第十七条就确认：“商人的商号是指商人进行其营业经营和进行签名的名称。”一般国家的商法典和民法典都将其解释为商事主体名称的同义词。比如，《日本商法典》第十六条、第十七条，《美国商标法》第四十六条。世界知识产权组织编撰的《〈反不正当竞争保护示范条款〉

---

① 《国民经济行业分类》国家标准于 1984 年首次发布，分别于 1994 年和 2002 年进行修订，2011 年第三次修订，2017 年第四次修订。新行业分类共有 20 个门类、97 个大类、473 个中类、1380 个小类。与 2011 年版比较，门类没有变化，大类增加了 1 个，中类增加了 41 个，小类增加了 286 个。https：//baike. baidu. com/item/国民经济行业分类/1640176？fr = aladdin，最后访问时间：2018 年 1 月 1 日。

② 沈达明：《知识产权法》，对外经济贸易大学出版社 1998 年版，第 332 页。

及其注释》中对商号的解释是“商号的作用是识别企业及其商业活动，并将其与其他企业及其经营活动区别开来”。①

商人的商事名称可以用来争取顾客，因此，商人的商事名称不像自然人的姓名那样仅仅是一种区分其他自然人的标志，它实际上已经成为商人财产的重要组成部分，商人自己可以利用，也可以转让或出租给第三人使用，因此，商人的名称是商事营业资产的重要组成部分。② 1988 年法国里昂法院判决商业名称所有权在全国领土内得到保护，不管其知名度和适用范围。③ 通过这种形式，商业名称在法国具有了财产权的属性。

据此，商号作为商事主体的营业名称，更多的本身具有商业属性，很难像健康权等人格权一样直接反映道德伦理价值，其更多地要受制于经济伦理。脱离了民事活动的商号，归根结底是一种无形资产或者无形价值。④ 名称可以作为财产的标的使用、收益、转让、继承以及做其他处分。⑤《德国商法典》第二十二条允许或者以允许为前提的对于商号的继承和出让如果仅从纯粹的人身权利特征来考察是不能被接受的。⑥ 这都说明了商号的强烈财产属性。即使以人名注册的商号，也可以通过全部或者部分转让的方式进行财产处分。

（二）其他主体的名称

公法人的名称有特殊的规则，且其名称无法转让，确定、变更一般不能自己决定，如《国务院行政机构设置和编制管理条例》第十六条规定：“国务院行政机构及其司级内设机构的名称应当规范、明确，并与该机构的类型和职能相称。国务院行政机构及其司级内设机构不得擅自变更名称。”事业单位名称相关法律规范主要是《事业单位登记管理暂行条例》。

我国对市场与社会主体实行分类管理，根据主体性质不同体现不同的管制

---

① 吴汉东：《无形财产权制度研究》，法律出版社 2005 年版，第 403 页。范健、王建文：《商法论》，高等教育出版社 2003 年版，第 466 – 467 页。

② 张民安：《商事营业资产研究》，载梁慧星主编：《民商法论丛》第 31 卷，法律出版社 2004 年版，第 176 – 177 页。

③ 沈达明：《知识产权法》，对外经济贸易大学出版社 1998 年版，第 336 页。

④ ［美］约翰 · R. 康芒斯：《资本主义的法律基础》，寿勉成译，方廷钰校，商务印书馆 2004 年版，第 218 页。

⑤ 王利明、杨立新、姚辉：《人格权法》，法律出版社 1997 年版，第 98 页。

⑥ ［德］卡纳里斯：《德国商法》，杨继译，法律出版社 2006 年版，第 282 页。

色彩。相关详细规则参见现行法整理。目前，我国正在推进整合统一规则。例如，《社会组织登记管理条例》列入了2019年的国务院立法计划。2018年，《社会组织登记管理条例（草案征求意见稿）》公开征求意见结束，该条例合并了《社会团体登记管理条例》《基金会管理条例》和《民办非企业单位登记管理暂行条例》。按照起草思路，新规正式施行后，前述三大条例将同时废止。

（三）名称的“放管服”改革

当前，企业名称制度正在由核准制改为自主申报制，即由行政许可改为行政确认，同时加强了名称争议的行政裁决制度。世界各国进入行政国家之后，以意思自治为主要特征的民事制度，究竟能在多大程度上意思自治，实际要看行政管制的强度，行政管制强，则民事制度发挥空间小；反之，则民事制度发挥空间大。民法与行政法的关系，背后是市场与政府的关系。行政管制的标准是什么？《行政许可法》第十二条可以参考，该条规定了五种具体情形，即直接涉及国家安全、公共安全、经济宏观调控、生态环境保护以及直接关系人身健康、生命财产安全等特定活动，需要按照法定条件予以批准的事项；有限自然资源开发利用、公共资源配置以及直接关系公共利益的特定行业的市场准入等，需要赋予特定权利的事项；提供公众服务并且直接关系公共利益的职业、行业，需要确定具备特殊信誉、特殊条件或者特殊技能等资格、资质的事项；直接关系公共安全、人身健康、生命财产安全的重要设备、设施、产品、物品，需要按照技术标准、技术规范，通过检验、检测、检疫等方式进行审定的事项；企业或者其他组织的设立等，需要确定主体资格的事项。其实不只行政许可，行政处罚等依职权行政行为在很大程度上也遵循了上述界限。

名称是商事制度改革的重要组成部分，商事制度改革是“使市场在资源配置中起决定性作用和更好发挥政府作用”改革的重要内容之一。《中共中央关于全面深化改革若干重大问题的决定》明确：“经济体制改革是全面深化改革的重点，核心问题是处理好政府和市场的关系，使市场在资源配置中起决定性作用和更好发挥政府作用。市场决定资源配置是市场经济的一般规律，健全社会主义市场经济体制必须遵循这条规律，着力解决市场体系不完善、政府干预过多和监管不到位问题。”

名称制度改革就是在上述背景下开展的。2017年1月，《国务院关于印发“十三五”市场监管规划的通知》规定：“提高便利化服务水平。改革企业名称核准制度，赋予企业名称自主选择权。除涉及前置审批事项或企业名称核准与企业设立登记不在同一机关外，逐步实现企业名称不再实行预先核准。向社会开放企业名称数据库，完善企业名称管理规范，丰富名称资源。增强企业变更名称的便捷性，提高办理效率。建立企业名称争议处理机制，完善企业名称与驰名商标、注册商标权利冲突解决机制，维护企业合法权益。强化不适宜名称强制纠正机制，维护社会公序良俗。”2017 年 7 月，国务院常务会议确定，取消企业名称预先核准，推广企业名称自主申报。2017 年 10 月，国家工商总局印发《企业名称禁限用规则》《企业名称相同相近比对规则》。2018 年 3 月，《国家市场监督管理总局办公厅关于推进企业名称自主申报改革试点工作的通知》规定，除涉及前置审批事项或者企业名称核准与企业设立登记不在同一机关的以外（如金融、医药卫生等行业），企业名称不再实行预先核准，申请人可以在办理企业登记时，以自主申报的企业名称一并申请。落实企业名称禁限用规则和相同相近比对规则，对申请的名称与在先登记名称相同以及属于禁用范围的，系统不予通过；对涉及相关情形限用内容的，系统提示申请人需提供有关证明或者授权文件方可通过；对与在先登记名称近似的，提示申请人存在的侵权风险。强化企业名称自主申报的主体责任，企业应当承诺自行承担相关法律责任。2019 年 2 月，《国务院关于取消和下放一批行政许可事项的决定》取消了名称预先核准（包括企业、企业集团、个体工商户、农民专业合作社名称预先核准），改为企业（包括个体工商户、农民专业合作社，下同）自主申报名称，市场监管部门在企业注册登记时核准名称。各级市场监管部门要通过以下措施优化服务、加强事中事后监管：（1）向社会公开企业名称库，引导企业自行拟定符合规则要求的名称。（2）建立企业名称自主申报制度，明确企业名称禁限用规则，完善企业名称争议处理机制，加强对企业名称使用的监督管理。（3）简化优化工商登记程序，实行“一次性告知”，提高企业登记办理效率，保障企业自主选择名称。

名称制度改革表明，政府的放权是民事制度焕发生机活力的前提，放权给市场，有助于降低政府治理成本，提高治理效率。

二、名称权

名称权是指法人及特殊的自然人组合依法享有的决定、使用、改变自己的名称，依照法律规定转让名称，并排除他人非法干涉、盗用或冒用名称的人格权。

（一）主体

根据本条，名称权的主体限于法人和非法人组织。根据本法第一百零二条，非法人组织是不具有法人资格，但是能够依法以自己的名义从事民事活动的组织。非法人组织包括个人独资企业、合伙企业、不具有法人资格的专业服务机构等。从该条表述来看，这是一个开放性条款。但是，非法人组织要接受国家管制，应当依照法律的规定登记，法律、行政法规规定须经有关机关批准的，依照其规定。没有按照上述规定登记的组织不能作为非法人组织。

农民专业合作社拥有名称权。根据《农民专业合作社法》，农民专业合作社是指在农村家庭承包经营基础上，农产品的生产经营者或者农业生产经营服务的提供者、利用者，自愿联合、民主管理的互助性经济组织。农民专业合作社可以依法自愿设立或者加入农民专业合作社联合社。《农民专业合作社登记管理条例》第六条规定："农民专业合作社的名称应当含有'专业合作社'字样，并符合国家有关企业名称登记管理的规定。"

个体工商户享有字号权。本法第五十四条规定，自然人从事工商业经营，经依法登记，为个体工商户；个体工商户可以起字号。个体工商户如果有名称权，则必须是法人或者非法人组织。从本法总则规定来看，个体工商户、农村土地承包经营户规定在自然人部分，并没有规定在非法人组织部分，似难以认定为非法人组织。因此，不宜认定个体工商户享有名称权，因字号与名称范围并不相同，可以退一步认定个体工商户享有字号权。① 当然，对于具有一定的市场知名度、为相关公众所知悉的个体工商户字号，是否可以认定为名称，还需要法律解释来进一步明确。

（二）存续期间

一般而言，名称也伴随着民商事主体的始终，与其共存亡。《公司登记管理条例》第十九条规定："预先核准的公司名称保留期为6个月。预先核准的公司

① 本书认为，从个体户和农村土地承包经营户的规定来看，"家庭"构成了间接承认的民事主体。根据本法第五十五条，农村集体经济组织的成员，依法取得农村土地承包经营权，从事家庭承包经营的，为农村承包经营户，据此，农村土地承包经营户不是一个人，而是特殊人群的组合。根据《个体工商户条例》第二条，个体工商户可以个人经营，也可以家庭经营。从民商事习惯来看，承认家庭的民事主体地位具有积极意义。在历史上，家、宗族都曾作为独立的民事主体。近年来这方面的研究逐渐增多，如宁清同：《家庭的民事主体地位》，载《现代法学》2004年6期。

名称在保留期内，不得用于从事经营活动，不得转让。”据此，名称权的保护开始时间似乎为预核准开始之日。考虑到，国务院已经决定以自主申报取代预核准制度，因此，企业名称权的开始时间宜定为自名称登记之日，终止时间为注销登记之日。

（三）性质

关于名称权的性质有人格权、财产权、知识产权等几种学说，在国际公约中，名称权被认定为知识产权。

就名称权而言，如果以是否能够和权利主体相分离及固有性为标准，名称权可以被认定为人格权。德国学者拉伦茨认为，一个人员频繁变更的联合体，只有当它“有其名称，以此使其被认可的方式将其成员联合为一个整体，且同时使其与其他社团区别开来时”，才能成为一个与其成员的变更无关的是实体而存在。[①] 从名称的专属性、固有性的标准来看，名称权属于人格权，体现了一定的伦理属性。比如，用汉莎航空公司的标志性颜色黄色和蓝色以及商标鹤制作招贴画，并使用“纵欲汉莎”（Lusthansa）的字样加以销售就有可能侵害了该企业的名称权。或者将巴伐利亚汽车制造厂的缩写“BMW”解读为“巴伐利亚粪车”（Bayerischer Mistwagen）或者“再撞了一次”也可能侵害该企业的名称权。[②]

如果以是否包含人格要素或者财产要素为标准，则名称权很难被定义为人格权。客观来讲，名称的财产性更为强烈，甚至已经将伦理属性湮没了。德国学术通说认为，将商号权视为一种混合权利，它除了人身权利之外，表现出财产权和无形财产权的特征。[③] 谢怀栻先生也指出，商号权（厂商名称权）是对自己已登记的商号（厂商名称、企业名称）不受他人妨害的一种使用权，是知识产权的一种，不能等同于个人的姓名权（人格权的一种）。[④] 笔者认为，通过

---

① ［德］卡尔·拉伦茨：《德国民法通论》，王晓晔等译，法律出版社 2003 年版，第 238 页。

② ［德］霍尔斯特·埃曼：《论一般人格权的结构》，乔文豹等译，载《中德经济法研究所年刊》1996/97 年号，第 85 页。［德］卡纳里斯：《德国商法》，杨继译，法律出版社 2006 年版，第 282 页。

③ ［德］卡纳里斯：《德国商法》，杨继译，法律出版社 2006 年版，第 282 页。

④ 谢怀栻：《论民事权利体系》，载《法学研究》1996 年第 2 期。谢怀栻先生还认为，把著作权分为著作人身权和著作财产权是十分不妥的。谢怀栻：《论著作权》，载《版权研究文选》，商务印书馆 1995 年版。

比较名称的伦理利益和财产利益，我们会发现，由于名称主体和适用领域的特殊性，大多数情况下，名称的财产利益处于支配地位。名称（除公法人名称之外）的伦理意义并不能从根本上阻止民商事主体对其进行的商业处分。

（四）权利内容

1. 名称设定权，主要是名称不得与其他名称相同或者近似，避免主体混同。

2. 名称使用权，主要是禁止他人假冒、盗用等不当使用，对于侵害名称权的行为，权利人可以依法请求损害赔偿。授权他人使用企业名称也是名称权行使的重要形式，一般需要采取签订合同的形式。在授权他人使用名称的情况下，但这一信息如果不为相关市场主体所知悉，则名称权人要对第三人的善意行为承担法律责任。实践中，可以考虑通过国家企业信用信息公示系统对授权使用情况进行公示，以加强对市场主体的保护。

3. 名称变更权，主要是可以依照法律规定变更自己的名称，这方面有些强行性规定。比如，《公司登记管理条例》第二十八条规定，公司变更名称的，应当自变更决议或者决定作出之日起30日内申请变更登记。《企业名称登记管理规定》第二十三条第二、三款规定，企业名称只能转让给一户企业。企业名称的转让方与受让方应当签订书面合同或者协议，报原登记主管机关核准。企业名称转让后，转让方不得继续使用已转让的企业名称。

4. 名称转让权，名称权转让可以分为部分转让和全部转让。《企业名称登记管理规定》第二十三条第一款规定，企业名称可以随企业或者企业的一部分一并转让。名称权转让需要在国家企业信用信息公示系统进行公示。基于对名称与企业紧密不可分离的认识，《德国商法典》第二十三条规定："商号不得与使用此商号的营业分离而让与。"①

法条关联

◆《农民专业合作社法》

第十二条 设立农民专业合作社，应当具备下列条件：

……

① 《德国商法典》，杜景林、卢谌译，中国政法大学出版社2000年版。

（四）有符合法律、行政法规规定的名称和章程确定的住所；

……

第五十六条 三个以上的农民专业合作社在自愿的基础上，可以出资设立农民专业合作社联合社。

农民专业合作社联合社应当有自己的名称、组织机构和住所，由联合社全体成员制定并承认的章程，以及符合章程规定的成员出资。

◆《反不正当竞争法》

第六条 经营者不得实施下列混淆行为，引人误认为是他人商品或者与他人存在特定联系：

……

（二）擅自使用他人有一定影响的企业名称（包括简称、字号等）、社会组织名称（包括简称等）、姓名（包括笔名、艺名、译名等）；

……

◆《企业名称登记管理规定》

第三条 企业名称在企业申请登记时，由企业名称的登记主管机关核定。企业名称经核准登记注册后方可使用，在规定的范围内享有专用权。

第六条 企业只准使用一个名称，在登记主管机关辖区内不得与已登记注册的同行业企业名称相同或者近似。

确有特殊需要的，经省级以上登记主管机关核准，企业可以在规定的范围内使用一个从属名称。

第七条 企业名称应当由以下部分依次组成：字号（或者商号，下同）、行业或者经营特点、组织形式。

企业名称应当冠以企业所在地省（包括自治区、直辖市，下同）或者市（包括州，下同）或者县（包括市辖区，下同）行政区划名称。

经国家工商行政管理局核准，下列企业的企业名称可以不冠以企业所在地行政区划名称：

（一）本规定第十三条所列企业；

（二）历史悠久、字号驰名的企业；

（三）外商投资企业。

第九条 企业名称不得含有下列内容和文字：

（一）有损于国家、社会公共利益的；

（二）可能对公众造成欺骗或者误解的；

（三）外国国家（地区）名称、国际组织名称；

（四）政党名称、党政军机关名称、群众组织名称、社会团体名称及部队番号；

（五）汉语拼音字母（外文名称中使用的除外）、数字；

（六）其他法律、行政法规规定禁止的。

第十条 企业可以选择字号。字号应当由两个以上的字组成。

企业有正当理由可以使用本地或者异地地名作字号，但不得使用县以上行政区划名称作字号。

私营企业可以使用投资人姓名作字号。

第十三条 下列企业，可以申请在企业名称中使用“中国”、“中华”或者冠以“国际”字词：

（一）全国性公司；

（二）国务院或其授权的机关批准的大型进出口企业；

（三）国务院或其授权的机关批准的大型企业集团；

（四）国家工商行政管理局规定的其他企业。

◆《公司登记管理条例》

第十一条 公司名称应当符合国家有关规定。公司只能使用一个名称。经公司登记机关核准登记的公司名称受法律保护。

◆《企业法人登记管理条例》

第十条 企业法人只准使用一个名称。企业法人申请登记注册的名称由登记主管机关核定，经核准登记注册后在规定的范围内享有专用权。

申请设立中外合资经营企业、中外合作经营企业和外资企业应当在合同、章程审批之前，向登记主管机关申请企业名称登记。

◆《个体工商户条例》

第八条第二款 个体工商户登记事项包括经营者姓名和住所、组成形式、经营范围、经营场所。个体工商户使用名称的，名称作为登记事项。

◆《农民专业合作社登记管理条例》

第六条 农民专业合作社的名称应当含有“专业合作社”字样，并符合国家有关企业名称登记管理的规定。

◆《社会团体登记管理条例》

第十条　成立社会团体，应当具备下列条件：

（一）有50个以上的个人会员或者30个以上的单位会员；个人会员、单位会员混合组成的，会员总数不得少于50个；

（二）有规范的名称和相应的组织机构；

（三）有固定的住所；

（四）有与其业务活动相适应的专职工作人员；

（五）有合法的资产和经费来源，全国性的社会团体有10万元以上活动资金，地方性的社会团体和跨行政区域的社会团体有3万元以上活动资金；

（六）有独立承担民事责任的能力。

社会团体的名称应当符合法律、法规的规定，不得违背社会道德风尚。社会团体的名称应当与其业务范围、成员分布、活动地域相一致，准确反映其特征。全国性的社会团体的名称冠以“中国”、“全国”、“中华”等字样的，应当按照国家有关规定经过批准，地方性的社会团体的名称不得冠以“中国”、“全国”、“中华”等字样。

第二十三条　社会团体成立、注销或者变更名称、住所、法定代表人，由登记管理机关予以公告。

◆《基金会管理条例》

第八条　设立基金会，应当具备下列条件：

（一）为特定的公益目的而设立；

（二）全国性公募基金会的原始基金不低于800万元人民币，地方性公募基金会的原始基金不低于400万元人民币，非公募基金会的原始基金不低于200万元人民币；原始基金必须为到账货币资金；

（三）有规范的名称、章程、组织机构以及与其开展活动相适应的专职工作人员；

（四）有固定的住所；

（五）能够独立承担民事责任。

◆《民办非企业单位登记管理暂行条例》

第二条　本条例所称民办非企业单位，是指企业事业单位、社会团体和其他社会力量以及公民个人利用非国有资产举办的，从事非营利性社会服务活动的社会组织。

第八条 申请登记民办非企业单位，应当具备下列条件：

（一）经业务主管单位审查同意；

（二）有规范的名称、必要的组织机构；

（三）有与其业务活动相适应的从业人员；

（四）有与其业务活动相适应的合法财产；

（五）有必要的场所。

民办非企业单位的名称应当符合国务院民政部门的规定，不得冠以“中国”、“全国”、“中华”等字样。

◆《外国企业常驻代表机构登记管理条例》

第十条 代表机构名称应当由以下部分依次组成：外国企业国籍、外国企业中文名称、驻在城市名称以及“代表处”字样，并不得含有下列内容和文字：

（一）有损于中国国家安全或者社会公共利益的；

（二）国际组织名称；

（三）法律、行政法规或者国务院规定禁止的。

代表机构应当以登记机关登记的名称从事业务活动。

◆《最高人民法院关于审理不正当竞争民事案件应用法律若干问题的解释》

第六条第一款 企业登记主管机关依法登记注册的企业名称，以及在中国境内进行商业使用的外国（地区）企业名称，应当认定为反不正当竞争法第五条第（三）项规定的“企业名称”。具有一定的市场知名度、为相关公众所知悉的企业名称中的字号，可以认定为反不正当竞争法第五条第（三）项规定的“企业名称”。

◆《最高人民法院关于审理注册商标、企业名称与在先权利冲突的民事纠纷案件若干问题的规定》

第二条 原告以他人企业名称与其在先的企业名称相同或者近似，足以使相关公众对其商品的来源产生混淆，违反反不正当竞争法第五条第（三）项的规定为由提起诉讼，符合民事诉讼法第一百零八条规定的，人民法院应当受理。

第三条 人民法院应当根据原告的诉讼请求和争议民事法律关系的性质，按照民事案件案由规定，确定注册商标或者企业名称与在先权利冲突的民事纠纷案件的案由，并适用相应的法律。

第四条　被诉企业名称侵犯注册商标专用权或者构成不正当竞争的，人民法院可以根据原告的诉讼请求和案件具体情况，确定被告承担停止使用、规范使用等民事责任。

案例评议

天津中国青年旅行社诉天津国青国际旅行社擅自使用他人企业名称纠纷案（指导案例29号）①

◆ **裁判规则**

对于企业长期、广泛对外使用，具有一定市场知名度、为相关公众所知悉，已实际具有商号作用的企业名称简称，可以视为企业名称予以保护。擅自将他人已实际具有商号作用的企业名称简称作为商业活动中互联网竞价排名关键词，使相关公众产生混淆误认的，属于不正当竞争行为。

◆ **评议**

由于企业名称往往比较长，因此，在广告或者经营过程中，企业往往主要使用字号。本案判决的重要一点在于，重申了具有一定的市场知名度、为相关公众所知悉的企业名称中的字号，可以被视为企业名称。

第一千零一十四条　【禁止侵害姓名权、名称权】

任何组织或者个人不得以干涉、盗用、假冒等方式侵害他人的姓名权或者名称权。

本条来源

《反不正当竞争法》第六条。

立法演变

《2002年民法草案》人格权法第十四条规定：“使用重名的自然人姓名时，

① 最高人民法院审判委员会讨论通过，2014年6月26日发布。

应当采取适当方式，避免造成混淆、误导。”第十六条规定：“禁止他人干涉、盗用、假冒或者以其他不正当方式侵害自然人的姓名权或者法人的名称权。”后无变化。

条文释义

一、侵害名称权的行为表现

第一，干涉他人设定、使用、变更名称。由于名称本身也是一种稀缺资源，对于某一个行业来讲一个朗朗上口的名字，比如“可口可乐”，意味着在激烈的竞争中已经占据了先机。因此，在实践中也会发生干涉他人名称的行为。比如，市场监管机关工作人员无故拒绝他人设定企业名称，竞争对手恶意阻止他人变更企业名称，等等。

第二，盗用、假冒他人名称。这方面主要是擅自使用他人有一定影响的企业名称（包括简称、字号等）、社会组织名称（包括简称等）、姓名（包括笔名、艺名、译名等），引人误认为是他人商品或者与他人存在特定联系，《反不正当竞争法》对此有详细规定。

第三，应使用而不使用他人名称。这种行为一般要求加害人具有使用他人名称的义务，如果没有使用他人名称的义务，那么就不构成侵害他人名称权。

二、侵害名称权

名称权受到侵害的，可以寻求人格权请求权、侵权请求权等救济手段，也可以请求市场监管部门实施行政监管。名称权受到侵害时受害人能否获得精神损害赔偿，对此，有赞成说和反对说两种观点。二者分歧的关键在于团体人格权受到侵害是否可以请求精神损害赔偿。

《精神损害赔偿司法解释》第五条规定：“法人或者其他组织以人格权利遭受侵害为由，向人民法院起诉请求赔偿精神损害的，人民法院不予受理。”这就否认了侵害名称权可以请求精神损害赔偿。获得精神损害赔偿的前提是受害人能够感到精神痛苦或者其他的精神利益受到损害，而法人或者其他组织本身是以追求财产利益最大化为基本目标的，作为一种组织体，一般来讲是不能够感受到精神痛苦的，因此，侵害名称权不给予精神损害赔偿是合理的。

法条关联

◆《最高人民法院关于审理注册商标、企业名称与在先权利冲突的民事纠纷案件若干问题的决定》

第一条 原告以他人注册商标使用的文字、图形等侵犯其著作权、外观设计专利权、企业名称权等在先权利为由提起诉讼，符合民事诉讼法第一百零八条规定的，人民法院应当受理。

原告以他人使用在核定商品上的注册商标与其在先的注册商标相同或者近似为由提起诉讼的，人民法院应当根据民事诉讼法第一百一十一条第（三）项的规定，告知原告向有关行政主管机关申请解决。但原告以他人超出核定商品的范围或者以改变显著特征、拆分、组合等方式使用的注册商标，与其注册商标相同或者近似为由提起诉讼的，人民法院应当受理。

第二条 原告以他人企业名称与其在先的企业名称相同或者近似，足以使相关公众对其商品的来源产生混淆，违反反不正当竞争法第五条第（三）项的规定为由提起诉讼，符合民事诉讼法第一百零八条规定的，人民法院应当受理。

第三条 人民法院应当根据原告的诉讼请求和争议民事法律关系的性质，按照民事案件案由规定，确定注册商标或者企业名称与在先权利冲突的民事纠纷案件的案由，并适用相应的法律。

第四条 被诉企业名称侵犯注册商标专用权或者构成不正当竞争的，人民法院可以根据原告的诉讼请求和案件具体情况，确定被告承担停止使用、规范使用等民事责任。

案例评议

成都同德福合川桃片有限公司诉重庆市合川区同德福桃片有限公司、余晓华侵害商标权及不正当竞争纠纷案（指导案例58号）①

◆ **裁判规则**

与“老字号”无历史渊源的个人或企业将“老字号”或与其近似的字号注

① 最高人民法院审判委员会讨论通过，2016年5月20日发布。

册为商标后，以“老字号”的历史进行宣传的，应认定为虚假宣传，构成不正当竞争。与“老字号”具有历史渊源的个人或企业在未违反诚实信用原则的前提下，将“老字号”注册为个体工商户字号或企业名称，未引人误认且未突出使用该字号的，不构成不正当竞争或侵犯注册商标专用权。

◆ **评议**

本案确定了“无历史渊源”规则，同时用诚实信用原则兜底。类似的判决还有“泥人张”案，法院认为，行为人使用“传人”称谓进行宣传，如并未单独或突出使用他人企业名称，不构成对他人企业名称权的侵害。行为人使用“传人”称谓进行宣传，应考虑其使用行为是否具有历史及事实基础，是否有不正当竞争的故意，以及是否会导致相关公众的混淆、误认等因素，综合判断其是否构成虚假宣传的不正当竞争行为。而对于“传人”的界定、是否具备“传人”的身份等问题，审理时应注意分清艺术问题与法律问题，个案中不宜直接加以认定。① 由于名称本身的商业色彩更浓烈些，因此侵害名称权的案件，往往要考虑适用《反不正当竞争法》。本案突出诚实信用原则，契合了我国民商合一的立法体制。

市场主体究竟在什么层面可以使用历史资源，杏花村商标案件明确了公共资源可供市场主体共同使用，界定了市场行为的界限。法院认为，“杏花村”与酒的联系，并非始自山西杏花村公司对引证商标的使用、宣传。杜牧的著名诗句早已使人们将“杏花村”与酒商品联系在一起，山西杏花村公司利用这种早已存在的联系建立引证商标一在酒类商品尤其是汾酒商品上的知名度并使之成为驰名商标，但由此对引证商标一的保护也不应不适当地扩大，尤其是不应当禁止他人同样地从杜牧诗句这一公众资源中获取、选择并建立自己的品牌，只要不会造成对引证商标一及山西杏花村公司利益的损害即可。安徽杏花村集团公司在树木、谷（谷类）等商品上申请注册被异议商标，并不足以导致相关公众误认为该商标与引证商标一存在相当程度的联系，从而减弱引证商标一的显著性或不当利用引证商标一的市场声誉。被异议商标的申请、注册未违反商

① 天津市“泥人张”世家绘塑老作坊、张某诉陈某谦等擅自使用他人企业名称及虚假宣传纠纷案，(2012) 津高民三终字第16号。

标法第十三条第二款的规定。①

第一千零一十五条　【第三姓】

自然人应当随父姓或者母姓，但是有下列情形之一的，可以在父姓和母姓之外选取姓氏：

（一）选取其他直系长辈血亲的姓氏；

（二）因由法定扶养人以外的人扶养而选取扶养人姓氏；

（三）有不违背公序良俗的其他正当理由。

少数民族自然人的姓氏可以遵从本民族的文化传统和风俗习惯。

本条来源

《民法通则》第九十九条第一款规定："公民享有姓名权，有权决定、使用和依照规定改变自己的姓名，禁止他人干涉、盗用、假冒。"《婚姻法》第二十二条规定："子女可以随父姓，可以随母姓。"由于这两部法律没有明确规定"第三姓"的问题，姓名登记管理和司法实践中遇到了多起案例，各方面也提出了相关建议。此后，全国人大常委会就上述条款作了一个立法解释②，规定：

最高人民法院向全国人民代表大会常务委员会提出，为使人民法院正确理解和适用法律，请求对民法通则第九十九条第一款"公民享有姓名权，有权决定、使用和依照规定改变自己的姓名"和婚姻法第二十二条"子女可以随父姓，可以随母姓"的规定作法律解释，明确公民在父姓和母姓之外选取姓氏如何适用法律。

全国人民代表大会常务委员会讨论了上述规定的含义，认为：公民依法享有姓名权。公民行使姓名权属于民事活动，既应当依照民法通则第九十九条第一款和婚姻法第二十二条的规定，还应当遵守民法通则第七条的规定，即应当

① 山西杏花村汾酒厂股份有限公司诉国家工商行政管理总局商标评审委员会、第三人安徽杏花村集团有限公司商标异议复审行政纠纷上诉案行政判决书，（2010）高行终字第1118号。

② 即《全国人民代表大会常务委员会关于〈中华人民共和国民法通则〉第九十九条第一款、〈中华人民共和国婚姻法〉第二十二条的解释》。

尊重社会公德，不得损害社会公共利益。在中华传统文化中，“姓名”中的“姓”，即姓氏，体现着血缘传承、伦理秩序和文化传统，公民选取姓氏涉及公序良俗。公民原则上随父姓或者母姓符合中华传统文化和伦理观念，符合绝大多数公民的意愿和实际做法。同时，考虑到社会实际情况，公民有正当理由的也可以选取其他姓氏。基于此，对民法通则第九十九条第一款、婚姻法第二十二条解释如下：

公民依法享有姓名权。公民行使姓名权，还应当尊重社会公德，不得损害社会公共利益。

公民原则上应当随父姓或者母姓。有下列情形之一的，可以在父姓和母姓之外选取姓氏：

（一）选取其他直系长辈血亲的姓氏；

（二）因由法定扶养人以外的人扶养而选取扶养人姓氏；

（三）有不违反公序良俗的其他正当理由。

少数民族公民的姓氏可以从本民族的文化传统和风俗习惯。

立法演变

一审稿第七百九十四条规定：“自然人原则上应当随父姓或者母姓。有下列情形之一的，可以在父姓和母姓之外选取姓氏：（一）选取其他直系长辈血亲的姓氏；（二）因由法定扶养人以外的人扶养而选取扶养人姓氏；（三）有不违反公序良俗的其他正当理由。少数民族自然人的姓氏可以遵从本民族的文化传统和风俗习惯。”二审稿删除了“原则上”，此后无变化。

条文释义

一、随父姓或者母姓

子女随父姓或者母姓是一般规则，实践中随父姓的居多。一审稿、二审稿第七百九十五条规定：“未成年人父母离婚的，与未成年人共同生活的一方可以将该未成年人的姓氏变更为自己的姓氏，但是另一方有正当理由表示反对的除外。父或者母变更未成年子女姓氏的，应当根据未成年子女的年龄和智力状况，尊重其真实意愿。”在室内稿阶段，第一款但书的规定为“应当征得另一方的同意”。2019 年 4 月，有意见提出，该条规定的初衷是为了给实践中此类案件的解决提供法律依据，但是变更未成年人姓氏涉及的问题较为复杂，这一规定并不能完全解决现实中的这类问题，建议不作规定。据此，删除这一条。立法就是在矛盾焦点上砍一刀，这一条文的变化，体现了立民事基本法的难度。

姓氏变更背后涉及的是抚养权问题。《最高人民法院关于人民法院审理离婚案件处理子女抚养问题的若干具体意见》规定："父母不得因子女变更姓氏而拒付子女抚育费。父或母一方擅自将子女姓氏改为继母或继父姓氏而引起纠纷的，应责令恢复原姓氏。"本书认为，如果另一方不同意的，人民法院可以根据申请，按照最有利于未成年子女保护的原则确定，对于限制民事行为能力人，应征得其同意，未成年人成年后自行选择姓氏。

子女姓氏也可以改为继父母姓氏。《公安部关于父母一方亡故另一方再婚未成年子女姓名变更有关问题处理意见的通知》规定："依据《民法通则》第十一条、第十二条、第十六条、第九十九条和《户口登记条例》第十八条的规定，对父母一方亡故另一方再婚后要求变更未成年子女姓名的问题，公安机关应当区别以下不同情形，准予当事人及其监护人凭相关证明办理姓名变更手续：一、以本人的劳动收入为主要生活来源的十六周岁以上未满十八周岁的未成年人，自主决定本人姓名的变更；其父亲和继母，或者母亲和继父要求变更其姓名的，必须征得其本人同意。二、十周岁以上的未成年人的父亲和继母，或者母亲和继父经协商同意，要求变更该未成年人姓名的，应当征得其本人的同意。三、不满十周岁的未成年人姓名的变更，由其父亲和继母，或者母亲和继父协商一致后决定。"

二、第三姓

（一）选取其他直系长辈血亲的姓氏

我国法律只规定了配偶、父母、子女、兄弟姐妹、祖父母、外祖父母、孙子女、外孙子女为近亲属，并没有明确直系长辈血亲的范围。从解释层面来看，血亲主要指出于同一祖先，有血缘关系的亲属，即自然血亲、直系血亲，包括父母子女间，祖父母、外祖父母与孙子女、外孙子女间。简单来讲，垂直血脉的，为直系血亲。因此，选取直系长辈血亲姓氏时，可以选祖父、祖母、外祖父、外祖母，同时，还不限于三代以内，家谱能够表明为直系长辈血亲的，都可以选为其姓氏。

旁系血亲包括同源于父母的兄弟姊妹（含同父异母、同母异父的兄弟姊妹）；不同辈的叔、伯、姑、舅、姨与侄（女）、甥（女）。[①]《民政部民政司关于表姨和表外甥能否结婚的复函》明确：所谓“三代以内的旁系血亲”，是指同一祖父母或外祖父母的血亲关系。你们所询表姨和表外甥并不是同一外祖父母，因此不属三代以内的旁系血亲。

（二）因由法定扶养人以外的人扶养而选取扶养人姓氏

根据本法，法定扶养人包括父母、养父母、祖父母、扶养教育继子女的继父母。有负担能力的祖父母、外祖父母，对于父母已经死亡或者父母无力抚养的未成年孙子女、外孙子女有扶养义务；有负担能力的兄、姐，对于父母已经死亡或者父母无力抚养的未成年弟、妹，有扶养的义务。监护人的职责是代理被监护人实施民事法律行为，保护被监护人的人身权利、财产权利以及其他合法权益等，因此，监护人不属于具有法定扶养义务人。

实践中，法定扶养人以外的人可能为法人或者非法人组织，如何选取姓氏，本条没有明确。本书认为，不具有扶养义务而扶养未成年人的，体现了社会主义核心价值观，该未成年人根据扶养人的名称创造的姓氏，虽然没有体现着血缘传承、伦理秩序，但也承载了伦理价值，应予以承认。

（三）有不违背公序良俗的其他正当理由

由于历史原因形成了一些生僻姓氏、贬姓，如“苟”姓实际为“敬”，只是在历史上被改姓为“苟”，由于该形式具有一定侮辱性，此类姓氏更改符合公序良俗。

三、少数民族姓氏

中国有 8761 个少数民族姓，胡、长孙、穆、楼、奚等常见姓氏很多都是少数民族姓。[②] 对于没有姓氏的少数民族而言，起姓也是很重要的。根据本民族的文化传统和风俗习惯创造的新姓氏或者汉族姓氏，符合本条规定，应予以承认。类似的还有归化的外国人，本书认为，其姓氏选取可以参照少数民族姓氏条款的规定，但要符合我国通用语言文字、姓名登记等有关规定。

---

① “婚姻法（1980）第六条释义”，http：//www. pkulaw. cn/CLink_ form. aspx？ Gid = ff6577b27d4ed3efbdfb&subkm = 0&km = siy&tiao = 7，最后访问时间：2017 年 1 月 1 日。

② 《少数民族常用的姓》，https：//zhidao. baidu. com/question/4837578. html，最后访问时间：2017 年 1 月 1 日。

法条关联

◆《反不正当竞争法》

第一千零五十六条　夫妻双方都有各自使用自己姓名的权利。

第一千一百一十二条　养子女可以随养父或者养母的姓氏，经当事人协商一致，也可以保留原姓氏。

案例评议

“北雁云依”诉济南市公安局历下区分局燕山派出所公安行政登记案（指导案例89号）①

◆ **裁判规则**

公民选取或创设姓氏应当符合中华传统文化和伦理观念。仅凭个人喜好和愿望在父姓、母姓之外选取其他姓氏或者创设新的姓氏，不属于《全国人民代表大会常务委员会关于〈民法通则〉第九十九条第一款、〈婚姻法〉第二十二条的解释》第二款第三项规定的“有不违反公序良俗的其他正当理由”。

◆ **评议**

本案衍生了民事立法方面的立法解释，可以说是标志性的人格权案例。姓氏体现了血缘关系、亲属关系，承载着文化传统、伦理观念、人文情怀。本案在姓氏选择方面保持一定宽容度的同时，又给予一定的拘束，可谓张弛有度。从历史上看，姓氏发展有一个由少到多、进而相对平衡的过程；如果姓氏资源稀缺，而导致大量重名，则有必要扩张“正当理由”的范围，鼓励创造更多的姓氏。当然，公安机关在进行姓名登记时对于何为“有不违背公序良俗的其他正当理由”，具有裁量权空间，这在行政确认行为中是比较少见的。

深度研讨

本部分讨论法律承认第三姓的限度。② 在全国人大常委会立法解释出台之前，我国法律没有明确规定姓的确定规则。允许“第三姓”的存在具有历史基

① 最高人民法院审判委员会讨论通过，2017年11月15日发布。

② 本部分与马桦合著。

础、比较法基础和法理基础。人类社会的姓氏经历了一个由少到多的过程。改姓符合姓氏发展的一般规律。婚姻姓氏、养子女姓氏、亲子关系不能确定时的姓氏等第三姓的确定前提包括：申请人必须具有正当利益或充分理由，改姓不得背离公序良俗、法律的强制性规定，不得损害他人利益。第三姓确定还包括细致的实体规则和程序规则。

萧氏“第三姓”案直接反映了解决姓的确定问题的迫切性。① 家住海淀区首体南路20号国兴家园的黄女士来法院起诉：2003年4月1日、2日，原告两次携带齐备的手续到海淀分局大钟寺派出所为其新生儿登记户口。大钟寺派出所依据市公安局有关规定，两次拒绝了原告的请求。理由是新生儿的父亲姓肖、母亲姓黄，而新生儿的母亲在给孩子注册户口时却提出要把新生儿的姓氏注册成第三姓——“萧”。6月6日，原告拨打了海淀公安分局的电话，其工作人员以同样的理由再次拒绝了黄女士想让其孩子姓“萧”的请求。原告黄女士认为，依据《民法通则》第九十九条“公民有姓名权，有权决定、使用和依照规定改变自己的姓名，禁止他人干涉、盗用、假冒”的规定，原告的新生儿享有姓名权，作为新生儿的监护人，原告有权决定新生儿的姓名。于是原告提起行政诉讼，要求被告大钟寺派出所履行法定职责，依法为原告新生儿“萧某扬”进行户口登记。依照《关于加强居民户口登记项目变更更正管理工作的通知》规定，改名可以，改姓不可以，孩子只能随父姓或母姓。对于类似的改姓案件，以往学者对此的分析多局限于婚姻法第二十二条的解释问题。从根本上来讲，这是一个姓的确定问题，而如何建立我国确定姓氏的一般规则正是本文写作的宗旨。

一、允许“第三姓”的历史根据

是否允许第三姓说到底是一个改姓的合法性问题。我们认为，第三姓在人类历史上是客观存在的，在人类历史上，姓氏是随着社会的发展而逐渐增多的。人类社会的姓氏经历了一个由少到多的过程。改姓符合姓氏发展的一般规律。

中国历史上长期存在第三姓。改姓大约存在以下几种类型：第一，因民族融合而改姓。一是汉族与少数民族之间互相改变姓氏。胡姓汉化最常见，如汉

---

① 《不批新生儿姓第三姓》，http：//www. ngdsb. com. cn/200305/ca257806. htm，最后访问时间：2017年1月1日。

武帝赐匈奴休屠王的太子日姓“金”；又如，朱元璋曾下诏禁止胡服、胡语、胡姓，不少少数民族的复姓均改为单姓，呼延改呼、乞伏改讫等，连春秋时的复姓也改成了单姓。二是少数民族统治者接受汉民族的文明，倡导胡改汉姓。最著名的例子是北魏孝文帝下诏改鲜卑姓为汉姓。三是为适应时代与社会环境的变化而改从汉姓。如近代满族的改姓，爱新觉罗氏改姓金、罗、肇、德、洪、依、海等，马佳氏改姓马，叶赫那拉氏改姓叶或那等。汉姓胡化最著名的例子发生在北周，宇文觉称帝后，崇尚本民族习惯，以夷为贵，将汉姓改为鲜卑姓，如将蔡姓改为大氏稽氏，张姓改为叱罗氏。[①] 第二，皇帝赐姓、贬姓。各朝各代都存在皇帝赐姓与臣子，以示尊贵的现象。比如“李”姓。相反，也存在贬姓以示耻辱的现象。比如“驴”姓。第三，避讳改姓。“敬”姓在南朝时，侯景曾建立一个汉朝，由于敬姓人的姓氏与他的名字同音，于是敬姓便改姓恭。此后，他们虽然得以恢复原来的姓氏，但到五代十国时又因为姓氏犯后晋高祖石敬瑭的名讳，不得不把姓氏拆成“苟”和“文”两个姓氏，宋朝又因避宋太祖赵匡胤祖父赵敬的名讳，而改姓文。[②] 第四，避祸改姓。战国时，游侠田光与燕太子丹合谋派荆轲刺杀秦王嬴政，失败后田光自刎，其子避居他乡，改姓光。对此，《广韵·唐韵》有记载。[③] 第五，避耻、避嘲改姓。比如，安禄山叛乱时，安抱玉镇守南阳，上书朝廷，说耻与逆臣安禄山同宗，要求改姓，于是唐玄宗赐他姓李。[④] 另如，“人自宋后羞名桧，我到坟前愧姓秦”这样的诗句从另一个角度说明了这一问题。第六，复音姓氏单音化。东汉人编纂的《风俗通义·姓氏篇》中收录的500多个姓氏中，复姓有150多个，占将近三分之一。[⑤] 但祖辈的姓氏有很多没有被子孙所沿用，当代中国复姓的数量大大减少。第七，音讹改姓。由于我国南方与北方方言读音差异较大，久而久之影响了姓。如三国时的简雍，本姓耿，幽州人读耿为简，耿雍就成了简雍。第八，省文改姓。即省写原姓字之偏旁或部分笔画，改为新姓。有人写姓爱省写原姓的偏旁或笔画，长此以往，新姓就产生了。如邵改成召，鄣改成章，谭改为覃。

---

① 周远成等：《汉族姓氏演变源流述略》，载《湖南城市学院学报》2005年第1期。

② 程红根、张朝晖：《“苟”姓改姓“敬”，众人效仿起风波》，载《记者观察》2005年第12期。

③ 向熹：《漫谈中国历史上的改姓》，载《文史杂志》2000年第2期。

④ http：//www. ndcnc. gov. cn/datalib/2004/HundredName/DL/DL－20040212171302。

⑤ 田亚岐、倪景杰：《我国姓氏的起源与发展》，载《西安教育学院学报》2001年第1期。

更有甚者，我国云南喜洲白族还存在上门婚（即招婿）改姓的风俗。喜洲白族上门婚改姓风俗的核心功能其实是调整女婿和家庭、社会的关系。其基本作用，一是使女婿尽快取得家庭、家族和周围社会的认同，通过改名换姓，女婿能够和家中、族中兄弟姊妹从姓氏排行上消除隔阂，从而起到亲和家族关系并迅速融入周围社会的作用。二是确认女婿的社会地位，通过特定的改姓仪式，女婿的身份已经转换为儿子，也就享有了在传统的宗法制社会中只有男性才能充分享受的权利，如家庭生产、生活资料的支配权，财产的继承权，以及在家族中可能享有的其他权利。①

现代英美民族的姓氏大多起源于中世纪。在诺曼底人入侵英伦三岛（1066）以前，英国人只有名而没有姓。伴随着手工业和商业的发展，为了增强人名的社会区分职能，英语民族的先民便开始采用附在人名后面的个人附加名，以区分人名相同的状况。直到11世纪，一些贵族家庭才开始用封地或宅邸名称呼一家之长，后来世代相袭形成了姓氏，到了16世纪末才被大众接受。在哥伦布发现美洲之前，当地的土著居民印第安人只有名而无姓氏。②

综上所述，中外姓氏从无到有从少到多的发展史表明，在历史上是允许第三姓存在的，改姓即使在“明等级”“分贵贱”的时代也在客观上大量存在。改姓有其存在的合理性。

二、允许“第三姓”的比较法根据

所谓的第三姓指的是父姓和母姓之外的姓氏。就此而言，婚姻姓氏、养子女姓氏、亲子关系不能确定时的姓氏等实际上构成父姓和母姓的例外，即它们属于第三姓。上述几种情况在比较法上都可以找到实例。

（一）婚姻姓氏

所谓的婚姻姓氏是相对出生姓氏而言的，《德国民法典》第一千一百一十六条规定：“子女以其父母的婚姻姓氏为出生姓氏。”《德国民法典》第一千三百五十五条规定：“出生姓氏是在相对于户籍官员作出声明之时应当登记于婚姻一方的出生证书之中的姓氏。婚姻双方使用由他们确定的共同姓氏。如果婚姻

---

① 席嘉：《文化适应与风俗变迁》，载《武汉水利电力大学学报（社会科学版）》2000年第6期。

② 谢屏、廖方军：《中英姓氏的溯源与比较》，载《浙江大学学报（人文社会科学版）》第36卷。

双方未确定婚姻姓氏，则他们结婚之后仍然使用其直至结婚之时所使用的姓氏。婚姻双方可以通过相对于户籍官员的声明确定以丈夫的出生姓氏或者以妻子的出生姓氏作为婚姻姓氏。确定婚姻姓氏的声明应当在结婚时作出。如果是嗣后作出声明，则声明必须经公证人认证。其出生姓氏未成为婚姻姓氏的婚姻一方，可以通过相对于户籍官员的声明将其出生姓氏或在声明确定婚姻姓氏之前所使用的姓氏附于婚姻姓氏之前或之后。此规定不适用于婚姻姓氏由数个姓氏组成的情形。如果婚姻一方的姓氏系由数个姓氏组成，则只能附加这些姓氏当中的一个。可以相对于户籍官员撤销声明：在此情形即不得依照本款第一句重新作出声明。声明和撤销必须经公证人认证。丧偶或离异的婚姻一方仍然保有婚姻姓氏。该方可以通过相对于户籍官员的声明重新采用其出生姓氏，或者将其出生姓氏附于婚姻姓氏之前或者之后。本条第四款相应适用。”①

当然，世界上其他国家关于夫妻姓名权的立法，还包括了坚持妻从夫姓原则（《瑞士民法典》第一百六十一条规定：“妻从夫姓并取得夫的身份权。”）、允许双方作任意约定（《苏俄婚姻和家庭法典》第十八条规定：“结婚时夫妻可以根据自己的意愿选择一方的姓作为他们共同的姓，或者双方各自保留自己婚前的姓。”）、夫妻婚后保持自己原来各自姓氏（《婚姻法》第十四条的规定）等。②

（二）养子女姓氏

对于养子女的姓氏确定问题，比较法上存在着大致三种不同的立法例。

第一种立法例为严格说，其规定“养子女应该随养父或者养母的姓”，认为其是收养的当然效力。比如，《日本民法典》第八百一十条规定：“养子女称养父母的姓氏。”《埃塞俄比亚民法典》第四十一条规定：“（1）被收养的孩子的姓得随收养者的姓。(2) 被收养者也可根据收养协议确定一个新的名字，并将收养者的通常名字作为其父名。”

第二种立法例为折衷说。其规定养子女应该随养父或者养母的姓，但同时规定了意定变通等规则。比如，《德国民法典》第一千七百五十七条规定，被

① 《德国民法典》，陈卫佐译，法律出版社 2005 年版。

② 肖丕国：《论配偶权》，http：//zjfy. changde. gov. cn/zjfy/938157196888244224/20041223/21482. html，最后访问时间：2010 年 10 月 1 日。

收养子女获得收养人的家族姓氏，以作为出生姓氏。在婚姻姓氏或同性生活伴侣姓氏之后附加的姓氏，不视为家族姓氏（《同性生活伴侣法》第三条第二款)。宣告收养时，监护法院可以根据收养人的申请，在被收养子女允许的情况下，将被收养子女的原家族姓氏置于新家族姓氏之前或之后，但以由于重大原因，这样做为子女的最佳利益所必要为限。我国台湾地区“民法”第一千零七十八条规定：“养子女从收养者之姓。有配偶者收养子女时，养子女之姓适用第一千零五十九条之规定。”第一千零五十九条规定：“子女从父姓。但母无兄弟，约定其子女从母姓者，从其约定。赘夫之子女从母姓。但约定其子女从父姓者，从其约定。”

第三种立法例为宽容说，其对养子女姓氏的确定采取了比较开放的观点。比如，《收养法》第二十四条规定：“养子女可以随养父或者养母的姓，经当事人协商一致，也可以保留原姓。”以此为前提，在“自收养关系成立之日起，养父母与养子女间的权利义务关系，适用法律关于父母子女关系的规定”的背景下，养子女的姓氏相对于养父母的姓氏而言就属于第三姓。

(三) 亲子关系不能确定的未成年人的姓氏

在亲子关系不明确的情况下，未成年人的姓氏当然构成生父和生母姓氏之外的第三姓。《法国民法典》第五十七条第二款规定：“儿童的名字由其父与母选择。在分娩时要求保守其身份秘密的妇女可以告知其希望为儿童取何名字。不属此情形时，或者如儿童的生父、母不明，户籍官员得为儿童取3个名字，其中最后一个名字相当于父姓。户籍官员应当立即在出生证书上记明为儿童所选择的名字。在出生证书上登记的任何名字均可作为常用名字选择之。”《埃塞俄比亚民法典》第三十九条规定：“(1) 一个其父母不为人所知的孩子，得以民事身份官在其出生登记中为其确定的姓与两个名字作为姓和名字。(2) 上述姓与名字必须在当地通用的姓与名字中选用。(3) 任何表明其对孩子的姓与名字的确定存在物质的或精神利益的人，在孩子达到5岁前，可向法院申请改变上述姓与名字。”可见，亲子关系不能确定的未成年人的姓氏可以构成第三姓。

三、允许“第三姓”的法理依据

在许多情况下，第三姓是客观存在的。我们认为，允许改姓是符合姓氏发展规律的。在姓名的传统功能逐渐衰落的背景下，允许自然人改姓，有利于进一步发挥姓氏的区别功能，减少重名现象，解决确定姓氏发生的争议，确定亲子关系不明确的未成年人的姓氏，增强婚姻、家庭共同体的凝聚力，满足部分生僻姓氏、歧义姓氏、贬义姓氏等当事人改姓的意愿，最终促进和谐社会的建立。

（一）姓名的传统功能逐渐衰落

人类学的研究告诉我们，姓名承担了多方面的社会功能。第一，代表群体或者个体的功能。第二，表明等级身份的功能。第三，规范婚姻关系。第四，弥补命运缺憾。第五，指代特殊事物。第六，体现社会评价。第七，凝聚文明精华。①

有学者认为，由于姓不仅是关系到个人的文字标识，而且还标志着血缘关系。这种血缘关系符合我国千百年来传统的道德伦理规范，它直观地反映了人与人之间的血缘关系，对制约人类社会中的诸如婚姻等法律关系（比如近亲不能结婚）具有重要意义，是一种好的“习惯”，绝非可以抛弃的“子女是父母私有财产”的落后理念。② 从封建社会过渡到资本主义社会之后，姓名表明等级身份、规范婚姻关系的功能已经逐渐淡出人们的视野。显然在一定程度上，姓名还发挥着表征血缘关系的功能，但是，血缘关系仅仅在有限的亲子关系、夫妻关系、近亲属关系的范围之内具有法律意义，而这种法律意义完全可以通过健全的户籍登记制度来实现。根据调查，我国目前使用的汉字姓氏约为3600个，而在汉民族中87%的人仅用了100个常用姓氏，李、王、张三个“超级大姓”则占了汉族人口的22.4%。③ 据此，我们很难通过姓名进行血缘区分，现代化的户籍登记制度、完善的婚姻登记制度等已经部分替代了姓名的传统法律功能，而姓名目前的法律意义恐怕也只是人格标示、个体区分一项了。

（二）姓名平行/重名的危害

关于姓名平行，我国早在南北朝时，梁元帝萧绎就编了《古今同姓名录》，后来经过历代的增补订正，到厂近人彭作帧编成《古今同姓名大辞典》时，已收录了同姓名16000余个，涉及56700余人。最近公布的中国十大最流行姓名，依次为：刘波、李刚、李海、张勇、王军、王勇、张伟、刘伟、王伟、李伟。

---

① 何晓明：《姓名与中国文化》，人民出版社2001年版，第8－16页。

② 何向东：《争鸣：公民无权改第三姓》，http：//www. people. com. cn/GB/guandian/1036/2650320. html，最后访问时间：2010年10月1日。

③ 王泉根：《中国姓氏的当代形态》，载《寻根》2006年第4期。

据报道，天津市取名张建、张英的各有2000多人；广州叫梁妹、陈妹的各2400多人；沈阳叫王伟、李杰的各超3000人，叫王玉兰、刘淑珍的超4000人；武汉市16岁以上叫王红、李斌的都超过1000人；上海市取名“沪生”的4000多人；北京市取名“京生”的4500多人。①

国外某些国家的姓名重名现象也十分严重。瑞典有834万人口，其中100万人只用安德逊、约翰逊和卞尔逊三个姓，而且全国有300多万人的名字，只局限于6个男名和6个女名。据日本奖学组织“日本育英会”的资料表明，早在1957年向该会借贷学费的优秀高中毕业生中，就有66个斋藤实，59个田中年稔。1979年的东京电话簿中，有235个“铃木清”，现在当然更多了。至于叫“铃木和子”“佐腾和子”“铃木三郎”“田中实”的，在日本可谓到处皆有。②

这样的历史和现实要求我们的立法不但不应该对姓氏的增加进行限制，反而应该允许第三姓的存在，客观上增加姓氏的数量，以此来避免重名现象的发生，较好地发挥姓名识别民事主体的功能。

（三）确定姓氏发生争议时的必备规则

目前中国的家庭基本上在向4-2-1模式（即独生子女家庭，爷爷、奶奶、外公、外婆四人，父母二人，独生子女一人）过渡，每个家庭只有一个子女、孙子女，这种情况下难免在确定姓氏时发生争议。据载，江苏苏州一家孩子的爷爷、奶奶与外公、外婆都希望能随他们的姓。经多次商讨，全家决定不随父、母而别取一个新姓——“点”。其理由是：姓名本身只是一个人的特定符号，突破传统姓氏范围是完全可行的；“点”字下有四点，分别代表爷爷、奶奶、外公、外婆的四个姓；“点”字上为占有的“占”字，姓“点”即表明这个孩子为“全家占有”。③ 可见，第三姓不失为解决确定姓名争议的最佳方案。

（四）确定亲子关系不明确的未成年人的姓氏

实践当中有个别孩子由于出生之后被遗弃，或者出生之后父母双亡等客观情况发生导致姓氏不明确的情形，因此立法有必要对此类情况予以规定。同时，

---

① 富新：《浅谈姓名的重名现象及对策》，http://www.worldthesis.com/2002/shkx/shwh/0015.htm，最后访问时间：2010年10月1日。

② 富新：《浅谈姓名的重名现象及对策》，http://www.worldthesis.com/2002/shkx/shwh/0015.htm，最后访问时间：2010年10月1日。

③ 王泉根：《中国姓氏的当代形态》，载《寻根》2006年第4期。

当后来的情况发生改变有人能够证明自己是该孩子的利害关系人时，可以通过法定的程序予以变更。这样规定就较为全面地保护了孩子及其利害关系人的利益。在这种情况下，也有必要规定第三姓。

(五) 第三姓能够增强婚姻、家庭共同体的凝聚力

婚姻姓氏为德国、日本和我国台湾地区、香港地区等国家和地区所采用。依据德国法，所谓的婚姻姓氏是相对于出生姓氏而言的，出生姓氏是指一个人出生时依血统关系而取得的姓氏。而婚姻姓氏基于婚姻双方的意思表示由双方自愿共同确定的姓氏，一般由双方的出生姓氏组成。但是，如果一方的姓氏由数个姓氏组成，那么原则上只能允许附加这些姓氏当中的一个。如果允许的话，可能会造成姓氏过于复杂的情形。

婚姻姓氏（家庭姓氏）实际上将整个家庭作为一个婚姻/家庭共同体，这样家庭成员在进行各种活动时就会有很强的归属感，而这种归属感有助于增强家庭的内部凝聚力。同时，婚姻姓氏的确定也不违男女平等原则。比如，如果妻的姓氏或者在作出关于婚姻姓氏的确定的意思表示时所使用的姓氏是西门，夫的出生姓氏或者在作出关于婚姻姓氏的确定的意思表示时所使用的姓氏是瓦尔德纳，那么这对配偶一共有以下7种可能的方法来确定他们的婚姻姓氏：西门女士、瓦尔德纳先生，西门女士、西门先生，西门女士、西门－瓦尔德纳先生，西门女士、瓦尔德纳－西门先生，瓦尔德纳女士、瓦尔德纳先生，瓦尔德纳－西门女士、瓦尔德纳先生，西门－瓦尔德纳女士、瓦尔德纳先生。①

(六) 满足部分生僻姓氏、歧义姓氏、贬义姓氏当事人改姓的意愿

河南省登封市唐庄乡张村、玉台等村的40多户苟姓村民因不堪祖辈传承下来的姓氏给他们带来的无法承受的心理负担集体上书登封市公安局要求改苟姓为敬姓，后来他们的请求被获准。② 但是，如果不是涉及社会稳定，他们的请求在当代中国一般不会被允许。此类的姓还有“缑（音 gou）”、“郎”、“驴”等。

另外，在信息化占主导地位的社会生活中，有些方块字违反了信息社会简捷、便利的特征，成为信息化的瓶颈。尽管有关部门正在做生、冷僻字字库，

---

① 《德国民法典》，陈卫佐译注，法律出版社2006年版，第433页脚注。

② 程红根、张朝晖：《“苟”姓改姓“敬”，众人效仿起风波》，载《记者观察》2005年第12期。

但是面对不断冒出的更为生、冷僻的字，人力物力的投入是惊人的。① 同时，这些生僻的姓氏也给当事人造成了诸多不便，就自然人个人而言，如果他们认为这种不便大于姓氏本身的标示意义，那么自然人就可能产生改姓的愿望，这种情况无论对于国家还是个人都具有积极意义。

四、确定“第三姓”的一般规则

（一）确定“第三姓”的前提

1. 积极条件：申请人必须具有正当利益或充分理由

《法国民法典》第六十一条规定：“凡能证明有合法利益的人，均可申请改姓。请求改姓，其目的为避免请求人的某一直系尊血亲或旁系亲属，直至第四亲等所用的姓淹灭无继。”《埃塞俄比亚民法典》第四十二条（姓的变更）第一款规定：“（1）任何人变更其姓必须以充分的理由向法院提出申请，并得到法院批准……”我们认为，这些都是可以借鉴的，因为如果像美国法那样允许自然人任意更改姓氏，也会使得姓名个体识别的功能大大削弱。总体来讲，改姓不过是一个例外规定，“不孝有三，无后为大”，讲究传统的中国人民也不会轻易更改姓氏。

通常来讲，更改姓氏的正当利益或者充分理由包括：

（1）姓氏中包含有外国语音的。在各国民法典中，只有极少数国家的民法典对这个问题予以规定。比如，《阿尔及利亚民法典》第二十八条规定了名字的语音问题，其规定：“名字应具有阿尔及利亚语音，但子女的父母为非伊斯兰教信仰者的除外。”我们认为，是否允许一个国家的人民姓氏中存在外国语音体现了一个国家在维持民族性和融入全球化问题上的基本态度。坦率来讲，一方面，全球化进程的加快，有利于整个国家的经济繁荣，名字的全球化也能够节约一定的信息成本、交往成本。但另一方面，只有民族的才是世界的。民族性的保持，尤其是形式特征的维持，如姓氏、传统节日等，有利于增强民族认同感和凝聚力。但是，由于姓氏的改变更多地是一个个人自由问题，而民族性的维持本身也更多地不是一个法律问题，尤其不是私法所应该解决的问题。因此，我们认为，姓氏中的外国语音问题不应该为强行法所限制，应该允许当事人自

---

① 《起名不可太冷僻国家拟出台〈人名规范用字表〉》，http：//www. gog. com. cn/gzrb/g0303/ca398754. htm，最后访问时间：2010 年 10 月 1 日。

由选择。

(2) 姓氏中带有侮辱性或粗俗的词语或者同音异义词的。比如前文举例的“苟姓”改“敬姓”。我国民间也曾经流行将生辰八字不好的孩子取贱名，如“狗剩”“二狗子”等，认为这样的名字会给人带来福祉。我们认为，这个问题应该辩证看待，如果当事人成年后申请变更姓名，应该允许，因为我们本土文化中“狗剩”等并不当然包含着侮辱的意味。相反，可能是具有较强标识作用的名字。

(3) 其他家庭成员已经被批准更改姓氏，出于与家庭成员的姓氏协调一致的愿望而申请更改姓氏的。比如，父亲改姓之后，其子女自愿一同更改姓氏。比如，章孝严改称蒋孝严之后，他的子女也有权改姓“蒋”。

(4) 长期公开使用某一姓氏，具备占有（姓氏）“取得效力”的各项要件时，也可以赋予改姓申请以正当利益。比如说，启功先生本来姓“爱新觉罗”，但是世人皆知启功，而很少有人知道先生的原姓、原名，在此前提下，先生当可以更改姓氏。

(5) 申请人的长辈的姓氏非常有名望，足以赋予其改姓的正当理由。

2. 消极条件：改姓不得背离公序良俗、法律的强制性规定，不得损害他人利益

在这个问题上最突出的就是通过改姓规避债务的问题。《埃塞俄比亚民法典》第四十二条（姓的变更）第一款规定：“法院在决定是否批准申请时，必须确保此等变更不会损害第三人利益。”《越南民法典》第二十九条第三款规定：“姓名的变更不改变或终止按原姓名设立的民事权利义务。”同样的规定也见于加拿大魁北克省民法典。中国人民大学民法典专家建议稿认为，姓名变更的情形下，应该维持原来所设定的权利义务关系的一致性。为了维护债权人的利益，权利人应当采取合理措施将自己变更姓名的情况通知其债务人和债权人，并承担由于其债务人和债权人不知其更改姓名而发生的风险。① 这一规定优于《魁北克民法典》《埃塞俄比亚民法典》等各国民法典的类似规定，符合社会生活的一般原则。

---

① 王利明主编：《中国民法典学者建议稿及立法理由：人格权编·婚姻家庭编·继承编》，法律出版社 2005 年版，第 87 页。

当然，当事人也不能通过更改姓氏进行有害的混淆，以损害第三人信用和声誉，或者进行不正当竞争。比如，从事“泥人”手艺的工匠通过更改姓氏为“张”姓，从而达到混淆视听，进行不正当竞争的目的的行为应为法律所禁止，改姓行为应被撤销。

（二）确定第三姓的基本法律规则

1. 适用类型。

（1）确定姓氏发生分歧。

建议规则：父母在确定孩子的姓发生分歧时，户籍登记人员可以指定孩子的姓由两部分组成，一部分取自其父亲的姓，另一部分取自其母亲的姓，组成复姓，这两部分由其父母亲各自选定。如果父母对名的确定发生分歧，户籍登记人员可以按照其父母亲各自选择确定的名确定孩子的名。

理由：这样规定是为了增加姓氏的数量，从而减少姓名平行现象的发生。同时，本条还解决了父母在确定子女姓名时的优先性问题。埃塞俄比亚等国家的民法典直接规定了父亲有权决定孩子的姓名，母亲被剥夺了决定孩子姓名的权利。我们认为这是不可取的。这从根本上违背了男女平等原则。因此，我们吸收了《魁北克民法典》的规定：一部分取自其父亲的姓，另一部分取自其母亲的姓。这样可谓一举两得，既在一定程度上能够促进复姓的产生，减少姓名平行情况的发生，又减少了父母亲在确定孩子姓名上纠纷的发生，促进家庭的团结。

（2）亲子关系不能够确定。

建议规则：亲子关系不能够确定的孩子可以由其抚养人或者行政机关的户籍登记人员为其确定姓名。任何表明对孩子的姓与名的确定存在物质的或者精神利益的人，在孩子5岁前，可向法院申请改变上述姓与名字。

理由：亲子关系不能确定的情况下，允许第三姓的存在不过是权宜之计。

（3）婚姻关系。

建议规则：婚姻双方可以自愿共同确定以丈夫的出生姓氏或者以妻子的出生姓氏作为婚姻姓氏，但是一方的姓氏由数个姓氏组成的，只能允许附加这些姓氏当中的一个。

理由：如前所述，婚姻姓氏的确立有助于增强家庭的内部凝聚力，因此有必要予以设立。但为了避免形式过于复杂，防止较长字段的复姓出现，因此规定了本规则的后半段。

(4) 收养关系。

建议规则：收养关系成立后，养子女应该随养父或养母的姓，或者养父和养母的姓组成的复姓。

理由：养父母子女关系是一种法律拟制，而姓氏的延续性是一个家庭的外在性标志，维持姓氏的统一能够强化此类家庭的内部凝聚力，维持稳定的收养关系和社会关系。

(5) 其他情形使用类推解释。

2. 程序性规定

(1) 公告、异议。

为防止故意混同，通过变更姓氏制造姓名平行、逃避法律责任现象的发生，必须将申请变更的人的相关信息予以公告，并使得任何人都可以在一定的时间内通过一定的途径查询。《法国民法典》第 61 -1 条规定："任何有利害关系的人均得在批准改姓的行政令于《官方公报》上公告之日起 2 个月内，向最高行政法院对此行政令提出异议。改姓行政令，如在对其可以提出异议的期限内没有受到异议，或者在相反场合，在提出的意义被驳回之后，即产生效力。"① 考虑到我国疆域广阔、人口众多，有必要将公告时间适当延长，一年恐怕最合适。当然，这个时间的确定还应该根据不同地区的情况，参照我国户籍管理人员的实践经验来具体确定。

(2) 登记备案。

为避免姓氏变更给其他社会成员带来不利益，更改姓名必须注重原始登记。当事人更改姓名更换身份证时，必须注明其原姓名，以此来确保其变更姓名不会影响其他人的利益。这一点法国民法典做得很好，《法国民法典》第 61 -4 条的规定："更改姓、名的决定，应在当事人的身份证书的备注栏内记明，以及在相应场合，还应在配偶与子女的身份证书的备注栏内记明。"这一规定还扩大到变更人配偶与子女的身份证书的备注栏，值得借鉴。

(三) 制度完善建议

据此，婚姻家庭编有必要承认婚姻姓氏，并强化收养的效力，户籍法/姓名条例应该明确"姓氏确定"的一般规则。具体意见如下：

---

① 《法国民法典（上册）》，罗结珍译，法律出版社 2005 年版，第 137 页。

第X条　【姓的确定】

自然人有权随父姓、母姓或者其他姓氏，有权决定、使用和依照规定改变自己的姓名，但是以不违背法律的强制性规定和公序良俗原则为限。

父母在确定孩子的姓发生分歧时，户籍登记人员可以指定孩子的姓由两部分组成，一部分取自其父亲的姓，另一部分取自其母亲的姓，这两部分由其父母亲各自选定。如果父母对名的确定发生分歧，户籍登记人员可以按照其父母亲各自选择确定的名确定孩子的名。

亲子关系不能够确定的孩子可以由其抚养人或者民事身份登记官为其确定姓名。任何表明对孩子的姓与名的确定存在物质的或者精神利益的人，在孩子18周岁前，可向公安机关或者人民法院申请改变上述姓与名字。

婚姻双方可以自愿共同确定以丈夫的出生姓氏或者以妻子的出生姓氏作为婚姻姓氏，但是一方的姓氏由数个姓氏组成的，只能允许附加这些姓氏当中的一个。

收养关系成立后，养子女应该随养父或养母的姓，或者养父和养母的姓组成的复姓。

第一千零一十六条　【决定、变更、转让姓名和名称】

自然人决定、变更姓名，或者法人、非法人组织决定、变更、转让名称的，应当依法向有关机关办理登记手续，但是法律另有规定的除外。

民事主体变更姓名、名称的，变更前实施的民事法律行为对其具有法律约束力。

本条来源

《大清民律草案》第五十二条规定：“姓名须依户籍法规定登记之。姓名非登记，不得与善意第三人对抗。”第五十三条规定：“改名以经主管衙门允许为限。前项规定于前条准用之。”第五十四条规定：“因改名而利益受损害者，得从其知悉之日起一年内请求撤销。”①《民国民律草案》第十九条规定：“姓名权被侵害者，得提起摒除侵害之诉，请求除去其侵害，并请求损害赔偿。”第二十条规定：“姓名权有被侵害之虞者，得提起预防侵害之诉，请求禁止其侵害，并请求损害赔偿之担保。”②

立法演变

一审稿第七百九十六条规定了本条第一款，二审稿增加了第二款，五审稿作了文字调整。

条文释义

一、向有关机关办理登记手续

姓名登记和名称登记表现为不同的法律性质。姓名登记为行政确认行为。只要不违反姓名登记的禁止性规定，则公安机关无权拒绝申请人的姓名登记。

名称登记为行政许可行为。根据《行政许可法》第十二条第五项的规定，企业或者其他组织的设立等，需要确定主体资格的事项，可以设定行政许可。单行法对主体登记作了详细规定，如《企业名称登记管理规定》第二十三条：“企业名称可以随企业或者企业的一部分一并转让。企业名称只能转让给一户企业。企业名称的转让方与受让方应当签订书面合同或者协议，报原登记主管机关核准。企业名称转让后，转让方不得继续使用已转让的企业名称。”需要注意的是，主体性质不同，则登记机关不同，企业登记主管机关为市场监督管理部门。企业登记国务院已经决定将其改为行政确认，读者可以关注《企业名称登记管理规定》的修改进程。

结合下一条规定，本书认为，姓名登记应采取登记对抗主义，非经登记的，不得对抗善意第三人。这与《大清民律草案》的规定一致。不登记的姓名使用应当受到什么样的限制？本书认为，《大清民律草案》“姓名非登记，不得与善意第三人对抗”的规定符合本法的立法精神，在解释层面，未经登记的姓名不具有对抗善意第三人的效力。在社会生活中，户口本、身份证解决的是民事主

① 《大清民律草案·民国民律草案》，杨立新点校，吉林人民出版社2002年版，第8页。
② 《大清民律草案·民国民律草案》，杨立新点校，吉林人民出版社2002年版，第205页。

体姓名登记的问题，二者都能起到证明民事主体身份的作用。如果自然人使用的是非经登记的笔名、化名从事民事活动，如阿里巴巴集团员工使用了“令狐冲”“张无忌”“杨过”“小龙女”“郭襄”等，则就不能对抗善意第三人，仅能在他人事实知悉“化名”的情况下产生相应的拘束力。

名称应采取登记生效主义，非经登记的，不产生法律效力。我国对名称实行严格的管制，如《企业名称登记管理规定》第三条规定，企业名称经核准登记注册后方可使用，在规定的范围内享有专用权。但是，民事主体名称的简称，对方当事人知悉的，可以产生法律拘束力。

二、法律另有规定的情形

法律另有规定的情形主要是指公法人。例如，《国务院行政机构设置和编制管理条例》第十六条规定：“国务院行政机构及其司级内设机构的名称应当规范、明确，并与该机构的类型和职能相称。国务院行政机构及其司级内设机构不得擅自变更名称。”《地方各级人民政府机构设置和编制管理条例》第九条规定：“地方各级人民政府行政机构的设立、撤销、合并或者变更规格、名称，由本级人民政府提出方案，经上一级人民政府机构编制管理机关审核后，报上一级人民政府批准；其中，县级以上地方各级人民政府行政机构的设立、撤销或者合并，还应当依法报本级人民代表大会常务委员会备案。”第十三条规定：“地方各级人民政府行政机构根据工作需要和精干的原则，设立必要的内设机构。县级以上地方各级人民政府行政机构的内设机构的设立、撤销、合并或者变更规格、名称，由该行政机构报本级人民政府机构编制管理机关审批。”第二十六条第五项规定，对于擅自设立、撤销、合并行政机构或者变更规格、名称的，由机构编制管理机关给予通报批评，并责令限期改正；情节严重的，对直接负责的主管人员和其他直接责任人员，依法给予处分。

三、变更姓名、名称的法律约束力

变更姓名、名称前实施的民事法律行为，仍然对民事主体具有法律约束力。这样规定的理由很简单，即姓名、名称说到底是一个符号，主体是自然人或者法律拟制人，登记则是通过公权力公示系统将符号与人建立联系，姓名、名称的变更只不过是“名”的变更，不影响“实”的本质没有变化，因此，不论主体名称如何变更，其实施的民事法律行为效力拥有约束力。本书认为，除了民事主体实施的民事法律行为，变更前需要承担的法律责任也不变。但在实务操作中，对方当事人要承担主体同一性的举证责任。

《大清民律草案》对姓名变更监管较为严格，赋予了“因改名而利益受损害者”的撤销权。这与当时的社会管理资源是相适应的。目前信息化程度高度发达，如本条规定一样承认姓名变更后债权债务关系的延续性，能够实现姓名权人和利害关系人“权利义务”的平衡，是一个适应时代的良好方案。

法条关联

◆ 详见第一千零一十三条法条关联。

案例评议

尤溪县公安局、陈某某诉阮某某离婚后子女姓氏变更登记案[①]

◆ **评议**

父母离婚后，未成年子女变更姓氏的，需要父母达成一致。本案的特殊之处在于，父母离婚后，发生了婚生子女否认问题。生物学父母子女关系的鉴定能够成为婚生子女否认的事实基础，行政机关据此更改涉诉当事人子女姓名，具有一定合理性，如能在听取被否认父亲身份的利害关系人意见、查看相应证据后，再作出变更决定，则能确保行政行为合法性，否则变更姓名的行政程序存在瑕疵。确认亲子关系，可以由行政机关确认，也可以由法院的裁决，本法第一千零七十三条规定：“对亲子关系有异议且有正当理由的，父或者母可以向人民法院提起诉讼，请求确认或者否认亲子关系。对亲子关系有异议且有正当理由的，成年子女可以向人民法院提起诉讼，请求确认亲子关系。”

第一千零一十七条　【姓名/名称扩张保护】

具有一定社会知名度，被他人使用足以造成公众混淆的笔名、艺名、网名、译名、字号、姓名和名称的简称等，参照适用姓名权和名称权保护的有关规定。

---

① 尤溪县公安局、陈某明公安行政管理：其他（公安）二审行政判决书，(2018) 闽04行终97号。

本条来源

《反不正当竞争法》第六条。

立法演变

《2002 年民法草案》人格权法第十三条第二款规定："自然人的笔名、艺名等，与姓名受同等保护。"一审稿第七百九十七条规定："具有一定社会知名度、为相关公众所知悉的笔名、艺名、网名、简称、字号等，被他人使用足以致使公众混淆的，与姓名和名称受同等保护。"二审稿删除了"为相关公众所知悉"，五审稿增加了"译名"，最后半句修改为"参照适用姓名权和名称权的有关规定"，还作了文字调整。

条文释义

一、具有一定社会知名度

本条规定的是非正式姓名、名称得到民法保护的前提是"具有一定社会知名度"。实践中，企业名称的简称，通常也是企业的注册商标。因此除了适用本条的规定外，往往也直接适用《商标法》等法律规范。字号、企业简称与市场秩序密切相关，其知名度与所属地域相关，有的是驰名企业、拥有驰名商标，则其保护范围就大，有的仅仅在县区市具有一定知名度，其保护范围与知名度范围是正相关的。

非正式姓名也是一个符号，只要能与本人建立指代联系，则就应受法律保护。因此，"一定社会知名度"应作狭义理解，包括熟人社会和陌生人社会，如果某一学校范围内、某一小区范围内，都应认为是具有一定社会知名度，而不应作广义理解，只限于陌生人社会。此外，自然人撰写著作，使用的是不具有一定社会知名度的笔名、艺名、网名、译名，也依法享有著作权，其他人不可以侵犯其著作权。但如果其他人也使用同样的名字创作作品，则"一定社会知名度"规则就发生作用，没有知名度的笔名，难以在此情形下获得民法保护。《巴西新民法典》第十九条规定："为合法活动使用的假名，享受与姓名同样的保护。"这一条保护范围更广，姓名符号只要与本人能建立起联系，即受保护。从法理上讲，该条规定也能使用于我国实践。

二、足以造成公众混淆

足以造成混淆的路径是姓名或名称符号相同或相似，如以“全庸”混淆“金庸”，以“古尤”混淆“古龙”等。由于现行法律并不禁止自然人重名，社会生活中重姓重名的现象大量存在；且自然人身份登记时也不禁止使用与已登记的自然人相同或者近似的姓名，即使是笔名、艺名、字号等也概莫能外。此时，判断“足以造成公众混淆”的标准应多元化，如商品或服务领域，民事主体所处地域，知识背景，商业背景等。尤其是类似“泥人张”“杏花村”等属于共同的历史文化资源，要个案分析。

企业简称、字号也常常与商标权发生交叉。此时，商标注册使用情况也是判断是否故意混淆的一个标准。《最高人民法院关于对杭州张小泉剪刀厂与上海张小泉刀剪总店、上海张小泉刀剪制造有限公司商标侵权及不正当竞争纠纷一案有关适用法律问题的函》提出：同意你院关于在先取得企业名称权的权利人有权正当使用自己的企业名称，不构成侵犯在后注册商标专用权行为的意见。企业名称权和商标专用权各自有其权利范围，均受法律保护。企业名称经核准登记以后，权利人享有在不侵犯他人合法权益的基础上使用企业名称进行民事活动、在相同行政区划范围内阻止他人登记同一名称、禁止他人假冒企业名称等民事权利。考虑到本案纠纷发生的历史情况和行政法规、规章允许企业使用简化名称以及字号的情况，上海张小泉刀剪总店过去在产品上使用“张小泉”或者“上海张小泉”字样的行为不宜认定侵犯杭州张小泉剪刀厂的合法权益。今后上海张小泉刀剪总店应当在商品、服务上规范使用其经核准登记的企业名称。使用与他人在先注册并驰名的商标文字相同的文字作为企业名称或者名称中部分文字，该企业所属行业（或者经营特点）又与注册商标核定使用的商品或者服务相同或者有紧密联系，客观上可能产生淡化他人驰名商标，损害商标注册人的合法权益的，人民法院应当根据当事人的请求对这类行为予以制止。从你院请示报告中所陈述的查明事实看，本案上海张小泉刀剪总店成立在先且其字号的知名度较高，上海张小泉刀剪制造有限公司系上海张小泉刀剪总店与他人合资设立，且“张小泉”文字无论作为字号还是商标，其品牌知名度和声誉的产生都是有长期的历史原因。因此，请你院根据本案存在的上述事实以及本案被告是否存在其他不正当竞争行为等全案情况，对上海张小泉刀剪制造有限公司使用“张小泉”文字是否构成侵权或者不正当竞争及赔偿等问题，依法自行裁决。

法律并不禁止企业将其企业名称中具有显著性的字号部分单独或者突出使用，以更加简便地表彰其身份，但是这种使用实际上已经超出了依据完整使用企业名称而产生的正当权益所保护的范围。如若被单独突出使用的企业字号与他人在先注册的商标相同或者近似，造成商品来源的混淆或误认，援引正当使用企业名称（字号）的抗辩将缺乏法律依据。《最高人民法院关于审理商标民事纠纷案件适用法律若干问题的解释》第一条第一项的规定，将与他人注册商标相同或者相近似的文字作为企业的字号在相同或者类似商品上突出使用，容易使相关公众产生误认的构成对注册商标专用权的侵害。突出使用的含义是指在使用企业名称时，有意突出了字号部分，而弱化了企业名称的其他组成文字。①

法条关联

◆《反不正当竞争法》

第六条 经营者不得实施下列混淆行为，引人误认为是他人商品或者与他人存在特定联系：

（一）擅自使用与他人有一定影响的商品名称、包装、装潢等相同或者近似的标识；

（二）擅自使用他人有一定影响的企业名称（包括简称、字号等）、社会组织名称（包括简称等）、姓名（包括笔名、艺名、译名等）；

（三）擅自使用他人有一定影响的域名主体部分、网站名称、网页等；

（四）其他足以引人误认为是他人商品或者与他人存在特定联系的混淆行为。

案例评议

迈克尔·杰弗里·乔丹与国家工商行政管理总局商标评审委员会、乔丹体育股份有限公司“乔丹”商标争议行政纠纷案（指导案例113号）②

◆ **裁判规则**

1. 姓名权是自然人对其姓名享有的人身权，姓名权可以构成商标法规定的

① 深圳市厨安居酒店用品设备有限公司与昆明厨安居酒店设备用品有限公司、欧阳某某侵害商标权纠纷、擅自使用他人企业名称、姓名纠纷一审民事判决书，(2013) 昆知民初字第420号。

② 最高人民法院审判委员会讨论通过，2019年12月24日发布。

在先权利。外国自然人外文姓名的中文译名符合条件的，可以依法主张作为特定名称按照姓名权的有关规定予以保护。

2. 外国自然人就特定名称主张姓名权保护的，该特定名称应当符合以下三项条件：(1) 该特定名称在我国具有一定的知名度，为相关公众所知悉；(2) 相关公众使用该特定名称指代该自然人；(3) 该特定名称已经与该自然人之间建立了稳定的对应关系。

3. 使用是姓名权人享有的权利内容之一，并非姓名权人主张保护其姓名权的法定前提条件。特定名称按照姓名权受法律保护的，即使自然人并未主动使用，也不影响姓名权人按照商标法关于在先权利的规定主张权利。

4. 违反诚实信用原则，恶意申请注册商标，侵犯他人现有在先权利的“商标权人”，以该商标的宣传、使用、获奖、被保护等情况形成了“市场秩序”或者“商业成功”为由，主张该注册商标合法有效的，人民法院不予支持。

◆ **评议**

本案属于比较典型的傍名人案件。① 乔丹是知名体育明星“迈克尔·乔丹”姓名的中文翻译简称。判断乔丹体育公司使用“迈克尔·乔丹”姓名是否足以对消费者构成误导。

国外有法院判决书指出：“一个人的姓名是他自己所拥有的财产，并且他对姓名享有与对其他财产类别相同的使用和收益的权利。”姓名权也为我国法律明确保护，从《民法通则》到《反不正当竞争法》，再到《侵权责任法》，都无一例外地将姓名权作为一种基本的人格权，其保护范围不仅包括了正式的登记姓名，也包括网名、笔名、艺名、别名、化名等，我国法院曾判决支持“荷花女”“红颜靖”等艺名、网名。乔丹虽然是外国人名的中译，但只要能够在特定的环境下认定“乔丹”指代的就是乔丹，那么乔丹的诉求就能够得到我国法律的支持。

根据《民法通则》《侵权责任法》，未经姓名权人的合法授权，不得擅自将他人姓名进行商业使用，侵权人对此应承担停止侵权、排除妨碍、赔偿损失等民事责任。在本案中，乔丹体育拥有的商标包括“乔丹”文字商标、球衣号码

---

① 相关批评意见，参见崔建远：《姓名与商标：路径及方法论之检讨》，载《中外法学》2017 年第 2 期。

23号图形商标、“飞人”迈克尔·乔丹两个儿子名字的中文译名“杰弗里乔丹”“马库斯乔丹”等文字商标，但从商标名称、商品经营领域、商标标志、球员图影的特点等来看，这些与飞人乔丹具有相当大的重合度，足以对消费者构成误导，因而可构成盗用他人姓名侵权，也符合从本条规定的“一定社会知名度”和“足以造成公众混淆”的要件。

第四章　肖像权

本章概要

《民法通则》《2002年民法草案》都只有两条关于肖像权的规定。本法肖像权部分规定较为详细，一共有六条。主要变化：

一是扩大了肖像的范围。肖像不限于自然人的面部形象，而是可识别的外部形象。

二是明确了肖像权的内容。《民法通则》没有正面规定肖像的内容，《2002年民法草案》没有规定制作、公开肖像权。

三是体现了科技因素。立法回应了利用信息技术手段深度伪造他人肖像的行为，从反面加强了肖像权的法律保护。

四是明确了肖像权的位阶高于著作权的位阶。

五是划清了肖像合理使用的界限。《著作权法》规定了著作权的合理使用，本条借鉴了有关规定，并结合名誉权司法解释等规定，提出了肖像合理使用的具体规则。该规则采取“列举式+兜底条款”，具有较强的立法弹性。

六是首次规定了肖像许可使用合同，在合同编既有规定的基础上，规定了有利于肖像权人的合同解释规则，以及肖像许可使用合同的任意解除和正当理由解除两种情形。

七是首次规定了声音权的独立地位，明确了其参照适用规则；规定了姓名等许可使用的兜底规则，肖像使用许可具有人格要素许可使用基准条款的地位。

第一千零一十八条　【肖像权】

自然人享有肖像权，有权依法制作、使用、公开或者许可他人使用自己的肖像。

肖像是通过影像、雕塑、绘画等方式在一定载体上所反映的特定自然人可以被识别的外部形象。

本条来源

《民法通则》第一百条规定："公民享有肖像权，未经本人同意，不得以营利为目的使用公民的肖像。"《民法总则》第一百一十条规定："自然人享有生命权、身体权、健康权、姓名权、肖像权、名誉权、荣誉权、隐私权、婚姻自主权等权利。"《侵权责任法》第二条第二款规定："本法所称民事权益，包括生命权、健康权、姓名权、名誉权、荣誉权、肖像权、隐私权、婚姻自主权、监护权、所有权、用益物权、担保物权、著作权、专利权、商标专用权、发现权、股权、继承权等人身、财产权益。"

立法演变

《2002 年民法草案》人格权法第十七条规定："自然人享有肖像权，有权保护自己的肖像不受歪曲、侮辱。"室内稿第二十八条第一款规定："自然人享有肖像权，有权依法制作、使用、许可他人使用或者公开自己的肖像。"由于该表述该款表述可有两种理解，一种为"许可他人公开自己的肖像"，一种为"自然人有权公开自己的肖像"，因此一审稿作了调整。一审稿、二审稿第七百九十八条规定："自然人享有肖像权，有权依法制作、使用、公开或者许可他人使用自己的肖像。本法所称肖像是通过影像、雕塑、绘画等方式在一定载体上所反映的特定自然人可被识别的外部形象。"三审稿作了文字修改。此后无变化。

条文释义

本条是对肖像权的一般规定，需要结合第九百九十三条等规定理解适用。

一、肖像

一般认为，肖像是指通过绘画、照相、雕塑、录像、电影等表现形式所再现的、可识别的自然人外部形象。

有法院认为，肖像是自然人的形象通过摄影、头像、塑像、绘画等造型技术在客观上形成的作品，具有人身特征的物化性、社会影响性和可利用性，经物质载体客观再现后具有一定的财产价值。肖像权是自然人对本人的肖像享有利益并排斥他人侵害的权利。[①] 还有法院认为，“肖像”是指以某一个人为主体的画像或照片等。通过绘画、摄影、雕刻、录像、电影等艺术手段在物质载体上再现某一个自然人的相貌特征就形成肖像。“肖像”的特征除肖像与原形人在客观上相互独立成为能让人支配的物品外，再就是具有完整清晰、直观、可辨的形象再现性或称形象标识性。这里所说的“形象”是指原形人相貌综合特征给他人形成的，能引起一般人产生与原形人有关的思想或感情活动的视觉效果。画像、照片、影视作品等载体如果其内容不能再现原形人的相貌综合特征，不能引起一般人产生与原形人有关的思想或感情活动，一般人不能凭直观清晰辨认该内容就是某一自然人的形象，这样的载体不能称为肖像。由于这样的载体所表现的内容不构成肖像，原形人也就对这一载体不享有肖像权。[②]

（一）肖像的特点

第一，肖像首先是自然人的外观形象，是指自然人所具有的客观的、实在的外在形态。这个外观形象不仅仅局限于面部形象，自然人身体其他部位的影像也可以被认定为肖像权的保护对象。比如，模特的手/腿/胸能够在一定范围内识别，那么其他人就不可以未经合法允许将该模特的手/腿/胸的影像进行商业或者其他使用，否则就构成侵害他人肖像权。一句话，只要自然人和肖像之间建立了可识别联系，那么其就构成法律意义上的肖像。

第二，肖像是通过技术手段所再现的自然人视觉形象，而不是自然人形象本身。这些视觉形象有的是立体的，有的是平面的，有的是动态的，有的是静态的，不论形式如何，只要可识别即可。在自然人的脸部被损害的情况下，受到侵害的是健康权或者身体权，而在自然人的照片被非法利用的情况下，那么自然人受到侵害的是他的肖像权。我国第一例判决侵害自然人健康权可以获得

---

① 王某娟与漾濞萨秘母旅游文化传播有限责任公司、云南盛世七彩文化传媒有限公司肖像权纠纷一审民事判决书，(2019) 云 2922 民初 370 号。

② 北京彤美医疗美容门诊部有限公司与范某某肖像权纠纷二审民事判决书，(2019) 京 03 民终 9302 号。

精神损害赔偿的案例，就涉及自然人脸部被毁容的情况，而我国的伤害标准也认定毁容是认定伤害的标准之一。

第三，肖像是通过影像、雕塑、绘画等形式将自然人的形象固定在物质载体上，最终将不同的外貌形象以视觉的方式呈现出来，从而完成人与人在视觉上的区别/识别功能，这种区别功能和姓名在语言和文字上发挥的区别功能具有同样的法律意义。艺术表现形式随着时代的发展逐步丰富，最初是绘画、雕塑，然后是照片、录像、电影艺术等。这些艺术表现形式都需要一定的载体，具有独创性的表现形式可以被认定为作品，创作人拥有著作权。在再审申请人迈克尔·杰弗里·乔丹与被申请人国家工商行政管理总局商标评审委员会、一审第三人乔丹体育股份有限公司商标争议行政纠纷案中，最高人民法院指出，肖像权所保护的“肖像”应当具有可识别性，其中应当包含足以使社会公众识别其所对应的权利主体即特定自然人的个人特征，从而能够明确指代该特定的权利主体。

（二）肖像的几个特殊问题

1. 漫画呈现的个人肖像是不是法律意义上的肖像。漫画一词在中文中有两种意思。一种是指笔触简练，篇幅短小，风格具有讽刺、幽默和诙谐的味道，但却蕴含深刻寓意的单幅绘画作品。另一种是指画风精致写实，内容宽泛，风格迥异，运用分镜式手法来表达一个完整故事的多幅绘画作品。两者虽然都属于绘画艺术，但不属于同一类别，彼此之间的差异甚大。但由于语言习惯已经养成，人们已经习惯把这两者均称为漫画。

作为绘画艺术的一种，漫画能够体现人物的基本特征。一般来讲，漫画表现了人物的外部形象的最典型特征，因此，我们一旦看到一幅漫画就很容易对号入座，画中人和原型人之间的这种一一对应关系符合肖像权保护的一般规律。因此，漫画中所呈现的个人肖像也是法律意义上的肖像。

2. 面部的一部分是否构成法律意义上的肖像。叶某诉安贞医院、交通出版社广告公司肖像权纠纷案中原告的肖像权是否能够受到保护最重要的认定因素就是原告面部的一部分是否能够构成法律意义上的肖像。肖像的特征，除肖像与原形人在客观上相互独立成为能让人力支配的物品外，再就是具有完整、清晰、直观、可辨的形象再现性或称形象标识性。这里所说的形象，是指原形人相貌综合特征给他人形成的、能引起一般人产生与原形人有关的思想或感情活动的视觉效果。画像、照片等载体，如果其内容不能再现原形人的相貌综合特征，不能引起一般人产生与原形人有关的思想或感情活动，一般人不能凭直观清晰辨认该内容就是某一自然人的形象，这样的载体不能称为肖像。如果载体所表现的内容，只有凭借高科技技术手段进行对比，才能确定这是某一自然人特有的一部分形象而非该自然人清晰完整的形象，一般人不能凭直观清晰辨认载体所表现的内容就是该自然人，则这一载体也不能称为该自然人的肖像。该自然人只是载体所表现内容的原形人，不是肖像人。由于这样的载体所表现的内容不构成肖像，原形人也就对这一内容不享有肖像权。在这个案件中，被告使用了原告患病时和治愈后的两幅照片，并且这两幅照片是经过处理使用的，只保留了鼻子和嘴部分，在这种情况下，一般人很难将这两幅照片和原告对号入座，因此认定原告的肖像不是法律意义上的肖像，不受肖像权制度保护。

3. 集体肖像。集体肖像是指肖像反映的是二人以上的外部形象，不是一个人的外部形象。在使用时，如果不采取一定技术手段，则需要获得共有权利人的同意，或者具有本法第一千零二十条规定的法定事由。① 在本编总则部分没有规定人格权主体是复数的情况，如何行使、保护等问题。② 关于肖像财产使用的规则，参照本法物权编、合同编部分，与肖像权的精神利益保护相冲突的，精神利益保护优先适用。在我国，集体肖像问题最初在姚明肖像权一案中受到关注。但是，姚明案中的肖像并不是真正意义上的集体肖像，该案中所谓集体肖像只是肖像的拼接。

二、肖像权

肖像权是自然人基于自己的肖像所体现的精神利益和财产利益为内容的具体人格权。肖像权的内容包括肖像制作权、肖像控制权、肖像使用权和肖像处分权。肖像权的精神利益是根本属性，而财产利益则是肖像权的重要内涵，在二者的关系中，精神利益仍然处于主导层面。

肖像权是绝对权，对于侵害肖像权的行为，权利主体可以依据本法第九百九十五条、第九百九十七条、第一千零一十九条等规定请求其承担相应的民事

---

① 杨立新：《论人格利益准共有》，载《法学杂志》2004 年第 5 期。

② 笔者曾在民法典立法过程中建议规定人格权共有问题，但立法者并未采纳，也没有规定衔接条款。

责任，且不限于精神利益的保护。

关于肖像使用，有精神利益层面的使用，也有财产利益层面的使用，相关规则可以适用本法第一千零二十一条、第一千零二十二条及合同编的有关规定。

法条关联

◆《妇女权益保障法》

第四十二条 妇女的名誉权、荣誉权、隐私权、肖像权等人格权受法律保护。

禁止用侮辱、诽谤等方式损害妇女的人格尊严。禁止通过大众传播媒介或者其他方式贬低损害妇女人格。未经本人同意，不得以营利为目的，通过广告、商标、展览橱窗、报纸、期刊、图书、音像制品、电子出版物、网络等形式使用妇女肖像。

◆《广告法》

第三十三条 广告主或者广告经营者在广告中使用他人名义或者形象的，应当事先取得其书面同意；使用无民事行为能力人、限制民事行为能力人的名义或者形象的，应当事先取得其监护人的书面同意。

◆《涉外民事关系法律适用法》

第四十六条 通过网络或者采用其他方式侵害姓名权、肖像权、名誉权、隐私权等人格权的，适用被侵权人经常居所地法律。

◆《民法通则司法解释》

139. 以营利为目的，未经公民同意利用其肖像做广告、商标、装饰橱窗等，应当认定为侵犯公民肖像权的行为。

150. 公民的姓名权、肖像权、名誉权、荣誉权和法人的名称权、名誉权、荣誉权受到侵害，公民或者法人要求赔偿损失的，人民法院可以根据侵权人的过错程度、侵权行为的具体情节、后果和影响确定其赔偿责任。

151. 侵害他人的姓名权、名称权、肖像权、名誉权、荣誉权而获利的，侵权人除依法赔偿受害人的损失外，其非法所得应当予以收缴。

◆《利用信息网络侵害人身权益司法解释》

第一条 本规定所称的利用信息网络侵害人身权益民事纠纷案件，是指利用信息网络侵害他人姓名权、名称权、名誉权、荣誉权、肖像权、隐私权等人身权益引起的纠纷案件。

◆《最高人民法院关于审理专利纠纷案件适用法律问题的若干规定》

第十六条　专利法第二十三条所称的在先取得的合法权利包括：商标权、著作权、企业名称权、肖像权、知名商品特有包装或者装潢使用权等。

案例评议

姚明起诉可口可乐公司侵犯肖像权案①

◆ **评议**

本案如何处理存在意见分歧。一种意见认为，肖像权是自然人自己独享的人格权，未经本人的授权，任何人都不得进行使用。既然可口可乐公司在商品的包装上使用姚明的肖像，没有得到姚明的授权，即构成侵害肖像权，应当承担侵权责任。另一种意见认为，根据可口可乐公司和中国篮球协会及其商务代理机构中体经纪管理公司所签订的合同，可口可乐公司“有权使用中国男篮三人及三人以上的整体肖像”。既然有此授权，可口可乐公司使用姚明的肖像，就不构成侵害肖像权。第三种意见认为，法律对肖像权的保护，并不是无限制的，况且只要有合理的抗辩事由，使用他人的肖像并不会构成侵权。可口可乐公司使用姚明的肖像，是一个集体肖像，而集体肖像按照通常的做法，个人不得主张其肖像权，因此不构成侵权。

集体肖像是各权利人通过共同摄制等方式形成的外部形象，具有不同于其中内部成员肖像的独立性的特征。对于构成集体肖像的，这个集体的成员不得单独就这个集体肖像主张保护自己单个的肖像权。而在本案中，可口可乐公司使用的实际上只是姚明的肖像，这并不是集体肖像，因为这是姚明的肖像与其他的两个运动员的肖像剪辑在一起而合成的照相，并不是三个人在一起拍摄的集体照相。因此，本案根本就不能适用集体肖像的规则。

当然，可口可乐公司是中国男篮签约赞助商，姚明等三人拼接在一起的肖像是否是中国男篮国家队对姚明肖像权的处分，这里需要考虑的事实是姚明与中国男篮国家队之间是否有肖像权使用协议，中国男篮与可口可乐公司之间的

① 《赔偿精神损害人民币 1 元钱　姚明起诉可口可乐侵权》，https：//sports. sohu. com/81/77/news209477781. shtml，最后访问时间：：2020 年 5 月 1 日。

赞助协议是否规定了对于中国男篮国家队成员肖像权的使用。如果以上答案都是肯定的，则难以判定可口可乐公司侵害姚明肖像权。

姚明在诉讼请求中只提出一元的赔偿要求，则更多具有象征意义。精神损害赔偿案件不在于数额的大小，只是这样的案件适用普通程序解决浪费司法资源，可以考虑使用小额诉讼程序解决。

深度研讨

本部分讨论作品角色的法律保护。钱钟书的《围城》和米切尔的《飘》都是为人所津津乐道的经典作品，它们也都曾因为是否可以由他人利用原作品角色（方鸿渐、斯佳丽等）撰写续集而引起纷争。米老鼠、唐老鸭、哈利伯特、《茶馆》中的秦二爷等都是令人不能忘怀的经典角色，但这些虚拟角色也曾导致如何对虚拟角色商品化利用的矛盾。乍一看，上述两类现象似乎风马牛不相及。实际上，二者都涉及了如何对作品中的角色进行知识产权保护的问题。

作品中的角色未经权利人同意被其他人写入到续集当中，作品中的角色未经权利人同意被应用于产品或者服务广告之中，这些行为是否构成违法行为？如果构成违法行为，其属于什么类型的违法行为？如何予以救济？要弄清楚这些问题，必须首先明白什么是角色。作品中的角色，是指漫画、小说、戏剧或电影等著作中虚构的人物、动物或者其他生物，乃至于机器人。通常来讲，这类角色的首要特征是虚拟性和独创性，其不同于现实生活中体现具体社会关系的真实人物。对于作品角色的知识产权保护问题，本文拟从作品角色的保护途径、作品角色和真实人物的姓名肖像等个人形象的区别、作品角色和演员肖像权的区别三个方面分别展开论述。

一、作品角色的保护途径

（一）著作权路径

在我看来，作品角色并不一定必然会获得著作权的保护。比如，周星驰早期在《神雕侠侣》中扮演的卫兵一共在整部剧中仅仅出现了四个镜头，这样的角色如何获得著作权的保护？作品角色获得著作权保护的前提必须是该角色体现了作品的独创性，即必须是作品中的典型角色。因为作品的典型角色能够反映作品的精华，是作品独创性最简约的表达。例如，提到孙悟空，我们很容易联想到西游记；提到张飞，我们很容易联想到三国演义，甚至于我们能够立即想起和这些角色相关的情节。独特的描述能够使一般人产生联想，从而对角色的使用就达到了通过作品角色而达至作品情节的效果。正因为如此，未经授权的续写原作品或者商品化使用作品角色的行为都可以构成侵权行为，作品的典型角色可以获得著作权保护。许多国家也正是因此依据著作权法而对作品角色予以保护的。例如，德国就有 Asterix 和 Obelix 判例，英国、日本的大力水手案。但需要注意的是，文字角色、图画角色和立体角色等不同类型的角色具有不同的特点，因此获得著作权保护的标准也不同。

对于文字角色而言，其获得著作权的保护必须具备如下条件：

第一，原作品必须是受著作权保护的作品。例如，以已进入公共领域的《红楼梦》为基础撰写《红楼后梦》的行为就不构成侵权。

第二，该角色是原作品中的典型角色、生动角色，并且体现了一定的独创性。这一条件可以参考美国版权法的角色勾勒标准（distinctively delineated）。美国的版权法没有对角色取得版权保护的条件进行明确的规定。但是汉德法官采纳了尼莫的角色勾勒标准（distinctively delineated）来对作品角色进行保护，即作者在作品中把角色的形象勾勒得越生动越有可能获得版权保护。

第三，不属于著作权合理使用范畴，即不符合《伯尔尼公约》第九条规定的合理使用的三步检验法：有关的使用是就特殊情况而言的，该特殊情况下的使用没有影响著作权人对于作品的正常使用，也没有不合理地损害著作权人的合法权益。

第四，不属于其他法定限制情形。对于卡通、漫画等图画作品而言，角色本身就是作品独创性的体现。甚至进一步讲，角色本身也可以成为独立的作品。葫芦娃、变形金刚、唐老鸭、米老鼠、史努比等角色造型在一定程度上决定了作品是否能够成功，而且这些栩栩如生的形象也部分地体现了作品所要表达的目的。因此，图画作品受到保护的条件只需要具备文字角色保护条件的一、三、四条即可。

立体角色主要是指戏剧、舞蹈等中的角色。这些艺术形式的时间限制较为严格，它们往往通过紧张的矛盾冲突来突出主题，如《雷雨》和《茶馆》。因此，通常来讲戏剧和舞蹈的角色特点都非常鲜明，具有生动性，而且这些艺术形式是关于时间和空间的综合艺术，它们往往也是和文字作品有交叉的。同时，立体角色也不同于图画角色，图画角色是通过漫画式的造型艺术来表现角色的。因此，文字角色的保护条件可以直接适用于立体角色保护中来。

有人认为，即使作品角色能够作为著作权的客体，但仍然无法确定未经授权的商品化行为侵犯的著作权权能的类别。本书认为，这个问题要分两个角度来分析。

首先，利用作品角色续写原作品的侵权行为侵犯的是著作权人的保护作品完整权和演绎权。续写有可能侵害著作权人的精神利益。比如，有人在续写的《红楼后梦》中将整日以泪洗面的林黛玉描写成薛宝钗，这无疑是对作品的亵渎。在《红楼梦》没有进入公有领域的前提下，续写作者的行为就侵害了原作者的保护作品完整权。续写也有可能侵害著作权人的财产利益。我们知道，演绎权是作者许可他人在自己作品的基础上创作作品的权利。他人未经作者许可就翻译、改编原作品，就侵害了其著作权。同样，他人未经作者许可续写原作品也是侵害其著作权的行为。演绎权表面上协调的是原有作品和派生作品之间的关系，实际上协调的是著作权人和其他人对作品的利益关系。通常来讲，被续写的作品都是知名作品，续写无疑是利用了享有著作权的作品的潜在市场和其所具有的影响。依据边际效应递减规律，未经授权的续写作品会逐渐降低公众对原作品的合理兴趣，从而续写间接地使原作品的商业价值降低。

其次，将角色商品化也可以被认为是侵害了原作品的演绎权或者复制权。角色商品化就是将角色运用于商业广告或者其他商品上，或者开发角色商品。广义而言，广告和有关角色的商品也都可以被认为是一种作品——一种由原作品派生出来的作品，因此角色的商品化处理的也是原有作品和派生作品之间的关系。角色商品化必须经过原作品的著作权人同意，否则就是侵害了其演绎权。对于图画作品而言，角色可以是作品的精华所在，角色商品化在侵害权利人演绎权的同时也侵害了其复制权。

（二）商标权路径

用商标权保护角色和用商标权保护作品名称的做法相似。美国的《读者》杂志就是通过商标来保护其作品名称的。用商标权保护角色的长处在于避免了判断角色是否体现了作品的独创性。同著作权保护相比，商标权保护更加直接、便捷。但是，通过商标权保护也有一定的弊端，即注册商标必须在既定的商品或者服务类别与项目中进行选择，注册的种类越多，注册的注册费用也越大。而用著作权保护角色，权利人就不需要付出任何金钱。

（三）授权合同路径

作品角色的权利人可以与其他人签订通过授权使用或者授权转让合同，将有关角色的演绎权授予他人使用或者转让给其他人。在这种条件下，角色的权利人就不仅仅局限于著作权人，通过合同获得授权的另一方也可以成为权利人。当角色被非法使用时，权利人就可以以合同维护自己的合法权益。至于此类合同是否具有对抗第三人的效力，主要依据当事人合同来约定，原合同没有约定的，则该合同不具有排他性效力。

（四）反不正当竞争路径

作品角色的不正当竞争保护方式主要是假冒和淡化。在广义的假冒之诉下，如果构成假冒，必须是行为人主观上有过错；行为人将自己的商品或者服务与他人作品中的角色故意混淆。澳大利亚通过太平洋·登拉普公司诉霍根以及霍根诉科拉·登迪案发展了假冒之诉以适应角色商品化的保护。英国和加拿大后来追随了澳大利亚的做法。

根据传统的淡化理论，运用淡化保护作品角色的前提必须是作品的角色已经注册成为商标，并且该商标属于驰名商标。坦率来讲，运用淡化对作品角色进行保护的条件较高，把这种救济途径作为受害人最后的选择较为适宜。

二、作品角色与真实人物肖像等个人形象的区别

我国学界通常将角色的商品化和姓名肖像等个人形象的商品化合并起来，称为商品化权或者形象权。实际上，角色的商品化保护和姓名肖像等个人形象的商品化保护是不同的。

一是二者的保护基础不同。角色商品化保护的基础在于权利人享有著作权，角色的商品化是著作财产权的内容之一。而隐藏在角色后面的是角色创作者的艰苦的劳动和努力。而姓名肖像声音等个人形象的商品化保护的基础在于人格自由和人格尊严。

二是二者的功能不同。作品角色具有表达功能和标识功能，它不仅能够表达作品独创性，而且能够同姓名肖像等个人形象一样作为商业标记，表明商品或者服务的来源，在功能上都可以降低消费者搜索商品的成本和经营者推广商品的成本。

三、作品角色和真实人物肖像权的保护

无论哪一类主体在作品之外单独使用作品角色，即使是作品创作参与人之

外的其他人不可识别的作品形象，都不得侮辱性使用，不得悖于公序良俗，否则要承担相应的民事责任。

（一）演员使用作品角色的法律规则

在戏剧和电影等作品中，存在着演员的肖像权和作品角色难以区分的现象。赵薇以小燕子的形象做广告是否合适？收入是否应该归赵薇自己？本书认为，如果赵薇未经电视剧《还珠格格》著作权人的许可，那么其行为就足以构成侵犯电影著作权人的著作权。这主要是因为：第一，二者的权利主体不同。小燕子是影片形象，而不是赵薇的个人形象。赵薇仅仅对自己的个人形象具有自由处分的权利，对小燕子的形象没有处分的权利。小燕子的形象属于电视剧《还珠格格》的制片人。第二，小燕子的影片形象和赵薇的个人形象所反映的社会关系通常是不同的，小燕子的形象反映的是《还珠格格》的剧情，赵薇的形象反映的是赵薇自己。因此赵薇没有处分小燕子形象的权利。但是，如果赵薇个人不以小燕子的形象出现，而是以自己的个人形象出现，那么这时其就有权自由处分其个人形象，包括姓名、肖像和声音等，抽象为权利就是所谓的形象权或者公开权。

（二）著作权人使用作品角色的法律规则

演员在影视作品中所扮演的角色千差万别，关于影视作品中的人物剧照是否是演员本人的肖像问题，不能一概而论，如果人物剧照与演员本人的真实肖像达到重合的状态，进而从普通大众的角度能够完全辨认出演员本人的形象，则可以认定影视作品中的人物剧照为演员肖像作品的一种，此时，人物剧照既包含着演员的肖像权，又包含着肖像作品制作者的著作权，著作权人在使用演员肖像时不能超出与影视作品有关的范围而作其他商业用途。如果著作权人超出与影视作品有关的业务范围而作其他商业用途，则应取得肖像权人的同意。①当人物剧照和演员本人不易区别的情况下，如猪八戒的形象，由于该角色形象不具有可识别性，肖像权人难以获得肖像权保护，但是著作权人获得救济的法律基础是明确的。

（三）第三人使用剧照的法律规则

剧照涉及双重利益，即制片者的著作权和表演者的肖像权，故如将剧照用于

---

① 中山市樱花帝王电器有限公司与张某立等肖像权纠纷二审民事判决书，（2015）三中民终字第06153号。

商业用途，需获得双重许可，既需取得制片方著作权的许可，亦需获得表演者基于肖像权的许可。获得著作权授权并不等于获得肖像权使用授权。在蒋某柏诉周某军、江苏人民出版社肖像权案件中，被告周某军主张部分照片是向他人购买，部分照片为他人赠与，均有合法的来源，但购买照片的合同相对人或者赠与人，均是照片的著作权人，而非照片肖像的肖像权人，周某军据此得到的只是相应照片的著作权许可，故这些证据并不能证明周某军取得了肖像权的许可使用。①

法史钩沉

在大陆法系，姓名和肖像通常会获得民法典或版权法中人格权条款的保护。而声音却是一种新型的人格利益，一般通过司法实践加以保护。传统英美法中姓名、肖像、声音等都是通过隐私权保护的。

一、肖像权的伦理性

肖像权进入大陆法系的民事特别法有点戏剧情结。《德国民法典》并没有规定肖像权。1899 年 12 月 28 日，德国帝国法院就轰动的德国首相俾斯麦遗容偷拍案件作出判决。俾斯麦于 1898 年病逝，有两名记者潜入俾斯麦子女所有的房屋内偷拍遗容，准备高价出售。俾斯麦子女申请假处分，并令被告返还、销毁偷拍照片。在当时仍旧生效的德国帝国法律——《萨克森民法典》中并没有关于肖像权（包括生者和死者）的保护。诉讼期间，德国发生偷拍仪容是否构成侵害死者人格权以及如何保护的争论，德国帝国法院避开死者人格权的问题，认为侵入他人的住宅拍摄遗容，系因不法行为而取得遗容照片，应不当得利而负返还责任。由于德国民法典中没有关于肖像权的规定，因此法院只能依据罗马法的不法不当得利制度判处该两个记者归还该照片的底片。《德国民法典》在判决后数日生效。由于此种救济方法无法令人满意，1907 年德国《艺术品著作权法》中明文规定了对肖像权的保护。② 该法第二十二条规定：“人之肖像，限于原像人同意时，得公布或公然展览。原像人为制作自己之肖像而受报酬时，推定其为同意。原像人死亡时，死亡后如未经过 10 年，即须得死者亲属之同意。

---

① 蒋某柏与周某军、江苏人民出版社有限公司等肖像权纠纷一审民事判决书，2010）杭西民初字第 1579 号。

② 王泽鉴：《人格权法》，北京大学出版社 2013 年版，第 250－251 页。王利明：《人格权法研究》，中国人民大学出版社 2005 年版，第 88 页。

本法所称之亲属，谓原像人配偶及子，配偶及子不存在时，则指原像人之父母。”第二十三条第（三）项规定：“原像人所参加之集会游行及其他类似事件之描写，肖像之分布展览，无须依第二十二条之同意。”第二十二条规定的内容，是肖像之公布或公然展览，须经原像人之同意。① 这样，肖像权作为保护人的伦理价值的人格权至此在大陆法系民事立法中最终确立。1907 年，《德国艺术品著作权法》明文规定了对肖像权的保护，算是对本案在制度上的补救。基尔克等法学家对人格权的真知灼见，只能通过德国司法实践逐渐显现先知般的光芒。迄今为止，《德国民法典》对于人格权的规定都不能算作是一部完美的篇章。

美国最早对姓名、肖像或照片进行隐私权保护的立法出现在 1903 年纽约州的特别法中，未经授权将他人姓名、肖像或照片用于广告或者商业目的，应承担刑事和民事责任。1905 年美国最早对隐私权的司法承认出现在包含人格标识商业利益的案例（Pavesich v. New England Life Insurance Co.）中：在原告没有同意的前提下，被告在广告中使用了原告的姓名和照片。早期英美法学者认为这种对姓名、肖像等形象进行保护的隐私权是无形财产权中一个非常规的例子，它通常是作为侵权法的一个分支来讨论，但波斯纳认为，从实际情况看，它却应是财产法的一个分支。② 在此之后，肖像利益在英美法中以保护个人精神利益的面貌而出现，并被美国侵权法重述所认同。

1958 年 2 月 14 日德国联邦最高法院在著名的骑士案中指出，每一个人都拥有独立决定其肖像用途的权利。德国当时的时代名人要容忍其肖像的广泛传播，但无需容忍其被用于商业目的。由于这项包含于一般人格权中、并属于民法典第八百二十三条第一款中其他权利的对于自己肖像的权利受到了损害，联邦最高法院判决该厂家向这个骑士支付相当于使用许可费的损害赔偿金，尽管实际上这位富裕的骑士决不会允许把自己的照片用于这样的用途，因为他会因此成为朋友和同事的笑柄。③

① 龙显铭：《私法上人格权之保护》，中华书局 1948 年版，第 96 – 97 页。

② ［美］波斯纳：《法律的经济分析》，蒋兆康译，中国大百科全书出版社 1997 年版，第 52 页、第 111 页。

③ ［德］霍尔斯特·埃曼：《德国法中一般人格权的概念和内涵》，杨阳译，《南京大学法律评论》2000 年春季号，第 212 页。这个裁判之所以对德国法具有普遍意义，因为它违背了民法典第二百五十三条，第一次承认了对诸如此类的人格损害的金钱赔偿。

1970年5月15日，法国巴黎上诉法院判决认定："对个人姓名、肖像、声音、隐私、名誉以及荣誉所享有的权利，被忘却的权利以及对个人自身经历所享有的权利必须得到特别保护。"[①]

在加拿大马尼托巴省、萨斯喀彻温省和纽芬兰省，未经授权使用他人肖像用于广告、推销、其他商品服务方面的交易、其他能让使用者受益的目的，在能够辨认或已经被辨认出来的情况下，则构成对隐私的侵犯。在加拿大不列颠哥伦比亚省，特别针对该情形发展出一整套单独的民事侵权行为。[②]《加拿大魁北克省民法典》第三十六条规定，除了向大众合理公开信息的情形之外，使用他人的姓名、肖像、形象或者声音，盗用或者使用他人的肖像或者声音，为侵犯他人隐私权。

荷兰法院通常认为，本人可以以正当利益为理由反对有关自己会给人造成错误印象的出版物出版。这些有问题的出版行为包括：对照片进行加工处理、在不受欢迎的出版物或载体上刊登照片、错误暗示本人有偿或者无偿出版肖像。[③]

二、肖像权的财产性

在英美法系，直到1953年，肖像的财产利益才正式被"海兰案"所确认。其后，美国各地法院逐渐认同了肖像上的财产利益，纽约州和加州还以制定法的形式将其固定下来。在理论界，按照哥根斯坦的观点，当拍照以用于商业目的的情形时（如广告活动），被拍照的对象与演员相似，可以保留其精神权利，并可以反对使用损害其形象或个人好名声的照片。[④] 1995年，肖像的财产性被《美国不公平竞争法第三次重述》所认同。肖像的财产性开始全面为美国法所认同。

1965年12月，法国巴黎上诉法院指出，任何名人的肖像都可能具有非常重大的商业价值。基于此，该法院裁判为这种利用条件下的个人肖像规定了一种权利。[⑤] 1988年11月24日，法国埃克斯－普罗旺大审法庭作出了一项判决。

---

① Recueil Dalloz Sirey 1970 JPN, p. 466. Michael Henry ed., International Privacy, Publicity and Personality Laws, Butterworths Press (UK), 2001, p. 138.

② Recueil Dalloz Sirey 1970 JPN, p. 466. Michael Henry ed., International Privacy, Publicity and Personality Laws, Butterworths Press (UK), 2001, p. 81.

③ Recueil Dalloz Sirey 1970 JPN, p. 466. Michael Henry ed., International Privacy, Publicity and Personality Laws, Butterworths Press (UK), 2001, p. 319.

④ Recueil Dalloz Sirey 1970 JPN, p. 466. Michael Henry ed., International Privacy, Publicity and Personality Laws, Butterworths Press (UK), 2001, p. 18.

⑤ The Petula Clark case, Cour d'Appel de Paris, 1 December 1965. Michael Henry ed., International Privacy, Publicity and Personality Laws, Butterworths Press (UK), 2001, p. 154.

Henderycksen 对此注解道："肖像权不仅具有精神属性，其专属于主体自身、随主体的消亡而灭失并可适用民法典第九条所规定的保护机制，它还具有财产属性，因为很多情况下，知名度可以导致对肖像的商业性利用，知名度越高，其报酬就越高。"①

法国对肖像双重性质的这种认识与西班牙的立法与理论认识达成了一致。西班牙学者认为肖像权具有双重性。一方面，其属于人格权，体现了人的固有本质。另一方面，其能够为其所有者产生一系列的利益，因此肖像权也是财产权。这种认识也是由法律根据的。西班牙 1982 年的《组织法》第 7.5 条和第 7.6 条分别规定了肖像的伦理性和财产性。②

受美国法的影响，日本学者豊田彰等人也承认了肖像的财产性。萩原・有里认为，商业形象权与人格权有关系，人格权不仅保护精神利益，也保护经济利益，商业形象权是人格权的一部分。③

第一千零一十九条 【肖像权侵权/利用/权利冲突】

任何组织或者个人不得以丑化、污损，或者利用信息技术手段伪造等方式侵害他人的肖像权。未经肖像权人同意，不得制作、使用、公开肖像权人的肖像，但是法律另有规定的除外。

未经肖像权人同意，肖像作品权利人不得以发表、复制、发行、出租、展览等方式使用或者公开肖像权人的肖像。

本条来源

同第一千零一十八条。

---

① ［法］菲利浦・格雷茨亚诺：《欧洲对于私生活的法律保护：法国与德国的比较》，石佳友译，载《法学家》2006 年第 3 期。

② Ian S. Blackshaw & Robert C. R. Eiekmann ed. , Sports Image Rights in Europe, London, T・M・C Asser Press, 2005, pp. 261 – 264.

③ ［日］豊田彰，パブリシティの権利，日本評論社，2000 年版，第 45 – 67 页。［日］萩原・有里：《日本法律对商业形象权的保护》，载《知识产权》2003 年第 5 期。

立法演变

《2002年民法草案》在《民法通则》"未经本人同意，不得以营利为目的使用公民的肖像"的基础上，作了修改补充，规定："自然人有权使用或者许可他人使用自己的肖像。未经许可，他人不得公开使用自然人的肖像，法律另有规定的除外。"一审稿第七百九十九条规定："任何组织或者个人不得以歪曲、污辱等方式侵害他人的肖像权。未经肖像权人同意，他人不得制作、使用、公开自然人的肖像，但是法律另有规定的除外。未经肖像权人同意，肖像作品的权利人不得实施将肖像作品发表、复制、发行、出租、展览等涉及使用或者公开肖像的行为。"

2019年4月，有意见提出，利用信息技术手段"深度伪造"他人的肖像、声音，不仅侵害自然人的人格权益，严重的还可能造成恶劣的社会影响，危害国家安全和社会公共利益，建议法律对深度伪造技术带来的"换脸"等问题予以回应。据此，草案第七百九十九条第一款增加规定：任何组织或者个人不得以利用信息技术手段伪造的方式侵害他人的肖像权。二审稿第七百九十九条从技术上作了处理，规定"不得以丑化、污损，或者利用信息技术手段伪造等方式侵害他人的肖像权"，并未就此单独规定一款。此外还对两款内容作了文字调整。此后无变化。

条文释义

本条从反面规定了肖像权的内容，也是肖像权保护的法律基础。

一、侵害肖像权的行为表现

（一）丑化、污损、利用信息技术手段伪造他人肖像

丑化、污损为常见的侵害他人肖像权行为。但是，并不是所有的丑化、污损都构成违法行为。游乐场为增加娱乐效果使用环链技术，将游客面部移到卡通图画上面等，没有达到丑化、污损的恶劣程度，不具有违法性的构成要件。甚至在娱乐过程中，一定程度的丑化还能达到放松身心的目的，只要不悖于公序良俗，权利人同意或者认可即不构成侵权。

利用信息技术手段伪造他人肖像为新规定。利用AI等信息技术手段能实现对人脸的"深度伪造"，可以实现肖像的任意移植，完全能达到以假乱真的目的。2019年3月，一段"换脸"视频微博点击量达到1.1亿，2019年4月，人

格权编再次审议时，增加了上述规定。在起草过程中，有意见认为“利用信息技术手段伪造”前必须增加“恶意”。从解释上来看，本条虽然没有表明“恶意”，但是只要行为人利用信息技术手段伪造权利人的肖像，都可以适用本条及侵权责任编的有关规定予以规制。由于不少网站售卖“换脸”软件，网络服务提供者未尽相应义务可能要承担连带责任。

（二）肖像权与著作权的协调

本书认为，肖像作品既指专门针对自然人的肖像创作的作品如人像素描、摄影、塑像等，也可以指风景画作品中自然人的肖像，只要该肖像具有可识别性，就适用肖像权保护等有关规定。

肖像权的权利位阶高于著作权的权利位阶，二者发生冲突时，首先保护肖像权人的利益。本款规定的适用需要结合第一千零二十一条、第一千零二十二条的规定。著作权人的肖像作品在创作时，往往向肖像权人支付了一定数额的酬金，这个酬金是否包括肖像使用许可，需要结合合同条款予以明确。在裸体肖像等授权使用时，肖像权人可能会对发表权等公开性权利的行使予以限制，只允许肖像创作。

使用肖像的行为类型。根据《著作权法》第九条，发表权，即决定作品是否公之于众的权利；复制权，即以印刷、复印、拓印、录音、录像、翻录、翻拍等方式将作品制作一份或者多份的权利；发行权，即以出售或者赠与方式向公众提供作品的原件或者复制件的权利；出租权，即有偿许可他人临时使用电影作品和以类似摄制电影的方法创作的作品、计算机软件的权利，计算机软件不是出租的主要标的的除外；展览权，即公开陈列美术作品、摄影作品的原件或者复制件的权利。除此之外，第九条规定的放映、信息网络传播、摄制涉及他人肖像的，也需要取得肖像权人同意。放映权，即通过放映机、幻灯机等技术设备公开再现美术、摄影、电影和以类似摄制电影的方法创作的作品等的权利；信息网络传播权，即以有线或者无线方式向公众提供作品，使公众可以在其个人选定的时间和地点获得作品的权利；摄制权，即以摄制电影或者以类似摄制电影的方法将作品固定在载体上的权利。包括肖像作品的物权所有权人或者使用权人在内的其他行为人，使用权利人的肖像也要获得肖像权人同意。

二、侵害肖像权是否必须以营利为目的

在我国，侵害肖像权是否必须以营利为目的，经历了一个发展过程，这反

映了立法和学说对于肖像权包含财产利益和精神利益的认识在逐步深化。

《民法通则》以及相关法律法规，普遍明确了以营利为目的非法使用他人肖像的，构成侵害他人肖像权。比如，《民法通则》第一百条规定："公民享有肖像权，未经本人同意，不得以营利为目的使用公民的肖像。"《民法通则司法解释》第一百三十九条规定："以营利为目的，未经公民同意利用其肖像做广告、商标、装饰橱窗等，应当认定为侵犯公民肖像权的行为。"《妇女权益保障法》第四十二条规定："妇女的名誉权、荣誉权、隐私权、肖像权等人格权受法律保护。禁止用侮辱、诽谤等方式损害妇女的人格尊严。禁止通过大众传播媒介或者其他方式贬低损害妇女人格。未经本人同意，不得以营利为目的，通过广告、商标、展览橱窗、报纸、期刊、图书、音像制品、电子出版物、网络等形式使用妇女肖像。"

从上述法律规定来看，并没有明确侵害肖像权是否必须以营利为目的。实践中出现了一些不以营利为目的使用他人肖像权的案例，对于这类案例如何定性？经过一段时间的研究，司法实践中逐步认定"不以营利为目的"非法使用他人肖像的，也构成侵害他人肖像权。

三、侵害肖像权的损害赔偿

侵害他人肖像权，侵权人应当按照因此获得的利益/利润进行赔偿，也可以按照受害人的损失进行赔偿。对于以营利为目的擅自使用他人肖像的，应以营利目的作为赔偿标准，无论情节是否严重、使用后是否营利，只要使用目的是为了营利，肖像权人请求赔偿的，就应确定使用人的侵权赔偿责任。对于非以营利为目的侵害肖像权的，应以造成严重后果这一精神损害赔偿的基本标准为准，不以营利为目的而擅自使用他人肖像，情节严重，造成严重后果的，肖像权人请求赔偿，可以按照一般的精神损害赔偿标准，确定赔偿责任。

对于精神损害抚慰金，本法第一千一百八十三条第一款规定："侵害自然人人身权益造成严重精神损害的，被侵权人有权请求精神损害赔偿。"在司法实践中，如果未经他人同意商业使用他人肖像没有负面评价，法院通常不支持侵害肖像权的精神损害赔偿。在胡某案中，苏州俏椰餐饮公司、江苏俏玲珑餐饮公司虽在广告、海报等使用胡某照片，但没有丑化、侮辱、诽谤胡某的行为，也未造成胡某的社会评价降低，胡某对其精神造成重大损害也未提供证据证明，故对胡某主张精神损害抚慰金的诉讼请求，法院不予支持。[①] 在马某都案中，安徽基石公司使用马某都肖像系追求商业利益，获取商业利润，主观上并无对马某都人格贬损的意图，客观上肖像广告也没有侮辱、诽谤的内容，对马某都没有造成不良影响，且马某都本人也从事过类似的商业代言活动，因此，本案的侵权行为不会给马某都造成精神上的损害，一审判决赔偿马某都精神损害抚慰金不妥，本院予以撤销。[②] 在另外一个案件中，原告发现被告在其商业宣传网站 http：//www. iimei. com 中刊登的题为《完美身材需要多少代价解析隆胸价格》《注射丰胸价格工薪能否承受》《47. 2% 的女性认为自己的胸部不够完美》《乳头再造术的4 大常用手术方法》的文章中擅自使用原告照片作为插图。原告提供的《代言合同》显示原告肖像3 个月的使用费用为30 万元，判决仅仅支持2. 6 万元经济损失赔偿。关于精神损害抚慰金，被告的行为不足以导致原告遭受严重精神损害，故对原告的该项请求本院不予支持。[③] 本书认为，女演员是否整容可能影响其肖像使用的商业价值，也会对其人格尊严造成一定损害，从这个角度来讲，本书支持此种情形下给予精神损害赔偿。

对于经济损失，适用侵权责任编的一般规则，此外《利用信息网络侵害人身权益司法解释》第十八条第二款规定："被侵权人因人身权益受侵害造成的财产损失或者侵权人因此获得的利益无法确定的，人民法院可以根据具体案情在50 万元以下的范围内确定赔偿数额。" 在司法实践中，法院一般不按照代言合同标的额支持经济损失赔偿数额，精神损害抚慰金支持与否视个案情况而定。虽原告提交了《赛事代言合同》（200 万元）以证明其肖像的商业价值，但被告并未在涉诉文章中注明原告系其代言人，使用方式亦不足以让公众误以为原告系被告相关项目的代言人，故不能完全比照《赛事代言合同书》的代言费来确定原告的经济损失，但考虑到原告作为演员、主持人具有一定的社会知名度，其肖像具有一定商业价值，被告擅自使用原告照片势必会对原告造成一定损失，

① 胡某、苏州俏椰餐饮管理有限公司等肖像权纠纷二审民事判决书，（2019）苏01 民终10785 号。

② 马某都等与信达地产股份有限公司等肖像权纠纷一案二审民事判决书，（2017）京02 民终1704 号。

③ 徐某冬与广州麦智盈方广告有限公司肖像权纠纷一审民事判决书，（2018）京0105 民初36314 号。

故本院将根据被告使用照片情况及原告的知名度等对原告的该项请求酌情予以判处。法院判决，赔偿原告经济损失四万元。对于中医门诊部在其编辑、印刷的广告杂志《永盛风尚》中未经原告许可擅自使用原告肖像，将其作为《做聪明女人如何自查妇科炎症》一文的宣传配图。法院判决被告赔偿原告精神抚慰金一万元。①

法条关联

◆ 参见第一千零一十八条法条关联。

案例评议

“艳照门事件”案②

◆ **评议**

本法进一步完善了网络侵权的规定。一是完善了网络侵权的一般规则。网络用户、网络服务提供者利用网络侵害他人民事权益的，应当承担侵权责任。法律另有规定的，依照其规定。二是明确了通知的构成要求。网络用户利用网络服务实施侵权行为的，权利人有权通知网络服务提供者采取删除、屏蔽、断开链接等必要措施。通知应当包括构成侵权的初步证据及权利人的真实身份信息。三是增加了网络服务提供商的转送义务及相应责任。网络服务提供者接到通知后，应当及时将该通知转送相关网络用户，并根据构成侵权的初步证据和服务类型采取必要措施；未及时采取必要措施的，对损害的扩大部分与该网络用户承担连带责任。四是增加了错误通知的法律责任。因错误通知造成网络用户或者网络服务提供者损害的，应当承担侵权责任。法律另有规定的，依照其规定。五是增加了网络用户声明的要求。网络用户接到转送的通知后，可以向网络服务提供者提交不存在侵权行为的声明。声明应当包括不存在侵权行为的初步证据。六是增加了网络服务提供者对声明的处理。网络服务提供者接到声明后，应当将该声明转送发出通知的权利人，并告知其可以向有关部门投诉或

① 柳某与北京永盛中医门诊部肖像权纠纷一审民事判决书，（2015）丰民初字第07025号。

② 袁雪石：《从艳照门事件看网络侵权民事法律规则的完善》，载《政治与法律》2008年第4期。

者向人民法院提起诉讼。网络服务提供者在转送声明到达权利人后的合理期限内，未收到权利人已经投诉或者提起诉讼通知的，应当及时终止所采取的措施。七是增加了网络服务提供者“应当知道”的注意义务。网络服务提供者知道或者应当知道网络用户利用其网络服务侵害他人民事权益，未采取必要措施的，与该网络用户承担连带责任。①

一、应区分客体适用网络侵权的安全港规则

《信息网络传播权保护条例》第十四条规定：“对提供信息存储空间或者提供搜索、链接服务的网络服务提供者，权利人认为其服务所涉及的作品、表演、录音录像制品，侵犯自己的信息网络传播权或者被删除、改变了自己的权利管理电子信息的，可以向该网络服务提供者提交书面通知，要求网络服务提供者删除该作品、表演、录音录像制品，或者断开与该作品、表演、录音录像制品的链接。通知书应当包含下列内容：（一）权利人的姓名（名称）、联系方式和地址；（二）要求删除或者断开链接的侵权作品、表演、录音录像制品的名称和网络地址；（三）构成侵权的初步证明材料。权利人应当对通知书的真实性负责。”该条文借鉴了《美国数字千年版权法》规定的“通知与删除”程序，即安全港规则②，但其适用范围仅局限于著作权。

安全港规则表面上规定的是网络服务商的免责事由，但实际上加重了网络服务商的注意义务。建立安全港规则的目的是在促进互联网产业发展和维护社会和谐、正义之间寻求最佳的平衡点。客观来讲，要网络服务商应知或明知“在浩如烟海的互联网上不定期出现的侵权行为”是不现实的，而且也是不公平的，这里并不存在规定严格责任的客观基础。通知删除程序的特点在于“通知”使网络服务商的注意义务得以产生，如果其漠视权利人的通知，则其帮助侵权的主观过错就很容易得到证明。③

但“艳照门”凸显的问题是：网络侵害人格权究竟是否应该适用安全港规

① 杨立新：《民法典侵权责任编草案规定的网络侵权责任规则检视》，载《法学论坛》2019年第3期。

② 《最高人民法院关于审理涉及计算机网络著作权纠纷案件适用法律若干问题的解释（2006修正）》和《互联网著作权行政保护办法》也规定了安全港规则，但三者在具体规则上有所差异。

③ 这里再一次明确了侵权责任构成要件违法行为、损害事实、因果关系、主观过错四分法的必要性。

则？我认为，人格权、著作权、专利权三种权利的客体属性的不同决定了安全港规则对三种权利只能在不同程度上加以适用。

我们知道，在网络侵害著作权的情况下，安全港规则的通知必须是适格的通知，没有标出网络地址、没有提供构成侵权的初步证明材料，甚至没有权利人的联系方式等都不会导致网络服务商对服务对象（直接侵权人）的侵权行为产生注意义务，这是各国法律的普遍做法。但我认为，网络侵害人格权的行为不应严格适用此规则。网络侵害著作权和侵害人格权不同。在“艳照门事件”中，网络服务商可以仅仅根据发布艳照的行为表现直接判断服务对象发布艳照的行为是否违法①，侵害人格权通常不涉及权利归属等其他问题。而在网络侵害著作权的情况下，网络服务商很难直接认定网络上的出版物是否为侵权物，如MP3歌曲，有的歌曲可能是网络用户自己翻唱的，有的可能还存在复杂的权属关系，使用人可能并不拥有著作权等等。在侵害著作权的情况下，存在服务对象的行为是否违法、争议作品的权利归属等很多不确定性因素，如果不严格规定“权利人”必须向网络服务商发出合格的通知，则会增加网络服务商判断服务对象行为是否违法的法律风险，也可能会伤害服务对象的合法权益，最终阻碍刚刚迸发出勃勃生机的互联网产业的发展。

此外，网络侵害专利权是否直接适用安全港规则的问题也非常复杂。有以下几点值得关注：第一，权利人的通知是否应为适格的通知？判断侵害专利权的行为是否具有违法性的问题更为复杂，更加需要相关的专业技术知识，因此，通知必须为适格的通知。第二，获得通知后，网络服务商是否应该承担判断网络侵害专利权是否违法的义务？在安全港规则背景下，网络服务商的侵权行为为间接侵权或帮助侵权或促成性侵权（contributory infringement），考虑到侵害专利权违法性判断的复杂性和判断侵害专利权违法性成本的巨大性，根据《欧盟电子商务指令》的规定，不应当对服务提供者（即网络服务商）强加监督义务，所规定的义务应当为一般性的②，因此不应该让网络服务商承担判断侵害专利权是否具有违法性的注意义务。但为了保护权利人，可以规定网络服务商

① 在这一点上，单独判断一个照片是艳照还是人体艺术照有时候比较困难，但结合其他系列照片或者文字表述判断公布照片的行为是否违法的可能性还是较大的。

② 张建华主编：《信息网络传播权保护条例释义》，中国法制出版社2006年版，第329页。

仅仅承担通知服务对象，或者向权利人提供服务对象信息的义务，以网络服务商是否尽到这两项义务来判断其是否具有主观过错。

二、应明确安全港规则中权利人“通知”不是网络服务商注意义务的唯一来源

实际上，网络服务商可能会发现有关艳照的侵权行为，并听之任之，以获得流量，实现营利，这是安全港规则的弱点所在。因此，网络服务商的注意义务还可以包括以下几个来源：

一是法律规定。比如，如果有关国家机关向网络服务商提出某艳照违法①，网络服务商应及时履行相关行政命令。

二是一定的先行行为。通常情况下，很少有企业会在自家公司大门上被贴了艳照时仍然镇定自若，闲庭信步，但互联网企业的态度可能会有所不同，艳照会促进其业绩增长。网络服务商通常会设置“BBS的热点聚焦”“十大热点”“热榜”“重点推荐”等栏目，合理的经营者在一定的时间内应该注意到相关的栏目内容，因此，即使是仅仅承担空间、通道服务的网络服务商也应该承担一定的注意义务。但网络服务提供商的注意义务的认定应结合各种因素加以具体裁量，原则上应以不增加网络服务商的监管义务为原则。比如，帖子的存在时间、点击次数、回应帖子数量等可以作为网络空间服务商是否具有注意义务的考量因素，此次“艳照门”照片在某网站被点击上千万次，该网站对此应负有积极的监管义务，其行为应具有主观过错。

三是合同行为。如果网络服务商和他人签订广告合同，推广他人的产品，网络服务商也当然对该合同相关的内容负有积极的注意义务。

第一千零二十条　【肖像合理使用】

合理实施下列行为的，可以不经肖像权人同意：

（一）为个人学习、艺术欣赏、课堂教学或者科学研究，在必要范围内使用肖像权人已经公开的肖像；

---

① 由于网络已经成为像电、水、燃气等基本生活资源，因此，互联网管理也涉及各个部门，这或许是网络侵权管制不利的原因之一。

（二）为实施新闻报道，不可避免地制作、使用、公开肖像权人的肖像；

（三）为依法履行职责，国家机关在必要范围内制作、使用、公开肖像权人的肖像；

（四）为展示特定公共环境，不可避免地制作、使用、公开肖像权人的肖像；

（五）为维护公共利益或者肖像权人合法权益，制作、使用、公开肖像权人的肖像的其他行为。

本条来源

《著作权法》第二十二条。

立法演变

一审稿第八百条规定："实施下列行为的，可以不经肖像权人同意：（一）为个人学习、艺术欣赏、课堂教学或者科学研究，使用他人已经公开的肖像；（二）为报道时事新闻，在报刊、电视台、网络等媒体中不可避免地使用、公开他人肖像；（三）国家机关为执行公务、保障公共安全等目的在必要范围内使用、公开他人肖像；（四）拍摄特定公共环境不可避免地使用、公开他人肖像；（五）维护公序良俗的行为。"二审稿删除了"在报刊、电视台、网络等媒体中"，将第三项修改为"为依法履行职责，国家机关在必要范围内使用、公开肖像权人肖像"，将第四项修改为"为展示特定公共环境，不可避免地使用、公开肖像权人肖像"，将第五项修改为"为维护公共利益或者肖像权人合法权益，合理使用、公开肖像权人肖像的其他行为"。三审稿在"实施"前增加"合理"，在"使用、公开"前增加"制作"。此后无变化。

条文释义

本条是对肖像合理使用的规定。总体来讲，肖像权合理使用规则主要是针对非商业使用而言，未涉及商业性使用的任何事由[①]，商业性使用他人肖像，仍然需要经过肖像权人同意，并支持一定价款。合理使用不能超过一定的“度”，“必要范围”“不可避免”“已经公开”都是对合理的限制。具体的判断标准可以参考行政法中的比例原则，即目的正当性、手段与目的均衡性、最小损害。

一、为个人学习、艺术欣赏、课堂教学或者科学研究

以善意的社会公益以及文化教育为目的登出个人肖像的，即使不经原告同意也是合法的，并不具有违法性。但是，被告合肥丽人妇科医院使用原告照片的相关文章涉及“药流”“宫颈糜烂”相关医学项目，其使用行为容易使受众误以为原告曾接受过相应的医学项目，故亦构成对原告名誉权的侵犯。[②] 医疗机构在使用他人肖像时，要结合个案判定是否是变相广告，如果是变相广告，则不宜认定为合理使用。如果医疗机构的主要目的是介绍新疗法、普及医疗知识等，则通常可以以不可识别的方式使用他人肖像。具有合理使用事由并不必然地阻却违法，还需要把使用行为限定在“合理”的范围内，秉持最低限度使用原则。

二、为实施新闻报道

新闻报道是合理制作、使用、公开肖像权人的肖像的重要事由。最高人民法院在《关于上海科技报社和陈贯一与朱虹侵害肖像权上诉案的函》规定：“在上海科技报载文介绍陈贯一对‘重症肌无力症’的治疗经验时，使用了朱虹患病时和治愈后的两幅照片，其目的是宣传医疗经验，对社会是有益的，且该行为并未造成严重不良后果，尚构不成侵害肖像权。”这一司法解释中明确了新闻报道和社会公益为使用他人肖像的违法阻却事由。

三、国家机关为依法履行职责

国家机关履行职务的行为必须符合法律规定，公安机关在通缉令中使用被通缉者的肖像，宣传部门在组织的纪念“两弹元勋”展览中，使用“两弹元勋”肖像。但是，公安机关工作人员未经批准，自行决定发布通缉令，有关机关下属企事业单位将“两弹元勋”肖像印刷在有关纪念品上出售的，都不属于依法履行职责，可能构成侵权。

---

① 徐志军、周玲：《奥运会运动员肖像使用规则评析》，载《政法论坛》2007 年第 3 期。

② 孟某与合肥丽人妇科医院人格权纠纷一审民事判决书，（2014）朝民初字第 24416 号。

事业单位是否能适用本项规定?《行政强制法》第七十条规定:“法律、行政法规授权的具有管理公共事务职能的组织在法定授权范围内,以自己的名义实施行政强制,适用本法有关行政机关的规定。”本法总则编第九十七条规定:“有独立经费的机关和承担行政职能的法定机构从成立之日起,具有机关法人资格,可以从事为履行职能所需要的民事活动。”据此,承担行政职能的法定机构(包括企事业单位)可以适用本项规定。

四、为展示特定公共环境

从本项规定来看,展示特定公共环境时,制作、使用、公开肖像权人的肖像,需要将肖像权人的肖像作为特定公共环境的组成部分,甚至是“图景的点缀”,就好比中国山水画中的人物。王利明牵头的民法典建议稿第三百四十一条规定:“权利人在公共场所的肖像在其不构成肖像制品的主题时,可以被合理使用。公共场所包括:(一)具有纪念意义的事件;(二)人物只是作为图景的点缀;(三)人物参与集会、游行、庆典或类似事件。”①

如果在公共场所超出合理目的使用他人肖像,如利用人脸识别系统或者巡游车录像采集系统,采集他人肖像,用于商业使用、大数据比对等,则构成对他人肖像权或者隐私权等的侵害。②

五、为维护公共利益或者肖像权人合法权益

合理使用的前提是合法使用,制作、使用、公开肖像权人的肖像的其他行为,不能以侮辱、诽谤或者其他方式使用他人肖像,也不应当侵犯肖像权人依法享有的其他权利,如隐私权、名誉权等。对于未经同意而善意使用政治家及社会明星肖像的行为,在不涉及隐私权的场合下,也不应认定为违法行为。

已经进入公共领域不等于合理使用,构成对肖像合理使用必须与一定的公共事件相结合。在蒋某柏案中,诉讼所涉及的21张肖像中,有9张系关于蒋某

---

① 王利明主编:《中国民法典学者建议稿及立法理由:人格权编·婚姻家庭编·继承编》,法律出版社2005年版,第108-110页。

② 美国社交网络公司Facebook周三表示,已同意支付5.5亿美元,以解决因其在伊利诺伊州使用人脸识别技术而遭遇的用户集体诉讼欧盟正在考虑在公共场合禁止使用人脸识别,禁止时间为五年,欧盟认为政府和行业需要更多的时间制定出保护隐私的人脸识别监管体系。参见《Facebook和解人脸识别侵权集体诉讼,赔偿5.5亿美元》,https://tech.qq.com/a/20200130/009037.htm,最后访问时间:2020年2月2日。

柏及其家人家庭私生活的照片，这些肖像属于依照权利人的个人意志而自由支配的私人领域，违背肖像权人的意志而使用的行为，均应视为侵权，但这9张照片中有5张已经经媒体发表公之于众；另外12张照片均系蒋某柏参加公众活动的照片。其形象已经进入公共领域，当然，构成对肖像权的合法使用必须与一定的公共事件相结合，故即使三被告使用的肖像大部分已经为公众知悉，三被告依然不构成对蒋某柏肖像的合法使用。①

此外，为了民事主体自身利益，也可以合理使用他人肖像。有判决指出，被上诉人未经上诉人同意将其工装照片放入保安值班室玻璃板下，系出于公司内部管理需要而采取的措施，虽然存在不妥之处，但并非以营利为目的，也不是在一定范围的社会公共场所展示，故被上诉人不构成对上诉人肖像权的侵犯。② 还有判决指出，中亿维讯同创公司为取证而进行的录像行为系为了证实解除合同送达行为的实际发生。亿维讯同创公司录像的行为系其在王某新不予配合的情况下采取的不得已的取证方式，该录像作为视听证据，取得手段并不违反法律禁止性规定，未进行营利使用，且不侵犯王某新合法权益，不构成对王某新肖像权的侵犯。③

法条关联

◆《著作权法》

第二十二条 在下列情况下使用作品，可以不经著作权人许可，不向其支付报酬，但应当指明作者姓名、作品名称，并且不得侵犯著作权人依照本法享有的其他权利：

（一）为个人学习、研究或者欣赏，使用他人已经发表的作品；

（二）为介绍、评论某一作品或者说明某一问题，在作品中适当引用他人已经发表的作品；

---

① 蒋某柏与周某军、江苏人民出版社有限公司等肖像权纠纷一审民事判决书，（2010）杭西民初字第1579号。

② 赵某君、青岛浦项不锈钢有限公司肖像权纠纷、名誉权纠纷二审民事判决书，（2019）鲁02民终1279号。

③ 王某新与北京亿维讯同创科技有限公司肖像权纠纷二审民事判决书，（2018）京01民终8335号。

（三）为报道时事新闻，在报纸、期刊、广播电台、电视台等媒体中不可避免地再现或者引用已经发表的作品；

（四）报纸、期刊、广播电台、电视台等媒体刊登或者播放其他报纸、期刊、广播电台、电视台等媒体已经发表的关于政治、经济、宗教问题的时事性文章，但作者声明不许刊登、播放的除外；

（五）报纸、期刊、广播电台、电视台等媒体刊登或者播放在公众集会上发表的讲话，但作者声明不许刊登、播放的除外；

（六）为学校课堂教学或者科学研究，翻译或者少量复制已经发表的作品，供教学或者科研人员使用，但不得出版发行；

（七）国家机关为执行公务在合理范围内使用已经发表的作品；

（八）图书馆、档案馆、纪念馆、博物馆、美术馆等为陈列或者保存版本的需要，复制本馆收藏的作品；

（九）免费表演已经发表的作品，该表演未向公众收取费用，也未向表演者支付报酬；

（十）对设置或者陈列在室外公共场所的艺术作品进行临摹、绘画、摄影、录像；

（十一）将中国公民、法人或者其他组织已经发表的以汉语言文字创作的作品翻译成少数民族语言文字作品在国内出版发行；

（十二）将已经发表的作品改成盲文出版。

前款规定适用于对出版者、表演者、录音录像制作者、广播电台、电视台的权利的限制。

第二十三条　为实施九年制义务教育和国家教育规划而编写出版教科书，除作者事先声明不许使用的外，可以不经著作权人许可，在教科书中汇编已经发表的作品片段或者短小的文字作品、音乐作品或者单幅的美术作品、摄影作品，但应当按照规定支付报酬，指明作者姓名、作品名称，并且不得侵犯著作权人依照本法享有的其他权利。

前款规定适用于对出版者、表演者、录音录像制作者、广播电台、电视台的权利的限制。

案例评议

张某琴与安阳日报社、李某龄肖像权纠纷案[①]

◆ **裁判规则**

照片以风景为主，人物为点缀的新闻图片，且人物处于公共场所，该图片充分展现了精神文明建设取得的成果，被告主观上均不存在恶意，未造成负面影响，未对原告的个人形象和个人尊严造成贬损。

◆ **评议**

本案可直接适用第二项和第四项规定，目的是宣传国家建设，手段方面，图片是以风景为主，人物为点缀，同时，该图片构成单幅新闻报道图片，可以同时适用两项违法阻却事由。

第一千零二十一条　【肖像许可使用合同争议解释】

当事人对肖像许可使用合同中关于肖像使用条款的理解有争议的，应当作出有利于肖像权人的解释。

本条来源

《合同法》第六十条规定合同解释要遵循诚实信用原则，根据合同的性质、目的和交易习惯明确合同条款和合同义务。对于合同约定不明的情况，《合同法》第六十一条规定："合同生效后，当事人就质量、价款或者报酬、履行地点等内容没有约定或者约定不明确的，可以协议补充；不能达成补充协议的，按照合同有关条款或者交易习惯确定。"

立法演变

《2002 年民法草案》人格权法第十八条规定："自然人有权使用或者许可他人使用自己的肖像。未经许可，他人不得公开使用自然人的肖像，法律另有规

① 张某琴与安阳日报社、李某龄肖像权纠纷一审民事判决书，(2019) 豫 0502 民初 4440 号。

定的除外。”一审稿第八百零一条规定：“肖像许可使用合同中就肖像使用的范围、方式等约定不明确的，应当作出有利于肖像权人的解释。”二审稿将“约定不明确”改为“约定有争议”，三审稿将“就肖像使用的范围、方式等约定”改为“关于肖像使用条款的理解”，并作了文字修改。此后无变化。

条文释义

本条是关于肖像许可使用合同条款理解争议的补充规定。本条规定了单独的有名合同类型，需要结合合同编的一般规定予以适用。

《合同法》第一百二十五条对“当事人对合同条款的理解有争议”的处理作了规定。本法第四百六十六条第一款规定：“当事人对合同条款的理解有争议的，应当依据本法第一百四十二条第一款的规定，确定争议条款的含义。”这里的“理解有争议”主要是指按照一般人的观点，合同条款的规定是不明确不清楚的，才需要解释。如果是一方处于自身利益的考虑，不恰当地对合同条款作出不同理解，根本不需要作出解释。明确合同的内容主要涉及解决用语不明确含糊不清，用语产生多种不同理解，合同遗漏重要条款。[①] 合同解释一般有以下几种方法：

一是文义解释。解释合同必须先由词句的含义入手。根据本法第一百四十二条，有相对人的意思表示的解释，应当按照所使用的词句，结合相关条款、行为的性质和目的、习惯以及诚信原则，确定意思表示的含义。一些词句在不同的场合可能表达出不同的含义，所以要结合具体情境判断双方当事人订立合同时的真实意思。

二是整体解释。合同条款和合同是局部与整体的关系。按照本法规定，合同条款一般包括当事人的姓名或者名称和住所，标的，数量，质量，价款或者报酬，履行期限、地点和方式，违约责任，解决争议的方法。各类有名合同也基本都有合同示范文本，当事人可以参照各类合同的示范文本订立合同。在进行整体解释时，可以从各个条款之间的关系出发，探究争议条款的真实含义。

三是目的解释。制定法律第一条往往都要写制定依据和立法目的。合同也一样，合同目的相当于立法的指导思想，要统率具体条款，如果某一条款与合同目的不一致，则应当依照合同目的进行解释。

---

① 王利明：《合同法研究（第一卷）》，中国人民大学出版社 2002 年版，第 410 页。

四是交易习惯解释。本法第十条规定："处理民事纠纷，应当依照法律；法律没有规定的，可以适用习惯，但是不得违背公序良俗。"这是我国首次在民事基本法中明确习惯的法源地位。交易习惯是习惯的具体类型。交易习惯也称为交易惯例，它是指在交易行为当地或者某一领域、某一行业通常采用并为交易对方订立合同时所知道或者应当知道的做法，以及当事人双方经常使用的习惯做法。对于交易习惯，由提出主张的一方当事人承担举证责任。根据交易习惯确立合同条款的含义是国际贸易中普遍承认的原则。《联合国国际货物销售合同公约》和《国际商事合同通则》对此都有规定。[①] 本法第四百八十条规定："承诺应当以通知的方式作出；但是，根据交易习惯或者要约表明可以通过行为作出承诺的除外。"此外，第四百八十四条等多个条文也对交易习惯作出了规定。

五是诚实信用原则解释。诚实信用原则被称为民法的帝王原则，合同解释也要遵循此原则。本法第七条规定："民事主体从事民事活动，应当遵循诚信原则，秉持诚实，恪守承诺。"第五百零九条第二款规定："当事人应当遵循诚信原则，根据合同的性质、目的和交易习惯履行通知、协助、保密等义务。"

此外，合同文本采用两种以上文字订立并约定具有同等效力的，对各文本使用的词句推定具有相同含义。各文本使用的词句不一致的，应当根据合同的相关条款、性质、目的以及诚信原则等予以解释。

肖像许可使用合同解释有利于肖像权人的规则，其立法根据在肖像权的位阶高于财产权，即使在肖像权商业使用的情况下，其仍然要受到肖像权精神利益与公序良俗原则等制约，当人格权与财产权发生冲突时，人格权优先保护。从制定法依据来看，本法第三条规定："民事主体的人身权利、财产权利以及其他合法权益受法律保护，任何组织或者个人不得侵犯。"

法条关联

◆《民法典》

第一百四十二条 有相对人的意思表示的解释，应当按照所使用的词句，结合相关条款、行为的性质和目的、习惯以及诚信原则，确定意思表示的含义。

---

① 《合同法第一百二十五条释义》，http：//www. pkulaw. cn/CLink _ form. aspx？ Gid = 21651&Tiao = 125&km = siy&subkm = 0&db = siy，最后访问时间：2020 年 2 月 14 日。

无相对人的意思表示的解释，不能完全拘泥于所使用的词句，而应当结合相关条款、行为的性质和目的、习惯以及诚信原则，确定行为人的真实意思。

◆《合同法司法解释（二）》

第七条 下列情形，不违反法律、行政法规强制性规定的，人民法院可以认定为合同法所称“交易习惯”：

（一）在交易行为当地或者某一领域、某一行业通常采用并为交易对方订立合同时所知道或者应当知道的做法；

（二）当事人双方经常使用的习惯做法。

对于交易习惯，由提出主张的一方当事人承担举证责任。

案例评议

宁某与北京天盈九州网络技术有限公司肖像权纠纷案①

◆ **裁判规则**

因本案双方当事人并未有明确的书面合同，仅仅在来往的私信中，对肖像权的使用达成合意。因而，目前仅能依据私信内容了解双方当事人的意思表示。由于双方当事人对肖像权的授权内容理解并不一致，因此必须对双方之间的基于私信形成的内容进行解释确定。交易习惯是指，在交易行为当地或者某一领域、某一行业通常采用并为交易对方订立合同时所知道或者应当知道的做法以及当事人双方经常使用的习惯做法，但其适用的前提是存在双方经常使用的习惯做法。以产品与肖像混合使用的版面设计，从一般常人的观点看，即代表被告是在推广其使用的产品。这种结合是一种依据版面表现形式可以得出的必然结果。肖像权特别是名人的肖像权，在今天社会其人格利益和财产利益已经难舍难分。对于人格利益属性的肖像权，因其与人之尊严有关，如无明确授权，对其使用范围不宜解释地过于宽松。对于财产属性的肖像权，因其与对价相关，在不能证明存在合理对价的权利义务脉络中，对其使用亦不得作出宽松的解释。

◆ **评议**

微信私信聊天达成的肖像权使用合意，具有法律效力。授权使用肖像权应

① （2015）一中民终字第00160号。

有明确的使用范围，如没有明确使用范围，应结合双方磋商过程进行解释，一方当事人主张自己不知悉的交易习惯等信息，构成有利于自己进行合同解释的客观事由。本案中，双方当事人之间的合同肖像授权使用范围不清晰，按照有利于肖像权人的解释原则，被告行为可构成违约与侵权。

第一千零二十二条　【解除肖像许可使用合同】

当事人对肖像许可使用期限没有约定或者约定不明确的，任何一方当事人可以随时解除肖像许可使用合同，但是应当在合理期限之前通知对方。

当事人对肖像许可使用期限有明确约定，肖像权人有正当理由的，可以解除肖像许可使用合同，但是应当在合理期限之前通知对方。因解除合同造成对方损失的，除不可归责于肖像权人的事由外，应当赔偿损失。

本条来源

《合同法》第九十三条关于约定解除、第九十四条关于法定解除、第九十六条关于解除权的行使、第九十七条关于解除效力的规定。本法沿用并完善了上述规定。

立法演变

一审稿第八百零二条作了规定，此后无变化。

条文释义

本条是对肖像许可使用合同解除的规定，需要结合合同编有关规定适用。

一、随时解除合同

对于没有约定期限或者约定不明确的肖像许可使用合同，双方当事人可以随时解除合同。本法租赁合同、承揽合同、不定期物业服务合同、不定期合伙合同等都规定了随时解除权。为了避免对方当事人因合同解除受到损失，上述合同都规定了合理期限通知义务，这个期限因合同类型而有所不同，如本法规定不定期物业服务合同，应当提前六十日书面通知对方。本款涉及的合理期限需要具体情况具体分析。由于本款没有规定解除方式，双方当事人可以以书面或者口头方式解除合同。此种情形实际是双方就合同主要条款没有达成一致，互补产生赔偿责任。

二、正当理由解除

对于有约定期限的肖像许可使用合同，阶段稿曾规定“肖像权人可以基于重大理由终止肖像许可使用合同”。由于“重大理由”不等于正当理由，虽然合同解释规定了有利于肖像权人的解释规则，但是当事人应当按照约定全面履行自己的义务。在当事人对肖像许可使用期限有明确约定的情形下，如果肖像权人可以无正当理由终止肖像许可使用合同，将使合同处于不稳定状态，因此，将“重大理由”改为“正当理由”。

本书认为，根据本法第五百六十二条的规定，当事人约定解除事由发生时，包括肖像权人在内的当事人都可以解除合同。同时，不需要在合理期限前通知对方。因此，本条规定的“正当理由”解除应当为法定解除。“肖像权人有正当理由”可以指不可抗力致使不能实现合同的目的、预期违约、迟延履行后经催告后债务人仍然不履行债务、因迟延履行或者有其他违约行为不能实现合同目的。此外，肖像权人因行使不安抗辩权而中止履行合同，对方在合理期限内未恢复履行能力，也未提供适当担保的，肖像权人可以请求解除合同。

关于解除通知生效时间，采取到达主义，附期限的，期限届满时解除；采取诉讼或者仲裁方式解决的，人民法院或者仲裁机构确认该主张的，合同自起诉状副本或者仲裁申请书副本送达对方时解除。

关于赔偿损失的范围，肖像许可使用合同可以是有偿的，如名人代言商品广告；也可以是无偿的，如为家乡城市旅游、为无偿献血、植树造林、野生动物保护等作无偿代言。有偿与无偿可能影响解除合同的赔偿范围。例如，本法第九百三十三条规定：“委托人或者受托人可以随时解除委托合同。因解除合同造成对方损失的，除不可归责于该当事人的事由外，无偿委托合同的解除方应当赔偿因解除时间不当造成的直接损失，有偿委托合同的解除方应当赔偿对方的直接损失和合同履行后可以获得的利益。”本条虽然是对委托合同解除作出的明确规定，但本书认为肖像许可使用合同解除可以参照该规定。

合同解除后，除了赔偿损失，还涉及从合同、后合同义务等。从肖像许可使用合同来看，当事人应当遵循诚信等原则，根据交易习惯履行通知、协助、保密、旧物回收等义务，如回收、销毁已经印制的肖像权人画册。

法条关联

◆《民法典》

第五百一十一条 当事人就有关合同内容约定不明确，依据前条规定仍不能确定的，适用下列规定：

（一）质量要求不明确的，按照强制性国家标准履行；没有强制性国家标准的，按照推荐性国家标准履行；没有推荐性国家标准的，按照行业标准履行；没有国家标准、行业标准的，按照通常标准或者符合合同目的的特定标准履行。

（二）价款或者报酬不明确的，按照订立合同时履行地的市场价格履行；依法应当执行政府定价或者政府指导价的，依照规定履行。

（三）履行地点不明确，给付货币的，在接受货币一方所在地履行；交付不动产的，在不动产所在地履行；其他标的，在履行义务一方所在地履行。

（四）履行期限不明确的，债务人可以随时履行，债权人也可以随时请求履行，但是应当给对方必要的准备时间。

（五）履行方式不明确的，按照有利于实现合同目的的方式履行。

（六）履行费用的负担不明确的，由履行义务一方负担；因债权人原因增加的履行费用，由债权人负担。

第五百六十二条 当事人协商一致，可以解除合同。

当事人可以约定一方解除合同的事由。解除合同的事由发生时，解除权人可以解除合同。

第五百六十三条 有下列情形之一的，当事人可以解除合同：

（一）因不可抗力致使不能实现合同目的；

（二）在履行期限届满前，当事人一方明确表示或者以自己的行为表明不履行主要债务；

（三）当事人一方迟延履行主要债务，经催告后在合理期限内仍未履行；

（四）当事人一方迟延履行债务或者有其他违约行为致使不能实现合同目的；

（五）法律规定的其他情形。

以持续履行的债务为内容的不定期合同，当事人在合理期限之前通知对方后可以解除。

第五百六十四条 法律规定或者当事人约定解除权行使期限，期限届满当事人不行使的，该权利消灭。

法律没有规定或者当事人没有约定解除权行使期限，自解除权人知道或者应当知道解除事由之日起一年内不行使，或者经对方催告后在合理期限内不行使的，该权利消灭。

第五百六十五条 当事人一方依法主张解除合同的，应当通知对方。合同自通知到达对方时解除；通知载明债务人在一定期限内不履行债务则合同自动解除，债务人在该期限内未履行债务的，合同自通知载明的期限届满时解除。对方对解除合同有异议的，任何一方当事人均可以请求人民法院或者仲裁机构确认解除行为的效力。

当事人一方未通知对方，直接以提起诉讼或者申请仲裁的方式依法主张解除合同，人民法院或者仲裁机构确认该主张的，合同自起诉状副本或者仲裁申请书副本送达对方时解除。

第五百六十六条 合同解除后，尚未履行的，终止履行；已经履行的，根据履行情况和合同性质，当事人可以请求恢复原状或者采取其他补救措施，并有权请求赔偿损失。

合同因违约解除的，解除权人可以请求违约方承担违约责任，但是当事人另有约定的除外。

主合同解除后，担保人对债务人应当承担的民事责任仍应当承担担保责任，但是担保合同另有约定的除外。

案例评议

彭某与李宁（中国）体育用品有限公司、李宁体育（上海）有限公司肖像权纠纷案①

◆ **裁判规则**

公司在其官网中与具体商品交易无关的功能模块使用彭某照片，属对曾签

① （2017）京03民终12044号。

约赞助彭某事宜客观的陈述和介绍，并不属于以营利为目的，且彭某与李宁公司签订的《合作合同》中也约定在该合同到期或终止后，李宁公司应有权不受限制地为历史性、教育性或纪念性的目的永久使用“运动员”的录像带、电影或照片。

◆ **评议**

合同在签订时可以约定解除条款，本案双方当事人根据约定解除事由解除合同，符合《合同法》的有关规定。合同解除后，公司仍然可以使用运动员肖像的依据在于合同对此有明确规定，且公司在技术上切割了运动员肖像与具体商品的关联。但是，合同解除后，公司销售门店仍然使用运动员肖像的行为，构成明显侵权。

第一千零二十三条 【姓名等许可使用准用/声音准用】

对姓名等的许可使用，参照适用肖像许可使用的有关规定。

对自然人声音的保护，参照适用肖像权保护的有关规定。

本条来源

此前没有关于声音准用的明确规定，专家建议稿规定了“肖像声音权”“声音权”等。

立法演变

2019年4月，二审稿第八百零三条修改为：其他人格权的许可使用和自然人声音的保护，参照适用本章的有关规定。三审稿规定：“对姓名、名称等的许可使用，参照适用肖像许可使用的有关规定。对自然人声音的保护，参照适用肖像权保护的有关规定。”四审稿删除了“名称”。

条文释义

本条两款规定强度有所不同，姓名等限于许可使用，主要是针对本编规定的各类典型人格权，而声音本编没有规定，属于非典型人格权，在性质上声音与肖像接近，立法上作了技术处理。

一、姓名等许可使用参照规定

第一款的“等”包括名称、隐私、个人信息等，身体、健康的许可有专门的规定，除非特殊情况，不应参照肖像许可使用的规定。在适用规则方面，本书认为，其他人格要素参照适用肖像许可使用的强度，取决于财产属性和精神属性的密度。肖像权的财产属性和精神属性密度处于相对均衡的状态。

一是关于名称。在立法过程中，四审稿删除了“名称”，主要的考虑恐怕是名称的财产属性大于肖像的财产属性，名称的许可使用需要遵循公法的较强约束，一般要进行相应的登记，而登记并不能参照适用肖像许可使用。

二是关于隐私。隐私比肖像具有更强的精神属性，但隐私也具有财产属性，名人的隐私可以以名人传记等形式公开，这些隐私的获取可以通过许可使用的形式实现。

三是关于个人信息。个人信息原则上是隐私的一个类型，但个人信息比其他类型的隐私呈现出更强的财产属性。授权他人许可使用也需要特殊的法律规则。在法律适用顺位上，如果个人信息保护部分适用依据不足，则可以适用本款规定。

四是关于声音的许可使用类似肖像，二者在规则上应该是一致的。

二、声音权

声音权是一个独立的具体人格权，这是很多国家立法的新的选择。法律保护声音权，对于保护自然人的声音利益，维护人的自由和尊严，具有重要的意义。本条第二款单独规定了声音权，参照适用肖像权保护的规定，除了本章外，本法其他条款也可适用。声音权的主要内容有：

一是声音录制专有权。史尚宽先生曾经作出过论述，他认为，声音的保护除依照著作权法保护发音片（唱片）外，应受人格权之保护，即未得允许，不得滥行录制他人歌唱于唱片，或与广播器广播。滥为唱片之复制，一方为著作权之侵害，他方为人格权之侵害。[①] 声音的录制有如肖像的摄取，正是有了可以再现的科技，声音权和肖像权才有了保护的必要性。和肖像权一样，声音权的首要内容体现在对声音的录制上。

---

① 史尚宽：《债法总论》，中国政法大学出版社 2001 年版，第 157 页。

二是声音使用专有权。声音使用专有权包括两方面的内容。首先是精神利益的使用权，权利人对自己的声音如何使用具有支配权。这又可以分为作为和不作为两种方式。比如，朗诵、歌唱等都会给人带来精神上的愉悦享受，这就是以作为的方式支配声音利益。还有，有的人想保持低调的生活，不想让其他人知悉、进入自己的生活，那么他就不愿意将自己的声音公之于众，这就是以不作为的方式支配声音利益。其次是财产利益的使用权，权利人可以将自己的声音进行商业化的利用，并因此而获得收益。这可以视为是权利人积极利用声音权的表现。当权利人自己没有积极地将声音利益运用于商业领域，而其他人盗用或者模拟其声音运用于商业领域时，声音权人可以依据不当得利请求权或者侵权损害赔偿请求权请求救济。这一点突出地体现在美国的公开权制度中。

对于自然人死后的声音利益也应当进行保护。至于保护的期限问题，美国一些州认可自然人死亡之后不同的公开权保护期限。例如，加州规定五十年，这一期限和著作权法的保护期限类似。佛罗里达州规定为四十年。肯塔基州规定为五十年。内布拉斯加州认为公开权在主体死亡之后仍然存在，没有固定的期限；内华达州规定为五十年。俄克拉荷马州规定为一百年。田纳西州规定为十年及其后两年内无人使用为止。德克萨斯州规定为五十年。弗吉尼亚州规定为二十年。至于美国纽约州、马萨诸塞州等其他州的制定法没有提供上述利益的死后保护规则。[①] 而《德国著作物及照相著作物权法》第二十二条规定："人之肖像，限于原像人同意时，得公布或然展览，。原像人为制作自己之肖像而受报酬时，推定其为同意。原像人死亡时，死亡后如未经过十年，即须得死者亲属之同意。本法所称之亲属，谓原像人配偶及子，配偶及子不存在时，则指原像人之父母。"[②] 1989 年 5 月 8 日汉堡上诉法院的判决将声音的使用认定为对一般人格权的侵犯，并且不允许这种声音使用行为。通过类推，《艺术与摄影作品著作权法》第二十二条第二款作为在一般人格权领域的一项基本原则被广泛适用，最终保护了一个已去世的著名德国演员的声音不被随意模仿。[③]

---

① American Law Institute, Restatement of the Law, Third, Unfair Competition, §46 comment h, 1995.

② 龙显铭：《私法上人格权之保护》，中华书局 1948 年版，第 99－100 页。

③ 参见托马斯·克罗泽尔：《德国法上的隐私权保护》，马特编译，2005 年 1 月 22－23 日中美人格权法和侵权法研讨会会议论文。

我们认为，对于死者声音利益的延伸保护期限应该分两种情况确定：存在声音作品的，对于声音作品的作者而言，声音利益的延伸保护期限应短一些，以便协调声音权人和著作权人之间的利益冲突。参考上述立法例，10 年的期限可以使声音作品的作者和声音权人之间的利益得以平衡。声音作品作者以外的人使用死者肖像的，声音法益延伸保护期限应与延续人身法益的保护期限一致，即死者近亲属的范围。当死者的近亲属均已死亡之后，就不再予以延伸保护。

三是声音处分专有权。当声音利益表现为一种精神利益时，声音权不可以被转让和许可使用。但是当声音利益表现为一种财产利益时，自然人也可以同他人签订有偿的声音利益部分转让或者许可使用合同。与德国法一样，美国法早期的案例也是单纯认定声音利益体现了人格尊严和人格自由，进而否定声音利益可以转让。但在美国法通过公开权承认了姓名、肖像、声音等人格要素的财产价值之后，声音等个人身份中的财产价值逐渐被允许转让。这样，美国法就形成了对声音利益隐私权和公开权的双重保护机制。[①]

当然，在声音财产利益的许可使用上，许可使用有排他性许可使用和非排他性许可使用之分。在排他性许可使用的情况下，许可人和被许可人之间的合同具有物权效力，被许可人在不违背许可人利益的前提下具有专属使用权。[②]在非排他性许可使用的情况下，许可使用合同仅仅具有债权效力。

四是声音利益保护请求权。和任何人格权一样，如果声音权受到侵犯，那么权利人可以依据侵犯事实，依法维护自己的利益，享有相应的救济权请求权，其主要包括了声音权请求权和声音权侵权请求权。

法条关联

◆ **《广告法》**

第三十三条 广告主或者广告经营者在广告中使用他人名义或者形象的，应当事先取得其书面同意；使用无民事行为能力人、限制民事行为能力人的名义或者形象的，应当事先取得其监护人的书面同意。

---

① American Law Institute, Restatement of the Law, Third, Unfair Competition, § 46 comment g, 1995.

② 关于姓名、肖像等人格要素许可使用合同的效力，德国法上的 NENA 案较为典型，参见谢铭洋：《论人格权之经济利益》，戴东雄六轶华诞祝寿论文集编辑委员会编，载《固有法制与当代民事法学》，三民书局 1997 年版，第 134 – 135 页。

案例评议

袁隆平农业高科技股份有限公司、湖北农华农业科技有限公司姓名权纠纷、商业贿赂不正当竞争纠纷案①

◆ **裁判规则**

《袁隆平品牌权许可使用协议》约定袁隆平院士许可袁隆平公司在经营过程中独占使用其姓名权，许可的内容包括“袁隆平”“隆平”及相应的中英文名称，甚至袁隆平院士自己不得使用其姓名用于企业名称、商号字号及其他经营性活动，也不得再许可任何第三人使用其姓名用于经营性活动。前述许可使用行为系袁隆平院士通过协议方式让渡其姓名中的非人身属性权益，并将此部分权益进行商业化利用，为特定商品代言并获取相应经济利益，而袁隆平公司通过支付相应对价，取得提升自身品牌形象、推销商品、扩大知名度的商业效果。袁隆平公司获得的对“袁隆平”姓名独占商业使用的财产性权益，既体现了企业对科技人才的尊重，也体现了市场对“袁隆平”姓名商业价值的认可，并且独占姓名中的财产性权益能够为企业带来现实经济利益，此种民事权益的正当性和经济属性应当得到法律保护。

◆ **评议**

本案“袁隆平”的冠名实为姓名许可使用，姓名授权他人使用时可以签订排他性的姓名许可使用合同，也可以签订非排他性的姓名许可使用合同。前者具有一定意义的用益物权性质，如能登记公示，则有利于经济社会的良性运行。

深度研讨

本部分讨论声音权独立性的有关问题。

一、确认声音权为独立的具体人格权的法律基础

（一）声音利益作为具体人格权的事实基础

一个人的声音可以和姓名、肖像一样起到人格标识的作用。为动物世界节目解说的赵忠祥，为周星驰配音的石班瑜，中央人民广播电台著名播音员夏青，

① （2017）鄂民终3252号。

他们的声音都是其人格标识之一。随着窃听器、录音机的广泛使用，对声音保护需要日益增强，而被承认为一种特别人格权，[①] 并进而认定个人对声音语言的自主权利。其实，不仅仅是窃听器、录音机，电脑互联网技术和声音克隆技术更是加剧了对声音侵害的现实性，更加凸显了对其保护的必要性。事实上，声纹和人的指纹、掌纹等身体特征一样，都具有唯一性、稳定性的特征，每个人的这些特征都与别人不同，且终生不变。目前，声纹识别技术已广泛应用于诸多领域，其产品的市场占有率仅次于指纹识别和掌形识别。

在姓名和肖像分别作为文字类人格标识和视觉类人格标识成为人类历史上的具体人格权的种类之后，我们有理由相信，声音也可以因为科技的迅速发展而上升为听觉类的人格权——声音权的客体，即听觉类人格标识。

（二）声音利益作为具体人格权的比较法基础

在比较法上，前捷克斯洛伐克、加拿大魁北克省、美国部分州、德国、我国澳门地区等对声音的保护都作出了明确的规定，玻利维亚、秘鲁、波多黎各和阿根廷民法典草案对通常会在宪法文本中规定的声音等权利作了规定。[②]

比如，除了《德国刑法典》的明确规定之外，德国联邦最高法院 1958 年 5 月 20 日作出了“录音案”裁判，在一般人格权的基础上，赋予每一个公民“自主决定其话语仅为其对话人、或为特定圈子的人、或为公众知悉的权利；个人更有权自主决定是否允许他人用录音机录下自己的声音”。这项权利被简称为“对自己声音的权利”。[③]

而美国加利福尼亚州的立法最为典型。美国《加利福尼亚州民法典》第三千三百四十四条规定：“未经本人事先允许或当本人是未成年人时未经其父母或法定监护人允许，以任何方式恶意地将其姓名、声音、签名、照片或画像用于产品、商品，或以广告、销售为目的进行使用，或用于招揽购买产品、

---

① 王泽鉴：《侵权行为法（第一册）》，中国政法大学出版社 2001 年版，第 138 页。

② ［阿］路易斯·F·P. 雷瓦·费尔南德斯：《阿根廷共和国民法典：过去、现在与未来》，宋旭明译，romanlaw. cn/subm－7. htm，最后访问时间：2005 年 1 月 1 日。该学者认为，将通常在宪法文本中规定荣誉权、生命权、安全权、身体完整权、健康权以及对自身身体、肖像或声音的权利引入民法典，是确认这些权利的方式。

③ ［德］霍尔斯特·埃曼：《德国法中一般人格权的概念和内涵》，杨阳译，载《南京大学法律评论》2000 年第 1 期。

商品、接受服务的客户，应对受害者因此遭受的损害承担责任。”① 美国的内华达州也明确规定了声音可以成为公开权保护的客体，而内布拉斯加州、佛罗里达州则通过概括性条款认定声音可以为公开权保护的客体。即使那些没有通过制定法承认声音利益保护的那些州，仍然可能承认声音可以作为一种法益予以保护。②

(三) 声音利益作为具体人格权的逻辑基础

在学理上，确认一个人格利益是不是构成一个人格权，最重要的标准，就是这个人格利益是不是具有独立的属性，是不是能够被其他具体人格权所概括、所涵盖。如果一个具有独立意义的人格利益不能够被其他人格权所涵盖、所概括，并且与一般人格利益相比具有鲜明的特征和内容，就应当认为这个人格利益是一个具体人格权。我们试从以下几个方面证明声音利益可以上升为一种独立的人格权：

第一，声音权不能为一般人格权所涵盖。声音人格利益的独特性，就在于它的人格标识的作用。因此，它与一般人格利益相比具有特异的内容和特征。一般人格利益具有趋同性，所涵盖的人格利益都具有大体相似的内容，因此不能独立，只能作为一般人格利益对待，用一般人格权进行保护。声音人格利益是独特的，它的内容能够与其他一般人格利益相区别，具有独特的属性和特征。这正是其他国家和地区立法承认声音权的基础。

第二，声音利益不能为隐私权所涵盖。在美国和加拿大等国，隐私权中包含姓名权、肖像权以及声音权等内容。美国、加拿大等国的隐私权，差不多等于大陆法系民法的一般人格权，是一个弹性极大的人格权，包含了太多的内容。而我国立法上的隐私权并不是这样的权利，仅仅是对隐私利益进行保护的人格权，而美国、加拿大等国隐私权的绝大多数内容，在我国都是由一般人格权承载和保护的，况且声音人格利益也不是隐私利益所能够涵盖的。因此，声音权不能放在隐私权中，成为隐私权的组成部分。

第三，声音利益的不能为姓名权、肖像权所涵盖。与其最相近似的，是姓

---

① 程合红：《商事人格权》，中国人民大学出版社 2002 年版，第 267 页。

② American Law Institute, Restatement of the Law, Third, Unfair Competition, §46 comment d, 1995.

名权和肖像权。许多学者认为，标表性人格权包括姓名权、名称权和肖像权。①而标表性人格权的分类实际上是以人的感性为基础的，姓名是主要一种文字性标志，肖像主要是一种视觉类标志。标表性人格权的客体——姓名和肖像都具有符号的特点。而声音权的客体——声音主要是一种听觉类标志，这是它们在客观属性上的差异，姓名和肖像并不能包括声音。客体的不可替代性决定了声音权不像所谓的亲吻权可以为其他权利形态所替代。但由于声音作为人的标志表彰性人格要素是与肖像和姓名处于同一逻辑层次的，因此声音权可以成为一种新型的标表性人格权。

第四，声音利益不能为其他具体人格权所涵盖。由于声音利益和名誉权、信用权、荣誉权、自由权、婚姻自主权在客观属性上具有明显的差异，因此其显然不能为其他具体人格权所涵盖。

第五，不创设声音权有一定的弊端。众所周知，成文法国家的法官必须严格遵守法律裁断纠纷。如果不把声音利益上升为声音权，法官就当然不会以肖像权、姓名权等具体人格权为根据裁判案件，这样法官只能够通过一般人格权来裁断。而根据我国相关司法解释，我国法官目前实行错案追究制，因此在这种负向激励的情况下，法官的行为必定趋向保守，当事人的声音利益得到保护的概率大大降低。此外，权利的创设具有示范意义，这也是大陆法系以权利为中心处理法律问题的一个原因。可以设想，声音权的创设必然进一步加深民事主体对声音利益的认知，从而使声音权的规范在预防侵权行为发生和对侵害声音权的行为进行损害赔偿发挥积极的作用。

第六，声音权的创设不会导致泛权利化。在我国，泛权利化的最典型案例莫过于所谓“亲吻权”的炒作。由于亲吻权的客体含糊不清，其所保护的利益显然可以为健康权所涵摄，同时比较法上也没有可以借鉴的立法例。因此，亲吻权受到了学者的一致反对。其实，权利泛化的主要原因在于其没有遵循权利类型的逻辑谱系，但声音权则不同，其有着独立的社会需求和众多的立法例支持，更重要的是，声音权的概念在我国既有的人格权概念体系类型塔中具有不可替代性，其客体具有一定的位阶性，符合我国人格权体系化的基础。同时，其内容和性质都是可确定的。因此，声音权的创设不会导致

① 张俊浩主编：《民法学原理》，中国政法大学出版社2001年版，第139页。

泛权利化。

二、声音权的概念界定和法律特征

（一）声音权的概念界定

王泽鉴认为，声音语言权是指“以肯定个人对其声音语言的自主权利”。[①]我们认为，还应当进一步限定其内容：声音权是指自然人自主支配自己的声音利益，决定对自己的声音进行使用和处分的具体人格权。

（二）声音权的法律特征

声音权除了具有其他人格权的一般特征之外，还具有以下三个方面的特征：

1. 声音权首先体现的是精神利益。

声音权作为自然人的基本人格权，所体现的基本利益是精神利益。法律保护自然人的声音权，需要注意保护声音权所体现的这种精神利益。其保护的是人之所以作为人而存在的人格。这种对声音权精神利益的保护，包含自然人对自己声音享有专属利用、许可和维护的权利。与自然人的名誉权等其他人格权一样，任何歪曲、偷录、剪辑、模仿、窃听其声音的行为，都会使声音权人精神利益受到损害，使其作为自然人的人格尊严和人格自由等构成侵害。法律保护自然人的声音权，最首要的就是保障自然人人格尊严和人格自由，保护声音权所体现的正是这种精神权利。

2. 声音权具有明显的财产属性。

作为声音权客体的声音，与商标具有共同的特点，就是作为标识能够较为有效地降低消费者搜索商品的成本。因此，声音在这一点上具备成为财产的潜力。利用声音等个人形象在商品营销上做文章也是各行各业商家的重要营销策略之一。一般来讲，权利人可以和商家通过签订声音使用许可合同把自己声音的财产潜力挖掘出来。这一点和以往所认识的人格权只是消极的权利不同，因而使得声音权能够成为一种积极人格权，可以公开化。这是声音权和肖像权、姓名权等可以商品化利用的其他具体人格权的相同之处。美国的 Midler v Ford Motor Co. 一案具有代表性，很好地说明了这一点。原告 Bette Midler 是美国著名歌手，曾获得过 Grammy 奖和 1979 年奥斯卡最佳女演员提名。被告福特汽车公司的一家广告代理商在请原告演唱一首名为“Do You Want to Dance”（原告

① 王泽鉴：《侵权行为法（第一册）》，三民书局 1999 年版，第 157 页。

为此歌的原唱者）的歌曲为福特公司做广告时，遭到原告的拒绝，广告代理商便找到 Ula Hedwig，让她去模仿原告的声音演唱了此歌。此广告播出后，熟悉原告歌声的人都以为是原告在演唱。为此，原告要求对其声音予以保护，诉至加州联邦地区法院，被驳回起诉后，原告不服又上诉至第九巡回上诉法院。案中被告并未侵犯著作权，因为被告已就使用歌词与歌曲获得了其著作权人（并非原告）的许可，而声音则不受著作权保护；被告行为也不构成不正当竞争，因为 Midler 与被告并无直接竞争关系的存在。同时，被告也未使用原告的姓名、肖像、签名或者声音等，使用的是另一歌手 Ula Hedwig 的声音，而《加州民法典》第三千三百四十四条并未对模仿他人声音的行为规定损害赔偿，因此原告无法依此获得赔偿。正是基于上述理由，地区法院驳回了原告的起诉。但第九巡回上诉法院认为，“声音如同面孔一样，具有可区别性与个性。人类的声音是表明身份的最易感受的方式”，而原告主张的是被告不适当地盗用了她的声音的价值，是对原告的“对其身份所享有的财产性利益”的侵犯，即侵犯了原告的公开权，因此，第九巡回上诉法院推翻了原审法院的判决，认定被告行为构成侵权。① 这一案件成为模拟他人声音也构成侵犯声音权的第一个判例。②

3. 声音权具有专属性。

首先，声音权是由特定的主体专属所有的。声音是自然人有关声音的人格标识，反映的是自然人的听觉属性。如前所述，该声音具有身份属性，因此声音权也只能由自然人所享有，且须特定的自然人所享有。由于法人不具有像自然人一样的物质载体，因此法人不享有声音权。

其次，声音权的专有性还体现在对声音的利用上。声音权人对声音的再现享有专属权，即自然人享有是否允许他人再现自己的形象的权利。换言之，他人是否可以取得声音权人的声音，属于声音权人的权利，以偷录等方式取得他人的声音，是对声音专有权的侵犯。声音权人对声音使用具有自主的处分性。声音的使用权原则上属于声音权人。声音使用权的处分，是声音权人对其声音使用权的转让。声音的取得和声音的使用是声音权专有性的两个基本内容，从

---

① 董炳和：《论形象权》，载《法律科学》1998 年第 4 期。

② 《美国第三次不公平竞争法重述》指出，原告在本案中已经通过先前演唱歌曲的行为开发了其声音的财产利益。在这种情况下，原告的声音就不仅仅是作为身份属性的富有特色的声音了。American Law Institute, Restatement of the Law, Third, Unfair Competition, § 46 comment d, 1995.

侵害声音权的角度分析，后者具有更重要的意义。未经声音权人同意而擅自使用，原则上属于对声音权的侵害。当然，声音权的专有性是相对的，法律准许在一定的条件下使用自然人的声音，但是这种使用必须具有阻却违法的事由。同时，如果声音权人允许他人使用自己的声音，那么相对人可以此许可作为侵权的抗辩事由。

三、声音权的客体

声音权的客体是声音利益，是声音所体现的人格利益。首先，声音权保护的就是声音，而不是保护表现声音的表现形式。例如，未经许可对声音的表现形式如唱片的复制，构成对著作权的侵害，不构成对声音权的侵害。因此，声音的表现形式是著作权的保护范围。而声音权保护的是纯粹的声音，是声音本身，其属于人格权保护的范围。其次，声音权保护的声音，是保护声音所体现的人格利益。这种人格利益如前所述，包括了精神利益和财产利益。声音权对这些声音人格利益都予以保护。Midler v Ford Motor Co. 一案，清楚地表明了这一区别。

声音利益存在准共有的问题。人格利益准共有是指两个或两个以上的民事主体对同一项特定的人格利益共同享有权利的共有形式。[①] 当声音的权利主体为复数时，构成集体声音，对此应该适用人格利益的准共有规则。这种情况比较常见，比如帕瓦罗迪等三大男高音合唱，其他的如女生四重唱，广播电台的联合主持等。如果集体声音的当事人之一独自对集体录音进行商业化利用，或者集体声音的主体之外的人对集体录音进行商业化使用，无疑会对集体声音其他当事人或者全体当事人的权益构成损害。因此，集体声音的当事人对集体声音的利益应当有共同的支配权。在声音利益准共有规则下，集体声音的当事人会形成内部关系和外部关系。所谓内部关系是指集体声音的全体成员一起对该录音的利益行使权利、负担义务；所谓外部关系则是指其他任何第三人对该集体声音当事人的权利所负有的不可侵害义务。因此，集体声音所体现的是声音利益的准共有关系，适用人格利益的准共有规则。

四、侵害声音权的表现形态及其保护方法

（一）侵害声音权的表现形态

王泽鉴先生认为，声音语言被侵害的形态主要有三点：第一，未经他人允

---

① 杨立新：《论人格利益准共有》，载《法学杂志》2004 年第 6 期。

许对他人的声音语言进行录音或使用。第二，窃听他人电话或谈话。第三，模仿他人声音而用之于商业广告。① 我们认为，窃听他人电话或谈话不宜界定为侵害他人声音权，窃听强调的是他人谈话的内容而非个人标识，窃听所侵害的是谈话隐私权，而不是声音权。② 侵害声音权的表现形态应该主要有：

第一，歪曲。歪曲他人的声音，对声音权人的人格尊严造成了较大损害。当然这种侵权必须符合一般侵权行为的构成要件。而且主观上还需要为故意和重大过失。我们认为，一般过失造成他人损害的，应该属于可容忍的范畴。

第二，偷录。未经允许私自录取他人声音和偷拍他人肖像具有同样的性质。未经同意，不得私自录制他人的声音，但法律另有规定的除外。

第三，剪辑。未经允许录取他人声音，或者即使经过允许录制他人声音，但是不按照预定的目的使用，任意剪辑录音记录的，为侵害他人声音权。

第四，模仿。模仿他人声音类似于恶意混同他人姓名。如前所述，美国和德国对模仿他人声音都予以了救济。但是，并不是每一个国家都能够对声音利益作出类似的保护。荷兰有一个这样的案例：原告是荷兰一电视台因引人注目的外表、声音和语言风格而著名的娱乐节目主持人，曾经为被告的饮料产品多次说过广告词，但后来拒绝继续为该公司服务。此后却又出现了模仿他声音的广告词。但他的诉讼请求最后被驳回了，理由是该广告使用的不是此主持人的惯用语。③ 该判决是值得商榷的。事实上，谈话内容的保护和声音的保护是两回事，尽管后来的模仿者没有使用与原主持人相同的惯用语，但是该主持人以前已经多次为该公司做广告和声音相似的双重事实，可以使不明真相的人误以为仍然是该主持人为该公司做广告，能够造成同一性的混淆。该判决仅仅以没有使用该主持人的惯用语而否认对其进行救济的做法不合理，该判决注重了谈话内容，而没有考虑到声音权保护的恰恰是形式，没有将同一性规则贯彻到底。其实，此类案件和姓名混同案件没有什么实质性的差异。

第五，公开。未经他人允许录制他人声音，并将录音擅自公开的，或者是

---

① 王泽鉴：《侵权行为法（第一册）》，三民书局 1999 年版，第 157 页。

② 谈话隐私权，参见［美］艾伦、托克音顿：《美国隐私权法》，冯建妹等译，中国民主法制出版社 2004 年版，第 182－189 页。

③ ［德］克里斯蒂安·冯·巴尔：《欧洲比较侵权行为法（下卷）》，焦美华译，张新宝校，法律出版社 2001 年版，第 113 页脚注 534。

虽然经过他人允许录制，但是未经过他人允许公开而擅自公开的，为侵犯他人隐私权和声音权的竞合。

第六，失真处理不当。声音是一个人的身份标识，其在一定程度上表明了主体的存在，因此恶意对他人的声音进行失真处理会对他人的人格尊严造成极大伤害。同时，应当作失真处理而未作失真处理的，也构成对他人声音权的侵害。①

（二）侵害声音权的民法保护

1. 声音权请求权的行使。

正是由于声音权是人格权的一种，所以声音权也可以适用人格权请求权的一般规定，其基本类型可以分为停止妨害请求权和排除妨害请求权。声音权请求权所针对的对象，是存在妨害行为或者极有可能存在妨害行为，而不是权利损害的结果。对于可能发生的妨害，权利人可以通过排除妨害请求权请求救济；对于已经存在的妨害，权利人可以通过停止妨害请求权请求救济。排除妨害和停止妨害这两种请求权都直接指向于妨害，其目的也只是积极地预防或者保全权利人的人格权不受损害。

2. 声音权侵权请求权的行使。

和声音权请求权不同，声音权侵权请求权针对的主要是侵害行为所导致的结果——损害。声音权侵权请求权的两个基本类别，无论是恢复原状请求权，还是金钱赔偿请求权，都以既存的一定损害为前提。没有损害，声音权侵权请求权就失去了存在的基础。正是“无损害，无赔偿”之谓。此外，对于侵害声音权的行为，行使声音权侵权请求权必须符合侵权行为的一般构成要件。

---

① ［德］克里斯蒂安·冯·巴尔：《欧洲比较侵权行为法（下卷）》，焦美华译，张新宝校，法律出版社2001年版，第127页。

第五章　名誉权和荣誉权

本章概要

据上海法院统计，名誉权案件在过去数年中稳居非物质性人格权类案件中的收结案数第一，占比达75%，其余所有的隐私权、肖像权、姓名权、一般人格权案件相加合计为25%。[①] 该统计基本反映了人格权案件诉讼的客观情况。《民法通则》只有2条关于名誉权、荣誉权的规定。《2002年民法草案》用5条专章规定了信用权，名誉权、荣誉权各有1条。本法名誉权部分规定较为详细，一共有8条。主要变化：

一是将信用权纳入名誉权保护，不作为独立的权利类型，同时用两条规定了信用评价具体规则，以及与相关法律法规的衔接。这些规定来源于《征信业管理条例》。

二是明确了新闻报道、舆论监督等侵权判断规则，以及合理核实义务应考虑的六要素。但是，这些规则的适用离不开司法解释及指导案例等典型案例。

三是明确了文学艺术作品侵权的特定人描述规则。此规定来源于两个批复性司法解释。

四是将荣誉权作为独立的评价类人格权。尽管对于荣誉权是否是独立的人格权，学界仍然有不少争论。

当然，也有一些遗憾：第一，没有确立公众人物规则，公众人物规则在现实中是各国通用的规则；第二，没有明确区分事实陈述和意见表达的不同法律规则，尽管先前的司法解释已经有所区分。

---

① 上海市第二中级人民法院：《2015－2017年名誉权案件审判白皮书》，https：//www. sohu. com/a/259463390_ 100271638，最后访问时间：2020年5月1日。

第一千零二十四条　【名誉权】

民事主体享有名誉权。任何组织或者个人不得以侮辱、诽谤等方式侵害他人的名誉权。

名誉是对民事主体的品德、声望、才能、信用等的社会评价。

本条来源

《民法通则》第一百零一条规定：“公民、法人享有名誉权，公民的人格尊严受法律保护，禁止用侮辱、诽谤等方式损害公民、法人的名誉。”第一百二十条规定：“公民的姓名权、肖像权、名誉权、荣誉权受到侵害的，有权要求停止侵害，恢复名誉，消除影响，赔礼道歉，并可以要求赔偿损失。法人的名称权、名誉权、荣誉权受到侵害的，适用前款规定。”《侵权责任法》《民法总则》先后对其作出规定，提供了比较健全的名誉权保护体系。最高人民法院共出台了《名誉权解答》《名誉权解释》等19部专门关于名誉权的司法解释。此外，还有大量的裁判案例。

立法演变

《2002年民法草案》人格权法第十九条规定：“自然人、法人享有名誉权。禁止用侮辱、诽谤等方式损害自然人、法人的名誉。”该草案将信用权专设为第六章，一共四条，主要内容为：(1) 自然人、法人享有信用权。禁止用诋毁等方式侵害自然人、法人的信用。(2) 征信机构应当客观、公正地收集、记录、制作、保存自然人、法人的信用资料。征信机构应当合理使用并依法公开信用资料。(3) 自然人、法人有权查阅、抄录或者复制征信机构涉及自身的信用资料，有权要求修改与事实不符合的信用资料。

一审稿第八百零四条规定：“民事主体享有名誉权。任何组织或者个人不得以侮辱、诽谤等方式侵害他人的名誉权。本法所称名誉是他人对民事主体的品德、声望、才能、信誉、信用等的社会评价。”二审稿删除了“信誉”。三审稿作了文字修改。此后无变化。

条文释义

本条是对名誉权的基本规范，从四个方面界定了名誉的内涵外延。

一、名誉

（一）法律上名誉的概念与特点

法律上的名誉是一个人的社会评价，并不是一个人对名誉的个人感受。具有如下几个特点：

第一，名誉具有社会性。名誉的社会性指的是名誉是除了自己之外的第三人对自己的评价，这种特点有时也称为外部性。比如，在法律上张三的名誉是李四等其他人对张三的评价，而不是张三自己对自己的评价。侵害张三对自己的评价的情况下，不会构成侵害他人名誉权，而是有可能构成对他人安宁的侵害，即侵害他人隐私权。再如，李四用匿名信的方法对张三进行侮辱攻击，这种情况下该侮辱言论没有为其他人所知晓，因此，张三的名誉并没有因此而降低，因此不构成对张三名誉权的侵害。但张三生活的安宁受到了影响，因此，张三可以以隐私权受到侵害为由起诉李四，请求精神损害赔偿。但当李四用公开信的方式对张三进行侮辱时，李四的行为就构成侵害他人名誉权，因为这个时候李四的侮辱行为已经为第三人所知晓。

名誉权的客体是否包括名誉感。此前，关于名誉的范围有两种观点：第一种意见认为名誉权的客体包括了外部名誉和内部名誉。内部名誉是权利主体对自己内在价值所具有的感情和自我评价即名誉感，因此，名誉感也被称为主观名誉。外部名誉即他人对特定人的社会评价，也被称为客观名誉。第二种意见认为名誉权只保护客观名誉。名誉感作为名誉权的保护对象是有立法和司法实践支持的。公民或法人的社会评价应以一般社会主体普遍判断为标准，并非以个别当事人的主观感受定性。[①] 名誉是客观的评价，人人均享有，其损害有客观的评断标准，法律能予以公平、公正的保护。[②] 而名誉遭受损害，是指特定或不特定的他人对受害人的社会评价降低，名誉权强调的是社会对个人的评价，

---

① 大庆万州食品有限公司、中国人民财产保险股份有限公司大庆市分公司名誉权纠纷再审审查与审判监督民事裁定书，（2019）最高法民申 1481 号。

② 杨立新：《人身权法论》，人民法院出版社 2006 年版，第 579 页。

并非个人的自我评价。① 从这个意义上，名誉权的保护对象不是名誉感。但是，名誉感涉及人格尊严的具体内容，可以作为人格权的一般保护内容，适用第九百九十条第二款。

第二，名誉具有特定性。名誉的主体必须是明确的民事主体，也就是相应的自然人和法人等。名誉的主体可以是复数的，但这种复数必须对外具有一定的团体性。比如说，曾在台湾走红的歌唱组合“S. H. E.”对外具有较强的团体性，如果另外的歌唱组合恶意诽谤前者有假唱等有损艺人职业道德的行为，前者可以作为共同原告起诉后者，这种情况下，名誉的主体也是特定的，只不过是以团体的形式表现出来的。

（二）“隐私”已不是“名誉”

1993 年《名誉权解答》第七条规定，对未经他人同意，擅自公布他人的隐私材料或以书面、口头形式宣扬他人隐私，致他人名誉受到损害的，按照侵害他人名誉权处理。1998 年《名誉权解释》第八条规定：“医疗卫生单位的工作人员擅自公开患者患有淋病、梅毒、麻风病、艾滋病等病情，致使患者名誉受到损害的，应当认定为侵害患者名誉权。医疗卫生单位向患者或其家属通报病情，不应当认定为侵害患者名誉权。”上述规定是对隐私利益的法律保护。将隐私认定为名誉主要是由于《民法通则》没有规定对隐私的法律保护，但是实践中这种利益又非常重要，因此最高人民法院在相关司法解释中通过扩张名誉的概念来实现对隐私利益的保护。这是一种非常常见的变通方法。

此后，《妇女权益保护法》《侵权责任法》《民法总则》《精神损害赔偿司法解释》已经明确将“隐私”脱离出“名誉”，实现了对隐私利益的直接保护。

（三）信用权是名誉权的子类型

在《民法总则》立法过程中，有的意见提出，信用是对民事主体经济能力的社会评价，信用权是市场经济下的一项重要权利，应该将信用权作为一种独立的人格权加以规定；有的意见认为，《民法通则》《侵权责任法》规定了名誉权，侵害信用是侵害名誉的一种情形。从理论上讲，信用是对民事主体经济能力的社会评价，名誉是对民事主体品德、才能以其他素质的社会综合评价，其

---

① 张某然、中国建筑第七工程局有限公司名誉权纠纷再审审查与审判监督民事裁定书，(2019) 最高法民申 4734 号。

已经包含了信用的内容，且损毁他人名誉与损毁他人信用的民事责任也相同，没有必要将信用从名誉中分离出来单独规定。从实践情况看，目前司法实践通过对名誉权的保护实现对信用的保护，可以满足现实需要，基于此没有规定信用权。① 人格权编延续了上述规定，将信用权作为名誉权的子类型，从技术上来看，没有问题。在人格权编起草过程中，曾经并列规定“品德、声望、才能、信誉、信用”，考虑到“信誉、信用”的表述存在一定交叉，且不易区分，二审稿删除了“信誉”。侵害他人信用权，可以请求精神损害赔偿。当事人因他人盗用、冒用自己姓名申办信用卡并透支消费的侵害姓名权行为，导致其在银行征信系统存有不良信用纪录，对当事人从事商业活动及其他社会、经济活动具有重大不良影响，给当事人实际造成精神痛苦，妨碍其内心安宁，降低其社会评价，当事人就此提出精神损害赔偿诉讼请求的，法院应予支持。②

二、名誉权

名誉权是自然人和法人、非法人组织就其自身属性和价值所获得的社会评价，享有的保有、使用和维护的人格权。③ 司法实践中曾有多起有重大影响的名誉权侵权案件。比如，好一朵蔷薇花案（1987 年）、荷花女案（1988 年）、周某城演义历史小说侵权案（1990 年）等，这些案件从不同侧面确定了名誉权保护规则。本条规定的名誉权包括了传统意义上的信用权。

三、侵害名誉权

《名誉权解答》第七条第一款规定：“是否构成侵害名誉权的责任，应当根据受害人确有名誉被损害的事实、行为人行为违法、违法行为与损害后果之间有因果关系、行为人主观上有过错来认定。”

（一）侵害名誉权的损害事实

名誉是一种社会评价，和生命、身体、健康不一样，不容易直接感受到损害的事实。侵害名誉权损害事实的判断标准为，侵权行为已经为任意第三人所知悉。

---

① 张荣顺主编：《民法总则解读》，中国法制出版社 2017 年版，第 358 页。

② 王某生诉张某峰、江苏省南京工程高等职业学校、招商银行股份有限公司南京分行、招商银行股份有限公司信用卡中心侵权纠纷案，《最高人民法院公报》2008 年第 10 期。

③ 林某玲与上海莎尔豪缌生物科技有限公司肖像权纠纷一审民事判决书，（2018）沪 0117 民初 9769 号。

1. 国家机关、社会团体、学术机构、企事业单位会在本单位、本系统或者其他一定范围内分发内部刊物和内部资料，如果这些材料所载内容引起名誉权纠纷的，人民法院应当受理。此时，侵害事实已经为第三人知悉。

2. 单位在未征得职工本人或其近亲属同意的情况下，擅自委托有关机构对职工进行精神病鉴定，及在不符合收容治疗条件的情况下，申请公安部门将职工送至精神病院收容治疗的行为，损害了职工的人格尊严，客观上降低了对职工的社会评价，构成名誉侵权。[①]

（二）侵害行为具有违法性

1. 以书面或口头形式侮辱或者诽谤他人，损害他人名誉的，应认定为侵害他人名誉权。由搜索引擎自动生成的相关搜索词是计算机相关算法在收集和处理过程中的一串字符组合，不构成侵权。[②]

2. 当事人提交诉状、证据等材料无需承担法律责任。当事人提起诉讼，具有相应的事实理由，并提供相应证据，可被认为存在一个具有正当理由和法律依据的严肃争议，即使撤回该案诉讼，亦不构成对于他人名誉权的侵害。相关的司法宣传是对诉讼行为的正常报道，亦与提起诉讼的当事人无关。当事人提交诉状、证据等材料进行诉讼并非后续司法宣传的“新闻源”，提起诉讼的当事人无需为此承担法律责任。[③] 但是，恶意诉讼要承担相应的侵权责任。

3. 金融机构如实上报被冒名人个人征信信息的，不构成侵害名誉权的行为。名义上的信用卡持卡人与银行之间因不良信用记录发生名誉权纠纷，法院应当依据侵权行为的要件进行审查。银行按照国家的相关法律法规及监管要求报送相关信息，其报送的信息也都是源于名义持卡人名下信用卡的真实欠款记录，并非捏造，不存在虚构事实或侮辱的行为，故不构成侵害名誉权的行为。名誉权受损害的后果应当是导致名义持卡人的社会评价降低。但是，中国人民银行的征信系统相对封闭，只有本人或者相关政府部门、金融机构因法定事由

① 丁某循诉江苏省工程技术翻译院有限公司名誉权纠纷案，（2010）玄民再初字第 1 号，二审：（2012）宁民再终字第 11 号，提审：（2014）苏民再提字第 0052 号。

② 任某玉诉北京市百度网讯科技公司侵犯名誉权、姓名权、一般人格权纠纷案，（2015）一中民终字第 09558 号。

③ FENGHE（贺某）诉诺华（中国）生物医学研究有限公司名誉权纠纷案，（2015）浦民一（民）初字第 46128 号。

才能对该系统内的记录进行查询，这些记录并未在不特定的人群中进行传播，不会造成名义持卡人的社会评价降低，故不能认定存在损害名誉权的后果。[①]

（三）加害人具有主观过错

侮辱行为可以直接被认定为有过错。国家保障未成年人的人身、财产和其他合法权益不受侵犯。行为人以未成年人违法为由对其作出侮辱行为，该行为对未成年人名誉造成一定影响的，属于名誉侵权行为，应依法承担相应责任。[②]

判断行为人是否有过错，还要考虑权利主体的容忍义务。学术批评、学术打假引发的名誉权纠纷案件中，批评者通过对相关文章的比对来得出有抄袭、重复发表等学术不端行为的结论，属于学术观点的表达，法律对此不作评判。对于学术批评中的尖刻言辞是否认定为侮辱或诽谤而构成名誉侵权，应综合考量批评者的主观意图、具体的语言环境、学术批评的背景等因素，学者面对学术批评负有一定程度的容忍义务。[③] 损害是否合理，则应根据损害的原因、程度等因素综合考量。

消费者对商品和服务的事后评价，要看是否具备主观恶意。淘宝买家有权在收到货品后凭借自己购物后的体验感受在淘宝网店评论栏中选择是否给予差评。买家作出的相应评级和评论会有一定的主观性，但只要这种评级和评论不是基于主观恶意，则不能认定为网络侵权行为。然而，如果买家出于某种不法或非法目的进行恶意差评，或者具有真实购买意图的买家实施差评行为是为了换取不平等的交易条件或希望满足自身一些不合理的要求，则属于诋毁卖家商业信誉的行为，应当承担相应的侵权责任。[④] 最高人民法院司法解释曾规定：消费者对生产者、经营者、销售者的产品质量或者服务质量进行批评、评论，不应当认定为侵害他人名誉权。但借机诽谤、诋毁，损害其名誉的，应当认定为侵害名誉权。新闻单位对生产者、经营者、销售者的产品质量或者服务质量进行批评、评论，内容基本属实，没有侮辱内容的，不应当认定为侵害其名誉

① 周某芳诉中国银行股份有限公司上海市分行名誉权纠纷案，载《最高人民法院公报》2010年第6期。

② 陈某某诉莫宝兰、莫兴明、邹丽丽侵犯健康权、名誉权纠纷案，载《最高人民法院公报》2015年第5期。

③ 沈某珠与杨某圣名誉权纠纷案，（2013）一中民终字第370号。

④ 申某与王某网络侵权责任纠纷上诉案，（2015）黄浦民一（民）初字第2228号，（2015）沪二中民一（民）终字第1854号。

权；主要内容失实，损害其名誉的，应当认定为侵害他人名誉权。因名誉权受到侵害使生产、经营、销售遭受损失予以赔偿的范围和数额，可以按照确因侵权而造成客户退货、解除合同等损失程度来适当确定。在民法典起草过程中曾就产品质量等评价作出过规定，后来删除了。

公众人物应当有适当的容忍义务。本法没有规定公众人物规则，但司法实践发展了这方面的规则。考虑到微博影响受众不特定性、广泛性的特性，对微博言论是否构成对他人名誉权的伤害，应进行法益衡量，综合判断；法院在判断公众人物在微博中的言行是否超越言论自由的限度构成对他人商誉的侵害时，也要考虑该公众人物的言行是出于私利，还是真正出于公共利益；应结合不特定公众的一般辨别能力，认定言论的指向性以及因果关系，确定言论的影响范围。①

法院在处理因公共议题引发的网络互骂案件时，应综合考量相关微博发布的背景和内容，微博言论的特点，事实陈述与意见表达的区分，当事人主观上侵权的恶意，公众人物人格权保护的适当克减和发言时较高的注意义务标准，言论给当事人造成损害的程度等因素，合理确定微博领域行为人正当行使言论自由与侵犯他人名誉权之间的界限。②

（四）违法行为与名誉权损害之间有因果关系

这种因果关系可以表现为直接因果关系，也可以表现为其他类型的因果关系，在因果关系的判断上，应该采取多重标准。但由于此类侵权主观上多为故意，因此实践中直接因果关系类型更为常见。

四、司法解释明确规定不予受理的情况

一是有关机关和组织编印的仅供领导部门内部参阅的刊物、资料等刊登的来信或者文章，当事人以其内容侵害名誉权向人民法院提起诉讼的，人民法院不予受理。

二是国家机关、社会团体、企事业单位等部门对其管理的人员作出的结论或者处理决定，当事人以其侵害名誉权向人民法院提起诉讼的，人民法院不予受理。

三是公民依法向有关部门检举、控告他人的违法违纪行为，他人以检举、

---

① 北京金山安全软件有限公司诉周某岖侵犯名誉权案，（2011）一中民终字第09328号。

② 方某民诉崔某元名誉权纠纷案，（2015）一中民终字第07485号。

控告侵害其名誉权向人民法院提起诉讼的，人民法院不予受理。如果借检举、控告之名侮辱、诽谤他人，造成他人名誉损害，当事人以其名誉权受到侵害向人民法院提起诉讼的，人民法院应予受理。

法条关联

◆《治安管理处罚法》

第四十二条　有下列行为之一的，处五日以下拘留或者五百元以下罚款；情节较重的，处五日以上十日以下拘留，可以并处五百元以下罚款：

……

（二）公然侮辱他人或者捏造事实诽谤他人的；

……

（四）对证人及其近亲属进行威胁、侮辱、殴打或者打击报复的；

……

◆《妇女权益保障法》

第四十二条　妇女的名誉权、荣誉权、隐私权、肖像权等人格权受法律保护。

禁止用侮辱、诽谤等方式损害妇女的人格尊严。禁止通过大众传播媒介或者其他方式贬低损害妇女人格。未经本人同意，不得以营利为目的，通过广告、商标、展览橱窗、报纸、期刊、图书、音像制品、电子出版物、网络等形式使用妇女肖像。

案例评议

徐恺诉上海宝钢冶金建设公司侵犯名誉权纠纷案①

◆ **裁判规则**

劳动用工单位有权对劳动者实施管理并对劳动者的劳动、工作情况作出客观、公正的评价，这种评价也是劳动者总体社会评价的重要组成部分。劳动用工单位对劳动者作出不实、不良的评价是否构成对劳动者名誉权的侵犯，应当

① 《最高人民法院公报》2006年第12期。

根据劳动用工单位的行为是否具有过错、劳动者的名誉有无被损害的事实、劳动用工单位的行为与劳动者的名誉受损之间有无因果关系等因素加以认定。用工单位对劳动者作出不实、不良的评价，足以影响到劳动者今后的就业求职和工作生活的，构成对劳动者名誉权的侵犯。

深度研讨

本部分重点讨论名誉权的财产性。

一、名誉受损影响财产利益

一般认为，名誉权与财产利益相关联。例如，名誉权受损害以后主体会因补救损害而受到一定的经济损失。导致公民招聘、晋级、提薪受到影响，导致法人社会信誉的降低、利润减少，均可使其财产受到损害。① 正是考虑到名誉与经济活动的密切关系，德国立法者为了促进经济的发展而将名誉权排除在《德国民法典》之外。原来的《德国民法典草案》中包括了名誉权，但第八百二十三条最终颁布时没有将名誉权写入该条。立法者认为：对损害名誉进行金钱赔偿是一个历史性的倒退，并且，试图通过诉讼而以金钱弥补名誉损失的人，本身已经没有什么名誉可言。立法者的这一认识实际上是与当时盛行的经济自由主义的观点紧密相关。该观点认为，为了保证人的充分发展，特别是在经济方面充分发挥自己的能力，就不能对他的行动自由做过多的限制，包括他对他人评判的自由——即使这样有可能对他人的名誉造成损害。② 然而，当民法典颁布之后，德国人不得不借助于对第八百二十四条关于“信用损害”的规定的扩展来保护名誉权。③

二、法人、非法人组织的名誉权具有财产性

关于法人是否享有名誉权是存在争议的。《民法通则》第一百零一条规定：“公民、法人享有名誉权，公民的人格尊严受法律保护，禁止用侮辱、诽谤等方式损害公民、法人的名誉。”这虽然明确了法人名誉权的伦理性，但是《精神

---

① 杨立新：《人身权法论》，人民法院出版社 2006 年版，第 584 页。

② 齐晓琨：《德国民法中的一般人格权》，载《吉林省教育学院学报》2006 年第 10 期。

③ 周晨等：《中德民法中一般人格权制度之比较》，载《德国研究》2003 年第 2 期。当然，后来德国司法部于 1958 年和 1959 年提出的《德国民法典人格和名誉保护改革法草案》中曾提出过名誉权的条款，强调了名誉的精神性。相关条文见本书附录。

损害赔偿司法解释》明确否认了法人可以请求精神损害赔偿，在一定程度上细化了《民法通则》。

法人名誉权与财产权联系更为密切，法人一般都和商业活动密切相关。吴汉东指出，法人的名誉主要是非物质利益，在市场经济条件下通过具体的经济活动能够转化为财产利益。[①] 梁慧星指出，法人的名誉称为商誉，指有关法人商业或职业道德、资信、商品质量或服务质量方面的评价。[②] 当法人以商人的身份从事商业活动时，其名誉因商事活动而分化，商誉有了独立存在的价值。[③]《蒙古民法典》第七条规定了对名誉、荣誉、商誉的保护："如果公民、法人认为自己的名誉、荣誉、商誉受到了侵害，有权要求否定损害其名誉、荣誉的言论并消除此等诽谤造成的损害。"除此之外，各国民法典很少有直接关于商誉权及其保护的明确规定。相反，一些国家的商法典或者公司法中却对商誉做了相关规定。这种现象也从一个侧面说明了商誉的财产性。

在国际会计界，无形资产包括商誉权，《企业会计准则》《企业财务通则》《股份制试点企业会计制度》等部门规章都规定无形资产包括商誉。我国与有关国家签订的有关投资保护的双边协定承认了商誉投资的合法性，如1982年我国与瑞典签订的《关于互相保护投资的协定》、1984年与法国签订的《关于相互鼓励和保护投资的协定》。就国外立法而言，法国商法典、日本公司法、韩国公司法都允许投资者以商誉出资。[④] 学理上、经济界以及相关法律制度多将商誉视为一种财产利益。英国财产法中，商誉这种由好的名称、名誉和商业联系所带来的利益和好处，被作为一种特殊的财产来对待，同债务、商业证券、股份、工业及知识产权一起属于财产的无体动产。作为一种可交换的客体，必须考虑对其价值予以征税。[⑤] 美国学者也认为，像商誉这样的名誉也是一种财产

---

① 吴汉东：《无形财产权制度研究》，法律出版社2005年版，第16页。

② 梁慧星：《民法总论》，法律出版社2001年版，第117页。

③ 就现有的立法例而言，一些国家已对信用与商誉作了明确的区分，并采取不同的权利保护形式。在德国，信用被称为Derkredit，而商誉则叫作Das Wohlwollen，这两个法律术语在相关法律文献中有着不同的含义。参见吴汉东：《论商誉权》，载《中国法学》2001年第3期。

④ 吴汉东：《论商誉权》，载《中国法学》2001年第3期。

⑤ ［英］F·H. 劳森、B. 拉登：《财产法》，施天涛等译，中国大百科全书出版社1998年版，第31页。［英］戴维·沃克主编：《牛津法律大辞典》，李双元等译，光明日报出版社1988年版，第381页。

形式，财产形式的名誉也受到保护。①

尽管具有极为浓厚的财产性，商誉仍然具有明显的人格权特性，它是一种非相容的、排他的权利，只能为权利人所独占。商誉形成于“经营者——顾客”双向交流与整合的过程中，它以“关系”为基础，与其他知识产权相比，具有更显著的知识特异性和明显的人格特征。②

此前，关于法人名誉权方面最典型的案例是“恒生诉王洪案”，本案终审法院判决被告赔偿恒生公司9万元。对此案件发表了广泛的评论。张新宝认为，无论采取关于法人本质的哪种学说，我们都无法说明法人具有与自然人一样的情感和思维以及相应的精神损害。法律保护公民的名誉权，是为了保护其精神方面的利益，免受不当社会评价所带来的精神痛苦。而法人或者其他社会组织是不可能存在类似自然人的精神痛苦的。因此，我们在理论上支持法人名誉权否认说，在司法实践中支持“法人不得请求精神损害赔偿”的规则。③ 我国台湾地区“最高法院”1973年台上字第2806号判例明确：“公司系依法组织之法人，其名誉遭受之损害，无精神上痛苦之可言，登报道歉已足以回复其名誉，自无依‘民法’第一百九十五条第1项规定请求精神慰藉之余地。”这项判决得到许多学者的赞同。④ 日本最高裁判所在对法人名誉权侵害的判决中曾指出，关于《日本民法典》第七百一十条规定的“财产以外的损害”，“不能理解为仅意味着精神上的苦痛，应该把它读作意味着所有的无形损害的概念”，即使对于没有精神的法人，“斟酌侵害行为的程度、加害者、受害者的年龄资产及社会环境等各种情况”，无形损害的金钱评价也是可能的。⑤ 这里所谓的无形损害归根结底仍然是财产损害。

支持和否认法人存在人格权（包括名誉权）的学者都不在少数。支持或否

---

① ［美］罗伯特·伯斯特：《如何平衡信息与人格权》，载王利明、葛维宝主编：《中美法学前沿对话》，中国法制出版社2006年版，第103页。

② 谢晓尧：《论商誉》，载《武汉大学学报社科版》2001年第5期。

③ 张新宝：《网上商业诽谤第一案：恒生诉王洪等侵权案评析》，www.civillaw.com.cn，2007年5月7日最后访问。

④ 王泽鉴：《民法学说与判例研究（第二册）》，中国政法大学出版社1998年版，第243页。曾世雄：《损害赔偿法原理》，中国政法大学出版社2001年版，第335页。

⑤ 马特：《人格权独立成编辩》，载王利明主编：《民法典·人格权法重大疑难问题研究》，中国法制出版社2007年版，第128页。

认法人存在人格权（包括名誉权）涉及了对法人人格权和人格权本质这两个问题的认识。两类学说反映了对法人人格权的财产属性的两种解决手段。法人人格权否定说认为，团体人格是用作区分团体有无民法上独立财产主体地位的纯法律技术工具，既无社会政治性，亦无伦理性。“人格权”是一个历史性概念，其保护的是专属自然人人格所具有的那些伦理性要素，不能以同等含义适用于团体人格。法人的名称权、名誉权等权利无精神利益，实质上是一种财产权，且不具有专属性，非为任何团体人格存在之必须。故法人无人格权。所谓的法人人格权应该属于知识产权范畴，如果人为赋予法人人格权，就是“给死人化了活人妆”。① 可见，法人人格权否定论者主要的论证思路为，人格权保护的是精神利益。而法人的人格权具有浓厚的财产属性，自然人的人格权和法人的人格权不具有可类比性，因此不应该赋予法人享有人格权。

其实，法人人格权否定说的论证前提应该做部分修正。当今的人格权本质内涵已渐渐渗透了不同程度的财产因素，而财产因素同样能够维护人格尊严，因此，自然人人格权的财产化并不影响人格权的根本目的。在此意义上，法人人格权完全可以和自然人的人格权进行类比。而将法人人格权定位为具有浓厚财产属性的人格权也并不会产生严重的负面影响。实际上，法人可以享有某些种类的人格权，在现代已经得到理论和立法实践的确认。承认法人可以享有人格权具有立法政策判断上的妥当性，对保护自然人的人格具有工具性的价值。法人享有人格权属于立法上的技术性的手段，能够保护组成法人的自然人以团体的形态而表现出的人格性的利益。②

或许是考虑到了法人人格权的这种特殊性，各国学者一般否认法人享有一般人格权。德国学者卡尔·拉伦茨认为，法人与自然人的类比是有限制的。法人有某些人格权，如姓名权、名誉权，但是法人自身没有人的尊严，同时它不是伦理意义上的主体，从而也没有应受保护的私生活，没有“一般人格权”。③ 德国学者梅迪库斯指出，法人具有一个受法律保护的名称（如法人是商事公司，这个名称就是商号）。在其他方面，虽然法人不享有与自然人同样广泛的一般人

---

① 尹田：《论法人人格权》，载《法学研究》2004年第4期。李永军：《民法总论》，法律出版社2006年版，第258页。

② 薛军：《法人人格权的基本理论问题探析》，载《法律科学》2004年第1期。

③ ［德］卡尔·拉伦茨：《德国民法通论》，王晓晔等译，法律出版社2003年版，第182页。

格权，但是法人的人格也受到法律保护。① 日本学者四宫和夫认为，既然法人具有独立的社会性实体，就不得不承认其具有名称权、名誉权等人格权。② 我国部分原来承认法人享有一般人格权的学者也开始承认法人只能享有少数特别的人格权。③

由此看来，是否承认法人享有以财产利益为主的人格权，是一个立法技术衡量问题。在这个问题上仁者见仁智者见智，但是无论如何争论，论战者都承认包括名誉在内的法人人格要素的财产属性。而本法将信用——对民事主体的经济能力的评价——纳入名誉权的保护范畴，则更加增强了名誉权的财产性。

第一千零二十五条　【新闻报道、舆论监督侵权情形】

行为人为公共利益实施新闻报道、舆论监督等行为，影响他人名誉的，不承担民事责任，但是有下列情形之一的除外：

（一）捏造、歪曲事实；

（二）对他人提供的严重失实内容未尽到合理核实义务；

（三）使用侮辱性言辞等贬损他人名誉。

本条来源

《民法通则司法解释》第一百四十条规定：“以书面、口头等形式宣扬他人的隐私，或者捏造事实公然丑化他人人格，以及用侮辱、诽谤等方式损害他人名誉，造成一定影响的，应当认定为侵害公民名誉权的行为。以书面、口头等形式诋毁、诽谤法人名誉，给法人造成损害的，应当认定为侵害法人名誉权的行为。”

立法演变

一审稿第八百零五条规定：“行为人为维护公序良俗实施新闻报道、舆论监督等行为，影响他人名誉的，不承担民事责任。但是行为人捏造事实、歪曲事

① ［德］迪特尔·梅迪库斯：《德国民法总论》，邵建东译，法律出版社 2001 年版，第 822 页。
② ［日］四宫和夫：《日本民法总论》，唐晖等译，五南图书出版公司 1995 年版，第 100 页。
③ 王利明：《人格权法研究》，中国人民大学出版社 2005 年版，第 164 页。

实、对他人提供的事实未尽到合理审查义务或者包含过度贬损他人名誉内容的除外。”二审稿删除了“为维护公序良俗”，降低了权利人证明“为公序良俗”报道、监督的义务，并作了文字调整。三审稿将“相关内容过度贬损”修改为“使用侮辱性言辞等”，降低了对贬损的程度要求。五审稿增加了“为公共利益”，在“失实内容”前增加“严重”，将“审查”修改为“核实”，一方面降低了对事实真实性的要求，另一方面提高了行为人对事实的审查强度。

条文释义

本条确立的一个重要原则是，实施新闻报道、舆论监督等行为影响他人名誉，原则上不承担民事责任。

一、行为人

行为人是否包括个人、自媒体等?《宪法》第三条第二款规定：“全国人民代表大会和地方各级人民代表大会都由民主选举产生，对人民负责，受人民监督。”第二十七条规定：“一切国家机关和国家工作人员必须依靠人民的支持，经常保持同人民的密切联系，倾听人民的意见和建议，接受人民的监督，努力为人民服务。”据此，舆论监督的主体应该包括新闻机构以外的自然人、法人和非法人组织。当然，行为的前提是为了公共利益，否则不能援引本条的免责规定。

此外，行为人还包括新闻媒体等。新闻出版机构的设立等需要经过审批。如，《出版管理条例》第十二条、《音像制品管理条例》第九条规定了出版单位的设立、变更（含出版新的报纸、期刊、连续型电子出版物或报纸、期刊、连续型电子出版物变更名称）审批，《广播电视管理条例》第十一条规定了广播电台、电视台设立、终止审批。《国务院对确需保留的行政审批项目设定行政许可的决定》规定了新闻单位设立驻地方机构审批。新闻媒体在这里的义务主要是核实义务。

二、新闻报道、舆论监督侵害名誉权

（一）区分事实和评论

对于事实和评论是否构成侵害名誉权有不同的评判标准，前者的标准是基本属实，后者的标准是公正评论。撰写、发表批评文章，如果文章反映的问题基本真实，没有侮辱他人人格的内容的，不应认定为侵害他人名誉权。如果文章的基本内容失实，使他人名誉受到损害的，应认定为侵害他人名誉权。最高

人民法院《关于刘兰祖诉山西日报社、山西省委支部建设杂志社侵害名誉权一案的复函》：贾卯清和刘兰祖合谋侵吞公款的行为已经有关纪检部门予以认定，并给予贾卯清相应的党纪处分，山西日报社和山西省委支部建设杂志社将相关事实通过新闻媒体予以报道，没有违反新闻真实性的基本原则，该报道的内容未有失实之处，属于正常的舆论监督。根据有关司法解释的规定精神和本案的具体情况，山西日报社和支部建设杂志社的行为，不构成对刘兰祖名誉权的侵害。美国法对评论给予更大的保护，不可能因为媒体发表了相应的观点就让他们承担责任，更大的可能性存在于媒体如果报道的是一个事实时，更容易因此产生一些责任要求他承担。①

专业人士发表意见既要符合事实，评论也要客观公正。专家学者享有学术研究、学术探讨以及学术批评的权利，专家学者从专业角度就特定对象公开发表不实言论侵犯他人名誉权，应当承担侵权责任。专家学者较之一般民众掌握更多的专业知识，其应对言论内容的精准度、发表言论场合的适合性以及言论的影响度有更为清晰的认识和把握，应当更为审慎、严谨。专家学者应对其言论的客观性负责，在没有客观依据的情况下公开发表确定性意见，可以认定该言论为不实言论。言论传播方式的开放程度、受众范围、社会影响、专家学者对言论传播的态度是判断名誉侵权的又一重要因素，专家学者通过具有较大影响力的公共传媒公开对社会民众发表不实言论，在能够预见或者应当预见传播后果及影响的条件下，默认侵权的发生，可以认定专家学者具有过错。② 被告作为文物领域专家，应当在其专业领域的评论文章中严谨且审慎的阐述自己的批评观点，而不是采用恶意误导的方式向公众传播负面的言论，其行为超出言论自由的合理界限，主观上具有过错。③

（二）具体侵权情形

1. 捏造事实、歪曲事实。

因新闻报道严重失实，致他人名誉受到损害的，应按照侵害他人名誉权处理。新闻媒介和出版机构转载作品，转载者行为符合侵权责任构成要件的，可

① 美国法的做法，根据 2005 年 1 月 22 日“中美人格权法与侵权法研讨会”上葛维宝的发言。

② 天士力制药集团股份有限公司诉李某达名誉权纠纷案，（2014）津高民一终字第 0028 号。

③ 普陀山佛教造像研究院、李某与陈某明名誉权纠纷一审民事判决书，（2017）浙 09 民初 2 号。

以被认定为侵害他人名誉权。

新闻单位根据国家机关依职权制作的公开的文书和实施的公开的职权行为所作的报道，其报道客观准确的，不应当认定为侵害他人名誉权；其报道失实，或者前述文书和职权行为已公开纠正而拒绝更正报道，致使他人名誉受到损害的，应当认定为侵害他人名誉权。

主动提供新闻材料，致使他人名誉受到损害的，应当认定为侵害他人名誉权。因被动采访而提供新闻材料，且未经提供者同意公开，新闻单位擅自发表，致使他人名誉受到损害的，对提供者一般不应当认定为侵害名誉权；虽系被动提供新闻材料，但发表时得到提供者同意或者默许，致使他人名誉受到损害的，应当认定为侵害名誉权。

2. 对他人提供的严重失实内容未尽到合理核实义务。

新闻报道和撰写、发表批评文章的注意义务并不相同。五审稿在“失实内容”前增加“严重”，主要是基于相关司法解释的规定。《名誉权解答》第七条规定，因新闻报道严重失实，致他人名誉受到损害的，应按照侵害他人名誉权处理。对于撰写、发表批评文章的，其注意义务高，要对“失实”而不是“严重失实”负责，《名誉权解答》第八条规定，因撰写、发表批评文章引起的名誉权纠纷……文章的基本内容失实，使他人名誉受到损害的，应认定为侵害他人名誉权。这是符合客观规律的，第二手对事实掌握情况，一般都低于第一手。

3. 使用侮辱性言辞等贬损他人名誉。

侮辱等贬损他人名誉，可以视为名誉权保护的红旗规则，这种侵权行为，只需要凭借一般人的常识即可认定是否构成侵权。

新闻媒体因报道内容文字苛刻，具有侮辱性，应构成名誉侵权。修辞的适当标准应以普通人能够接受的程度为界限，应符合语言客观真实的基本要求。一旦超出了社会公认的道德标准，也就超出了适当的修辞范畴，可能构成对他人名誉权的侵害。[①] 当新闻媒体在行使舆论监督时违背了新闻报道的基本原则，致使新闻报道对事实的描述和评价发生严重偏颇时，对法人名誉权造成的损害往往比同行的不正当竞争行为带来的损害更为严重。故在确定新闻媒体因其侵

---

① 厦门市鑫盛宏装修有限公司与福清有线电视台、魏某振名誉权纠纷案，(2013) 湖民初字第 662 号。

权报道致法人名誉受损所应承担的赔偿责任时，应重点考虑其在进行新闻报道时的主观恶意程度。[①]

民事主体如果被公权力机关调查，则其名誉会受到巨大影响。如果他人借检举、控告之名侮辱、诽谤民事主体，则构成侵害名誉权。如果公权力工作人员在明知的情况下，依然进行调查，则构成共同侵权，分别按照本法和《国家赔偿法》承担法律责任。

法条关联

◆《名誉权解答》

七、问：侵害名誉权责任应如何认定？

答：是否构成侵害名誉权的责任，应当根据受害人确有名誉被损害的事实、行为人行为违法、违法行为与损害后果之间有因果关系、行为人主观上有过错来认定。

以书面或者口头形式侮辱或者诽谤他人，损害他人名誉的，应认定为侵害他人名誉权。

对未经他人同意，擅自公布他人的隐私材料或者以书面、口头形式宣扬他人隐私，致他人名誉受到损害的，按照侵害他人名誉权处理。

因新闻报道严重失实，致他人名誉受到损害的，应按照侵害他人名誉权处理。

八、问：因撰写、发表批评文章引起的名誉权纠纷，应如何认定是否构成侵权？

答：因撰写、发表批评文章引起的名誉权纠纷，人民法院应根据不同情况处理：

文章反映的问题基本真实，没有侮辱他人人格的内容的，不应认定为侵害他人名誉权。

文章反映的问题虽基本属实，但有侮辱他人人格的内容，使他人名誉受到

---

① 北京奇虎科技有限公司、奇智软件（北京）有限公司诉成都每日经济新闻报社有限公司、上海经闻文化传播有限公司名誉权纠纷案，（2013）徐民二（商）初字第913号。二审：（2014）沪一中民四（商）终字第2186号。

损害的，应认定为侵害他人名誉权。

文章的基本内容失实，使他人名誉受到损害的，应认定为侵害他人名誉权。

案例评议

王发英诉刘真及《女子文学》等四家杂志侵害名誉权纠纷案①

◆ **裁判规则**

禁止用侮辱、诽谤等方式损害公民的名誉。刘真撰写的《特号产品王发英》一文，多处使用侮辱性语言，侮辱王发英的人格，并一稿多投，在社会上扩大了不良影响，侵害了王发英的名誉权。上诉人《女子文学》编辑部和原审被告《江河文学》编辑部，《文汇月刊》编辑部、《法制文学选刊》编辑部，分别发表、转载了刘真的上述作品，侵害了王发英的名誉权，依法应当承担民事责任。

◆ **评议**

歪曲捏造事实、侮辱诽谤贬损，是名誉权侵权的红线，一旦越界，即可构成侵权。

第一千零二十六条　【合理核实义务考虑因素】

认定行为人是否尽到前条第二项规定的合理核实义务，应当考虑下列因素：

（一）内容来源的可信度；

（二）对明显可能引发争议的内容是否进行了必要的调查；

（三）内容的时限性；

（四）内容与公序良俗的关联性；

（五）受害人名誉受贬损的可能性；

（六）核实能力和核实成本。

① 《最高人民法院公报》1989 年第 2 期。

本条来源

无。

立法演变

一审稿第八百零六条规定："行为人对转载的或者他人提供的事实是否尽到合理审查义务，可以根据以下因素确定：（一）信息来源的可信度；（二）对明显可能引发争议的内容是否进行必要的调查；（三）事实的时效性和与公序良俗的关联性；（四）受害人名誉贬损的可能程度；（五）审查能力和审查成本。行为人应当就自己已尽到合理审查义务承担举证责任，但是法律另有规定的除外。"二审稿删除了第二款但书规定，并作了文字调整。三审稿将第一款"可以"修改为"应当"。五审稿将"时效"改为"时限"，将"审查"修改为"核实"，提高了注意义务，同时删除了第二款"行为人应当就其尽到合理审查义务承担举证责任"

条文释义

本条为上一条的配套条款，主要是如何判断新闻报道、舆论监督等是否构成侵权行为。

一是内容来源的可信度。李某一诉《声屏周报》社、记者汤某午侵害名誉权案中，消息提供者提供的信息不属实，被告只听信了一方当事人的陈述，导致基本内容实时，侵害了他人名誉权。此外，对于国家机关的权威消息来源，媒体也有及时跟进的义务，在权威消息变更时，必须及时履行连续报道义务。当然，新闻媒体对匿名消息来源应当承担审慎注意义务，使用匿名消息来源的新闻报道是否失实的认定，应注意正确适用举证责任分配规则，不宜简单地以媒体拒绝披露消息来源的真实身份或消息来源拒绝出庭作证为由对媒体作出不利推定。①

二是对明显可能引发争议的内容是否进行了必要的调查。程序是保障实体公正的前提。未履行核查程序或者核查程序履行不彻底，都可能导致事实失实。

① （2014）三中民终字第07694号。

上海中远汇丽足球俱乐部有限公司诉辽宁日报社名誉权损害赔偿案明确，新闻报道要达到真实、准确、公正的要求，新闻媒体必须对报道进行谨慎的审核，不能存有合理的怀疑。“神秘中间人”在向媒体撒谎，欺骗公众，由于“神秘中间人”的陈述并非权威的消息来源，《球报》谨慎审核的义务也不能免除。如果新闻报道来源于权威机构或者权威人士提供的消息，新闻机构无需进行审核，即使该消息并不真实，新闻机构也不承担侵权责任。①

三是内容的时限性。内容久远的，核实难度和成本大；反之，则难度和成本都小。但不论如何，新闻报道和舆论监督要以真实性为基础。昆明卷烟诉张某侵害名誉权案提出，新闻报道的迅速特点与真实性要求并不矛盾，基于过失的失实报道行为本身就构成侵权。

四是内容与公序良俗的关联性。新闻报道要先合法，明显违反公序良俗的内容，本身就是公法规制的对象。臧某朔诉北京网蛙数字音乐技术有限公司等侵害名誉权、人格权、肖像权案提出，被告在网上举办“国内歌坛十大丑星评选”活动，未经臧某朔同意，擅自将臧某朔列为该活动的候选人之一。由于对该活动中“丑星”的含义未加说明，臧某朔认为其人格受到侮辱，产生了不安和痛苦，符合一般人的心理感受。②

五是受害人名誉受贬损的可能性。使用侮辱性言辞等贬损他人，宛如红旗在空中上飘扬，依据一般人的常识即可判定侵权。李林诉《新生界》杂志社、何建明侵害名誉权纠纷案提出，在报告文学中叙述我国当代科学史上的重大事件时，理应尊重事实；在对著名历史人物的经历和人品作出评价时，应当持客观、慎重的态度。但是何建明却从政治、学术、人品等方面对李四光进行了不恰当的描写，许多情节缺乏客观事实根据，客观上影响了公众对李四光的公正评价。《新生界》杂志社对于文章发表存在侵权的可能性未尽审查职责。③

六是核实能力和核实成本。《最高人民法院关于徐良诉上海文化艺术报社等侵害名誉权一案的复函》明确：“被告赵伟昌根据传闻，撰写严重失实的文章‘索价三千元带来的震荡’和被告《上海文化艺术报》社未经核实而刊登该文，

---

① （2002）沪一中民一（民）终字第1213号。

② 北京市第二中级人民法院（2002）民第397号。

③ 《最高人民法院公报》1998年第1期。

造成了不良后果，两被告的行为均已构成侵害徐良的名誉权。”对于商业竞争中的核查问题，康达医疗保健用品公司诉西北工商报社、陕西省医疗器械公司侵害法人名誉权纠纷案提出，被告省医疗公司和工商报对他人反映的情况，不经核查，竟在报纸上指名批评原告高出国家牌价销售产品，且销售的许多大型医疗器械质量不合格，二被告的行为侵害了法人的名誉权。①

法条关联

◆《名誉权解释》

1993 年我院印发《关于审理名誉权案件若干问题的解答》以来，各地人民法院在审理名誉权案件中，又提出一些如何适用法律的问题，现解释如下：

一、问：名誉权案件如何确定侵权结果发生地？

答：人民法院受理这类案件时，受侵权的公民、法人和其他组织的住所地，可以认定为侵权结果发生地。

二、问：有关机关和组织编印的仅供领导部门内部参阅的刊物、资料等刊登来信或者文章引起的名誉权纠纷，以及机关、社会团体、学术机构、企事业单位分发本单位、本系统或者其他一定范围内的一般内部刊物和内部资料所载内容引起的名誉权纠纷，人民法院是否受理？

答：有关机关和组织编印的仅供领导部门内部参阅的刊物、资料等刊登的来信或者文章，当事人以其内容侵害名誉权向人民法院提起诉讼的，人民法院不予受理。

机关、社会团体、学术机构、企事业单位分发本单位、本系统或者其他一定范围内的内部刊物和内部资料，所载内容引起名誉权纠纷的，人民法院应当受理。

三、问：新闻媒介和出版机构转载作品引起的名誉权纠纷，人民法院是否受理？

答：新闻媒介和出版机构转载作品，当事人以转载者侵害其名誉权向人民法院提起诉讼的，人民法院应当受理。

四、问：国家机关、社会团体、企事业单位等部门依职权对其管理的人员

① 《最高人民法院公报》1990 年第 2 期。

作出的结论引起的名誉权纠纷，人民法院是否受理？

答：国家机关、社会团体、企事业单位等部门对其管理的人员作出的结论或者处理决定，当事人以其侵害名誉权向人民法院提起诉讼的，人民法院不予受理。

五、问：因检举、控告引起的名誉权纠纷，人民法院是否受理？

答：公民依法向有关部门检举、控告他人的违法违纪行为，他人以检举、控告侵害其名誉权向人民法院提起诉讼的，人民法院不予受理。如果借检举、控告之名侮辱、诽谤他人，造成他人名誉损害，当事人以其名誉权受到侵害向人民法院提起诉讼的，人民法院应当受理。

六、问：新闻单位报道国家机关的公开的文书和职权行为引起的名誉权纠纷，是否认定为构成侵权？

答：新闻单位根据国家机关依职权制作的公开的文书和实施的公开的职权行为所作的报道，其报道客观准确的，不应当认定为侵害他人名誉权；其报道失实，或者前述文书和职权行为已公开纠正而拒绝更正报道，致使他人名誉受到损害的，应当认定为侵害他人名誉权。

七、问：因提供新闻材料引起的名誉权纠纷，如何认定是否构成侵权？

答：因提供新闻材料引起的名誉权纠纷，认定是否构成侵权，应区分以下两种情况：

（一）主动提供新闻材料，致使他人名誉受到损害的，应当认定为侵害他人名誉权。

（二）因被动采访而提供新闻材料，且未经提供者同意公开，新闻单位擅自发表，致使他人名誉受到损害的，对提供者一般不应当认定为侵害名誉权；虽系被动提供新闻材料，但发表时得到提供者同意或者默许，致使他人名誉受到损害的，应当认定为侵害名誉权。

八、问：因医疗卫生单位公开患者患有淋病、梅毒、麻风病、艾滋病等病情引起的名誉权纠纷，如何认定是否构成侵权？

答：医疗卫生单位的工作人员擅自公开患者患有淋病、梅毒、麻风病、艾滋病等病情，致使患者名誉受到损害的，应当认定为侵害患者名誉权。

医疗卫生单位向患者或其家属通报病情，不应当认定为侵害患者名誉权。

九、问：对产品质量、服务质量进行批评、评论引起的名誉权纠纷，如何认定是否构成侵权？

答：消费者对生产者、经营者、销售者的产品质量或者服务质量进行批评、评论，不应当认定为侵害他人名誉权。但借机诽谤、诋毁，损害其名誉的，应当认定为侵害名誉权。

新闻单位对生产者、经营者、销售者的产品质量或者服务质量进行批评、评论，内容基本属实，没有侮辱内容的，不应当认定为侵害其名誉权；主要内容失实，损害其名誉的，应当认定为侵害名誉权。

十、问：因名誉权受到侵害使生产、经营、销售遭受损失予以赔偿的范围和数额如何确定？

答：因名誉权受到侵害使生产、经营、销售遭受损失予以赔偿的范围和数额，可以按照确因侵权而造成客户退货、解除合同等损失程度来适当确定。

十一、问：名誉权纠纷与其他民事纠纷交织在一起的，人民法院应如何审理？

答：名誉权纠纷与其他民事纠纷交织在一起的，人民法院应当按当事人自己选择的请求予以审理。发生适用数种请求的，人民法院应当根据《中华人民共和国民事诉讼法》的有关规定和案件的实际情况，可以合并审理的合并审理；不能合并审理的，可以告知当事人另行起诉。

◆ **《名誉权解答》**

各地人民法院在审理名誉权案件中，提出一些如何适用法律的问题，现解答如下：

一、问：人民法院对当事人关于名誉权纠纷的起诉应如何进行审查？

答：人民法院收到有关名誉权纠纷的起诉时，应按照《中华人民共和国民事诉讼法》（以下简称民事诉讼法）第一百零八条的规定进行审查，符合条件的，应予受理。对不符合起诉条件的，应裁定不予受理；对缺乏侵权事实坚持起诉的，应裁定驳回起诉。

二、问：当事人在公共场所受到侮辱、诽谤，经公安机关依照《中华人民共和国治安管理处罚条例》（以下简称治安管理处罚条例）处理后，又向人民法院提起民事诉讼的，人民法院是否受理？

答：当事人在公共场所受到侮辱、诽谤，以名誉权受侵害为由提起民事诉讼的，无论是否经公安机关依照治安管理处罚条例处理，人民法院均应依法审查，符合受理条件的，应予受理。

三、问：当事人提起名誉权诉讼后，以同一事实和理由又要求追究被告人的刑事责任的，应如何处理？

答：当事人提起名誉权诉讼后，以同一事实和理由又要求追究被告刑事责任的，应中止民事诉讼，待刑事案件审结后，根据不同情况分别处理：对于犯罪情节轻微，没有给予被告人刑事处罚的，或者刑事自诉已由原告撤回或者被驳回的，应恢复民事诉讼；对于民事诉讼请求已在刑事附带民事诉讼中解决的，应终结民事案件的审理。

四、问：名誉权案件如何确定管辖？

答：名誉权案件，适用民事诉讼法第二十九条的规定，由侵权行为地或者被告住所地人民法院管辖。侵权行为地包括侵权行为实施地和侵权结果发生地。

五、问：死者名誉受到损害，哪些人可以作为原告提起民事诉讼？

答：死者名誉受到损害的，其近亲属有权向人民法院起诉。近亲属包括：配偶、父母、子女、兄弟姐妹、祖父母、外祖父母、孙子女、外孙子女。

六、问：因新闻报道或者其他作品引起的名誉权纠纷，如何确定被告？

答：因新闻报道或其他作品发生的名誉权纠纷，应根据原告的起诉确定被告。只诉作者的，列作者为被告；只诉新闻出版单位的，列新闻出版单位为被告；对作者和新闻出版单位都提起诉讼的，将作者和新闻出版单位均列为被告，但作者与新闻出版单位为隶属关系，作品系作者履行职务所形成的，只列单位为被告。

七、问：侵害名誉权责任应如何认定？

答：是否构成侵害名誉权的责任，应当根据受害人确有名誉被损害的事实、行为人行为违法、违法行为与损害后果之间有因果关系、行为人主观上有过错来认定。

以书面或者口头形式侮辱或者诽谤他人，损害他人名誉的，应认定为侵害他人名誉权。

对未经他人同意，擅自公布他人的隐私材料或者以书面、口头形式宣扬他人隐私，致他人名誉受到损害的，按照侵害他人名誉权处理。

因新闻报道严重失实，致他人名誉受到损害的，应按照侵害他人名誉权处理。

八、问：因撰写、发表批评文章引起的名誉权纠纷，应如何认定是否构成侵权？

答：因撰写、发表批评文章引起的名誉权纠纷，人民法院应根据不同情况处理：

文章反映的问题基本真实，没有侮辱他人人格的内容的，不应认定为侵害他人名誉权。

文章反映的问题虽基本属实，但有侮辱他人人格的内容，使他人名誉受到损害的，应认定为侵害他人名誉权。

文章的基本内容失实，使他人名誉受到损害的，应认定为侵害他人名誉权。

九、问：因文学作品引起的名誉权纠纷，应如何认定是否构成侵权？

答：撰写、发表文学作品，不是以生活中特定的人为描写对象，仅是作品的情节与生活中某人的情况相似，不应认定为侵害他人名誉权。

描写真人真事的文学作品，对特定人进行侮辱、诽谤或者披露隐私损害其名誉的；或者虽未写明真实姓名和住址，但事实是以特定人或者特定人的特定事实为描写对象，文中有侮辱、诽谤或者披露隐私的内容，致其名誉受到损害的，应认定为侵害他人名誉权。

编辑出版单位在作品已被认定为侵害他人名誉权或者被告知明显属于侵害他人名誉权后，应刊登声明消除影响或者采取其他补救措施；拒不刊登声明，不采取其他补救措施，或者继续刊登、出版侵权作品的，应认定为侵权。

十、问：侵害名誉权的责任承担形式如何掌握？

答：人民法院依照《中华人民共和国民法通则》第一百二十条和第一百三十四条的规定，可以责令侵权人停止侵害、恢复名誉、消除影响、赔礼道歉、赔偿损失。

恢复名誉、消除影响、赔礼道歉可以书面或者口头的方式进行，内容须事先经人民法院审查。

恢复名誉、消除影响的范围，一般应与侵权所造成不良影响的范围相当。

公民、法人因名誉权受到侵害要求赔偿的，侵权人应赔偿侵权行为造成的经济损失；公民并提出精神损害赔偿要求的，人民法院可根据侵权人的过错程度、侵权行为的具体情节、给受害人造成精神损害的后果等情况酌定。

十一、问：侵权人不执行生效判决，不为对方恢复名誉、消除影响、赔礼道歉的，应如何处理？

答：侵权人拒不执行生效判决，不为对方恢复名誉、消除影响的，人民法院可以采取公告、登报等方式，将判决的主要内容和有关情况公布于众，费用由被执行人负担，并可依照民事诉讼法第一百零二条第六项的规定处理。

案例评议

李海峰等诉叶集公安分局、安徽电视台等侵犯名誉权、肖像权纠纷案①

◆ **裁判规则**

公安机关在向新闻媒体提供侦破案件的相关资料，供新闻媒体用于新闻报道时，应尽谨慎注意义务以保护他人合法权益。未尽此义务导致他人名誉权受到侵犯的，应承担相应的民事责任。公安机关侦查行为的合法性、配合新闻媒体进行法制宣传的正当性以及新闻媒体自身在新闻报道中的过失，均不构成免除公安机关上述民事责任的法定事由。

第一千零二十七条 【真实文学作品】

行为人发表的文学、艺术作品以真人真事或者特定人为描述对象，含有侮辱、诽谤内容，侵害他人名誉权的，受害人有权依法请求该行为人承担民事责任。

行为人发表的文学、艺术作品不以特定人为描述对象，仅其中的情节与该特定人的情况相似的，不承担民事责任。

本条来源

《最高人民法院关于胡骥超、周孔昭、石述成诉刘守忠、遵义晚报社侵害名誉权一案的函》《最高人民法院〈关于都兴久、都兴亚诉高其昌、王大学名誉权纠纷一案的请示报告〉的函》等。

① 《最高人民法院公报》2007年第2期。

立法演变

一审稿第八百零七条规定："民事主体发表的作品中的情节与特定人的情况相似，但是不以该特定人为描述对象的，不承担民事责任。民事主体发表的作品描述真人真事，或者以特定人为描述对象，包含侮辱性内容，侵害他人名誉权的，被侵权人可以依法请求侵权人承担民事责任。"二审稿将"作品"限定为"文学、艺术作品"，在"侮辱"后增加了"诽谤"，并调换了一、二款的顺序，作了文字调整。此后无实质变化。

条文释义

一、以真人真事或者特定人为描述对象

文学艺术创作自由是《宪法》赋予的权利，《宪法》第四十七条规定："中华人民共和国公民有进行科学研究、文学艺术创作和其他文化活动的自由。国家对于从事教育、科学、技术、文学、艺术和其他文化事业的公民的有益于人民的创造性工作，给以鼓励和帮助。"但是，权利的行使不得损害他人合法权益。

描写真人真事的文学作品，对特定人进行侮辱、诽谤或披露隐私损害其名誉的；或者虽未写明真实姓名和住址，但事实是以特定人为描写对象，文中有侮辱、诽谤或披露隐私的内容，致其名誉受到损害的，应认定为侵害他人名誉权。对此，最高人民法院《关于胡骥超、周孔昭、石述成诉刘守忠、遵义晚报社侵害名誉权一案的函》明确："被告刘守忠因与原告胡骥超、周孔昭、石述成有矛盾，在历史小说创作中故意以影射手法对原告进行丑化和侮辱，使其名誉受到了损害。被告遵义晚报社在已知所发表的历史小说对他人的名誉造成损害的情况下，仍继续连载，放任侵权后果的扩大。依照《民法通则》第一百零一条和第一百二十条，上述二被告的行为已构成侵害原告的名誉权，应承担侵权民事责任。"

二、不以真人真事或者特定人为描述对象

本条解决的是文学艺术作品中的描写是否具有可识别性。撰写、发表文学作品，不是以生活中特定的人为描写对象，仅是作品的情节与生活中某人的情况相似，不应认定为侵害他人名誉权。

对此，相关司法解释涉及正反两面的案件。《最高人民法院关于胡秋生、娄良英等八人诉彭拜、漓江出版社名誉权纠纷案的复函》明确："彭拜撰写的小说《斜阳梦》，虽未写明原告的真实姓名和住址，但在人物特征有了明显指向的情况下，侮辱了原告或披露了有损其名誉的家庭隐私。彭拜应当也能够预见《斜阳梦》的发表会给原告的名誉造成损害，却放任了损害后果的发生，主观上有过错。因此，同意你院审判委员会的倾向性意见，彭拜的行为已构成侵害他人名誉权，应承担民事责任。对漓江出版社，可不认定其构成侵权。"最高人民法院在《〈关于都兴久、都兴亚诉高其昌、王大学名誉权纠纷一案的请示报告〉的函》中认定："作家高其昌、王大学创作《关东魂》一书的主观动机是弘扬爱国主义精神，在塑造都本德这一反面人物时确有一定的生活素材为依据，作者主观上没有损害都本德名誉的故意，小说中使用都本德真实姓名虽有不妥，但都本德在历史上确实担任伪职，据此情况，以不认定小说《关东魂》损害了都本德的名誉权为宜。"《最高人民法院关于邵文卿与黄朝星侵害名誉权案的函》规定："被告黄朝星撰写的报告文学作品《红杏枝头——瑞昌市人民医院变迁记》中所虚构的'元老'，未指名道姓，不是指特定的人，其特征描写与原告邵文卿并不相符，原告不应对号入座。据此，我们同意你院审委会多数人的意见，即以认定不构成侵害名誉权为宜。"

法条关联

◆ **《名誉权解答》**

九、问：因文学作品引起的名誉权纠纷，应如何认定是否构成侵权？

答：撰写、发表文学作品，不是以生活中特定的人为描写对象，仅是作品的情节与生活中某人的情况相似，不应认定为侵害他人名誉权。

描写真人真事的文学作品，对特定人进行侮辱、诽谤或者披露隐私损害其名誉的；或者虽未写明真实姓名和住址，但事实是以特定人或者特定人的特定事实为描写对象，文中有侮辱、诽谤或者披露隐私的内容，致其名誉受到损害的，应认定为侵害他人名誉权。

编辑出版单位在作品已被认定为侵害他人名誉权或者被告知明显属于侵害他人名誉权后，应刊登声明消除影响或者采取其他补救措施；拒不刊登声明，不采取其他补救措施，或者继续刊登、出版侵权作品的，应认定为侵权。

案例评议

贾某某诉北京电影学院青年电影制片厂侵害肖像权案[①]

◆ **评议**

经两审审理，贾某某败诉。苏力认为，减去镜头的请求是不恰当的。这个四秒钟的镜头尽管有人物形象，但其在影片中的实际作用相当于一个空镜头，目的是展现一种社会氛围和调整影片节奏，它与剧情故事的发展并没有直接的、必不可少的联系，至少许多人认为减去这个镜头对影片的完整性几乎毫无损害。[②] 在贾某某提交的证据中，有一份医疗手术记录，记载她曾在1984年在医院做过面部疤痕磨除手术。她年轻时曾患过天花，脸上留有许多疤痕，所以平时总是用一副大大的墨镜遮掩，而且从来不照相，没想到她被搬上荧幕，而且被人称为“丑八怪”。[③] 本书认为，被告采取偷拍的手法摄制使用贾某某肖像，如果贾某某的肖像缺陷清晰可辨，同时，“空镜头”“减去这个镜头对影片的完整性几乎毫无损害”的判断成立，则在言论自由与人格权保护的利益衡量中，应倾向于贾某某。在行使言论自由时，如果能以极小的成本避免具有肖像缺陷的人的精神痛苦，则法律应体察防护成本与个体关怀。

第一千零二十八条　【更正删除等义务】

民事主体有证据证明报刊、网络等媒体报道的内容失实，侵害其名誉权的，有权请求该媒体及时采取更正或者删除等必要措施。

本条来源

《名誉权解答》九，《名誉权解释》六，《出版管理条例》第二十七条。

① 北京市海淀区人民法院（1993）海民初字第3991号，北京市第一中级人民法院（1995）中民终字第797号。

② 苏力：《法治及其本土资源》，中国政法大学出版社2004年版，第206页。

③ 张嘉林：《从“秋菊”到贾某某——首例因拍摄电影引发的公民肖像权诉讼》，http://news.sina.com.cn/c/2009-12-07/125519207323.shtml，最后访问时间：2020年5月1日。

立法演变

一审稿未规定。2019 年 4 月，有意见提出，为了及时制止侵害行为，减少对受害人权益的损害，建议借鉴《出版管理条例》的相关规定，对媒体报道内容失实而侵害他人名誉权的，明确受害人有权要求媒体及时更正、删除该不实报道。据此，草案第五章“名誉权和荣誉权”增加一条规定：报刊、网络等媒体报道的内容失实，侵害他人名誉权的，受害人有权请求该媒体及时更正或者删除。媒体不及时履行的，受害人有权请求人民法院责令该媒体限期更正或者删除。三审稿在“删除”后增加了“等必要措施”，并作了相应文字修改。五审稿增加了“民事主体有证据证明”，删除了“媒体不及时采取措施的，受害人有权请求人民法院责令该媒体在一定期限内履行”，从实际情况看，删除的内容不影响受害人的请求权。同时，受害人也不是仅有诉至法院一条救济途径。

条文释义

本条是对特殊的先行行为而引发的作为义务的规定，是“作为侵权 + 不作为侵权”的时间轴延续。

前期报道内容失实的侵权行为，为单独的侵权行为。权利人可以请求侵权损害赔偿。连续报道中，后续报道即使及时更正了失实报道，由于木已成舟，损害已经客观发生，媒体仍然应当承担损害赔偿责任。

对于媒体拒不履行更正、删除等义务的，不法损害进一步扩大，产生新的损害后果。考虑到侵权人主观过错恶性大，给权利人造成深层次的痛苦，且拒不悔改，除了请求人民法院责令媒体在一定期限内履行，可以考虑适当增加损害赔偿数额，延长赔礼道歉的时间、扩大赔礼道歉的范围等，确保消除影响执行到位，充分发挥侵权责任的预防功能。权利人也可以请求公权力机关介入，通过行政责任与民事责任共同矫正其违法行为。《最高人民法院关于朱秀琴、朱良发、沈珍珠诉〈青春〉编辑部名誉权纠纷案的函》明确：《青春》杂志社刊登唐敏撰写的侮辱、诽谤死者王练忠及原告的《太姥山妖氛》一文，编辑部未尽到审查、核实之责；原告及其所在乡、区政府及县委多次向编辑部反映：《太姥山妖氛》系以真实姓名、地点和虚构的事实侮辱、诽谤王练忠及原告，要求其澄清事实、消除影响；作者唐敏为此以诽谤罪被判处有期徒刑后，《青春》编辑部仍不采取措施，为原告消除影响，致使该小说继续流传于社会，扩大了不良影响，侵害了原告的名誉权，故同意你院审判委员会的意见，《青春》编辑部应承担民事责任。《最高人民法院关于刊登侵害他人名誉权小说的出版单位在作者已被判刑后还应否承担民事责任的复函》规定：出版单位刊登侮辱、诽谤他人的小说，原告多次向出版单位反映，要求其澄清事实、消除影响，出版单位未予置理。在作者为此被以诽谤罪追究刑事责任后，出版单位仍不采取措施，为原告消除影响，致使该小说继续流传于社会，扩大了不良影响，侵害了原告的名誉权。因此，出版单位应当承担民事责任。

法条关联

◆《出版管理条例》

第二十七条 出版物的内容不真实或者不公正，致使公民、法人或者其他组织的合法权益受到侵害的，其出版单位应当公开更正，消除影响，并依法承担其他民事责任。

报纸、期刊发表的作品内容不真实或者不公正，致使公民、法人或者其他组织的合法权益受到侵害的，当事人有权要求有关出版单位更正或者答辩，有关出版单位应当在其近期出版的报纸、期刊上予以发表；拒绝发表的，当事人可以向人民法院提起诉讼。

◆《名誉权解答》

九、问：因文学作品引起的名誉权纠纷，应如何认定是否构成侵权？

答：撰写、发表文学作品，不是以生活中特定的人为描写对象，仅是作品的情节与生活中某人的情况相似，不应认定为侵害他人名誉权。

描写真人真事的文学作品，对特定人进行侮辱、诽谤或者披露隐私损害其名誉的；或者虽未写明真实姓名和住址，但事实是以特定人或者特定人的特定事实为描写对象，文中有侮辱、诽谤或者披露隐私的内容，致其名誉受到损害的，应认定为侵害他人名誉权。

编辑出版单位在作品已被认定为侵害他人名誉权或者被告知明显属于侵害他人名誉权后，应刊登声明消除影响或者采取其他补救措施；拒不刊登声明，不采取其他补救措施，或者继续刊登、出版侵权作品的，应认定为侵权。

◆《名誉权解释》

六、问：新闻单位报道国家机关的公开的文书和职权行为引起的名誉权纠纷，是否认定为构成侵权？

答：新闻单位根据国家机关依职权制作的公开的文书和实施的公开的职权行为所作的报道，其报道客观准确的，不应当认定为侵害他人名誉权；其报道失实，或者前述文书和职权行为已公开纠正而拒绝更正报道，致使他人名誉受到损害的，应当认定为侵害他人名誉权。

案例评议

黄仕冠、黄德信与广西法制报社、范宝忠名誉侵权案①

◆ **裁判规则**

范宝忠供稿、《广西法制报》发表的《法官黄仕冠、黄德信徇私舞弊被逮捕》一文，内容严重失实，且在人民法院判决黄仕冠、黄德信无罪后，范宝忠、广西法制报社拒绝进行更正报道和后续报道，根据《名誉权解释》的有关规定，其行为侵害了黄仕冠、黄德信的名誉权，范宝忠、广西法制报社依法应承担相应的民事责任。但考虑到本案的具体情况，该案以案外和解的方式处理为宜。故请告知范宝忠和广西法制报社，依照法律规定，其应当承担侵权的民事责任。希望范宝忠和广西法制报社通过赔礼道歉、消除影响以及给黄仕冠、黄德信一定经济补偿等方式争取达成和解，使黄仕冠、黄德信主动撤诉。如果不能达成和解，则依法作出处理。

第一千零二十九条　【信用评价查询、异议处理】

民事主体可以依法查询自己的信用评价；发现信用评价不当的，有权提出异议并请求采取更正、删除等必要措施。信用评价人应当及时核查，经核查属实的，应当及时采取必要措施。

---

① 《最高人民法院关于广西高院请示黄仕冠、黄德信与广西法制报社、范宝忠名誉侵权一案请示的复函》。

本条来源

《征信业管理条例》第十七条、第二十五条。

立法演变

《2002年民法草案》人格权法第二十二条规定："征信机构应当客观、公正地收集、记录、制作、保存自然人、法人的信用资料。征信机构应当合理使用并依法公开信用资料。"第二十四条规定："自然人、法人有权查阅、抄录或者复制征信机构涉及自身的信用资料，有权要求修改与事实不符的信用资料。"一审稿第八百零八条规定："民事主体可以依法查询自己的信用评价；发现信用评价错误或者侵害自己合法权益的，有权提出异议并要求采取更正、删除等必要措施。信用评价人应及时核查，经核查属实的，应当及时采取必要措施。"二审稿删除了"或者侵害自己合法权益"。五审稿将"错误"改为"不当"。

条文释义

本条规定的是民事主体对征信机构的请求权。

市场经济是信用经济。信用对于经济社会发展、国家治理至关重要。《国务院关于印发社会信用体系建设规划纲要（2014－2020年）的通知》提出，社会信用体系是社会主义市场经济体制和社会治理体制的重要组成部分。它以法律、法规、标准和契约为依据，以健全覆盖社会成员的信用记录和信用基础设施网络为基础，以信用信息合规应用和信用服务体系为支撑，以树立诚信文化理念、弘扬诚信传统美德为内在要求，以守信激励和失信约束为奖惩机制，目的是提高全社会的诚信意识和信用水平。

根据《征信业管理条例》，征信业务是指对企业、事业单位等组织的信用信息和个人的信用信息进行采集、整理、保存、加工，并向信息使用者提供的活动。设立经营个人征信业务的征信机构，应当符合《公司法》规定的公司设立条件和下列条件，并经国务院征信业监督管理部门批准。在陌生人社会中，依靠信用评价机构，搭建起人与人之间的信任桥梁，这既是人与人交往的基础，也是商业社会的需要、社会治理的需要。支付宝公司是信用需求的产物，信用证制度也是信用需求的产物，二者的背后都是商品和服务交换关系。诚如郑也夫讲的，信任是对复杂的简化。①

由征信机构采集、整理、保存、加工信用信息，是一种互惠机制。在此制度框架下，征信机构难免有错误、遗漏等不当之处的，这里的不当之处包括信息错误、遗漏，也可以包括征信机构算法歧视、信用评估方法错误。本条所规定的对不当信用评价的异议权、更正权、删除权，不过是为了建立信息双向沟通的机制，信用信息是个人信息的一种，民事主体对信息拥有人格权，即使依法让渡出去，征信机构也有保持信用评价正确的职责。因为迟延更正、删除等导致民事主体损害的，征信机构应当承担民事责任。

具体来讲，《征信业管理条例》明确规定个人对本人信息享有查询、异议和投诉等权利，包括：个人可以每年免费两次向征信机构查询自己的信用报告；个人认为信息错误、遗漏的，可以向征信机构或信息提供者提出异议，异议受理部门应当在规定时限内处理；个人认为合法权益受到侵害的，可以向征信业监督管理部门投诉，征信业监督管理部门应当及时核查处理并限期答复。违反上述规定的，除了侵权损害赔偿责任，还会受到征信业监管机构相应的行政处罚。

法条关联

◆《征信业管理条例》

第十七条　信息主体可以向征信机构查询自身信息。个人信息主体有权每年两次免费获取本人的信用报告。

第二十五条　信息主体认为征信机构采集、保存、提供的信息存在错误、遗漏的，有权向征信机构或者信息提供者提出异议，要求更正。

征信机构或者信息提供者收到异议，应当按照国务院征信业监督管理部门的规定对相关信息作出存在异议的标注，自收到异议之日起20日内进行核查和处理，并将结果书面答复异议人。

经核查，确认相关信息确有错误、遗漏的，信息提供者、征信机构应当予以更正；确认不存在错误、遗漏的，应当取消异议标注；经核查仍不能确认的，对核查情况和异议内容应当予以记载。

① 郑也夫：《信任论》，中国广播电视出版社2001年版，第六章。

案例评议

徐某某与江苏淮安农村商业银行股份有限公司等名誉权纠纷上诉案[①]

◆ **评议**

逾期未还贷款会影响个人征信记录。通过诉讼等途径归还贷款后，银行有义务及时上报并督促更改或者删除不良记录，否则构成侵害他人信用权。

深度研讨

信用权是基于信用这种有关经济能力的社会评价而产生的以信用享有、维护和支配为内容的人格权。信用权是随着经济发展逐渐从名誉权中分化出来的一类具体人格权。信用权具有如下特点：第一，信用的主体可以是自然人，也可以是法人或非法人组织。第二，信用权的客体是信用利益。第三，信用权具有双重属性。信用权是一定限度内的支配权，信用权不可能像财产权那样被随意处分，也不可能在信用权人死后发生继承。第四，侵害信用权可以产生财产损害和精神损害。

信用具有双重属性，信用权是财产权与人格权的结合，一方面，信用权具有财产权性质，较之于其他人格权，其专属性较弱。另一方面，信用权本质上还是社会对于当事人的经济能力的评价，具有很强的人格属性，它和民事主体的人身利益是密切联系在一起的。[②]

一、信用的产生蕴含着丰富的伦理性信息

社会分工使得人与人之间必然存在交换。社会就变成了人与人之间的交换关系。而由于信息不对称等现象不可避免，因此信任逐渐成为所有交易的前提。[③] 信任是一个社会复杂性的简化机制。[④] 如果一个社会的人与人之间产生不信任，那么由于互不信任，人人慎之又慎。这使参加信贷谈判的人，谈不出什么结果来。[⑤] 基于这种社会需要，信用逐渐建立起来。信用最初的基础是人格

---

① （2015）淮中民终字第01990号。

② 吴汉东：《论信用权》，载《法学》2001年第1期。

③ 张维迎：《信息、信任与法律》，生活·读书·新知三联书店2003年版，第2页。

④ ［德］尼克拉斯·卢曼：《信任》，瞿铁鹏等译，上海世纪出版集团2005年版，第30页。

⑤ ［法］阿兰·佩雷菲特：《信任社会》，邱远婴译，商务印书馆2005年版，题记。

之信，这种伦理信用，个体的美德，构成了信用最初的源泉。人无信则不立，信用被看作是个体在社会上立足的根本。① 我国的儒家文化对信用的伦理性有过较多的阐述。比如，“人而不信不知其可也”，“民无信则不立”等等。《论语》中“信”字出现了38次。在同类字眼中属于频率较高的，仅低于知（116次）、仁（109次）、礼（74次），高于义（24次）、善（36次）、敬（21次）、勇（16次）、耻（16次）、诚（2次）。信是儒家最重要的思想之一。在语言和社会相互作用的演化过程中，“信”的主要思想都注入“信任”之中。② 这种人格性使得信用与民商事主体不可分离，呈现出较强的伦理性。即使是企业，由于信用与企业紧密相连，不能够单独转让信用。

各国将信用置于名誉权中进行保护的方法表明了信用具有伦理性。我国《澳门民法典》第73条规定：“任何人均有权受保护，以免被他人以指出某种事实或作出某种判断，使其名誉、别人对其之观感、名声、声誉、个人信用及体面受侵犯。”我国台湾地区“债法”未修订前，就名誉权设有规定，关于信用权则无明文，为使被害人获赔偿，王泽鉴曾主张应该将名誉做广义解释，包括信用在内。③ 1953年台上字第1324号判决：“上诉人既有伪造各该被上诉人之商品专用商标或包装情事，自系不法侵害被害人之商品信誉权，而信誉权为名誉权之一种，依第一百九十五条第一项之规定，纵非财产上之损害，亦得请求赔偿相当之金额。”④ 在西班牙，1982年5月5日《个人名誉保护法》已经扩展到对信用即“商业上的名誉”的保护。⑤《香港人权法案条例》第八章第十四条规定：“对私生活、家庭、住宅、通信、名誉及信用的保护：任何人的私生活、家庭、住宅或通信，不得无理或非法侵扰，其名誉及信用，亦不得非法破坏。”

目前，我国多数学者认为，信用是对包括偿债能力在内的民事主体经济能

① 李晓安主编：《首都法学论坛（第1卷）》，北京大学出版社2005年版，第112页。

② 郑也夫：《信任论》，中国广播电视出版社2001年版，第9－12页。

③ 王泽鉴：《侵权行为法（第一册）》，中国政法大学出版社2001年版，第114页。

④ 王泽鉴：《侵权行为法（第一册）》，中国政法大学出版社2001年版，第125页。

⑤ ［德］克里斯蒂安·冯·巴尔：《欧洲比较侵权行为法（上卷）》，张新宝译，法律出版社2001年版，第62页。

力的社会评价。[①] 信用具有一定的伦理性，这是由信用本身的特点所决定的。

二、信用具有浓厚的财产性

基于人格的伦理信用是信用之源，而经济信用则是现代信用之本。马克思·韦伯曾说，“信用是金钱”“信用是资本”。信用之所以由个别信用发展到普遍信用，是因为信用自身所具有的经济本质符合人（自然人、法人）的经济性要求和社会经济发展的需要。[②] 由于信用介入了生产和流通过程，使资本在各个阶段的变化速度加快了，整个再生产过程也因此加快了。信用节省了流通费用、创造了商业票据和银行券，对股份公司的成立和发展起了重要作用。[③] 市场的本质是交换。信用是经济运转的润滑剂。

在阐述信用的财产性时，需要首先关注财产含义的变迁。在这方面，美国制度经济学家康芒斯的观点最具有代表性。他认为，财产和自由的涵义从1872年的美国屠宰场案件到1897年的美国阿尔热耶案件的转变，实质上体现了从物质东西的使用价值转变到任何东西的交换价值。[④] 正是在这种意义上，信用可以成为财产。

信用还可以根据其财产性的强弱衡量确定信用级别。美国是信用制度最发达的国家之一，其中信用卡又是美国信用制度中一个重要组成部分。不同的人信用额度是不同的。一个在社会上失去信誉的人在美国社会上将寸步难行，不良的信用记录将影响你多年，甚至终生。[⑤] 而透支金钱的信用额度是根据不同人的信用级别来确定的。国际通行“四等十级制”的信用评级等级，具体分为：AAA，AA，A，BBB，BB，B，CCC，CC，C，D。从“AA”到“CCC”等

---

① 史尚宽先生认为，信用是在社会上应受经济的评价。参见史尚宽：《债法总论》，中国政法大学出版社2000年版，第153页。王泽鉴认为，信用权指以经济活动上的可靠性及支付能力为内容的权利，又称为经济上信誉权。参见王泽鉴：《侵权行为法（第一册）》，中国政法大学出版社2001年版，第124－125页。吴汉东认为，信用是指民事主体所具有的偿付债务的能力而在社会上获得的相应的信赖和评价，信用利益属于一种无形财产。参见吴汉东：《论信用权》，载《法学》2001年第3期。

② 李晓安主编：《首都法学论坛（第1卷）》，北京大学出版社2005年版，第113－114页。

③ 李晓安主编：《首都法学论坛（第1卷）》，北京大学出版社2005年版，第114页。

④ ［美］约翰·R. 康芒斯：《资本主义的法律基础》，寿勉成译，方廷钰校，商务印书馆2004年版，第28页。

⑤ 赵广俊：《法律完备的美国信用制度》，http：//www. legaldaily. com. cn/bm/2005－12/03/content_ 229386. htm，最后访问时间：2007年7月7日。

级间的每一级别，可以用“+”或“-”号来修正已表示在主要等级内的相对高低。其他条件不变化的情况下，信用级别降低的企业股票价值会随之降低。

信用可以成为民商事主体的商业资产。美国制度经济学家康芒斯还指出，根据法律可以把信用、债券、抵押等称之为“非物质性财产”，总之，这是一种付款承诺。① 良好信用是一种特别的无形资产。② 信用和公司资产联系在一起，形成资信，可以成为一种无形财产，这种财产具有一定的市场价值，甚至可以评估作价，在企业转让时，信用可以作为资产的一部分。③ 在日本和我国台湾地区等大陆法系“公司法”中，允许无限公司的股东和合伙企业的合伙人以信用出资，这其实已经肯定了信用所具有的经营效用及相应的财产价值。我国公司法不承认信用出资，但是实践中的挂靠企业实际上存在着信用出资问题。④ 此外，我国公司法中对公司资本规定较为严格，如规定了法定的最低注册资本，同时还确立了资本充实原则和资本不变原则。这些都是为了保证公司能够具有相应的经济能力——即信用度。诚如张维迎所指出的，产权是信誉的载体，信任的基础。⑤

信用的维护和保障体现了浓厚的财产性。首先，如果该主体不具有相应的经济能力，那么各国都一致以国家强制力通过破产制度，将失信者勒令停止或限制从事市场活动，以其现有财产对债务进行清算。⑥ 比如，香港艺人钟某涛曾经因支付能力不足而被宣布个人破产。其次，侵害信用权一般不产生精神损害赔偿，只产生财产损害赔偿。⑦ 侵害信用“不涉及请求履行合同的问题（如偿还贷款），而是涉及在商业或事业上的成功以及一个受到好评的企业名誉的价值”。⑧ 此外，债法上的保证担保也体现了信用的财产性。

---

① ［美］约翰·R. 康芒斯：《资本主义的法律基础》，寿勉成译，方廷钰校，商务印书馆2004年版，第25页。

② ［美］约翰·R. 康芒斯：《资本主义的法律基础》，寿勉成译，方廷钰校，商务印书馆2004年版，第204页。

③ 王利明：《人格权法研究》，中国人民大学出版社2005年版，第543页。

④ 赵旭东：《企业与公司法纵论》，法律出版社2003年版，第281－282页。

⑤ 张维迎：《信息、信任与法律》，生活·读书·新知三联书店2003年版，第21页。

⑥ 李晓安等：《信用规制论》，北京大学出版社2004年版，第146页。

⑦ 王利明：《人格权法研究》，中国人民大学出版社2005年版，第544页。

⑧ ［德］克里斯蒂安·冯·巴尔：《欧洲比较侵权行为法（上卷）》，张新宝译，法律出版社2001年版，第62页。

在比较法上，德国对信用的保护具有代表性。1958 年《德国民法典》修正草案曾对第八百二十四条信用权的规定进行了修订："故意或过失制造或散布易于使他人信用受到损害的不真实言论的人，或者以其他方式损害他人生计或发展前途的人，有义务赔偿由此而导致的损害。"① 与对生命权、身体权、健康权等人格权统一调整到第十二条之后的修改不同，草案起草者仍然将信用权置于侵权法部分，这在解释上较难确认其性质为人格权，而且其单独在侵权法部分规定，也并没有与其他财产权规定在一起，这也较难确定其性质为财产权。这种模糊的位置说明了立法者对其权利属性的确定还存在疑问。

德国也曾经将信用作为营业的组成部分，把营业权作为框架性权利来保护信用利益。营业权是德国最高法院通过判例于 19 世纪末确立的一种权利，根据司法判例，其适用范围包括对企业或经营造成损害的评判、以侵害他人经营为目的发表真实事实的行为。② 德国最高法院确认了企业"营业权"后，对侵害法人信用造成的纯粹经济损失的案件，也可适用保护营业权的规则。③ 德国《反不正当竞争法》第十四条第二款规定了对经济上的名誉（即信用）的侵害。④ 这就直接明确了信用的财产性。

第一千零三十条 【信用信息适用指引】

民事主体与征信机构等信用信息处理者之间的关系，适用本编有关个人信息保护的规定和其他法律、行政法规的有关规定。

本条来源

《征信业管理条例》第十三条、第十四条。

---

① Harry Krause, The Right of Privacy in Germany: Pointers for American Legislation? 3 Duke Law Journal 485, (1965).

② 杨立新、蔡颖雯：《论妨害经营侵权行为及其责任》，载《法学论坛》2004 年第 2 期。

③ 张新宝、唐一平：《网上商业诽谤第一案：恒生诉王洪等侵权案评析》，载易继明主编，《私法》第 1 辑第 2 卷，北京大学出版社 2002 年版，第 371 页。

④ ［德］霍尔斯特·埃曼：《德国民法中的一般人格权制度——论从非道德行为到侵权行为的转变》，邵建东等译，载《民商法论丛（第 23 卷）》，梁慧星主编，金桥文化出版（香港）有限公司 2002 年版，第 434 页。

立法演变

《2002 年民法草案》人格权法第二十三条规定："人民法院根据当事人履行判决、裁定等法律文书的情况，可以建立执行法律文书档案。金融机构根据当事人借贷、还贷等情况，可以建立还贷记录等档案。工商行政管理部门根据当事人资信情况，可以建立资信档案。质量监督部门可以将检查、抽查的结果公布，并建立相应的质量档案。"一审稿第八百零九条规定："民事主体与依法可以收集或者存储其信用信息的征信机构等信用信息收集人、持有人之间的关系，适用本编有关个人信息的规定和其他法律、行政法规的有关规定。"二审稿删除了"依法可以收集或者存储其信用信息"，三审稿将"持有者"改为"控制者"。五审稿将"收集者、控制者"改为"处理者"，具有更强的包容性。

条文释义

一、采集个人信息是否需要经过权利主体同意

原则上，采集个人信用信息需要经过权利主体同意。按照本编第六章的有关规定，除非法律、行政法规另有规定，我国采集个人信息的途径只有权利主体同意一个途径。德国、葡萄牙以及我国台湾地区采此立法例。但是，奥地利、美国不需要经过权利主体同意。①《征信业管理条例》第十三条规定："采集个人信息应当经信息主体本人同意，未经本人同意不得采集。但是，依照法律、行政法规规定公开的信息除外。企业的董事、监事、高级管理人员与其履行职务相关的信息，不作为个人信息。"在审议过程中，有意见提出，由于征信业务的特殊性，民事主体如果不同意收集不利信息，就会影响信用评价的客观性，《欧洲通用数据保护条例》中征信数据采集和处理属于基于正当利益的合法行为，美国的《公平信用报告法》中规定，除禁止采集种族、宗教信仰、健康状况、犯罪嫌疑等个人敏感信息外，明确规定以个人家庭取得贷款或者保险或者就业为目的的情况下，征信机构在采集消费者报告中的信息，无需主体授权同意，因此，合法的征信机构征集数据不一定要求征集数据主体同意，但是我国

---

① 张鹏：《个人信用信息的收集、利用和保护》，中国政法大学出版社 2012 年版，第 213－227 页。张鹏建议修改经权利主体同意的规定。

目前对于个人信息保护不利的情况，征信机构也应该注意隐私保护。

二、禁止和限制征信机构采集的个人信息

个人敏感信息不在征信机构采集之列。《征信业管理条例》第十四条规定："禁止征信机构采集个人的宗教信仰、基因、指纹、血型、疾病和病史信息以及法律、行政法规规定禁止采集的其他个人信息。征信机构不得采集个人的收入、存款、有价证券、商业保险、不动产的信息和纳税数额信息。但是，征信机构明确告知信息主体提供该信息可能产生的不利后果，并取得其书面同意的除外。"

三、负面信息的采集

根据《征信业管理条例》，向征信机构提供个人不良信息的，应当事先告知信息主体本人；征信机构对个人不良信息的保存期限不得超过5年，超过的应予删除；除法律另有规定外，他人向征信机构查询个人信息的，应当取得信息主体本人的书面同意并约定用途，征信机构不得违反规定提供个人信息。不良信息，是指对信息主体信用状况构成负面影响的下列信息：信息主体在借贷、赊购、担保、租赁、保险、使用信用卡等活动中未按照合同履行义务的信息，对信息主体的行政处罚信息，人民法院判决或者裁定信息主体履行义务以及强制执行的信息，以及国务院征信业监督管理部门规定的其他不良信息。

据立法者介绍，规定不良信用信息保存期限的目的，在于促使个人改正并保持良好的信用记录。期限过长，信息主体信用重建的成本过高；期限太短，对信息主体的约束力不够。国际上一般都对个人的不良信息设定了保存时限，但期限并不相同，英国规定保留6年；韩国规定保留5年；美国规定个人破产信息保留10年，其他负面信息保留7年，15万美元以上的负面信息不受保存期限限制。我国香港地区的规定是，个人破产信息保留8年，败诉信息保留7年。①

此外，征信机构可以通过信息主体、企业交易对方、行业协会提供信息，政府有关部门依法已公开的信息，人民法院依法公布的判决、裁定等渠道，采集企业信息。企业的董事、监事、高级管理人员与其履行职务相关的信息，视

---

① 《国务院法制办、人民银行负责人就〈征信业管理条例〉答记者问》，http：//www. pkulaw. cn/fulltext_ form. aspx？ Db = lawexplanation&Gid = fe11cdd9d3eb3b15ffb6a3dbf1637ac5bdfb，最后访问时间：2020年4月20日。

为企业信息，采集和使用时也不需要取得信息主体的同意。

四、法律、行政法规另有规定

相关援引规定的适用顺序为：一是本编有关个人信息保护的规定；二是其他法律，主要是指《公共图书馆法》《社会保险法》《电子商务法》《网络安全法》《消费者权益保护法》《全国人民代表大会常务委员会关于加强网络信息保护的决定》等；三是行政法规，主要是《征信业管理条例》《人类遗传资源管理条例》《人力资源市场暂行条例》，等等。当然，本法第一百一十一条、侵权责任编也是个人信息保护的法律依据。此外，我国很多地方都有信用方面的地方立法。

法条关联

◆《征信业管理条例》

第三章　征信业务规则

第十三条　采集个人信息应当经信息主体本人同意，未经本人同意不得采集。但是，依照法律、行政法规规定公开的信息除外。

企业的董事、监事、高级管理人员与其履行职务相关的信息，不作为个人信息。

第十四条　禁止征信机构采集个人的宗教信仰、基因、指纹、血型、疾病和病史信息以及法律、行政法规规定禁止采集的其他个人信息。

征信机构不得采集个人的收入、存款、有价证券、商业保险、不动产的信息和纳税数额信息。但是，征信机构明确告知信息主体提供该信息可能产生的不利后果，并取得其书面同意的除外。

第十五条　信息提供者向征信机构提供个人不良信息，应当事先告知信息主体本人。但是，依照法律、行政法规规定公开的不良信息除外。

第十六条　征信机构对个人不良信息的保存期限，自不良行为或者事件终止之日起为 5 年；超过 5 年的，应当予以删除。

在不良信息保存期限内，信息主体可以对不良信息作出说明，征信机构应当予以记载。

第十七条　信息主体可以向征信机构查询自身信息。个人信息主体有权每年两次免费获取本人的信用报告。

第十八条 向征信机构查询个人信息的，应当取得信息主体本人的书面同意并约定用途。但是，法律规定可以不经同意查询的除外。

征信机构不得违反前款规定提供个人信息。

第十九条 征信机构或者信息提供者、信息使用者采用格式合同条款取得个人信息主体同意的，应当在合同中作出足以引起信息主体注意的提示，并按照信息主体的要求作出明确说明。

第二十条 信息使用者应当按照与个人信息主体约定的用途使用个人信息，不得用作约定以外的用途，不得未经个人信息主体同意向第三方提供。

第二十一条 征信机构可以通过信息主体、企业交易对方、行业协会提供信息，政府有关部门依法已公开的信息，人民法院依法公布的判决、裁定等渠道，采集企业信息。

征信机构不得采集法律、行政法规禁止采集的企业信息。

第二十二条 征信机构应当按照国务院征信业监督管理部门的规定，建立健全和严格执行保障信息安全的规章制度，并采取有效技术措施保障信息安全。

经营个人征信业务的征信机构应当对其工作人员查询个人信息的权限和程序作出明确规定，对工作人员查询个人信息的情况进行登记，如实记载查询工作人员的姓名，查询的时间、内容及用途。工作人员不得违反规定的权限和程序查询信息，不得泄露工作中获取的信息。

第二十三条 征信机构应当采取合理措施，保障其提供信息的准确性。

征信机构提供的信息供信息使用者参考。

第二十四条 征信机构在中国境内采集的信息的整理、保存和加工，应当在中国境内进行。

征信机构向境外组织或者个人提供信息，应当遵守法律、行政法规和国务院征信业监督管理部门的有关规定。

第四章 异议和投诉

第二十五条 信息主体认为征信机构采集、保存、提供的信息存在错误、遗漏的，有权向征信机构或者信息提供者提出异议，要求更正。

征信机构或者信息提供者收到异议，应当按照国务院征信业监督管理部门的规定对相关信息作出存在异议的标注，自收到异议之日起 20 日内进行核查和处理，并将结果书面答复异议人。

经核查，确认相关信息确有错误、遗漏的，信息提供者、征信机构应当予以更正；确认不存在错误、遗漏的，应当取消异议标注；经核查仍不能确认的，对核查情况和异议内容应当予以记载。

第二十六条　信息主体认为征信机构或者信息提供者、信息使用者侵害其合法权益的，可以向所在地的国务院征信业监督管理部门派出机构投诉。

受理投诉的机构应当及时进行核查和处理，自受理之日起30日内书面答复投诉人。

信息主体认为征信机构或者信息提供者、信息使用者侵害其合法权益的，可以直接向人民法院起诉。

案例评议

申某军与交通银行股份有限公司海南省分行、中国人民银行征信中心等名誉权纠纷案①

◆ **评议**

征信机构的一个核心作用是客观反映民事主体信用状况，负面信息的收集是确保信息准确的重要支撑。银行按照贷款业务客观逾期情况依法向征信系统报送信用信息记录，并无过错。

深度研讨

《民法典》能否为公权力行为划一道界限？总体来看，《民法典》有一定作用，但公权力在这方面的界限主要还是靠公法规范。

近年来，国家治理中更加重视信用惩戒，作出了不少探索。2019年1月，国务院办公厅印发《关于全面推行行政执法公示制度执法全过程记录制度重大执法决定法制审核制度的指导意见》（以下简称《指导意见》）提出要公示行政执法决定，这就涉及名誉权的行政处罚。

从操作层面来看，行政执法决定公示可以分为全文公示、摘要公示，显名公示、隐名公示，内部公示和外部公示等多种形式。对于违法事实的披露，性

---

① （2019）琼01民终5432号。

质如何认定，在比较法上有行政强制和行政处罚两类。比如，日本和韩国认为其是行政强制，对于违反、不履行行政法上的义务，行政机关向大众公布其事实，并根据由此产生的社会批评这一间接的、心理的强制来确保履行义务。[①]我国台湾地区认为影响名誉之处分，系指公布姓名或名称、公布照片或其他相类似之处分。我国台湾地区“税捐稽征法”第三十四条第一款规定，“财政部”或经其指定之“税捐稽征机关”，对重大欠税案件或重大逃漏税捐案件进行确定后，得公告其欠税人或逃漏税捐人姓名或名称与内容，不受前款第一项限制。[②]《指导意见》对此并没有明确。考虑到违法事实的公布会直接影响到行政相对人的名誉、隐私、商誉乃至财产，除了合法原则、比例原则等基本原则，建议公示行为还要遵循以下原则结合具体案情进行公示。

一是民商有别原则。如果其违法行为属商业行为，可以更多地考虑公开，加强对其约束；如果其为民事行为，则价值选择上应更多地考虑个人生活安宁。毕竟在互联网时代，违法行为一旦公开，就会像牛皮癣一样难以清除。刑法上前科消灭制度也具有类似的立法价值导向。[③] 在 Department of Justice v. Reporters Committee for Freedom of the Press 案件中，美国最高法院认为：个人对联邦调查局持有的刑事犯罪前科记录中有关个人的信息享有隐私权益，根据《信息自由法》中免除公开范围的规定，该记录信息免除公开。个人并不因为个人信息成为公共纪录的一部分而丧失对其享有的隐私权益；仅因为信息可以在公共记录中发现并不意味着该信息在没有重大公共利益时也应该广泛公开。[④]

二是善良风俗原则。行政执法要遵循社会主义核心价值观。在执法公示制度下，卖淫嫖娼信息并不一定都要予以公布，当然一些公众人物是例外，因为公众人物的适度容忍义务，即使在民法上也是最基本的规则之一。此外，描述血腥暴力和恐怖事实、犯罪方法的解释以及具体侦查方法和措施的行政执法决定也不宜全文公示。

---

① 章志远：《作为行政强制执行手段的违法事实公布》，载《法学家》2012年第1期。

② 陈清秀：《行政罚法》，法律出版社2016年版，第13－14页。

③ 德国联邦中央登记法规定了联邦中央犯罪登记簿记载和消除等，符合第四十六条等法定情形的，必须予以删除犯罪记录，以实现罪犯的再社会化。参见［德］汉斯·海因里希·耶塞克、托马斯·魏根特：《德国刑法教科书》，徐久生译，中国法制出版社2017年版，第1194页、第1233－1238页。德国的这一制度对完善我国对犯罪记录的管理具有借鉴意义。

④ 许莲丽：《论违法行为信息公开中的隐私权保护》，载《行政法学研究》2010年第1期。

三是公共秩序原则。大规模违法等事实必须尽快公布，以约束违法行为、平复公众焦虑情绪，如长春长生疫苗违法事件。我国台湾地区“消费者权益保护法”第三十七条规定，“直辖市”或县（市）于企业经营者提供之商品或服务，对消费者已发生重大损害或有发生重大损害之虞，而情况危急时，除为前条之处置外，应即在大众传播媒体公开企业经营者之名称、地址、商品、服务，或为其他必要之处置。

四是国家安全原则。在许多方面，行政执法决定都要借鉴法院裁判文书公示，但同时也应考虑行政的自身特点。据统计，截至2016年8月16日，中国裁判文书网访问量突破20亿次，用户覆盖全球190多个国家和地区，超过5亿的访问量来自海外，其中北美地区的访问量超过1亿。[①] 考虑到行政执法决定涉及面更广、幅度更深，我国的信息技术尚落后于西方发达国家，在大数据时代，行政执法决定公示后，海量数据的积累可能危及国家安全、公共安全、经济安全和社会稳定，行政执法决定公示应注意内外有别，有序开放政府数据，适当限缩公示范围。

此外，关于公示时限，行政处罚、行政许可的公示时限是七个工作日，依据是《国务院办公厅关于运用大数据加强对市场主体服务和监管的若干意见》。[②] 其他行政执法行为决定的公示时限是二十个工作日，依据是《国务院关于促进市场公平竞争维护市场正常秩序的若干意见》等等。[③] 在行政执法三项制度立法化时，可考虑统一公示时限。

最后，由于行政执法决定公示扩大了行政执法行为的传播范围，如果行政执法行为违法，构成国家赔偿，损害的范围也随之扩大，国家的损害赔偿责任也会变重，行政执法人员有故意或者重大过失的，还会面临追偿问题。由于违法行为存在执法行为违法和决定公示行为违法两种情形，相应的被追偿主体可能会有所不同。

---

① 《中国裁判文书网用户覆盖全球190多个国家和地区》，http：//www.sohu.com/a/112839206_119911，最后访问时间：2019年1月13日。

② 该文件规定：“除法律法规另有规定外，应将行政许可、行政处罚等信息自作出行政决定之日起7个工作日内上网公开，提高行政管理透明度和政府公信力。”

③ 其规定：“除法律法规另有规定外，市场监管部门适用一般程序作出行政处罚决定或者处罚决定变更之日起20个工作日内，公开执法案件主体信息、案由、处罚依据及处罚结果，提高执法透明度和公信力。建立健全信息公开内部审核机制、档案管理等制度。”

第一千零三十一条　【荣誉权】

民事主体享有荣誉权。任何组织或者个人不得非法剥夺他人的荣誉称号，不得诋毁、贬损他人的荣誉。

获得的荣誉称号应当记载而没有记载的，民事主体可以请求记载；获得的荣誉称号记载错误的，民事主体可以请求更正。

本条来源

《民法通则》第一百零二条、《妇女权益保障法》第四十二条、《民法通则司法解释》第一百五十条、《精神损害赔偿司法解释》等。

立法演变

《2002年民法草案》人格权法第二十条规定："自然人、法人享有荣誉权。禁止非法剥夺自然人、法人的荣誉称号，诋毁自然人、法人的荣誉。"一审稿第八百一十条规定："民事主体享有荣誉权。任何组织或者个人不得非法剥夺他人的荣誉称号或者诋毁、贬损他人的荣誉。获得的荣誉称号应当记载而没有记载或者记载错误的，民事主体可以要求记载或者更正。"此后作了文字调整。

条文释义

一、荣誉

对于什么是荣誉，法律法规等没有详细说明，一般认为，荣誉是指政府或社会组织等基于自然人、法人、非法人组织的突出表现而给予其的一种正面的、积极的称号，一般通过表彰授予。

一是与名誉不同的是，荣誉这种社会评价是社会组织给予的正面评价、积极评价、正式评价。[①] 荣誉权的获得应包括两个方面的因素，主体的突出贡献或突出表现，以及有关单位的承认并予以表彰或授予荣誉称号。当然，也可以认为荣誉是一种特殊的名誉。

---

① 杨立新：《人身权法论》，人民法院出版社2006年版，第639－641页。

二是取得、剥夺、撤销都需要经过一定的程序。这个程序有可能是国家机关的正式程序，也可能是社会组织、企业的内部程序。荣誉称号授予可以是依职权行为。例如，《护士条例》规定，国务院有关部门对在护理工作中作出杰出贡献的护士，应当授予全国卫生系统先进工作者荣誉称号或者颁发白求恩奖章。《公务员法》第五十六条规定：“公务员或者公务员集体有下列情形之一的，撤销奖励：（一）弄虚作假，骗取奖励的；（二）申报奖励时隐瞒严重错误或者严重违反规定程序的；（三）有严重违纪违法等行为，影响称号声誉的；（四）有法律、法规规定应当撤销奖励的其他情形的。”荣誉称号授予也可以是依申请行为，如中国法学会民法学研究会优秀科研成果奖，佟柔民商法学优秀博士论文奖。

三是称号是荣誉的外在表现形式，没有称号的，难以认定民事主体享有荣誉权。比如，全国人大常委会授予于漪、卫兴华、高铭暄“人民教育家”国家荣誉称号，那么基于这个荣誉而产生的荣誉权由其享有。有判决认定，原告所诉的其曾任的行政和党内职务，被告在编写院志时错写或漏列虽属事实，但职务只是一种组织分工，并不是荣誉称号。因此，被告虽在编写院志时对原告的曾任职务有错写或漏列的问题，但并未侵害原告的荣誉权。①

二、荣誉权

荣誉权是自然人或者法人、非法人组织基于国家机关、社会组织等给予的荣誉而享有的人格权，其权利内容包括了荣誉享有权、荣誉利用权、荣誉支配权和荣誉维护权。

荣誉权具有专属性，一旦获得荣誉称号，剥夺、撤销也必须经过正式程序。根据《国家勋章和国家荣誉称号法》，国家勋章和国家荣誉称号为其获得者终身享有，但依照本法规定被撤销的除外。在荣誉被剥夺的情况下，物质利益往往也会被追回。

荣誉权的财产属性主要表现为荣誉权包含了物质利益获得权和物质利益支配权的内容。所谓物质利益获得权就是权利人对于荣誉附随的物质利益所享有的法定取得的权利。有学者认为，商主体的荣誉权能够为商主体带来可观的经

---

① 李某槐诉鲁山县人民医院在编写的院志中错写、漏列其曾任职务侵害荣誉权案，【法宝引证码】CLI. C. 24798。至于是否构成侵害名誉权，可以个案研究。

济利益，从而具有财产权属性。[①] 其实，不仅是商主体，所有民事主体的荣誉权都可以为权利人带来物质利益。只不过，商主体的荣誉权反过来会给商主体的经营活动带来积极的经济效应。一般民事主体获得了荣誉会给其带来极大的精神满足，同时一般也会获得一定数量的奖金、奖品等。根据《护士条例》，受到表彰、奖励的护士享受省部级劳动模范、先进工作者待遇。所谓物质利益支配权是指荣誉权人对于已经获得的物质利益，享有支配权。这种支配权包括完整支配权，如多数情况下荣誉权人都会享有完全的支配权，即享有奖品、奖金的所有权，以及有限支配权[②]，根据《国家勋章和国家荣誉称号法》第十五条，国家勋章、国家荣誉称号奖章及证书不得出售、出租或者用于从事其他营利性活动。

三、侵害荣誉权

（一）侵权行为判定

一是侵害荣誉权的违法行为。主要表现为：第一，非法剥夺他人荣誉。非经法定程序并以法定的理由，任何人不能够宣布撤销或剥夺他人的荣誉，否则行为人的行为就构成侵权行为。第二，非法侵占他人荣誉。比如，通过窃取他人科研成果的方式获得荣誉。第三，严重诋毁、贬损他人所获荣誉，严重侵害荣誉精神利益的行为。由于荣誉本身是一种社会评价，因此，该诋毁、贬损行为也应为第三人所知悉。第四，荣誉称号登记错误，拒不更正错误记载信息，或者应该展出荣誉勋章、先进事迹等，而故意不展出或遗漏展出的行为。第五，拒发、侵占权利人应得的物质利益。需要注意的是，授予荣誉称号可以是行政奖励行为，对授予、撤销行为本身有异议的，可以按照《行政复议法》《行政诉讼法》等规定寻求救济，此时不宜认定为侵权行为。

二是侵害荣誉权的损害事实。包括荣誉称号被非法剥夺、荣誉被非法侵占、荣誉评价被降低等。此外，荣誉奖励被非法侵夺也可以是荣誉权损害事实的表现。

三是违法行为和损害事实之间的因果关系。对于荣誉权侵害的违法行为和损害事实之间的因果关系的判断，要注意侵害荣誉权的物质利益和精神利益采取不同的判断规则。对于侵害荣誉权的物质利益的，原告必须加以证明。而对

---

① 范健、王建文：《商法论》，高等教育出版社 2003 年版，第 458 页。

② 杨立新：《人身权法论》，人民法院出版社 2006 年版，第 644－646 页。

于侵害荣誉权的精神利益的情况下，原告不需要对因果关系加以证明，实践中采取因果关系推定的方式，由被告承担反证的责任。

四是侵害荣誉权的主观过错。表现为故意和过失。

（二）侵权损害赔偿

侵害荣誉权往往会导致精神损害赔偿，但是如果荣誉权的物质利益是金钱而不是特定纪念物的情况下，侵害荣誉权不会导致精神损害赔偿的后果，可以只赔偿财产损害。

由于荣誉权是一定的国家机关、社会组织所给予的正面的社会评价，因此，非法侵害他人荣誉权，可能会造成较为严重的社会影响，受害人所承受的精神压力可能会更为沉重，因此，在确定精神损害赔偿金时，要特别考虑这个因素。

除此之外，精神损害赔偿金的确定还要和恢复名誉、返还物质利益等责任形式相联系，综合考虑精神损害赔偿金的数额。本条第二款规定的没有记载荣誉称号的，请求记载；记载错误的，请求更正，这些请求权实为恢复荣誉请求权。

法条关联

◆《妇女权益保障法》

第四十二条　妇女的名誉权、荣誉权、隐私权、肖像权等人格权受法律保护。

禁止用侮辱、诽谤等方式损害妇女的人格尊严。禁止通过大众传播媒介或者其他方式贬低损害妇女人格。未经本人同意，不得以营利为目的，通过广告、商标、展览橱窗、报纸、期刊、图书、音像制品、电子出版物、网络等形式使用妇女肖像。

◆《公务员法》

第五十条　公务员的职务、职级实行能上能下。对不适宜或者不胜任现任职务、职级的，应当进行调整。

公务员在年度考核中被确定为不称职的，按照规定程序降低一个职务或者职级层次任职。

◆《国家勋章和国家荣誉称号法》

第十条　国家设立国家功勋簿，记载国家勋章和国家荣誉称号获得者及其功绩。

案例评议

张自修诉横峰县老干部管理局侵害荣誉权案[①]

◆ **裁判规则**

被告在收集原告所获得的奖章及证书等纪念物后，因遗失不能归还，起诉到人民法院，不应定为荣誉权纠纷，也构不成对原告荣誉权的侵害，但对原告所遭受的损失应予赔偿。至于赔偿的数额，可结合纪念物的价值（包括收藏价值）、质地及纪念物遗失后对原告精神方面造成的损害等各种因素确定。我国跳水运动员高敏曾经将其奖牌拍卖72万元，刘翔也曾将自己破世界纪录的跑鞋拍卖。荣誉勋章、奖牌、跑鞋都是物，并不是荣誉权的客体，但是可以被认定为具有人身意义的特定纪念物，对其侵害造成严重精神损害的，可以请求精神损害赔偿。

深度研讨

本部分重点讨论荣誉权的性质。对于荣誉权的性质以及荣誉可以成为人格权的特别类型，目前学界还存在一定争论。关于荣誉权的性质，有身份权说、人格权说和人格权与身份权双重说。[②] 在荣誉权是否能够成为独立的人格权类型这一问题上，张新宝认为，荣誉权在本质上不具有人格利益的属性，在实践中荣誉的获取比较不规范，因此建议人格权内部体系中不包括荣誉权。如果某人的荣誉受到损害，可以利用有关名誉权的规定予以司法保护。[③] 满红杰认为自罗马法以来比较法上未曾有将国家或组织授予的荣誉称号作为一种单独受保护的权利或者法益，学界对荣誉权比较法的认识，均建立在对 right to honour 一词望文生义的基础之上。[④] 龙卫球认为，将荣誉单独作为一种人格的要素，是我国立法的特有观念。[⑤]

其实，荣誉权作为一种人格权具有比较法基础。比如，《蒙古国民法典》第七条规定："如果公民、法人认为自己的名誉、荣誉、商誉受到了侵害，有权

① 《最高人民法院关于张自修诉横峰县老干部管理局是否侵害荣誉权一案的复函》。
② 杨立新：《人身权法论》，人民法院出版社 2006 年版，第 642 - 643 页。
③ 张新宝：《人格权法的内部体系》，载《法学论坛》2003 年第 6 期。
④ 满洪杰：《荣誉权——一个巴别塔式的谬误?》，载《法律科学》2012 年第 4 期。
⑤ 龙卫球：《民法总论》，中国政法大学出版社 2001 年版，第 330 页。

要求否定损害其名誉、荣誉的言论并消除此等诽谤造成的损害。”《意大利刑法典》第五百八十五条至第五百九十五条、《版权法》第九十七条规定了荣誉权和名誉权（某些学者认为宪法第三条也规定了荣誉权和名誉权）。① 而《加拿大魁北克省人权与自由宪章》第四节规定：“每个人都享有维护自身尊严、荣誉与名誉的权利。”② 法国法律的人格权也包括了个人的名誉权与荣誉权。③

除此之外，还有诸多国际公约确立了荣誉权的人格权属性。比如，《世界人权宣言》第十二条规定：“任何人的私生活、家庭、住宅和通信不得任意干涉，他的荣誉和名誉不得加以攻击。人人有权享受法律保护，以免受这种干涉或攻击。”《公民权利和政治权利国际公约》第十七条规定：“任何人的私生活、家庭、住宅或通信不得加以任意或非法干涉，他的荣誉和名誉不得加以非法攻击。”《儿童权利公约》第十六条规定：“儿童的隐私、家庭、住宅或通信不受任意或非法干涉，其荣誉和名誉不受非法攻击。”《伊斯兰世界人权宣言》第四条规定：“人人在其生前和死后均有资格享有不可侵犯权，并有资格保护其好名声和荣誉。”《美洲人的权利和义务宣言》第五条规定：“人人享有受法律保护以及防止污辱性攻击其荣誉、声誉和个人及家庭生活的权利。”《美洲人权公约》第十一条规定：“一、人人都有权自己的荣誉受到尊重，自己的尊严受到承认。二、不得对任何人的私生活、家庭、住宅或通信加以任意或不正当的干涉，或者对其荣誉或名誉进行攻击。”

就法理上而言，将荣誉权作为一种人格权是可行的。反对将荣誉权作为人格权的理由主要是荣誉不具有固有性，荣誉权的作用不是维护民事主体人格之必须。④ 其实，以上述两个理由将荣誉权排除在人格权之外主要是因为采取了严格的人格权定义。⑤ 如果依照此标准，通说承认为人格权的婚姻自由权也可

---

① Michael Henry ed. , International Privacy, Publicity and Personality Laws, London, Butterworths Press (UK), 2001, p. 252.

② Michael Henry ed. , International Privacy, Publicity and Personality Laws, London, Butterworths Press (UK), 2001, p. 84.

③ Id, p. 145.

④ 杨立新：《人身权法论》，人民法院出版社 2006 年版，第 643 - 644 页。

⑤ 采用这两个严格标准的后果是产生了著作人身权和荣誉权这两个在民事权利体系中不伦不类的身份权。这两个身份权很难和具有人伦性质的亲属权找到共性。但实际上著作人身权也经常被称为著作人格权，日本法也认为其构成了独立的人格权类型。

能不符合上述标准。没有独立财产并不参加经济活动的儿童也不会享有信用权，信用对三岁顽童来讲也不是必备的。甚至人身自由也是在人成长到能独立行走之后才可以真正地享有人身自由权。可见，如果放宽认定人格权固有性、必备性的认定标准，那么荣誉权也可以成为人格权，而非身份权。

第六章　隐私权和个人信息保护

本章概要

《2002 年民法草案》用五条专章规定了隐私权。本章规定共有八条。主要变化：

一是直接承认隐私权，并首次详细规定了隐私的内涵，“私人空间、私人活动和私人信息”以及“私人安宁”的学说，正式入法。

二是系统归纳整理了隐私的保护义务。

三是将部分个人信息纳入隐私权保护范畴，给法律解释和法律适用留下了巨大空间，将民法典与个人信息相关法律规范衔接起来，同时，详细规定了个人信息的概念、处理原则、免责条件等，搭建了个人信息的基本法律框架。

四是规定了机关法人及其工作人员的个人信息保密义务。该条款对于规范公权力机关的行为，避免机关法人侵权发生，至关重要。

遗憾之处在于，或许是基于人格权保护与产业发展的平衡等考量，本章没有确认个人信息为个人信息权，也没有规定个人敏感信息。从人格权的发展来看，新的人格权类型不断产生，隐私权具有次级一般条款的作用，从传统的隐私权中分离出个人信息权，是信息社会的时代要求。① 个人敏感信息具有极强的精神属性，民法典对其作出规定有利于防止过度商业化。当然，由于立法技术的弹性，这些遗憾可以通过后续立法或者法律解释予以解决。

① 关于个人信息权，学者多有论述，参见王利明：《人格权重大疑难问题研究》，法律出版社 2019 年版，第十八章。

第一千零三十二条　【隐私权】

自然人享有隐私权。任何组织或者个人不得以刺探、侵扰、泄露、公开等方式侵害他人的隐私权。

隐私是自然人的私人生活安宁和不愿为他人知晓的私密空间、私密活动、私密信息。

本条来源

《民法通则》第一百零一条规定了名誉权，《民法通则司法解释》第一百四十条第一款规定将隐私权纳入名誉权予以保护，《精神损害赔偿司法解释》规定违反社会公共利益，社会公德，侵害他人隐私或者其他人格利益，受害人以侵权为由向人民法院起诉请求精神损害赔偿的人民法院应当予以受理，《妇女权益保障法》首次在法律中规定了隐私权，《侵权责任法》《民法总则》概括性规定了隐私权。

立法演变

《2002 年民法草案》人格权法第二十五条规定："自然人享有隐私权。隐私权的范围包括私人信息、私人活动和私人空间。"第二十六条规定："禁止以窥视、窃听、刺探、披露等方式侵害他人的隐私。"一审稿第八百一十一条："自然人享有隐私权。任何组织或者个人不得以刺探、侵扰、泄露、公开等方式侵害他人的隐私权。本法所称隐私是具有私密性的私人空间、私人活动和私人信息等。"对此，有意见建议对隐私的定义作进一步研究修改，突出"不愿意为他人知晓"这一特点。三审稿将隐私的定义修改为"自然人不愿为他人知晓的私密空间、私密活动和私密信息等"，将"私人"改为"私密"主要是"私人信息""个人信息"在表达上难以区分。四审稿第二款增加了"私人生活安宁"。

条文释义

一、隐私

根据本条，隐私主要指"三私一宁"。在美国，隐私（Privacy）一词带有信息、身体、财产和决定等方面的含义，关于隐私的界定也五花八门，如"凡是可以被描述为不体面的行为总是一种或另一种对隐私的侵犯”“隐私是一种保持安静的独处生活的权利”“隐私就是我们对自己的所有的信息的控制”“对个人亲密关系的自觉或者控制”“就是保护一个人在其不愿意的情况下不被其他人接近或者接触，无论是实际的身体接近或者接触，还是对个人信息的接触。”①《美国侵权法第二次重述》将扭曲的原告形象公之于众，盗用原告姓名或肖像等也包括在隐私范围内。事实上，普罗瑟的四类侵权行为至今仍然被绝大多数美国法院公认为是提起侵犯隐私诉讼的唯一理由。② 美国法的隐私权具有人格权一般条款的作用，在理论上历经沃伦、布兰代斯的《论隐私权》、普罗瑟的《论隐私》和美国法学会的《侵权法重述》，实践上历经普通法上的拒绝（罗伯森诉罗彻斯特折叠盒生产公司）、普通法上的承认（派维斯奇诉新英格兰生命保险公司）、美国宪法上隐私权的确立（格鲁斯沃德诉康涅狄格州）、美国宪法上隐私权的加强（沃伦诉罗伊）和美国以及世界范围内的隐私权成文法的快速发展③，积累了大量案例，值得分析借鉴。④

波斯纳认为，隐私权可以分为两部分，一部分是独处的权利，一部分是保有秘密。⑤ 认为，隐私是一种与公共利益、群体利益无关的，当事人不愿意他人知道或他人不便知道的个人信息，当事人不愿他人干涉的个人私事和当事人不愿他人侵入或他人不便侵入的个人领域，隐私有个人信息、个人私事、个人领域三种形态。⑥ 本法规定的隐私对上述学说进行了总结提炼。

1. 私人生活安宁。

私生活的安宁，接近于美国法学家沃伦和布兰代斯《论隐私权》一文的初始意思。Privacy，即独处（let alone），时下经常被提到的被遗忘权（the right be

---

① ［美］艾伦、托克音顿：《美国隐私法学说、判例与立法》，冯建姝等译，中国民主法制出版社 2019 年版，第 8 页、第 13 页。

② ［美］艾伦爱德、甘尼迪：《隐私的权利》，吴懿迪译，城邦文化事业股份有限公司 2001 年版，第 208 页。

③ ［美］艾伦、托克音顿：《美国隐私权法》，冯建姝等译，中国民主法制出版社 2019 年版，第 24 – 39 页。

④ 代表性著作，参见［美］小詹姆斯·A. 亨德森、理查德·N. 皮尔森、道格拉斯·A. 凯萨、约翰·A. 西里西艾诺：《美国侵权法：实体与程序（第七版）》，王竹等译，北京大学出版社 2014 年版。

⑤ 王利明：《人格权法研究》，中国人民大学出版社 2005 年版，第 561 页。

⑥ 王利明主编：《人格权法新论》，吉林人民出版社 1994 年版，第 480 – 482 页。

fogotten)，其实也是独处和安宁的一种表现形式。自然人的生活安定和宁静的权利，自然人有权排斥他人对其正常生活的骚扰。1960 年，普洛瑟归纳隐私权的内容，首先就是所谓的侵扰个人生活安宁（intrusion upon seclusion)，其范围较为广阔，包括非法侵入他人住宅、窃听私人电话、拆阅他人信件、偷拍私人活动照片、跟踪尾随他人、偷窥他人行动等一切足以干扰他人私生活安宁的行为。① 在法律适用上，私生活安宁的类型化可以参考第一千零三十三条。

2. 私人生活秘密。

所谓私人生活秘密是指不愿为他人知晓的私密空间、私密活动、私密信息。商业秘密是指不为公众所知悉、具有商业价值并经权利人采取相应保密措施的技术信息、经营信息等商业信息。如果套用商业秘密的概念，私人生活秘密是指不为公众所知悉、不愿为他人所知晓的、具有人格价值并经权利人采取相应保护措施的私密空间、私密活动、私密信息。歌德钦的“有限接近”理论认为，每个人自己决定自己的事情，决定揭露多少自己的事情，没有什么比这个更需要法律保护。②

私密空间，分为具体的私人空间和抽象的私人空间。具体的私人空间是指个人的隐秘范围，如身体的隐私部位，即生殖器官和性感器官。除此之外，个人居所、旅客行李、学生的书包、口袋、通信等，均为个人领域。抽象的私人空间是指思想的空间，专指个人的日记。日本明星山口百惠对自己的住宅进行了高度保密防范。③

私密活动，是一切个人的，与公共利益无关的活动，如日常生活、社会交往、夫妻的两性生活、婚外恋和婚外性生活。其中婚外恋和婚外性生活，考虑到当事人和相关人员的人格尊严，不得向社会公布，但并不排除对当事人进行批评教育。④

私密信息，称为个人情报资料、个人资讯，包括所有的个人情况、资料。诸如身高、体重、女性三围、病历、身体缺陷、健康状况、生活经历、财产状

---

① 王利明主编：《中国民法典学者建议稿及立法理由·人格权编·婚姻家庭编·继承编》，法律出版社 2005 年版，第 154 页。

② 王利明：《人格权法研究》，中国人民大学出版社 2005 年版，第 560 页。

③ 杨立新：《人身权法论》，人民法院出版社 2006 年版，第 685 页。

④ 张新宝：《隐私权研究》，载《法学研究》1990 年第 3 期。

况、社会关系、家庭情况、婚恋情况、学习成绩、缺点、爱好、心理活动、未来计划、姓名、肖像、住居、家庭电话号码、政治倾向、宗教信仰、储蓄、档案材料、计算机储存的个人资料、被罪犯强奸过，等等。《乌克兰民法典》第二百八十六条规定了对健康秘密的权利，自然人享有对其健康秘密的权利，其有权就其请求提供医疗服务的事实保密，其有权就其诊断结论和在医学检查中获取的信息保密。要求提交和提交自然人的诊断结论和治疗方法方面的信息到工作场所或学习场所，都是禁止的。

二、隐私权

隐私权有如下特点：一是主体是自然人享有隐私权。这个主体可以是复数，由相关隐私的关系人共同享有、支配相关隐私利益。[①] 法人和非法人组织享有商业秘密权。二是真实性、隐秘性。隐私权的内容包括私生活安宁、私密空间、私密活动、私密信息四类具体表现形式。三是绝对性。任何组织或者个人不得以刺探、侵扰、泄露、公开等方式侵害他人的隐私权。四是二元性。隐私首先体现了精神价值，其次蕴含着财产价值。

隐私权的内容包括隐私享有权、利用权、收益权、维护权。所谓的收益权，主要是隐私公开等使用可以获得相应的财产收益。

法条关联

◆《妇女权益保障法》

第四十二条　妇女的名誉权、荣誉权、隐私权、肖像权等人格权受法律保护。

禁止用侮辱、诽谤等方式损害妇女的人格尊严。禁止通过大众传播媒介或者其他方式贬低损害妇女人格。未经本人同意，不得以营利为目的，通过广告、商标、展览橱窗、报纸、期刊、图书、音像制品、电子出版物、网络等形式使用妇女肖像。

◆《精神卫生法》

第四条　精神障碍患者的人格尊严、人身和财产安全不受侵犯。

精神障碍患者的教育、劳动、医疗以及从国家和社会获得物质帮助等方面

---

① 杨立新：《人身权法论》，人民法院出版社2006年版，第690－693页。

的合法权益受法律保护。

有关单位和个人应当对精神障碍患者的姓名、肖像、住址、工作单位、病历资料以及其他可能推断出其身份的信息予以保密；但是，依法履行职责需要公开的除外。

◆《未成年人保护法》

第三十条 爱国主义教育基地、图书馆、青少年宫、儿童活动中心应当对未成年人免费开放；博物馆、纪念馆、科技馆、展览馆、美术馆、文化馆以及影剧院、体育场馆、动物园、公园等场所，应当按照有关规定对未成年人免费或者优惠开放。

案例评议

庞某某诉中国东方航空股份有限公司、北京趣拿信息技术有限公司隐私权纠纷案①

◆ **裁判规则**

经营者安全管理存在漏洞，且未举证证明其迅速采取了专门的、有针对性的有效措施，以加强信息安全保护，综合审查判断双方证据情况，结合案件背景等辅助性因素，可认定其对消费者个人信息的泄露具有过错，理应承担侵权责任。

深度研讨

本部分重点讨论隐私的二元性。波斯纳曾经对隐私进行二元划分，他将隐私区分为商业隐私和个人隐私，并指出前者基于鼓励研究开发，具有提升社会整体利益和增进个人利益的作用，所以原则上加以保护，但涉及欺诈或其他不法者仍不加以保护；后者通常是为了隐瞒个人不好的资讯，造成他人误信，会增加交易和人际交往的成本和风险，所以原则上不应保护，只有在少数纯属私人，与社会上交易和交往没有关系时，不致造成成本增加的事务受到保护。②笔者以为，波斯纳对隐私的二元划分是对的，但是其对于隐私的伦理性却考虑

---

① （2017）京01民终509号。

② 詹文凯：《隐私权之研究》，台湾大学法学院1998年博士学位论文，第202页。

得太少，过于注重经济伦理，忽视了精神伦理。

一、隐私的伦理性

一般认为，理论上的隐私权始于1890年沃伦和布兰代斯《论隐私权》一文的发表。后来在美国法得到承认以后，逐渐为世界各国所认同。但根据沃伦和布兰代斯的文章，法国在19世纪就认可了隐私权。[①] 关于隐私的界定美国学者众说纷纭。[②] 之所以如此，是因为美国法的隐私权发挥了大陆法系人格权的作用。我国此前先通过司法解释变隐私的间接保护为直接保护，然后再由《侵权责任法》等直接承认法律保护。关于隐私的界定，学界一般认为隐私就是公民与公共利益无关的个人私生活秘密，就其范围而言，其包括私人信息、私人活动和私人空间，就其目的而言，可分为私生活秘密、私生活安宁和私生活决定等，其宗旨在于合理划分公共利益与私人生活，保障私生活自由，是一个健康的多元社会的根基所在。[③] 可以说，我国的隐私权虽然不具有英美法系一般人格权的特点，但是隐私权仍然是具有高度抽象性的具体人格权类型，在一定程度上可以发挥一般条款的功能。

二、隐私的财产性

波斯纳将隐私界定为经济利益中的“中介利益”，即工具性利益而非终极利益。[④] 波斯纳的阐述揭示了隐私在市场经济背景下商业化的特点。隐私的财产渐进性可以从以下两个方面进行论述。

（一）自然人个人资料和个人秘密的商业化

一方面，自然人个人资料具有很强的商业价值。现代商业关系的发展导致竞争日益激烈。出于寻找潜在客户的需要，保健品公司、保险公司、培训公司等各行各业的商家往往向医院、学校、银行等机构购买消费者的个人资料，进而向顾客发布商业广告，引诱顾客进行消费。我国目前这方面的立法过于滞后，

---

① ［日］五十岚清：《人格权法》，铃木贤等译，北京大学出版社2009年版，第153－154页。国内最新法国法阐述参见张民安主编：《隐私权的界定》，中山大学出版社2017年版。张民安：《法国人格权法（上）》，清华大学出版社2016年版。

② ［美］艾伦、托克音顿：《美国隐私法》，冯建妹等译，中国民主法制出版社2004年版，第13页。

③ 王利明主编：《中国民法典学者建议稿及立法理由·人格权编·婚姻家庭编·继承编》，法律出版社2005年版，第146页。

④ 詹文凯：《隐私权之研究》，台湾大学法学院1998年博士学位论文，第201－202页。

影响了商业的健康发展。

另一方面，自然人个人秘密也具有很强的商业价值。人类天生有偷窥的欲望。在娱乐产业化高度发达的今天，公众人物的个人秘密具有很强的商业价值。名人往往可以通过贩卖或者披露个人秘密获得经济收益。比如，刘晓庆前夫曾经创作《我和刘晓庆不得不说的故事》，末代皇帝溥仪曾经创作《我的前半生》。由于名人的知名度，使得其他愿意付出一定的经济代价来获得名人成名或者成功的个中原委。即使是普通人，如果他有能够吸引别人的特殊功能等具有稀缺性的信息，那么这类信息也能够具有市场需求。有了这样的市场需求，自然人（尤其是名人）个人秘密的商业披露当然就具有了财产性。而在历史上，正是因为波士顿小报的记者肆意丑化沃伦夫人主办社交聚会，已经成为波士顿商业巨子的沃伦才找到后来的美国联邦法院大法官布兰代斯一起创作了《论隐私权》这篇划时代的巨作。

（二）法人商业秘密的完全财产性

隐私权的产生及存在依据，均是基于人的精神活动而发生的各种利益需求。法人无精神活动可言，故法人无法享有隐私权，换言之，隐私权主体，仅限于自然人。至于法人尤其是企业法人的商业秘密，则属于企业的无形资产，应属财产权范畴。[①] 法人虽然有商业秘密和营业秘密，可以通过商业秘密法、反不正当竞争法等法律来保护，而无需通过隐私权给予保护。商业秘密不是一项人格权，而是财产权。侵害法人商业秘密和营业秘密是不可能产生肉体疼痛和内心痛苦的，而隐私权是一种精神性的人格权，它和法人的秘密权在本质上不相容。因此，法人不应当享有隐私权。[②] 客观来讲，这已经成为学界的通说。

对此学术界有不同看法。史尚宽先生认为，秘密为私生活上或工商业上所不欲为人知的事实，有不为他人知的权利。私生活者，谓之私秘密，关于工商业之秘密，谓之营业秘密。[③] 上述看法并非没有道理，因为法人人格权的建立根本在于类比自然人的人格权。如果按照这种类比建立法人的“隐私权”，那

---

① 王利明主编：《民法》，中国人民大学出版社 2005 年版，第 278 页。

② 王利明：《人格权法研究》，中国人民大学出版社 2005 年版，第 590 - 591 页。类似观点，参见张新宝：《隐私权的法律保护》，群众出版社 1996 年版，第 13 页。

③ 史尚宽：《债法总论》，中国政法大学出版社 2001 年版，第 154 页。

么与自然人的隐私相对应的法人人格要素当然就是商业秘密，所谓商业秘密权也就是法人的“隐私权”。如果不承认商业秘密权为法人的人格权，那么为什么承认也具有强烈财产属性的名称权为人格权呢？

目前来讲，商业秘密为财产权已经成为定论。这不仅表现为学界的一致看法①，而且其得到了《与贸易有关的知识产权协议》等国际公约的认可。依笔者观点，史尚宽先生关于商业秘密可以成为“法人秘密权”的观点已成为明日黄花。但是这种自然人与法人人格要素的对比，让我们看到了人格权的渐进财产性。

目前，与商业秘密权类似的名称权等法人人格权并没有获得同等的法律地位，其实，商业秘密权和名称权等法人人格权具有浓厚的财产属性这一点是类似的，我们应该进一步承认法人人格权的财产性优先于伦理性，突破理论上的窠臼，用符合实际的理论来解决真实问题。

法史钩沉

美国罗伊诉伟迪案是美国法制史上重要案例。原告罗伊是一个贫穷的达拉斯孕妇。根据得克萨斯州的法律规定，除非是在孕妇生命垂危的情况下，否则堕胎是犯罪行为，堕胎人将被处以最高达十年的刑期。由于不能在得克萨斯州合法堕胎，罗伊不得不生下了孩子，但无力抚养，她不得不将孩子送人抚养。罗伊起诉得克萨斯州政府，认为州法律违反了宪法第一、四、五、九条和第十四条修正案，侵犯了自己的隐私权。美国联邦最高法院认为，该法不当侵犯妇女的终止怀孕的权利，而这种权利包含在隐私权当中。法院根据宪法第四修正案的分析认定，州法律违反宪法增修条文第十四条“正当法律程序”条款，应当无效。②

---

①　李永明：《商业秘密及其法律保护》，载《法学研究》1994年第3期。唐昭红：《商业秘密研究》，载《民商法论丛（第6卷）》，梁慧星主编，法律出版社1996年版，第717－758页。

②　［美］艾伦、托克音顿：《美国隐私权法》，冯建妹等译，中国民主法制出版社2004年版，第378－379页。

第一千零三十三条　【隐私保护义务】

除法律另有规定或者权利人明确同意外，任何组织或者个人不得实施下列行为：

（一）以电话、短信、即时通讯工具、电子邮件、传单等方式侵扰他人的私人生活安宁；

（二）进入、拍摄、窥视他人的住宅、宾馆房间等私密空间；

（三）拍摄、窥视、窃听、公开他人的私密活动；

（四）拍摄、窥视他人身体的私密部位；

（五）处理他人的私密信息；

（六）以其他方式侵害他人的隐私权。

本条来源

王利明主持人格权法专家建议稿、杨立新主持人格权法专家建议稿。

立法演变

《2002 年民法草案》人格权法第二十六条："禁止以窥视、窃听、刺探、披露等方式侵害他人的隐私。"第二十七条："自然人的住宅不受侵扰。自然人的生活安宁受法律保护。"第二十八条："自然人、法人的通讯秘密受法律保护。禁止以开拆他人信件等方式侵害自然人或法人的通讯秘密。"一审稿第八百一十二条规定："除法律另有规定或者权利人同意外，任何组织或者个人不得实施下列行为：（一）搜查、侵入、窥视他人住宅等私人空间；（二）拍摄、录制、泄露、公开、跟踪、窃听他人的私人活动；（三）拍摄、窥视他人的身体；（四）获取、隐匿、扣留、检查、毁弃、删除、泄露、公开、买卖他人的私人信息；（五）以短信、电话、即时通讯工具、传单、电子邮件等方式侵扰他人的生活安宁；（六）以其他方式侵害他人的隐私权。"二审稿第二项中的"泄露"改为"窥视"，第三项中的"身体"改为"私密部位"，删除第四项中的"隐匿、扣留、检查、毁弃、泄露"。三审稿第一项改为"搜查、进入、窥视、拍摄他人的住宅、宾馆房间等私密空间"，第四项改为"收集、处理他人的私密信息"。

五审稿删除第三项中的“录制”、第五项中的“收集”，第一款增加了“法律另有规定或者”，并作了文字调整。

条文释义

本条从反面规定隐私权的内容。“法律另有规定”主要为行使公权力、维护公共利益提供法律依据。“权利人同意”体现了隐私权的支配权特点。

一是侵扰他人的私人生活安宁。这方面典型的侵权行为是垃圾短信、邮件和骚扰电话，背后是窃取、贩卖个人信息，以及擅自扩大个人信息的使用范围。

二是进入、拍摄、窥视他人的住宅、宾馆房间等私密空间。起草过程中，有意见提出，应当对在宾馆房间私装摄像头进行偷拍，侵害公民隐私权的行为作出有针对性的规定。据此，将宾馆等都作为私密空间的保护范围。《宪法》第三十九条规定：“中华人民共和国公民的住宅不受侵犯。禁止非法搜查或者非法侵入公民的住宅。”罗马法谚讲“住宅为最安全之避难所”，英国普通法承认“住宅为个人之城堡”。我国汉律曾规定：“无故入人家宅，格杀勿论。”[①] 人类之住宅宛如动物之领地，一旦他人越过合理界限，那么人和动物都会对这种破坏生活安宁出于生物本能进行防卫，直到恢复原状。《美国侵权行为法第二次重述》第六百五十二B条规定：“以身体或其他方式故意侵入他人的隔绝或独居地点，或侵入其私人事项或私人关系，如果此种侵入于一般善意之人的观点为高度侮辱者，行为人应就其侵犯他人的隐私承担责任。”

三是拍摄、窥视、窃听、公开他人的私密活动。《宪法》第四十条规定：“中华人民共和国公民的通信自由和通信秘密受法律的保护。除因国家安全或者追查刑事犯罪的需要，由公安机关或者检察机关依照法律规定的程序对通信进行检查外，任何组织或者个人不得以任何理由侵犯公民的通信自由和通信秘密。”与私密活动相对应的是公开活动。有的立法区分了秘密信函和非秘密信函，适用不同的法律规则。如我国《澳门民法典》第七十五条规定：“一、秘密信件之收信人应就信件之内容守秘；收信人利用从信件中获悉之资料，即为不法。二、收信人死亡后，法院应发信人请求，或发信人已死亡，应第六十八

① 许文义：《个人资料保护法论》，三民书局2001年版，第246页。

条第二款所指之人请求，得下令将秘密信件返还；法院亦得下令将秘密信件毁灭、交予适当之人保管或采取其它适当措施处理。三、经发信人同意或经法院作出许可以取代该同意后，方得将秘密信件公开；但以该信件作为文学、历史或传记性之文件时，则不得透过上述之法院许可而将信件公开。四、发信人死亡后，由第六十八条第二款按顺序所指之人给予许可。五、以上各款之规定，经作出必要配合后，适用于其它具秘密性质之书函。”

四是拍摄、窥视他人身体的私密部位。用绘画的方式记录他人身体私密部位的，可以解释为窥视，也可以适用第六项。因男女有别，进而人有了羞耻之心。所谓身体隐私就是身体的隐蔽部分，包括身体隐私部位等。身体隐私权不同于身体权，后者主要是破坏了身体完整、侵害了人身自由。抚摸、接触他人隐私部位，构成性骚扰。

五是处理他人的私密信息。处理包括收集、存储、控制、使用、提供、公开等。

六是以其他方式侵害他人的隐私权。本条前几项所列举的动词可能并没有穷尽侵害隐私权的行为方式，如侵扰的方式还可以包括邮寄爆炸物等物品、跟踪等。

法条关联

◆《治安管理处罚法》

第四十二条 有下列行为之一的，处五日以下拘留或者五百元以下罚款；情节较重的，处五日以上十日以下拘留，可以并处五百元以下罚款：

……

（六）偷窥、偷拍、窃听、散布他人隐私的。

第四十八条 冒领、隐匿、毁弃、私自开拆或者非法检查他人邮件的，处五日以下拘留或者五百元以下罚款。

◆《未成年人保护法》

第三十九条 任何组织或者个人不得披露未成年人的个人隐私。

对未成年人的信件、日记、电子邮件，任何组织或者个人不得隐匿、毁弃；除因追查犯罪的需要，由公安机关或者人民检察院依法进行检查，或者对无行为能力的未成年人的信件、日记、电子邮件由其父母或者其他监护人代为开拆、查阅外，任何组织或者个人不得开拆、查阅。

第五十八条　对未成年人犯罪案件，新闻报道、影视节目、公开出版物、网络等不得披露该未成年人的姓名、住所、照片、图像以及可能推断出该未成年人的资料。

案例评议

施某某、张某某、桂某某诉徐某某肖像权、名誉权、隐私权纠纷案①

◆ **裁判规则**

为保护未成年人利益和揭露可能存在的犯罪行为，发帖人在其微博中发表未成年人受伤害信息，所发微博的内容与客观事实基本一致的，符合社会公共利益原则和儿童利益最大化原则，该网络举报行为不构成侵权。

法史钩沉

1912年8月，原告徐宝琮、被告顾树森等人发起兴办了上海新民女学校。原告为校董，被告任校长。原告与该校教员沈瑶已进入婚嫁阶段，遂有书信往来。不料被告于9月7日、8日两次开拆并藏匿二人的信件，并宣称二人为不正当行为，声称如徐、沈结婚，定将其二人校董、教员资格分别撤销。嗣后亦果然宣布取消原告校董和沈瑶教员的资格。依据被告的辩护词，被告之所以要私拆他人信件，是因为学校内有谣言，说原告之所以要捐款助学，其目的在沈瑶而不在学校，因“恐校风不善良”，于是会同数名教员一起商议设立学校“自治规约”。随后，按“自治规约第五条”（具体内容不详），将原告来信拦截私拆，并瞥见信内有“贤内助”及“请人介绍结婚”字样等。②

---

① 《最高人民法院公报》2016年第4期。

② 俞江：《近代民法学中的私权理论》，北京大学出版社2003年版，第182页。此案为民国上海地方审判厅判例。按照《大清民律草案》第九百四十七条：“以背于善良风俗之方法加损害于他人者，视为第九百四十五条之加害。”该条立法理由书特别解释道“谨按，故意泄露他人之秘密或宣扬他人之书札以加害他人者，应负赔偿之责，以维持适于善良风俗之国民生活，此本条所由设也。”据此，此案实为侵害他人通讯自由的隐私权案。但是，原告是以侵犯名誉为诉由起诉的，最后没有获得法院的支持。

第一千零三十四条　【个人信息】

自然人的个人信息受法律保护。

个人信息是以电子或者其他方式记录的能够单独或者与其他信息结合识别特定自然人的各种信息，包括自然人的姓名、出生日期、身份证件号码、生物识别信息、住址、电话号码、电子邮箱、健康信息、行踪信息等。

个人信息中的私密信息，适用有关隐私权的规定；没有规定的，适用有关个人信息保护的规定。

本条来源

《民法总则》第一百一十一条，《网络安全法》第七十六条第五项。

立法演变

《2002 年民法草案》人格权法第二十九条规定："收集、储存、公布涉及自然人的隐私资料，应当征得本人同意，但法律另有规定的除外。"《民法总则》立法过程中有意见提出，实践中一些组织和个人非法获取公民个人信息，出售或者非法向他人提供公民个人信息，社会危害严重，建议进一步强调对个人信息的保护。立法者认为，个人信息权利是公民在现代信息社会享有的重要权利，明确对个人信息的保护对于保护公民的人格尊严，使公民免受非法侵扰，维护正常的社会秩序具有现实意义，据此，《民法总则》规定了个人信息专条。[①] 一审稿第八百一十三条规定："自然人的个人信息受法律保护。本法所称个人信息是以电子或者其他方式记录的能够单独或者与其他信息结合识别自然人个人身份的各种信息，包括自然人的姓名、出生日期、身份证件号码、个人生物识别信息、住址、电话号码等。"二审稿将"自然人个人身份"改为"特定自然人"。对二审稿，有意见提出，个人的电子邮箱地址和行踪信息同样具有识别特定自然人的功能，也属于重要的个人信息，建议纳入个人信息的范围。三审稿

① 张荣顺主编：《民法总则解读》，中国法制出版社 2017 年版，第 363 页。

采纳了上述意见。四审稿增加了“个人信息中的私密信息，同时适用隐私权保护的有关规定”，作为第三款。五审稿进一步删除了电子邮箱的“地址”，增加了“健康信息”，完善了第二款的补充适用规则。

条文释义

一、个人信息的界定

个人信息，也称为个人情报资料、个人资讯、个人数据、个人资料（personal data），根据《网络安全法》第七十六条第五款的规定，个人信息是指以电子或者其他方式记录的能够单独或者与其他信息结合识别自然人个人身份的各种信息，包括但不限于自然人的姓名、出生日期、身份证件号码、个人生物识别信息、住址、电话号码等。《民法总则》第一百一十一条规定：“自然人的个人信息受法律保护。任何组织和个人需要获取他人个人信息的，应当依法取得并确保信息安全，不得非法收集、使用、加工、传输他人个人信息，不得非法买卖、提供或者公开他人个人信息。”我国台湾地区“个人资料保护法”第二条规定，个人资料是指自然人之姓名、出生年月日、“国民身分证”统一编号、护照号码、特征、指纹、婚姻、家庭、教育、职业、病历、医疗、基因、性生活、健康检查、犯罪前科、联络方式、财务情况、社会活动及其他得以直接或间接方式识别该个人之资料。

本法基本上延续了《网络安全法》的规定，根据《互联网个人信息安全保护指南》等规定，补充了“电子邮箱、健康信息、行踪信息”，据此归纳起来个人信息包括个人身份信息、个人财产信息、个人健康信息、个人通讯信息、个人生活信息等。本法规定的个人信息具有如下特点：

一是私密性。“个人信息中的私密信息”表明，个人信息的主体是自然人，法人、非法人组织不是个人信息的主体，从国内外法律规定来看，个人信息的范围具有高覆盖面，涉及的范围很广，隐私与个人信息的范围不同，私密个人信息属于隐私，如个人金融信息、病史、犯罪记录、通信通讯联系方式等。有法院判决指出，对于个人信息中已经对外公布、通过合法渠道可以查阅或者获知的信息不属于隐私的范畴，将无法受到隐私权的保护。[①] 对于非私密的个人

---

① 俞某彬与浙江天猫网络有限公司等网络侵权责任纠纷一审民事判决书，（2018）京0108民初13661号。

信息，还可以受本法第一千零三十七条等条文保护。此外，个人生物识别信息主要是指个人基因、指纹、声纹、掌纹、耳廓、虹膜、面部特征等，这些是人格权的核心利益。根据《个人信息安全标准》的规定企业应当对该类信息的收集、存储、使用、共享等过程有更高的注意义务和保密要求。

二是公开性。造成的原因有很多，如权利人的放弃，自然人的姓名、性别、肖像、籍贯、行踪轨迹等，购买外卖时，主动向运营商披露手机号码、家庭地址。再如，公安机关发布通缉令，也是依法披露个人信息，证监会依法作出行业禁入的行政处罚决定，也需要广而告之。根据《检察机关办理侵犯公民个人信息案件指引》，企业工商登记等信息中所包含的手机、电话号码等信息，对由公司购买、使用的手机、电话号码等信息，不属于个人信息的范畴，从而严格区分“手机、电话号码等由公司购买，归公司使用”与“公司经办人在工商登记等活动中登记个人电话、手机号码”两种不同情形。

三是可识别性。《全国人民代表大会常务委员会关于加强网络信息保护的决定》规定，国家保护能够识别公民个人身份和涉及公民个人隐私的电子信息。《网络安全法》重申了这一点。《检察机关办理侵犯公民个人信息案件指引》规定，经过处理无法识别特定自然人且不能复原的信息，虽然也可能反映自然人活动情况，但与特定自然人无直接关联，不属于公民个人信息的范畴。规定可识别性，是为了使不可识别的信息能够成为信息社会发展的动力。随着技术的发展，可识别与否的标准会有所变化，在保护层面应以新技术为标准，但也要考虑新旧技术迭代的客观原因，平衡双方当事人的利益。澳门地区《个人资料保护法》也对“可识别性”作出了规定，所谓身份可确定的人是指直接或间接地，尤其是透过参考一个认别编号或者身体、生理、心理、经济、文化或社会方面的一个或多个特征，可以被确定身份的人。

四是财产性。在大数据时代，个人信息汇集后会产生巨大的商业价值，这也是不少企业不惜代价贩卖、购买个人信息的原因。电子化加剧了个人信息的财产化属性。但也有不同观点，如有的法院判决指出，网络用户信息作为单一信息加以使用，通常情况下并不当然具有直接的经济价值，在无法律规定或合同特别约定的情况下，网络用户对于其提供于网络运营者的单个用户信息尚无独立的财产权或财产性权益可言。①

① 淘宝（中国）软件有限公司诉安徽美景信息科技有限公司判决书，（2017）浙8601民初4034号。

二、个人信息的法律适用

个人信息保护并不都适用隐私权规则。只有“个人信息中的私密信息”，才适用有关隐私权的规定，公开的个人信息，也包括其他没有规定的，要适用个人信息保护方面的规定。目前，《个人信息保护法》已纳入第十三届全国人大常委会立法规划，这也是本章没有详细规定个人信息的一个重要原因。

《全国人民代表大会常务委员会关于加强网络信息保护的决定》《网络安全法》《消费者权益者权益法》《民法总则》《刑法》等都对个人信息保护作出了规定，在法律体系上形成了比较缜密的保护网络，但实践中侵害个人信息的情况还频繁发生，并形成了个人信息黑色产业链。在操作层面，需要综合运用民事、行政、刑事手段全方位保护个人信息。

三、个人信息的国际法律规范

现在已经进入信息社会，个人信息、个人数据与经济社会发展、政府管理、国际竞争的关系越来越密切，尤其是欧盟《通用数据保护条例》对中国企业涉欧盟市场的投资、销售和运营产生显著影响，并成为中国企业必须直面的重大法律监管障碍。

欧盟议会于2016年4月通过《通用数据保护条例》，2018年5月25日在欧盟成员国内正式生效实施。该规定明确了欧盟法在欧盟域外的适用，主要遵循属人原则和属地原则，适用范围极为广泛，任何收集、传输、保留或处理涉及欧盟所有成员国内的个人信息的机构组织均受该条例的约束。即使一个主体不属于欧盟成员国的公司（包括免费服务），只要满足下列两个条件之一：(1) 为了向欧盟境内可识别的自然人提供商品和服务而收集、处理他们的信息。(2) 为了监控欧盟境内可识别的自然人的活动而收集、处理他们的信息，就受到其管辖。该规定对中国企业影响巨大，需要高度重视。

除了欧盟，经济合作与发展组织几十年来在个人信息保护方面具有巨大影响。根据其指导原则，成员方对个人信息保护分别作了专门规定。①

① 主要参考《“廿一世纪资讯网路法制国际研讨会”会议记录及论文选集》，我国台湾地区世新大学法学院2000年印行，第144页。另外，还参考了 http：//www. lins. fju. edu. tw/ ~ mao/internet/privacy. htm 关于隐私权的论述，最后访问时间：2010年2月4日。

国家和地区	法律名称及通过年代
瑞典	1973 年资料法（1998 年改正）
芬兰	1987 年个人资料档案法
丹麦	1978 年公务机关之资料档案法 1978 年民间机关之资料档案法
挪威	1978 年个人资料档案法
法国	1978 年有关资料处理、资料档案及个人自由之法律
荷兰	1988 年个人资料保护法
奥地利	1978 年有关资料保护之联邦法律
德国	1977 有关资料处理上的个人资料之滥用防止法律（资料保护法）（1990 年改正）
比利时	1992 年个人资料处理上之隐私保护法律（1999 年改正）
卢森堡	1979 年有关电子计算机处理之个人资料利用限制法
瑞士	1992 年资料保护法
西班牙	1992 年有关个人资料之自动处理限制法
葡萄牙	1991 年个人资料保护法（1998 年改正）
意大利	1996 年有关个人资料处理上之个人及法人保护法
希腊	1997 年个人资料处理相关指个人保护法律
英国	1984 年资料保护法（1988 年改正）
爱尔兰	1988 年资料保护法
冰岛	1981 年个人资料保护法
波兰	1997 年有关个人资料保护之 1997 年 8 月 29 日之立法
捷克	1992 年资讯系统上的个人资料保护法
匈牙利	1992 年有关个人资料保护及公共资料之法律
美国	1970 年公正信用报告法 1974 年隐私法 1984 年电缆线通信政策法 1986 电子通信隐私法（在限制公权力监听人民通讯内容的同时，也赋予雇主查阅特定通讯内容的权力） 1988 年电脑配对及隐私保护法 1988 年录影带隐私保护法

续表

国家和地区	法律名称及通过年代
	1997 年电子邮箱保护法（对发送未经请求的电子邮件行为进行制裁） 1998 年儿童线上隐私保护法（必须先取得父亲/母亲的同意，网站才可以取得儿童的隐私信息。该法案已经被美国联邦最高法院确定为违宪，理由是违反了宪法关于言论自由的规定） 2000 年儿童线上隐私保护规则 2001 年未经请求的商业电子邮件法 2001 年反恐怖主义动员法草案（修改了涉及窃听、非法窃取计算机信息和移民的相关法律。该法案旨在增加检察官的法庭权力，同时也取消了对政府“梯队”（Echelon）和“食肉动物”（Carnivore）监视系统的限制） 2003 年美国总统布什 16 日在白宫签署了一项旨在对付垃圾电子邮件的联邦法案。它将于 2004 年 1 月 1 日起正式生效①
加拿大	1982 年隐私法 2000 年个人资讯保护及电子文书法
澳大利亚	1988 年隐私法（1990 年改正后，适用于信用报告）
新西兰	1993 年隐私法
韩国	1994 年公共机关之个人资讯保护法律 1995 年有关信用资讯之利用及保护之法律
日本	1988 年行政机关保有之有关电子计算机处理的个人资讯保护法

非经济合作及发展组织（OECD）的加盟国和地区

国家和地区	法律名称及通过年代
以色列	1981 年个人资讯保护法
摩纳哥	1993 年资料保护法
斯洛文尼亚	1990 年个人资料保护法
立陶宛	1996 年个人资料保护法
爱沙尼亚	1996 年个人资料法
斯洛伐克	1998 年资讯系统上的个人资料保护法
香港特区	1995 年个人资料（隐私）法
台湾地区	1995 年“个人资讯保护法”（“电脑处理个人资料保护法”）
阿根廷	1998 年个人资讯保护法
智利	1999 年个人资讯保护法

① http：//www.crienglish.com/engnews/index.htm，最后访问时间：2003 年 12 月 17 日。

法条关联

◆《刑法》

第二百五十三条之一 违反国家有关规定，向他人出售或者提供公民个人信息，情节严重的，处三年以下有期徒刑或者拘役，并处或者单处罚金；情节特别严重的，处三年以上七年以下有期徒刑，并处罚金。

违反国家有关规定，将在履行职责或者提供服务过程中获得的公民个人信息，出售或者提供给他人的，依照前款的规定从重处罚。

窃取或者以其他方法非法获取公民个人信息的，依照第一款的规定处罚。

单位犯前三款罪的，对单位判处罚金，并对其直接负责的主管人员和其他直接责任人员，依照各该款的规定处罚。

◆《网络安全法》

第七十六条 本法下列用语的含义：

（一）网络，是指由计算机或者其他信息终端及相关设备组成的按照一定的规则和程序对信息进行收集、存储、传输、交换、处理的系统。

（二）网络安全，是指通过采取必要措施，防范对网络的攻击、侵入、干扰、破坏和非法使用以及意外事故，使网络处于稳定可靠运行的状态，以及保障网络数据的完整性、保密性、可用性的能力。

（三）网络运营者，是指网络的所有者、管理者和网络服务提供者。

（四）网络数据，是指通过网络收集、存储、传输、处理和产生的各种电子数据。

（五）个人信息，是指以电子或者其他方式记录的能够单独或者与其他信息结合识别自然人个人身份的各种信息，包括但不限于自然人的姓名、出生日期、身份证件号码、个人生物识别信息、住址、电话号码等。

◆《电子商务法》

第五条 电子商务经营者从事经营活动，应当遵循自愿、平等、公平、诚信的原则，遵守法律和商业道德，公平参与市场竞争，履行消费者权益保护、环境保护、知识产权保护、网络安全与个人信息保护等方面的义务，承担产品和服务质量责任，接受政府和社会的监督。

第二十三条 电子商务经营者收集、使用其用户的个人信息，应当遵守法律、行政法规有关个人信息保护的规定。

第二十五条　有关主管部门依照法律、行政法规的规定要求电子商务经营者提供有关电子商务数据信息的，电子商务经营者应当提供。有关主管部门应当采取必要措施保护电子商务经营者提供的数据信息的安全，并对其中的个人信息、隐私和商业秘密严格保密，不得泄露、出售或者非法向他人提供。

第三十二条　电子商务平台经营者应当遵循公开、公平、公正的原则，制定平台服务协议和交易规则，明确进入和退出平台、商品和服务质量保障、消费者权益保护、个人信息保护等方面的权利和义务。

第七十九条　电子商务经营者违反法律、行政法规有关个人信息保护的规定，或者不履行本法第三十条和有关法律、行政法规规定的网络安全保障义务的，依照《中华人民共和国网络安全法》等法律、行政法规的规定处罚。

第八十二条　电子商务平台经营者违反本法第三十五条规定，对平台内经营者在平台内的交易、交易价格或者与其他经营者的交易等进行不合理限制或者附加不合理条件，或者向平台内经营者收取不合理费用的，由市场监督管理部门责令限期改正，可以处五万元以上五十万元以下的罚款；情节严重的，处五十万元以上二百万元以下的罚款。

◆《最高人民法院关于人民法院在互联网公布裁判文书的规定》

第十条　人民法院在互联网公布裁判文书时，应当删除下列信息：

（一）自然人的家庭住址、通讯方式、身份证号码、银行账号、健康状况、车牌号码、动产或不动产权属证书编号等个人信息；

（二）法人以及其他组织的银行账号、车牌号码、动产或不动产权属证书编号等信息；

（三）涉及商业秘密的信息；

（四）家事、人格权益等纠纷中涉及个人隐私的信息；

（五）涉及技术侦查措施的信息；

（六）人民法院认为不宜公开的其他信息。

按照本条第一款删除信息影响对裁判文书正确理解的，用符号“×”作部分替代。

◆《利用信息网络侵害人身权益司法解释》

第十二条　网络用户或者网络服务提供者利用网络公开自然人基因信息、

病历资料、健康检查资料、犯罪记录、家庭住址、私人活动等个人隐私和其他个人信息，造成他人损害，被侵权人请求其承担侵权责任的，人民法院应予支持。但下列情形除外：

（一）经自然人书面同意且在约定范围内公开；

（二）为促进社会公共利益且在必要范围内；

（三）学校、科研机构等基于公共利益为学术研究或者统计的目的，经自然人书面同意，且公开的方式不足以识别特定自然人；

（四）自然人自行在网络上公开的信息或者其他已合法公开的个人信息；

（五）以合法渠道获取的个人信息；

（六）法律或者行政法规另有规定。

网络用户或者网络服务提供者以违反社会公共利益、社会公德的方式公开前款第四项、第五项规定的个人信息，或者公开该信息侵害权利人值得保护的重大利益，权利人请求网络用户或者网络服务提供者承担侵权责任的，人民法院应予支持。

国家机关行使职权公开个人信息的，不适用本条规定。

◆ **《最高人民法院、最高人民检察院关于办理侵犯公民个人信息刑事案件适用法律若干问题的解释》**

第一条 刑法第二百五十三条之一规定的“公民个人信息”，是指以电子或者其他方式记录的能够单独或者与其他信息结合识别特定自然人身份或者反映特定自然人活动情况的各种信息，包括姓名、身份证件号码、通信通讯联系方式、住址、账号密码、财产状况、行踪轨迹等。

◆ **《电信和互联网用户个人信息保护规定》**

第四条 本规定所称用户个人信息，是指电信业务经营者和互联网信息服务提供者在提供服务的过程中收集的用户姓名、出生日期、身份证件号码、住址、电话号码、账号和密码等能够单独或者与其他信息结合识别用户的信息以及用户使用服务的时间、地点等信息。

◆ **《互联网个人信息安全保护指南》**

略

◆ **《信息安全技术个人信息安全规范》（2020 年版）国家标准**

略

案例评议

付某某诉某网络公司、某教育中心名誉权、隐私权纠纷案①

◆ **裁判规则**

网络服务提供者在刊载网络信息时，应特别注意对未成年人个人隐私和个人信息的保护。

◆ **评议**

个人信息保护，未成年人天然是弱者。1998 年，美国国会通过了《儿童在线隐私保护法》（COPPA），保护儿童个人信息免受商业网站侵犯。2019 年，《未成年人网络保护条例》列入国务院立法工作计划，截至目前，该条例尚未出台。

法史钩沉

我国台湾地区“司法院”曾就收集指纹作出解释，相关阐述意见篇幅巨大，择其要者摘录如下。

隐私权虽非“宪法”明文列举之权利，惟基于人性尊严与个人主体性之维护及人格发展之完整，并为保障个人生活私密领域免于他人侵扰及个人资料之自主控制，隐私权乃为不可或缺之基本权利，而受“宪法”第二十二条所保障（本院释字第五八五号解释参照）。其中就个人自主控制个人资料之信息隐私权而言，乃保障人民决定是否揭露其个人资料、及在何种范围内、于何时、以何种方式、向何人揭露之决定权，并保障人民对其个人资料之使用有知悉与控制权及数据记载错误之更正权。惟“宪法”对信息隐私权之保障并非绝对，国家得于符合“宪法”第二十三条规定意旨之范围内，以法律明确规定对之予以适当之限制。

指纹乃重要之个人信息，个人对其指纹信息之自主控制，受信息隐私权之保障。而“国民身分证”发给与否，则直接影响人民基本权利之行使。“户籍法”第八条第二项规定：依前项请领“国民身分证”，应捺指纹并录存。但未

① 付某某诉某网络公司、某教育中心名誉权、隐私权纠纷案，https：//www.chinacourt.org/article/detail/2018/06/id/3324950.shtml，最后访问时间：2019 年 1 月 1 日。

满十四岁请领者，不予捺指纹，俟年满十四岁时，应补捺指纹并录存。第三项规定：请领“国民身分证”，不依前项规定捺指纹者，不予发给。对于未依规定捺指纹者，拒绝发给“国民身分证”，形同强制按捺并录存指纹，以作为核发“国民身分证”之要件，其目的为何，“户籍法”未设明文规定，于“宪法”保障人民信息隐私权之意旨已有未合。纵用以达到“国民身分证”之防伪、防止冒领、冒用、辨识路倒病人、迷途失智者、无名尸体等目的而言，亦属损益失衡、手段过当，不符比例原则之要求。“户籍法”第八条第二项、第三项强制人民按捺指纹并予录存否则不予发给“国民身分证”之规定，与“宪法”第二十二条、第二十三条规定之意旨不符，应自本解释公布之日起不再适用。至依据“户籍法”其他相关规定换发“国民身分证”之作业，仍得继续进行，自不待言。

国家基于特定重大公益之目的而有大规模搜集、录存人民指纹、并有建立数据库储存之必要者，则应以法律明定其搜集之目的，其搜集应与重大公益目的之达成，具有密切之必要性与关联性，并应明文禁止法定目的外之使用。主管机关尤应配合当代科技发展，运用足以确保信息正确及安全之方式为之，并对所搜集之指纹档案采取组织上与程序上必要之防护措施，以符“宪法”保障人民信息隐私权之本旨。[①]

立法技术

个人信息为什么没有规定为一项民事权利？

起草过程中，有意见提出，明确规定个人信息权。主要考虑：如果规定个人信息权，将有利于对个人信息进行保护，也有利于积极地应对各种新型的，特别是应对科技时代发展起来的各种侵权行为。个人信息与个人人格密不可分，个人信息主要体现的是一个人的各种人格特征，故个人信息权是一种新型的具体人格权。个人信息与个人隐私在内容上存在一定的重合，但整体而言，个人信息概念远远超出了隐私信息的范围，应当将个人信息权单独规定，而非附属于隐私权之下。[②] 本书认为，将个人信息规定为一项民事权利的理由也是比较

---

① 我国台湾地区“司法院释字第603号”。

② 王利明：“论个人信息权在人格权法中的地位”，载《苏州大学学报》2012年第6期。其他文章如程啸：《论大数据时代的个人数据权利》，载《中国社会科学》2018年第3期。杨立新：《个人信息：法益抑或民事权利》，载《法学论坛》2018年第1期。

充分的。在信息时代的背景下，如何收集、控制、使用个人信息是一个重要的时代问题。

但是，民法典为什么没有规定个人信息为个人信息权？《民法总则》第一百一十一条规定：“自然人的个人信息受法律保护。任何组织和个人需要获取他人个人信息的，应当依法取得并确保信息安全，不得非法收集、使用、加工、传输他人个人信息，不得非法买卖、提供或者公开他人个人信息。”这就将个人信息定位为明确的民事利益而不是民事权利。从立法技术方面来看，《民法总则》2017年10月实施，为了保持立法的稳定性，《民法总则》的规定能不改的，不会修改。

从解释角度看，将部分个人信息置于隐私权之下，不将其作为独立的人格权，也不影响其权利保护。在我国法律史上，存在一个名誉权的膨胀现象。《民法通则》在名誉权的条文中写入了人格尊严，而这一概念应当是一般人格权的内容。《民法通则》没有规定隐私权，后来在最高人民法院的司法解释中，规定了隐私权保护的内容。此外，在我们的民法体系当中，当时没有使用信用权这个概念。在解释名誉权概念时，我们就把信用权概念的内容吸收在了名誉权当中。①

据此，对于在现有民事权利体系可以调整的个人信息，不作为单独的民事权利，有立法路径依赖效应的原因。

当然，规定一项民事利益为民事权利的标准是什么？或许是典型性，这个可以继续探讨。值得注意的是，人身自由权、性自主权等司法实践中成熟的具体人格权，本次立法都没有上升为具体人格权，个人信息、祭奠、变性等民事权益想要上升为立法上的典型人格权，要经过多层台阶，第一个台阶是学术通说，第二个台阶是司法实践，第三个台阶是立法承认，而立法实际起草机构实行科层制管理，多层次下的决策者的认识也会影响权益是否能上升为权利。

第一千零三十五条　【处理个人信息的原则和条件】

处理个人信息的，应当遵循合法、正当、必要原则，不得过度处理，并符合下列条件：

---

① 杨立新：《从契约到身份的回归》，法律出版社2007年版，第111－120页。

（一）征得该自然人或者其监护人同意，但是法律、行政法规另有规定的除外；

（二）公开处理信息的规则；

（三）明示处理信息的目的、方式和范围；

（四）不违反法律、行政法规的规定和双方的约定。

个人信息的处理包括个人信息的收集、存储、使用、加工、传输、提供、公开等。

本条来源

《网络安全法》第四十一条。

立法演变

《2002 年民法草案》人格权法第二十九条规定："收集、储存、公布涉及自然人的隐私资料，应当征得本人同意，但法律另有规定的除外。"一审稿第八百一十四条规定："收集、使用自然人个人信息的，应当遵循合法、正当、必要原则，并应当符合以下条件：（一）征得被收集者同意；（二）公开收集、使用信息的规则；（三）明示收集、使用信息的目的、方式和范围；（四）不违反法律、行政法规的规定和当事人之间的约定。"有意见提出，应当加强对未成年人个人信息的保护，未经监护人同意，不得收集和使用这类信息。二审稿采纳了上述意见。三审稿将第二项、第三项中的"使用"改为"处理"，增加"个人信息的处理包括个人信息的使用、加工、传输、提供、公开等"，作为第二款。四审稿增加了"不得过度收集、处理"。五审稿将第一款中的"收集"移入第二款，并增加了"存储"。

条文释义

一、处理个人信息的原则

我国个人信息处理的原则为合法、正当、必要，比较有弹性，结合具体法条的配合，能够建立起比较系统的法律规则体系。出现新情况后，法律解释也能够补足立法的不足。

所谓合法是指目的、行为等都符合法律规定。合法性原则的要求包括：不得欺诈、诱骗、强迫个人信息主体提供其个人信息；不得隐瞒产品或服务所具有的收集个人信息的功能；不得从非法渠道获取个人信息；不得收集法律法规明令禁止收集的个人信息。所谓正当是指目的、行为符合正向价值判断。欧盟《通用数据保护条例》第五条规定，基于具体、明确、合法的目的收集个人信息，且随后不得以与该目的相违背的方式进行处理。所谓必要是指手段和目的相适应，收集、处理他人信息不超出目的。欧盟《通用数据保护条例》第五条规定，数据应是充足的、相关的并且限于数据处理目的最小必要范围。正当、必要原则的内涵接近于公法上的比例原则，在适用时可以参考。[①]

关于个人信息的处理的原则，经济合作与发展组织（OECD）的规定具有广泛而深刻的影响。1980 年，经济合作与发展组织（OECD）颁布了《隐私保护和个人资料跨界流通的指南》，确定的保护个人资料方面的八项原则意义重大[②]：一是收集限制原则：个人资料收集应存在限制，获得资料的手段必须合法和公平，且须经资料享有人知晓或同意。二是资料内容完整、正确原则：个人资料应当与使用的目的有关，且适用于该目的的资料应当正确、完全、有效。三是目的特定化原则：资料收集的目的应当在收集时确定，随后的使用应限制在该目的的实现，或者用于其他与该目的不相冲突（相匹配）的目的和每次目的改变时确定的目的的实现。四是使用限制原则：个人资料为不得被公开、被利用于或被使用于超出根据前一确定的目的，除非资料主体同意或法律有如此的授权。五是安全保护原则：个人资料应当得到安全保护，防止丢失或未经授权的接触、毁坏、使用、修改或公开。六是公开原则：应当存在有关个人资料的开发、实践和操作规则的公开政策。应当提供现实可行的手段证实个人资料的存在和性质、被使用的目的以及资料持有人身份和住址。七是个人参与原则：个人有权对信息收集和利用人提出确认的请求，可以对其行为的正当性提出质

---

① 蒋红珍：《论比例原则：政府规制工具选择的司法评价》，法律出版社 2010 年版。刘权：《论必要性原则的客观化》，载《中国法学》2016 年第 5 期；《目的正当性与比例原则的重构》，载《中国法学》2014 年第 4 期。

② 关于 OECD 的全球网路隐私保护宣言，可以参见 http：//www. oecd. org/LongAbstract/0，2546，en_ 2649_ 34255_ 1840058_ 119820_ 1_ 1_ 1，00. html，最后访问时间：2010 年 8 月 7 日。

疑等；信息收集和利用人应以合理的方式向个人通告与个人有关的信息等。八是责任原则：个人资料的收集和持有人应对是否遵守了上述原则作出说明。

在此八项原则的指引下，世界上许多国家都对个人信息的保护进行了规定。在立法例上，英国、美国、德国、日本等国家都无一例外地全部接受上述原则，实现了上述八项原则，实现了个人信息的保护和流动的完美统一。①

二、处理个人信息的条件

（一）获得自然人或者其监护人同意

同意是各国都一致承认的收集、处理个人信息的前提。同意需要自然人具有承诺能力、真实意思表示、明示或者通过积极行为表示同意。本项规定没有要求必须采用书面形式。增加“监护人同意”最初主要是针对未成年人个人信息保护，弥补了未成年人自身承诺能力的不足，目前的表述包括了所有的无民事行为能力人和限制民事行为能力人。

当前，买卖个人信息的情况还在相当程度存在。根据《检察机关办理侵犯公民个人信息案件指引》，在窃取或者以其他方法非法获取公民个人信息的行为中，“其他方法”，是指“窃取”以外，与窃取行为具有同等危害性的方法，其中，购买是最常见的非法获取手段。侵犯公民个人信息犯罪作为电信网络诈骗的上游犯罪，诈骗分子往往先通过网络向他人购买公民个人信息，然后自己直接用于诈骗或转发给其他同伙用于诈骗，诈骗分子购买公民个人信息的行为属于非法获取行为，其同伙接收公民个人信息的行为明显也属于非法获取行为。同时，一些房产中介、物业管理公司、保险公司、担保公司的业务员往往与同行通过QQ、微信群互相交换各自掌握的客户信息，这种交换行为也属于非法获取行为。此外，行为人在履行职责、提供服务过程中，违反国家有关规定，未经他人同意收集公民个人信息，或者收集与提供的服务无关的公民个人信息的，也属于非法获取公民个人信息的行为。

（二）公开处理信息的规则

公开信息处理规则的主要目的是增强透明度，在个人信息收集、处理中，自然人往往处于弱势地位，处理信息规则的公布能够督促处理信息主体自我约束，也有利于行政机关、司法机关加强对其的监管。

---

① 许文义：《个人资料保护法论》，三民书局2001年版，第166－177页。

（三）明示处理信息的目的、方式和范围

处理信息的目的、方式和范围，会影响自然人是否同意他人使用自己的个人信息。这也是授权他人使用个人信息合同的主要条款。

（四）不违反法律、行政法规的规定和双方的约定

有的个人信息即使自然人同意，也不得收集；除此之外，在特殊行业会有特别的规定，收集个人信息也要遵循这些特别法的规定。例如，有关病历、医疗、基因、性生活、健康检查及犯罪前科一般特别法都限制或者禁止收集。此外，收集、处理个人信息为一种无名合同，要遵守合同规则，双方的约定可以附条件提供、附期限。例如，有偿向他人提供个人信息，只能在境内使用个人信息等。现在有不少手机软件在安装时，故意将超范围权限与正常权限的模块打包，要求用户开启照片、通讯录、位置信息、设备信息等权限，以及捆绑广告插件、使用云服务等情况，如果不同意超范围收集个人信息，则无法正常使用该软件。这类过度收集个人信息的行为比较普遍，实际是滥用优势地位，违背了被收集者的真实意愿。

国家机关收集个人信息是否需要经过自然人或其监护人同意？本条规定并没有给国家机关收集个人信息规定明确的例外情形，只是在同意之外，规定了“法律、行政法规另有规定的除外”，据此，国家机关除了依据自然人同意外，还可以依据特别法的授权收集、处理自然人信息。例如，《旅游法》第八十六条规定：“旅游主管部门和有关部门依法实施监督检查，其监督检查人员不得少于二人，并应当出示合法证件。监督检查人员少于二人或者未出示合法证件的，被检查单位和个人有权拒绝。”行政检查、行政处罚等行政行为涉及依职权获得个人信息。

关于行政机关如何收集、处理个人信息，本法没有明确规定，尚属空白。我国台湾地区“个人资料保护法”明确规定了公务机关收集、处理个人资料的规则，第十五条规定：“公务机关对个人资料之搜集或处理，除第六条第一项所规定资料外，应有特定目的，并符合下列情形之一者：一、执行法定职务必要范围内。二、经当事人同意。三、对当事人权益无侵害。”第十六条规定：“公务机关对个人资料之利用，除第六条第一项所规定资料外，应于执行法定职务必要范围内为之，并与搜集之特定目的相符。但有下列情形之一者，得为特定目的外之利用：一、法律明文规定。二、为维护国家安全或增进公共利益所必要。三、为免除当事人之生命、身体、自由或财产上之危险。四、为防止他人

权益之重大危害。五、公务机关或学术研究机构基于公共利益为统计或学术研究而有必要，且资料经过提供者处理后或经搜集者依其揭露方式无从识别特定之当事人。六、有利于当事人权益。七、经当事人同意。”

三、个人信息的处理

本法个人信息的处理包括个人信息的收集、使用、加工、传输、提供、公开等。立法明确处理者是最上位概念，在此没有区分持有者、控制者、处理者、收集者等。

在比较法上，欧盟《通用数据保护条例》使用的是“控制者（controller)”与“处理者（processor)”这两个概念。依据该条例第四条第七项与第八项的定义，控制者是指能够单独或者与他人联合决定个人数据的处理目的与处理方法的自然人、法人、公共机构、代理人或者其他组织；所谓处理者，是指为控制者处理个人数据的自然人、法人、公共机构、代理人或者其他组织。[①] 根据我国台湾地区“个人资料保护法”，个人信息的处理行为分为搜集、处理、利用和国际传输四种，搜集指以任何方式取得个人资料；处理指为建立或利用个人资料档案所为资料之记录、输入、储存、编辑、更正、复制、检索、删除、输出、联结或内部传送；利用指将搜集之个人资料为处理以外之使用；国际传输指将个人资料作跨国（境）之处理或利用。

法条关联

◆《全国人民代表大会常务委员会关于加强网络信息保护的决定》

二、网络服务提供者和其他企业事业单位在业务活动中收集、使用公民个人电子信息，应当遵循合法、正当、必要的原则，明示收集、使用信息的目的、方式和范围，并经被收集者同意，不得违反法律、法规的规定和双方的约定收集、使用信息。

网络服务提供者和其他企业事业单位收集、使用公民个人电子信息，应当公开其收集、使用规则。

◆《网络安全法》

第四十一条 网络运营者收集、使用个人信息，应当遵循合法、正当、必

① 程啸：《论侵害个人信息的民事责任》，载《暨南学报（哲学社会科学版）》2020年第2期。

要的原则，公开收集、使用规则，明示收集、使用信息的目的、方式和范围，并经被收集者同意。

网络运营者不得收集与其提供的服务无关的个人信息，不得违反法律、行政法规的规定和双方的约定收集、使用个人信息，并应当依照法律、行政法规的规定和与用户的约定，处理其保存的个人信息。

◆《消费者权益保护法》

第二十九条第一款 经营者收集、使用消费者个人信息，应当遵循合法、正当、必要的原则，明示收集、使用信息的目的、方式和范围，并经消费者同意。经营者收集、使用消费者个人信息，应当公开其收集、使用规则，不得违反法律、法规的规定和双方的约定收集、使用信息。

案例评议

朱某与北京百度网讯科技公司隐私权纠纷上诉案①

◆ **裁判规则**

国家保护能够识别公民个人身份和涉及公民个人隐私的电子信息。网络精准广告中使用cookie技术收集、利用的匿名网络偏好信息虽具有隐私属性，但不能与网络用户个人身份对应识别，网络服务提供者和社会公众无法确定该偏好信息的归属主体，不符合个人隐私和个人信息的“可识别性”要求，因而该行为不构成侵犯隐私权。

第一千零三十六条 【处理个人信息免责情形】

处理个人信息，有下列情形之一的，行为人不承担民事责任：

（一）在该自然人或者其监护人同意的范围内合理实施的行为；

（二）合理处理该自然人自行公开的或者其他已经合法公开的信息，但是该自然人明确拒绝或者处理该信息侵害其重大利益的除外；

（三）为维护公共利益或者该自然人合法权益，合理实施的其他行为。

---

① 江苏省南京市中级人民法院（2014）宁民终字第5028号。

本条来源

《利用信息网络侵害人身权益司法解释》第十二条。张新宝《个人信息保护法》专家建议稿第三十条。

立法演变

一审稿第八百一十六条规定："实施收集、使用或者公开个人信息等行为，有下列情形之一的，行为人不承担民事责任：（一）在自然人同意的范围内实施的行为；（二）使用自然人自行公开的或者其他已合法公开的信息，但是使用该信息侵害该自然人重大利益或者自然人明确拒绝他人使用的除外；（三）为学术研究、课堂教学或者统计目的在合理范围内实施的行为；（四）为维护公序良俗而实施的必要行为；（五）法律、行政法规规定的其他适当实施情形。"二审稿删除了第三、五项，将第四项内容调整为"为维护公共利益或者该自然人合法权益，合理实施的其他行为"，作为第三项。三审稿将"使用或者公开"改为"处理"，第一项增加了"监护人同意"，第二项将"使用"改为"处理"，并将但书改为"该自然人明确拒绝或者处理该信息侵害其重大利益的除外"。五审稿删除了"收集"，在第一项"实施"、第二项"处理"前增加"合理"。

条文释义

处理个人信息的免责规定，也可以说是收集、使用、加工等个人信息的合法事由。

一、同意范围内的合理实施行为

此项的关键在于"合理"。合理可以作以下理解：一是在同意的范围内使用个人信息，如时间，地点，个人信息的范围、用途等；二是确保内容完整正确，错误使用个人信息会给自然人带来困扰，信息处理者有保持已经收集的个人信息内容完整正确的义务；三是保证了自然人个人参与等权利，自然人有查询、阅览、复制、补充、更正、删除、限制传输等权利，如果信息处理者在使用过程中没有达到上述要求，则可以认为违反了本项规定；四是采取了积极的安全防护措施，发生信息泄露时，采取了积极的补救措施，如果信息处理者没有做到上述要求，则可以认为违反了本项规定。五是必须在法律规定的范围内实施处理行为，如《网络安全法》第三十七条规定："关键信息基础设施的运营者在中华人民共和国境内运营中收集和产生的个人信息和重要数据应当在境内存储。因业务需要，确需向境外提供的，应当按照国家网信部门会同国务院有关部门制定的办法进行安全评估；法律、行政法规另有规定的，依照其规定。"如果信息处理者违反该条规定处理个人信息，也不符合本项规定。

二、处理已经合法公开的个人信息

自然人自行公开意味着普遍授权，在一定意义上甚至希望他人进行传播。有权机关依法也可以公开个人信息。当然上述处理个人信息行为的一个界限是"合理"，个人信息处理超出前述公开目的的合理范围的，行为的合法性丧失基础，需要依据侵权责任编的规定确定是否构成侵权、承担何种责任。

所谓明确拒绝，可以指自然人在个人信息的用途（如仅限公益使用）、使用领域（如仅限卫生健康领域）、使用时限（如仅限新冠肺炎期间）、使用方式（如禁止网络使用）等方面的明确拒绝的意思表示。这种意思表示可以是书面的、口头的，也可以是以行为明确拒绝。

处理该信息侵害其重大利益，可以是使用该信息侵害自然人的重大人身利益或财产利益，如他人使用自然人已经公开的个人信息做商业广告。

三、为维护公共利益或权利主体的合法权益

公共利益是免除法律责任的通用事由。在审议过程中，有意见提出，为了科学研究、统计、历史研究等原因收集使用个人信息，是国际上个人信息保护法普遍认为的例外情形，防止因为规定不明确导致的诉讼对教学、科研和统计等正常活动产生不当的影响，因此在这一条当中增加关于科研教学、统计目的的信息收集的免责。

公共利益为立法技术的转介条款①，通过该条款能够将公法上的规定转换到私法中，我国法律行政法规有大量的公共利益条款。但何为公共利益，只有个别

① 转介条款为相当重要的法律概括，是确保公私法发挥体系效应、因应时代发展的手段。参见苏永钦：《以公法规范控制私法契约——两岸转介条款的比较与操作建议》，载《人大法律评论》2010年卷（总第八辑）。

法律法规作出明确规定。《信托法》第六十条规定："为了下列公共利益目的之一而设立的信托，属于公益信托：（一）救济贫困；（二）救助灾民；（三）扶助残疾人；（四）发展教育、科技、文化、艺术、体育事业；（五）发展医疗卫生事业；（六）发展环境保护事业，维护生态环境；（七）发展其他社会公益事业。"《国有土地上房屋征收与补偿条例》第八条规定："为了保障国家安全、促进国民经济和社会发展等公共利益的需要，有下列情形之一，确需征收房屋的，由市、县级人民政府作出房屋征收决定：（一）国防和外交的需要；（二）由政府组织实施的能源、交通、水利等基础设施建设的需要；（三）由政府组织实施的科技、教育、文化、卫生、体育、环境和资源保护、防灾减灾、文物保护、社会福利、市政公用等公共事业的需要；（四）由政府组织实施的保障性安居工程建设的需要；（五）由政府依照城乡规划法有关规定组织实施的对危房集中、基础设施落后等地段进行旧城区改建的需要；（六）法律、行政法规规定的其他公共利益的需要。"上述规定具有参考价值，但何为公共利益，仍然需要根据实际情况予以考量。

权利主体法益在受到侵害之时，包括公权力机关在内的其他主体可以依法收集处理个人信息。比如，当某人在列车上患病昏迷，为挽救其生命，其他人可以在帮助救治、请求医务人员营救的过程中，适当了解其血型等有关个人生理健康信息。再如，为了发放最低生活保障金，民政机关在核查的过程中通过公安机关获得有关个人信息。

法条关联

◆《利用信息网络侵害人身权益司法解释》

第十二条 网络用户或者网络服务提供者利用网络公开自然人基因信息、病历资料、健康检查资料、犯罪记录、家庭住址、私人活动等个人隐私和其他个人信息，造成他人损害，被侵权人请求其承担侵权责任的，人民法院应予支持。但下列情形除外：

（一）经自然人书面同意且在约定范围内公开；

（二）为促进社会公共利益且在必要范围内；

（三）学校、科研机构等基于公共利益为学术研究或者统计的目的，经自然人书面同意，且公开的方式不足以识别特定自然人；

（四）自然人自行在网络上公开的信息或者其他已合法公开的个人信息；

（五）以合法渠道获取的个人信息；

（六）法律或者行政法规另有规定。

网络用户或者网络服务提供者以违反社会公共利益、社会公德的方式公开前款第四项、第五项规定的个人信息，或者公开该信息侵害权利人值得保护的重大利益，权利人请求网络用户或者网络服务提供者承担侵权责任的，人民法院应予支持。

国家机关行使职权公开个人信息的，不适用本条规定。

案例评议

罗某诉某保险公司隐私权纠纷案①

◆ **裁判规则**

非法收集、利用公民个人信息时有发生，已成为现实生活中的一大顽疾。被告某保险公司非法收集、利用原告个人信息，多次致电原告推销车辆保险，侵扰了原告的正常生活，造成原告精神损害，侵犯原告隐私权，原告诉请被告赔偿其损失及精神损害抚慰金，法院应予以支持。由于侵害他人个人信息损害往往比较轻微，个人维权意愿低，侵权人违法收益远远大于违法成本，因此，单纯民法的方式往往不能遏制侵权行为，集团诉讼、支持起诉、公益诉讼等方式更有利于遏制此类大规模侵权。

第一千零三十七条　【个人信息自决权】

自然人可以依法向信息处理者查阅或者复制其个人信息；发现信息有错误的，有权提出异议并请求及时采取更正等必要措施。

自然人发现信息处理者违反法律、行政法规的规定或者双方的约定处理其个人信息的，有权请求信息处理者及时删除。

① （2014）郴北民二初字第947号。

本条来源

《网络安全法》第四十三条。

立法演变

一审稿第八百一十五条规定："自然人可以向信息持有人依法查阅、抄录或者复制其个人信息；发现信息有错误的，有权提出异议并要求及时采取更正等必要措施。有下列情形之一的，自然人可以请求信息持有人及时删除其个人信息：（一）存在非法收集、使用信息的行为；（二）持有侵害自然人合法权益的信息；（三）持有的信息储存期限依法已经届满；（四）根据收集或者使用的特定目的，信息持有人持有信息已经没有必要；（五）其他没有正当理由继续持有信息的情形。"二审稿将第二款改为"自然人发现信息持有者违反法律、行政法规的规定或者双方的约定收集、使用其个人信息的，有权要求信息持有者及时删除其个人信息"。三审稿将"持有"改为"控制"。五审稿将"控制"改为"处理"，删除了"抄录""收集"，并与四审稿第一千零三十六条更换了顺序。

条文释义

本条的基础是个人信息自决权，理解本条要和人格权的基本规定相结合。查阅权等系列请求权的基础是个人信息等绝对权属性，对于不属于隐私的个人信息，其仍然具有人格自由、人格尊严的人格权基础。

一、查阅权、复制权

此两种权利在《网络安全法》中并没有规定。在比较法上，与之相配套的还有答复查询和提供复制本。从本条规定来看，复制的相关费用似乎由自然人承担，考虑到个人信息的使用对于信息处理者是有利的，在双方没有约定的情况下，在无偿授予个人信息处理合同中，本书倾向于由信息处理者承担合理复制费用；在有偿授予个人信息处理合同中，也可以由自然人承担。我国台湾地区"个人资料保护法"第十条对查阅、复制权进行了一定程度的限制，其规定："公务机关或非公务机关应依当事人之请求，就其采集之个人资料，答覆查询、提供阅览或制给复制本。但有下列情形之一者，不在此限：一、妨害国家安全、外交及军事机密、整体经济利益或其他国家重大利益。二、妨害公务机关执行法定职务。三、妨害该采集机关或第三人之重大利益。”归纳起来，也就是公共利益和他人重大利益。关于查阅、复制的期限和程序，本法没有规定，我们期待《个人信息保护法》早日出台，以解决双方就此难以协商一致的问题。

二、异议权、更正权、删除权

信息处理者对处理的个人信息有义务保持个人信息的准确性、完整性和时效性，否则传递错误的个人信息，将使他人对权利主体形成错误的个人形象，可能损害其姓名、肖像、声音、名誉、信用、隐私等人格利益。因此，发现错误个人信息的，自然人可以向信息处理者提出异议，信息处理者应当及时更正或补充个人信息，否则信息处理者将承担侵权责任。对于错误的异议，信息处理者并不一定要更正或者删除。例如，征信中心收集了个人负面信用信息，则即使自然人提出异议，征信中心也可以拒绝更正、删除，这一点本法和《征信业管理条例》有相应规定。

删除权，有的将其概括为被遗忘权，但其实质不过是人格权消极权能的体现，即排除他人干涉的权利。删除权是个人信息自决的表现形式。有的国家还有停止信息处理权。

法条关联

◆ **《网络安全法》**

第四十三条 个人发现网络运营者违反法律、行政法规的规定或者双方的约定收集、使用其个人信息的，有权要求网络运营者删除其个人信息；发现网络运营者收集、存储的其个人信息有错误的，有权要求网络运营者予以更正。网络运营者应当采取措施予以删除或者更正。

案例评议

申某与支付宝（中国）网络技术有限公司等侵权责任纠纷案①

◆ **裁判规则**

任何组织和个人需要获取他人个人信息的，应当依法取得并确保信息安全，不得非法收集、使用、加工、传输他人个人信息，不得非法买卖、提供或者公

① （2018）京0105民初36658号。

开他人个人信息。网络运营者对网络用户的个人信息负有安全保障的法定义务，具体包括：严格保密信息并健全用户信息保护制度；合规收集和使用信息；采取必要技术等相关措施，确保收集的个人信息安全；管理机构和人员须尽职管理的保障义务等用户信息安全保障义务。

第一千零三十八条　【信息处理者义务】

信息处理者不得泄露或者篡改其收集、存储的个人信息；未经自然人同意，不得向他人非法提供其个人信息，但是经过加工无法识别特定个人且不能复原的除外。

信息处理者应当采取技术措施和其他必要措施，确保其收集、存储的个人信息安全，防止信息泄露、篡改、丢失；发生或者可能发生个人信息泄露、篡改、丢失的，应当及时采取补救措施，按照规定告知自然人并向有关主管部门报告。

本条来源

《网络安全法》第四十二条。

立法演变

一审稿第八百一十七条规定："信息收集人、持有人不得泄露、篡改、毁损其收集、存储的个人信息；未经被收集者同意，不得向他人提供个人信息。但是经过处理无法识别特定个人且不能复原的除外。信息收集人、持有人应当采取技术措施和其他必要措施，确保其收集、存储的个人信息安全，防止信息泄露、毁损、丢失。在发生或者可能发生个人信息泄露、毁损、丢失的情况时，应当及时采取补救措施并告知被收集者。"二审稿在第一款"提供"前增加"非法"，在第二款"告知收集者"后增加"并向有关主管部门报告"。三审稿将"持有者"改为"控制者"，"处理"改为"加工"，删除了"损毁"。四审稿在"泄露"后增加"篡改"。五审稿将"收集者、控制者"改为"处理者"，"被收集者"改为"自然人"，并在"泄露、篡改"之间增加了"或者"。

条文释义

一、维持个人信息完整正确义务

维持个人信息完整正确义务既是合同义务，也是法定义务。有法院判决指出，网络用户向网络运营者提供信息是基于对该网络运营者信息安全保护能力的信赖，如果网络运营者公开使用或许可他人使用网络用户信息，网络用户信息安全将面临新的不可预测的风险，超出了网络用户对信息安全保护的原有预期。因网络运营者对于网络用户信息的安全负有法定保护义务和审慎注意义务，网络运营者公开使用或许可他人使用其收集的网络用户个人信息、个人行为痕迹信息的，应事先另行取得被收集者的明示同意。淘宝公司的隐私权政策宣布："经去标识化处理的个人信息，且确保数据接收方无法复原并重新识别个人信息主体的，不属于个人信息的对外共享、转让及公开披露行为，对此类数据的保存及处理将无需另行向用户通知并征得用户的同意。"① 欧盟《通用数据保护条例》第五条规定，数据处理应当以确保个人信息的适当安全性的方式进行，包括采取适当的技术或组织措施以保护数据免遭未经授权或非法的处理以及意外的丢失、销毁或破坏。

对比《网络安全法》，本条删去了"毁损"其收集的个人信息的规定，主要考虑是"毁损"个人信息主要影响的是信息收集者利益，对自然人的权益不产生直接影响，当然，如"毁损"导致个人信息残缺的，自然人可以依据前条规定，请求更正或者删除。

二、个人信息的限制使用

个人信息匿名化处理后，信息处理者可以提供给他人使用。允许个人信息匿名化处理的非授权使用，是数据产业发展、国家治理的需要。当个人信息被匿名化之后，如果不再能够单独或者与其他信息结合识别特定自然人身份或者反映特定自然人活动情况，则企业保有此类数据信息，无需承担个人信息保护的责任。而匿名化后的信息，尽管无法定位和识别具体的自然人，由于数据量巨大，能够反映行业内某类人群的兴趣、喜好、行为趋势等，在未来的产品开发和市场推广场景中对于企业仍会有巨大的价值。

---

① 淘宝（中国）软件有限公司诉安徽美景信息科技有限公司判决书，（2017）浙 8601 民初 4034 号。

当然，匿名化处理的前提是取得自然人同意。在新浪微博诉脉脉不正当竞争案件中，法院判决指出，第三方应用基于 Open API 合作模式利用用户信息时，除应取得信息提供方同意外还应再次取得用户的同意，尊重用户的自由选择权。信息提供方与第三方应用均应遵守《开发者协议》，在读取和运用用户信息时以取得“用户同意” + “平台同意” + “用户同意”的三重同意。按照“三重授权”原则，个人信息在转授权第三方使用时，仍然要明确取得用户的许可，仅以合同方式转授权，是不满足保护用户隐私权、知情权的要求的。

三、安全保护原则

一是采取防范技术措施义务。欧盟《通用数据保护条例》第五条规定，个人信息应当得到安全保护，防止丢失或未经授权的接触、毁坏、使用、修改或公开。依照《网络安全法》第二十一条的规定，网络运营者应当按照网络安全等级保护制度的要求，履行相应的安全保护义务。中国实务掌握的尺度是“在信息安全管理上不存在漏洞”，即采取了一定的安全保护措施，但对其内部安全管理制度和操作规程、具体访问涉案信息的授权规则、授权人员范围、监控情况等情况，未能清楚、准确说明时，则法院难以认定充分履行了该义务。①

二是双报告义务。该规定传承于《网联安全法》，也可以认为是信息使用合同避免损失扩大的后合同义务。向自然人报告是告知其个人信息权益受损，自然人也需要采取有针对性的措施，避免损害进一步扩大，在此情形下，信息处理者可能要承担侵权责任。向主管部门报告，主要是防止公共利益受损，主管部门采取一定的行政措施，也有利于亡羊补牢，在此情形下，网络运营者、网络产品或者服务的提供者可能面临警告、没收违法所得、违法所得一倍以上十倍以下罚款、暂停相关业务、停业整顿、关闭网站、吊销相关业务许可证或者吊销营业执照等行政处罚。

法条关联

◆**《网络安全法》**

第四十二条 网络运营者不得泄露、篡改、毁损其收集的个人信息；未经

① 付某贵与北京三快信息科技有限公司等网络侵权责任纠纷一审民事判决书，（2018）京0491民初1905号。

被收集者同意，不得向他人提供个人信息。但是，经过处理无法识别特定个人且不能复原的除外。

网络运营者应当采取技术措施和其他必要措施，确保其收集的个人信息安全，防止信息泄露、毁损、丢失。在发生或者可能发生个人信息泄露、毁损、丢失的情况时，应当立即采取补救措施，按照规定及时告知用户并向有关主管部门报告。

案例评议

邵某、泸州市江阳区蓝田土地整理开发有限公司隐私权纠纷案①

◆ **评议**

非法获取、收集并非法向他人提供个人征信信息，构成对他人个人隐私权利的侵害，应承担相应的侵权责任。

第一千零三十九条　【国家机关及其工作人员保密义务】

国家机关、承担行政职能的法定机构及其工作人员对于履行职责过程中知悉的自然人的隐私和个人信息，应当予以保密，不得泄露或者向他人非法提供。

本条来源

《网络安全法》第四十五条。

立法演变

一审稿没有规定此条。2019 年 4 月，有意见提出，应当明确规定国家机关及其工作人员对履职过程中知悉的个人信息等的保密义务，建议增加规定：国家机关及其工作人员对于履行职责过程中知悉的自然人隐私、个人信息，应当予以保密，不得泄露或者非法向他人提供。二审稿采纳了该意见，第八百一十

---

① （2019）川 05 民终 1768 号。

七条之一规定："国家机关及其工作人员对于履行职责过程中知悉的自然人隐私、个人信息，应当予以保密，不得泄露或者非法向他人提供。"三审稿作了文字调整。终审稿根据总则机关法人的表述增加了"承担行政职能的法定机构"。

条文释义

本条为上一条的补充条款，机关法人及其工作人员同时要遵循上一条的规定。

一、机关法人

《民法总则》第九十七条规定："有独立经费的机关和承担行政职能的法定机构从成立之日起，具有机关法人资格，可以从事为履行职能所需要的民事活动。"有独立经费的机关，包括国家机关与党的机关。国家机关包括立法机关、行政机关、司法机关等。党的机关包括执政党的机关和民主党派的机关。[①] 根据《宪法》第三章关于国家机构的规定，国家机关包括人大机关、行政机关、军事机关、监察机关、审判机关、检察机关。《监察法》第十二条规定："各级监察委员会可以向本级中国共产党机关、国家机关、法律法规授权或者委托管理公共事务的组织和单位以及所管辖的行政区域、国有企业等派驻或者派出监察机构、监察专员。"此外，中国人民政治协商会议、群众团体等以国家预算拨款作为独立活动经费，履行国家职能，也属于机关法人。

法律、行政法规授权的具有管理公共事务职能的组织属于机关法人。与《民法通则》相比，其是新增加的内容，之所以增加这类机关法人，主要是为将来的行政机构改革留下空间。根据中央关于推进事业单位分类改革的决定精神和要求，未来承担行政职能的事业单位要脱离事业单位，转化为行政机关和承担行政职能的法定机构。[②]《国务院关于印发进一步深化中国（广东）自由贸易试验区改革开放方案的通知》、《国务院关于印发中国（四川）自由贸易试验区总体方案的通知》等文件都规定了法定机构。这类机构在我国公法上叫法律法规授权组织。《行政处罚法》第十七条规定："法律、法规授权的具有管理公共事务职能的组织可以在法定授权范围内实施行政处罚。"《行政强制法》第七

---

① 李适时主编：《中华人民共和国民法总则释义》，法律出版社2017年版，第301页。

② 张荣顺主编：《中华人民共和国民法总则解读》，中国法制出版社2017年版，第321－322页。

十条规定："法律、行政法规授权的具有管理公共事务职能的组织在法定授权范围内，以自己的名义实施行政强制，适用本法有关行政机关的规定。"例如，证监会是事业单位，但《证券法》规定"国务院证券监督管理机构依法对全国证券市场实行集中统一监督管理"，据此证监会为法律法规授权组织。

二、保密义务

《网络安全法》第四十条规定："网络运营者应当对其收集的用户信息严格保密，并建立健全用户信息保护制度。"

机关法人及其工作人员履行保密义务的前提是"在履行职责过程中知悉自然人的隐私和个人信息"，与职务行为无关的保密义务，不适用本条规定。比如，国家机关中的医务人员，在旅游过程中营救他人知悉的隐私和个人信息，这时候的保密义务仅仅与其个人相关。

机关法人履行保密义务时要采取一些防范措施。例如，对工作人员的防范措施、发生泄露个人信息时的补救措施预案等，未采取防范措施的，将承担不利后果。我国台湾地区"个人资料保护法"第十八条规定："公务机关保有个人资料档案者，应指定专人办理安全维护事项，防止个人资料被窃取、窜改、毁损、灭失或泄漏。"澳门地区《个人资料保护法》第十六条规定了特别的安全措施："（一）控制进入设施：阻止未经许可的人进入处理上述资料的设施；（二）控制资料载体：阻止未经许可的人阅读、复制、修改或取走资料的载体；（三）控制输入：阻止未经许可而对已记载的个人资料加入其他资料，以及未经资料记载人许可的知悉、修改或删除；（四）控制使用：阻止未经许可的人透过资料传送设施使用资料的自动化处理系统；（五）控制查阅：确保经许可的人只可以查阅许可范围内的资料；（六）控制传送：确保透过资料传送设施可以查证传送个人资料的实体；（七）控制引入：确保可以在随后查证引入了哪些个人资料、何时和由谁引入，该查证须在每一领域的适用规章所定的、与资料处理的性质相符的期间内进行；（八）控制运输：在个人资料的传送和其载体的运输过程中，阻止以未经许可的方式阅读、复制、修改或删除资料。"机关法人还应该对其雇用的劳动者等能够接触到自然人隐私和个人信息的其他人员采取必要的防范措施。

三、违反保密义务的法律后果

当发生自然人的隐私和个人信息泄露等情形时，机关法人的法律责任应按照《国家赔偿法》予以认定。当机关法人工作人员履行职责时与“外鬼”里应外合窃取、出售自然人的隐私和个人信息，构成共同侵权；机关法人工作人员履行职责时与“外鬼”虽无意思联络，但引起行为共同导致隐私和个人信息泄露等，也可以构成共同侵权，可以分别依据《国家赔偿法》和《民法典》确定法律责任。

《国家赔偿法》第三条行政赔偿、第十七条刑事赔偿分别规定了机关法人及其工作人员侵害人身权的损害赔偿问题，隐私和个人信息并不在这两条范围内，《国家赔偿法》第二条还规定：“国家机关和国家机关工作人员行使职权，有本法规定的侵犯公民、法人和其他组织合法权益的情形，造成损害的，受害人有依照本法取得国家赔偿的权利。”本书认为，最好通过解释或者修改《国家赔偿法》的方式，加强《国家赔偿法》与本条的衔接。

本书认为，第一千零三十九条构成机关法人及其工作人员侵害他人隐私和个人信息的特别规定，为《国家赔偿法》的特别条款，在侵权责任判定上可以参照《国家赔偿法》《行政处罚法》《行政许可法》《民法典》等，在损害赔偿数额确定上，可以直接依据损害程度确定赔偿数额，有故意或者重大过失的国家机关工作人员可以被追偿。赔偿费用从各级财政预算中列支。

按照本法第一千一百六十八条等规定，共同侵权原则上要承担连带责任。机关法人承担连带责任没有法律规定，如果国家机关承担连带责任后，对于不属于自己的份额，需要向其他债务人追偿。个别情况下，机关法人要承担按份责任，本法第一千一百七十二条规定：“二人以上分别实施侵权行为造成同一损害，能够确定责任大小的，各自承担相应的责任；难以确定责任大小的，平均承担责任。”

法条关联

◆《网络安全法》

第四十五条 依法负有网络安全监督管理职责的部门及其工作人员，必须对在履行职责中知悉的个人信息、隐私和商业秘密严格保密，不得泄露、出售或者非法向他人提供。

◆《治安管理处罚法》

第八十条 公安机关及其人民警察在办理治安案件时，对涉及的国家秘密、商业秘密或者个人隐私，应当予以保密。

◆《居民身份证法》

第六条　居民身份证式样由国务院公安部门制定。居民身份证由公安机关统一制作、发放。

居民身份证具备视读与机读两种功能，视读、机读的内容限于本法第三条第一款规定的项目。

公安机关及其人民警察对因制作、发放、查验、扣押居民身份证而知悉的公民的个人信息，应当予以保密。

第十三条　公民从事有关活动，需要证明身份的，有权使用居民身份证证明身份，有关单位及其工作人员不得拒绝。

有关单位及其工作人员对履行职责或者提供服务过程中获得的居民身份证记载的公民个人信息，应当予以保密。

第十九条　国家机关或者金融、电信、交通、教育、医疗等单位的工作人员泄露在履行职责或者提供服务过程中获得的居民身份证记载的公民个人信息，构成犯罪的，依法追究刑事责任；尚不构成犯罪的，由公安机关处十日以上十五日以下拘留，并处五千元罚款，有违法所得的，没收违法所得。

单位有前款行为，构成犯罪的，依法追究刑事责任；尚不构成犯罪的，由公安机关对其直接负责的主管人员和其他直接责任人员，处十日以上十五日以下拘留，并处十万元以上五十万元以下罚款，有违法所得的，没收违法所得。

有前两款行为，对他人造成损害的，依法承担民事责任。

◆《信访条例》

第二十三条　行政机关及其工作人员不得将信访人的检举、揭发材料及有关情况透露或者转给被检举、揭发的人员或者单位。

◆《出境入境管理法》

第八十五条　履行出境入境管理职责的工作人员，有下列行为之一的，依法给予处分：

（一）违反法律、行政法规，为不符合规定条件的外国人签发签证、外国人停留居留证件等出境入境证件的；

（二）违反法律、行政法规，审核验放不符合规定条件的人员或者交通运输工具出境入境的；

（三）泄露在出境入境管理工作中知悉的个人信息，侵害当事人合法权益的；

（四）不按照规定将依法收取的费用、收缴的罚款及没收的违法所得、非法财物上缴国库的；

（五）私分、侵占、挪用罚没、扣押的款物或者收取的费用的；

（六）滥用职权、玩忽职守、徇私舞弊，不依法履行法定职责的其他行为。

◆《政府信息公开条例》

第十五条 涉及商业秘密、个人隐私等公开会对第三方合法权益造成损害的政府信息，行政机关不得公开。但是，第三方同意公开或者行政机关认为不公开会对公共利益造成重大影响的，予以公开。

◆《税收征收管理法实施细则》

第五条 税收征管法第八条所称为纳税人、扣缴义务人保密的情况，是指纳税人、扣缴义务人的商业秘密及个人隐私。纳税人、扣缴义务人的税收违法行为不属于保密范围。

案例评议

王某某、青岛市崂山区统计局统计行政管理（统计）政府信息公开案①

◆ **裁判规则**

被告依照《统计法》的保密规定对原告申请事项不予公开，与被统计调查对象在民事诉讼活动中根据证据规则的要求向法庭公开信息资料不属于同一法律关系。前者受《行政诉讼法》和《统计法》的调整和约束，属于行政法律关系，后者则属于民事法律关系。“能够识别或者推断单个统计调查对象身份的资料”是指，直接标明了单个统计调查对象身份的资料；资料本身虽未直接标明单个统计调查对象的身份，但是通过地址、编码、有关公开资料等相关信息可以识别或者推断出单个统计调查对象的身份；尽管对外提供、泄露的不是单个统计调查对象的资料，而是汇总资料，但由于汇总资料的特殊性，他人能够从中推断出单个统计调查对象的身份。

---

① （2016）鲁02行终790号。

深度研讨

国家赔偿制度的产生和发展经历了否定、相对肯定和全面肯定三个阶段。①国家赔偿最初由民法来调整，后来，逐步发展到由专门法——国家赔偿法进行调整。早在16世纪，法国学者布丹在《国家论》中就主张“主权是最高的权力，不受法律限制。”与之相对应的还有“主权无拘束论”“绝对主权论”“主权命令说”“人民利益论”“个人责任论”等。②在“王权神授”和“王权至上”的统治下，国家赔偿制度根本不可能产生。但随着时代的发展，牺牲请求权不仅被限制或者扩大，而且被不时出现的特殊法律制度所排斥。公共利益和个人权益发生冲突时放弃后者，但必须补偿个人权益的损失，这种观念至今仍保持着生命力和权威性。③

据考证，国家赔偿制度最先起源于西方。1873年著名的勃朗哥案件确立了法国行政赔偿制度。④在德国，国家赔偿法的一个重点是公务员或其他公务人员在主权领域实施违法过错行为的职务责任。因传统的法律观念，职务责任首先由民法调整，之后不断扩展，直至得到宪法的确认。⑤直至“一战”期间，国家赔偿仅仅在法、德等为数很少的几个国家出现。而且，这一时期受“主权豁免理论的影响”，初期仅仅将国家赔偿的范围限制在不涉及国家统治权的非权力行为，即管理行为上。⑥1907年，美国联邦最高法院著名法官霍姆斯仍然宣称：“主权免于被诉，并不是依据什么正式的观念或绝对的理论，而是逻辑和实践的必然结论：不可能存在对抗制定法律并赋予权利的权力的权利。”⑦英美直到20世纪40年代才有限地突破国家（国王）主权豁免主义。⑧美国、英国和日本在“二战”以后相继公布的《联邦侵权赔偿责任法》《王权诉讼法》和

① 杨立新主编：《类型侵权行为法研究》，人民法院出版社2006年版，第522页。

② 应松年：《国家赔偿法研究》，法律出版社1995年版，第47－49页。

③ ［德］哈特穆特·毛雷尔：《行政法学总论》，高家伟译，法律出版社2000年版，第732页。

④ 袁曙宏主编：《全面推进依法行政实施纲要读本》，法律出版社2004年版，第371页。

⑤ ［德］哈特穆特·毛雷尔：《行政法学总论》，高家伟译，法律出版社2000年版，第615页。

⑥ 德国法上的国家赔偿法涵义广阔，征收、准征收等都包含在国家赔偿当中。

⑦ 周汉华、何峻：《外国国家赔偿制度比较》，警官教育出版社1992年版，第5页。

⑧ 袁曙宏主编：《全面推进依法行政实施纲要读本》，法律出版社2004年版，第371页。

《国家赔偿法》成为这些国家建立国家赔偿制度的重要标志。美国联邦侵权赔偿法规定国家负担和私人同样的侵权赔偿责任，对主权豁免原则做了普遍性的放弃。然而国会在放弃主权豁免原则的同时，做了一些保留。在某些情况下不适用这个法律。联邦侵权赔偿法中，仍然在相当大的程度上保存了主权豁免原则。[①]《瑞士民法典》第69条确认了国家赔偿责任，1958年的《联邦与雇员赔偿责任法》进一步扩大和健全了国家赔偿责任。[②]

但是，20世纪70年代的《美国侵权法第二次重述》仍然认为主权豁免是一种法定的免责事由。[③] 20世纪60年代的《埃塞俄比亚民法典》虽然由法国学者勒内·达维德起草，但是其仍然保留了国王侵权的免责。

与西方“国王不能为非”的观念不同，中国自古以来就存在着“王子犯法，与民同罪”的观念。《国家赔偿法》在1994年通过，1995年正式实施。该法在特定的历史条件下具有积极意义。此后进行了一次修改，但有些规定仍然需要研究如何与《民法典》对接。

历史上，很多学者提出了关于国家赔偿理论依据的学说。比如，卢梭倡导的人民主权说、狄骥的社会协作法学理论、民主国家目的论（人权保障论）、法律面前人人平等与国家公法人论、公平正义论、公务活动主动性与权利救济有效性保障论、危险责任理论与公共负担平等学说、社会保险理论。[④] 这些学说从不同的侧面解释了国家赔偿的合理性和正当性。

二、民法与国家赔偿法的关系

关于国家赔偿法的性质，有公法说和私法说之分。公法说认为，国家赔偿法属于公法的规定，与民法之间不构成特别法与普通法的关系。私法说认为，国家赔偿责任虽然有许多特殊性，但始终是在一般不法行为理论中发展起来的，不应视为公法中特有的责任理论，国家赔偿法是民法的特别法。关于国家赔偿法是民法不法行为法特别法的观点，现在日本占主导地位。[⑤] 本书认为，民法

① 王名扬：《美国行政法》，中国法制出版社1995年版，第777页。

② 马怀德：《制度变迁中的国家赔偿》，载《宪法与行政法论文选萃》，中国法制出版社2004年版，第506页。

③ 《美国侵权法第二次重述》。

④ 皮纯协、冯军主编：《国家赔偿法释论》，中国法制出版社1996年版，第16－25页。

⑤ 杨建顺：《日本行政法通论》，中国法制出版社1998年版，第626页。

和国家赔偿法是侵权普通法和侵权特别法的关系。① 理由如下：

第一，法律适用。《国家赔偿法》与《民法通则》第一百二十一条的关系也是如此。《民法通则》与《行政诉讼法》一样，其效力在《国家赔偿法》通过之后，相关条文当已遭冻结。虽然最高人民法院对于《国家赔偿法》及《行政诉讼法》之间的关系，没有任何解释，不过最高人民法院在相关的批复中，明确地规定以侵权事实发生在1995年1月1日为断②，根据《国家赔偿法》第三十五条规定，《国家赔偿法》1995年1月1日起施行。《人身损害赔偿司法解释》第八条规定："法人或者其他组织的法定代表人、负责人以及工作人员，在执行职务中致人损害的，依照民法通则第一百二十一条的规定，由该法人或者其他组织承担民事责任。上述人员实施与职务无关的行为致人损害的，应当由行为人承担赔偿责任。属于《国家赔偿法》赔偿事由的，依照《国家赔偿法》的规定处理。"③ 此外，日本《国家赔偿法》第四条明确规定了有关民法的适用问题："国家或公共团体之损害赔偿责任，除前三条之规定外，依民法之规定。"即依据日本《国家赔偿法》第一条、第二条不能向国家公共团体请求损害赔偿的事项，可以依据民法的规定请求损害赔偿；即使可以基于日本《国家赔偿法》第一条、第二条请求的损害赔偿，也可以适用民法上关于不法行为的规定。④

第二，违法行为。国家机关及其工作人员侵权作为一类特殊的侵权行为，其不同于一般侵权行为之处主要在于其违法行为的认定具有特殊性，涉及对具有公权力性质的违法性审查，而行政行为和司法行为的违法行为的认定需要由特定的机关依据特定的程序作出，相比一般的民事侵权行为，其违法性的认定

---

① 王利明主编：《民法》，法律出版社2005年版，第757－758页。

② 陈新民：《中国行政法学原理》，中国政法大学出版社2002年版，第263页。

③ 《最高人民法院关于〈中华人民共和国国家赔偿法〉溯及力和人民法院赔偿委员会受案范围问题的批复》之后，最高人民法院还颁布过其他的司法解释，如《最高人民法院赔偿委员会关于〈中华人民共和国国家赔偿法〉不溯及既往的批复》。但是也有学者认为，我国台湾地区"国家赔偿法"第五条规定："国家损害赔偿，除'本法'规定外，适用'民法'规定。"其损害赔偿之诉，则依国家赔偿法规定外，适用民事诉讼法之规定，具有私法性质，不容否认。日本法的大量判例也采用了民事诉讼程序。参见刘春堂：《国家赔偿法》，三民书局1982年版，第13－14页。

④ 对上述两类案件，可以参见1961年2月16日的民事判例集第15卷第2号（第244页）和1968年4月23日的民事判例集第22卷第4号（第964页）。参见杨建顺：《日本行政法通论》，中国法制出版社1998年版，第655页。

难度更大。对具有权力服从性的行政行为，形式上采取了抗告诉讼中违法性审查的方法。反之，行政指导等非权力性公共行政作用有无违法性时，由于该作用不具有通常行政法所特有的作用法上的国家法规，多采取民法的方法判断其行为的违法性。①

第三，免责事由。除了民法规定的免责事由之外，其还具有其他特殊的免责事由。比如，国家赔偿制度中的行政立法行为、国家行为、内部行政行为、自由裁量行为等责任豁免事项主要是行政诉讼法规定的。②

第四，损害赔偿。一方面，《国家赔偿法》规定的损害赔偿是特殊的，《国家赔偿法》第三十三条规定："侵犯公民人身自由的，每日赔偿金按照国家上年度职工日平均工资计算。"国务院还专门制定了《国家赔偿费用管理办法》，规定请求国家赔偿免交任何费用。另一方面，比较法上国家赔偿请求权的让与存在禁止规定。日本《国家赔偿法》第七条规定："依前条规定，受国家赔偿之权利，不得让与或扣押。"韩国《国家赔偿法》第四条规定："因生命、身体之侵害而获得国家赔偿之权利，不得让与或扣留。"《人身损害赔偿司法解释》第十八条第二款规定："精神损害抚慰金的请求权，不得让与或者继承。但赔偿义务人已经以书面方式承诺给予金钱赔偿，或者赔偿权利人已经向人民法院起诉的除外。"

第五，存在独立的事前和事后的救济渠道。一方面，对于国家赔偿，一般来讲各国都设立行政先行处理程序。《国家赔偿法》第九条、第二十二条规定，赔偿请求人要求赔偿，应当先向赔偿义务机关提出。在美国，行政机关收到当事人的赔偿请求书之后，六个月内不决定时，当事人可以向法院起诉要求赔偿，行政机关拒绝当事人的请求，必须简单说明理由。当事人不同意行政机关的拒绝理由时，当事人也可以起诉。③ 另一方面，针对行政机关作出的拒绝赔偿决定，各国一般也都有行政复议程序作为事后的救济措施。《国家赔偿法》第二十四条对此作出规定。

第六，起诉条件。国家机关工作人员侵权损害赔偿的起诉条件较为严格。

---

① 杨建顺：《日本行政法通论》，中国法制出版社1998年版，第637页。
② 皮纯协、冯军主编：《国家赔偿法释论》，中国法制出版社1996年版，第104页。
③ 王名扬：《美国行政法》，中国法制出版社1995年版，第749页。

《最高人民法院关于审理行政赔偿案件若干问题的规定》第二十一条规定："赔偿请求人单独提起行政赔偿诉讼，应当符合下列条件：（1）原告具有请求资格；（2）有明确的被告；（3）有具体的赔偿请求和受损害的事实根据；（4）加害行为为具体行政行为的，该行为已被确认为违法；（5）赔偿义务机关已先行处理或超过法定期限不予处理；（6）属于人民法院行政赔偿诉讼的受案范围和受诉人民法院管辖；（7）符合法律规定的起诉期限。"上文第四、五项较为特殊，超出了一般民事案件的规定。

第七，审理程序。国家赔偿一般适用行政复议、行政诉讼的程序规定。《最高人民法院关于审理行政赔偿案件若干问题的规定》第三十八条规定："人民法院审理行政赔偿案件，除依照国家赔偿法行政赔偿程序的规定外，对本规定没有规定的，在不与国家赔偿法相抵触的情况下，可以适用行政诉讼的有关规定。"①

第八，时效不同。《国家赔偿法》第三十九条第一款规定："赔偿请求人请求国家赔偿的时效为两年，自其知道或者应当知道国家机关及其工作人员行使职权时的行为侵犯其人身权、财产权之日起计算，但被羁押等限制人身自由期间不计算在内……"本法第一百八十八条规定："向人民法院请求保护民事权利的诉讼时效期间为三年。法律另有规定的，依照其规定。诉讼时效期间自权利人知道或者应当知道权利受到损害以及义务人之日起计算。法律另有规定的，依照其规定。但是自权利受到损害之日起超过二十年的，人民法院不予保护，有特殊情况的，人民法院可以根据权利人的申请决定延长。"

法史钩沉

德国曾发生一例离婚记录信息泄露案。1970 年，一高级公务员因和前女秘书发生性关系，而受到内部行政纪律检查。在此之前，他曾一度提出离婚诉讼，且法院记录了其婚外关系的详情。行政调查官向法院索取这份记录，以证实针对公务员的行政制裁。根据法院所披露的材料，行政机关撤销了公务员的职务。公务员提出宪政申诉以挑战法院披露其婚姻材料的决定，并宣称法院决定侵犯了其人格与个性自由。宪政法院第一庭判决宪政申诉成立，并指出："个性形成

① 陈新民：《中国行政法学原理》，中国政法大学出版社 2002 年版，第 266 页。

于个人的隐私领域，且宪法保护公民免受国家对这一领域的任何侵犯。这项宪法命令要求政府去尊重个人生活的隐私其基础在于宪法第二条第一款所保证的个性自由发展的权利。”①

① 张千帆：《宪法学导论》，法律出版社2004年版，第610页。

附录一：立法争点——人格权是否独立成编

《民法通则》初步确定了人格权在编制体例方面的独立地位。2001 年以来，人格权是否独立成编，成为我国民事立法中的重大争点之一。围绕该争点的讨论推进了我国人格权法的研究发展。

一、人格权独立成编的理论梳理

肯定说以王利明①、杨立新等为代表。据笔者掌握的资料，王利明是人格权、侵权责任独立成编的首倡者，王利明、杨立新是该学说的核心建构者、推动者，这一学说为民法典立法所采纳，是民法典立法体系的重大学说创新，为民法典立法体系提供了理论支撑，并逐渐成为多数说。1993 年开始，王利明与杨立新等合作研究人格权法，在《人格权法新论》《人格权与新闻侵权》《人格权法》等著作中提出，人格权法应与侵权行为法一样作为民法中独立的制度对待，从而改变传统民法历来沿袭的重物轻人的状况，并在此基础上构建新的民法体系。② 1998 年 1 月 13 日，时任全国人大常委会副委员长王汉斌邀请王家福、江平、王保树、梁慧星、王利明座谈民法典起草，大家一致认为起草民法典的条件已经成就。王汉斌副委员长决定立即恢复民法典编纂，委托王家福、江平、魏振瀛、王保树、梁慧星、王利明、费宗祎、肖峋、魏耀荣 9 人组成民法起草工作小组，负责编撰民法典草案。③ 在民法典起草工作中，王利明受全国人大常委会法工委的委托，与杨立新共同起草了人格权法专家建议稿，提出

① 据初步梳理，王利明为中国民法学研究会会长，曾任第九届、第十届、第十一届全国人大代表，第九届全国人大财经委员会委员，第十届全国人大法律委员会委员、第十一届全国人大法律委员会委员、全国人大财经委委员。

② 王利明：《民商法研究（第二辑）》，法律出版社 2001 年版，序言，第 2 页。

③ 梁慧星主编：《中国民法典草案建议稿附理由：总则编》，法律出版社 2004 年版，序言，第 1 页。

了人格权独立成编的立法建议，并一直参与整个民法典草案的起草讨论工作。① 随后，杨立新、刘士国等也单独提出了人格权编的专家建议稿。② 随着立法进程的推进，肯定说逐渐被丰富和发展，多数学者逐渐支持肯定说。③ 总的来看，

---

① 王利明、杨立新起草的《〈中国民法典·人格权法编〉草案建议稿》完成于2002年4月，并提交给立法机关。王利明主编：《中国民法典草案建议稿及说明》，中国法制出版社2004年版，序言。更详细的条文建议稿参见王利明主编：《中国民法典学者建议稿及立法理由：人格权编·婚姻家庭编·继承编》，法律出版社2005年版。王利明主编：《人格权法新论》，吉林人民出版社1994年版。王利明著：《人格权法研究》，中国人民大学出版社2005年版，2018年第3版。王利明主编：《民法典·人格权法重大疑难问题研究》，中国法制出版社2007年版。王利明：《人格权重大疑难问题研究》，法律出版社2019年版。王利明主编：《人格权立法的中国思考》，中国人民大学出版社2020年版。

② 杨立新主编：《中国人格权法立法报告》，知识产权出版社2005年版。杨立新、扈艳：《〈中华人民共和国人格权法〉建议稿及立法理由书》，载《财经法学》2016年第4期。杨立新：《人身权法论》，中国检察出版社1996年第1版、人民法院出版社2002年第2版、人民法院出版社2006年第3版。杨立新：《人格权法》，中国法制出版社2009年版。杨立新主编：《侵权行为类型与发展中的人格权》，中国人民大学出版社2008年版。刘士国主编：《人格权法律条文建议附理由》，中国法制出版社2017年版。本次民法典启动后，除中国法学会外，包括杨立新、徐国栋也向全国人大常委会法工委提交了个人建议稿。

③ 代表性论著参见王利明：《试论人格权法在民法中的相对独立性》，载《民商法研究（第四辑）》，法律出版社1999年版，第143－152页。程合红：《商事人格权论》，中国人民大学出版社2002年版。曹险峰、田园：《人格权法与中国民法典的制定》，载《法制与社会发展》2002年第3期。王利明：《人格权制度在中国民法典中的地位》，载《法学研究》2003年第2期。王利明：《人格权制度独立成编的必要性》，https：//www.chinacourt.org/article/detail/2003/04/id/51087.shtml，最后访问时间：2018年9月1日。马俊驹、曹治国：《守成与创新——对制定我国民法典的几点看法》，载《法律科学》2003年第5期。马俊驹、张翔：《人格权的理论基础及其立法体例》，载《法学研究》2004年第6期。曹险峰：《论人格权的法定化——人格权法独立成编之前提性论证》，载《吉林大学社会科学学报》2006年第2期。姚辉、周云涛：《关于民事权利的宪法学思维——以一般人格权为对象的观察》，载《浙江社会科学》2007年第1期。马特、袁雪石：《人格权法教程》，中国人民大学出版社2007年版。谢哲胜：《中国人格权法独立成编及其基本内容的立法建议》，载《人大法律评论》2009年第1期。曹险峰：《人格、人格权与中国民法典》，科学出版社2008年版。周云涛：《论宪法人格权与民法人格权——以德国法为中心的考察》，中国人民大学出版社2010年版。姚辉：《人格权法论》，中国人民大学出版社2011年版。王利明：《再论人格权的独立成编》，载《法商研究》2012年第1期。张平华、曹相见：《人格权的“上天”与“下凡”——兼论宪法权利与民事权利的关系》，载《江淮论坛》2013年第2期。杨立新：《对民法典规定人格权法重大争论的理性思考》，载《中国法律评论》2016年第1期。刘凯湘：《人格权立法中的争论与辨析》，http：//www.civillaw.com.cn/zt/t/？id＝30240，最后访问时间：2018年9月1日，杨立新：《以十九大精神统一编纂民法典的人格权立法思想》，载《盛京法律评论》2017年第2期。杨立新：《民法典人格权编草案逻辑结构的特点与问题》，载《东方法学》2020年第2期。石佳友：《人权与人格权的关系——从人格权的独立成编出发》，载《法学评论》2017年第6期。张民安、林泰松：《人格权在民法典当中的独立地位》，中山大学出版社2019年版。此外，王泽鉴《人格权法》、张俊浩主编《民法学原理》、张新宝《名誉权的法律保护》《隐私权的法律保护》、五十岚清《人格权法》、张民安《法国人格权法（上）》、马特《隐私权研究》、张红《人格权总论》《人格权各论》等也是重要的人格权法研究著作。

肯定说是对中国民事立法和司法实践经验的充分总结，更加强调实践、更加强调中国自身经济社会发展的背景、更加关注时代精神。

否定说主要是以梁慧星①、尹田等为代表。梁慧星同样是全国人大常委会法工委成立的民法典研究小组成员。谢怀栻先生认为：“人格权在教学和理论中是可以单独作为一编的，但是在立法中没有必要单独作为一编。我以前也想过将它单独作为一编，或者专门作为一章。后来觉得这样不好。我认为还是把它规定在自然人一章中。当然法人也有人格权问题，而且按照现在的发展趋势，法人的人格权问题还会越来越重要，尤其是法人的名誉权。”② 谢怀栻先生被誉为“中国民法三杰”之一，人格魅力和学术影响力都很大，虽然他持否定说，但没有给出具体的理由，且观点也存在一个转变。2002 年，梁慧星受全国人大常委会法工委的委托起草民法典专家建议稿，在总则部分用 11 个条文规定了人格权。否定说在论战中也在逐步完善自己的论证。③ 总的来看，否定说更强调

---

① 据初步梳理，梁慧星曾任第十届全国政协委员，第十届全国人大法律委员会委员，第十一届全国人大代表，第十一届全国人大法律委员会委员。孙宪忠的观点有所变化。孙宪忠为中国法学会民法学研究会常务副会长，第十二届、第十三届全国人民代表大会代表，第十届全国人大宪法与法律委员会委员。朱宁宁：《民法典分编体例既科学也符合我国国情：访全国人大宪法和法律委员会委员孙宪忠》，载《法制日报》2020 年 3 月 24 日第 5 版。

② 谢鸿飞：《制定一部好的中国民法典——谢怀栻先生访谈录》，载《环球法律评论》2001 年第 3 期。

③ 代表性论著参见梁慧星：《民法典不应单独设立人格权编》，载《法制日报》2002 年 8 月 4 日。梁慧星：《松散式、汇编式的民法典不适合中国国情》，载《政法论坛》2003 年第 1 期。尹田：《论人格权及其在我国民法典中的应有地位》，载《人民法院报》2003 年 7 月 11 日。尹田：《论人格权的本质——兼评我国民法草案关于人格权的规定》，载《法学研究》2003 年第 4 期。梁慧星主编：《中国民法典草案建议稿附理由：总则编》，法律出版社 2004 年版，第 28 页。米健：《人格权不宜独立成编》，载《人民法院报》2004 年 10 月 15 日第 3 版。尹田：《人格权独立成编的再批评》，载《比较法研究》2015 年第 6 期。尹田：《论人格权独立成编的技术障碍》，载《政法论坛》2016 年第 1 期。尹田：《论人格权独立成编的理论漏洞》，载《法学杂志》2007 年第 5 期。李永军：《论我国人格权的立法模式》，载《当代法学》2005 年第 6 期。中国社会科学院民法典工作项目组：《民法典分则编纂中的人格权立法争议问题》，载《法治研究》2018 年第 3 期。梁慧星：《民法典编纂中的重大争论——兼评全国人大常委会法工委两个民法典人格权编草案》，载《甘肃政法学院学报》2018 年第 3 期。梁慧星：《如何看待人格权与人格权编草案（2018 年 11 月 19 日在华东政法大学讲座录音整理稿）》，http：//iolaw. cssn. cn/xsjz/201905/t20190516_ 4896393. shtml，最后访问时间：2019 年 1 月 1 日。孙宪忠：《对民法典人格权编草案的四点意见》，http：//iolaw. cssn. cn/bwsf/202001/t20200117_ 5080205. shtml，最后访问时间：2020 年 1 月 28 日。孙宪忠：《如何理解民法典编纂的“两步走”》，载《中国人大》2017 年第 7 期。孙宪忠：《关于在民法典侵权责任编中加强人格权保护条文的议案》，http：//iolaw. cssn. cn/bwsf/201908/t20190810_ 4955123. shtml，最后访问时间：2020 年 1 月 28 日。

逻辑、更强调德国等比较法经验、更加强调主体与人格权的密切关系。《德国民法典》高度概括抽象，强调科学化、体系化，体现技术性，不像《法国民法典》那样更容易为普通民众所理解。《德国民法典》人格权保护部分先天不足，后天通过解释宪法的方式在司法实践中创设一般人格权，但其实践中发展出的判例仍未充分法典化。

总体来看，人格权独立成编，是一个立法技术和价值选择问题，肯定说立足中国实际，在论战中逐步得到更多人的支持。2015 年，江平、魏振瀛指出，人格权法在民法典中独立成编具有可行性和可能性。2018 年，江平指出，目前人格权在民法总则中表现甚少，不足以彰显人格权利，使人格权问题得到更好的保障，应当通过人格权在民法分则中独立成编的方式来解决人格权保护的相关问题。人格权不仅要单独成编，还要解决法规内容的问题，“保护人格权不应是空洞的口号”。①

笔者认为，人格权独立成编实为《民法通则》体系强制的结果，总体上是个立法选择问题，但民法典分编增加人格权编意义重大，不仅贯彻落实了宪法规定的尊重和保障人权、人格尊严不受侵犯，而且体现了党的十九大报告提出的保护人格权的精神、体现了社会主义核心价值观、体现了以人民为中心的发展思想，切实回应了人民的法治需求，同时是对 1954 年以来民法典立法、1986 年《民法通则》立法体例、《2002 年民法草案》的继承和延续，也是对大量司法实践的总结和提炼。此外，由于人格权是《世界人权宣言》等国际公约的主要内容之一，人格权的独立成编也有利于我国在对外交往、国际谈判中获得有利地位。

民法典是社会生活的百科全书，人格权独立成编将最大限度地使人民群众和国家工作人员知晓：人格权是最基本的民事权利，这对于推动社会各界形成人格权保护的共同制度认知与制度预期，实现和保障人格权，规范和监督公权力具有重要的现实意义。

---

① 《民法典各分编草案首次提交审议：人格权拟单独成编》，http：//dy. 163. com/v2/article/detail/DQ894LEA05129QAF. html，最后访问时间：2018 年 10 月 1 日。

人格权独立成编争点对比图

争点	肯定说	否定说
与主体是否分离	人格权法不能为民事主体制度所包括。对人格权的侵害不仅仅涉及对人格的损害，而且造成对公民的人身利益甚至是财产利益的损害。它涉及民法中的许多内容，而非单纯的主体制度所能概括的。	人格权与人格（主体资格）不可分离、相终始，人格不消灭，人格权不消灭，人格消灭，人格权当然消灭。人格权是存在于主体自身的权利，不是存在于人与人之间的关系上的权利。人格权就像权利能力、行为能力、出生、死亡一样，属于主体自身的事项。作为人格权客体的自然人的生命、身体、健康、自由、姓名、肖像、名誉、隐私等，是人格的载体。
与侵权法关系	人格权法不能为侵权法所包括。侵权法本身不能确认某种权利，因此对人格权的规定仍然应由人格权法来规定。且对人格权的保护，在民法上不仅仅限于侵权行为制度。	人格权是重要的，民法规定该权利的目的主要是人格权的保护，而人格权保护的主要立法其实是侵权责任法。该法在我国已经存在，故人格权独立成编其实就是对侵权责任法的一次简单重复。只在人格权受侵害时才涉及主体与他人之间的关系，但这种关系是侵权责任关系，性质上属于债权关系。故无所谓“人格权关系”。人格权立法应侧重人格权侵权后的民事责任规定，侧重人格权的保护。
体系逻辑	人格权独立成编符合民法体系结构的内在逻辑。人格权的发展趋势表明其无法为民法总则所完全涵盖。民法典人格权编草案是具有理性的存在物，这不仅表现在人格权编与民法总则之间的逻辑关系通畅，与民法典分则其他各编的逻辑关系融洽、和谐，而且表现在自己的逻辑结构分明，层次清楚，内容比较丰满，具有强烈的时代感。民法典人格权编与分则其他各编之间最基本的逻辑关系，是对民法典人格权请求权与分则各编之间的关系要求，至于其他内容，各有不同，不相冲突即可。	人格权从法律体系化角度看，无法和物权、债权并列。人格权单独设编会破坏民法典内部逻辑关系。

续表

争点	肯定说	否定说
法人人格权	《民法通则》也确认法人享有人格权，法人的名誉权、名称权须依法保护。	人格权是自然人的权利，和法人没有关系，不是所有的民事主体都享受这个权利。法人不拥有人格自由和人格尊严。
条文数量、结构、性质	人格权编的条文是可以具有裁判援引功能的。人格权编至少也有70条，就篇幅而言，与亲属编、继承编、侵权责任编、涉外民事关系法律适用编等大体都差不多。即使人格权编真的只有30条，人格权也可以凭借其重要性而独立成编。	人格权是非交易性的权利，它的内容不像债权、物权那样丰富，因此，这一部分的内容即使单独规定出来也不会很多，在体系上无法和具有大量条文的债权、物权制度并立。条文数量少，且法条的结构多为宣告性、禁止性规定，绝大部分条文属于侵权责任规范，造成和侵权责任法的规定高度重复。
价值导向	传统民法过分注重财产权，反映其“重物轻人”的不合理性。要消除这一缺陷，人格权即应在民法典中独立成编，这也符合人格权保护在现代民法中的发展趋势，反映了民法的人文关怀，也符合人格权理论自身发展的需求，制定独立成编的人格权法就是让人们活得更有尊严，也能够帮助民事主体特别是自然人在民事生活中可以更好意识到自己的人格权。	强调人格尊严的价值是都赞成的，但是把人格权和财产权并列放在民法典体例上，使其单独成编，这是写政治学法学教科书的做法，不是编民法典的做法。认为人格权独立成编会造成虚空的价值宣示性表述，违反民法作为裁判规范的主旨，无法为法官适用具体的案件提供法律规范。
立法例	人格权独立成编是对我国优秀民事立法经验和法治经验的总结。民法典的制定是本土资源的东西，它一定不能脱离这个国家、社会的现实和基础。在我国民事权利体系中，人身权与其他财产权利已经分开表述，这种立法模式已经由《民法通则》开创了先例。在有民法典的国家中，《乌克兰民法典》是唯一将人格权放在民法典的第一级目录独立成编的。《乌克兰民法典》不仅有创新的勇气，而且是非常科学的。	除了乌克兰，人格权独立成编没有成熟的国外立法例先例。

续表

争点	肯定说	否定说
法定化	人格权独立成编以具体人格权的法定化为前提。人格权的本质属性是法定权利，不是固有权利，它是某一时代民族精神在历史演进中所形成的法规则。人格权只能是法律后天赋予人的权利。	人格权独立成编，将限缩人格权的民法保护范围。现在已经造成了“人格权权利类型法定”的消极印象，目前很多人都是以不列举就无法保护为理由，要求增加新权利类型。建议增加“依法应受保护的人格权或者人格权益不受本编列举的人格权类型的限制”。
是否有积极权能	自然人对个人人格要素享有支配权，人格权商业化利用的倾向和现实都标明人格权是具有积极权能的权利。只有把人格权独立成编以后，才可能对人格权的处分规则作出详细的规定，这是放在主体资格里边和侵权责任法里边都不可能解决的问题。人格权的许可利用虽然属于商品化利用，但其并不会有损个人尊严，相反，这恰恰是对个人自由的尊重，是对私法自治的尊重。	人格权仅具有消极保障权能，并不具备民事权利的特性，不适用民法有关民事权利得失变动、权利行使的基本规则以及民法典总则法律行为、代理、时效和期日期间的一般规则。因为人格权不涉及财产，所以不能被商业化，也不能被转让。法律如果规定人格权可以放弃、可以转让，则人将不成其为人。法律如果规定人格权可以继承，将和继承法发生根本冲突。
与宪法等其他学科关系	人格权是具有双重属性的权利，它既是宪法上的权利，也是民法上的权利。就属性而言，它的私权性质浓于基本权利性质。宪法规定人格权有它的价值，民法规定人格权也有它的价值，它们的价值取向是有重大差别的。独立成编的人格权法是公民基本人身权利和人民生活安定的重要保障。宪法人格权与民法人格权在各自法律并行不悖，却又通过学说与判例的互动而相互影响相互促进，从而呈现出既跨越公法与私法，同时又彼此缠绕的独特景象。	自然人作为民事主体享有法律人格，这是宪法赋予的，不是依据民事方式取得的。人格权的享有基本上不是民法能够解决的问题，而是宪法解决的问题。民法重要，但是不能包打天下，而现在的人格权编一些条文确实对宪法行政法规范体系构成了侵扰。
排列顺序、与身份权关系	把人格权编放在民法分则的第一编，即民法典的第二编，规定身份权的婚姻家庭法应当放在第三编。	强调“人身权”而不是仅仅只强调人格权，这是我国的民法立法传统。如果对人格权在民法典中独立成编，那么身份权又如何规定？

续表

争点	肯定说	否定说
时代精神	独立成编的人格权法是保障公民网络环境下的人格利益，还网络一片净土的需要。	以人权世纪或者权利世纪作为人格权独立成编的基本论据，既没有依据，也没有实效。
政治风险	我国民法典人格权法独立成编是我国立法的创新，是在结合我国实际、总结立法经验的基础上形成的，与《乌克兰民法典》毫无关系。《乌克兰民法典》中的人身非财产权是一个综合性的权利，是一个包含了公法上权利和私法上权利在内的权利集合体。不应该把民法立法的学术问题引到政治领域去，尤其不能用政治风险的“大帽子”打压不同的学术意见。	世界上第一个在民法典中把人格权法独立成编国家的是乌克兰，而乌克兰民法的人格权法独立成编后，就引发了两次“颜色革命”，因而人格权法独立成编存在巨大的政治风险。

二、人格权独立成编的实践梳理

立法上，《民法通则》将人格权与物权、合同、知识产权等在体例上并列。人格权独立成编始于2002年的民法草案，当时第四编为人格权法。2002年12月23日，时任全国人大常委会法工委主任顾昂然在第九届全国人民代表大会常务委员会第三十一次会议上就《民法（草案)》作说明，他指出：

民法总则规定民法的基本原则以及一些共同规则，普遍适用于各种民事行为。草案的其他各编由单行法律组成，这样便于今后修改，更能适应经济社会不断发展变化的要求。为了适应经济社会发展的需要和加入世贸组织的要求，有必要进一步完善民事法律制度，尤其要抓紧制定物权法，同时对人格权、侵权责任、涉外民事关系的法律适用等作出补充规定，抓紧编纂民法典。

2014年10月，《中共中央关于全面推进依法治国若干重大问题的决定》提出：

社会主义市场经济本质上是法治经济。使市场在资源配置中起决定性作用和更好发挥政府作用，必须以保护产权、维护契约、统一市场、平等交换、公平竞争、有效监管为基本导向，完善社会主义市场经济法律制度。健全以公平为核心原则的产权保护制度，加强对各种所有制经济组织和自然人财产权的保护，清理有违公平的法律法规条款。创新适应公有制多种实现形式的产权保护制度，加强对国有、集体资产所有权、经营权和各类企业法人财产权的保护。……加强市场法律制度建设，编纂民法典，制定和完善发展规划、投资管理、土地管理、能源和矿产资源、农业、财政税收、金融等方面法律法规，促进商品和要素自由流动、公平交易、平等使用。依法加强和改善宏观调控、市场监管，反对垄断，促进合理竞争，维护公平竞争的市场秩序。

此后，全国人大常委会法工委会同有关单位制定了民法典编纂工作计划和安排，明确由总则编和分则编组成，分编包括物权编、合同编、侵权责任编、婚姻家庭编和继承编。但是，2018 年 8 月 27 日，全国人大常委会第一次审议《民法典各分编（草案)》，草案在原定物权编、合同编、侵权责任编、婚姻家庭编和继承编的基础上，增加人格权编。全国人大常委会法工委主任沈春耀在作说明时，表示：

在确定哪些内容纳入民法典各分编时，遵循内容具有基础性、普遍性、稳定性、平等自愿性四大原则。关于是否设立人格权编，全国人大常委会法工委研究认为，人格权是民事主体对其特定的人格利益享有的权利，关系到每个人的人格尊严，是民事主体最基本、最重要的权利。保护人格权、维护人格尊严，是我国法治建设的重要任务。为了贯彻党的十九大和十九届二中全会关于“保护人民人身权、财产权、人格权”的精神，落实宪法关于“公民的人格尊严不受侵犯”的要求，综合考虑各方面意见，总结我国现有人格权法律规范的实践经验，在民法典中增加人格权编是较为妥当、可取的。人格权编这一部分，主要是从民事法律规范的角度规定自然人和其他民事主体人格权的内容、边界和保护方式，不涉及公民政治、社会等方面权利。①

2019 年 4 月、8 月、12 月，人格权编草案又经过全国人大常委会三次审议，最终与其他编一起在 2020 年 5 月由全国人民代表大会审议通过。如果算上 2002 年的审议，人格权编一共经历过 6 次审议。在历次审议中，有关代表委员和国家机关曾多次提出，将人格权编的位置提到总则之后。

---

① 徐隽：《民法典分编草案首次提请审议》，http：//www. npc. gov. cn/zgrdw/npc/xinwen/lfgz/2018 -08/28/content_ 2059462. htm，最后访问时间：2020 年 2 月 15 日。

三、本书的观点

关于人格权是否能够独立成编，学界进行了比较充分的讨论，2002 年全国人大常委会审议的民法草案中，第四编是人格权法。2004 年 10 月 15 日，米健在《人民法院报》发表了《民法编纂人格权不宜独立成编》。对此，笔者发表了商榷文章，在这个争论长达近 20 年的学术问题上发表了一些看法，现在来看，基本涵盖了主要争点，这表达了笔者对人格权的粗浅理解。①

（一）人格权为什么不能一般化？

米文认为，“由民法列举规定人格权，必然造成下位法律规定超越上位法律规定的法律逻辑冲突”。“人格权如此基本和重要，使得它只能由宪法规定，任何其他法律部门只能在宪法规定范围内去理解、保护和实现这种权利，而不能超越其上再行具体延展规定”。

米文论证的前提其实是如果人格权要独立成编，就应该采用有限列举的方法。这就忽视了一般人格权在人格权立法中的作用。人格权法是由“一般人格权＋具体人格权＋利用保护方法”构成的，而不是仅仅由“具体人格权”构成的。具有限制和扩张功能的人格权一般条款——一般人格权能够克服米文所称的“逻辑冲突”。

此外，米文认为人格权列举规定会造成刑法等法律部门有关人格权的规定与民法规定的内容不平衡甚至不一致的现象，也值得商榷。民法列举规定人格权不会和刑法、行政法等其他法律部门相冲突，就像民法中定分止争的物权法构成了刑法中经济犯罪的认识基础一样，民法的人格权法也可以构成刑法中人身犯罪的认识基础。

可见，米文误以为人格权独立成编是仅仅以有限列举的方式立法，忽略了有限列举的前提是“一般人格权”。

（二）都是列举惹的祸？

米文认为，“人格权是一种最高度概括、最高度抽象的权利”，“人格权是不能列举规定的，列举规定是很危险的，因为列举实际往往意味着限制和封闭”。

---

① 原载《人民法院报》2004 年 11 月 12 日第 3 版，中国人民大学复印报刊资料《民商法学》2005 年第 2 期全文转载。2004 年笔者还是博士一年级，感谢米健老师对笔者的宽容。从后来人格权的讨论来看，正是理性的学术讨论不断推进中国人格权理论向纵深发展，这些讨论文章从不同侧面完善了中国人格权法律制度。

其实，任何权利都是抽象的，列举只是明知不可为而为之的一种立法技术。“虚拟财产”作为一种新型财产法益不能恰当地融入既有的财产法体系，但是我们并不能因此而否认通过“列举”所有权、用益物权、担保物权、债权、知识产权等而建立的财产法体系。实际上，越抽象的权利越应类型化，只有这样我们才能见到其庐山真面目。这也是拉伦茨主张抽象概念要类型化的理由。

可见，该理由缺少对民法类型化思维方法的深度体察。

（三）人格权都是抽象规定的？

米文认为，“人格权的规定实际上是一种观念性的规范，体现着立法者对于某一类特定法律关系的观点立场，是一种思想倾向或社会与时代精神，是一种不可能完全予以具体化的权利”。“人格权的内涵不能最后确定和封闭”。

对此笔者有两点意见。第一，人格权制度发达史就是一部条文由少到多的历史。例如，《拿破仑法典》并没有规定人格权，但是法国 1970 年和 1994 年分别在民法典中增加了私生活受尊重权和尊重人之身体的权利。[①] 在世界范围内，从法国、德国、瑞士到意大利、埃塞俄比亚、加拿大魁北克省，人格权条文数量经历了一个从无到有，由少到多的发展过程。即使在人格权条文很少的情况下，各国（包括 19 世纪法国、德国）一般也通过判例来保护人格权，难道判例就不是对人格权的列举吗？

第二，已经成熟的人格权类型还要通过法官来分别认定，其间的搜索成本、裁判成本、行政运作成本和机会成本有多大？在我们这样的成文法国家，在法官素质还不是很高的情况下，各地各级的人格权民事裁判会不会自相矛盾？已经成熟的人格权类型通过立法固定下来，会降低上述成本，提高国家整体的行政、司法效率，更好地维护社会正义。

总之，单纯的抽象性人格权条款不符合历史事实和经济学的基本原理，不宜采纳。

（四）人格权没有生长吗？

米文认为：“1804 年法国民法典、1896 年德国民法典和 1942 年意大利民法典等诸多西方国家的民法典都没有对人格权作专门的具体规定，更不用说列举规定。”笔者对此有不同的理解。

---

① 《法国民法典》，罗结珍译，中国法制出版社 1999 年版，第 3 - 6 页。

首先，《拿破仑法典》中没有规定人格权，但1791年表演权法的提案已经指出："在所有财产权中，最神圣和最能体现人格的莫过于作者的作品，即作者的智力成果。"1902年法国最高法院认为作者对作品的修改权和禁止他人发表权是作者的"固有人格权"。① 萨维尼也发现，法国的判例一直保护各种人格利益不受他人侵犯。②《拿破仑法典》包括《德国民法典》没有直接规定人格权的原因在于他们认为一种普遍的对自己的支配权不需要经过法律的承认，关于人格权有许多具体制度加以保护。③ 这种观念改变之后，法国1970年和1994年颁布了关于人格权的修正案。

其次，《德国民法典》规定了姓名权、生命权、身体权、健康权、自由权、信用权、贞操权，《艺术著作权法》规定了肖像权。德国学者梅迪库斯尖锐地指出，《德国民法典》关于自然人部分规定得过于简单，没有涉及一些重要的人格权。其人法部分是一部未完成的作品，要进行研究，必须考察其他具有人法内容的领域，特别是德国基本法基本权利部分、著作权法和商法。④ 1954年德国联邦最高法院基于一个微不足道的理由，通过读者投书案建立了一般人格权制度。以后又通过骑士案、人口普查案等补充了《德国民法典》关于人格权制度的缺陷。可见，米文对德国民法典人格权的认识是错误的。德国一般人格权制度的建立可谓亡羊补牢，我们为何不未雨绸缪呢？

再次，《意大利民法典》第五条（提供自己身体器官或肢体的行为）、第六条（姓名权）、第七条（姓名权的保护）、第八条（对家族姓名的保护）、第九条（笔名的保护）、第十条（侵犯肖像权）极其明确地"列举"规定了人格权制度⑤，并不是像米文所言没有"专门规定"或"列举规定"人格权。

最后，米文否认《瑞士民法典》规定了人格权，这也是站不住脚的。其

---

① 李琛：《著作人格权诸问题研究》，载刘春田主编：《中国知识产权评论》，商务印书馆2002年版，第236页。

② Friedrich Carl von Savigny, System des heutigen romischen Rechts, Bd. Ⅲ, S. 转引自龙卫球：《民法总论》，中国法制出版社2001年版，第305页。同时可参见［日］星野英一：《私法中的人》，王闯译，载梁慧星主编：《为权利而斗争》，中国法制出版社2000年版，第356页。

③ ［日］星野英一：《私法中的人》，王闯译，载梁慧星主编：《为权利而斗争》，中国法制出版社2000年版，第356页。

④ ［德］梅迪库斯：《德国民法总论》，邵建东译，法律出版社2001年版，第800－812页。

⑤ 《意大利民法典》，费安玲、丁玫译，中国政法大学出版社1997年版，第11－12页。

一，《瑞士债务法》第四十五条（致人死亡的损害赔偿）、第四十六条（身体伤害的损害赔偿）、第四十九条（人身或名誉的损害赔偿）中的“生命、身体、人身或名誉”①，不就是《瑞士民法典》人格权规定的具体化吗？其二，学说传播史证明了《瑞士民法典》规定的是人格权。当时法国、德国和瑞士的学说构成了《瑞士民法典》的底蕴，包括星野英一等学者都认为人格权首先在德国、瑞士、法国这些国家中传播，《瑞士民法典》是人格权制度发展史上的一个里程碑。②

综上，米文以《法国民法典》《德国民法典》的历史缺陷和对《意大利民法典》和《瑞士民法典》的个人理解来证明人格权独立成编是值得商榷的。事实上，人格权制度的发展并不是和财产权制度的历史发展同步的，这也是各国民法典都以财产法为中心的一个原因。前资本主义时代，人格权的保护需求很低，仅仅局限于生命、身体、健康、名誉等的人格利益。到了近现代，战争和社会运动对人类进行了史无前例的摧残；互联网技术、基因技术等现代科技使人格利益更易受到侵犯，人格权的保护需求空前膨胀。在此背景下制定民法典，人格权独立成编可谓顺理成章。

（五）人格权条文真的少吗？

米文第五点理由是人格权条文过少。我国民法草案人格权条文数量过少，主要是因为人格权研究水平较低。历史上，《法国民法典》“尊重人之身体”和“对人之特征的遗传学研究以及通过遗传特征对人进行鉴别”的规定共 13 条；《魁北克民法典》姓名权规定有 25 条，人身完整规定有 22 条；我国台湾地区“电脑处理个人资料保护法”有 45 条，其“实施细则”有 46 条。这还不包括其他具体人格权、人格权法基本原则、人格商品化、人格权的限制、人格权准共有、非典型人格权、死者人格利益等。

因此，以人格权条文数目过少为理由否认人格权应该独立成编也是值得商榷的。

（六）人格权独立成编的经济学解释

经济学一个最基本的原理就是“人们会对激励作出反应”。公共政策往往

① 《瑞士债务法》，吴兆祥等译，法律出版社 2002 年版，第 12 页。

② ［日］星野英一：《私法中的人》，王闯译，载梁慧星主编：《为权利而斗争》，中国法制出版社 2000 年版，第 354－362 页。

会改变私人的行动成本和收益。制定公共政策必须考虑因政策原因的变动而产生的效果。① 作为一种公共政策，人格权不独立成编会产生什么样的效果呢？

第一，人格权不独立成编实际上突出了财产权制度，弱化了人格权制度。而民法典建立的应该是整个社会的激励结构——追求精神自由和财富增长。民法典在编章体例上不规定人格权就会造成激励机制的缺失——“见物不见人”。这种缺失既会增加市民了解人格权的搜索成本，又极易形成“向钱看”的激励，强化民众的财富偏好，软化其道德意识。诚如韦伯所言，只有在具有一套恰当的价值观、公民美德和制度的条件下，企业家才会变得活跃起来。② 从这个角度来看，民法典将人格权独立成编有利于建立恰当的价值观、公民美德等道德意识，进而激活人的创造性和积极性，促进财产的增长。总之，人格权独立成编有利于社会成员形成良好的偏好，提高财产的运作效率，增强整个社会的活力。

第二，人格权不独立成编就是推翻了《民法通则》。《民法通则》在“民事权利”中以简短的篇幅专设人身权一节，与物权、债权、知识产权并列，并用八个条文进行了专门、集中、具体的规定。这是对世界蔑视践踏人格权事件的彻底清理，是中国民法对世界民法的开创性贡献。③ 人格权不独立成编就意味着立法者否定了《民法通则》，传达了人格权在民法典中低人一等的信息。这种制度变更不仅违背了历史教训和人心向背，而且也违背了经济学的路径依赖理论。制度变更会增加已经磨合好的整个社会系统的协调成本，而其中巨大的机会成本恐怕也是立法者不能不考虑的问题。

总之，人格权独立成编具有比较优势，符合路径依赖理论和激励理论。

---

① ［美］曼昆：《经济学原理（上册）》，梁小民译，生活·读书·新知三联书店、北京大学出版社2001年版，第7页。

② ［德］柯武刚、史漫飞：《制度经济学》，韩朝华译，商务印书馆2000年版，第25页。

③ 杨立新：《人身权法论》，人民法院出版社2002年第2版，第2－3页。

附录二：人格权法律发达史

本部分梳理介绍人格权的法律发达史，包括古代人格权的萌芽、近现代人格权的发展、国际公约对人格权保护的推进三个部分。人格权制度的发展是和经济社会发展紧密结合的，等级社会的身份权保护需求强大，人格权保护需求弱小，古代具体人格权类型较少，人格权的权利位阶是以身份权为基础的。在经历“从身份到契约”的社会转变之后，人格平等观念的树立，使得现代意义上的人格权孕育发展成为可能，当旧习俗与新的人格权保护观念发生冲突时，现代意义上的人格权在一个个案例中逐步得以建立健全，具体人格权类型逐渐增多，人文主义哲学思想逐渐法典化，近现代人格权日益巩固发展，德国、瑞士、法国、美国、中国、埃塞俄比亚、奥地利等不同国家逐步实现人格权保护的本土化、现代化，成熟的人格权体系基本形成，法典化趋势日益加强，而国际公约和区域一体化则进一步提升了人格权的保护水平。

纵观人格权法律发达史，民法典人格权独立成编凸显了人格权的第一位阶价值，是人类对战争、殖民、科学、治理、伦理、经济、文化、疾病、媒体等因素的制度反思，人格权独立成编彰显的是人格平等、人格独立、人格尊严、人格自由等人之为人的价值共识。从这个意义上，独立成编是人格权法律保护发展的历史必然，法典编纂等技术层面的考虑应服从价值宣示这个大局，但人格权独立成编不是终点，人格权的使用、保护等方面的伦理反思，物权性财产权、合同、侵权、继承等方面的规则完善，是一个永无休止的探索过程。

可以肯定的是，人格权编是中国民法典的最大亮点，是对《民法通则》的传承和发展，是中国民事立法对世界的贡献。

一、古代人格权的萌芽

等级社会中是否有人格权的存在？人格权和财产权一样，是社会主体存在发展的前提，无财产权即无人的存在发展，无人格权同样也没有人的存在发展。

但等级社会的人格权并不同于现代社会的人格权，可以被称为差序人格权。

在等级社会时代，人格权蜷缩于身份权的阴影之中。人格权往往被认为是身份权的组成部分之一。等级社会的身份权保护需求强大，而人格权保护需求弱小，因此，人格权在等级社会并没有出现众多的特别人格权类型，更谈不上人格权的一般条款了。通过对古代各国的法典考察，我们发现生命权、健康权、身体权、自由权、名誉权、贞操权是最为常见的具体人格权类型。

古代法有非常多的关于健康权和身体权的规定。比如，《汉谟拉比法典》第二十条规定："倘自由民在争执中殴打自由民而使之受伤，则此自由民应发誓云：'吾非故意致之'，并赔偿医药费。"第一百九十六条规定："倘自由民损毁任何自由民之子之眼，则应毁其眼。"《十二铜表法》第八表第二条就规定："毁伤他人肢体而不能和解的，他人亦得依同态复仇而毁伤其肢体。"《十二铜表法》规定损害赔偿数额，视伤害之程度而定。①

当然，也有许多关于侵害生命权的民事损害赔偿规定。比如，《汉谟拉比法典》第二百零七条规定："倘此人因被殴而死，则彼应宣誓，如（死者）为自由民之子，则应赔偿二分之一明那。"

由于贞操和血统的纯洁性密切相关，也就是和身份相关，贞操权也经常被纳入保护范围。比如，《摩奴法典》第一百二十七条规定："滥施刑罚毁名声和荣誉于人世，甚至妨碍死后升天堂；因此，他应忌讳之。"第二百二十五条规定："凡是怀着敌意说一个处女'不是处女'的人，如果不能证明她的缺陷，那就应该被罚一百。"罗马法也规定，追逐妇女构成侵害贞操权。②

古代法对名誉和人格尊严的规定也很多。《摩奴法典》第二百六十九条规定："侮辱本种姓的再生人，应该只罚十二；如果骂人的话不堪言说，则其数加倍。"第二百七十一条规定："如果他在称呼他们的名字和种姓时出言不逊，他就应该被烧红的十指铁钉刺进嘴。"第二百七十四条规定："对人以'独眼''瘸子'或者其他同类之词相称者，即使符合事实，也至少应罚一迦尔舍波那。"《十二铜表法》第八表第一条B规定："假如有人编造或歌唱含有诽谤或侮辱他人的歌词时，则认为必须执行死刑。"

---

① 丘汉平：《罗马法》，中国方正出版社2004年版，第374页。

② 丘汉平：《罗马法》，中国方正出版社2004年版，第374页。

自由权视作为自由人所必须具备的基本权利。享有自由权的人就是自由人，不享有自由权的人就是奴隶。① 古代法中的自由权往往被认为是主体制度的组成部分，这也是现代人格权与主体制度学说纷争的历史来源之一。就实质意义上的自由权而言，罗马法中胁迫可以构成侵害自由权的侵权行为。② 在中国，《二十四孝》曾记载了董永卖身葬父孝感天地的故事，这种对自由权的处置，在后世的民法典中被认为是无效行为。

二、近现代人格权的发展

英国法学家梅因“从身份到契约”的公式概括了人类从等级社会到平等社会的重大社会转变。从自然法学家的启蒙思想进入法律开始，以平等为基础的近现代人格权随着社会条件的变化，日益丰满、成熟。

人格权的概念产生于欧洲大陆。德国著名学者萨维尼不承认人格权，也不承认一般人格权。他说到，一个人不能拥有对自己的身体机器各个组成部分的权利，否则人就会拥有自杀的权利。③ 据日本学者考证，人格权是由萨维尼的学生普赫塔提出来的，然后由法国学者布瓦斯泰尔传入法国。④ 法国学者多内尔鲁斯第一次将每个人对于人自身的权利与每个人对于外部物的权利加以区分，并将这种权利分为生命权、身体的不受侵害权、自由权和名誉权。⑤ 他的这个论断很可能是现代意义上人格权的最早论述。正因为如此，许多学者认为，多内尔鲁斯是现代人格权理论的创始人。⑥ 在后来的法国法中，1804 年《法国民法典》适应自由资本主义发展需要，强调保护私有财产的绝对无限所有权和契约自由，却没有明确确认和保护人格权的规定。根据日本学者齐滕博的观点，《法国民法典》并不是忽略自然人的人格权，而只是否定从法定权利的角度规

---

① 周楠：《罗马法原论》，商务印书馆 1994 年版，第 107 页。

② 丘汉平：《罗马法》，中国方正出版社 2004，第 375 页。

③ 张红：《人格权总论》，北京大学出版社 2012 年版，第 6 页。萨维尼的论断较为久远，从逻辑上，承认人对自身的权利，并不意味着人就拥有自杀的权利。因为任何权利都会被公序良俗所限制。萨维尼的这一论断也被学者们不断检讨。或许正是他的论断催生了埃米尔·迪尔凯姆于 1897 年出版的经典著作《自杀论》。

④ ［日］星野英一：《私法中的人》，王闯译，载梁慧星主编：《民商法论丛（第八卷）》，法律出版社 1997 年版，第 177 页。

⑤ ［德］格尔德·克莱因海尔、扬·施罗德：《九百年来德意志及欧洲法学家》，许兰译，法律出版社 2005 年版，第 118－120 页。

⑥ 王利明：《论人格权的新发展》，载《法商研究》2006 年第 6 期。

定人格权而已。[①]《法国民法典》包括后来的《德国民法典》没有直接规定人格权制度的原因在于他们认为一种普遍的对自己的支配权不需要经过法律的承认，关于人格权由许多具体制度加以保护。[②] 而这种观念在后来已经发生改变，表现之一就是，法国的法官意识到了这种立法技术的疏忽或者是立法理念的差异，扩张解释了《法国民法典》第一千三百八十二条关于侵权行为的过错原则，创立了保护人格权的判例，首先确认了自由被害人与其他的利益被害人相同，得请求抚慰金；继而，承认名誉权损害的有形损害赔偿和精神侵害的抚慰金赔偿。表现之二就是，法国20世纪70年代和90年代的人格权立法修正案。法国在20世纪70年代和90年代的两次修正案分别增加了私生活受尊重权和尊重人之身体方面的权利。[③]

至近现代，战争和社会运动对人类进行了史无前例的摧残；工业技术和信息技术等现代科技使人格利益更易受到侵犯，人格权的保护需求空前膨胀。各国民法典出台如雨后春笋，保护人格权的相关规定呈现出不同程度的发展。

（一）开端

1. 1794年《普鲁士一般邦法》。

《普鲁士一般邦法》是欧洲大陆法典化运动的先驱。其虽然在严格意义上并不是一部民法典，但其中的民法部分却是民事法律法典化的第一次尝试。该法实施法第八十三条明确规定，人的一般权利建立在天生的自由基础上，即能够在不损害他人的前提下寻求和促进自己的幸福，该法第一编第六章第一条以下规定了各种具体人格权，如身体、自由、名誉等。此种具体人格权在一定程度上受到了“当代应用法学派”的影响。该法可以说是近代法中第一部正式确认人格权的法典。[④]

2. 1804年《法国民法典》。

《法国民法典》适应自由资本主义发展需要，强调保护私有财产的绝对无

① ［日］齐滕博：《人格权法研究》，日本一粒社昭和54年，第10页。

② ［日］星野英一：《私法中的人》，王闯译，载梁慧星主编：《为权利而斗争》，中国法制出版社2000年版，第356页。

③ 《法国民法典》，罗结珍译，中国法制出版社1999年版，第3－6页。

④ 王利明：《论人格权的新发展》，载《法商研究》2006年第6期。

限所有权和契约自由，却没有明确确认和保护人格权的规定。但事实上早在1791年《表演权法》的提案就已经指出："在所有财产权中，最神圣和最能体现人格的莫过于作者的作品，即作者的智力成果。"在1902年的一个判例中，法国最高法院认为作者对作品的修改权和禁止他人发表权是作者的"固有人格权"。[①] 并且萨维尼发现，法国当时的判例一直保护各种人格利益不受他人侵犯。[②]《法国民法典》包括后来的《德国民法典》没有直接规定人格权制度的原因在于他们认为一种普遍的对自己的支配权不需要经过法律的承认，关于人格权由许多具体制度加以保护。[③] 前文提到的这种观念在后来已经发生改变，法国的法官意识到了立法技术的疏忽或者是立法理念的差异，扩张解释了《法国民法典》第一千三百八十二条关于侵权行为的过错原则，创立了保护人格权的判例，表现之一就是，法国20世纪70年代和90年代的人格权立法修正案。法国在20世纪70年代和90年代的两次修正案分别增加了私生活受尊重权和尊重人之身体方面的权利。[④]

法国的这两次修正案在以下若干方面具有先进性：

第一，通过修正案确立了人格权请求权制度。《法国民法典》第九条（1970年修正）规定了法官有权采取阻止或者抑制妨害私生活隐私的任何措施；第16－2条（1994年修正）规定了法官有权采取阻止或者抑制对人体非法侵害的任何措施。

第二，1970年修正案确立了私生活受尊重权。第九条规定："任何人均享有其私生活受到尊重的权利。"这一规定给法国法官以极大的自由裁量权。在实践中法国法院也根据此条规定发展出了大量的案例。此外，该条要受制于《欧洲人权公约》第八条关于私生活权的规定。

第三，1994年修正案确立了物质性人格权的一般规定。《法国民法典》第十六条规定："法律确保人的首要地位，禁止任何侵犯人之尊严的行为，并且保

① 李琛：《著作人格权诸问题研究》，载刘春田主编：《中国知识产权评论》，商务印书馆2002年版，第236页。

② Friedrich Carl von Savigny, System des heutigen romischen Rechts, Bd. Ⅲ, S. 转引自龙卫球：《民法总论》，中国法制出版社2001年版，第305页。

③ 星野英一：《私法中的人》，王闯译，载梁慧星主编：《为权利而斗争》，中国法制出版社2000年版，第356页。

④ 《法国民法典》，罗结珍译，中国法制出版社1999年版，第3－6页。

证每一个人自生命一开始即受到尊重。”《法国民法典》第16－1条规定：“任何人均享有身体受到尊重的权利。人之身体不得侵犯。”

第四，坚持了物质性人格要素不得进行商品化利用，这一规定非常具有代表性。《法国民法典》第16－1条第三款规定：“人体、人体各组成部分及人体所生之物，不得作为财产权利之标的。”第16－5条规定：“任何赋予人体、人体各部分以及人体所生之物以财产性价值的协议，均无效。”第16－7条规定：“为他人之利益生育或怀孕的任何协定，均无效。”这些规定是对日益混乱的国际器官买卖市场的及时而又正确的反应。从根本上保证了人是作为目的而存在，而不是作为手段而存在，体现了法国法在人格权的理论基础上以人格尊严为核心，而不是像美国人格权法那样是以人格自由为核心。与之相适应的是，在第16－8条规定：“可以鉴别捐赠其身体之一部分或身体所生之物的人的任何信息，以及可以鉴别接受此种捐赠的人的任何信息，均不得扩散之。捐赠人不得了解受捐赠人的身份，受捐赠人亦不得了解捐赠人的身份。在有治疗需要的情况下，只有捐赠人与受捐赠人的医生才能接触可以鉴别捐赠人与受捐赠人之身份的信息。”这样就在一定程度上保证了人体器官供给与需求之间的矛盾。值得质疑的是，其规定所有人体所生之物都不得买卖，未免矫枉过正。比如头发买卖对于人体健康并无实质性伤害，没有必要作此限定。当代社会，市场经济大潮汹涌澎湃，各国人民对人格和财产的关系的认识也不再局限于康德、黑格尔、萨维尼思想，对人的自由和尊严的全面保护，不仅需要通过财产，必要的情况下，人格要素本身也能够发挥同样的作用。人是目的，但是在尊重人格尊严和自由的前提下人格要素也可以作为手段。由此看来，《法国民法典》的此条修订过于保守，人格要素商品化已经是大势所趋。

第五，规定了损害人体完整性的严格条件。第16－3条规定：“损害人之身体的完整性，仅以对该人的治疗有必要之情形为限。损害人之身体的完整性，除因当事人的健康状况有进行手术治疗之必要并且本人不能表示同意意见之情形外，事先均应征得当事人本人的同意。”第16－4条规定：“任何人均不得侵害人种之完整性。旨在组织对人进行选择的任何优生学实践活动，均予禁止。除为预防与治疗遗传性疾病之目的进行研究外，旨在改变人的后代，对人的遗传特征进行的任何改造，均予禁止。”这些规定有原则有例外，具有较强的现实性。

第六，规定“对人之特征的遗传学研究以及通过遗传特征对人进行鉴别”的问题，建立了新的隐私权类型——基因隐私权。这些规定主要体现在《法国民法典》第16－10条、第16－11条、第16－12条当中。与一般隐私权不同的是，对一个人的基因进行分析会涉及他人的隐私。这包括：第一，对DNA的分析不但可以提供关于其个人的基因信息，还会提供此人的父母、子女和兄弟姐妹的基因信息，也就是说，对遗传基因的检测涉及个人和家庭的隐私。第二，由于一个人的DNA一般是很稳定的，因此取得的基因标本可能被用于测试几代人，能实现对种族基因的监测。《法国民法典》对基因隐私的限制保护符合人的根本利益，值得肯定和借鉴。

此外，《法国民法典》还通过1993年修正案建立了详细的姓名权制度。这些规定主要体现在民法典第二编第二章共13个条文的规定当中。这些制度涉及是否能够给孩子起“第三姓”的问题。

第七，《法国知识产权法典》规定了著作人格权。《法国知识产权法典》L.121－1条规定，作者对自己的姓名、作者身份权及作品享有受尊重的权利。该权利系于作者人身。该权利永远存在、不可剥夺且不因时效而丧失。该权利因作者死亡可转移至其继承人。第三人可依遗嘱的规定行使该权利。法国是直接承认著作权本身具有人身和财产双重属性的国家。著作财产权可以和著作人身权分离进而单独转让。著作人身权也明显包含了一般人格权的基本构成要素，法国法当然也承认对著作权侵害的精神损害赔偿。法国法的二元性著作权理论比德国的一元性著作权理论更加有利于促进版权贸易，因而具有较强的生命力。

《法国民法典》作为世界上第一部具有世界影响的民法典，由于时代和观念的局限没有在法典中建立人格权制度，但是其修正案和判例却能够在人格权问题上吐故纳新，不断适应现代生活的发展，为各国建立健全人格权制度吹响了新的前进号角。《荷兰民法典》《埃塞俄比亚民法典》《葡萄牙民法典》等都受到了其影响，其中《荷兰民法典》关于人格权的规定不多，但是在第一编人法和家庭法第1.2章“姓名权”部分有6个条文、28个具体规则，涉及名、姓、姓的证明、由国王变更和决定的姓名、未经许可使用他人姓名、配偶和已注册的生活伴侣的姓氏。①

3. 1811 年《奥地利民法典》。

《奥地利民法典》深受自然法学派的影响，第十六条明确规定，“任何人享有与生俱来的、通过理性而明晰的权利，此后，其可以被作为一个人加以对待”。与《普鲁士一般邦法实施法》中的第八十三条一样，该条更多的是纲领性的条款，缺乏实践可操作性。但是，《奥地利民法典》第一千三百二十五条至第一千三百三十条明确列举了如下具体人格权：生命、身体、自由和名誉，可见，该法典已经确认了一些具体人格权。② 该法典作为近代早期民法典同后来的《德国民法典》规定的人格权类型具有相似性，具有相似的社会背景和思想基础。截至 2011 年 2 月 14 日，该法典最初文本中的 1502 条中仅有 861 条没有被修改过，而其余的超过 40% 的条文都已经被修改过。③

从 2013 年的译本来看，《奥地利民法典》有如下几个特点：

一是明确系统规定人格权的行为规则。第一千三百四十二条规定：“人身权和财产权以及由此产生的义务，可以同样地被强化、变更、消灭。”该条文为第三编“人法和财产法的共同规定”的第一条，明确承认了人身权。更重要的是，第三编对人身权和财产权的行为规则——强化、变更、消灭、时效加以系统规定，不仅是侵权法意义上的，还是合同法、物权法意义上的人格权行为规则，这似乎是第一部用如此详细条文规定人格权行为规则的民法典，从这个意义上来讲，《奥地利民法典》在人格权发展史上具有里程碑意义。对比而言，我国民法典虽然在肖像权等条文中承认了合同法的适用，但人格权如何适用变动规则尚未有明确规定。

二是概括性承认人的权利。第十六条规定：“每个（生物学意义上的）人均生来就因理性而获得天赋的权利，并据此被视为（法律上的）人。禁止奴隶制以及以此为依据的权利行使。”这一条明显受近代资产阶级革命影响，同时也

① 《荷兰民法典》英文版，http：//www. dutchcivillaw. com/civilcodebook01. htm，最后访问时间：2020 年 2 月 1 日。《荷兰民法典》第六编债法总则第一百零六条至第一百一十条规定了生命、身体伤害、荣誉、名誉等方面债法保护规则，绑架、不法拘禁、强奸、性骚扰和严重妨害隐私也可被纳入调整范围。欧洲民法典研究组欧洲现行司法研究组编：《欧洲私法的原则、定义与示范规则：欧洲示范民法典草案（第五、六、七卷）》，王文胜等译，法律出版社 2014 年版，第 278 页。

② 王利明：《论人格权的新发展》，载《法商研究》2006 年第 6 期。

③ 《奥地利普通民法典》，周友军、杨垠红译，清华大学出版社 2013 年版。

反映了废除奴隶制的革命成果。

三是规定了姓名权和婚姻姓氏。第四十三条规定："任何人因使用姓名的权利产生争议，或任何人因他人未经授权使用其姓名（包括假名）遭受损害的，均可诉求排除妨害，侵权人有过错的，受害人可请求损害赔偿。"第一百三十九条规定："（1）如果父母有共同的婚姻姓氏，则其子女取得该姓氏。（2）如果父母没有共同的婚姻姓氏，则子女取得其父母在结婚之前或结婚之时以官方的证明文件或经官方认证的证明文件的形式向户籍管理人员表示确定的婚生子女的姓氏。为此，父母双方可以确定仅以其中一方的姓氏为子女的姓氏。（3）如果没有依据本条第二款确定的子女姓氏，则子女取得其父亲的姓氏。"

四是规定了生命权、健康权、身体权的侵权法规则。第一千三百二十五条规定："侵害他人身体的人，应承担受害人的治疗费用；赔偿其已损失的可得利益，或者如果受害人丧失劳动能力，还应当赔偿其未来的收入损失；此外，应受害人的请求，还应当考虑已查明的个案情况，支付适当的慰抚金。"第一千三百二十六条规定："如果受害人因侵害行为而被毁容，尤其在受害人是女性时，损害赔偿的确定必须考虑这一情况，即受害人的更佳生活因此受到影响。"第一千三百二十七条规定："如果因侵害身体而导致死亡，则不仅所有的相关费用必须得到赔偿，而且，死者依据法律规定应当扶养的亲属因扶养丧失而损失的利益也必须得到赔偿。"

五是规定了性自主权的侵权法规则。第一千三百二十八条规定："通过可受刑事处罚的行为或通过欺诈、胁迫或滥用从属关系或权威关系，使他人与其同居或从事其他性行为的人，必须赔偿受害人的所受损害和所失利益，还应对所遭受的精神损害给予适当的赔偿。"这一条的保护范围非常广，也解决了刑事附带民事诉讼中侵害他人性自主权的精神损害赔偿问题。对此，我国现行规定之间存在冲突。《民法总则》第一百八十七条规定："民事主体因同一行为应当承担民事责任、行政责任和刑事责任的，承担行政责任或者刑事责任不影响承担民事责任；民事主体的财产不足以支付的，优先用于承担民事责任。"但《最高人民法院关于适用〈中华人民共和国刑事诉讼法〉的解释》第一百五十七条排除了精神损害。本次立法没有解决该问题，实为一大遗憾。

六是规定了隐私权的侵权法规则。第一千三百二十八a条规定："（1）违法地且有过错地侵入他人的私人领域的人，或者违法地且有过错地公开或利用他人私人领域的情事的人，都必须对因此产生的损害承担赔偿责任。在严重侵害私人领域的情形，如他人私人领域的情事被利用的方式足以使受害人在公众面前丢脸，损害赔偿请求权也包括对所遭受的精神损害的赔偿。（2）如果私人领域的侵害应依据特别的法律规定来判断，则本条第一款的规定不予适用。通过媒体侵害私人领域的责任，仅依据《媒体法》现行有效文本中的规定予以确定。”

七是规定了人身自由权的侵权法规则。第一千三百二十九条规定：“通过暴力的绑架、私人监禁或故意借助于违法的逮捕而剥夺他人人身自由的人，有义务恢复受害人原有的自由，并给予完全赔偿。如果加害人不能恢复受害人的自由，则其必须如同致人死亡一样，对受害人的亲属给予赔偿。”该条明确了借助公权力侵害他人人身自由权的赔偿责任，考虑到了现实生活的复杂性。

八是规定了名誉权（包含信用权）的侵权法规则。第一千三百三十条规定：“（1）如果某人因名誉被侮辱而遭受了现实的损害或可得利益的损失，则其有权请求损害赔偿。（2）如果某人散布危及他人信用、职业或生活的事实，而且，其知道或应当知道该事实的不真实性，也适用这一规定。在此情形，受害人还可以请求撤回该言论并公开该情况。对于非公开告知的消息，如果告知人并不知道消息的不真实性，而且，告知人或被告知人对于该消息享有合理的利益，则告知人不应承担赔偿责任。”该条规定明确了可得利益赔偿和非公开告知规则。

4. 1855 年《智利民法典》。

《智利民法典》人格权的规定少得可怜，甚至至今（至 1989 年版本）仍然没有作出任何改动。笔者只能从其零散的规定中找到人格权的蛛丝马迹。

第一，确认了有限的婚姻自主权。第一百零二条规定：“婚姻为要式合同，依此合同，男女以共同生活、生育子女以及相互援助为目的实际地、不可解除地终身结合。”受教会法的影响，认为婚姻是不可解除的，在该国民法典当中，离婚不过是别居的意思。[①] 第一百零六条规定：“已满 21 岁的人毋需取得任何他人的同意。”第一百零七条等确立了未满 21 岁的人的婚姻规则。第一百二十四条至第一百二十七条规定了鳏夫再婚的自由。

---

① 《智利共和国民法典》，徐涤宇译，金桥文化出版（香港）有限公司 2002 年版，第 59 页。

第二，住所制度较为发达，从第五十九条等可以认定其确认了自由选择住所的权利。但是从字面上我们不能捕捉到住宅不可侵犯权或者生活安全权的任何影子。

第三，第二千三百一十四条以一般条款的形式建立了侵权行为的一般规则。这个一般条款和《法国民法典》类似，可以用来保护各种具体人格权，但是这不是一个确权性/赋权性的条款，不能够起到价值宣示，并建立合理的社会激励的作用。

由于我们对智利其他法律部门了解甚少，只能不全面地根据其法典文本本身判断智利人格权制度的发达程度。不过，对比人格权的保护历史，智利很可能通过宪法或者单行法来保护人格权。

5. 1896 年《德国民法典》。

17 世纪，德国学者普芬道夫从绝对的义务中推导出禁止侵害他人的戒律，尤其禁止造成他人与生俱来的自然法上的权利的损害，该权利包括生命、身体、名誉和自由。普芬道夫区分了不同过错程度对侵害人格权的影响，在故意侵权情况下，损害赔偿应考虑到被害人的精神痛苦。在此，我们可以发现现代人格权法中精神损害赔偿的影子。① 1794 年，《普鲁士一般邦法实施法》第八十三条规定，“人的一般权利建立在天生的自由基础上，即能够在不损害他人的前提下寻求和促进自己的幸福”，该法第一编第六章第一条以下规定了各种具体人格权，如身体、自由、名誉等。这可以说是近代第一部正式确认人格权的法典。②

与法国不同，德国民法中尽管法律人格和人格权通过人格尊严思想的介入而联系起来，但受康德和对 19 世纪德国私法学具有支配性影响的萨维尼的影响，对每个人虽然承认其不受他人意思支配的独立地支配自己意思领域的权利，但却否认了对自己自身的实定法上的支配权。理由是对自己的支配权一方面不需要法律的承认，另一方面由许多具体制度加以保护。从那以后，19 世纪德国历史法学的主流失去了对人格权的关心。③

---

① 王利明：《人格权法研究》，中国人民大学出版社 2005 年版，第 141 页。

② 王利明：《人格权法研究》，中国人民大学出版社 2005 年版，第 142 页。

③ ［日］星野英一：《私法中的人》，王闯译，载梁慧星主编：《民商法论丛（第 8 卷）》，法律出版社 1997 年版，第 177 页。

《德国民法典》通过之前，基尔克等德国法学家坚决主张人格权要全面规定在民法典当中，但当时人格权的社会需求并不是很大，人格权的理论研究也并不成熟，主张人格权为自然权利的反对派力量强大，法典起草专家温特萨伊德认为，人格权作为一项在私法体系之中的特别陈述是不必要的，因为人格权的存在和它的界定是毫无疑问的。[①]

《德国民法典》并没有规定人格权的概念，仅仅规定了姓名权、生命权、身体权、健康权、自由权、信用权、贞操权。随着历史的发展，尤其由于“二战”及其以后的社会变化，1954年德国联邦最高法院基于一个微不足道的理由，通过读者投书案建立了一般人格权制度。以后又通过骑士案、人参案、人口普查案等补充了《德国民法典》关于人格权制度的缺陷。德国一般人格权制度的建立虽说是亡羊补牢，但是一般人格权帮助德国以人格尊严为基础建立了一个比较完整的人格权体系。后来，又通过判例扩大解释立法，依法保护名誉权、隐私权、肖像权等具体人格权。德国还通过了《个人资料保护法》等单行法补充了具体人格权制度。

人格权保护需求的快速增长恐怕为立法者所始料不及。首先是肖像权问题。在法律上使用肖像的概念，最早见于德国1876年颁布的《美术著作物之著作权法》和《不法模作之照像保护法》。两法初步提出了法律上肖像的概念，并且对肖像权的保护提出了初步的法律规定。而该两法之规定，于肖像之保护，缺点甚多。柏林高等法院法官克思奈于1896年出版《肖像权论》一书，提出了肖像权法律保护的新观念，引起热烈的讨论。1898年[②]，德意志第二帝国的首相俾斯麦死于其寓所，两个记者潜入该房间偷拍了俾斯麦的遗容并准备在市场中出卖该照片以获利。俾斯麦继承人欲阻止公开发表该照片而记者不从，故诉至法院。由于德国民法典中没有关于肖像权的规定，因此法院只能依据罗马法的因不法而不当得利制度判处该两个记者归还该照片的底片。[③] 终至德国立法机关于1907年颁布了新的《艺术品著作权法》，确认肖像作为法律概念的意义是，一个具体的肖像作品同时体现着两方面的权益，一方面是肖像作品的著作权所

① 张红：《人格权总论》，北京大学出版社2012年版，第9页。

② 龙显铭：《私法上人格权之保护》，中华书局1958年版，第93－94页。

③ 王利明：《人格权法研究》，中国人民大学出版社2005年版，第88页。

有人所享有的著作权，另一方面是肖像人就该肖像所享有的人格利益。就同一肖像而言，这两方面的权益无疑是冲突的，法律所调整的正是这种冲突关系。①

但这种修正仅仅是一个开始。随着科技水平、市场经济、政府权力和公共媒体影响力的逐步扩张，“二战”以后，人格权入典的需求进一步强化，1954年德国联邦最高法院基于一个微不足道的理由，通过读者投书案建立了一般人格权制度。以后又通过骑士案、人参案、人口普查案、伊朗皇后案、摩洛哥公主案、玛丽莲·迪特里希案等补充了人格权制度的缺陷，丰富和发展了一般人格权、人格权与言论自由、人格权精神利益和财产利益保护等法律规则。②

在通过判例弥补法典不足的过程中，在1957年召开的第42届德国法学家会议上，许多学者主张重新对德国民法典人格权部分进行修正，并建议制定特别法以保护人格权，唤起公众对人格权的重视，主张以金钱的方式来填补对人格权侵害的精神损害。西德联邦司法部接受法学会议的决议，于1958年在总结德国联邦法院基于基本法而作出的一系列判决的基础上正式提出了德国民法典人格权部分的修正案——《德国民法典人格和名誉保护改革草案法》。由于大众媒体认为该草案影响新闻自由，所以该草案在1959年时又有一个修订版本，但是1959年的修订版本由于政治上的原因仍然没有被西德国会通过，以致德国人格权法至今仍然是以判例为主。③ 但该草案对于我们认识德国人格权法发展史和制定我国的人格权法具有极为重要的参考价值。该草案意图将《德国民法典》第十二条扩张为第十二条至第二十条，同时对侵害人格权的损害赔偿法部分作出相应修正，下文就是对该草案主要内容逐条译评。

民法典修正如下：

（1）第十二条由以下第十二条至第二十条替换：

---

① 王利明主编：《人格权法新论》，吉林人民出版社1994年版，第362页。

② 具体案情参见［德］迪特尔·梅迪库斯：《德国民法总论》，邵建东译，法律出版社2000年版，第801－811页。

③ Harry Krause, The Right of Privacy in Germany: Pointers for American Legislation?, Duke Law Journal, Vol. 1965, No. 3, pp. 481－530. 本文中所翻译的修正案条文也是从该文中选取节译。该修正案的德文全称：Entwurf eines Gesetzes zur Neuordnung des zivilrechtlichen Persoenlichkeits－und Ehrenschutzes。施启扬：《从特别人格权到一般人格权》，载郑玉波主编：《民法总则论文选辑》，五南图书出版有限公司1984年版，第368－394页。相关的资料也可以参见薛军：《人格权的两种基本理论模式与中国的人格权立法》，载《法商研究》2004年第4期。

第十二条　【侵害人格权的禁令救济、侵害死者人格利益】

不法侵害他人人格的人有义务停止侵害；这一点尤其适用于第13－19条规定的情况。如果能预见更进一步的损害，受害人也可以诉请适用禁令。但日常生活中可以容忍的摩擦在这里不被考虑。

如果受害人已经死亡，或者侵害直接指向死者，其亲属有权根据本条第一款主张权利，除非死者已经指定并授权他人在此情形下主张权利。自受害人死亡30年期满后，该权利不能再被主张，除非已经依合同承诺或者在此前已经诉诸法院。

本条第二款意义上的亲属是指死者仍在世的配偶和子女，或者在死者没有配偶或者子女时，死者的父母亲，或者在死者也没有父母亲时，死者的同胞兄弟姐妹和孙子女。如果在同一等级有数个亲属，每一个亲属可以根据本条第一款单独主张权利；只有在全体人都同意的情况下才能够除去该行为的不法性。

◆ 评议

该条第一款是关于人格权请求权和一般人格权的规定。就人格权请求权而言，其立法采纳了社会本位的原则，设立了权利人的容忍义务，确立了预防妨害和排除妨害两种行使方式。这种观念和近年来的研究结论是基本一致的。[①]总的来讲，该条第一款在当时的环境下具有重要意义。

本条第二款规定的死者人格利益是人格权法的基本问题之一。该修正案是对俾斯麦案件的进一步总结，其不再局限于德国《艺术品著作权法》对死者肖像的保护，从德国当时的情况以及世界法律发达史来看，这无疑是一种进步。该条值得我们注意的有两点：其一，死者人格利益的保护时限问题。此前，德国《艺术品著作权法》对死者肖像的保护时限是10年[②]，本条规定的是30年。在美国，一些州认可自然人死亡之后不同的公开权保护期限。例如，加州为50年，佛罗里达州为40年，肯塔基州为50年，内布拉斯加州没有规定期限，内华达州为50年，俄克拉荷马州为100年，田纳西州为10年及其后2年内无人

---

① 崔建远：《债法总则与中国民法典的制定》，载《清华大学学报》2003年第4期。

② 《德国著作物及照相著作物权法》第二十二条规定："人之肖像，限于原像人同意时，得公布或然展览。原像人为制作自己之肖像而受报酬时，推定其为同意。原像人死亡时，死亡后如未经过十年，即须得死者亲属之同意。本法所称之亲属，谓原像人配偶及子，配偶及子不存在时，则指原像人之父母。"参见龙显铭：《私法上人格权之保护》，中华书局1958年版，第99－100页。

使用为止，得克萨斯州为50年，弗吉尼亚州为20年，至于美国纽约州、马萨诸塞州等其他州的制定法则没有提供上述利益的死后保护规则。[①] 当然，各国在此问题上并无统一结论。但是，较为一致的观点是对死者人格利益予以延伸保护。由于这种延伸保护的实质在于保护死者近亲属的利益和社会的公序良俗。因此，在确定死者人格利益的保护期限时以近亲属为限的看法应属妥当，也只有这样才能够达到最大限度地维护近亲属利益的目的。[②] 其二，死者人格利益的保护应该区分人格性精神利益和人格性财产利益，根据人格利益的位阶高于财产利益位阶的原理，人格性精神利益的保护期限应该长于人格性财产利益的保护期限。而且，在对死者人格性精神利益的侵害关系到整个社会的公序良俗的情况下，诉讼主体的范围应该有所突破，允许检察机关等机关团体提起公益诉讼。此种当事人适格之突破应在民法典中明文规定。相反，对于死者人格性财产利益的侵害，由于其不影响整个社会的公序良俗，因此根据私法自治原则其诉讼主体只能够局限于死者近亲属的范围之内。该条第二款还规定了关于死者人格利益保护期限的例外情况——已依合同承诺或者在此前已诉诸法院，这就突破了只将上述事由作为精神损害赔偿请求权专属性例外的窠臼。

本条第三款规定的死者近亲属请求法律保护顺序问题。第一顺序人为死者仍在世的配偶和子女；第二顺序人为死者的父母亲；第三顺序人为死者的同胞兄弟姐妹和孙子女。只有在没有前一顺序人的情况下，下一顺序人才可以主张权利。《精神损害赔偿司法解释》第七条也规定了赔偿权利人的顺序问题。显而易见，我国司法解释确定顺序的依据来源于《继承法》第十条关于法定继承的规定。[③] 由于赔偿顺序关系到相关权利人的实体利益，因此，将赔偿权利人分为三个层次还是两个层次是有区别的。德国人格权法修正案对顺序的确定完全是以其他人与死者亲疏程度为基础的，科学与否，恐怕要和具体国情相联系。该条第三款并没有将死者的祖父母、外祖父母列为任何一个顺序的赔偿权利人，

---

① 美国《第三次不公平竞争法》（Restatement of the Law, Third, Unfair Competition）第四十六条评论 h。

② 王利明：《人格权法研究》，中国人民大学出版社2005年版，第202－203页。

③ 《继承法》第十条前两款规定："遗产按照下列顺序继承：第一顺序：配偶、子女、父母。第二顺序：兄弟姐妹、祖父母、外祖父母。继承开始后，由第一顺序继承人继承，第二顺序继承人不继承。没有第一顺序继承人继承的，由第二顺序继承人继承。"

其妥当性有待斟酌。

第十三条【生命权、身体权、健康权、自由权】

如果某人未经授权侵害他人生命、身体、健康或者自由，其行为就构成了第十二条意义下的不法侵害。

评注

本条实际是对《德国民法典》第八百二十三条的修正，草案起草者的意图恐怕有二：其一，纯化侵权法。通过本条规定使民法典第八百二十三条成为纯粹的侵权行为条款，使得人格权法和侵权法有所区分。其二，提高人格权的地位。改变上述四种权利在侵权法中被动规定的局面，通过正面的宣示性规定，促使人们提高对人格权的重视。这一点可以参见本修正案对第八百二十三条的技术性修正。从以上两点来看，本条的设置是值得肯定的。

本条的不足之处在于，以上四种权利仍然没有从根本上脱离侵权法，也缺少了以上几种权利能否限制、抛弃、转让等方面的规定。对安乐死、代孕生育、人体器官捐献及移植、人体试验、遗体捐献及解剖等特殊问题也没有涉及，更不要说与基因相关的人格权保护了。

第十四条【名誉权】

如果某人不尊敬地公开侮辱他人，或者向第三人制造或散布实际上破坏他人名誉而其本人又不能够证明属实的武断言论，那么其行为就构成了第十二条意义下的不法侵害。

如果其评论符合履行法定义务的要求，或者评论合理遵循了正当的公共利益或者个人利益，则他人不能够阻止该表述。新闻报道、广播和电影如果在履行其公共义务的框架内向公众报告情况或者进行批评，其行为可以被认定符合某种正当利益。制造或散布破坏他人名誉言论且知道该言论并不属实的人，不能主张其行为符合正当利益的要求。一旦受害人不能够主张阻止表达的情形（依据本段第一句）消失，他就可以立刻要求排除妨害。

在与公共事件相关时，某人制造或散布实际上破坏他人名誉而又不能被证明属实的言论，如果关于此事的事实性报道合理遵循了某种正当的公共利益或者个人利益，则后者不能够阻止该报道。本条第二款第二句可以被类推适用。

以第十五条为前提，就他人的成就或者行为的消极批评和向第三人制造或散布的确破坏他人名誉的言论而言，只有该表达在具体情境中构成侮辱性公开，或者构成以悖于公序良俗的方式侵害他人人格时，该表达才构成第十二条意义下的不法侵害。

◆ **评议**

本条意图寻求名誉权和表达自由之间的最佳界限，其确立的名誉权侵权及其抗辩事由较为简单。本条不足之处在于，未将公众人物的保护问题予以规定，这或许是德国当时的社会需求还没有达到足够的程度，或许是起草者没有足够地重视并深入研究这一问题。在美国，公众人物规则也是在1964年纽约时报诉沙利文案件后才逐步确立的。在大陆法系，最早规定公众人物人格权保护规则的是本草案两年后，即1960年颁布的《埃塞俄比亚民法典》，该法第二十八条规定："因肖像的属主为公众人物，或因他担任的公职，或因司法和警察活动的要求，或科学、文化和教学的利益证明复制自然人的肖像为正当，或肖像的复制与具有公共利益或发生在公共场合的事实、事件或仪式相关，则不要求有关人士的同意。"我国在立法上并没有确立公众人物规则。但是我国法院通过范某某案件在司法实践中确立了公众人物规则。公众人物的人格权应当受到适当限制，这种限制来源于基于宪法上的表达自由而产生的知政权和知情权。对于知政权，主要的考虑是官员从事公共事务，其行为往往会涉及公共利益，因此基于与纽约时报诉沙利文案同样的理由，官员的人格权应当受到一定的限制。对于知情权，主要考虑到其他公共事件或者公共争议往往也直接涉及公共利益，公众具有广泛的兴趣，这样的事情也具有新闻价值，因此这些事件中的主要人物也可以被认为是公众人物。

第十五条【隐私权】

如果某人未经授权公然制造或散布他人私生活或者家庭生活的言论，其行为构成第十二条意义下的不法侵害。如果其合理遵循了某种正当的公共利益或者个人利益，该信息的传播可以被允许。

如果某人未经授权公开具有机密内容的信件，或者个人性质的记录，其行为构成第十二条意义下的不法侵害。如果作者同意公开，信件内容也容易被接受，或者其行为合理地遵循了某种正当的公共利益或者个人利益，那么公开就是被允许的。

第十四条第二款的第二句可以被类推适用。

◆ **评议**

本条第一款的规定同《法国民法典》第九条、《澳门民法典》第七十四条规定的隐私权相类似，都是直接将隐私权界定为私生活权，具有次级一般条款的作用，囊括私人信息、私人活动、私人空间、私人安宁等内容。

本条第二款的规定是关于信息型隐私权的一般条款，其同《澳门民法典》区分秘密信函和非秘密信函的做法类似，这种区分系属少见的立法例。相比之下，《澳门民法典》进一步区分秘密书函、亲属记事及其他秘密文书、非秘密书函、个人经历保密权、个人资料之保护的做法更为详尽，但此款规定同不采取信息型隐私权类型化的立法例相比，已经较为周全。

本条第三款类推适用的规定具有特色，体现了较为纯熟的立法技术。

第十六条【姓名权】

如果某人争夺他人对某一姓名的使用权（该姓名是他本人的，或者其他人的），或者如果某人未经授权使用同样的姓名，那么其行为就构成第十二条意义下的不法侵害。

◆ **评议**

即使姓名设定、姓名变更的规则没有必要在民法典中规定，也应该通过单行的姓名条例来确定，姓名是否可以转让的规则也有必要在姓名权部分予以明确确定，姓名使用的规则也应进一步完善。因此，本条规定的姓名权内容有所欠缺。

第十七条【肖像权】

如果某人未经授权公开他人的照片，那么其行为就构成第十二条意义下的不法侵害。

具有以下情形的，公开是被允许的：

（一）照片与时事相关；

（二）事件和地点照片中的人物仅仅作为点缀；

（三）集会、游行或者类似的公共事件照片；

（四）在具有某种重大艺术价值或科学价值时，没有制作成与本人相似的照片。

即使符合第二款的情形，如果公开照片会和照片本人的正当利益相抵触，公开仍不被允许。

除第二款第一项和第三项所规定的情形外，如果某人以悖于他人意愿的方式使用他人照片，或者使用照片会侵害他人的正当利益，其行为就可以构成第十二条意义下的不法侵害。

◆ **评议**

本条把肖像权、肖像权的限制以及对肖像权限制的限制统一规定在一起具有特色，并明确侵害肖像权不需要以具有营利目的为前提。但是，对肖像权限制的规定较为简单，如国家机关执行公务或当事人在诉讼中确有必要使用他人照片等限制事由并没有规定。此外，集体肖像权规则也没有在本条得到确认。

国内学界对人体模特肖像权、剧照人物的肖像权等问题有了进一步的探索。对于著作权和人格权发生冲突时如何处理，也有较为一致的意见。我国台湾地区“台北地方法院”有关“当著作权与肖像权冲突时，衡量其利益结果，应以着重人格权之人的要素之肖像权的保护优先于着重财产权要素之著作权”的一则民事判决确立的上述原则较为可取。而这种原则就是本条第三款和第四款所主张的原则。从这个角度来看，本条确立了人格权高于财产权的原则，充分体现了人文主义精神。

第十八条【谈话】

如果某人未经授权通过技术手段录制他人的讲话，或者使公众能够直接或通过技术手段公开知悉他人的讲话，那么其行为就可以构成第十二条意义下的不法侵害。但如果是为了进行集会、游行或者类似公共事件的报道，则上述行为就是被允许的。

第十九条【窃听】

如果某人未经授权使用窃听器或者类似方法获取并不想为其知悉的讲话或者关于他人私生活或家庭生活的事实，那么其行为就可以构成第十二条意义下的不法侵害。

◆ **评议**

美国隐私法认为，谈话隐私就是公民个人在进行私人交流时所享有的不受不法干扰和偷听的权利，这种权利在美国已经发展成一种很典型的隐私权利形式。① 这两条实为我国民法典所规范的私密活动，但操作上更为细致直接。

第二十条【反报道/更正权和答辩权】

公开制造或散布可能致使他人人格损害言论的人，有义务依据他人的要求毫不迟延地以同样的方式公开他人的回复，或者在以同样的方式公开是不可能或者不可行的情况下，以其他方式公开他人的回复。但回复必须限于相关事实的描述，且相关的内容和范围必须是合理的。在回复公开阶段，对该回复进行评论的人必须仅就事实本质的表述部分进行评论。

该权利在以下情形下不存在：

（一）回复明显不属实，或者基于其他原因公开回复不具有正当利益；

（二）在司法程序中制造或散布言论；

（三）对于立法机构成员的陈述或者立法机构会议的报告而言，该陈述或报告依据特殊规定可以免责。

在获得公开制造或散布的不利言论事实之日起一个月内，权利人没有要求公开回复的，或者自该言论公开传播三个月内没有要求公开回复的，则权利人丧失该权利。

公开可以以预防性禁令的方式被许可。没有经过口头听审，不可以签发预防性禁令，但情况危急时除外。《德国民事诉讼法》第九百二十六条不能被适用。

根据第一款，有义务公开回复的人已经履行了公开义务，如果该回复被证明明显不真实，那么他可以要求对方赔偿他因为公开回复而产生的必要费用，该请求不受其他请求的影响。当新闻报道、广播和电影制作散布此断言时，该权利只有在某些特殊原因使得要求赔偿费用具有适法性的情况下才能够存在。但无论如何所请求的赔偿费用不应超过公开回复给有义务公开回复的人所带来的费用。

◆ **评议**

此条类似《瑞士民法典》第二十八条关于的“反报道”（更正权和答辩权）

① ［美］艾伦、托克音顿：《美国隐私权法》，冯建妹等译，中国民主法制出版社2004年版，第132－141页。

规定。在我国立法过程中，谢鸿飞曾提出借鉴瑞士民法典该条规定，从规定来看，该意见被采纳。坦率地讲，反报道有利于更为周全地保护双方当事人的利益，尤其有益于表达自由制度的完善。

本条第三款公开回复请求权因怠于行使而消灭的规定最具特色。这一点是《瑞士民法典》等所没有规定的。公开回复请求权因怠于行使而消灭更好地平衡了双方当事人的利益，但是本条所规定的期限过短，起算点也没有明确（是知道，还是应当知道），这就容易使得受害人无法得到充分的保护。本条第四款关于费用承担的规定考虑到了新闻媒体自身公开回复方便的特点，具有可借鉴性。

（2）在第二百五十二条后插入下面的第二百五十二a条：

第二百五十二a条【侵害人格权的财产损害】

制造或散布的确不真实的言论侵害他人人格的（参见第十四条第一款规定），根据通常的经验或者具体的情境，如果财产损害是可能的，那么就可以认定该侵害已经导致了财产损害。

◆ **评议**

在我国侵害人格权所导致的损害赔偿曾一度被局限于人身损害赔偿和精神损害赔偿，从而忽视了侵害人格权的财产损害赔偿。比如，《精神损害赔偿司法解释》认为死亡赔偿金、残疾赔偿金为精神损害赔偿，而《人身损害赔偿司法解释》则认为，死亡赔偿金、残疾赔偿金为财产损害赔偿。

如果确认了侵害人格权可以产生财产损害，则财产损害赔偿请求权就具有了财产性、补偿性和非专属性。其直接推论就是，侵害人格权的财产损害赔偿请求权可以转让，这使得侵害人格权的财产损害赔偿和精神损害赔偿可以较为明确地进行区分，也使得受害人可以较为灵活地请求损害赔偿。

（3）第八百二十三条第一款作如下修改：

第八百二十三条【侵权法的一般条款】

故意或过失不法侵害他人人格，或者故意或过失不法侵害他人财产或者任何其他权利的人，有义务赔偿他人由此而导致的损害。

◆ **评议**

本条既是对前面修正条款的调整，也是为了更加科学地建立侵权法的一般条款。可以对比的是《德国民法典》原第八百二十三条第一款的规定，其规定：“故意地或者有过失地以违法的方式侵害他人生命、身体、健康、自由、所有权或者其他权利的人，负有向他人赔偿由此所发生的损害的义务。”①

(4) 第八百二十四条作如下修改：

第八百二十四条【信用权】②

故意或过失制造或散布易于使他人信用受到损害的不真实言论的人，或者以其他方式损害他人生计或发展前途的人，有义务赔偿由此而导致的损害。

如果该传播行为符合某种正当的个人利益或公共利益，则不产生损害赔偿义务。第十四条第二款的第二句可以类推适用。知道该言论不真实的人不能主张其享有正当利益。

◆ **评议**

本条仍然将信用权置于侵权法部分，没有直接确认其人格权属性，在解释上较难确认其性质为人格权，而且其单独在侵权法部分规定，并没有与其他财产权规定在一起，这也较难确定其性质为财产权。从这一点来看，本条规定有体系违反之嫌。此外，其没有规定征信制度。

(5) 废除第八百二十五条【贞操权】。

◆ **评议**

《德国民法典》规定贞操权在德国司法实践是已经死去的法律，半个多世纪以来法院从未适用它判决过案件，理由是违反了男女两性实质平等的原则。③恐怕是基于同样考虑，该草案的起草者决定废除贞操权的规定。但是，2002 年仍然在第八百二十五条和第二百五十三条中规定了性自主权（贞操权），确认了贞操权为独立的人格权类型，侵害贞操权也可以请求非财产损害赔偿。第八

---

① 《德国民法典》，陈卫佐译注，法律出版社 2005 年版，第 265 页。

② 陈卫佐译注的《德国民法典》第八百二十四条如下：“违背实情，声言或者传播可能危害他人的信用或者造成对他人职业或者发展的其他损害的情况的人，虽然不知道不真实性，但应当知道的，也必须向他人赔偿由此发生的损害。通知人不知道通知的不真实性，并且通知人或者通知的受领人对通知有正当利益的，通知人不因此负损害赔偿义务。”参见《德国民法典》，陈卫佐译注，法律出版社 2005 年版，第 265 页。杜景林、卢谌译本第二款也与陈卫佐译本基本相同，所以本条的不同或许是本文译自英译本的原因。

③ 张新宝：《人格权法的内部体系》，载《法学论坛》2003 年第 6 期。

百二十五条规定："因欺诈、胁迫或者滥用从属关系而诱使他人实施或者容忍性行为的人，负有向他人赔偿由此发生的损害的义务。"第二百五十三条第二款规定："因侵害身体、健康、自由或者性的自我决定而须赔偿损害的，也可以因财产损害以外的损害请求公平的金钱赔偿。"从上述条文来看，本条已经根据男女平等原则作了修改，不再将贞操权的主体局限于女性，这是合理的。贞操权应该是一种独立的人格权，该草案废除贞操权的做法，有欠周全。

（6）第八百四十七条作如下修改：

第八百四十七条【非财产损害赔偿】

人格受到侵害的人可以对其非财产损害（包括遭受的羞辱）要求合理的金钱赔偿。但是，如果第二百四十九条意义下的回复原状是可能并且充分，或者受害人通过金钱赔偿以外的方式得到了补偿，则本条第一句不被适用；轻微的侵害，不予斟酌。赔偿的金额取决于案件的具体情况，尤其是损害和过错的程度。

前项请求权不可以被转让或继承，除非已依合同承诺或者已经起诉到法院。

◆ **评议**

本条改变了《德国民法典》第八百四十七条将精神损害赔偿局限于身体权、健康权、人身自由权、贞操权的规定，将精神损害赔偿扩张到所有的人格权，这是可取的。2002年修正后的德国民法典也作出了类似规定。

以今天的眼光来看，1958年德国人格权法修正草案还存在诸多不足，比如说其否定了贞操权作为一种独立的人格权；将信用权置于侵权法部分，没有直接确认其人格权属性；对人格权财产化的问题也没有提及。① 但是，作为六十多年前的草案，其在诸多方面仍然要优于我国2002年民法草案人格权编，这的确值得我们进一步反思。人格权需要独立成编，但人格权的保护并不是独立成编就能够解决的，诸多细致的规定仍然要我们去进一步检讨。还需要注意的是，德国人格权保护方面，民法典之外的其他法律（尤其是公法）对人格权的转介保护以及国际法对德国人格权保护的积极影响，可以说1953年12月15日实施的《欧洲人权公约》也是德国人格权法不可分割的一部分。

---

① 因为直到多年后的NENA案，德国各级法院的态度仍然不甚明朗。

德国一般人格权制度的建立虽说是亡羊补牢，但是一般人格权帮助德国以人格尊严为基础建立了一个比较完整的人格权体系。后来，又通过判例扩大解释立法，依法保护名誉权、隐私权、肖像权等具体人格权，德国还通过了《个人资料保护法》等单行法补充了具体人格权制度。1994年，德国制定《第二平等权利法》，规定关于工作中隐蔽和公开的性骚扰的处理。2002年，德国《关于修改损害赔偿法上的规定的第二次法律》关于修改第二百五十三条的决议，增加了第二款“因侵害身体、健康、自由或者性的自我决定而须赔偿损害的，也可以因财产损害以外的损害而请求公平的金钱赔偿”的规定。① 《德国刑法典》第十三章专门规定了“妨害性自决权”，列举了如下侵害性自主权的行为：对被保护人的性滥用；对犯人、官方拘禁之人和医院中病人的性滥用；利用职位所为之性滥用；利用咨询、治疗或照料关系所为之性滥用；对儿童的性滥用；强制猥亵、强奸；对无反抗能力之人的性滥用；促使未成年人的性行为；介绍娼妓；露阴行为。该条文和第八百二十三条第二款“违背以保护他人为目的的法律的人，负有相同的义务”的规定结合起来，使得违反刑法构成侵权法意义上的违法性，从而完善了侵权法保护规则。2004年版德国侵权法教科书中的观点可能更具代表性，作者指出，人格权的伦理基础塑造了人类的形象，而这一人类形象将个体理解为人的本身，并就此将个体理解为具有无条件的自我价值的、其自我存在即为其本身目的的一个生物体。这一对人的存在的理解所导致的要求即为，承认个体在自我发展方面，有一个由其个人来确定的领域，并与此相关地提出了对所有人都适用的道德要求，即每个人的私人领域都应予以尊重。②

尽管《德国民法典》的人格权制度先天不足，但是其还是随着《德国民法典》在世界各地生根发芽、开花结果。德国法系人格权制度的改革也是类似的，大都通过判例确立一般人格权制度和其他具体人格权，并辅之以单行法。虽然《德国民法典》人格权部分没有独立成编，但是其在司法实践中逐步健全了人格权保护体系，德国人格权的精神利益与财产利益保护模式与美国的“隐私权—公开权”保护模式相映成趣，都具有相当强的适用弹性，是当今世界人格权

---

① 《德国民法典》，陈卫佐译注，法律出版社2004年版，第76页。

② ［德］马克西米利安·福克斯：《侵权行为法》，齐晓琨译，法律出版社2006年版，第48页。

法的代表模式。

6. 1896年《日本民法典》。

《日本民法典》受法、德两国影响，并没有在民法典中建立较为全面的人格权制度。“二战”后，通过和平宪法在民法典中加入了人格尊严和两性平等的内容，从而使得《日本民法典》能够在判例的帮助下不断适应社会的发展。总结起来，《日本民法典》的人格权制度主要有如下内容：

第一，规定了侵害物质性人格权的双重赔偿制度。第七百零九条规定：“因故意或过失侵害他人权利时，负因此而产生损害的赔偿责任。”第七百一十条规定：“不问是侵害他人身体、自由或名誉情形，还是侵害他人财产权情形，依前条规定应负赔偿责任者，对财产以外的损害，亦应赔偿。”上述条款继承了法国判例、《瑞士债务法》《德国民法典》确认的侵害物质性人格权的双重赔偿制度。该制度是指对于物质性人格权的法律保护，不仅要赔偿财产上的损失，而且要赔偿因物质性人格权受侵害时所造成的精神损害。但是，德国法的双重赔偿制度对于物质性人格权的保护稍有遗憾之处，就是对侵害生命权的慰抚金赔偿没有规定。《日本民法典》弥补了这一缺陷，于第七百零九条和第七百一十条规定了与德国法上述内容相同的条文后，专设了第七百一十一条对死者亲属的赔偿条文，规定：“害他人生命者，对于受害人的父母、配偶及子女，虽未害及其财产权，亦应赔偿损失。”①

第二，明确了名誉权损害的规则。第七百二十三条规定：“对毁损他人名誉者，法院因受害人请求，可以命令代损害赔偿或与损害赔偿一起实行恢复名誉的适当处分。”实践中，区分媒体与媒体以外引起的名誉毁损。②

第三，没有规定一般人格权制度。日本战后修宪，该《宪法》第十三条规定：“凡国民之人格，均受尊重。”这提出了一般人格权的一般宪法原则。为了使民法和宪法相协调，日本立即于1947年4月19日制定《日本国宪法施行后民法应急措施之法律》，与宪法同日实施，以应急需。该法第一条规定：“本法律之目的，在于新宪法施行后，就民法方面，以个人之尊严，与两性之本质的平等为基础，为应急的措施。”开宗明义，明确规定了一般人格权。次年1月1

① 杨立新：《人身权法论》，人民法院出版社2002年版，第17页。

② ［日］五十岚清：《人格权法》，铃木贤等译，北京大学出版社2009年版，第35－116页。

日正式施行《改正民法一部分之法律》，在民法设置第一条之二："本法，应以个人之尊严，与两性之本质的平等为本旨，而解释。"将宪法的原则在民法中予以落实，确认了一般人格权，并进行民法保护。①

第四，没有人格权请求权。但是，日本通过判例的形式确认了人格权请求权。北方杂志案是日本最高法院就存在名誉侵害之嫌的表达行为可否事先停止侵害而表明立场的第一个判例。日本最高裁判所1986年6月11日的判决认为，名誉遭受违法侵害者，除可要求损害赔偿及恢复名誉外，对于作为人格权的名誉权，出于排除现实进行的侵害行为或预防将来会发生的侵害目的，应解释为还可以要求加害者停止侵害。②

第五，在民法典之外发展姓名权、名称权、肖像权、商品化权、隐私权。《反不正当竞争法》等特别法对姓名在特定情况下进行保护，学说上很早就将姓名权作为人格权的一种。日本法不认可夫妻别姓，女方因婚姻要改变姓氏。日本法上还存在宗家的名称通过姓名制度予以保护的规定。"二战"后，日本通过警官拍摄游行者肖像等判例，逐步建立了肖像权保护制度。关于商品化权，麦克莱斯塔案判决指出，如果演员等人格利益的保护被一味地削减，那么普通老百姓就拥有了本来不属于自己的对姓名和肖像的利益。此后还就其主体、转让性、继承性与存续期限陆续有判例。关于隐私权，日本也是通过"宴会之后"案、"前科查询"案等才逐步通过判例建立完善隐私保护机制。③

总体上，《日本民法典》继承了《德国民法典》人格权的规定。另外，由于历史的原因，《韩国民法典》基本上承继了《日本民法典》的规定，此处不再赘述。

7. 19世纪的英美法。

19世纪的英美法仍然通过侵权之诉对少数的人格利益进行保护，其中最典型的是名誉权。名誉侵权又可以分为文字诽谤（libel）和口头诽谤（slander）。这两种侵权早在17世纪就在英国的普通法院司法实践中得到确立。英国1852

---

① 林纪东：《战后日本法律》，正中书局1968年版，第80－81页。

② 姚辉：《民法上的"停止侵害请求权"——从两个日本判例看人格权保护》，载《检察日报》2002年6月25日。于敏：《日本侵权行为法》，法律出版社1998年版，第336页。

③ ［日］五十岚清：《人格权法》，铃木贤等译，北京大学出版社2009年版，第116－179页。

年颁布了名誉诽谤法，1891年颁布了诽谤妇女法。[①]

1880年，英国法官Cooley提出"独自权（the right to be let alone）"是具有思想根源的。《圣经》阐明：侵犯他人隐私有愧疚感。[②] 1890年，沃伦和布兰代斯在《哈佛法律评论》第四期上合作发表了《论隐私权》一文，认为有必要借鉴版权理论保护人的独处权（the right to be let alone）。虽然在此之前隐私权已经为英美法理论和实务界所关注，但是学界仍然认为英美法的隐私权制度滥觞于此。此后不久，美国就确立了与大陆法系人格权功能相似的隐私权制度，隐私权制度也逐渐为世界各国所接受。

（二）发展

1. 1907年《瑞士民法典》。

《瑞士民法典》狭义上指的是1912年1月1日开始施行的民法典；广义上包括1907年施行的民法典和自1881年起施行的瑞士债法典。[③]《瑞士民法典》的颁布，标志着人格权立法已经非常成熟，《瑞士民法典》的人格权规定在法制史上具有里程碑性质。这也是后来各国民法典在很长时间内不能超越其的重要原因。

第一，该法典创设了人格权的一般条款，对人格权进行专章保护。该法第二十八条规定："任何人在其人格受到不法侵害时，可诉请排除侵害。诉请损害赔偿或给付一定数额的抚慰金，只有在本法明确规定的情况下，始得允许。"这一规定，创设了人格权保护的一般条款，概括了所有的人格权。这"不像其他国家，在总则编只对姓名之保护等略予规定，而是规定于'人格权'一章之内，这种革新实为瑞士法律与其他各国法律大不同之点"[④]。这种立法例为后世不少法典所模仿。

第二，《瑞士民法典》第一次完整地确立了人格权请求权。后来立法者增加了第二十八条a至第二十八条I共11个条文，从而建立了全面的人格权请求权，包括请求禁止即将面临的妨害、请求除去已经发生的妨害和请求消除影响，

---

① 王利明：《人格权法研究》，中国人民出版社2005年版，第500页。

② 林世宗：《言论新闻自由与诽谤隐私权》，2005年自版，第445页。

③ 陈华彬：《物权法研究》，金桥文化出版有限公司2001年版，第717页。

④ 施启扬：《关于侵害人格权时非财产上损害赔偿制度的研究修正意见》，载《法学丛刊》1976年第83期。

同时它也确立了人格权请求权的其他相关规定。除人格权请求权的具体权利内容、人格权请求权中的采取预防措施的要件之外，其反报道、更正权的规定是新闻侵权当中不可缺少的一类救济方式，为后世所效仿。这些规定也为我国民法典所借鉴。

可见，瑞士民法对人格权的规定，对其他国家影响很大。后世民法典关于人格权的规定，能出其右者少之又少，其差别也仅仅是“对一些人格权作了更为详细的规定”。①

2. 1929 年《中华民国民法典》。

《中华民国民法典》的人格权制度可以看见《德国民法典》和《瑞士民法典》的影子。

第一，该法典是否确立了一般人格权制度，学者有争议。但是，我国台湾地区在2000 年修正“民法”时步德国之后尘，明确了一般人格权制度，将第一百九十五条第一款改为：“不法侵害他人之身体、健康、名誉、自由、信用、隐私、贞操，或不法侵害其它人格法益而情节重大者，被害人虽非财产上之损害，亦得请求赔偿相当之金额。其名誉被侵害者，并得请求回复名誉之适当处分。”这一条不仅通过“不法侵害其它人格法益而情节重大者”确立了一般人格权，还增加了信用权、隐私权和贞操权三种具体人格权。第十七条规定：“自由不得抛弃。自由之限制，以不背于公共秩序或善良风俗者为限。”第一百九十五条规定：“不法侵害他人之身体、健康、名誉或自由者，被害人虽非财产上之损害，亦得请求赔偿相当之金额；其名誉被侵害者，并得请求为回复名誉之适当处分。”

第二，规定了人格权请求权。这一救济方法是通过姓名权请求权（第十九条）和人格权请求权（第十八条）的条文确立的。事实上，这样规定在逻辑上是有问题的，如果总则性质的第十八条已经作了规定就不必在姓名权请求权（第十九条）中规定，有重复之嫌。施启扬曾建议废除第十九条的规定，但可惜未被采纳。② 该法典第十八条规定：“人格权受侵害时，得请求法院除去其侵

① 王利明主编：《人格权法新论》，吉林人民出版社 1994 年版，第 43 页。

② 施启扬：《关于侵害人格权时非财产上损害赔偿制度的研究修正意见》，载《法学丛刊》1976 年第 83 期。

害。前项情形，以法律有特别规定者为限，得请求损害赔偿或慰抚金。”我国台湾地区在2000年修正“民法”时在第十八条第一款后半段增加了“有受侵害之虞时，得请求防止之”，从而健全了人格权请求权的内容。

第三，规定了关于自由权的人格权限制规定。第十七条规定：“自由不得抛弃。自由之限制，以不背于公共秩序或善良风俗者为限。”如同物权的限制和知识产权的限制一样，人格权的限制也是一个崭新的研究课题。目前，没有一个统一的规则来概括“人格权的限制”的规则，这属于人格权研究的理论空白。

3. 1942年《意大利民法典》。

《意大利民法典》在生命权、身体权、健康权、姓名权、肖像权等方面作了规定。

第一，第五条规定了提供自己身体器官或肢体的行为。该条规定：“在可能对身体的完整性造成永久性破坏，或者在与法律、公共秩序、善良风俗相抵触的情况下，禁止提供自己身体的器官或肢体（参阅一般原则第三十一条；参阅第一千三百四十三条、第一千四百一十八条）。”其没有对提供人体器官是否可以有偿作出规定，但是结合第三十一条（财产的归属），我们可以认为，其允许在上述两个前提下进行身体器官或肢体的有偿使用行为。由于世界卫生组织严禁人体器官的买卖行为，因此关于此条的评判还要结合意大利相关的特别法。

第二，第六条规定了姓名权，第七条规定了姓名权的保护。第七条同样可以被认为是部分地确立了人格权请求权制度。第八条规定了对家族姓名的保护，第九条规定了对笔名的保护。其中关于家族姓名保护的规定是极具特色的，在市场经济的冲击下，人类社会正逐渐从熟人社会向陌生人社会转变，传统的大家庭模式逐渐萎缩，取而代之的是小家庭模式，是否规定这种家族姓名保护制度，殊值疑问。

第三，第十条规定了侵犯肖像权。其规定存在两个层次：其一，自然人本人或其父母、配偶、子女的肖像未被按照法律规定的方式陈列或发表，可以被认定为侵犯肖像权。其二，肖像的陈列或发表对该人或其亲属的名誉构成了损害。实际上，对肖像的侮辱性使用正确地理解应该是构成侵犯肖像权和名誉权的竞合。①

① 杨立新：《人身权法论》，人民法院出版社2002年版，第578－579页。

4. 1948 年《埃及民法典》。

《埃及民法典》在第二章“人”中对人格权问题作了一些规定。主要规定了姓名权、自由权、人的固有权利（即人格权）以及相应的民法保护方法。

第一，姓名权的规定。第三十八条规定：“每个人都必须有姓和名；子女要承继其姓。”第三十九条规定：“特别法应该规定姓的获得和变更方法。”

第二，从消极的方面规定了人身自由权。第四十九条规定：“没有人可以放弃其人身自由。”这个规定常见于各国民法典当中。

第三，具有人格权请求权、侵权请求权和人格权的抽象规定。第五十条规定：“固有权利/天赋权利受到不法侵害的人有权要求停止侵害、赔偿因此而发生的任何损害。”这里所谓的固有权利或者天赋权利实际上就是人格权——不需要通过任何外物和他人的帮助来实现的个体权利。

第四，规定了姓名权请求权和侵权请求权的保护方法。第五十一条规定：“当权利人的姓名使用权为他人所无理争夺时，或第三方不法使用到权利人姓名时，权利人可以要求停止侵害，请求赔偿因此而可能已经发生的损害。”该规定和《德国民法典》第十二条如出一辙。

5. 1958 年《韩国民法典》。

《韩国民法典》1958 年 2 月 22 日颁布，1960 年 1 月 1 日开始实施，中间经过多次修订，最新的修订是 1997 年 12 月。[①]《韩国民法典》没有在整个篇章中给人格权一个独立的地位，由于历史的原因，其民法典的人格权部分和《日本民法典》的相关规定极其类似，都采取的是通过侵权行为制度规定人格权的立法思路。[②]《韩国民法典》第七百五十条规定侵权行为的一般条款：“因故意或者过失的违法行为对他人造成损害者，负赔偿其损害的责任。”该条款是保护人格权的基本规则。[③] 此外，《韩国民法典》直接承认了生命权、身体权、自由权、名誉权。

---

① 此信息和下文第七百六十四条的条文由韩国民商法学硕士崔光镐律师提供，特此致谢！

② 《韩国民法典》和《日本民法典》侵权行为部分条文的主旨和顺序完全相同（《韩国民法典》仅仅多了“赔偿额的减轻请求”一条）。之所以如此，恐怕是因为《日本民法典》的起草者之一梅谦次郎曾经援助韩国起草民法典。参见渠涛编译：《最新日本民法》，法律出版社 2006 年版，第 479 页。

③ 《韩国民法典》，金玉珍译，载易继明主编：《私法（第三辑第二卷）》，北京大学出版社 2004 年版，第 219－221 页。

第一，身体权、自由权、名誉权。第七百五十一条规定了财产以外的损害赔偿：“（一）侵害他人的身体、自由或者名誉，或造成其他精神上痛苦者，对财产以外的损害亦有赔偿责任。（二）法院可令前款损害赔偿以定期债务支付，为确保其履行，可令其提供相应的担保。”该民法典没有摆脱旧时代民法典的影响，仍然采取的是有限列举特别人格权的办法。①

另外，第七百六十四条规定了毁损名誉情形的特例：“对于损害他人名誉的，法院可以根据受害人的请求，给予等同于损害赔偿效果的处分，或命令其在损害赔偿的同时给予适当的可以达到恢复名誉效果的处分。”从条文上看，这条是《日本民法典》第七百二十三条的克隆版。当然，金玉珍的译文则更为明显，“对于毁损他人名誉者，法院根据被害人的请求，可令其代替损害赔偿或与损害赔偿一并实施与恢复名誉相应的处分。”这和国内《日本民法典》的几个译本基本相同。

第二，生命权。第七百五十二条规定了因侵害生命权而产生的抚慰金：“侵害他人生命权者，对被害人的直系尊亲属、直系卑亲属及其配偶，虽无财产上的损害，亦有损害赔偿责任。”

总的来看，《韩国民法典》人格权部分亮点不多。

6. 1960 年《埃塞俄比亚民法典》。

《埃塞俄比亚民法典》是《瑞士民法典》以来第二部出色地规定了人格权制度的法典。这部出自比较法学家勒内·达维德的法典在很多方面都有自己鲜明的特点。

第一，正面确立了一般人格权制度。其表现为民法典第八条（人格的效力）第一款：“（1）任何自然人都享有由埃塞俄比亚宪法保障的人格权和自由权。（2）在此方面，不得考虑种族、肤色、宗教信仰和性别因素。”这一条将宪法和民法衔接起来，为用宪法解释民法奠定了良好的基础。

第二，将某些宪法中具有私法性质的基本权利规定为具体人格权。这在人格权发展的历史上尚属首次。此点较为特殊，这不禁让我们联想到德国基本法和美国宪法对人格权发展的非同寻常的意义。宪法中的基本权利部分可以分为两种，其一为公法性质的基本权利，如社会保障权，等等；其二为私法意义上

① 韩国同法国、日本一样规定了侵害财产权可以请求精神损害赔偿。

的基本权利，如隐私权、自由权，等等。在美国，隐私权既是宪法上的权利，同时也是民法上的权利，如果隐私权受到侵犯，实际上有两种救济途径——宪法救济和侵权法救济——供受害人选择。其实，宪法上的某些具有私权性质的基本权利可以成为具体人格权类别。

第三，确立了部分人格权请求权。《埃塞俄比亚民法典》第十条规定了人格权的排除妨害请求权。第十条（非法妨害的禁止）："任何对人格的非法妨害都使受害人获得要求排除妨害的权利，妨害者同时要承担民事责任。"

第四，第一次规定而且是科学地规定了住所不受侵犯（第十三条）和通信不受侵犯（第三十一条）的隐私权。这一点在当时只有美国才能够与之相媲美。

第五，关于人身完整性。首次在民法典中规定了关于人身完整性的规则（第十八条），类似于《法国民法典》，但这一点《法国民法典》的修正规定更先进。首次在民法典中规定了处分人身行为的可撤回性（第十九条），同时平衡了相关人的利益，其规定："（1）自然人可随时撤回处分其身体之全部或一部分的行为，该处分行为的执行在处分人生前或死后进行，在所不论。（2）为其利益作出该处分行为者，有权就其因信赖该诺言引起的费用要求赔偿。"第二十条等首次在民法典中规定了医疗检查与治疗的规则。

第六，第二十七条等详细规定了肖像权。第二十八条规定了公众人物的例外规则。需要指出的是，这一规定早于1964年美国纽约时报诉沙利文案件以后逐渐确立的公众人物规则，而且这一规定全面而合理，其规定："因肖像的属主为公众人物，或因他担任的公职，或因司法和警察活动的要求，或科学、文化和教学的利益证明复制自然人的肖像为正当，或肖像的复制与具有公共利益或发生在公共场合的事实、事件或仪式相关，则不要求有关人士的同意。"第三十条关于家人的权利也较具特色，也可以借鉴。

第七，第三十二条等15个条文首次确定了详细的姓名权规则。很多具体内容都可以作为解决实际问题的规则，这里不做进一步分析。

第八，首次直接规定了人格权的限制条款。在此问题上，立法者的态度值得进一步玩味。第九条规定："（1）由宪法保障的人格权和自由权为不流通物。（2）任何自愿地对上述权利与自由权的行使科加的限制为无效，被合法利益证明为正当作出的除外。"这一限制规定直接导致了其在人格要素商品化问题上的保守态度：第四十四条规定：“（1）所有与姓名有关的协议在民法上无效。（2）本条不影响有关商号的规范。”其实，第四十四条第一项过于保守，忽视了市场经济下姓名商业化使用的价值，同时也没有看清姓名在某种程度上和商标具有同样的属性——降低消费者的搜索成本。此条阻碍了人格权的商品化，或许这是时代和社会的局限所致。相比之下，美国加州民法典第九十九条和第三千三百四十四条关于公开权的规定积极支持人格要素的商品化利用，当为世界上最先进之立法。

7. 1964 年《捷克斯洛伐克社会主义共和国民法典》。

《捷克斯洛伐克社会主义共和国民法典》尽管是一部已经失效的民法典，但是其人格权规定较有特色，许多部分值得借鉴。

第一，较为全面地规定了特别人格权类型，尤其是规定了同时代较少关注的声音利益和隐私利益。第十一条规定：“公民对于自己的人身，其中包括生命和健康、名誉、以及自己的姓名和个人性质的意见，享有取得保护的权利。”① 第十二条规定：“（1）有关公民或他的个人性质意见的私人文件、肖像、风景照片或录音，只有取得他本人的许可才能加以利用。（2）为了职务上的目的，根据法律利用私人文件、肖像、风景照片或录音时，不需要取得许可。（3）为了科学和艺术上的目的，以及为了报刊、影片、广播和电视报导，对于肖像、风景照片和录音，也可以用适当的方式不经公民本人的许可而加以利用。但是这种利用不得与公民的合法利益相抵触。”

第二，部分规定了人格权请求权和侵权请求权的保护方法。第十三条规定：“公民还有权请求制止对他的人身保护权的非法侵犯，并消除这种侵犯的后果。法院也可以作出适当满足这种请求的决定。”第十六条规定：“由于对人身保护权的非法侵犯而造成的损害，依照本法关于损害责任的规定承担责任。”

第三，部分条文较好地协调了诉讼法和实体法。第十四条：“如果对公民人身的侵犯涉及他在公共组织中的活动，关于公民人身的请求可以由这种组织提出。”第十五条：“（1）请求保护他的人身的权利属于配偶和子女，没有配偶和子女的属于父母。（2）发生第十四条所规定的侵犯行为时，这种权利也属于组织。”上述两条明确承认了组织在诉讼法上的地位，解决了当事人适格的程序问

① 《捷克斯洛伐克社会主义共和国民法典》，陈汉章译，法律出版社 1981 版，第 10 – 11 页。

题，值得借鉴。

第四，较好地协调了人格权和知识产权的关系。创作自由和学术自由较少在传统民法典中得到体现，近代以来的知识产权立法规定了创作自由问题。这种自由意志的表达实际上应该由知识产权制度调整。第十七条规定："因创作和公共利用文学、科学和艺术作品而发生的关系，以及因发现、发明、合理化建议和创造工业产品型式而发生的关系，由专门的法律调整。"笔者认为，民法典有必要将创作自由加以明确规定，从而划清楚人格权法和知识产权法的楚河汉界。

8. 1966 年《葡萄牙民法典》。

《葡萄牙民法典》可以被视为德意志法系和拉丁法系结合的尝试。[①] 在德国、法国、意大利、瑞士的影响下，其对人格权的规定呈现出以下特点：

第一，人格权单独设立节。该法典在第一分编"人"第一章"自然人"第二节专门规定了人格权，将人格权从权利能力部分剥离出来，体现了该时代人格权法治发展的状态。

第二，规定人格权的内容和保护方法。第七十条规定："法律保护个人在人身或精神上之人格，免遭不法侵犯或侵犯之威胁。受威胁之人或被侵犯之人，得就有关情况采取适当措施，以避免威胁之实现或减轻已发生之侵犯所造成之后果，而不论有关威胁或侵犯之事实是否导致民事责任。"这是对人格权保护的一般规定，有关国家机关和民事主体可以根据该规定，结合具体事实，运用法律解释的方法，对新型人格利益进行保护。同时，该条第二款实际是人格权请求权的规定。但综合两款来看，其规范的角度主要是人格权的消极权能。

第三，具体人格权规定集中在姓名权、隐私权、肖像权。从当时的时代背景来看，这几种人格权是发育比较成熟的人格权类型。

关于姓名权，该法典明确了姓名简称、有知名度的笔名以及死者姓名的保护；对重名问题的规定突出了"尤其是从事职业活动" + "损害利益"，在一般规范的同时，作了明确的法律指引。

关于隐私权，该法明确规定了私人生活隐私权："任何人均不应透露他人私人生活隐私之事宜。隐私之保留范围按有关事件之性质，及个人之条件而界

---

① 《葡萄牙民法典》，唐晓晴等译，清华大学出版社 2013 年版，序言。人格权条文参见，第 18 – 19 页。

定。”在此之前的民法典，只有1929年《中华民国民法典》在侵权行为部分规定了隐私，从直接规定隐私权的情况来看，该民法典应属较早直接规定隐私权的民法典。同时，还主要区分了秘密书函和非秘密书函，规定秘密书函有发信人同意和法院许可两种公开方式，但在“作为文学、历史或传记性文件”时，只能通过发信人同意的方式，这些规定可以适用于其他私人生活隐私的文书；对于非秘密书函，收信人可以在“不违背发信人期待”的前提下，使用该书函。“不违背发信人期待”规则具有一定的普适性，我国民法典虽未规定，但可以在实践中吸收借鉴。

关于肖像权，明确规定了肖像展示、复制、交易的肖像权积极权能，同时还规定了在警务、司法、学术、教学、文化等方面使用肖像无须肖像人同意；对于使用肖像可能侵犯肖像人名誉、声誉或尊严时，不得为之，充分注意到了标表性人格权与评价性人格权在客体竞合时如何保护的问题。

第四，明确死者人格权的保护。死者人格利益的保护自俾斯麦案件后，德国已经作了单行立法。对比我国民法典，葡萄牙规定有三个特点：一是直接承认死者人格权，而不是死者人格利益；二是保护死者人格权的权利人范围较广，除了近亲属外，还包括继承人；三是没有规定权利人的顺位，“任一”权利人都可以请求保护死者人格权。我国民法典规定了配偶、父母、子女为第一顺位，其他近亲属为第二顺位，如果第一顺位权利人容忍侵权行为发生，第二顺位权利人能否请求保护，我国民法典没有明确规定。

第五，明确人格权自愿限制规则。该条规定：“对行使人格权所作之自愿限制，而违反公共秩序原则的均属无效。对人格权所作之合法自愿限制得随时废止，即使对他方当事人之正当期待造成损害而须负赔偿义务者亦然。”这似乎是对1960年《埃塞俄比亚民法典》第九条“任何对人格权与自由权自愿限制无效”规定的修正，但《澳门民法典》规定：“对行使人格权所作之自愿限制，凡涉及不可处分之利益，违反公共秩序原则或侵犯善良风俗者，均属无效。”明显又对其规定作了进一步完善。需要注意的是，虽然我国民法典人格权独立成编，但并没有规定人格权的自愿限制，而人格权的行为规则是人格权的积极权能的重要规则载体，缺少了这一环，则需要通过大量法解释工作来填补法条需求，从这一点来看，其规定在人格权的行为规则方面具有可借鉴性。

总体来看，《葡萄牙民法典》中的人格权规定比较成体系，但具体人格权类型明显比同时代的法典少，具体条文对人格权的积极权能和消极权能都有规定，并对因人格权关联的民事行为（自愿限制）作了初步规定，是对同时代较早的《埃塞俄比亚民法典》的延续和本土化。

9. 1975 年《阿尔及利亚民法典》。

《阿尔及利亚民法典》在体例上并无明显的人格权制度，即使在侵权法部分也没有涉及人格权的规定。在第一编（一般规定）第二题（自然人）中规定了少量的人格权条款。主要规定了如下几类制度：

第一，规定了姓名权制度。第二十八条规定：“任何人均应有一个姓氏及一个或数个名字。子女应随父姓。名字应具有阿尔及利亚语音，但子女的父母为非伊斯兰教信仰者的除外。”这一条第一款规定子女必须随父姓，违背了近代以来倡导的男女平等原则。第二款规定了名字应具有阿尔及利亚语音较具特色，强制之余而又不忘意思自治。此一问题其实在我国也经常发生，规定本国语音强调了民族性，反之，强调了世界性。第二十九条规定：“姓名的取得和变更，适用法律有关民事身份的规定。”第四十八条规定：“当事人的姓名权被非法剥夺或被他人非法盗用的，得请求停止侵害和损害赔偿。”这一条规定了姓名权的保护方法，确定了姓名权的绝对权请求权和侵权损害赔偿请求权两种保护方法。

第二，规定了自由不得放弃。第四十六条规定：“任何人不得放弃其个人自由。”这一问题其实强调的是行为能力和自由权不得克减的规定。自由权是否绝对不可克减？在某些条件下，自由权还是应该可以克减，只不过我们需要严格规定克减的条件罢了。

第三，全面规定了人格权请求权。第四十七条规定：“当事人基于人格享有的固有权利遭受不法侵害时，得请求停止侵害和损害赔偿。”这个条文虽然简单，但是其内容非常全面，同时确立了人格权请求权和侵权损害赔偿请求权。

10. 20 世纪前中期的英美法。

这一时期英美法人格权制度的突出表现就是隐私权制度为司法实践所承认。

1902 年纽约州最高法院在罗伯森诉罗切斯特面粉厂一案中拒绝支持隐私权。该案原告就被告未经原告授权使用原告照片作为面粉厂广告，诉请民事救济。纽约州最高法院唯恐派生大量诉讼，因此，拒绝隐私权保护。1903 年，纽约州政府制定了成文法，即现在的纽约州民权法，以法律条文明确规定，未经事前书面同意，不得使用他人姓名、肖像或者照片以作为广告或者商业目的。

1905年，佐治亚州最高法院认为，隐私权源于自然法，本于自然法，个人当然拥有与他人共同生活社会关系之“隐私自由”，每个人都享有隐私自由。[①] 在此之后，鉴于隐私利益的重要性，美国各个州逐渐建立起对隐私权的保护，并逐渐上升为宪法性权利。

1934年，美国制定了《联邦通讯法案》，该法案第六百零五条是针对电子监听的最早立法，对美国交谈隐私的发展产生了深远的影响。该条规定：“任何人未经授权不得截取任何通讯和向任何人泄露或发表被截取的通讯的存在、内容、实质、目的、效果或意义。任何接收或获得上述通讯全部或部分的存在、内容、实质、目的、效果或意义者，在知道该信息是以上述手段获取的情况下，不得泄露或发表该信息的全部或部分的存在、内容、实质、目的、效果或意义，并不得使用该信息或其所包含的信息，来为其本人或其他无权得利者牟取利益……”[②] 这部成文法很有针对性，但还是未能防止水门事件的发生。

（三）升华

1. 1986年《民法通则》。

《民法通则》人格权部分具有如下特点：

第一，《民法通则》关于人身权的立法改变了传统民法以人法、物法、债法为结构的基本立法格局，开创了当代关于人身权立法新体例的先河，其历史意义是不可估量的。[③]《民法通则》关于人身权的规定主要体现在两大部分。首先是民事权利部分。在“民事权利”一章中专设人身权一节，与物权、债权、知识产权相并列，并且用8个条文的篇幅，对人身权进行了专门、集中、具体的规定。其次是民事权利的保护，即民事责任部分。“民事责任”一章除在第一百一十九条和第一百二十条对人身权的法律保护作出专门的规定外，还在第一百零六条、第一百零九条、第一百一十条以及第一百二十一条至第一百三十三条中规定了对人身权保护的内容。

第二，规定了较为全面的特别人格权类型。包括：生命健康权、姓名权、名称权、肖像权、名誉权、婚姻自主权、荣誉权、著作人格权。但是，其没有

---

① 林世宗：《言论新闻自由与诽谤隐私权》，2005年自版，第447页。

② ［美］阿丽塔·L. 艾伦、理查德·C. 托克音顿：《美国隐私法》，冯建姝等译，中国民主法制出版社2004年版，第157－158页。

③ 杨立新：《人身权法论》，人民法院出版社2002年版，第3－4页。

规定隐私权、贞操权、信用权、身体权等，也没有明确规定一般人格权。随着时代的发展，后来的单行法律和司法解释逐步健全了人身权体系。

第三，明确规定了弱势群体的平等保护问题。第一百零四条规定："婚姻、家庭、老人、母亲和儿童受法律保护。残疾人的合法权益受法律保护。"第一百零五条规定："妇女享有同男子平等的民事权利。"这些规定也都在后来的特别法中进行了规定。

2. 1994 年《俄罗斯联邦民法典》。

《俄罗斯联邦民法典》的人格权规定在以下五个方面具有特色：

第一，将个人尊严权作为一类具体人格权予以规定。我国通过司法解释规定了人格尊严权，民法典将人格尊严内容吸收到人格权的概念中。传统上，普遍认为人格尊严是一般人格权的内容。《俄罗斯联邦民法典》的这一做法破坏了人格权的体系性，但是却使司法机关处于更加有利的地位。

第二，明确了"在法律规定的情况下和依照法律规定的程序，属于死者的人身非财产权利和其他非物质利益，可以由他人行使和保护，其中包括由权利人的继承人实现和保护。"这是历史上首次在民法典当中明确规定死者人格利益的保护问题。

第三，通过第十九条（公民的姓名）、第一百五十二条（名誉、尊严和商业信誉的保护）和第一千零六十五条部分地确立了人格权请求权制度。第一百五十二条甚为详细，共 7 款，借鉴了《瑞士民法典》的相关规定。

第四，姓名权的规定较为详细，包括化名、姓名更改对债务债权影响等规定。这些也是《民法通则》中所未规定的。

第五，其他确立的具体人格权类别有：生命权和健康权，人身不受侵犯权，人格与名誉权，商业信誉，私人生活不受侵犯权，个人秘密和家庭秘密，自由往来、选择居所和住所的权利，姓名权，著作权。这其中较为特殊的是将著作权也规定为人格权。创作自由权是否应该作为一种具体人格权类型？创作自由权①和著作权的关系如何？这些问题还需要我们进一步研究。

3. 1994 年加拿大《魁北克民法典》。

加拿大《魁北克民法典》的人格权规定也非常先进，其中许多制度非常值

---

① 创作自由权在受苏联民法典影响的前捷克斯洛伐克民法典中有所体现。

得借鉴，其主要特点有：

第一，规定了人格权的一般条款，许多具体人格权制度的规定也极具特色。在体系上，人格权制度规定在第一编（人）中，第一题民事权利的享有和行使的第三条宏观地规定了一般人格权制度，其规定："任何人享有人格权，如生命权、人身的不可侵犯和完整权，他人的姓名、名誉、隐私受尊重的权利。这些权利是不能够让与的。"

第二，关于维护"人身的完整"的规定非常具体。这一部分规定了进行管护的条件（第十一条至第十六条），排除了人体器官摘除的有偿性（第二十五条），规定了切除器官的主体要件（第十七条至第二十条）、程序要件（第二十一条至第二十四条）、公共机构的隔离和精神病治疗鉴定的隔离（第二十六条至第三十一条）。可谓详细之至，多数都是第一次见于民法典当中，且符合正当性的考量。

第三，专门在第一编的第二章规定了"尊重儿童的权利"。特殊群体的人格权保护是民法典人格权制度应该予以系统规定的问题。《魁北克民法典》在儿童人格权制度上的规定走在了各国的前列。第三十二条规定："任何儿童都有权得到其父母或者代替其父母行为的人所能够给予的保护、安全保障和关心。"第三十三条规定："关于儿童的任何决定都应当考虑儿童的利益和尊重儿童的权利。除了关心儿童的精神、智力需要、情感和物质需要外，还应当考虑儿童的年龄、健康、性格和家庭环境，以及其所处环境的其他方面。"第三十四条规定："在提交影响儿童利益的任何申请之前，如果儿童的年龄和辨别能力允许，法院应该给儿童诉说自己意见的机会。"

第四，专门在第一编的第三章规定了"尊重他人的名誉和隐私"。一是其关于信息性隐私权的制度可谓周全。第三十七条规定："任何人建立本人的档案应当具有严肃合法的理由。他人只能搜集与档案建立的目的相关的信息，未经本人的同意或法律的授权，不得将该信息泄露给第三人或者用于与建立档案的目的不一致的其他目的。此外，在建立或者使用档案时，不得以其他的方式侵害本人的隐私或者毁损本人的名誉。"第三十八条规定："为了自己的利益或为了告知第三人，任何人都可以免费检查和更正由他人保存的本人的信息，法律另有规定的除外。本人可以合理地使用复制该档案。档案里的信息应当清晰，容易理解。"第三十九条规定："除非保管人有严肃合理的理由或者该信息本质上可能造成第三人严重的损害，保管他人档案的人不得拒绝本人知晓档案中的相关信息。”第四十条规定：“任何人有权更正档案中关于自己的不准确、不完全或者模棱两可的信息；他也有权要求删除陈旧的和与档案使用目的不符的不正当的信息，或者要求在档案中保存自己的书面意见。更正通知应当毫不迟延地提供给在先前六个月内收到该信息的人，在适当的情况下，还应当通知提供该信息的人。如果存在异议，同样的规则适用于更正申请。”第四十一条规定：“法律没有规定行使档案检查权和更正权的条件和方式的，法院可以根据申请自行决定。同样，如果行使上述权利存在困难，法院可以根据申请解决该困难。”

二是明确规定了对声音的人格权保护。在比较法上，对声音在民法典中进行人格权保护的国家和地区较少，只有《澳门通讯保密及隐私保护》第十条（不法的录音及摄影）、《捷克斯洛伐克社会主义共和国民法典》第十二条和美国加利福尼亚州民法典。此外，德国的判例和美国印第安纳州的判例也对声音进行了人格权保护。

三是在隐私权中规定了姓名、肖像的保护，和《美国侵权法第二次重述》的规定类似。这一点体现了英美法对魁北克民法典的影响。

四是认定了进入或者占领他人的住宅为侵犯他人隐私，这是一种领域性隐私权。

第五，专门在第一编的第四章规定了“死者遗体的保护”。《魁北克民法典》是第一个在人格权部分对死者遗体保护作出规定的民法典。条文也较多，从第四十二条至第四十九条。这些规则主要是人体死者遗体器官的处理规则，其强调了当事人的意思自治，规定了严格的执行程序（包括执行主体为两个以上医生、遗嘱形式等）。此条还包括解剖尸体和转移坟墓的规则，值得借鉴。

第六，姓名权的规定共 25 条，规定了姓名的确定、姓名的使用（通则、通过行政程序变更姓名和通过司法程序变更姓名、姓名变更的效力）、性别的变换和决定的复审。

一是关于姓名确定的规则很科学。第五十一条规定：“孩子可以有一个或者一个以上的名和不多于由其父母亲的姓组成的两个姓，以上皆由其父亲和母亲选择。”第五十二条规定：“在对姓的选择发生分歧时，民事身份登记官指定孩子的姓由两部分组成，一部分取自其父亲的姓，另一部分取自其母亲的姓，这两部分由其父母亲各自选定。如果对名的选择发生了分歧，民事身份登记官按照其父母亲各自选择确定的名确定孩子的名。”这两条解决了一度困扰我国的姓名确定问题。

二是关于姓名变更的规则从第五十七条至第六十六条，内容丰富，可资借鉴。至于姓名变更的效力问题，我国司法实务中也曾遇到此类问题。《魁北克民法典》第六十八条规定：“变更姓名不能改变其权利和债务。”第六十九条规定：“以以前姓名签订的文件被视为是以新的姓名签订的。本人或者任何有利害关系的第三人可以自己提供变更姓名的证据，要求以新的姓名更正原来的文件。”第七十条规定：“在已经变更姓名的人作为一方当事人的诉讼中，以新的姓名继续进行诉讼的，不必延期诉讼。”其规定延续了姓名的同一性认定规则，我国民法典作了类似规定。

三是变性问题如何在民法上解决。《魁北克民法典》是第一个在此问题上予以反应的民法典。其代表性的规定是第七十一条，该条规定：“通过医疗手术和外科手术成功完成对性器官结构进行改变进而实现第二性征改变的人，可以改变其出生时确认的性别，必要时，可以变更自己的姓名。只有在魁北克省持续居住一年以上或者具有加拿大国籍的未婚成年人可以依据该条款提出申请。”事实上，变性作为人格自由的合理内容，应该可以上升为一种具体的人格权。而这一点各国民法典基本没有进行规定。对此，欧洲人权法院审理了部分变性人的案例。①

4. 1994 年《蒙古民法典》。

《蒙古民法典》关于人格权的规定见于总则和侵权法部分，其中侵权法部分规定得较为详细。确立了常见的几类人格权。总的来讲，《蒙古民法典》虽然制定较晚，但是人格权部分没有吸收最新的立法和理论研究的成果。

第一，总则规定了名誉、荣誉、商誉的保护，确立了相应的绝对权请求权和侵权损害赔偿请求权的救济方法。第七条规定：“1. 如果公民、法人认为自己的名誉、荣誉、商誉受到了侵害，有权要求否定损害其名誉、荣誉的言论并消除此等诽谤造成的损害。2. 散布本条第一款规定的言论者，如果不能证明这

① ［英］克莱尔·奥维、罗宾·怀特：《欧洲人权法：原则与判例》，何志鹏等译，北京大学出版社 2006 年版，第 335 – 340 页。

些言论符合事实，应赔偿由此造成的损害。3. 法院依本法典规定的根据和程序，确定由于侵害名誉、荣誉、商誉造成的损害额以及赔偿损害的措施。”

第二，第五编（非合同责任）第四十八章（致人损害的责任）简单地规定了生命权、健康权、名誉权、荣誉权几类人格权的损害赔偿方法。

5. 1996 年《越南民法典》。

《越南民法典》的人格权制度较为全面、先进。该民法典虽然受到了《民法通则》的影响，但是其作为一部后进的民法典具有相当强的后发优势。其将人格权和身份权制度规定在一起，并且规定了人身权的大部分内容，而且结构上也比较合理：人身权的一般条款、人身权的保护与各种具体人格权形成了一个较为完整的体系。这在各国民法典中是少见的。

第一，人身权的一般条款。第二十六条规定：“本法典规定的人身权是与每个人之人身紧密相关的民事权利，不能移转于他人，法律另有规定的，不在此限。任何人都不得滥用自己的人身权侵害国家利益、公共利益、他人的合法权利和利益。任何人都负有尊重他人之人身权的义务。”本条规定了人身权的基本内涵，并确立了人身权的绝对权属性，刚性与柔性并重，值得肯定。

第二，确立了人格权请求权和侵权请求权并重的人格权保护方法。第二十七条规定：“当公民的人身权受到侵犯时，该公民有权：1. 要求侵权行为人或请求人民法院强制侵权行为人终止侵权行为，公开赔礼道歉、改正；2. 自行在大众通讯媒介上更改；3. 要求侵权行为人或请求人民法院强制侵权行为人赔偿物质、精神损失。”这一规定涉及人格权请求权的所有方面，是一个关于人格权请求权的全面、完整的规定。

第三，一般意义上的具体人格权种类较为齐全，如第二十八条（姓名权）、第二十九条（姓名变更权）、第三十一条（个人的肖像权）、第三十二条（生命、健康和人身安全权）、第三十三条（保护名誉、人格和尊严的权利）、第三十四条（私生活保密权）、第三十五条（结婚权）、第三十八条（离婚权）、第四十二条（住所安全权）、第四十七条（自由创造权）等。

第四，确立了某些宪法意义上的权利为人格权。这一点和《埃塞俄比亚民法典》遥相呼应。《越南民法典》规定的宪法意义上的人格权有：第三十条（确定民族权）、第三十六条（夫妻平等权）、第四十一条（国籍权）、第四十三条（宗教信仰自由权）、第四十四条（迁徙和居住自由权）、第四十五条（劳动权）、第四十六条（自由经营权）。这些权利较少直接作为人格权规定在民法典当中。

6. 1999年《澳门民法典》。

《澳门民法典》主要来自于1966年制定、1968年延伸至澳门的《葡萄牙民法典》，1999年澳门回归祖国后，《澳门民法典》完成了本地化工作，其人格权规定有许多地方值得借鉴：

第一，人格权之自愿限制的规定在《澳门民法典》中较为成熟。首先，其在第六十九条用五款规定了人格权限制的总则性条款。该条规定："对行使人格权所作之自愿限制，凡涉及不可处分之利益，违反公共秩序原则或侵犯善良风俗者，均属无效。"实际上肯定了人格权可予以自愿限制。并且，其在后面的条款中对未成年人人格权限制的条件作出了严格规定，合理地保护了未成年人利益。正如物权和知识产权能够受到限制，人格权也应该能够受到限制，这一点经常在立法和理论研究中受到忽视。其次，其在具体的人格权类别中规定了生命权不得受法定或意定之限制（第六十九条），身心完整权的自愿限制有严格的适用条件（第七十条），自由权只能在自愿的情况下短期限制（第七十二条），对名誉权之自愿限制不得涉及权利人本身之人性尊严、职业尊严或经济尊严（第七十三条）。

第二，隐私权，尤其是信息型隐私权，规定得较为成功。这主要表现在：关于秘密信函和非秘密信函的区分系属少见的立法例；信息型隐私权的规定包括个人经历保密权、个人资料之保护和个人资料真实权，较为周全；公众人物规则的适用。

第三，对已死之人之侵犯的规定。除"人格权在权利人死亡后亦受保护"这一款与我国学界认为权利始于出生终于死亡的观点相冲突之外，和我国目前学术通说保持一致。

第四，自由权的规定有9款，其中多数款项值得借鉴。任何人不论在什么条件下都不得役使奴隶或被役使。这一款应该来自于国际公约；任何人均有权受保护，以免受鼓吹国家、种族、民族或宗教仇恨之宣传或主张所损害，又或受鼓吹其他形式之不法歧视之主张所损害；不得仅因合同上的原因而被拘留或拘禁。这一点和《魁北克民法典》规定类似；不得以武力强迫任何人亲身作出某一行为，即使该人有义务作出该行为以及因不作出该行为而须受制裁；但另有特别规定者除外；受期间不确定之合同约束而须亲身履行义务之人或受劳动合同约束之工作者，得随时自行单方终止合同，但须因应具体情况作适当之提前通知或按照特别法规定作提前通知；未经本人同意不得以任何方法调查其人格，或对之采用旨在使其失去意识或表达意思自由之其他方法。

第五，对声音准用肖像权予以保护。第八十条在肖像权的规则之后，规定："……五、以上各款之规定，经作出必要配合后，适用于录取、复制及散布某人言词之情况。辅之以《澳门通讯保密及隐私保护》第十条（不法的录音及摄影）的规定："一、任何未经同意：（a）录取他人非以公众为对象的谈话，即使是与录取者本人进行者；（b）使用或容许使用上项所指录音，即使是合法制造者，受至两年监禁或至二百四十天罚款的处分。"可以认定在澳门声音也可以受到人格权的保护。

第六，规定了人格权请求权。其规定在第六十七条（人格之一般保护）的第三款和第四款中。

7. 20 世纪后期至今的英美法。

美国法对人格权的保护非常全面具体科学，理论与实践齐飞、公法与私法并重，立法与案例兼顾，在世界范围内具有典型的示范意义。在理论上，自 1890 年沃伦和布兰代斯发表《论隐私权》开始，威廉·普罗瑟、查尔斯·弗莱德、茱蒂丝·贾维斯·汤姆森、爱德华·布鲁斯丁、麦尔维尔·尼莫、托马斯·麦卡锡、理查德·波斯纳等大量的法官、学者对隐私权从宪法、行政法和民商法等角度进行了研究，既有哲学层面关于人格尊严和财产价值的反思，也有劳动场所、医疗、购物等具体情景的隐私保护，既有隐私权的民商法的保护利用，也有行政、刑事方面的综合保护，既有类似纽约时报诉沙利文、罗伊诉韦德之类的宪法、行政法、民商法司法案例，也有《隐私权保护法》之类大量的制定法，还有类似加州《隐私与有线电视法》等州法、《美国侵权法重述》《美国不公平竞争法重述》之类的学术整编。

这一时期英美法人格权制度表现最为突出的是隐私权和公开权，并被吸收入《美国侵权法第二次重述》。

美国的隐私权主要保护精神利益，而公开权则承担了人格要素中财产利益的保护问题。公开权日益被认为是财产法的一个分支。对于公开权的创立具有里程碑意义的是 1953 年美国第二巡回上诉法院法官弗兰克对海兰案的判决。在该案件的判决书中，弗兰克法官明确提出了公开权的概念。他认为，“我们除了独立隐私权，每个人拥有是否公开其照片的专属权利，该权利就是公开权”①。正是在这里，弗兰克法官突破了传统的隐私权观念，不再将商业性地使用他人的人格利益局限在精神痛苦的范围之内。同时，“公开权”也被定义为一种财产权。②

1954年，美国尼莫指出，公开权是指每个人有权控制其创作或购买的公开价值，并从中获得利益。③ 并且，名人并不追逐“独处和隐私”，虽然隐私是他们“要求和需要”的东西，但是他们更关注自己的公开形象，这可以看作是隐私这一硬币的另一面。④ 在这里，尼莫将公开权和隐私权比喻成一个硬币的两面，这是一种人格权二元化的思维。这种论述突破了隐私权和公开权——即大陆法系的人格权和财产权——的对立思维，这一区分为后来的许多学者、法官和法律文件所遵循。宽泛地说，普罗瑟的隐私权四分法也是在总结美国历史上关于隐私权裁判的基础上吸收了弗兰克法官、尼莫等人关于公开权的论述而得出的结论。哥根斯坦认为，普罗瑟四分法的前三种可以被认定为隐私权，而最后一个类别实际上就是公开权。⑤ 普罗瑟实际上将人格标识的精神利益和商业利益合二为一，共同通过隐私权进行保护。但是，普罗瑟四分法意义上的隐私权不允许隐私权中商业利益的转让和继承，其只能够保护“被动商业化”纠纷。尽管如此，《美国侵权法第二次重述》仍然严格遵守了普罗瑟的四分法。

水门事件暴露出政府不法监听、监视个人的问题，积弊已重，美国国会于1974年大幅修改《资讯自由法》，扩大政府资讯公开的范围，还专门于1974年制定了《隐私权法》。这部法律旨在妥善规范政府使用、交换以及传递个人资料的行为，使大部分个人均得向联邦政府取得其个人资料，确保联邦政府所保有的个人资料正确、合时、完整以及相关，避免政府不当侵犯个人隐私权或依据不适当的个人资料，作出对个人不公平的决定，促使政府机关对其收集或保

---

① Haelan Laboratories v. Topps Chewing Gum, 202 F. 2d 866, 868 (1953).

② 李明德：《美国形象权法研究》，载《环球法律评论》2003年第4期。

③ Melville B. Nimmer, The Right of Publicity, 19 Law&Contemp. Prob. 203, 216 (1954).

④ 李明德：《美国形象权法研究》，载《环球法律评论》2003年第4期。

⑤ Paul Goldstein, Copyright, Patent, Trademark And Related State Doctrines, 4th, New York, The Foundation Press, 1997, p. 177.

有的个人资料负起全责。[①] 该法只适用于个人记录，而不适用于公司或其他组织；只适用于记录系统所保存的记录，不能以这种方式检索的信息，则不属于该法的调整范围。[②] 此外，加拿大1982年也制定了《隐私权法》，英国1984年制定了《个人资料保护法》。

1987年，当今美国隐私权与公开权权威学者托马斯·麦卡锡指出公开权是指每个人控制其人格标识商业性利用的固有权利。未经允许侵害他人人格标识的商业价值的，不受新闻自由和言论自由免责规则保护。[③]

1995年，美国法学会在《美国不公平竞争法第三次重述》第四十六条规定："为了交易的目的，未经允许使用他人姓名、肖像或其它人格标识而侵占他人人格标识的商业价值，应承担本法第四十八条和第四十九规定的责任。[④]"《美国侵权法重述（第三次）》1998年完成《产品责任编》，2000年完成《责任分担编》，2012年完成《物质和精神损害责任编》，《经济损害责任编》《对人身的故意侵权》正在进行中。[⑤]

可以说，在美国法官和学者的共同推动下，美国的公开权从传统的隐私权中独立出来，形成一种新的权利类型，专门保护人格标识中的商业利益。到目前为止，美国有24个州在成文法或判例法中承认公开权。[⑥] 考虑到各州公开权制度的分散性，美国正在研究制定统一的联邦公开权法。

---

① 中国台湾地区"法务部"法律事务司：《美国保护隐私权法制之研究》，1993年度研究发展报告，第68－70页。

② ［美］理查德·J. 皮尔斯：《行政法（第五版）》，苏苗罕译，中国人民大学出版社2016年版，第303页。本法第一千零三十九条规定国家机关及其工作人员对隐私和个人信息有保密义务，这一规定与此规定精神具有一致性。

③ 赖国钦：《形象宣传权之研究》，中国文化大学法律学研究所硕士论文1999年版，第6－9页。

④ American Law Institute, Restatement of the Law, Third, Unfair Competition, §46 (1995).

⑤ 杨立新：《世界侵权法的历史源流及融合与统一》，载《福建论坛（人文社会科学版）》2014年第6期。

⑥ 相关支持公开权的判例有 Carson v. Here's Johnny Portable Toilets, Inc., 698 F. 2d 831 (6th Cir. 1983); Martin Luther King, Jr., Center for Social Change, Inc. v. American Heritage Products, Inc., 250 Ga. 135, 296 S. E. 2d 697 (1982); State ex rel. Elvis Presley Int'l Memorial Foundation v. Crowell, 733 S. W. 2d 89 (Tenn. App. 1987). Restatement of the Law, Third, Unfair Competition, §46 comment b reporter notes (1995). American Law Institute, Restatement of the Law, Third, Unfair Competition, §49, comment d (1995)。参见李明德：《美国形象权法研究》，载《环球法律评论》2003年第4期。

在这一时期，美国制定了大量的专门法，1966年《信息自由法》、1968年《全面控制犯罪活动与街道安全法》、1970年《公平信用报告法》、1974年《家庭教育权和隐私法》、1976年《阳光政府法》、1978年《财务隐私权法》、1978年《外国情报监控法》、1980年《隐私权保护法》和《医疗资料隐私权法》、1984年《电缆通讯法》、1986年《电子通讯隐私法》、1988年《录像隐私保护法》、1988年《电脑匹配和隐私保护法》、1991年《电话消费者保护法》、1994年《保健安全法》、2000年《儿童网上隐私保护法》，等等。此外，还有1990年人类基因组隐私权法案、1996年加密通讯隐私法建议案，虽然未正式颁布，但为深化相关领域规制打下了良好的基础。

在英国，隐私权原来不是独立的诉由，在1997年之后逐渐被承认。随着《欧洲人权公约》的实施，英国1998年通过制定人权法，认可了私生活尊重权。[①] 1984年，英国制定了《个人资料保护法》。基于对欧盟1995年个人资料保护指令的贯彻，1998年出台了新的《个人资料保护法》，2000年3月1日生效。2000年又修改了《通信（资料保护与隐私）规则》[②]。英国法的人格权保护明显受到经济合作与发展组织个人资料保护、《欧盟人权公约》的影响。

8. 20世纪后期至今的大陆法。

区域经济的一体化催生了法律的一体化。人格权保护也同样面临一体化问题。大陆法系人格权区域一体化保护，最典型的是欧洲和东亚的进展。

欧洲一体化之后，欧洲议会分别于1989年和1994年通过两个关于制定《欧洲民法典》的决议，这是欧洲一体化不断深入的后果之一。[③] 目前，《欧洲民法典》尚未出台。欧盟《通用数据保护条例》是最典型的人格权立法。欧盟议会于2016年4月14日通过《通用数据保护条例》（以下简称GDPR），2018年5月25日在欧盟成员国内正式生效实施。

欧盟认为，个人数据（personal data）是指与已识别或者可识别的自然人（数据主体）相关的任何数据；可识别的自然人尤其是指通过姓名、身份证号、定位数据、网络标识符号以及特定的身体、心理、基因、精神状态、经济、文

---

① ［日］五十岚清：《人格权法》，铃木贤等译，北京大学出版社2009年版，第154页。

② 马特：《隐私权研究》，中国人民大学出版社2014年版，第181页。

③ 杨立新：《世界侵权法的历史源流及融合与统一》，载《福建论坛（人文社会科学版）》2014年第6期。

化、社会身份等识别符能够被直接或间接识别到身份的自然人。个人数据是具有基本权利的地位，限于已识别和可识别的个人信息，个人数据保护域外适用的理念基础是其蕴含着隐私等人格利益。GDPR 是对《欧盟基本权利宪章》的贯彻实施，后者是前者的宪法基础。《欧盟基本权利宪章》第八条第一款和《欧盟运作条约》第十六条第一款规定，每个人都有保护与其自身相关的个人数据的权利。保护个人数据的权利不是绝对权，必须根据比例原则，考虑其在社会中的作用，并与其他的基本权利相较权衡。总体来看，该法主要有以下几个特点：

一是确定了长臂管辖规则。该法规定可以直接适用于域外相关个人或者实体，位于欧盟境外、不受现行欧洲隐私法律规制的许多组织也将随着 GDPR 的实施而不得不适用欧盟隐私法律。任何收集、传输、保留或处理涉及欧盟所有成员国内的个人信息的机构组织均受该条例的约束。

二是已识别（直接识别）和可识别（间接识别）自然人的任何数据都构成 GDPR 项下的个人数据。匿名且不可识别的数据不属于 GDPR 的调整范围。

三是明确了个人敏感数据的范围，包括种族、民族、政治观点、宗教信仰、工会成员资格，基因数据、生物特征数据涉及健康、性生活、性取向等，其处理要求更为严格。

四是“同意”仅仅是数据处理行为取得合法性的情形之一。第四条第十一款将“同意”定义为：“数据主体的同意是指，数据主体依照其意愿自由作出的、特定的、知情的、明确的指示。通过以声明或清晰肯定的行为作出的该等指示，数据主体表明其同意处理与其相关的个人数据。”

五是规定了个人数据处理的七个原则，即合法、公平和透明原则，目的限制原则，最小范围原则，准确性原则，存储限制原则，完整性和保密性原则，责任原则。这些原则是统领整部立法的骨架，在历史上来源于经济合作与发展组织 1980 年确定的八大原则，也与数据主体的权利和数据控制者、处理者的义务一脉相承，也与我国“合法、必要、正当”的原则相契合。

六是赋予了数据主体对其数据广泛的控制权，包括知情、访问、更正、删除、限制处理、可携带、拒绝、不受自动化处理约束等权利。其中，数据可携带条款是新增加的。在以下情况下，数据主体有权从控制者处接收回其提供给控制者的个人数据：（1）处理系基于同意（也适用于特殊类别个人数据）或合同；（2）处理是以自动方式进行的。数据应以结构化、常用和机器可读的格式提供。

七是规定了数据删除权。所谓“被遗忘权”国内讨论热烈，但其实就是删除权，是隐私权的当然之义。第十七条规定，在下列情形下，用户有权要求企业及时删除其个人数据：(1) 该数据之于其收集、处理目的不再必要；(2) 用户撤回其同意，并且没有其他正当理由支持继续处理该数据；(3) 用户反对处理其个人数据，并且没有其他正当理由支持继续处理该数据，或者出于直接营销目的处理个人数据，遭到用户反对的；(4) 非法处理个人数据的；(5) 为了遵守企业在欧盟或者成员国法律之下的义务，必须删除该数据；(6) 为提供信息社会服务，经其监护人同意而处理儿童个人数据的。

此外，欧洲示范民法典工作也值得关注，目前在欧洲有两个版本，即《欧洲侵权法基本原则》和《欧洲示范民法典草案》，在欧洲侵权法的发展中起到了重要作用，前者起草者为欧洲侵权法小组，1993 年由荷兰的 J. 施皮尔召集学者组织起来的，后者起草者为欧洲民法研究组，1998 年由德国学者克里斯蒂安·冯·巴尔牵头成立。[1] 两者风格迥异，但背后都有大量的制定法和司法实践判例的支撑。

《欧洲侵权法基本原则》比较富有弹性，规定比较原则，涉及人格权的规定主要有：一是概括性地承认了人格权。第 2：102 条受保护的利益规定，生命、身体或精神上的完整性，人的尊严和人身自由享受最广泛的保护，这可以被认为是一般条款的起草方式，基于此条，欧盟各成员国可以结合本国情况最大限度地认定人格利益。二是明确了人身伤害损害赔偿。第 10：202 条规定了人身伤害与死亡，人身伤亡的情况包括构成可识别的疾病对身体健康和精神健康的伤害。财产损害包括收入损失、劳动能力的丧失（即使不伴随任何收入损失）以及医疗费用等合理开支。在死亡的情况下，家庭成员等死者生前抚养或如果死亡未发生将抚养的人，可获得与其抚养丧失程度相等的赔偿。三是规定了非财产损害赔偿。第 10：301 条规定：“(1) 考虑利益的保护范围（第2：102条）时，可以要求对受侵害利益作出非财产损害赔偿，这尤其适用于受害人遭受人身伤害或人的尊严、自由或其他人格权利的侵害的情况。非财

① ［奥］赫尔穆特·考茨欧：《欧盟统一侵权法是否可行?》，焦清扬译，载《中国应用法学》2017 年第 3 期。

产损害赔偿同样可以适用于与遭受致命或严重非致命伤害的受害人有亲近关系的人。(2) 在确定这种损害赔偿时一般应考虑该案的所有情况，包括该痛苦的严重性、持续时间和后果。侵权行为人的过错程度只有在对造成受害人的痛苦起到了显著作用时才加以考虑。(3) 在人身伤害的情况下，非财产损害应与受害人的苦楚及其身体或精神健康损伤相符。在确定损害赔偿时（包括因与死亡或受重伤的受害人有亲近关系的人的损害），客观上相似的损失应给予相似的总额。"①

《欧洲示范民法典草案》卷帙浩繁，规定更加具体。一是规定了保护基于人的尊严所产生的无形人格权的一般条款。第 VI. –2：203 条（侵犯人格尊严、人身自由与隐私）规定："（1）自然人因其人格尊严，如自由权、隐私权遭受侵害所导致的损失以及此种侵害本身构成法律上的相关损害。(2) 名誉遭受侵害导致的损失以及侵害本身，如果一国国内法有相关规定，也构成法律上的相关损害。"② 二是规定了具体人格权的保护。这部分被规定在第 2：101 条，针对侵害自然人或者法人的名誉，放弃了单独条款的规定。取而代之的是，有关传播有关他人的不实信息所造成的损害（第 2：204 条），以及因违反信赖所造成的损害（第 2：205 条），如违反医生保护义务。有形的人格权属于上述第 2：201条调整的对象，就此紧接着规定了致使他人死亡所导致的近亲属损害的内容。肖像权、姓名权以及声音权，还包括死者人格权，以及错误出生或者疾病儿童相关的疑难问题等，也可以基于第 VI. –2：101 条予以保护。三是规定了人身损害赔偿。第 VI. –2：201 条（人身伤害与结果损失）规定："（1）因侵害自然人的身体或健康给其造成的损失以及人身伤害本身构成法律上的相关损害；(2) 本编中：(a) 上述损失包括因亲近的人照顾受害人所生合理费用在内的各种医疗费用；并且（b）人身伤害包括已经达到医疗标准的精神健康方面的伤害。"

---

① 欧洲侵权法专家小组：《欧洲侵权法基本原则》，于敏译，载《环球法律评论》2006 年第 5 期。

② 本部分条文参见［德］克里斯蒂安·冯·巴尔：《欧洲〈共同参考框架草案〉及第六编"合同外责任"》，载《法学家》2009 年第 4 期。与条文相关的详细阐述参见欧洲民法典研究组、欧洲现行私法研究组编：《欧洲私法的原则、定义与示范规则：欧洲示范民法典草案（第五、六、七卷）》，王文胜等译，法律出版社 2014 年版。

2010年，东亚侵权法学会在中国宣告成立，2016年4月28日完成了《东亚侵权法示范法（暂定稿）》中文版本的修订，以及英文、日文、韩文和葡萄牙文版本的翻译工作。[①] 该示范法涉及人格权的规定主要有：

一是明确区分了侵害人格权的损害类型。人身损害，是指受害人因生命权、健康权、身体权受到侵害而造成的死亡、伤残、身体完整性损害以及因此造成的财产或者非财产上的不利益。人格财产利益损害，是指受害人精神性人格权受到侵害而造成的财产利益的损害。精神损害是指受害人因人格权、身份权等私法权益受到侵害而造成的精神上、肉体上的痛苦以及其他人格和身份上的不利益；包含人格因素的特定物品受到侵害，造成人格利益损害的，视为精神损害。

二是规定了损害私法权益的位阶与冲突。该示范法对不同性质的私法权益规定了顺位，第一顺位，人的生命、健康、身体、自由、尊严和人格完整性，第二顺位是其他人格权益、身份权益，第三顺位是物权、债权、知识产权等财产权益。私法权益之间发生冲突时，对位阶较高的私法权益优先予以保护。上述规定总结了司法实践和学理的共识，提炼出的三阶段位阶说在法解释学上具有重要意义。

三是制定侵害公开权的侵权责任一章。本示范法有关于公开权的规定既考虑到了人格权财产利益的转让、许可、继承，也关注了人格权财产利益的保护，吸收了美国侵权法重述的内容，还兼顾了大陆法系的人格权保护传统，这部分规定的确具有非常强的示范意义。首先，界定了什么是公开权，即自然人和自然人团体对于自己的人格标志，享有予以商品化利用的权利。其次，明确了公开权的保护期限，公开权的保护期间为其权利人生存或者自然人团体存续期间，以及死亡或者自然人团体解散后的30年内。两个以上的自然人或者自然人团体共同享有的公开权的保护期间，为最后死亡的自然人死亡，或者自然人团体解散之后的30年内。上述保护期限，自权利人死亡或者解散后的下一年起计算。再次，规定了公开权人死亡后的权利保护，既明确了公开权人的自由意志，也将公开权与继承法规定衔接起来。公开权人死亡时，其继承人可继承其该权利，但被继承人生前明确表示反对的除外。公开权人得以遗嘱方式，将其公开权遗

① 杨立新主编：《东亚侵权法示范法》，北京大学出版社2016年版，第7－8页。

赠与他人，并可附加使用方式和范围等的限制或期限。最后，规定了公开权的变动规则，公开权得以合同全部或者部分转让，但不得概括转让尚未发生之权利。受让人超出其转让合同约定的范围使用人格标志的，公开权人可要求其承担侵权责任。公开权人得许可他人使用人格标志。被许可人得在受许可的范围和条件内使用人格标志。未经过公开权人同意，被许可人不得允许第三人使用该人格标志。可以看出，该示范法不承认公开权人通过物权性转让行为创设用益财产权。

（四）总结与展望

人格权法律发达史告诉我们，人格权是随着经济、政治、科技、媒体等社会变革而逐渐丰满、逐步完善的，人格权的立法发展是一个渐进的过程。具体来讲，人格权的发展主要有以下几个特点：

第一，人格权逐渐由不被承认走向民事权利的中心。人格权在学说上从不被承认到通说一致承认，从法典不予规定到司法实践承认，从具体人格权到一般人格权，从消极保护到积极使用，从精神利益一元保护到精神利益、财产利益并重，从司法实践承认到个别法典化，从个别法典化到多数法典化，从个别条文法典化到系统法典化，从系统法典化到独立成编，从民事权利到宪法基本权利，从单一法律部门保护到综合法律部门保护，它仿佛一个灰姑娘、一个丑小鸭，在战争、科学、治理、伦理、经济、殖民、疾病、媒体、艺术等多重催化剂的作用下，得以凤凰涅槃，得以体现人格平等、人格独立、人格尊严、人格自由等人之为人的价值共识。

第二，具体人格权的类型逐步增多。在文明社会的初期，人只享有生命权、健康权，在公元前数世纪，才出现名誉权、贞操权。至罗马法时期，自由权的概念才正式出现。近代立法确立了姓名权、肖像权，此后陆续出现身体权、信用权、隐私权、荣誉权、婚姻自主权、一般人格权、个人信息权等，使人格权类型趋于丰富。到了 1960 年，宪法意义上的确定民族权和国籍权等也开始进入到某些国家的人格权法当中。在主体方面，从分等级的自然人人格权，到平等的自然人人格权，再到承认法人、非法人组织的名誉权等团体人格权。非典型性人格权逐渐演变为具体人格权，具体人格权的类型逐步增多，表明了人类对自身价值认识的逐渐发展和完善。

第三，人格权由绝对的非财产权向具有一定的财产性转化。这种转化在大陆法系称为人格权的商品化利用或者是人格的商品化利用，代表国家为德国、法国、日本等。在英美法系，这种法律现象一般被概括为公开权。美国法律经历了一个由否定人格要素财产性到肯定人格要素财产性的过程，美国的公开权模式符合其本国国情。法国法关于著作权“二元论”的观点可以用来解决人格权商品化及相应的体系协调问题。而这种二元化的思路已经得到了德国、西班牙、荷兰等国司法实践的支持。这一转变部分地改变了人格权与主体不可分离的属性，由绝对不可分离到相对不可分离。

第四，人格权的保护逐渐完善。19世纪的欧洲，对于人的利益的侵害最初不可救济。后来耶林呼吁将一切私益均浴私法保护之光。Bruns对于同时代人不视精神利益之侵害为侵权行为，颇抱不平，提出有形财产不过为手段，不过为享受之手段，何故仅手段之破坏为侵权行为，而目的之破坏非侵权行为乎？[①] 自此，在个人主义的影响下，侵害对人自身的权利——人格权也被认为是侵权行为。在保护方法方面，侵害人格权的精神损害赔偿限定主义逐渐被各国立法和司法实践所突破，侵害物质性人格权和精神性人格权都可以请求精神损害赔偿，并逐渐形成人格权请求权和侵权请求权双重保护机制。人格权请求权在许多国家得以确立，这是人格权成熟的标志之一。在人格权请求权的执行上，大陆法系应该更多地借鉴英美法系的禁令制度。

第五，人格权立法从分散形式逐步向整体形式转变。古代的人格权成文立法，分散于法典的各个部分，缺乏系统性，更不具概括性。这些条文中，也都是就事论事的规定，没有概括性的、可以普遍适用的一般原则性条文。至民法法典化以后，保护人格权出现了典型的概括性条文，其中以《瑞士民法典》的规定最具代表性。后来，《意大利民法典》《埃塞俄比亚民法典》《民法通则》、加拿大《魁北克民法典》《越南民法典》和澳门特区《澳门民法典》都专门集中地规定了人格权制度。这既标志着人格权的客观需求逐渐加深，也标志着人格权立法的不断成熟。

第六，人格权的行为规则从单一的保护到利用、限制和保护。人格权的保护首先入法，人格权的商业利用因判例而被承认。人格权的限制在国际公约中通常被称为人格权的克减，言论表达、国家权力等在很多方面构成了对人格权

---

① 龙显铭：《私法上人格权之保护》，中华书局1958年版，第13页。

的限制，由于此前人格权类型数量有限，自身发展也出于积极争取独立地位的阶段，因此关于人格权限制的课题没有提到一个其应有的位置上来。从国家治理的角度来看，人格权限制的法典化亟须提炼一般规定和具体规定。《奥地利民法典》关于人格权变动的总则性规定值得我们关注研究。

三、现代国际公约对人格权保护的推进

国际人权法的诸多内容都与民法的人格权制度息息相关。不少国际公约具有国内法效力，国际人权文件和欧洲、美洲、亚洲等区域性人权文件极大地推进了世界各国人格权的保护水平。

（一）国际人权文件对人格权保护的推进

1. 国际人权文件概述。

《世界人权宣言》、联合国《经济、社会和文化权利国际公约》和《公民权利和政治权利国际公约》及其两个任择议定书构成了“国际人权宪章”——国际社会中人权保护的核心。[①] 因此，根据“国际人权宪章”，人权的主要成分是公民权利、政治权利以及经济、社会和文化权利。[②] 在过去 40 年中，这些文件为联合国及其专门机构通过的一系列专门的公约、宣言和程序所补充。[③] 这些补充规定中涉及人格权的主要有《智力迟钝者权利宣言》、《囚犯待遇最低限度标准规则》、《联合国大会第 52/118 号关于“有效执行各项国际人权文书包括国际人权文书所规定的报告义务”》、《儿童权利公约》、《德黑兰宣言》、《在促进和保护普遍公认的人权和基本自由方面的权利和义务宣言》、《消除对妇女歧视宣言》、《艾滋病患者权利宣言》、《消除对妇女暴力行为宣言》、《保护人人不受酷刑和其他残刑和其他残忍、不人道或有辱人格待遇或处罚宣言》、《圣约瑟宣言》、《消除对妇女一切形式歧视公约任择议定书》、《儿童权利委员会第 3 号一般性意见》（RE：艾滋病）、《儿童权利委员会第 2 号一般性意见》（保护增进儿童权利）、《消除对妇女歧视委员会第 24 号一般性建议》（妇女与保健）、

---

① ［奥］曼弗雷德·诺瓦克：《民权公约评注》，孙世彦译，生活·读书·新知三联书店 2003 年版，第 1 页。

② 杨宇冠：《人权法——〈公民权利和政治权利国际公约〉研究》，中国人民公安大学出版社 2003 年版，第 131 页。

③ ［奥］曼弗雷德·诺瓦克：《民权公约评注》，孙世彦译，生活·读书·新知三联书店 2003 年版，第 1 页。

《禁止酷刑委员会第1号一般性意见》（酷刑与遣送）。

2. 国际人权文件评介。

（1）《世界人权宣言》。两次世界大战直接促使了《联合国宪章》的诞生，而《联合国宪章》中的人权规定又过于原则①，因此《世界人权宣言》应运而生。最终，《世界人权宣言》成为国际社会上第一个被普遍接受的人权文件。

《宣言》的序言强调对人固有尊严的尊重，主张人与人之间应该一律平等，呼吁各国促进对人权和基本自由的普遍尊重。而这些就是民法上一般人格权的主要内容。民法上的一般人格权的主要内容就是人格独立、人格自由、人格平等和人格尊严。可见，《宣言》序言所主张的和民法上的一般人格权制度具有同一性。

《宣言》的正文部分直接和人格权相关的条款颇多。《宣言》第一条和第二条还是一个类似于一般人格权的规定，这个条文可以看作是《宣言》序言宣誓性条款的浓缩。第一条说的是自由与尊严，第二条规定了平等和非歧视。《宣言》第三条规定："人人有权享有生命、自由和人身安全。"第四条和第五条分别是禁止贩奴和禁止酷刑的规定，从反面规定了对身体权、健康权等人格权的保护。第十二条规定了对隐私、名誉和荣誉的保护。该条规定："任何人的私生活、家庭、住宅和通信不得任意干涉，他的荣誉和名誉不得加以攻击。人人有权享受法律保护，以免受这种干涉或攻击。"第十六条规定了婚姻和家庭方面的权利。该条规定："（一）成年男女，不受种族、国籍或宗教的任何限制，有权婚嫁和成立家庭。他们在婚姻方面，在结婚期间和在解除婚约时，应有平等的权利。（二）只有经男女双方的自由的和完全的同意，才能缔婚。（三）家庭是天然的和基本的社会单元，并应受社会和国家的保护。"

总的来讲，《世界人权宣言》并没有规定民法上的全部人格权内容，但是其规定了民法上人格权最基本最重要的权利类型。《宣言》中规定的人格权基本上都已经体现在现行法中，值得借鉴的是《宣言》第六条关于禁止酷刑和禁止残忍、不人道的侮辱性的待遇或刑罚的规定。

---

① 规定人权的条款主要有7条，分别为第一条第三款、第十三条第一款（丑项）、第五十五条、第五十六条、第六十二条第二款、第六十八条和第七十六条。参见朱晓青、柳华文：《〈公民权利和政治权利国际公约〉及其实施机制》，中国社会科学出版社2003年版，第10页。

(2)《公民权利和政治权利国际公约》。作为《世界人权宣言》的进一步规定，《公民权利和政治权利国际公约》的序言部分同样宣示了人格自由、人格平等、人格尊严和人格独立。该《公约》一共分为六部分，其中关于人格权的主要是第三部分。

《公约》第六条规定了生命权，强调了生命权的至高无上性，宣称“人人有固有的生命权。这个权利应受法律保护。不得任意剥夺任何人的生命”。这一条和我国人格权立法规定没有实质意义上的差别。

《公约》第七条规定：“任何人均不得加以酷刑或施以残忍的、不人道的或侮辱性的待遇或刑罚。特别是对任何人均不得未经其自由同意而施以医药或科学试验。”该条特别指出了“对任何人均不得未经其自由同意而施以医药或科学试验”，具有积极意义。“二战”中法西斯国家的人体实验违反了人道主义精神，应予禁止。我国人格权立法对此应予以借鉴。①

《公约》第八条仍是发展了《世界人权宣言》的规定，规定了禁止强迫他人为奴隶和禁止强迫劳动。第九条规定了人身自由和安全，并从刑事诉讼方面作了进一步的规定。这与我国的现有规定近似，只不过其更加详细。第十一条规定：“任何人不得仅仅由于无力履行约定义务而被监禁。”实际上该条是对人身自由权不得克减情形的规定。所谓“生命诚可贵，爱情价更高。若为自由故，两者皆可抛”，“不自由，毋宁死”都说明了人类对于自由的追求。该条强调了自由不得限制的情形，规定了国家和其他主体的消极义务，值得借鉴。

《公约》第十七条规定：“一、任何人的私生活、家庭、住宅或通信不得加以任意或非法干涉，他的荣誉和名誉不得加以非法攻击。二、人人有权享受法律保护，以免受这种干涉或攻击。”该条和我国民法上的相关规定没有实质区别。相比较而言，我国的规定反而更加详细。《公约》第二十三条规定：“一、家庭是天然的和基本的社会单元，并应受社会和国家的保护。二、已达结婚年龄的男女缔婚和成立家庭的权利应被承认。三、只有经男女双方的自由的和完全的同意，才能缔婚。四、本公约缔约各国应采取适当步骤以保证缔婚双方在

---

① 对此，《禁止苦行和其他残忍、不人道或有辱人格的待遇或处罚条约》、《保护人人不受酷刑和其他残刑和其他残忍、不人道或有辱人格待遇或处罚宣言》作了更详细的规定。《法国民法典》也对如何协调人格权与科技发展之间的关系在民法典中作出了新的规定。

缔婚、结婚期间和解除婚约时的权利和责任平等。在解除婚约的情况下，应为儿童规定必要的保护办法。”该条结合家庭规定了婚姻自由权，并强调了双方在婚姻过程中权利和责任的平等和对于儿童的特殊保护。该条和我国现有立法能够直接衔接起来，没有很大的差别。

此外，公约对儿童权利、被拘禁者的人格权和少数人的权利问题的规定，也具有很强的借鉴意义。因为这些都是在我国以往的人格权研究中很少被专门提出来进行研究的问题，并且我国的相关立法也没有形成一个较为健全的体系。

(3)《经济、社会和文化权利国际公约》。该公约是《世界人权宣言》下面的另一个重要人权公约，秉承《世界人权宣言》的规定，该公约在序言部分规定了人格独立、人格平等、人格尊严和人格自由。但是，由于该公约并不是以公民权利为主要的规范内容，因此其很少涉及人格权的规定。该公约仅仅是在第十二条规定了健康权的内容。我们能够通过该公约借鉴的是如何保障劳动者在劳动关系中的个人基本权利。

(4) 特殊群体保护方面的公约。国际人权文件在这方面的贡献较为突出，虽然我国也有关于妇女、未成年人、老年人和残疾人的保护规定，但是这些都是松散的单行法，没有进入人格权的立法当中，而且有些规定也值得商榷。因此，借鉴国际人权相关文件的规定就显得很必要。

《儿童权利公约》较为系统地规定了儿童的人格权保护。《儿童权利公约》第六条规定了儿童的生命权，其规定：“1. 缔约国确认每个儿童均有固有的生命权。2. 缔约国应最大限度地确保儿童的存活与发展。”将生存权和生命权相结合规定是《儿童权利公约》的一个特色。生命权在民法上具有较大的特殊性，生命权是保护其他类型人格权的前提和基础。因此，《儿童权利公约》对儿童获得生命作了特殊规定。我国在进行生命权规定时应该对生存权作出特别规定。在具体立法技巧上，可以规定他人的禁止性义务。

《儿童权利公约》第七条规定：“1. 儿童出生后应立即登记，并有自出生起获得姓名的权利，有获得国籍的权利，以及尽可能知道谁是其父母并受其父母照料的权利。2. 缔约国应确保这些权利按照本国法律及其根据有关国际文书在这一领域承担的义务予以实施，尤应注意不如此儿童即无国籍之情形。”该条规定了儿童的姓名权和儿童的国籍问题。关于国籍的问题这有点类似于《法国民法典》的规定。一般来讲多数国家将国籍问题作为公法上的问题。国籍作为个人的主体性要素，涉及国际性的迁徙自由问题，在全球化程度较低的情况下，国籍问题不应作为一国国内法的人格权法的规定对象。

《儿童权利公约》第十六条规定："1. 儿童的隐私、家庭、住宅或通信不受任意或非法干涉，其荣誉和名誉不受非法攻击。2. 儿童有权享受法律保护，以免受这类干涉或攻击。"《儿童权利公约》这一条的规定只是将《公民权利和政治权利国际公约》的相关规定变换了一下主体，强调了对儿童的特殊保护。

《儿童权利公约》第十九条是一个综合性的规定，其规定："1. 缔约国应采取一切适当的立法、行政、社会和教育措施，保护儿童在受父母、法定监护人或其他任何负责照管儿童的人的照料时，不致受到任何形式的身心摧残、伤害或凌辱，忽视或照料不周，虐待或剥削，包括性侵犯。2. 这类保护性措施应酌情包括采取有效程序以建立社会方案，向儿童和负责照管儿童的人提供必要的支助，采取其他预防形式，查明、报告、查询、调查、处理和追究前述的虐待儿童事件，以及在适当时进行司法干预。"该条涉及身体权、健康权和性自主权等多方面的人格权，鉴于儿童在这方面的自我保护能力相对更加弱小，因此有必要对此作出特别规定。

《儿童权利公约》第二十四条、第二十五条、第二十七条、第三十二条和第三十七条规定了国家和父母对儿童健康的保健义务。这些规定较为详细，对健康的界定也不局限于身体健康，认为心理健康也是健康权的重要内容。类似的规定可以参见《未成年人保护法》等法律规定。而我国民法典关于健康权中的"健康"究竟是身体健康，还是心理健康，也通过此次立法得到明确。

《儿童权利公约》第三十四条规定了对儿童性利益的保护。其规定："缔约国承担保护儿童免遭一切形式的色情剥削和性侵犯之害，为此目的，缔约国尤应采取一切适当的国家、双边和多边措施，以防止：（a）引诱或强迫儿童从事任何非法的性生活；（b）利用儿童卖淫或从事其他非法的性行为；（c）利用儿童进行淫秽表演和充当淫秽题材。"从规范的性质来讲，这些规范是禁止性规范。

第三十五条规定："缔约国应采取一切适当的国家、双边和多边措施，以防止为任何目的或以任何形式诱拐、买卖或贩运儿童。"这一规定是对儿童人身自由权的规定。我国的刑法也有关于诱拐、买卖或贩运儿童方面的罪名。这一规定可以在民事法上予以借鉴。

第四十条中规定了儿童的隐私在所有诉讼阶段都应该得到保护。我国的不公开审判制度就是这种理念的具体表现之一。我国的民事法律中还没有类似的规定，如何保障儿童（也包括其他民事主体）在诉讼中的隐私权不受到公权力和其他侵害，以及在受到侵害的情况下如何救济，对此我国目前的民事法律还没有作出较为详细和合理的规定。

《消除对妇女一切形式歧视公约》中有关人格权的规定并不多，第十六条是一个特例。该条规定了在男女平等的基础上，妇女的婚姻自主权、姓名权和亲权。我国民法典对改姓作出了规定，解释上没有排斥婚姻姓氏。

此外，《智力迟钝者权利宣言》《艾滋病患者权利宣言》等都从各自的角度对这些人群的人格权保护作了特别的规定。这种规定实际上同民法上从抽象平等的人到实质平等的人的转变是一致的。对于“弱而愚”的人，法律必须从机会上给予更多的照顾，否则就会导致“以平等来掩盖不平等”的结果。我国虽然也对此类特殊人群的人格权保护作了较为细致的规定，但是我国目前的规定还只是局限在妇女、老人、儿童和残疾人的范围内，艾滋病患者、乙肝患者、受羁押人、少数民族等少数人群的人格权的保护还没有一个可供参考的一般性条款。对此，我们应参考国际标准，同时结合我国人权的自身特点，改变以前单一的列举式立法模式，进而采取一般化和类型化的立法模式，最终使立法具有较大的伸缩性和现实性。

（二）区域人权文件对人格权保护的推进

1. 区域人权文件概述。

区域性人权文件也是人权保护的重要组成部分。对于我国人格权立法有一定借鉴意义的主要有：《欧洲人权公约》（《保护人权与基本自由公约》）、《欧洲联盟基本权利宪章》、《保护少数民族框架公约》（欧洲）、《欧洲人权与生物医学公约》、《个人数据保护公约》、《欧洲文化公约》、《维也纳宣言和行动纲领》、《亚洲人权宪章》、《曼谷宣言》、《阿拉伯人权宪章》、《非洲人权和民族权宪章》（又称《班珠尔人权和民族权宪章》）、《美洲人的权利和义务宣言》、《美洲人权公约》、《美洲人权公约补充议定书》（《圣萨尔瓦多议定书》）等。

2. 区域人权文件评介。

（1）欧洲人权文件。

由于特殊的历史、经济、政治和文化背景，欧洲在联合国《世界人权宣言》的指引下，较早地建立并逐步健全了自己的人权保护机制。由于欧洲一体化的原因，欧洲人权文件的执行力要强于其他国际公约，往往具有“欧洲人权宪法”的地位，其现实意义更加明显。

《欧洲人权公约》是具有约束力的文件，也是欧洲理事会最有名的文件。[①]该公约第二条规定了对生命权的保护，其规定任何人的生命权应受到法律的保护。在防止任何人的非法暴力行为、为执行合法逮捕或防止应被合法拘留的人脱逃和为镇压暴乱或叛乱而采取的合法行动三种情况下，因使用武力为绝对必要而造成对生命的剥夺时，不认为是与本条规定抵触。该三种但书情况具有借鉴意义。第三条规定了任何人不得加以酷刑或使受非人道的或侮辱的待遇或惩罚。第四条规定了任何人不得被蓄为奴或受到奴役，禁止强制他人劳动。第五条规定了人身自由和人身安全的权利。以上三条是对身体权、健康权和人身自由权的规定，这些规定承袭了其他国际条约的规定。尤其值得一提的是，第五条规定了人身自由权的某些克减情形，规定得较为系统。我们认为，这些规定具有可借鉴性，可以吸收到人格权法的立法中来。第八条规定了维护隐私和家庭生活的权利及其限制情形。其但书规定“公共机构不应妨碍上述权利的行使，除非这样做是依照法律的规定和在民主社会中维护国家或公共安全或国民经济的利益，或者为了防止混乱或犯罪，保护健康或道德或保护他人的权利和自由的必要”。该限制情形规定得具体而不失之灵活，具有借鉴意义。第十二条规定的是结婚的权利。最后，第十五条和第十七条分别规定了紧急时期的权利克减情形和禁止权利滥用情形，其中紧急时期的权利克减情形还没有直接见诸我国的人格权立法，但《突发事件应对法》等公法提供了克减依据。

《欧洲联盟基本权利宪章》在诸多的人权文件中对于我国的人格权立法具有更多的借鉴意义。该宪章一共 54 条，分为序言和七章，这七章分别为尊严、自由、平等、团结、公民权利、司法审判和一般条款。

在第一章“尊严”中，第一条规定了人的尊严不可侵犯。第二条规定了生命权及死刑禁止。第三条规定了人的完整权，规定人人都享有身体和精神的完整权，禁止人类的生殖克隆。这些规定是法律面对现代科技对人的生活冲击的对策，规定合理，可资借鉴。第四条规定了禁止酷刑和非人道或有辱人格的待

① 朱晓青：《欧洲人权法律保护机制研究》，法律出版社 2003 年版，第 54 页。

遇或处罚。第五条规定了禁止奴隶制、强迫劳动和禁止贩卖人口。

在第二章“自由”中，第六条规定了人身自由与安全的权利。第七条规定了私生活、家庭生活、住宅和通信的权利。第八条规定了个人数据的保护，规定个人数据的使用必须经过有关人员的同意或者根据法律规定的其他理由得以合法使用，而且个人享有对已被收集的个人数据的获得权和更正权。上述两条的规定实际上就是一般国家法律所规定的隐私权内容。第八条的规定为我国民事法律所不具备。个人数据的保护需要有所限制，而个人数据的获得权和使用权更是使得个人数据的保护更加灵活。这种规定不禁让人联想到我国台湾地区和香港地区的个人资料保护方面的规定。我国如何协调个人数据和隐私权规定之间的界限，还需要进一步研究。第九条规定了结婚和建立家庭的权利，这里不包括离婚自由的规定，这是宪章规定的局限之处。第十三条规定了艺术和科学自由，这一条实际上是和著作人格权联系起来的。本章其他的规定主要就是公法上的公民权利。

在第三章“平等”中，第二十条规定了法律面前人人平等。第二十一条规定了非歧视。第二十二条规定了尊重文化、宗教和语言的多样性。第二十三条规定了男女平等。第二十四条规定了儿童权利。第二十五条规定了老年人的权利。第二十六条规定了残疾人的特殊保护。这一章基本上是关于人格平等的规定。在传统上，这些规定是宪法的组成部分。

《欧洲联盟基本权利宪章》所确定的权利体系也具有较强的借鉴意义。这种权利体系恰恰基本符合了一般人格权的基本内涵——人格平等、人格独立、人格尊严和人格自由。

《维也纳宣言和行动纲领》第一部分第十八条规定：“妇女和女童的人权是普遍性人权当中不可剥夺和不可分割的一个组成部分。使妇女能在国家、区域和国际各级充分、平等地参与政治、公民、经济和文化生活，消除基于性别的一切形式歧视，这是国际社会的首要目标。基于性别的暴力和一切形式的性骚扰和剥削，包括产生于文化偏见和国际贩卖的此类活动，都不符合人的尊严和价值，必须铲除。这一目标可通过法律措施、借力于经济和社会发展、教育、安全娩育和保健，以及社会支助等领域的国家行动和国际合作来付诸实现。妇女的人权应成为联合国人权活动，包括促进有关妇女的所有人权文书的工作的一个组成部分。世界人权会议促请各国政府、机构、政府间和非政府组织加强努力，保护和促进妇女和女童的人权。”该条规制了对于妇女和儿童的性骚扰和性剥削。我们规定性自主权也离不开对这些文件的参考。

此外，该条还规定了妇女、儿童、残疾人和在民族、种族、宗教和语言上属于少数群体的人的特殊保护，以及免除酷刑的规定。

（2）美洲人权文件。

《美洲人权公约》的人格权规定在某些方面具有自己的特色。《美洲人权公约》第四条规定了生命权。第五条规定了人道的待遇。相对于人格权而言，这是一条综合性的规定，其包含了健康权、身体权和人身自由权。第六条规定了不受奴役的自由。第七条规定个人自由的权利。除了剥夺自由的司法限制规定外，第七款规定了“任何人不得因欠债而被拘留，这一原则不应限制主管司法当局就未履行供养义务而发出的命令”，这一规定的但书比其他国际人权文件更加科学，值得借鉴。第十七条规定了婚姻自主权和家庭的权利。第十八条规定了姓名权。第十九条规定了儿童的权利。

《美洲人权公约》附加议定书第十条至第十二条规定了人人应享有社会保障权利、健康权、有益于健康的环境权。这个“有益于健康的环境权”，这不禁让人联想到环境人格权，我们是否要建立环境人格权制度，还需要研究。第十七条规定了人人有组成家庭权和得到社会、国家保护的权利。此外，第十八条至第二十条议定书还规定有儿童权利、老年人保障、残疾人保护等具体条款。

（3）非洲人权文件。

《非洲人权和民族权宪章》规定了人格的平等（第二条和第三条），生命权（第四条），人格尊严、禁奴和禁止不人道的或侮辱性的刑罚和待遇（第五条），人身自由与安全权（第六条），家庭的权利、妇女、老人和残疾人的特殊保护（第十八条）。关于禁奴和禁止不人道的或侮辱性的刑罚和待遇的规定，前文已经提及，也属于值得我国借鉴的规定。

（4）亚洲人权文件。

《亚洲人权宪章》2.4 条规定：“即使在经济高度发达的国家，广泛的贫穷问题也是人权受到侵犯的主要原因。贫穷剥夺了无数个人、家庭以至社群的人权，并且导致卖淫、利用童工、使人为奴、贩卖人体器官、残害身体以便行乞等行为。贫穷使人不能过有尊严的生活，亚洲国家的发展政策必须以消除贫穷为目标，推行更公平的发展政策。”该条对人体器官买卖、性利益的商业利用、儿童的生命健康权、禁止为奴等作了导向性的规定，具有一定的借鉴意义。

《亚洲人权宪章》关于生命权的规定较为详细，具有较强的借鉴意义。第3.2条规定："在所有权利之中，首要是生命权利，从中再衍生其他权利和自由。生命权利不单包含生理或动物性的生存，而是包括有权发展个人的天赋和身体各部分的能力，使人能享受生命。从生命权利可引申出以下的权利：活得有人性尊严的权利、谋生的权利、住屋的权利、接受教育的权利，以及享有清洁和健康环境的权利，因为没有这些权利便不能真正有效地行使或享有生命权利。同时，国家必须竭尽所能，提供清洁健康的环境及有足够防御性和疗效的医疗设施，以防止婴儿夭折，减低营养不良和传染病，提高平均寿命。国家还需提供免费强制的基本教育。"该条关于生命权派生其他权利的规定较为新颖，该宪章以此来说明生命权的重要性，这一点值得深入研究。

该宪章还对妇女、儿童、不同能力的人士、工人等人的权利进行了特别规定。这也是值得借鉴的规定。

（三）总结与展望

国际公约对现代人格权的保护起到了巨大的推进作用，这主要表现在以下几个方面：

第一，在人格权体系的立法考量上，人格平等、人格独立、人格自由和人格尊严的基本体系符合我国学术传统。这一解释体系的优点有：其一，能够把抽象的人格权规定通过类型化形成一个比较完美的体系；其二，这一体系也正是我们学说中所概括的一般人格权的体系，如果立法上这样规定，那么我们就可以把理论和立法紧密地结合起来，大大增强了理论和立法之间的互动性，节约整个社会运作的成本；其三，较好地减少了宪法上规定的人格权和民法上人格权之间的差异，使之能够在形式上保持一致，让不断发展的人格权能够得到保护。

第二，我国立法应该规定人格权的权利克减条款。国际公约普遍确立了"人身自由不得克减"的规则。首先，我们必须在立法上确立人格权的权利克减。其次，对于如何规定我国的人格权不得克减规则，我们必须作进一步的研究。权利克减是否仅仅应该限制在人身自由权的领域？人格权的其他领域是否应该作出同样的规定？这些都值得深入研究。

第三，禁止对人体进行医药和科学实验的规定需要引入到我国的民法典中来。法国在20世纪90年代已经作出了这方面的改革。

第四，必须扩大特殊群体保护范围。我国目前的特殊群体的保护基本上局限在妇女、老人和儿童，而国际上特殊群体的范围还涉及艾滋病患者、少数民族、智力迟钝者、受羁押人等少数群体的保护。近代民法的一个基本特点就是从抽象的人格平等向具体的人格平等转化。由于这些少数群体往往处于劣势，因此他们人格权的保护有自身的特点。

第五，应当单独规定个人信息和个人档案的规则。由于互联网技术等现代科学技术的发展，个数信息的流失变得更加容易。而且，瑞典、芬兰、丹麦、挪威、法国、荷兰、奥地利、德国、比利时、卢森堡、瑞士、西班牙、葡萄牙、意大利、希腊、英国、爱尔兰、冰岛、波兰、捷克、匈牙利、美国、加拿大、澳大利亚、新西兰、韩国、日本等世界经济合作组织（OECD）的成员国和以色列、摩纳哥、斯洛文尼亚、立陶宛、爱沙尼亚、斯洛伐克、阿根廷、智利等非经济合作及发展组织的加盟国家都对个人信息的保护进行了单独的立法。

第六，环境人格权是否要规定在人格权法的立法中？国际公约中，环境人格权没有得到普遍承认，因此是否要在人格权法中规定环境人格权还需要进一步研究。

附录三：缩略表

全称	缩略
2002 年《中华人民共和国民法（草案）》	《2002 年民法草案》
《最高人民法院关于确定民事侵权精神损害赔偿责任若干问题的解释》	《精神损害赔偿司法解释》
《最高人民法院关于审理人身损害赔偿案件适用法律若干问题的解释》	《人身损害赔偿司法解释》
《最高人民法院关于审理名誉权案件若干问题的解答》	《名誉权解答》
《最高人民法院关于审理名誉权案件若干问题的解释》	《名誉权解释》
《最高人民法院关于贯彻执行〈中华人民共和国民法通则〉若干问题的意见（试行）》	《民法通则司法解释》
《最高人民法院关于适用〈中华人民共和国合同法〉若干问题的解释（一）》	《合同法解释（一）》
《最高人民法院关于适用〈中华人民共和国合同法〉若干问题的解释（二）》	《合同法解释（二）》
《最高人民法院关于审理利用信息网络侵害人身权益民事纠纷案件适用法律若干问题的规定》	《利用信息网络侵害人身权益司法解释》

图书在版编目（CIP）数据

民法典人格权编释论：条文缕析、法条关联与案例评议 / 袁雪石著．—北京：中国法制出版社，2020
ISBN 978 - 7 - 5216 - 1070 - 3

Ⅰ．①民… Ⅱ．①袁… Ⅲ．①人格 - 权利 - 法律解释 - 中国 Ⅳ．①D923.15

中国版本图书馆 CIP 数据核字（2020）第 080113 号

责任编辑：刘晓霞　张僚　　封面设计：李宁

民法典人格权编释论：条文缕析、法条关联与案例评议

MINFADIAN RENGEQUANBIAN SHILUN：TIAOWEN LÜXI、FATIAO GUANLIAN YU ANLI PINGYI

著者/袁雪石
经销/新华书店
印刷/三河市紫恒印装有限公司
开本/710 毫米×1000 毫米　16 开　　印张/ 40.75　字数/ 590 千
版次/2020 年 8 月第 1 版　　2020 年 8 月第 1 次印刷

中国法制出版社出版
书号 ISBN 978 - 7 - 5216 - 1070 - 3　　定价：120.00 元

北京西单横二条 2 号
邮政编码 100031　　传真：010 - 66031119
网址：http：//www.zgfzs.com　　**编辑部电话：010 - 66075800**
市场营销部电话：010 - 66033393　　**邮购部电话：010 - 66033288**

（如有印装质量问题，请与本社印务部联系调换。电话：010 - 66032926）